江苏省社科联学术著作出版经费资助项目
江苏省周恩来研究会学术著作出版经费资助项目

周恩来新闻纪事

张同刚 著

中国社会科学出版社

图书在版编目(CIP)数据

周恩来新闻纪事/张同刚著.—北京:中国社会科学出版社,2020.9
ISBN 978-7-5203-6978-7

Ⅰ.①周… Ⅱ.①张… Ⅲ.①周恩来(1898-1976)—新闻思想—思想评论 Ⅳ.①G219.2

中国版本图书馆 CIP 数据核字(2020)第 148226 号

出 版 人	赵剑英
责任编辑	周晓慧
责任校对	刘　念
责任印制	戴　宽
出　　版	中国社会科学出版社
社　　址	北京鼓楼西大街甲 158 号
邮　　编	100720
网　　址	http://www.csspw.cn
发 行 部	010-84083685
门 市 部	010-84029450
经　　销	新华书店及其他书店
印　　刷	北京明恒达印务有限公司
装　　订	廊坊市广阳区广增装订厂
版　　次	2020 年 9 月第 1 版
印　　次	2020 年 9 月第 1 次印刷
开　　本	710×1000　1/16
印　　张	48.75
插　　页	2
字　　数	703 千字
定　　价	268.00 元

凡购买中国社会科学出版社图书,如有质量问题请与本社营销中心联系调换
电话:010-84083683
版权所有　侵权必究

目　　录

绪　论 …………………………………………………………………………（1）

凡　例 …………………………………………………………………………（1）

汲取营养期（1898 年 3 月—1914 年 9 月） ………………………………（1）

　1903 年（五岁）—1906 年（八岁） ……………………………………（3）

　　新闻背景 …………………………………………………………………（4）

　1907 年（九岁） …………………………………………………………（5）

　　新闻背景 …………………………………………………………………（6）

　1908 年（十岁） …………………………………………………………（6）

　　新闻背景 …………………………………………………………………（6）

　1910 年（十二岁） ………………………………………………………（7）

　　新闻背景 …………………………………………………………………（8）

　1911 年（十三岁） ………………………………………………………（8）

　　新闻背景 …………………………………………………………………（9）

　1912 年（十四岁） ………………………………………………………（9）

　　新闻背景 ………………………………………………………………（10）

　1913 年（十五岁） ………………………………………………………（10）

　　新闻背景 ………………………………………………………………（11）

　1914 年（十六岁）1—9 月 ………………………………………………（11）

　　新闻背景 ………………………………………………………………（13）

新闻实践期（1914年10月—1937年12月） …………………… (15)

  1914年（十六岁）10—12月 …………………………………… (17)

  1915年（十七岁） ……………………………………………… (17)

    新闻背景 ……………………………………………………… (20)

  1916年（十八岁） ……………………………………………… (21)

    新闻背景 ……………………………………………………… (24)

  1917年（十九岁） ……………………………………………… (25)

    新闻背景 ……………………………………………………… (27)

  1918年（二十岁） ……………………………………………… (28)

    新闻背景 ……………………………………………………… (34)

  1919年（二十一岁） …………………………………………… (35)

    新闻背景 ……………………………………………………… (42)

  1920年（二十二岁） …………………………………………… (43)

    新闻背景 ……………………………………………………… (47)

  1921年（二十三岁） …………………………………………… (48)

    新闻背景 ……………………………………………………… (53)

  1922年（二十四岁） …………………………………………… (53)

    新闻背景 ……………………………………………………… (56)

  1923年（二十五岁） …………………………………………… (56)

    新闻背景 ……………………………………………………… (58)

  1924年（二十六岁） …………………………………………… (58)

    新闻背景 ……………………………………………………… (62)

  1925年（二十七岁） …………………………………………… (62)

    新闻背景 ……………………………………………………… (64)

  1926年（二十八岁） …………………………………………… (64)

    新闻背景 ……………………………………………………… (67)

  1927年（二十九岁） …………………………………………… (67)

    新闻背景 ……………………………………………………… (69)

  1928年（三十岁） ……………………………………………… (69)

新闻背景 …………………………………………………… (71)

1929 年（三十一岁） ………………………………………… (72)
　　新闻背景 …………………………………………………… (74)

1930 年（三十二岁） ………………………………………… (75)
　　新闻背景 …………………………………………………… (76)

1931 年（三十三岁） ………………………………………… (76)
　　新闻背景 …………………………………………………… (77)

1932 年（三十四岁） ………………………………………… (78)
　　新闻背景 …………………………………………………… (80)

1933 年（三十五岁） ………………………………………… (81)
　　新闻背景 …………………………………………………… (82)

1934 年（三十六岁） ………………………………………… (83)
　　新闻背景 …………………………………………………… (85)

1935 年（三十七岁） ………………………………………… (85)
　　新闻背景 …………………………………………………… (86)

1936 年（三十八岁） ………………………………………… (87)
　　新闻背景 …………………………………………………… (91)

1937 年（三十九岁） ………………………………………… (92)
　　新闻背景 …………………………………………………… (103)

新闻高峰期（1938 年 1 月—1947 年 2 月） ……………… (105)

1938 年（四十岁） …………………………………………… (109)
　　新闻背景 …………………………………………………… (135)

1939 年（四十一岁） ………………………………………… (136)
　　新闻背景 …………………………………………………… (149)

1940 年（四十二岁） ………………………………………… (149)
　　新闻背景 …………………………………………………… (157)

1941 年（四十三岁） ………………………………………… (158)
　　新闻背景 …………………………………………………… (186)

1942年（四十四岁） ………………………………………………（187）
　　新闻背景 …………………………………………………………（197）
1943年（四十五岁） ………………………………………………（197）
　　新闻背景 …………………………………………………………（203）
1944年（四十六岁） ………………………………………………（203）
　　新闻背景 …………………………………………………………（212）
1945年（四十七岁） ………………………………………………（213）
　　新闻背景 …………………………………………………………（224）
1946年（四十八岁） ………………………………………………（225）
　　新闻背景 …………………………………………………………（254）
1947年（四十九岁）1—2月 ………………………………………（255）
　　新闻背景 …………………………………………………………（261）

指导新闻期（1947年3月—1976年1月） ……………………（263）
1947年（四十九岁）3—12月 ……………………………………（267）
　　新闻背景 …………………………………………………………（271）
1948年（五十岁） …………………………………………………（272）
　　新闻背景 …………………………………………………………（275）
1949年（五十一岁） ………………………………………………（276）
　　新闻背景 …………………………………………………………（290）
1950年（五十二岁） ………………………………………………（292）
　　新闻背景 …………………………………………………………（307）
1951年（五十三岁） ………………………………………………（309）
　　新闻背景 …………………………………………………………（326）
1952年（五十四岁） ………………………………………………（327）
　　新闻背景 …………………………………………………………（343）
1953年（五十五岁） ………………………………………………（343）
　　新闻背景 …………………………………………………………（352）
1954年（五十六岁） ………………………………………………（353）

新闻背景 …………………………………………………（372）
1955年（五十七岁）…………………………………………（373）
　　新闻背景 …………………………………………………（392）
1956年（五十八岁）…………………………………………（392）
　　新闻背景 …………………………………………………（412）
1957年（五十九岁）…………………………………………（414）
　　新闻背景 …………………………………………………（439）
1958年（六十岁）……………………………………………（440）
　　新闻背景 …………………………………………………（455）
1959年（六十一岁）…………………………………………（456）
　　新闻背景 …………………………………………………（472）
1960年（六十二岁）…………………………………………（472）
　　新闻背景 …………………………………………………（487）
1961年（六十三岁）…………………………………………（488）
　　新闻背景 …………………………………………………（498）
1962年（六十四岁）…………………………………………（499）
　　新闻背景 …………………………………………………（508）
1963年（六十五岁）…………………………………………（508）
　　新闻背景 …………………………………………………（528）
1964年（六十六岁）…………………………………………（529）
　　新闻背景 …………………………………………………（545）
1965年（六十七岁）…………………………………………（545）
　　新闻背景 …………………………………………………（568）
1966年（六十八岁）…………………………………………（569）
　　新闻背景 …………………………………………………（586）
1967年（六十九岁）…………………………………………（587）
　　新闻背景 …………………………………………………（600）
1968年（七十岁）……………………………………………（601）
　　新闻背景 …………………………………………………（605）

1969年（七十一岁） ………………………………………（606）
　新闻背景 …………………………………………………（615）
1970年（七十二岁） ………………………………………（615）
　新闻背景 …………………………………………………（635）
1971年（七十三岁） ………………………………………（635）
　新闻背景 …………………………………………………（660）
1972年（七十四岁） ………………………………………（661）
　新闻背景 …………………………………………………（691）
1973年（七十五岁） ………………………………………（693）
　新闻背景 …………………………………………………（707）
1974年（七十六岁） ………………………………………（708）
　新闻背景 …………………………………………………（713）
1975年（七十七岁） ………………………………………（714）
　新闻背景 …………………………………………………（718）
1976年（七十八岁）1月 …………………………………（719）
　新闻背景 …………………………………………………（720）
彪炳史册 ……………………………………………………（723）

附录　研究摘要 ………………………………………………（727）

参考文献 ………………………………………………………（756）

后　记 …………………………………………………………（765）

绪　　论

　　本书冠以《周恩来新闻纪事》(以下简称"《纪事》")之名的原因是：其一，对所搜集到的新闻资料进行年经月纬、勾稽爬梳的条分缕析；其二，现存史料多为过去留下的历史碎片，从某种意义上说，《纪事》就是修复这些碎片，恢复其本来面目；其三，以史鉴今，资政育人，让读者纵向阅读"周恩来"新闻道路的嬗变，横向阅读当时的新闻生态及背后的社会横截面。《纪事》将周恩来新闻实践和新闻思想置于马克思主义新闻观的语境下，把周恩来与马克思主义中国化有机结合起来进行系统性研究，以辩证唯物主义和历史唯物主义作为哲学基础，全面搜集、梳理、分析周恩来在长期的新闻实践中对马克思主义新闻观的贡献，显示出周恩来新闻思想无穷的生命力和巨大的战斗力。本书追求融资料性、学术性、思想性、传记性于一体。

　　周恩来新闻思想风骨甚高，亦有境界，表现为内容上的全面性、时间上的持久性、方法上的辩证性。《纪事》丰富了马克思主义新闻观，为新闻事业发展提供宝贵的历史经验和强大的精神动力。

　　笔者接触周恩来新闻思想较晚，《纪事》撰写的优势是可以站在前人肩膀上前行。先有王凤超编撰的《周恩来新闻活动年表》(以下简称"王凤超的《年表》")，可称为周恩来年度新闻纪事的发轫，但限于资料的掌握，其错漏难免，《纪事》尽可能对之予以改正。《周恩来年谱》[①]

---

　　① 《周恩来年谱》从时间上分为两个部分，即1898—1949年和1949—1976年。1898—1949年这个部分分上、下两册，1949—1976年这个部分分上、中、下三册。

(以下简称"《周谱》")自然包括周恩来大部分新闻实践和新闻思想，是我们全面了解周恩来及其新闻活动的权威参考资料，然与周恩来一生丰富的革命实践相比，则寥若晨星矣。中央文献出版社出版的《建国以来周恩来文稿（1—13）》，涉及许多周恩来新闻思想的基本资料，堪称翔实、权威，可惜只收录了1949年6月15日至1956年12月31日周恩来的文稿。金冲及主编的《周恩来传》，全面记述了周恩来从出生到逝世的完整生命历程，亦包括周恩来的新闻活动。《周恩来早期文集》（上、下）为写作《纪事》之必备参考书。对于该书的错误，《纪事》也做了改正，如"报社联合会第四次例会"一文中注释，本文原载1919年9月5日天津《益世报》。经查，该报原文出于1919年9月4日《益世报》第六版。英国华裔作家韩素音的《周恩来与他的世纪1898—1998》一书，也涉及一些新闻活动和新闻思想。贾临清的《周恩来新闻实践研究（1914—1949）》一书的附录"周恩来发表的主要报刊一览表（1914—1949）"，具备新闻年度纪事的某些性质，欠缺的是只限于报刊，没有广播、新闻纪录片等重要的新闻载体相关内容。

潘梓年、吴克坚、熊瑾玎等撰述的《新华日报的回忆》，石西民、范剑涯等编写的《新华日报的回忆》（续集），韩辛茹撰著《新华日报史》上卷《新华日报史1938—1947》（前者内容截止于1941年冯玉祥六十寿辰，后者是本书的全貌），廖永祥编著的《新华日报史新编》《周恩来与新华日报研究文集》等，对于抗战时期周恩来的新闻实践研究有着重要的参考价值。郑保卫主编的《中国共产党新闻思想史》一书第三章第六节专门系统论述了"抗日战争时期周恩来的新闻思想"。郑保卫主编的《中国共产党领导人新闻实践与新闻思想研究》一书，设专章研究周恩来新闻思想，但限于篇幅，内容远远不够。袁亮编著的《周恩来刘少奇朱德陈云与新闻出版》一书用17章201页的篇幅专门论述了"周恩来与新闻出版"的关系，是一本资料收集比较翔实的著作。《中国现代报刊活动家思想评传》一书，将周恩来作为现代报刊活动家来进行研究，用一章的篇幅论述了周恩来"宣传出去，争取过来"的办报思想。

中华人民共和国史广播电视编辑部编的《当代中国广播电视回忆录》第3集《周恩来与广播电视》，为周恩来广播电视新闻研究提供了第一手资料。

1983年3月，《新华日报》暨《群众》周刊史学会在北京成立，出版了《白色恐怖下的新华日报》《新华日报代论集》等，提供了周恩来在《新华日报》工作时期的新闻理论与实践资料。

周恩来新闻思想在许多研究周恩来的综合著作中是缺位的。《周恩来大辞典》这一215万字的巨著缺了新闻思想这一条目，不能不说是一大憾事。周恩来新闻思想在周恩来诞辰100周年、110周年、120周年等重要研讨会上也是缺位的。此外，中央有关部门、研究机构、高校、地方政府等在周恩来诞辰90周年之后，每逢五、逢十的纪念之际多次举办学术研讨会，在这些学术研讨会上，周恩来新闻思想这一课题均未受到重视，只是偶有论述。

20世纪90年代以来，中国新闻史学会先后主办或参与主办过周恩来、斯诺等学术研讨会或座谈会，关于周恩来新闻思想的探讨皆为雪泥鸿爪。在《人民日报》创刊60周年之际，舒小骅、高石撰写的《只有忠于事实 才能忠于真理——周恩来对人民日报的教诲》一文，是一篇重要的研究论文。在周恩来诞辰110周年时，周恩来与新闻工作座谈会在北京大学英杰交流中心召开，缅怀周恩来对我国新闻工作的指导和关怀，发扬他的新闻思想、理念，纪念意义大，学术价值则不高。

有关周恩来新闻思想的研究论文较多，本书摘录其提要作为本书附录，这里不一一列出。

凡此种种，惠我良多，拙著即承以上成果而来。余学习研究周恩来自1992年在《图书馆杂志》第3期发表的《周恩来与书刊资料工作》始，当时被人大复印报刊资料转载。1996年因工作关系，余开始学习研究周恩来新闻思想。在资料搜集方面，余常会寻根究底，比如王凤超的《年表》和《周谱》皆认为，周恩来1913年开始阅读《民权报》，这一说法不知从何而来？《纪事》从周恩来回忆文中分析出其1912年开始阅读《民权报》。当然，周恩来的记忆亦可能有误，在无其他有力证据前,《纪事》以此列之。《纪事》是记载周恩来个人生平事迹的著作。这种体裁的最大优点是资料性比较强,能够比较系统、全面地反映人物的思想和活动,但是,如果处理不好,则容易造成资料堆砌,或成为一本乏味的资料汇编。针对这种体裁的特点,《纪事》征引的范围涉及新闻活动、新闻作品、新闻论述、题词、指示、批文、新闻报道等;用"按"的形式,对周恩来的新闻进行注释分析,考证辨析;同一件事情,由于亲历者和当事人的记忆多有龃龉和出入,对之则与其他史料进行比对,作为参照,或证实,或证伪,或存疑。《纪事》对每一年增加的新闻均提供相关的新闻背景,力求让读者了解周恩来新闻思想产生的时代背景。附录部分选录了周恩来逝世后,研究周恩来新闻思想相关文献的提要并作简评,以方便读者更好地学习、研究周恩来新闻思想。

凡 例

一 《纪事》中的记述一般省略主语周恩来,新闻活动和新闻观点这些史料力求体现"全"。《纪事》的编辑原则上以活动展开的时间先后排列,《纪事》包括周恩来任编辑、记者的新闻实践,新闻著述、新闻稿件修改,新闻管理,交往、指示、谈话、批文、题词,按语、电文、批注等有关新闻思想,接受记者采访、接见新闻工作者等新闻活动,适当收录一些接见记者的新闻照片、有关新闻工作的题词、对外宣传、新闻摄影等内容。有些电报、报告、通知等文字修改,因不属于新闻领域而忍痛割爱,虽美不录。

二 《纪事》纪年采用公历,在年岁的表述上采取"生年不计入,过年增岁"的"实龄"计算方法。

三 《纪事》均按年月日次序编列,在同一时间《纪事》收录多条者,除头条注明月日外,余用△标明。日期不明者,或附于月末,或系于年尾,或略加考订,编于相应位置。以阳历3—5月为春季,6—8月为夏季,9—11月为秋季,12月—第二年2月为冬季,并且把1、4、7、10月作为冬、春、夏、秋季的代表月份排在相应的月份之后,初春放在3月之后,春季放在4月之后,春末放在5月之后,冬季放在第二年1月之后,依此类推。

四 《纪事》中同一内容,撰写、发表时间相近的,在一个条目中反映出来,撰写、发表时间跨度较大者,分两个条目列出。

五 《纪事》中收文有撰写时间的,按撰写时间先后排序;没有撰写时间的,按发表时间先后排序;报纸不同版面按版面顺序排序。

六 《纪事》对研究周恩来新闻思想的成果，按发表先后摘要排列，在选择时强调观点内容有新意，理论阐述有深度。

七 《纪事》以"按"的形式对王凤超的《年表》和《周谱》等不准确之处作相关考证；对同一件事情，由于亲历者和当事人的记忆多有龃龉和出入，笔者会精心考证，辨析鉴别，或并列列出存疑；对一些重要的新闻思想进行适当点评。以文献研究法、历史研究法、比较研究法、理论联系实际研究法撰写"按"，遵循"史论结合，以史为主"，追求言简义丰，理论深度适当。亦简要介绍一些20世纪中国新闻界的掌故和故事。对少量外国地名、人名难考者，保留原外文。

八 某些重要的新闻背景资料，截至1976年周恩来逝世，《纪事》择要专门条目选列在正文之后，以新闻背景作为关键词，字体小于正文，按时间顺序排列，没有明确时间的放在最后。同一线索按报纸、广播、电视顺序排列，中国在前，外国在后。

九 为方便读者了解周恩来一生新闻实践和新闻思想，《纪事》把周恩来一生分为四个时期：汲取营养期（1898年3月—1914年9月），新闻实践期（1914年10月—1937年12月），新闻高峰期（1938年1月—1947年2月），指导新闻期（1947年3月—1976年1月）。

十 附录选录了周恩来逝世后，研究周恩来新闻思想相关文献的提要并作简评。

汲取营养期

(1898年3月—1914年9月)

周恩来新闻思想源于中华传统文化的滋养，近代中西资产阶级新闻思想的影响，马克思主义新闻思想的启迪，五四时期反帝反封建思想的洗礼，其自身新闻实践的总结等。

1903年（五岁）—1906年（八岁）

1903年，周恩来进家塾读书。此后几年内，他先后阅读了《三字经》《千字文》《神童诗》以及《论语》《孟子》《大学》《中庸》《诗经》中的一些篇章。①

按：周恩来（1898—1976），原籍浙江绍兴，生于江苏淮安。幼名大鸾，学名"恩来"，字翔宇，自己简称鸾。青少年时代用笔名飞飞、伍豪、翔宇、"羊羽子"、飞、翔、豪、五、伍、周翔、周飞飞、爽、斯特列里佐夫（Strelitzoff）、约翰·奈特（John Knight）等。在潮汕工作期间，当时内部习惯称其为"胡须伯"。1927年后，在上海从事党的地下工作时，常用的别名和化名有少山、冠生、胡公、大美、晨光（译音，又译陈光、陈广、陈宽。——笔者）、非非、维思、赵来、西游、汪洋、林庚汉等。在南昌起义时，党内同志尊称其"铁人"。国民党元老于右任称呼他"濂溪先生"。在进苏区前蓄了长胡子，到瑞金后一直留着，所以有人叫他"胡子"，多尊称其"胡公"。这个代名一直沿用了几十年，直到新中国成立后，一些老同志在私下里谈到周恩来时，仍称其"胡公"，也有尊称其"周公"的。在苏区时期，《红色中华》等媒体称其周总政委。1938年，《新华日报》用周副部长衔。1942年在重庆时，写过一首打油诗《题双乐天图》，落款自称"赛乐天"。1944年的署名是"李知凡"。1947年转战陕北时，曾用化名胡必成。《权威》1949年第3期报道称，有位美国记者把"江北美男子"外号加给周恩来。新中国成立后，媒体标题简称其周外长、周副主席、周主席、周总理、我国总理等。1950年，陈嘉庚在新

---

① 中共中央文献研究室编：《周恩来年谱1898—1949》（上），中央文献出版社2007年版，第3页。

加坡与《南侨日报》记者谈话，交口称赞说：周总理好像是个"钢人"。因此"钢人"这个称号在华侨中盛传一时。彭德怀在1959年庐山会议期间的一次谈话中，称周恩来为"三公"。

1904年，周恩来随其父亲周贻能、母亲万冬儿、嗣母陈氏迁到清河县清江浦镇（今江苏省淮安市清江浦区。——笔者）外祖父万青选家居住，在万家的家塾继续读书。常听嗣母讲述历史和神话故事，"辄绕膝不去，终日听之不倦"①。

按：周恩来童年读书处旧址系清末民国初建筑，隔扇硬山顶，青砖小瓦，为坐北朝南庭院式结构。1988年，周恩来90周年诞辰日，原清江轻工机械厂搬出，由周恩来童年读书处筹备处复原陈列，并正式对外展出。1994年4月，周恩来童年读书处被江苏省政府公布为第四批省级文物保护单位。如今旧址的门楼上，悬挂着国务院原总理李鹏1997年12月题写的"周恩来童年读书旧址"匾额。

1906年，开始阅读小说。读的第一部小说是《西游记》，后来又读了《镜花缘》《水浒传》和《红楼梦》。②

按：根据上面记载可以看出，周恩来新闻思想的重要来源之一是中华传统文化。

新闻背景

1902年6月17日，《大公报》创刊于天津租界，创办人英敛之。11月，天津《大公报》发表社论《严设报律问题》，反对制定报律，限制报纸言论。

1903年10月，上海商务印书馆翻译出版了中国最早的新闻学专著《新闻学》一书，作者为日本学者松本君平。

1904年1月17日，中兴通信社在广州由骆侠挺创办，这是国人自办的第一个通讯社。

---

① 中共中央文献研究室编：《周恩来年谱1898—1949》（上），中央文献出版社2007年版，第4页。
② 中共中央文献研究室编：《周恩来答问录》，人民出版社2016年版，第157页。

1905年1月4日，俄国布尔什维克的报纸《前进报》出版，列宁任主编。5月27日，俄国布尔什维克中央机关报《无产者报》创刊，列宁任主编，秘密发行。

1905年11月26日，中国同盟会机关报《民报》创刊于日本东京，是综合性期刊，设有论说、时评、纪事等栏目，孙中山在发刊词中第一次提出三民主义纲领。

1906年9月1日，《盛京时报》由日本人中岛真雄在沈阳创办，至1944年9月14日终刊，历时38年。该报是日本对中国进行文化侵略的工具。

1906年圣诞节前夕，美国人范斯顿进行了世界上第一次语言广播，宣告了无线广播的诞生。

1907年（九岁）

夏，到江苏省宝应县治病，两个月后返回清江浦镇。①

按：此据《周谱》记载。周恩来在宝应居住时间还有三个月之说。周恩来的阿尔巴尼亚语翻译范承祚先生2004年来淮阴师范学院时我负责接待工作，请教过这事。范老告诉我，周总理在宝应住过三个月，说是周恩来总理1964年1月2日在中国驻阿尔巴尼亚大使馆新年晚会上亲口说的。2008年出版的《往事如诗——范承祚回忆录》也记载：周恩来总理"主动告诉我：9岁那年，他从淮安来到宝应城内的外婆家——即周恩来的嗣母陈氏的娘家，位于该城'县南街'的水巷口，居住了三个月"。在宝应期间的住处现为周恩来少年读书处，位于江苏省扬州市宝应县县城水巷口3号，为国家3A级景点，是扬州唯一的周恩来纪念地。读书处坐南朝北，有东西两个院落，计18间房屋，建筑面积500平方米，占地700多平方米。该建筑清代风格明显。房子的正门朝北，门楣上方是彭冲题写的"周恩来少年读书处"横匾。1996年，周恩来少年读书处按原貌复修；1997年，被命名为"扬州市爱国主义教育基地"；

---

① 中共中央文献研究室编：《周恩来年谱1898—1949》（上），中央文献出版社2007年版，第7页。

1998年，对外开放；2002年被江苏省人民政府命名为"江苏省文物保护单位"。

新闻背景

本年1月，秋瑾创办《中国女报》。4月2日，于右任主持的《神州日报》创刊。8月20日，《中兴日报》创刊。12月9日，《时事新报》创刊于上海，初名《时事报》，1909年与《舆论日报》合并为《舆论时事报》，1911年5月18日改称《时事新报》。

1908年（十岁）

7月，嗣母病故。秋冬之交，父亲因经济困窘，离家去湖北做事。周恩来带两个弟弟回淮安老家居住。回淮安后，到表舅龚荫荪的家塾寄读。[①]

按：此据《周谱》记载。龚荫荪自己回忆说他是革新派人物，结识同盟会成员，赞助革命，常向周恩来介绍些新思想和时事政治知识，使周恩来开始受到政治上的启蒙。江苏人民出版社1979年出版的《周恩来与故乡》一书记载，1952年秋，周恩来在上海会见龚荫荪的女儿龚志如时说："就童年所受教育而论，表舅可算是我政治上的启蒙老师。"

新闻背景

本年1月16日，清廷颁布的《大清报律》是中国历史上第一部新闻法。2月2日，《新朔望》创刊，为半月刊，其宗旨为"改良社会，增进学识，代表舆论"。章士钊出版《苏报案事》，这是中国第一本新闻史著作。

[①] 中共中央文献研究室编：《周恩来年谱1898—1949》（上），中央文献出版社2007年版，第8页。

1910年（十二岁）

春，寄居奉天省银州（今辽宁省铁岭市。——笔者）堂伯父周贻谦家，并进入银冈书院读书。①

按：银冈书院是一处古朴幽静的清代园林式建筑群，是清代著名的五大书院之一，有关东第一书院之称，"开本邑教育之先"，培养出大批优秀人才。银冈书院现为辽宁省重点文物保护单位，其中的周恩来少年读书旧址纪念馆，是辽宁省爱国主义教育基地。《周谱》把银冈书院写成银岗书院，不知为何？银冈书院匾文为銀岡書院。

秋，进入奉天第六两等小学堂丁班学习。在校两年，"肆力学科，兼好读散文小说及新闻杂志"。在具有进步思想的老师的影响下，订阅《盛京时报》，并养成每天坚持读报，关心国家大事的习惯。②

按：奉天第六两等小学堂后改名为东关模范学校，建于1910年，当时为奉天省公立东关模范两等小学校，是一所传教士办的学校。

在此读书期间，高弋吾先生介绍章太炎主编的《国粹学报》给周恩来读。另一位数学老师姓林，喜欢保皇党，介绍周恩来阅读《新民义报》。③

按：中央文献研究室编、由中央文献出版社2008年出版的《周恩来传（1898—1949）》，把周恩来在沈阳读书的老师记载为"高戈吾"，中央文献研究室编、由人民出版社2016年出版的《周

---

① 中共中央文献研究室编：《周恩来年谱1898—1949》（上），中央文献出版社2007年版，第9页。
② 中共中央文献研究室编：《周恩来年谱1898—1949》（上），第9页。
③ 周恩来著，中共中央文献研究室二部编：《周恩来自述》，解放军文艺出版社2002年版，第215页。

恩来答问录》也记载为"高戈吾",许多报刊则称为"高或吾""高弋吾",究竟谁对?笔者请教周恩来早期研究专家秦九凤。据他考证,周恩来的这位老师从未叫过"高戈吾",也许是"高弋吾"被传抄为"高戈吾"。

社会存在决定人的思想意识。考察周恩来新闻思想的形成,自然离不开他早期的阅读习惯,他的早期办报新闻实践一定离不开他少年阅读的报纸对他的潜移默化的影响。

新闻背景

1909年5月15日,《民呼日报》创刊,于右任任社长,编辑有范光启、王无生等,8月14日,被迫停刊。10月3日,《民吁日报》创刊,范光启任社长,于右任实际主持。11月19日,仅出版48天又被封,引起上海轰动。

1910年2月20日,立宪派喉舌《国风报》在上海创刊,主持人梁启超。10月11日,《民立报》在上海创刊,于右任任社长。《民呼日报》《民吁日报》《民立报》一脉相承,又均以"民"字打头,因此有"竖三民"之称。12月14日,《大江白话报》创刊,胡为霖为经理,詹大悲、何海鸣任正副主编。1911年1月,詹大悲接办,自任经理,更名为《大江报》,不久被确定为革命团体文学社的机关报。

1911年(十三岁)

一次修身课,老师问"读书为了什么?"回答:"为了中华之崛起。"①

按:"为中华之崛起而读书"是少年周恩来的目标,有了这一目标,今后做好编辑记者,干好新闻事业就能保持旺盛的生命力和强大的战斗力。

---

① 中共中央文献研究室编:《周恩来年谱1898—1949》(上),中央文献出版社2007年版,第10页。

新闻背景

本年8月29日,《大陆报》创刊于上海,是旧中国一家有影响力的英文日报,创办人兼主编为美国人密勒。10月16日,辛亥革命武昌起义后创办的军政府机关报《中华民国公报》,是中国历史上第一个资产阶级政权的言论阵地。革命党人在起义之后几天内即出版《大汉报》等报纸,及时发布战报,宣传临时革命政权的各项主张。

1912年(十四岁)

阅读《民权报》从"创刊号读起,直到这个刊物被当时的统治者袁世凯查封为止。那时我十三四岁"。①

按:王凤超的《年表》和《周谱》皆认为,周恩来1913年开始阅读《民权报》,这一说法不知从何而来?笔者从周恩来1946年接受美国记者李勃曼采访的回忆文中"十三四岁开始阅读《民权报》",得出1912年阅读《民权报》的结论。周恩来回忆说,他是《民权报》的忠实读者,保留了从创刊至被禁的全份《民权报》。创刊号一定会给读者留下深刻印象,周恩来的记忆应该不会有误。《民权报》创刊于1912年3月28日,所以笔者认为,周恩来阅读《民权报》应该在1912年,这一年,周恩来实际年龄十四岁。当然,周恩来的记忆亦可能有误,在无其他有力证据前,《纪事》以此列之。周恩来养成的这种酷爱读报的良好习惯,为他得心应手地从事新闻工作奠定了基础。

12月,撰写《东关模范学校第二周年纪念日感言》,其最后一段为:余于此纪念日中抒此谬妄,其以前所云者,为吾校司教育诸公望;其以后所云者,为同学诸人勉。韪我罪我,所弗计也。然而去年今日往

---

① 中共中央文献研究室编:《周恩来答问录》,人民出版社2016年版,第159页。

矣；今年今日，未往而已往矣；明年今日，他年今日，余将拭目而观吾东关之模范学校，更观吾全校同学之学生。①

　　按：作者把自己的看法谦虚为谬妄，列于文后，并且说出了写作这篇文章的目的，这在新闻编辑学上被称为编后或者编余。

新闻背景

1月1日，孙中山在南京就任临时大总统，宣告中华民国成立。1月29日，中华民国临时政府机关报《南京临时政府公报》创刊。

3月2日，南京临时政府内务部草拟并发布了《中华民国暂行报律》。暂行报律的电文一经发表，立即遭到了上海等地新闻界的一致反对，并引发了各大报纸和报人有关新闻立法和言论出版自由问题的争论。当时的总统孙中山鉴于民情，于3月9日下令撤销《中华民国暂行报律》。

3月28日，《民权报》于上海创刊。创办人兼主编戴天仇，发行人周浩。1914年1月21日被袁世凯查封。

5月5日，《真理报》在俄国圣彼得堡创刊，1914年被封。

6月5日，《真相画报》在上海创刊。

6月，《亚细亚日报》在北京创刊，薛大可主编，是袁世凯政府的御用机关报。

7月20日，《中华民报》在上海创办，创办人邓家彦。《民国新闻》在上海创办，创办人吕志伊。

12月1日，《庸言》在天津创刊，梁启超任主编，1914年后由黄远生主持编务工作。

秋，美国哥伦比亚大学新闻研究生院成立。

1913年（十五岁）

8月16日，参加南开学校入学考试。被录取后，8月19日报到入

---

① 中共中央文献研究室、南开大学编：《周恩来早期文集（1912.10—1924.6）》（上卷），中央文献出版社、南开大学出版社1996年版，第2页。

学。接触当时有影响力的《民权报》《民立报》《大公报》等报刊。①

新闻背景

2月18日至19日,《民立报》连载《留英俭学会意趣书》。

3月22日,康有为主编的《不忍》杂志在上海创刊。

4月1日,《言治》月刊在天津创刊,由北洋法政学会编辑。

7月,国民党发动"二次革命",袁世凯随之对国民党报及反袁报加以扫荡,对报人实施迫害,酿成"癸丑报灾",报社数量从年初的500家锐减到年底的139家。

1914年(十六岁)1—9月

2月下旬,作《中华民国三年一月开学感言》一文,开头为:"五色旗飘翔于天空,七音琴悠扬于远近。师生济济,颜色怡怡,咸聚礼堂而行始业式之礼焉。校长有训词,教员有演说,学生则唱歌庆祝,欢欣鼓舞,而祝斯校之万岁!与国同休,执学界之牛耳,造成完全之国民者,斯何校耶?是非中华民国三年一月八日,天津南开学校行开学礼之时乎!"②

  按:这是一篇作文,也可以看作一篇校园新闻作品。导语切入开学典礼盛况,让读者有现场感。另外,新闻要素齐全。时间:中华民国三年一月八日(当时学校春季开学一般是在公历2月下旬,所以题目的"一月"当为阴历);地点:南开中学礼堂;人物:校长、教员、学生;原因:开学典礼;经过:彩旗飘荡,琴声悠扬,师生兴高采烈,济济一堂;结果:祝斯校之万岁!与国同休,执学界之牛耳。

3月4日,在丁二讲室开正式讨论会,讨论成立敬业乐群会,到会

---

① 冯文敏:《中外出版史例与当代环保出版》,中国文史出版社2012年版,第112页。
② 中共中央文献研究室、南开大学编:《周恩来早期文集(1912.10—1924.6)》(上卷),中央文献出版社、南开大学出版社1998年版,第4页。

者常策欧、矫天民、李铭勋、周恩来、张瑞峰等20余人。推李君铭勋为临时主席，宣布组织新会宗旨，内容以稽古、演说二者为要。公推吴家璆、张瑞峰、周恩来、常策欧为新会章程起草员。又拟定会名，于君文治提议以"敬业乐群"名新会，经众议决。3月7日，张瑞峰、周恩来、常策欧共同撰写《敬业乐群会简章》，在《敬业》第1期发表。3月10日，在全体会员会上周恩来被推为智育部长。3月14日午后十二时半，敬业乐群会借礼堂开成立大会，到者数百人。①

按：敬业乐群出自西汉·戴圣《礼记·学记》："一年视离经辨志，三年视敬业乐群。"敬业，学生在校尽心学业，毕业后尽心事业，这是做人做事的准则之一；乐群，顾名思义，即乐于参加集体活动，在团结协作的氛围中，发挥个性特长，锻炼自我能力，以达到个体与集体协作协同并进的目的。敬业乐群会，是周恩来参与创办的第一个学生组织，为此付出了极大的热情和努力。关于敬业乐群会成立时间有几种说法：王凤超的《年表》认为，3月14日南开学校敬业乐群会成立。《周谱》认为，3月上旬，和同班同学张瑞峰、常策欧等发起组织敬业乐群会，拟就《敬业乐群会简章》，组织的宗旨为"以智育为主体，而归宿于道德，联同学之感情，补教科之不及"。10日，被敬业乐群会全体会员推举为智育部长。《纪事》采用周恩来与常策欧合写的《本会成立小史》的说法。

春，作议论文《一生之计在于勤论》一文。②

按：本文文意较深、逻辑严密、用词丰富、论证手法多样，为后来撰写新闻评论奠定了基础。

春，作《春郊旅行记》一文。③

---

① 中共中央文献研究室、南开大学编：《周恩来早期文集（1912.10—1924.6）》（上卷），中央文献出版社、南开大学出版社1998年版，第19—21页。
② 中共中央文献研究室、南开大学编：《周恩来早期文集（1912.10—1924.6）》（上卷），第9页。
③ 中共中央文献研究室、南开大学编：《周恩来早期文集（1912.10—1924.6）》（上卷），第12页。

按：本文从时令风光写到友人相约出游一事，写出了大好春光。也可以说是一篇风貌通讯。

新闻背景

3月4日，《校风》的前身《南开星期报》创刊，是南开学校的第一份周刊。

4月，袁世凯颁布《报纸条例》，全文35条，集中了日本等国报律的限制性条文。12月颁布《出版法》，限制新闻出版自由。

5月10日，章士钊在日本东京创刊《甲寅》杂志，于上海发行。

8月，第一次世界大战爆发。

新闻实践期

(1914年10月—1937年12月)

这一时期，以编辑报刊、撰写稿件以及利用其他报刊阵地为代表的新闻实践活动孕育了周恩来丰富的新闻思想。新闻思想源于实践活动，又影响指导着实践活动。

新闻实践期的周恩来新闻思想包括给报纸下定义、划分报纸标准、阐述报纸性质、功能等内容。新闻报道不仅有消息、言论，也有通讯、特写、综合报道。

周恩来新闻思想的形成和发展也有其自身特定的历程和理论渊源。这一时期，周恩来新闻思想的一个重要特点是马克思和恩格斯的党报思想对周恩来影响巨大，标志着影响周恩来新闻思想形成的最后一块拼图全部完成。自此，我们可以看到，周恩来新闻思想的渊源包括中华传统优秀思想文化的熏陶、资产阶级新闻思想的影响、五四运动反帝反封建思想的洗礼、马克思主义新闻思想的巨大影响以及其自身新闻实践的理论总结与升华。

1914年（十六岁）10—12月

10月15日，敬业乐群会的会刊《敬业》创刊。①

按：《敬业》刊名为南开大学创办人严修所题，从第2期起，改名为《敬业》学报，半年刊。从1914年10月到1917年6月，该刊共出版了6期。在创刊号上，周恩来与张瑞峰、常策欧共同起草的《敬业乐群会简章》发表，还有周恩来和常策欧合写的《本会成立小史》，这两篇对于敬业乐群会的介绍文字，体现出会刊的特点。王凤超的《年表》把《敬业》创刊时间记载为10月17日。

10月，为同学憨憕（憨憕即王朴山。——笔者）写的纪实小说《部视学》一文写编后语《国事何堪设想》，② 刊于《敬业》第1期。

按：用"飞飞"这一笔名为憨憕撰写的纪实小说《部视学》撰写编余，语针砭时弊，抨击教育制度的腐败。《国事何堪设想》是周恩来运用编余形式发表评论的尝试。

1915年（十七岁）

5月9日，袁世凯接受日本政府提出的"二十一条"修正案。周恩来在本年秋天写的《子舆氏不言利，司密氏好言利，二说孰是，能折衷言之欤》这篇作文开头写道："呜呼！处今日神州存亡危急之秋，一发千钧之际，东邻同种，忽逞野心。噩耗传来，举国骚然，咸思一战，以为背城借一之举，破釜沉舟之计。一种爱国热诚，似已达于沸点，而昏

---

① 中共中央文献研究室编：《周恩来年谱1898—1949》（上），中央文献出版社2007年版，第13页。

② 中共中央文献研究室、南开大学编：《周恩来早期文集（1912.10—1924.6）》（上卷），中央文献出版社、南开大学出版社1998年版，第26页。

昏愦愦之睡狮，亦如霍然醒者。"①

　　按：这可以被看作周恩来撰写的一篇时评。

6月13日，《南开星期报》第49期以"周恩来演说词"为题，节录发表了周恩来在天津救国储金团第二次会上的演说词。

8月29日，《校风》报社开全体社员会选举职员，被选负责选录课艺及经理各会事务栏。② 8月30日，南开学校《校风》周刊创刊。

　　按：周恩来的主要工作是负责选登学生作文和负责报道学生团体活动。这是他新闻编辑工作的开始，周恩来编辑《校风》至1917年。《校风》出版至1920年第151期后停刊。1921年后复刊为《南开周刊》《南开季刊》等。《周谱》和王凤超的《年表》皆记载为8月30日。

9月13日，《校风》第3期开始设立"课艺选录"专栏。

9月中旬，以作文的形式撰写《〈校风〉报传》。文章开头将报纸定义为"传闻记实，宣之众者，谓报也"。"守正不阿，严于褒贬，秉董狐之笔，执春秋之义，上报也；惟善是彰，惟恶是隐，持一见，虽败勿悔，刃锯加身而不惧，中报也；至传闻失实，随声附和，则自桧以下矣。"③

　　按：《〈校风〉报传》可以被看作周恩来第一篇有关报纸的论文。开篇就给报纸下了定义："传闻记实，宣之众者，谓报也。"这一定义有两层意义：第一，"传闻记实"的意思是记录事实、传播新闻；第二，"宣之众者"的意思是将事实、新闻宣告、宣布或宣传、传播给很多人。周恩来关于报纸的定义抓住了报纸的主要特征：报纸是面向广大受众宣告、宣布、宣传、传播事实的载体。传播真实新闻，面向大众宣传，可谓言简意赅，体现了周恩来对新闻

---

① 中共中央文献研究室、南开大学编：《周恩来早期文集（1912.10—1924.6）》（上卷），中央文献出版社、南开大学出版社1998年版，第67页。

② 中共中央文献研究室、南开大学编：《周恩来早期文集（1912.10—1924.6）》（上卷），第61页。

③ 中共中央文献研究室、南开大学编：《周恩来早期文集（1912.10—1924.6）》（上卷），第59页。

本质的认识深度。

根据职业道德水准，周恩来在《〈校风〉报传》一文中，把报纸分为三个等级："上报、中报、下报"，此等级标准反映了周恩来中学时代在报纸伦理道德问题上的是非、善恶、优劣观。周恩来关于上报、中报、下报的论述，在当前的新闻传播界对提醒新闻工作者重视新闻伦理道德很有指导意义。今天的新闻工作者也应该做到恪守事实，客观公正，惩恶扬善。

谈到《校风》这一报名时，周恩来表达了仿效梁启超《国风》的意愿，可以看出梁启超的新闻思想对周恩来的影响。文章主体部分记述了《南开星期报》在校报界的地位，及其组织机构、内容、宗旨、作用、影响等，亦可看作《南开星期报》的简史。

9月20日，撰写作品《课艺选录志》，明确指出："斯栏之设，本籍报中尺寸地作同学诸君观摩之资"，供大家交流佳作，并提出了三条选稿标准："文中全篇主意，须有识远超群之处""文中章法笔致，须紧密完备""文中事实或议论，须有关于世道及民俗之处"。①

按：从周恩来选稿的标准我们可看出，他虽在学校，却追求世道和民俗，追求格调很高，社会视野更为广阔。

9月，当选为敬业乐群会副会长。②

12月，敬业乐群会改选，任会长。③

按：王凤超的《年表》记载时间为11月。

本年，撰写《说报纸之利益》。内容有："文字之功用固多，而察往昭来，誉扬褒贬，灵通消息，又为文字功用中之功用也。""近世纪来，欧风东渐，有一二智者，倡报章之利益，足以疏通风气，开化顽蒙，为当务之急，不可不创办也。于是有为报馆生涯者，庚子以还，日

---

① 中共中央文献研究室、南开大学编：《周恩来早期文集（1912.10—1924.6）》（上卷），中央文献出版社、南开大学出版社1998年版，第61页。

② 中共中央文献研究室编：《周恩来年谱1898—1949》（上），中央文献出版社2007年版，第16页。

③ 中共中央文献研究室编：《周恩来年谱1898—1949》（上），第17页。

渐发达。人民之智识渐启，世界之观念稍具。风俗通，民情习泰西之智，科学赖是以输。东亚之文化仗斯以明。日居斗室，而国事尽知。足未出户，而地理均明。道吾人之所不能道，知吾人之所不能知。一字之褒贬，胜于斧钺。数版之文字敢比春秋。报纸之利益如上，诚吾人终日不可缺之物，亦开通民智必要之事也。""而今日之报纸，多党同伐异，挟仇寻私，互相嘲笑，谣传时事，骇人听闻，肆其煽惑之手段，鼓其扰乱之心理，致人民有相戒不看报之语。第以二次革命，浔阳沪滨之乱，实报纸之鼓动力。""吾甚望置身舆论界者，秉董狐之笔，为春秋之言；毋阿私，毋寻隙；勿为报纸之贼，勿作文字之蠹，则吾华庶几能受报纸之利益也哉。"①

  按：这是继《〈校风〉报传》之后，又一篇论述报纸的作文。《说报纸之利益》第一段指出，文字之功用故多，灵通消息，又为文字功用中之公用也，强调了消息的重要性；另外一段简要概述了中国近代报纸的历史，对报刊的认识颇具理想色彩，强调了报纸在"开通民智"中的作用，反映了他刚开始接触报刊工作的热切期盼，以及指点江山、渴望参与社会变革的少年激情。文章指出，报纸主笔不是一般人能胜任的，强调了主笔们必须承担起自己为公的职责。对当时报纸的现状提出了严厉的批评。结尾一段殷切地期望舆论界应该树立良好的舆论风气——公正、真实。当然，这种认识颇具理想色彩。从本篇《说报纸之利益》中，还可以看到梁启超等人论报刊、带启蒙性质的文章对周恩来的影响。在《周恩来早期文集》中，周恩来多次提到梁启超，引用他的诗句"世界无穷愿无尽"，还称任公先生为"吾国舆论界之泰斗，亦近代文豪也"。

新闻背景

  7月，邵飘萍等留日学生在日本东京创办东京通讯社，向国内发回东京通讯，

---

① 中共中央文献研究室、南开大学编：《周恩来早期文集（1912.10—1924.6）》（上卷），中央文献出版社、南开大学出版社1998年版，第82—83页。

揭露日本政府的侵华野心，较早报道了袁世凯政府与日本签订"二十一条"的消息。

9月15日，陈独秀主编的《青年杂志》在上海创刊，提倡"民主"与"科学"。（从1916年第2卷1号起，改名《新青年》。）

10月1日，《益世报》在天津创刊，由罗马天主教教廷指派的天津教区副主教雷鸣远和中国天主教徒刘守荣、杜竹萱等创办并主持。

12月，著名记者黄远生在美国旧金山被误当作袁世凯的党徒遇刺身亡，其友人汇编其著述为《远生遗著》4卷出版，被认为是我国第一本报刊通讯文集。

12月，袁世凯宣布登基，史称"洪宪皇帝"，报纸出"红报"，称"臣记者"。1916年3月，仅当了83天皇帝的袁世凯被迫下台。

北洋政府公布《电信条例》，这是中国历史上第一部涉及无线电和广播事业的法令。

路透社濒于破产，琼斯等人购入该社，并成立路透公司。

1916年（十八岁）

1月4日，任《校风》文苑部部长。

3月，兼任纪事类编辑。

3月20日，在《校风》第22期发表《老子主退让，赫胥黎主竞争，二说孰是，试言之》。10月，该文在《敬业》学报第5期发表时，署名"飞飞"，个别词句略有修改，题目改为"老聃赫胥黎二氏学说异同辨"。

3月21日，在作文《禀家长书》中写给伯父周贻赓道：寄上《校风》一份，请抽暇阅览，便知详情。①

3月27日，编辑《校风》第23期"纪事"24则。

4月3日，编辑《校风》第24期"纪事"23则。

---

① 中共中央文献研究室、南开大学编：《周恩来早期文集（1912.10—1924.6）》（上卷），中央文献出版社、南开大学出版社1998年版，第114页。

4月10日，编辑《校风》第25期"纪事"20则，其中有更正内容，对于前期刊登的退学同学中，有一个叫宋毓芬的，系病假之误，予以更正。

  按：对新闻事实的及时更正体现了作为编辑的周恩来严谨认真的工作态度。发现错误及时更正的习惯，一直伴随着周恩来的新闻实践。新中国成立后，《人民日报》有多次更正栏目，这与周恩来的领导、指导是分不开的。

4月17日，编辑《校风》第26期"纪事"22则，并在该期发表新闻作品《赛算揭晓》。

  按：这篇作品新闻要素齐全，是一篇规范的新闻报道。

4月24日，编辑《校风》第27期"纪事"20则。

4月，与张瑞峰、常策鸥共同起草的《本会成立时之宣言》在《敬业》第4期发表。

5月1日，编辑《校风》第28期"纪事"17则，其中有更正内容，对于前期刊登的国文教员籍贯之误，给予更正。在该期发表新闻作品《三二运动》。

  按：中共中央文献研究室、南开大学编的《周恩来早期文集（1912.10—1924.6）》（上卷）注：本文原刊目录为《纪事17则》，但正文实为18则。我的理解是纪事就是17则，其中《三二运动》为周恩来撰写的消息，不是编辑的，体现了周恩来有一说一的实事求是的工作态度。

5月8日，编辑《校风》第29期"纪事"18则。

5月15日，编辑《校风》第30期"纪事"9则，在《校风》第30期发表新闻作品《特试揭晓》，并把5月6日撰写的《诚能动物论》作为《代论》刊出。

5月22日，编辑《校风》第31期"纪事"18则。

5月29日，编辑《校风》第32期"纪事"12则，对上期的错误予以更正，在该期发表新闻作品《旅行分志》。

  按：中共中央文献研究室、南开大学编的《周恩来早期文集

（1912.10—1924.6）》（上卷）注：本文原刊目录为《纪事12则》，编者改为13则。我的理解是纪事就是12则，其中《旅行分志》为周恩来撰写的新闻作品。

6月5日，编辑《校风》第33期"纪事"14则。

6月12日，编辑《校风》第34期"纪事"22则，对第32、33期"纪事"上的错误予以更正。

6月19日，编辑《校风》第35期"纪事"13则。

8月21日，《校风》改选职员，被选为总经理兼编辑部"纪事类主任"。①

按：王凤超的《年表》记载为9月任经理部总经理。

9月4日，《校风》第36期发表的《本社特别启事》规定了报纸的性质：惟念事关全校，报属机关。特别启事指出：编辑部计分三类：一曰言论：社论、代论、演说、译丛、警钟属之；二曰纪事：校闻、通讯、特别纪事、英文纪事、校中布告、各会启事属之；三曰文艺：文苑、学艺、札记、轶闻、杂俎、课艺、小说属之。各门各类，仍置主任负完全责任，由总编辑总其成，以防昔日散漫之弊。经理部置总经理一人，经理员数人，经理每期稿件付印、校对、接收广告、收支款项、出发报章、誊写信件及不属于编辑部一切事务。《校风》第36期刊登《本社启事》8则，其中1、2、3、5，四则启事为周恩来撰写。从本期起"纪事"栏目改为《校闻》栏。编辑《校风》第36期《校闻》22则。②

按：从9月4日到12月20日，在《校风》上共发表了《〈校风〉社启事12则》，这些启事充分体现了周恩来的采编思想和尊重受众的编辑思想，对编辑部的分工也科学合理。

9月11日，编辑《校风》第37期《校闻》19则，撰写《本社启事》社论。

---

① 蓝鸿文：《一道靓丽的风景 老一辈革命家新闻通讯作品选析》，中国人民公安大学出版社2008年版，第375页。

② 中共中央文献研究室、南开大学编：《周恩来早期文集（1912.10—1924.6）》（上卷），中央文献出版社、南开大学出版社1998年版，第184—185页。

9月18日，编辑《校风》第38期《校闻》五则。

9月18日、25日，在《校风》第38、39期发表题为"吾校新剧观"的社论。

9月25日，在《校风》第39期发表《本社启事一》。

10月4日，在南开学校举行的演说比赛大会上发表演讲，被评为第五名，后演讲词以"中国现时之危机"为题作为《校风》代论，11月8日出版的《校风》第45期予以发表。

10月25日，在《校风》第43期发表《本社启事一》，《特别纪事》栏发表《本校十二周年纪念会记》，在同期《校闻》栏发表《运动会志》，还发表与孔繁霱合写的《本社特别启事》。

10月，在《敬业》学报第5期发表《我之人格观》《峙之日记节录志》《老聃赫胥黎二氏学说异同辨》等。

11月8日，在《校风》45期发表《中国现时之危机》代论，发表与孔繁霱合写的《本社启事一》。

11月15日，在《校风》第46期发表《本社经理部特别启事》。

11月22日，在《校风》第47期发表《破天荒大发明天地新学说》（一），为孙希矩、沈大升两君来信作编者按。

11月29日，在《校风》第48期发表《试论奢靡二说》。

12月6日，在《校风》第49期发表《破天荒大发明天地新学说》（二）。

12月20日，在《校风》第51期发表与孔繁霱合写的《本社启事一》。

新闻背景

1月22日，《民国日报》在上海创刊，其副刊《觉悟》创办于1919年。

8月2日，邵飘萍创办北京新闻编译社。

8月15日，《晨钟报》创刊于北京，后改为《晨报》，李大钊为第一任总编，其副刊《晨报副镌》创刊于1921年。

8月30日，南开学校校长张伯苓在修身班讲演时说："此次'修身'，余拟用十数分钟之时间，对于时事稍言大略，以启诸生阅报之观念，庶不至一见报章茫无头绪读而生厌。"

9月1日，《青年杂志》改名《新青年》出版。

9月20日，张伯苓通过《校风》记者转达自己的演说大旨："振人心之利器有二：曰演说；曰报纸。惟报纸为能致远而经久。"

《东方杂志》第14卷第6、7、12期连载了姚公鹤撰写的《上海报纸小史》，次年收入《上海闲话》（下册），为中国最早的地方新闻史著作。

1917年（十九岁）

1月15日，在《校风》特别增刊《特别纪事》发表《民国五年冬季第九次毕业式记》一文。

1月18日，在《校风》报社全体人员会上报告上学期社务。因临近毕业，辞去总经理职务。①

1月31日，梁启超在南开学校发表演讲，周恩来把演讲词记录整理并发表在《校风》第56、57期（分别刊于1917年2月28日和3月7日）上，并写"志"赞其为"吾国舆论界之泰斗，亦近代文豪也"，演讲"气度雍容，言若金石，入人脑海"②。

> 按：记录并写"志"，体现了周恩来具备一名记者超凡的记录整理能力。

3月28日，在《校风》第60期发表新剧《反哺泪》剧情介绍。

5月2日至6月6日，在《校风》第63期连载社论《本社之责任观》，至6月15日第69期刊完。社论明确提出："《校风》吾校机关报也。"③

---

① 中共中央文献研究室编：《周恩来年谱1898—1949》（上），中央文献出版社2007年版，第22页。

② 中共中央文献研究室、南开大学编：《周恩来早期文集（1912.10—1924.6）》（上卷），中央文献出版社、南开大学出版社1998年版，第272页。

③ 中共中央文献研究室、南开大学编：《周恩来早期文集（1912.10—1924.6）》（上卷），第282页。

按：《本社之责任观》这一社论对周恩来在报社期间的工作经验和感受进行了回顾和总结，详细提出了编辑部之责任和经理部之责任，可以说是其南开学校时期新闻思想的标志性成果。该社论首先明确了校报的机关报性质："《校风》吾校机关报也"，以传达校事而设，社员应该为报社负责，责任限于新闻真实，细巨无遗，采录迅速。其次，指出了校报的具体责任，包括编辑部之责任和经理部之责任。最后，规定了校报的类目：言论、纪事和文艺三类，今天各校办的报纸仍然以此三类者多，只不过名字换成了消息、评论和副刊而已。

5月16日，与常策欧、周维恒、赵松年等在《校风》第65期发表《丁二班同学会特别启事一》，告知本会即停止进行。

5月23日，北京大学校长蔡元培应邀到南开大学讲演，在正式演讲前，在欢迎大会上致词，由周恩来记录。会后，周恩来将之整理成文，刊登在5月30日《校风》第67期上。

6月，为记录整理的《蔡子民先生讲演录〈思想自由〉》撰写志，刊登在6月出版的《敬业》第6期上。内云："蔡先生取《思想自由》为题，名言谠论，娓娓动人。""记者于六年前即获读先生著作，今日始得一瞻风采，私幸之余，用是不揣简陋，随笔录之，归而略修其词，宣吾报端，以审同好。"① 《敬业》学报本月停刊，共出6期。在《敬业》学报上共发表14篇著述。

按：王凤超的《年表》记载为4月，在《敬业》学报第6期发表《蔡子民先生讲演录》和《蔡子民先生在本校全体欢迎会的演说词》。

6月15日，《敬业》第6期发表《科举之毒》一文。

按：周恩来主编的《南开学校第十次第二组毕业同学录》所载《周君恩来》小传云："热心从事学报，又倍竭其力，编辑印刷之

---

① 中共中央文献研究室、南开大学编：《周恩来早期文集（1912.10—1924.6）》（上卷），中央文献出版社、南开大学出版社1998年版，第294页。

习,遂为全校冠。曾为《校风》总经理。班中事无不竭力,即此同学录之经营,君实为其总编辑焉。"这些评语可以看作学校班级组织对周恩来新闻领域成果的最早鉴定和评价。南开中学周恩来纪念馆陈列了天津学生联合会报刊、校讯、觉悟社资料、印刷机器等新闻实践方面的实物。

9月,由天津登轮赴日本留学,至1919年4月回国。

到日本不久,俄国十月革命爆发,在日本报纸上看到一些关于十月革命的介绍。当时称共产党为"过激党",把红军叫"赤军"。①

新闻背景

1月28日,章士钊主办的《甲寅日刊》创刊。该刊主要撰稿人有章士钊、李大钊、邵飘萍和高一涵等。

1月,《新青年》第2卷第5号发表胡适的《文学改良刍议》,开启"文学改良"序幕。

2月,《新青年》第2卷第6号发表陈独秀的《文学革命论》。

4月1日,毛泽东以"二十八画生"笔名,在《新青年》第3卷第2号发表《体育之研究》。

6月9日,美国人在上海出版英文周报《密勒氏评论报》。

11月7日,俄国十月革命爆发。11月10日,上海《民国日报》头条发表,以"突如其来的俄国大政变、临时政府已推翻"的大字标题,报道了"彼得格勒戍军与劳动社会已推倒克伦斯基政府""美克齐美党(即布尔什维克党。——笔者)占据都城"的消息。11日,该报及《时报》《申报》《晨钟报》也作了报道和介绍。美国记者里德在十月革命爆发后10天赶到现场采访,写下《震撼世界的十天》,列宁为该书作序。

中国地方新闻史研究的开端之作、姚公鹤著的《上海报纸小史》出版。

根据美国报业巨头约瑟夫·普利策(Joseph Pulitzer)的遗愿设立美国普利策新闻奖,第一次颁奖,普利策奖就已成为一个全球性的新闻奖项。

---

① 林阔编著:《外交总理 周恩来全传》,中国文史出版社2005年版,第15页。

1918年（二十岁）

1月1日，取《南开思潮》阅之。①

1月3日，晌午拿起《南开思潮》来看，中间有好的同坏的地方，加批了很多文字。因为前四天南开同学会有人提议说《思潮》（即《南开思潮》。——笔者）不好，周恩来听到他们所说的话很有些不公，决定明天开会讨论此事。②

1月4日，早晨起后往青年会观报。攻击《思潮》（即《南开思潮》。——笔者）的事，亦因我反对，打消了。③

1月13日，早起往青年会阅报。④

1月15日，早，上课；归来，读书，阅报；午间往青年会阅报。⑤

1月16日，早，上课归，阅报、读书。⑥

1月22日，早起后上课三小时，至青年会阅报。⑦

1月23日，早晨看《朝日新闻》上刊登的日本昨日国会开会的事情，各党派质问的情状，寺内内阁同着各大臣演说等事情，我心中颇觉有个大感触。⑧

---

① 中共中央文献研究室、南开大学编：《周恩来早期文集（1912.10—1924.6）》（上卷），中央文献出版社、南开大学出版社1998年版，第306页。
② 中共中央文献研究室、南开大学编：《周恩来早期文集（1912.10—1924.6）》（上卷），第308页。
③ 中共中央文献研究室、南开大学编：《周恩来早期文集（1912.10—1924.6）》（上卷），第308—309页。
④ 中共中央文献研究室、南开大学编：《周恩来早期文集（1912.10—1924.6）》（上卷），第314页。
⑤ 中共中央文献研究室、南开大学编：《周恩来早期文集（1912.10—1924.6）》（上卷），第315页。
⑥ 中共中央文献研究室、南开大学编：《周恩来早期文集（1912.10—1924.6）》（上卷），第316页。
⑦ 中共中央文献研究室、南开大学编：《周恩来早期文集（1912.10—1924.6）》（上卷），第319页。
⑧ 中共中央文献研究室、南开大学编：《周恩来早期文集（1912.10—1924.6）》（上卷），第320页。

按：周恩来认同当时日本的政治体系，比起日本，周恩来十分担心本国政治家的无能和国民素质的低下。

1月24日，午间至青年会阅报。①

2月2日，下班后，到青年会看了一会子报。②

2月4日，在日记中总结道："我自从来日本之后，觉得事事都可以用求学的眼光，看日本人的一举一动、一切的行事，我们留学的人都应该注意。我每天看报的时刻，总要用一点多钟。虽说是光阴可贵，然而他们的国情，总是应该知道的。"③

2月5日，下午至青年会阅报。④

2月9日，晨起，致乃兄信，劝其读《新青年》。⑤

2月10日，晨起阅报。⑥

2月13日，午间饭毕，往青年会阅报。⑦

2月14日，晚归，闲步四郊，回室阅《新青年》数册。⑧

2月15日，晨起读《新青年》，晚归复读之，对其中所持排孔、独身、文学革命诸主义极端的赞成。在日记中详细记录："从前我在国内的时候，因为学校里的事情忙，对于前年出版的《新青年》杂志，没有什么特别的去注意，有时候从书铺里买来看时，亦不过过眼云烟，随

---

① 中共中央文献研究室、南开大学编：《周恩来早期文集（1912.10—1924.6）》（上卷），中央文献出版社、南开大学出版社1998年版，第320页。

② 中共中央文献研究室、南开大学编：《周恩来早期文集（1912.10—1924.6）》（上卷），第326页。

③ 中共中央文献研究室、南开大学编：《周恩来早期文集（1912.10—1924.6）》（上卷），第327页。

④ 中共中央文献研究室、南开大学编：《周恩来早期文集（1912.10—1924.6）》（上卷），第327页。

⑤ 中共中央文献研究室、南开大学编：《周恩来早期文集（1912.10—1924.6）》（上卷），第330页。

⑥ 中共中央文献研究室、南开大学编：《周恩来早期文集（1912.10—1924.6）》（上卷），第330页。

⑦ 中共中央文献研究室、南开大学编：《周恩来早期文集（1912.10—1924.6）》（上卷），第332页。

⑧ 中共中央文献研究室、南开大学编：《周恩来早期文集（1912.10—1924.6）》（上卷），第333页。

看随忘的。""等到我从天津临动身的时候,云弟给我一本《新青年》三卷四号,我在路上看得很得意。及至到了东京,又从季冲处看见《新青年》的三卷全份,心里头越发高兴。顿时拿着去看,看了几卷,于是把我那从前的一切谬见打退了好多。"①

2月16日,这几天连着把三卷的《新青年》仔细看了一遍。②

2月23日,抄录《上海时报》有一天登一个借债表,作为考查的材料。③

3月6日,晚往青年会,阅报二时。④

3月10日,晚至青年会阅报,雨益大。⑤

3月11日,晨六钟起,读书一时,出外购报。⑥

3月13日,晨六钟半起,读书一小时,出外购报,归复读。⑦

3月19日,午后至青年会阅报。⑧

3月22日,至东亚得《校风》阅之。⑨

3月29日,下午课毕,归来阅《太平洋》杂志。⑩

3月30日,晚读《不忍》杂志有感。⑪

---

① 中共中央文献研究室、南开大学编:《周恩来早期文集(1912.10—1924.6)》(上卷),中央文献出版社、南开大学出版社1998年版,第334页。
② 中共中央文献研究室、南开大学编:《周恩来早期文集(1912.10—1924.6)》(上卷),第335页。
③ 中共中央文献研究室、南开大学编:《周恩来早期文集(1912.10—1924.6)》(上卷),第339页。
④ 中共中央文献研究室、南开大学编:《周恩来早期文集(1912.10—1924.6)》(上卷),第342页。
⑤ 中共中央文献研究室、南开大学编:《周恩来早期文集(1912.10—1924.6)》(上卷),第343页。
⑥ 中共中央文献研究室、南开大学编:《周恩来早期文集(1912.10—1924.6)》(上卷),第344页。
⑦ 中共中央文献研究室、南开大学编:《周恩来早期文集(1912.10—1924.6)》(上卷),第345页。
⑧ 中共中央文献研究室、南开大学编:《周恩来早期文集(1912.10—1924.6)》(上卷),第346页。
⑨ 中共中央文献研究室、南开大学编:《周恩来早期文集(1912.10—1924.6)》(上卷),第347页。
⑩ 中共中央文献研究室、南开大学编:《周恩来早期文集(1912.10—1924.6)》(上卷),第349页。
⑪ 中共中央文献研究室、南开大学编:《周恩来早期文集(1912.10—1924.6)》(上卷),第349页。

4月1日，晨起阅《不忍》。①

4月3日，阅英文报，知日政府又提出二十条要求于中国矣！②

4月6日，下午东亚课毕，往青年会见同学多人，阅报一时。③

4月23日，晚上，我到"东京堂"去买书，抽个空儿看一看新出来的杂志。见着一本新近出版的《露西亚研究》，杂志上头有一篇文，论的是露西亚现今的党派，分的很详细。我在那里看了一遍，暗暗的记了个大概，用了近千字把他写下来。日记中这样解释："不是全从那篇文上写来的，内中有很多的意思，是我加进去的，不过事实没有杜撰就是了。"④

4月30日，晚至青年会观报。⑤

5月2日，上午读书、阅报。晚饭之后，七钟往青年会学会话，课毕观报多时，国事益坏矣！⑥

5月10日，早起雨甚大，至青年会阅报，归来读报数钟（小时。——笔者）。日记中记录了著名报人彭翼仲蹈海明志的事实："本月二号，由烟台出港之船，有国人彭翼仲蹈海而死，其绝命诗云：'霹雳一声中日约，亡奴何必更贪生。'彭君于洪宪帝制时几被诬，此次愤慨乃就义，不顾身家，怂然长逝矣！"⑦

---

① 中共中央文献研究室、南开大学编：《周恩来早期文集（1912.10—1924.6）》（上卷），中央文献出版社、南开大学出版社1998年版，第349页。

② 中共中央文献研究室、南开大学编：《周恩来早期文集（1912.10—1924.6）》（上卷），第350页。

③ 中共中央文献研究室、南开大学编：《周恩来早期文集（1912.10—1924.6）》（上卷），第351页。

④ 中共中央文献研究室、南开大学编：《周恩来早期文集（1912.10—1924.6）》（上卷），第354—356页。

⑤ 中共中央文献研究室、南开大学编：《周恩来早期文集（1912.10—1924.6）》（上卷），第357页。

⑥ 中共中央文献研究室、南开大学编：《周恩来早期文集（1912.10—1924.6）》（上卷），第358页。

⑦ 中共中央文献研究室、南开大学编：《周恩来早期文集（1912.10—1924.6）》（上卷），第362页。

5月12日，下午归室，饭后，读报多时。①

5月14日，"报纸宣传，尽属子虚。同时发布《觉书》，公之于今日报端。各学校如样贴出"②。

按：从记载中可以看出，周恩来对报纸的宣传不满意，子虚乌有的东西是不值得报纸报道的。

5月15日，早起出外阅报，拍电光相一。归来复阅报。③

5月16日，早起，既出至青年会观报。④

5月17日，今日日本各报言：条约已于昨日午后调印于北京。⑤

5月19日，青年会有署名"余偕亡"者，将"日本一"杂志所载《支那民性与豚性之研究》一文，公之于众。⑥

5月21日，早起观报，整理书籍。午后往《朝日新闻》社。⑦

5月22日，"今天报上说，北京高师大学两处的学生共一千多人在昨天的早晨到大总统府去见冯总统，冯总统传进几个代表，告诉他们这次条约纯粹关系西伯利亚共同作战的事情，别的事情全都是报纸造谣，万不可深信。这话如果真是真的，我也很盼望。但是，恐怕内容的秘密究竟不能告诉人，即使有多少事情仅仅的关系出兵，但是出了兵，日本的地位已经占好了，等完了事，他能够返回么！这又是一个问题。"⑧

---

① 中共中央文献研究室、南开大学编：《周恩来早期文集（1912.10—1924.6）》（上卷），中央文献出版社、南开大学出版社1998年版，第363页。
② 中共中央文献研究室、南开大学编：《周恩来早期文集（1912.10—1924.6）》（上卷），第364页。
③ 中共中央文献研究室、南开大学编：《周恩来早期文集（1912.10—1924.6）》（上卷），第365页。
④ 中共中央文献研究室、南开大学编：《周恩来早期文集（1912.10—1924.6）》（上卷），第365页。
⑤ 中共中央文献研究室、南开大学编：《周恩来早期文集（1912.10—1924.6）》（上卷），第366页。
⑥ 中共中央文献研究室、南开大学编：《周恩来早期文集（1912.10—1924.6）》（上卷），第366页。
⑦ 中共中央文献研究室、南开大学编：《周恩来早期文集（1912.10—1924.6）》（上卷），第367页。
⑧ 中共中央文献研究室、南开大学编：《周恩来早期文集（1912.10—1924.6）》（上卷），第368页。

5月23日，至《朝日新闻》社定（应为订，原文如此。——笔者）报。"十六日签字的中日新约，据今天所见的国内报纸所载十二条急电，文字模糊的很利（应为"厉"，原文如此。——笔者）害，看起来绝不能与真正的内容相同，并且载这个条约的报纸又是素与政府有关系的，大约是政府中有人主使拿这个骗骗国民。不想他这一宣布，按他的文字我已经找出许多的破绽出来了。我想现在姑且将它原文录在下面（抄录文略。——笔者）。前头抄的十二条，据报上说是陆军范围以内的事，海军的还有八条，到现在还没宣布于报纸上呢。"[1]

5月28日，归来阅报。[2]

5月31日，上海救国团寄来日刊两份，宣布于青年会。[3]

7月6日，晚至青年会阅报。[4]

7月8日，晚观报。[5]

7月10日，早起阅报。[6]

7月11日，致《民□报》片一。（□为无法判明什么字。——笔者）[7]

7月12日，晚间理新闻。[8]

7月15日，早六钟起阅报。晚归来读新译《中国游记》。[9]

---

[1] 中共中央文献研究室、南开大学编：《周恩来早期文集（1912.10—1924.6）》（上卷），中央文献出版社、南开大学出版社1998年版，第368—370页。

[2] 中共中央文献研究室、南开大学编：《周恩来早期文集（1912.10—1924.6）》（上卷），第372页。

[3] 中共中央文献研究室、南开大学编：《周恩来早期文集（1912.10—1924.6）》（上卷），第374页。

[4] 中共中央文献研究室、南开大学编：《周恩来早期文集（1912.10—1924.6）》（上卷），第383页。

[5] 中共中央文献研究室、南开大学编：《周恩来早期文集（1912.10—1924.6）》（上卷），第384页。

[6] 中共中央文献研究室、南开大学编：《周恩来早期文集（1912.10—1924.6）》（上卷），第385页。

[7] 中共中央文献研究室、南开大学编：《周恩来早期文集（1912.10—1924.6）》（上卷），第385页。

[8] 中共中央文献研究室、南开大学编：《周恩来早期文集（1912.10—1924.6）》（上卷），第385页。

[9] 中共中央文献研究室、南开大学编：《周恩来早期文集（1912.10—1924.6）》（上卷），第386页。

7月16日,早起阅报毕。归来阅《支那漫游记》。①

7月17日,早起阅报毕。②

7月18日,早起读报毕。下午读《支那漫游记》。③

7月19日,早起读报毕。归来读《支那漫游记》。④

7月22日,早起阅报毕,归来理报。下午理报毕。⑤

按:在这半年多的日记中,有55天记录了周恩来阅读报刊的活动,1天理报。贾临清著的《周恩来新闻实践研究(1919—1949)》一书统计为48天,显然漏了7天。

10月17日,东京留日南开同学举行南开校庆会,在会上发表祝词。11月8日,南开《校风》第106期报道周恩来的祝词要旨。

11月12日,日记页上贴报纸《东京日日新闻·第二号外》一张,内容为《休战条件》正文及有关消息。⑥

按:俄国十月革命胜利的消息1918年传到日本,日本媒体对这一事件作了广泛报道。周恩来到报亭买报纸,保持着细心阅读报纸的习惯。在留学日本期间,周恩来没有直接参加新闻实践活动,经常阅读报刊,扩大了他的信息面,促进了他新闻思想的进一步成熟,为他回国主编《天津学生联合会报》《觉悟》等报刊奠定了基础。

新闻背景

1月15日,出版的《新青年》第4卷第1号,改用白话文及新式标点符号。

---

① 中共中央文献研究室、南开大学编:《周恩来早期文集(1912.10—1924.6)》(上卷),中央文献出版社、南开大学出版社1998年版,第386页。

② 中共中央文献研究室、南开大学编:《周恩来早期文集(1912.10—1924.6)》(上卷),第386页。

③ 中共中央文献研究室、南开大学编:《周恩来早期文集(1912.10—1924.6)》(上卷),第386页。

④ 中共中央文献研究室、南开大学编:《周恩来早期文集(1912.10—1924.6)》(上卷),第387页。

⑤ 中共中央文献研究室、南开大学编:《周恩来早期文集(1912.10—1924.6)》(上卷),第387页。

⑥ 中共中央文献研究室、南开大学编:《周恩来早期文集(1912.10—1924.6)》(上卷),第403页。

3月20日，无政府主义刊物《劳动》月刊创刊。

10月5日，邵飘萍在北京创办《京报》，其副刊《京报副刊》创办于1924年。

10月14日，北京大学新闻学研究会成立，这是我国第一个新闻教育研究团体，蔡元培为会长，徐宝璜和邵飘萍任导师。这个以"新闻学研究"为名称和职责的学术团体的诞生，标志着我国有了自己的新闻教育和新闻学研究。

10月17日，北洋政府召开内阁会议，通过法制局起草了新《报纸条例》。

11月11日，协约国与德国签订休战条约，第一次世界大战结束。

11月15日，《新青年》第5卷第5号发表李大钊的《庶民的胜利》《布尔什维克主义的胜利》两篇文章，赞颂俄国十月革命。

12月22日，陈独秀、李大钊等在北京创办《每周评论》。

《彼得格勒工兵代表消息报》改名《消息报》，为苏俄政府机关报。

日本《大阪朝日新闻》因引用"白虹贯日"一语被指控，是日本新闻史上最大的压制言论事件。

1919年（二十一岁）

6月下旬，天津学联决定创办《天津学生联合会报》。周恩来因先后主办《敬业》和《校风》，展示了办报才能，所以谌志笃、马骏邀请他出来主办这份报纸。周恩来十分爽快地答应了，并说服编委会适应当时的潮流，报纸主要内容所使用的语言用现代白话文。该报纸的日发行量为两万份。和许多初版报纸的编辑一样，报纸的大部分文字都是由周恩来亲自编写的，为了使自己的作者身份不至于太明显，他使用各种不同的笔名。周恩来还亲自读校样，以此节省经费。他说：创办《天津学生联合会报》是非常必要的，要想学生爱国运动坚持下去，必须注意爱国教育。同学们既然需要我编辑学生会报，我愿与大家共同努力，负些责任是义不容辞的。他还劝说已在南京金陵大学读书、回天津度假的南开学校老同学潘世纶（字述庵。——笔者）留下来，帮他一起办报。[①]

[①] 中共中央文献研究室编：《周恩来传1898—1976》（上），中央文献出版社2008年版，第44页。

7月8日,《南开日刊》报道周恩来7月7日在南开留日学生代表慰劳在校同学茶话会上的致词。

7月12日,撰写《〈天津学生联合会刊〉发行断趣》(曾误为《〈天津学生联合会报〉发刊旨趣》印行。——笔者)在《南开日刊》第35号上发表。文章写道:"我们学生联合会在求社会同情的时候,不能不有两个利器:一个是演讲,一个是报纸。'演讲、报纸',全是表现我们学生思潮的结晶。"文章进一步指出:本日刊是学生联合会的舆论机关,所以必须同联合会一致终始。本"革心"同"革新"的精神立为主旨。本日刊完全是学生自动的组织。本民主主义的精神发表一切主张。学术研究的发表不分派别,但以稿件合于社会的生活作标准。对于政府的政策有指导同监(漏了"督"字。——笔者)的责任。对于联合会有建议的责任。文字以浅白为主。新闻的记载以有关于社会生活、人类进步为范围,并且力求敏捷。对于社会生活同各种学术,用哲学的眼先(应为"光"字。——笔者)科学解析,公允正确的批评。介绍国民必须(应为"需"。——笔者)的常识于社会。介绍现在最新思潮于社会。文艺的登载以切合人生为范围。报中职员共同工作,一切组织守合议的制度。联络各新闻纸同各通信社,交换新闻消息。联络各地团体同个人,征求各种稿件。联络各地学者,求其学术上的辅助。代表全津学生的舆论。职员由学生联合会新闻科随时聘请,额数不加限制。职员的学业仍积极的研究,不加间断。①

按:《〈天津学生联合会刊〉发行断趣》一文提出该会刊是学生联合会的舆论机关,明确了报纸的性质、主旨,即以"'革心'同'革新'的精神";还提出了办报的明确具体要求。从这些具体要求中可以看出周恩来办报的思想,包括报纸的性质、主旨、组织形式、选稿的标准、组稿方法等,也比较全面地反映了周恩来的新闻思想。

---

① 中共中央文献研究室、南开大学编:《周恩来早期文集(1912.10—1924.6)》(上卷),中央文献出版社、南开大学出版社1998年版,第419—420页。

7月21日，主编的《天津学生联合会报》创刊。发表题为"革新·革心"的社论，提出著名的"改造旧社会、革除旧思想"的观点。

按：《天津学生联合会报》为对开一张半，1919年7月21日创刊时为日报，后改为三日刊，先后出了100多期。第100期为"奋斗号"专刊，至1920年初停刊。创办之时，一无经费、二无纸张、三无印刷厂，在周恩来的细心筹划和奔走下，问题得以解决。周恩来从编辑、写稿、校对到卖报，各个环节都亲力亲为。中国革命博物馆曾经展出了他当年参与印刷的那部印刷机。《天津学生联合会报》的发行量，最高时曾达2万份，超过当时著名报纸《大公报》及国民党的《中央日报》。当时的杂志《少年世界》评价道："天津学生办的报有点价值的自然要算这报了。"上海《新人》甚至"敢说是全国的学生会报冠"。读者称赞它是天津的"新曙光""全国的学生会报冠"。上海《新人》说，该刊办得"很有精神""比较的更为敢言"。北京《晨报》评价说："它办得很有价值。"南京的《少年世界》评价说，天津学生办的报纸中，最有价值的"自然要算这报了"。彭明编撰的《五四运动史》评价道："当《天津学生联合会报》关于京津请愿代表被捕的'号'出现在天津街头的时候，全市沸腾起来了，群众愤怒声讨卖国政府，上千人要求参加赴京请愿斗争。8月25日，天津组成了几百人的队伍，分批赴京。26日，北京、天津等地学生三四千人，向总统府进发。"新中国成立后先发现9期《天津学生联合会报》，1983年中国第二历史档案馆新发现8期，合计17期。在后发现的8期中，有周恩来以"飞飞"的笔名撰写的时评和编后，这对于研究周恩来青年时期的思想及活动，对于研究中国新闻评论具有十分重要的价值。

8月2日至6日，《天津学生联合会报》连载日本宫崎龙介原的《日人口中之破坏和平的资本主义外交》一文。

8月5日，《天津学生联合会报》第15号发表《评现今舆论界并问〈益世报〉》的时评。在评论中，周恩来旗帜鲜明地抨击军阀收买报纸，严正批评《益世报》对山东戒严、和约签字等重大事件采取完全回避的态度。

8月6日，在《天津学生联合会报》第16号发表《黑暗势力》（一）和《再问〈益世报〉》。

8月7日，在《天津学生联合会报》第17号发表与世纶合写的时评《讨马良》。文章声讨山东济南镇守使马良镇压爱国运动、杀害回教救国后援会领导人的罪行，呼吁"我们天津各界再不起来讨他，更待何时？"① 为当日发表的赵光宸的《谢绝如夫人入会的问题》加编者按。

8月9日，组织当时各校刊物《南开日刊》《师范日刊》《北洋日刊》《醒世周刊》等，以《天津学生联合会报》为主成立"天津学生报社联合会"，并当选为主要负责人。当日，《天津学生联合会报》第19号发表周恩来撰写的《敬告男女学生》《敬告日本来华的学生》《讨安福派的办法》三篇时评。

8月23日，来自北京、天津、山东的各界联合会代表30余人，在北京新华门前请愿，强烈要求惩办马良，遭军警镇压。周恩来立即布置《天津学生联合会报》赶出号外，报道此事件真相。

9月4日，天津《益世报》第6版发表天津报社联合会第四次例会新闻，报道了周恩来提出的一些办报观点。《益世报》原文摘录如下：昨日下午四时，宣讲所开第四次例会，到会代表联合会报周恩来君……报告议决事件六项：（一）警厅对待学生方法讨论案（周恩来提出），决议监督其行为，并揭破其黑幕。并段毓灵提出，某某报袒护警厅，应行质问某某报，并用本会名义转各报，宣布是日之真相。无异议，推联合会报代转。（二）各校从速组织周刊案（周恩来提出）。由各校代表报告情形。闻官中、新学欲出周刊，由特派交际员探询……（六）开课后，会报、周刊联络案。有二种办法（甲）用本会名义，交换各报。（乙）请名人演说，灌输新知识（周恩来提出）。通过。

按：原文无标点，由笔者句读。中共中央文献研究室、南开大

---

① 中共中央文献研究室、南开大学编：《周恩来早期文集（1912.10—1924.6）》（上卷），中央文献出版社、南开大学出版社1998年版，第427页。

学编的《周恩来早期文集》（1998年版）第421页，关于报社联合会第四次例会注为本文原载1919年9月5日天津《益世报》，经查该报，发表时间显然是错的，且"并段毓□提出"中空缺的字为"灵"的繁体字；"并用本会名转各报"中"名"后面漏了一个"义"字；"推联合会报代转"中的"推"字错为"托"字。

据笔者所见，这是作为新闻人物的周恩来首次被报道，此后，周恩来不仅是一位新闻工作者，也是一名被媒体关注的新闻人物。

9月12日，在《天津学生联合会报》第45号发表时评《杂感一束》，指出我们的请愿，被认定为群众运动的导火线。

按：王凤超的《年表》把这篇时评发表时间错载为9月4日。

△ 主持《天津学生联合会报》例会。①

9月13日，《天津学生联合会报》第54号发行，计四版，其中，一、四版为广告。二、三版有主张、要闻、消息、纪事、讨论、时评等体裁。电头有9月12日路透欧美电，有北京11日电，有中美通信社消息。

9月14日，《天津学生联合会报》发表周恩来于9月13日在天津女界爱国同志会全体大会上的演说摘要，题目为"新旧战争"。

9月16日，和邓颖超等同志组织的觉悟社成立，为天津学生运动的领导核心，第一批成员有20人。该社的主要活动是研究新思潮，抨击孔孟之道，反对帝国主义和封建军阀。决定出版名为《觉悟》的刊物。② 觉悟社的活动成为社会上的话题，11月25日，北京《晨报》评论它是"天津的小明星"，称赞其活动。

9月19日，在《天津学生联合会报》第60号发表《杨以德又要兴风作浪》的时评文章，揭露天津警察厅厅长杨以德镇压爱国学生运动的罪行。

9月21日，觉悟社根据周恩来的提议，邀请北京大学教授李大钊来

---

① 中共中央文献研究室编：《周恩来年谱1898—1949》（上），中央文献出版社2007年版，第33页。

② 中共中央文献研究室编：《周恩来年谱1898—1949》（上），第33页。

资料来源：周恩来主编的《天津学生联合会报》，1919年9月13日第54期。转自《新闻界》2016年第15期，第69页。

天津指导觉悟社的活动，并发表讲演。李大钊对出版《觉悟》等非常赞许，建议同学们认真阅读《新青年》《少年中国》上的进步文章。

9月22日，由于天津警察厅派军警恫吓印刷局，《天津学生联合会报》被迫"休刊"。周恩来在当天的《益世报》第2版发表紧急启事，宣告争取继续出版，报社照常办公，"何时出版？一定要在前一天在各报报告的"。

10月7日，经周恩来领导的报社同仁的努力争取，《天津学生联合会报》复刊，续出第63号，为三日刊。由益世报馆承印。当日，《天津学生联合会报》发表由周恩来撰写的《本报继续出版的布告》。

10月13日，为天津女界爱国同志会和天津中等以上学校学生联合会起草《天津中等以上男女学校学生短期停课宣言书》，发表在10月14日的《益世报》第2版上。

  按：中共中央文献研究室、南开大学编的《周恩来早期文集》（1998年版）第443页，标注本文原载1919年10月13日天津《益世报》，经查该报，发表时间显然是错的。

11月15日，主持觉悟社特别会议。①

12月11日，在《校风》第133期发表《南开出校学生通讯处细则》。

12月17日，《益世报》第10版报道周恩来代表天津学生联合会与天津总商会代表15日下午商讨抵制日货时的谈话消息。

12月18日，在《校风》第134期发表《致南开出校同学诸君》。

12月21日，主持觉悟社全体会议。会议决定社员用抽签的办法取一个代名，替代各人对外的姓名。周恩来为五号，于是谐音"伍豪"。②

12月26日，在《校风》第135期发表《第二次致南开出校同学诸君》。

12月27日，主持觉悟社常会。会议决定觉悟社的目标是："本着反省、实行、持久、奋斗、活泼、愉快、牺牲、创造、批评、互助的精神，求于'人'的生活。"③

12月29日，根据觉悟社全体社员的讨论，执笔写成《"觉悟"的宣言》《觉悟》两篇文章。《"觉悟"的宣言》（载于1920年1月20日出版的《觉悟》上。——笔者）指出："凡是不合于现代进化的军国主义、资产阶级、党阀、官僚、男女不平等界限、顽固思想、旧道德、旧伦常……全认他为应该铲除应该改革的。"④ 在《觉悟》（载于1920年

---

  ① 中共中央文献研究室编：《周恩来年谱1898—1949》（上），中央文献出版社2007年版，第36页。
  ② 中共中央文献研究室编：《周恩来年谱1898—1949》（上），第36页。
  ③ 中共中央文献研究室、南开大学编：《周恩来早期文集（1912.10—1924.6）》（上卷），中央文献出版社、南开大学出版社1998年版，第472页。
  ④ 中共中央文献研究室、南开大学编：《周恩来早期文集（1912.10—1924.6）》（上卷），第471页。

1月20日出版的《觉悟》上。——笔者）一文中写道："为人类大多数生存进化比较现状为有进步的——是谓之大'觉悟'。""纵横起来说，横性的'觉悟'，是利己利人，永无边境；纵性的'觉悟'，是解放改造，破坏建设，永无止境。"①

新闻背景

1月1日，《国民》《新潮》杂志创刊于北京。

2月，《晨报》第7版由李大钊主持改革，逐渐发展成为著名的《晨报副刊》，成为新文化运动的重要园地。

2月，世界报界联合会会长（该会1915年7月成立于美国旧金山，加入者34国。——笔者）、美国密苏里大学新闻学院院长、名记者沃尔特·威廉博士首次访华，邀请中国新闻界参加世界报界联合会。

3月，北大《国故》月刊创刊，总编辑为刘师培、黄侃。

4月6日，《每周评论》第16期摘译《共产党宣言》第2章后面纲领性的一段。

5月1日，北京各报广泛报道巴黎和会上中国的外交失败，引起强烈震撼。

五四运动后，中国新闻事业进入历史新阶段。

5月，李大钊把轮流主编的《新青年》第6卷第5号，编为"马克思主义研究专号"，并发表了《我的马克思主义观》长文，这是五四运动后第一次大规模地宣传马克思主义的活动。

7月14日，毛泽东主编的《湘江评论》创刊。

8月24日，《新生活》周刊在北京创刊。

12月，毛泽东在北京创办"平民通讯社"，毛泽东为社长。

12月，我国第一部新闻学著作、北京大学教授徐宝璜为新闻学研究会编写的讲义——《新闻学大意》（后改名为《新闻学》），由新闻学研究会出版。

中国最早的研究新闻学的专业刊物《新闻周刊》由北京大学新闻学研究会出版。

---

① 中共中央文献研究室、南开大学编：《周恩来早期文集（1912.10—1924.6）》（上卷），中央文献出版社、南开大学出版社1998年版，第474页。

1920年（二十二岁）

1月20日，《觉悟》第1期出版，周恩来任主编，发表经觉悟社成员讨论、由其执笔的《〈觉悟〉的宣言》和《觉悟》两文。文章指出，《觉悟》的宗旨是要本着"革心""革新"的精神，求大家的"自觉""自决"①。参加讨论并编辑整理了《觉悟》第1期上的《学生根本的觉悟》和《工读主义》两篇文章。

资料来源：周恩来：《〈觉悟〉、〈觉邮〉周恩来诗文集》，南开大学图书馆1980年版，前言。

---

① 中共中央文献研究室、南开大学编：《周恩来早期文集（1912.10—1924.6）》（上卷），中央文献出版社、南开大学出版社1998年版，第472页。

△ 在《觉悟》第 1 期发表《三个半月的觉悟社》《死人的享福》等文。

按：《觉悟》创刊于 1920 年 1 月 20 日，是不定期出版的公开发行刊物，大 32 开本，100 余页，9 万余字，《〈觉悟〉的宣言》和《觉悟》是两篇短论，还有许多评论文章。熊复在《周恩来政论选》序言中也提到周恩来主编的《觉悟》，发表了充满革命激情的文章，所以《纪事》也将其收入进来。上海《新人》杂志这样评价《觉悟》："讨论的问题全是长篇而有秩序，为现在各种出版物中所未有。"限于当时的条件，《觉悟》只出了 1 期，第 2 期已收到 40 多篇文章，因周恩来等被捕，未能编成付印，非常遗憾。

1 月 29 日，被捕，随后《天津学生联合会报》停刊。

按：与南开学校时期相比，周恩来这一时期的新闻实践明显有了变化。一是新闻必须真实。新闻的真实性是新闻的本质属性之一，是周恩来论述得最多的新闻问题，也是论述得最深刻的问题，这里无须赘述。二是报纸为一种"利器"。周恩来对报纸功能的认识，在这一阶段有了发展变化。他把报纸同革命斗争联系起来，称报纸是一种宣传革命民主主义、反帝反封建的锐利武器。三是机关报必须与所属机关保持一致始终。《天津学生联合会报》《觉悟》等仍然为学生报刊，但所属机关是天津学生联合会，超越了一所学校的限制，直接面对社会，影响自然不可同日而语。《天津学生联合会报》起初是日报，对办报者的素质要求亦不一样，日报更强调时效性，体裁上有消息、特写、评论等，形式更丰富了。消息来源也扩大到路透社、朝日新闻、中美通讯社等。四是报刊要有"革心"和"革新"的精神。他在《〈天津学生联合会刊〉发行旨趣》一文中指出了"本'革心'和'革新'的精神立为主旨"。后又再次提出《觉悟》的主旨，要"本'革心'和'革新'的精神，求大家的'自觉''自决'"，反映了以周恩来为代表的当时一批先进知识分子在改造自己和改造社会问题上高度的革命自觉性。

思想的形成和发展，是一定社会客观存在的反映。周恩来新闻思想的形成和发展也有其自身特定的历程和理论渊源。这一时期，周恩来新闻思想的一个重要特点是马克思和恩格斯的党报思想对周恩来影响巨大，标志着形成周恩来新闻思想的最后一块拼图全部完成。自此，我们可以看到，周恩来新闻思想的渊源包括中华传统优秀思想文化的熏陶，资产阶级新闻思想的影响，马克思主义新闻思想的巨大影响以及自身新闻实践的理论总结与升华。

1月30日，《益世报》第2版发表《男女代表之下落》消息，报道周恩来等4人被拘收押。

2月17日，回答警厅司法科问讯说，对《天津学生联合会报》事可负完全责任。①

按：这一回答，体现了周恩来勇于担当的精神。

4月8日，在警厅可以自由看报，精神觉着一振。下午两点多钟，各室值日员齐集会议，议决事件第九条：十九人（两女代表除外。——笔者）共订日报五份：《时事新报》《晨报》《益世报》《泰晤士报》《华北明星（英文报）》。②

4月13日，《泰晤士报》编辑周宝泉来看孟震侯，没能见着，送了自从学生被拘到现在的《泰晤士报》给大家看。③

4月26日，被拘人员举行全体大会，推举李散人为购买每日新闻纸的干事，集资的方法是，每人每次纳铜元十枚，用毕再集；举李培良收管报纸。④

5月13日，下午两点开紧急会议，主席是吴凤岐。议的是关于所中

---

① 中共中央文献研究室编：《周恩来年谱 1898—1949》（上），中央文献出版社 2007 年版，第 39 页。
② 中共中央文献研究室、南开大学编：《周恩来早期文集（1912.10—1924.6）》（上卷），中央文献出版社、南开大学出版社 1998 年版，第 535 页。
③ 中共中央文献研究室、南开大学编：《周恩来早期文集（1912.10—1924.6）》（上卷），第 539 页。
④ 中共中央文献研究室、南开大学编：《周恩来早期文集（1912.10—1924.6）》（上卷），第 545 页。

又禁止看报对待办法。①

5月17日,开特别讨论会,讨论社会服务问题。综合这两天的会议精神,认为大家出狱后,应有下列新的组织:社会应组织出版灌输平民知识的小报,或由学生办,或由有这项志愿的人办。②

5月25日,大家成立了一个书报公司,搜集大家的书放在一处,凡要看书的都要纳点费,聚出钱来,仍行购买新书,供大家赁看;将来新书的分配,以各人借入书籍为比例。③

按:后来分散的时候,新买的书,并未分配,全部捐给通俗图书馆。

5月,开始编写《警厅拘留记》,详细记录了被拘代表在狱中的斗争生活。12月,在天津《新民意报》上陆续刊登,连载时名为"民八五四学潮天津被拘代表检厅日录",署名"周飞飞",后由该报社印成单行本发行。

7月13日,在监中见着各报的号外,全说直军打胜仗,大家亦很盼望吴佩孚军战胜。④

8月18日,撰写《改造联合宣言》一文,发表在1920年11月15日出版的《少年中国》第2卷第5期上。

9月15日,由周恩来题匾、马千里主编的《新民意报》创刊。⑤周恩来参与筹办,对报纸的立场主张、内容材料、经营方式,提出多项建议。⑥

---

① 中国社会科学院近代史研究所《近代史资料》编译室主编:《五四爱国运动》(上),知识产权出版社2013年版,第61页。
② 天津历史博物馆、南开大学历史系《五四运动在天津》编写组编:《五四运动在天津历史资料选辑》,天津人民出版社1979年版,第568页。
③ 中共中央文献研究室、南开大学编:《周恩来早期文集(1912.10—1924.6)》(上卷),中央文献出版社、南开大学出版社1998年版,第557页。
④ 中共中央文献研究室、南开大学编:《周恩来早期文集(1912.10—1924.6)》(上卷),第593页。
⑤ 中国人民政治协商会议天津市委员会文史资料委员会编:《近代天津十大实业家》,天津人民出版社1999年版,第60页。
⑥ 方汉奇主编:《中国新闻事业编年史》(上),福建人民出版社2000年版,第908页。

10月8日，作为天津《益世报》驻欧洲记者旅欧。商定以撰写旅欧通讯所得稿费，来维持旅欧期间的生活。①

10月12日，到《新民意报》社辞行，说明18日将离开天津去上海等候赴法轮船。②

11月7日，上海《时事新报》第三版以"大批留法勤工俭学学生放洋"为标题报道了197名青年赴法勤工俭学，在所附的学生名单中，周恩来榜上有名。

11月24日，在赴欧轮船上写成《检厅日录的例言》，记载了从4月7日至7月17日周恩来本人和被拘代表在警察厅狱中的斗争生活。《天津新民意报》1921年春连载之。

12月下旬，在留法励学社"关于交涉销毁恶劣影片事"致《留美学生季报》的函末撰写按语。后发表在《留美学生季报》1921年夏季第2号上。

新闻背景

年初，中国最早为报纸提供照片的新闻摄影机构——中央写真通信社成立。

5月17日，天津《益世报》第10版刊登消息，标题为"周恩来在狱中患病"。

7月，"中俄通讯社"（后来简称"华俄社"）创办。该社由共产国际工作组和中共上海发起组领导，向《新青年》《民国日报》等供给稿件，介绍十月革命后的苏俄情况。

8月15日，《劳动界》周刊创刊于上海。

8月，陈独秀等在上海成立共产主义小组。第一个中文全译本《共产党宣言》由陈望道翻译，由上海社会主义研究社出版。

9月，上海圣约翰大学设"报学系"，这是我国高等学校中开办的第一个正规的新闻学系，1952年院系调整，并入复旦大学。

10月3日，《劳动者》周刊在广州创刊。

10月，《晨报》和上海《时事新报》联合向美、英、法、德、俄五国派出特派

---

① 中共中央文献研究室编：《周恩来年谱1898—1949》（上），中央文献出版社2007年版，第44页。

② 中共中央文献研究室编：《周恩来年谱1898—1949》（上），第44页。

员七人，开展国际报道。其中，瞿秋白、俞颂华、李宗武三人成为中国采写十月革命后苏俄实际情况的第一批新闻记者。瞿秋白被派往苏俄采访，发表了大量通讯，还写了《俄乡记程》《赤都心史》《俄国文学史》《俄罗斯革命论》四部书。

11月2日，美国匹兹堡的KDKA广播电台开始播音，这是世界上第一座广播电台。

11月7日，《共产党》月刊在上海创办，李达任主编。《劳动音》周刊创办于北京，由北京共产主义小组创办。

《新青年》从第8卷第1号起进行改组。为了帮助中国共产主义者建设马克思主义政党，共产国际开始派维经斯基等人以俄文报纸《生活报》记者的名义来中国活动。

希特勒改《人民观察家报》为《国家社会机关报》，鼓吹法西斯主义。

1921年（二十三岁）

1月5日，开始对英国作"社会实况之考查"。①

2月1日，撰写第一篇旅欧通讯《伦敦通信 欧战后之欧洲危机 各国之唯一解决方法 德国赔款确数之决定 巴黎最高会议之经过》，《益世报》3月22日第6版、23日第4版连载。

2月中旬，经常通宵达旦地给《益世报》撰写通讯，向国内介绍国际大事。②

3月21日，撰写《西欧通信 留法勤工俭学生之大波澜》，对处于饥寒困窘境中的勤工俭学生深表同情。对新闻观的表述为："于此事纯立客观地位，据实直书，或能免去一切囿于局部观念，是投身历其境者，减去偏见不少。"③《益世报》从5月9日至18日连载。

---

① 中共中央文献研究室编：《周恩来年谱1898—1949》（上），中央文献出版社2007年版，第46页。

② 中共中央文献研究室编：《周恩来年谱1898—1949》（上），第47页。

③ 中共中央文献研究室、南开大学编：《周恩来早期文集（1912.10—1924.6）》（下卷），中央文献出版社、南开大学出版社1998年版，第23页。

按：周恩来在长篇通讯《留法勤工俭学生之大波澜》一文中对新闻观的表述有三层意思：客观公正，据实直书，全面观念。此三层意思充分说明周恩来的新闻观较之《天津学生联合会报》旨趣书的办报宗旨更加全面、准确、丰富，这是他对新闻实践的总结，是他新闻思想的科学阐述。

3月28日，撰写《西欧通信 德国赔款问题之决裂 伦敦会议之内容 相当手段之实现 协约国所占领之三城 赔款问题中最近之又一枝节》，《益世报》5月19日、20日第6版连载。

4月6日，撰写《西欧通信 西欧对俄对德之方略 近东问题之不安 希土之战事复开 西欧外交界之策略 真正和平之难现》，《益世报》5月24日、25日第6版连载。

4月13日，撰写《西欧通信 英国矿工罢工风潮之始末》，《益世报》5月26日至29日第6版连载。

4月21日，早，撰写《西欧通信 英国矿工罢工风潮之续志》，《益世报》6月13日、14日第6版连载。

4月22日，午，撰写《西欧通信 一周间西欧政象之撮要》，《益世报》6月10日、12日第6版连载。

4月26日，撰写《西欧通信 英国矿工罢工风潮之再志》，《益世报》6月16日、17日第6版连载。6月20日、21日，《益世报》第6版连载《西欧通信 欧战后赔偿问题之近讯》，因未完，而6月22日《益世报》没有办法看到，所以写作时间不能确定。

5月4日，撰写《西欧通信 英国矿工罢工风潮之再志》，《益世报》6月23日、24日第6版连载。

5月6日，撰写《西欧通信 伦敦会议再开幕之经过》，《益世报》27日第6版刊登，《西欧通信 协约致德哀的美敦书之内容 英相劳得乔治在国会之演说》，《益世报》28日第6版刊登。

5月14日，撰写《西欧通信 万目睽睽之日皇储来英纪》，《益世报》7月8日第6版发表。

5月16日，撰写《西欧通信 英法最近之意见龃龉 上西里西亚问题

之复杂 英首相之国会演说 态度强硬之法总理 英法舆论之一般》，《益世报》7月9日至12日第6版连载。

5月25日，撰写《西欧通信 协约国最高会议之延期 上西里西亚最近之乱象》，《益世报》7月3日、14日第6版连载。

5月27日，撰写《西欧通信 英国矿工罢工风潮之影响》，《益世报》7月15日第6版发表。

5月30日，撰写《西欧通信 上西里西亚问题之近讯》，《益世报》7月16日第6版发表。

6月1日，撰写《西欧通信》内文有"煤矿罢工中之谈判""德国按期缴出赔款"两个小标题，《益世报》7月20日第6版发表。

6月7日，撰写《西欧通信 英国矿工罢工风潮之波折》，《益世报》7月28日、29日第6版连载。

6月13日，撰写《西欧通信》内文有"矿主矿工直接谈判""各地代表催开大会""总投票结果之预测"三个小标题，《益世报》8月1日第6版发表。

6月16日，撰写《西欧通信 近东问题与英法之态度》，《益世报》8月6日、7日第6版连载。

6月20日，撰写《西欧通信 英国矿工总投票之结果》，《益世报》8月9日第6版、10日第7版连载。

6月30日，撰写《西欧通信 旅法华人拒绝借款之运动》，《益世报》8月16日、17日、18日第6版连载。

7月2日，撰写《西欧通信 中法借款之又一黑幕的内幕》，《益世报》8月26日、27日第6版连载。

7月12日，撰写《西欧通信 英帝国会议之内幕（一）》，《益世报》9月6日、7日、8日第6版连载。《益世报》9月9日第6版、10日第7版、11日第6版、12日第6版转第7版连载《西欧通信 英帝国会议之内幕（二）》，撰写时间不明。

7月27日，撰写《西欧通信 待开声中之华盛顿会议 各国所持之态度 英美之争执 美日之交涉 议题内容最近之变化 山东问题之除外》，

《益世报》9月13日、14日第6版转第7版连载。

7月30日，撰写《西欧通信 中法大借款竟实行签字矣 借款总额五万万佛郎 印花税验契税作担保品 签字日期为七月二十五日 负责签字者有吴鼎昌陈策 旅法华人拒款运动之失败 借款成功与中法实业银行之影响 旅法各界人士最近之态度》，《益世报》9月29日、30日第6版连载。

8月6日，撰写《西欧通信 近两月间之西欧大事纪》，《益世报》10月2日、3日第6版连载。

8月14日，撰写《西欧通信 巴黎会议中之英法小冲突》，《益世报》10月4日和5日第6版连载。

8月16日，撰写《西欧通信 中法大借款案之近讯》，《益世报》10月8日、9日第6版连载。

按：10月9日续刊时，主标题改为巴黎通信。

8月24日，撰写《旅欧通信 西俄大旱之惨状》，《益世报》10月15日、16日、17日第6版连载。

按：1921年8月2日，列宁发表《告国际无产阶级书》，说明苏联灾荒的严重性，恳求提供帮助。在欧洲的周恩来了解这一信息后，8月24日为天津的《益世报》写下了长篇通讯《西俄大旱之惨状》，向中国人民告知苏联困境和列宁的呼吁。

9月3日，撰写《旅欧通信 复辟声中之德意志》，《益世报》10月19日、20日、21日、22日第6版连载。

9月14日，撰写《旅欧通信 欧洲之救济事业》，《益世报》10月30日至11月1日连载。

9月30日，撰写《旅欧通信 英国经济现象之恐慌》，《益世报》11月22日、23日、24日第6版连载。

10月9日，撰写《旅欧通信 问题中之英国经济救济》，《益世报》12月2日、3日第6版连载。

10月13日，蔡和森、李立三、陈毅等104名中日留法学生被法国政府武装押送回国。冬，周恩来将此事件写成题为"旅欧通信 勤工俭学生在法最后之运命",《益世报》12月18日、19日、20日第6版连载,12月21日第6版发表时标题为"旅欧通信 勤工俭学生在华最后运命",12月22日第6版发表时标题为"旅欧通信 勤工俭学生在华之最后运命",12月23日、24日、25日、27日、28日、29日第6版发表时标题为"旅欧通信 勤工俭学生在法之最后运命",1922年1月1日第6版,1月5日、1月6日、1月7日,1月9日第6版连载。

10月19日,撰写《旅欧通信 民族自决与上西里西亚问题》,《益世报》12月11日、12日第6版连载。

10月30日,寄《旅欧通信 大西洋上之太平洋问题》,《益世报》12月16日、17日第6版连载。

11月5日,撰写通讯《巴黎通信 大西洋上之太平洋会议观(一)》,《益世报》1921年12月30日至1922年1月1日第6版连载。

11月8日,续写《巴黎通信 大西洋上之太平洋会议观(二)》,《益世报》1922年1月10日、11日第6版连载。文中评述华盛顿会议的实质,指出美、日、英"三国所争所引者,咸以吾国为对象,关系之深,问题之重,实以吾国为首,特吾人不能自决,乃任人处分"。最后写道:"观之昔日之巴黎和会,一列强分赃之会议也。今日之华盛顿会议,一斗角钩心之会议也。"

> 按:文物出版社1979年出版、天津市人民图书馆编的《周恩来同志旅欧文集》目录把《大西洋上之太平洋会议观(二)》错为1922年1月8日撰写)。

11月17日,撰写《巴黎通信 法报论中国在华会之地位》,1922年1月7日、8日《益世报》第6版发表。

11月20日,撰写《巴黎通信 华府会议中之英法战略(一)》,《益世报》1922年1月20日、21日第6版连载。

11月29日,撰写《巴黎通信 华府会议中之英法战略(二)》,《益世报》1922年1月22日、23日第6版连载。

12月13日,撰写《巴黎通信 裁兵赔款问题与英法》,《益世报》1922年2月4日、5日第6版连载。

12月18日，撰写《巴黎通信 四国协定与英法中日》，《益世报》1922年2月6日、7日第6版连载。

12月23日，撰写《巴黎通信 圣诞节前之英法会议》，《益世报》1922年2月10日第7版、11日第6版连载。

新闻背景

3月1日，林白水与胡政之合办的《新社会报》诞生于北京。

6月，在上海共产主义小组的帮助下，苏俄国家通讯社罗斯塔社（1925年改名塔斯社）在上海成立分社。

7月23日，中国共产党"一大"通过的第一个决议中有关于"杂志、日刊、书籍和小册子须由中央执行委员会或临时中央执行委员会经办""任何中央地方的出版物均不能刊载违背的方针、政策和决定的文章"的规定。

7月，中国劳动组合书记部北方分部机关报《工人周刊》创刊。

8月20日，中国共产党领导的第一张全国性工人报纸——中国劳动组合书记部机关报《劳动周刊》在上海创刊。

8月，胡政之在上海创办国闻通讯社，名义社长为邓汉群。

10月10日，世界报界联合会在美国檀香山火鲁奴奴岛举行第二次世界报界大会，我国新闻界首次派6名代表参加这次盛会。

11月10日，《泰晤士报》北岩勋爵访问《申报》馆。

12月，美国新闻家、万国报界联合会新闻调查委员会委员长格拉士和美国密苏里新闻学院院长、世界报界大会会长威廉博士等来华访问。

厦门大学开设报学科，初创时，仅招学生一名；第二年，学校聘请孙贵定为该科主任。

1922年（二十四岁）

1月8日，撰写《巴黎通信 一九二二年开幕后之欧洲（一）》，《益世报》2月20日、21日、22日第6版连载。

1月9日，撰写《巴黎通信 一九二二年开幕后之欧洲（二）》，《益世报》2月28日、3月1日第6版连载。

1月10日，撰写《巴黎通信 英法问题最近之趋势》，《益世报》2月23日第6版、24日第7版连载。

1月15日，撰写《伦敦通信 继爱尔兰而起者之埃及》，《益世报》2月23日第6版、24日第6版转第7版连载。

1月22日，撰写《旅欧通信 珈恩会议与法内阁》，《益世报》3月19日、20日第6版连载。

1月27日，撰写《欧洲通信 英伦岛上之选举潮（一）》，《益世报》4月6日第6版、7日第7版、8日第7版、10日第7版、11日第7版连载；《欧洲通信 英伦岛上之选举潮（二）》，4月2日第6版、3日第6版转第7版、4日第7版、5日第7版连载。

2月3日，撰写《欧洲通信 英国今日对俄之急需》，《益世报》3月25日第6版、26日第6版转第7版、27日、28日第7版连载。

2月6日，撰写《欧洲通信 劳动世界之新变动》，《益世报》3月29日、30日、31日第7版，4月1日第7版连载。

按：该通信分析了十月革命后欧洲劳动阶级的新动向。

2月，撰写《欧洲通信 山东问题最危急时之情状》，《益世报》4月12日、13日第7版连载。

3月10日，撰写旅欧期间的最后一篇通讯作品《欧洲通信 介绍一篇里昂中国大学海外部之参观记》，发表在5月1日《益世报》第6版上。

3月25日，致函在英国留学的南开同学常策欧，请他代订《泰晤士报》。信中写道："《Times》既如此减价，便请先代定一月直接寄弟处好了。"①

3月，从柏林致函觉悟社社员谌小岑、李毅韬，信中评价了当时英国共产党出版界出版的报刊。英国的 Guild Socialism（《基尔特社会主义者》）近已见衰，并且这种在英国始终也没大兴盛过。他们的机关报

---

① 周恩来：《周恩来书信选集》，中央文献出版社1988年版，第34页。

《Guild Socialist》（去年改名的）既不见甚么大精彩。英国共产主义者的机关报仅一周刊《The Communist》（《共产党人》）。①

8月1日，旅欧中国少年共产党机关刊物《少年》月刊创刊，封面为红色，16开，每期30页左右。周恩来是该刊主要领导人和撰稿人。

8月16日，为《少年》第2号撰文《共产主义与中国》。明确提出："共产主义之为物，在今日全世界上已成为无产阶级全体的救时良方。"② 并得出结论："由此看来，共产主义在全世界，尤其是在中国，实负有变更经济制度的伟大使命。"③

8月，在法国印行的《新刊评论〈无所谓宗教〉》上发表《宗教精神与共产主义》一文，后又发表在9月1日出版的《少年》第2号上。同期还发表《告工友》一文。

10月23日，从德国名城科隆给当时在法国米卢兹纺织工学院读书的赵光宸写明信片，提到"晨报寄来未？"④

> 按：信中提到的《晨报》，是中国共产党创始人之一李大钊参与编辑出版的一张很有影响力的报纸。周恩来通过阅读《晨报》及时了解国内情况。

12月1日，在《少年》第5号上发表《无产阶级革命的俄罗斯》一文，指出十月革命的意义在于"为全世界的无产阶级奠定了革命始基"。

12月15日，在《少年》第6号上发表《论工会运动》《评胡适的"努力"》《俄国革命是失败了么：质工余社三泊君》三篇文章。首篇结合欧洲和中国工会运动的历史和现状，阐述工会理论，提出了"真正革命非要有极坚强极有组织的革命军不可。没有革命军，军阀是打不倒

---

① 周恩来：《周恩来书信选集》，中央文献出版社1988年版，第37—38页。
② 中共中央文献研究室、南开大学编：《周恩来早期文集（1912.10—1924.6）》（下卷），中央文献出版社、南开大学出版社1998年版，第457页。
③ 中共中央文献研究室、南开大学编：《周恩来早期文集（1912.10—1924.6）》（下卷），第461页。
④ 金德华等编著：《人民的好总理 周恩来纪念馆》，中国大百科全书出版社1998年版，第123页。

的。"第二篇批驳了俄国革命已失败的说法，阐明俄国实行新经济政策的根据。第三篇驳斥了胡适当时在《努力》周刊所发表的政论，批评他宣扬的在世界帝国资本主义和军阀的支配下可建立"好人政府"的主张。

按：《评胡适的"努力"》文中提出的"没有革命军，军阀是打不倒的"这一卓越思想，和毛泽东1927年"八七会议"上所说的"政权是由枪杆子中取得的"的论断完全一致，时间早了四年零九个月。

新闻背景

1月15日，《先驱》在北京创刊，后迁上海，主编刘静仁、邓中夏，为北京社会主义青年团中央的第一份机关报。

2月5日，美国杂志《读者文摘》创刊。

9月13日，中国共产党第一份机关报《向导》出版发行，刊名"向导"二字由陈独秀题写，蔡和森、彭述之、瞿秋白先后担任主编。

10月10日，《真报》在汉口创刊，为湖北全省工团联合会机关报，主编林育南。

10月18日，英国广播公司成立，11月14日，进行了首次广播。

11月7日，为纪念十月革命5周年，莫斯科建立中央无线电台，该台被命名为共产国际广播电台。

任白涛《应用新闻学》出版，这是中国人自著的第一本实用新闻著作。

1923年（二十五岁）

3月13日，以旅欧中国共产主义青年团执行委员会书记名义致函中国社会主义青年团中央，报告2月召开的大会情况，其中提到"实力援助《华工旬报》——工会机关报"；有关《少年》出版问题："因留法勤工俭学生界中有无政府主义出版物《工余》杂志和基督教《青年会星期报》的猖狂惑众，足为我们宣传障碍，另一方我们少年团体在此实有为第三国际和国内共党解释战略并传播共产主义学理于不甚能读外国文主义书报之勤工生和华工中之必要，于是乃仍决定继出《少年》月刊。"①

4月6日，天津《新民意报》副刊《觉邮》第1期发表致邓颖超的信，题目为"德法问题与革命"。信中指出："资本主义一天不打倒，他的最后保证者帝国主义的混战永不会消灭。欧乱现正方兴未艾，所可希望的只是俄国。"②

按：《觉邮》是天津觉悟社社员的通讯刊物，是天津《新民意报》副刊之一。1923年4月5日创刊，是不定期刊。初为周恩来在法国把社员彼此来往的通信集中起来，油印成册，取名《觉邮》。后来国内觉悟社成员决议办一个国内的《觉邮》，仿照国外《觉邮》的办法，将社员彼此来往的通信选择在上面发表。7个月后，《觉邮》停刊，共出版6期。周恩来以"伍豪"笔名，发表了《伍的誓词》《德法问题与革命》《生别死离》《西欧的"赤"况》等多篇交流探讨救国之路和学习马克思主义的信件。

4月15日，天津《新民意报》副刊《觉邮》第2期发表《西欧的"赤"况》一文，内容为1922年3月给觉悟社成员谌小岑、李毅韬的一封信的节录。

按：该文为了解近代中国先进知识分子探索国家出路问题提供了一个重要视角。该信收入《周恩来书信选集》时，题目改为"当信共产主义的原理"。

7月15日，撰写《旅法各团体敬告国人书》（又称《告国内父老书》。——笔者）一文，在《少年中国》12月4日第8卷发表。

7月31日，中国旅法各团体联合会举行记者招待会，巴黎二十四家

---

① 中共中央文献研究室、南开大学编：《周恩来早期文集（1912.10—1924.6）》（下卷），中央文献出版社、南开大学出版社1998年版，第502页。

② 中共中央文献研究室、南开大学编：《周恩来早期文集（1912.10—1924.6）》（下卷），第506页。

报馆记者等出席。①

8月1日，法国各报发表评论，支持旅法华人的爱国行动。②

△《先驱》第24期发表《关于旅欧中国共产主义青年团特殊职务议案》一文。

12月4日，《少年中国》第8卷发表《旅法华人反对列强共管中国铁路纪事》一文。

新闻背景

1月23日，美国人奥斯邦创办的"大陆报——中国无线电公司广播电台"开播，这是中国境内开设的第一座广播电台，约3个月后停办。

3月3日，美国《时代》周刊创刊。

6月12—20日，中国共产党第三次全国代表大会在广州召开。

6月15日，党中央机关刊物《新青年》创刊。

7月1日，党中央机关刊物《前锋》在广州创刊，瞿秋白任主编。

9月1日，中国人撰写的第一部新闻采访学专著、邵飘萍的《实际应用新闻学》出版。

10月20日，由恽代英任主编的中国社会主义青年团中央机关刊物《中国青年》创刊。1927年，《中国青年》因遭国民党反动派的迫害而停刊。1939年到1940年，《中国青年》在延安复刊，后又因战争环境的影响而停刊。1948年12月，在河北平山县再度复刊。它现在是团中央的机关刊物。

11月24日，北京新闻记者成立公会。

北京平民大学开办报学系，徐宝璜任系主任。

1924年（二十六岁）

2月1日，负责主持的《赤光》半月刊创刊。在《赤光的宣言》中

---

① 中共中央文献研究室编：《周恩来年谱 1898—1949》（上），中央文献出版社 2007 年版，第 63 页。

② 中共中央文献研究室编：《周恩来年谱 1898—1949》（上），第 63 页。

指出:"我们所认定的唯一的目标便是:反军阀政府的国民联合。反帝国主义的国际联合。""我们是要以科学的方法,综合而条理出各种事实来证明我们的主张无误。本此,便是我们改理论的《少年》为实际的《赤光》的始意,同时也就是《赤光》的新使命了。"① 在创刊号上还发表了《可希望的旅法华工大团结》《军阀统治下的中国》《列强共管中国的步骤》等文章。

按:周恩来在《赤光的宣言》里指出了《赤光》的新使命,即"反军阀政府的国民联合。反帝国主义的国际联合"与毛泽东1925年于《〈政治周报〉发刊理由》中所说的办报为了中华民族的解放和中国人民的幸福,有异曲同工之妙。

2月15日,在《赤光》第2期发表《革命救国论》《华府会议后的美帝国主义者》《列宁死后的苏联》《亲美派的中国人听着》等文章。

3月1日,在《赤光》第3期发表《救国运动与爱国主义》《两个不惹人注意的问题》《法国强盗已自行揭破华盛顿会议黑幕了》《弱小民族的国的主权收回运动》《国际帝国主义趁火打劫的机会又到了》等文章。

5月1日,在《赤光》第7期发表《三百多条生命换来这样三条要求》《实话的反感》《将开的国际共产党第五次大会》等文章。

5月15日,在《赤光》第8期发表《北洋军阀的内哄》《德国革命运动的过去》《航空学会的害群之马》《华府会议的又一教训》《北洋军阀与外交系》《破坏中俄协定的几重黑幕》《无线电台果将实现共管了》等文章。

6月1日,在《赤光》第9期发表《再论中国共产主义者之加入国民党问题》《这才是一个确实的"进兵"中国》《怕死的中国人须要另寻活路》《法国选举以后》《帝国主义报纸宣传的外蒙独立后状况》《共管中国江河的新形势》等文章。

---

① 中共中央文献研究室、南开大学编:《周恩来早期文集(1912.10—1924.6)》(下卷),中央文献出版社、南开大学出版社1998年版,第525页。

6月15日，在《赤光》第10期发表《中俄协定的签字后》《愧死中国人的蒙古共和》《太平洋上的新风云》《为周道事答湖南学生会书》等文章。周恩来负责主编《赤光》前10期，共发表文章30余篇。目前发现的最晚一期是1925年6月7日出版的《赤光》第33期。

按：从1920年10月离开上海到1924年8月，周恩来在欧洲留学四年，去过英国、法国、德国。他给《益世报》写的旅欧通讯，初称《伦敦通信》，后呼《西欧通信》，又改名《欧洲通信》，亦叫过《巴黎通信》，最后定名为《旅欧通信》。周恩来计为《益世报》撰写了57篇通讯，近25万字，这些文章1979年1月由人民日报出版社影印结集为《旅欧通信》出版。这些通讯及时报道了国际上发生的重大事件和国际形势，热情讴歌伟大的十月革命，热情赞扬欧洲无产阶级的革命风暴，十分关注国内已登上政治舞台的工人阶级，同时又非常真挚深刻地表露了作者的内心体验和思想发展历程，开启了我国新闻写作的新一代文风，为通讯写作开辟了一条崭新之路，满足了国内读者想了解欧洲社会各方面情况的阅读需求，为研究世界史、研究新闻传播史留下了宝贵的第一手资料。留法勤工俭学生掀起了三次斗争高潮，周恩来每一次都给予详细报道。第一次斗争高潮时，周恩来从英国到法国后，立刻对这次事件的前前后后进行详细的了解，写出长达25000字的长篇通讯《留法勤工俭学生之大波澜》，《益世报》分10天连续刊载该通讯。同年6月，第二次大规模的斗争发生时，周恩来积极参与并及时撰写通讯。周恩来先后写下了《旅法华人拒绝借款之运动》《中法大借款竟实行签字矣》《中法大借款案之近讯》等文章在《益世报》上发表。周恩来在第三次斗争高潮时，写了长达30000字的长篇通讯《勤工俭学生在法最后之运命》，分18天在《益世报》上连载。周恩来撰写的这些通讯生动活泼，文笔流畅，言辞犀利，笔锋愤激，辛辣尖锐，切中要害，关注的是社会革命、工人罢工、学生运动，不论是用事实揭露，还是在叙述事实的基础上据理驳斥，都入木三分，淋漓尽致。通讯充满了革命色彩，既是欧洲情况的实录，又是鼓舞斗争的号角。此后,他在天津《新民意报》上发表了11篇通讯。他还领导创办了旅欧中国少年共产党的机关刊物《少年》,这个刊物后来叫《赤光》,用周恩来的话说,《少年》改《赤光》是"改理论的为实际"。1922年8月到1924年,周恩来用飞飞、伍豪等笔名,在这两个刊物上发表文章。这是他新闻实践丰富的一个时期,这一时期没有专门的新闻理论论述,但是新闻报道由消息、言论转向通讯、言论。这时期的周恩来完全具备了一名优秀新闻记者的素养和能力。

9月7日,为纪念"九七"国耻日23周年撰写《辛丑条约与帝国主义》。文章刊载于1925年7月出版的《帝国主义与中国》上。

10月30日,撰写广州通讯,题目为"最近二月广州政象之概观"。这篇通讯由四个部分组成,分析国共合作后广东的政治形势,并总结平定商团叛乱的重要意义。此文发表在1924年11月19日出版的中共中央机关报《向导》周报第92期上。

10月,任中共广东区委委员长兼宣传部长。①

11月8日,致信《赤光》社,详细评述国内政治状况。《赤光》以"中国底政治现状"为题,在第21、22期合刊上发表此信的一部分。

11月,就任黄埔军官学校政治部主任。到职后,出刊物、办墙报、教歌曲。② 在任黄埔军官学校政治部主任期间,他布置党员向学生宣传《向导》《中国青年》等党刊内容,在他指导下出版《士兵之友》。③

按:《士兵之友》壁报,用红蓝两色套版油印,分发到在校的学生队以及教导团各连队,对官兵进行政治思想教育,这样军中便第一次有了壁报。

12月1日,撰写《工农阶级与广州市选》。该文发表在12月出版

---

① 中共中央文献研究室第二编研部编著:《周恩来自述》,国际文化出版公司2009年版,第272页。
② 中共中央文献研究室编:《周恩来年谱1898—1949》(上),中央文献出版社2007年版,第70页。
③ 江西省宜丰县史志办公室:《黄埔精英 熊雄》,南海出版公司1990年版,第26页。

的《农工旬刊》第 9 期上。

12 月 31 日，撰写广州通讯，题目为"中山北上后之广东"。此文发表在 1925 年 1 月 7 日出版的《向导》周报第 98 期上。

新闻背景

1 月 20 日，国民党第一次全国代表大会召开。

4 月 1 日，中国国民党中央党部在广州创办中央通讯社。

4 月 16 日，《世界晚报》创办。

5 月，汪英宾在美国纽约出版《中国报刊的兴起》，这是我国第一部系统的通史性的中国新闻史著作。

8 月，北洋政府交通部颁发了《装用广播无线电接收机暂行规则》，这是我国历史上第一个有关无线电广播的法令。

12 月 13 日，《现代评论》创刊。

申时通讯社创办于上海，由《申报》和《时事新报》共同创办。

《中国工人》创办于上海，由中共中央主办，邓中夏任主编。

上海复旦大学中文系开设了"新闻学讲座"。北京民国大学设报学系。燕京大学设报学系，被称为当时"远东方面最新式而设备最完全的新闻学校"。

1925 年（二十七岁）

2 月 20 日，直接关怀和指导青年军人联合会出版的刊物《中国军人》创刊，以宣传马列主义，团结教育广大师生，并向国内各军寄送，初为旬刊，第 7 期改为月刊。

3 月 8 日，在揭阳县城主持制定《军队经过地方政治工作案》，其中一项重要工作为"在汕头办党报"。[①]

3 月 28 日，《上海民国日报》刊登周恩来在东莞商务分会及市民联

[①] 中共广东省委党史研究委员会等编：《周恩来同志在潮汕 学术讨论会论文汇编》（第 1 辑），中共广东省委党史研究委员会，1985 年，第 172—173 页。

欢大会上的演说词。

7月1日,在黄埔军校第三期开学典礼上发表讲话,希望同学们将革命的思想传到全中国。① 9月10日,黄埔军校出版《十四年七月一日第三期开学讲演录》,刊发该次讲话内容。

11月3日,东征军第一纵队长第一师长何应钦、党代表周恩来联名撰写汕头通讯《粤省东江战事已告结束》。11月10日,《申报》予以发表。

11月5日,撰写《克服潮汕之捷报》一文,11月10日《广州共和报》予以发表。

11月12日,在《广州共和报》发表题为"何应钦周恩来电告战情",电告11月份战情。

11月,会见梧州市国民党党部和报社负责人李血泪、周济、龙启炎、钟山等人,指出当前正处于国民革命阶段,主要的打击目标是帝国主义和北洋军阀,应积极开展工农运动。说明报社有明确的指导思想和方针,阐述办报的指导思想,指出主要的打击目标是帝国主义和北洋军阀,应积极开展工农运动。②

12月3日,《广州民国日报》发表《惠潮梅各县党部代表大会召开》。11月23日至27日召开会议,23日为开会第一日,其中开会次序第四项:周主任宣布开会之理由。政治部主任周恩来于下午2时许到会,并宣布开会。

12月6日,潮安县公署奉国民革命军东征军总指挥部政治部命令,在《汕头星报》刊登布告:凡农工团体,均应一律切实保护,并允其充分发展。

12月11日,《申报》发表题为"革命旗帜下之潮汕——周恩来治理潮梅"的汕头通信。

12月20日,毛泽东主编的《政治周报》第三期,刊登《东征纪

---

① 中共中央文献研究室、中国人民解放军军事科学院编:《周恩来军事文选》(第1卷),人民出版社1997年版,第11页。
② 彭继良:《广西新闻事业史1879—1949》,广西人民出版社1998年版,第155页。

略》一文，对总政治部主任周恩来领导的政治工作在第二次东征中的作用给予高度评价。

新闻背景

2月10日，《世界日报》在北京创刊，成舍我任社长。

2月20日，"中国青年联合会"机关报《中国军人》在广州创刊，初为半月刊，从第6期起改为不定期出版。1926年3月出版第9期后停刊。

3月12日，孙中山在北京逝世。

6月4日，中国共产党的第一份日报《热血日报》（由瞿秋白主编）在上海创刊，到1925年6月27日被迫停刊，共出24期。中共中央同时创办国民通讯社。

7月1日，中华国民政府在广州成立。

7月10日，塔斯社正式成立。塔斯社是"苏维埃社会主义共和国联盟电讯社"的简称，是苏联的官方通讯社和中央新闻机构。

10月1日，《世界画报》创刊。

10月，《生活》周刊创刊，由中华职业教育社主办，初由王志莘主编，1926年10月起由邹韬奋接任主编；邹韬奋被迫出国后，由胡愈之、艾寒松负责编辑；同年12月被国民党当局查封；1985年，经邹韬奋先生后人首肯，上海青年报社恢复出版《生活》周刊，这也是新中国历史上第一份生活类周报。

11月25日，《民国日报》第2版刊登消息，标题为"东南两路之行政——周恩来任东江 甘乃光任南路"。《工人之路》特号第149期刊登周恩来出任东江行政委员的消息。

12月3日，《汕头星报》发表短评，称赞总政治部主任周恩来"洗除""积弊"，为人民"兴利除弊"，大快人心。周恩来采取的一系列措施，合乎民意，顺乎民心。

12月，国民党中宣部在广州出版《政治周报》，毛泽东任第一任主编。

上海南方大学设立报学系和报学专修科。

1926年（二十八岁）

1月20日，领导创办的《岭东民国日报》出版，推荐国民党左派李春涛担任社长,并为副刊题写了刊头——"革命",作为办报的宗旨。该报在汕头市出版,是国民党在潮梅海陆丰的党报,在宣传孙中山的三大政策和马列主义以及扩大中国共产党在该地区的影响方面作出了重要贡献。该报在周恩来领导下出版345期。1927年2月25日,被国民党右派"接收"。副刊《革命》发表了毛泽东写的《国民党右派分离的原因及其对于革命前途的影响》一文。

按:《岭东民国日报》特设撰述部(即评论部。——笔者),勇于担当社会责任,明确党报的"神圣任务"——对于每一个问题,都站在党的革命的立场上。这是周恩来新闻思想中"党性论"的最早体现。为副刊题写了刊头——"革命",是目前见到的最早为媒体所作的题词。

资料来源:《周恩来手迹选》(第一卷),北京出版社1998年版,第9页。

1月,以东征军总政治部主任的名义电令各县,阐明办报的必要性和该报的性质,指出:"《岭东民国日报》,前由中央党部派李春涛来汕组织,现经筹备就绪,定本月(一月)二十日出版。查该报系本党宣传机关,为潮梅海陆丰主要党报,潮梅人民,历受洪林诸逆蹂躏,对于革命的真谛,都未了解,该报系指导之责,期唤起潮梅民众革命精神。"

并规定"一切广告文件，务须载该报"，要求各县署、各机关"协同劝销""购阅"。各县署遂行文各属，训令遵行。①

2月1日，在就任东江行政委员当天举行的招待汕头各界代表的会议上，特邀《岭东民国日报》代表苏铁肩参加。会后，苏铁肩写了《总政治部宴请本市各界代表大会详志》一文，发表在该报2月3日第6版上。这是一篇反映周恩来作为东江行政委员施政方针的很有价值的文章，在汕头报界产生了很大影响。②

2月4日，《岭东民国日报》发表题为"周委员招待汕头各界演说词"，演说时间是2月1日。

2月9日，《广州民国日报》发表《周恩来通电暂行就职》。

2月17日，第一次电告东江行政会议电文，在《广州民国日报》上发表。

2月22日，就惩戒已被撤职的惠阳县长罗伟疆一事向省政府发出电报。《广州民国日报》2月23日发表该电文。

2月27日，就东江行政会议致电《民国日报》及其他团体。《广州民国日报》3月1日发表该电文。

3月12日，在国民革命军第一军第一师创办的《党刊》"总理逝世周年纪念号"上发表两篇文章：《纪念总理》和《孙文主义（一）》。

4月23日，在汕头期间，告诉中共党组织领导下的汕头国民通讯社社长梁若尘，有关"中山舰事件"，除党组织提供的新闻材料可用通讯社名义发给各报外，任何方面和个人提供的消息和稿件，一律不宜转发。③

12月10日和17日，为批驳国民党右派对国共合作和工农运动的诬蔑之词，在中共广东区委机关刊物《人民周刊》12月11日出版的第34

---

① 陈万：《周恩来与〈岭东民国日报〉》，《学术研究》1986年第3期，第58页。
② 陈汉初：《周恩来与〈岭东民国日报〉》，《新闻研究资料》1986年第1期，第57—58页。
③ 中共中央文献研究室编：《周恩来年谱1898—1949》（上），中央文献出版社2007年版，第95页。

期、12月20日出版的第35期上发表《国民革命及国民革命势力的团结》《现时广东的政治斗争》两篇文章。

按：王凤超的《年表》把《现时广东的政治斗争》一文错为发表在《人民周刊》第38期上。

12月11日，撰写《现时政治斗争中之我们》一文，发表在中共广东区委机关刊物1927年1月4日出版的《人民周刊》第37期上。

按：该文收入《周恩来选集》（上卷），并作为首篇出现，是共产党内批评以陈独秀为代表的不敢坚持革命领导权的右倾思想的早期文献之一。

新闻背景

2月15日，《良友》画报创刊，至1945年停刊，共出版172期。

3月20日，《楚光日报》创办于汉口，为国民党湖北党部机关报，后兼为武汉国民政府和国民党中央言论机关，是董用武（董必武）以郭炯堂的名义创办的。

4月26日，《京报》社长邵飘萍被张作霖下令枪杀于北京。

8月6日，《社会日报》社长林白水惨遭张宗昌杀害。英国人约翰·洛奇·贝尔德发明了世界上第一台电视机。

9月1日，《大公报》以"新记公司"的名义复活《大公报》，复刊后的《大公报》史称新记《大公报》。新记《大公报》实行"不党""不卖""不私""不盲"的"四不"办报方针。

9月，美国全国广播公司成立。

10月1日，中国人官办的第一座广播电台在哈尔滨创办，由刘瀚主持，呼号是XOH，发射功率是100W。

上海光华大学开设"新闻学""广告学"两科。

英国广播公司被收归国有，简称BBC。

1927年（二十九岁）

4月6日，《向导》周刊第193期第16页刊登周恩来4月1日《来函》。记者：日前缪斌君来沪道及《向导》第 192 期关于 3 月 20 日事变之记载，有涉及缪君处，颇与事实不符。乃当即答复，3 月 20 日事变，我知之最详，其主谋者原为王柏龄欧阳格陈启英惠东升 4 人，今《向导》误陈启英为缪君，当系笔误。缪君急谓，惠东升人甚简单，事前亦未必主谋也。所谈如此，请即登此以代缪君更正。周恩来 四月一日。

按：此更正虽短，体现了周恩来实事求是、勇于担责的工作作风，也反映了《向导》周刊尊重事实，有错必纠的态度。

4 月 16 日，出席中共上海区委主席团会议，参与研究武汉政府对待蒋介石的态度和工会的策略以及党的宣传工作等问题。在会上指出，自 12 日以来，我们毫无一点宣传，致市民不知惨案的真相。提出立刻动员，扩大宣传，"号召群众反帝、内含反新军阀""反帝反蒋并行"。[1]

5 月，邓颖超及其母亲杨振德由香港搭船到达上海。邓颖超以病人身份住进一家日本人开设的医院，以母亲的语气在沪登报寻找伍豪（即周恩来）。周恩来见报，马上派人到旅馆迎接。[2]

8 月 2 日，在《民国日报》发表《八一起义宣传大纲》《八一起义宣言》两篇文章。

8 月 12 日，抵宜黄。当晚指示总政治部起草《土地革命宣传大纲》，油印分发。[3]

8 月 26 日，从报纸上得知各省国民党新军阀封闭工会、农会，捕杀中共党员和工农群众的消息后，感到再继续沿用国民党的名义已经不妥，即主持召开中共前委会议，决定政权的性质须从根本上改变，要建立无产阶级领导的联合贫苦小资产阶级的工农政权。[4] 汕头市革命委员会接管了《岭东民国日报》，又办起了《革命日报》，郭沫若为该报题写了报头。起义军撤出后，出版 3 期的《革命日报》停刊。

---

[1] 中共中央文献研究室编：《周恩来年谱 1898—1949》（上），中央文献出版社 2007 年版，第 114 页。
[2] 董振修编著：《青年邓颖超的道路》，天津社会科学院出版社 1992 年版，第 196 页。
[3] 中共中央文献研究室编：《周恩来年谱 1898—1949》（上），第 124 页。
[4] 中共中央文献研究室编：《周恩来年谱 1898—1949》（上），第 125 页。

9月，在率领南昌起义部队南下广东途中给中共中央写信，内容有：报中所载多属造谣，兄等自亦无从取信；军情除报载外，余亦无所闻矣；政治上革会之组织已见报纸。①

12月1日，兼任中共中央机关报《布尔塞维克》编辑委员会委员。②

  按：中共中央机关刊物《布尔塞维克》，本年10月24日秘密创刊于上海，由瞿秋白任主编，初为周刊，后改半月刊，再改月刊，1932年7月，出至第5卷第1期停刊，计出52期。

新闻背景

3月18日，中国人创办的第一座民营广播电台——上海新新公司广播电台开始播音。

3月22日，国民党中央机关报《中央日报》在汉口创刊，由顾孟余任社长，陈启修任总编辑。

8月1日，周恩来、贺龙、叶挺、朱德、刘伯承等在南昌发动并领导了武装起义。不久，即撤出南昌。

9月，盛廉·佩利创办美国哥伦比亚广播公司。

10月21日，《民生报》于南京创刊。创办人成舍我自任社长，周邦式为总经理，张友鸾为首任总编辑，蔡元培题写报名。日出、四开一张，后发展至日出、四开四张。

10月24日，荷兰建立了世界上第一座永久性的对外广播电台。

11月，戈公权著《中国报学史》由商务印书馆出版，这是中国新闻史研究的开山之作、奠基之作，是中国新闻史研究者的必读书。

1928年（三十岁）

2月26日，为中共中央起草的致广东省委的信中指出，在你们第八

---

① 中共中央文献研究室、中国人民解放军军事科学院编：《周恩来军事文选》（第1卷），人民出版社1997年版，第41—42页。

② 冯文敏：《中外出版史例与当代环保出版》，中国文史出版社2002年版，第116页。

期的省委通讯中竟将广州市委关于兵士运动一节一个字不删地登出，这实在是技术上的一个重大错误。我们关于兵士运动是不讳言的，关于兵士运动的方法，便应该慎重发表，何况连军队的名字（如：第五军、保安队、警察）和加入军队的成分（罢工纠察队……都登在通讯上。结果不是同志高兴得随便传说，便是有一册遗失在外，终于要泄露出去。这一点希望你们予以严重注意！①

  按：战争时期的新闻报道工作要注意保密性，避免给革命事业造成损失，这是周恩来新闻思想的一个方面，因为资料原因而在周恩来新闻思想研究中很少被提及。今天的新闻传播仍然要注意保密性，只不过在"互联网+"时代，要做好保密工作更加困难，不能因为难就不做，周恩来关于新闻报道要注意保密的思想今天仍具有指导意义。

5月初，周恩来、邓颖超准备乘船离开上海赴苏联参加中共六大。上船那天，将上海的各种报纸都买了一份，准备在船上翻阅。船到青岛后，又买了青岛市的各种报纸带回船上。②

6月18日至7月11日，中国共产党第六次全国代表大会在苏联莫斯科召开。会上，周恩来作军事报告。他说，军队中宣传方法——非是说文字宣传要不得，印小张传单、厕所写标语反对长官，引起兵士注意，但仅靠文字宣传不够，应有个人谈话、接触，利用旧时通俗小调，比文字宣传力量更大。他指出，兵运工作方法在中国军队比较外国军队容易，困难的只是文字宣传方法。在西欧将大量文字宣传品送到军队中去就会有大成效，不过送进去是困难的。中国不同了，一般兵士不识字，但接近兵士非常便当，差不多兵士每星期有几次可出外，伙夫、号兵天天可出街。接近方法以通俗为好，如装小贩卖东西，到茶坊酒店去闲谈，或以同乡关系去接近。在帝国主义军队中工作，他建议：（1）只有一次上海工作经验，我们用文字宣传得成效。欧美军队防守

---

① 中共中央文献研究室、中国人民解放军军事科学院编：《周恩来军事文选》（第1卷），人民出版社1997年版，第49页。

② 《怀念周恩来》编辑小组编：《怀念周恩来》，人民出版社1986年版，第263—264页。

甚严，不易打进去。尤其是海军，如果在军舰中发现一张革命传单，舰长至少要受处分。水兵大多数是工农青年，只要宣传工作做得好，很易受影响。过去印度兵到上海，受我们宣传的影响撤回去了。（2）游艺宣传。在上海有外国水兵青年会。咖啡馆、跳舞场、球场都是外国水兵常临的地方，我们将通俗切当的材料印成传单，以各种方法落到外兵手里，多少总会受一点影响。（3）宣传品材料。最主要写中国工农的痛苦和他本国工农的苦况，同时说明他本国政府利用他来牺牲等实际情形。在外国兵当中，美国水兵生活太好，日本兵多半来自农村，对他们工作较难。宣传品最好要外国同志写，用各国口头语通俗文字使外兵容易了解。（4）组织宣传队。学生比较得用，在游戏场中容易做，或教工人卖小吃，以发宣传品。①

按：在莫斯科期间，由于有好的内部外部环境，周恩来可以很好地思考总结中国革命建设的经验，当然包括新闻宣传的经验、方法，周恩来的报告非常通俗易懂，无须赘言。新闻宣传工作注重对象的差异性，是以受众为中心的先进新闻传播思想的体现。

7月19日，在出席中共六届一次全会期间，在讨论中共驻共产国际代表的工作问题时提议，要将几年中国革命的情况、斗争经验写成小册子向国内外宣传介绍。②

10月4日，中共中央政治局会议决定周恩来继续为《布尔塞维克》编委。③

12月18日，在中共顺直省委机关刊物《出路》第2期发表《改造顺直党的过程中几个问题的回答》一文。

新闻背景

8月1日，中国国民党主要电台——中央广播电台（全称"中国国民党中央执

---

① 中共中央文献研究室中央档案馆编：《建党以来重要文献选编（一九二一——一九四九）》（第5册），中央文献出版社2011年版，第353—357页。
② 中共中央文献研究室编：《周恩来年谱1898—1949》（上），中央文献出版社2007年版，第148页。
③ 中共中央文献研究室编：《周恩来年谱1898—1949》（上），第148页。

行委员会无线广播电台"）在南京举行首播式。

11月，中共中央机关报《红旗》在上海创刊。1930年8月与《上海报》合并，改出《红旗》日报。

12月，南京国民政府公布《中华民国广播无线电台条例》。

1929年（三十一岁）

1月1日，在《布尔塞维克》上发表《各帝国主义侵掠中国的形势》一文。

1月，在顺直时，顺直省委对周恩来说天津出版刊物没有铅印，请中央帮助解决。周恩来当即答应帮助解决。他还将原《陕西日报》总编刘天章调至天津，始任《商报》编辑，后在省委领导下与张友渔、李子昂、宋少初等创办天津《好报》，运用各种新闻报道宣传党的政策主张，以真实的内容和深刻的思想性著称一时，受到工人群众的热烈欢迎，赢得"《好报》就是好"的声誉。[①]

8月3日至5日，撰写《上海八一示威的意义与教训及今后的工作路线大纲》一文。文章肯定了上海八一示威活动，并总结了其中的教训。[②] 这篇文章在1929年8月7日及8月10日《红旗》第37、38期连续刊出。

8月21日，起草的中共中央给红四军前委的指示信中说，你们在目前游击区域的宣传，必须与全国的政治宣传联系起来。因此，关于中东路问题之一切宣传，你们必须尽量传播，必须联系到反对世界大战，反对瓜分中国与保护苏联上面，必须使农民群众对于土地革命的认识能与反帝国主义的斗争建立密切的联系，对于帝国主义、国民党进攻苏联的

[①] 中共河北省委党史研究室编著：《周恩来与河北》，中共党史出版社2008年版，第29—30页。

[②] 中华全国总工会中国工人运动史研究室编：《中国工运史料1982年》1983年第4期，第63页。

战争所加于中国工农劳苦群众的祸害,要使其如对军阀战争所加于人民的祸害一样地了解,并要使其了解能站在同情于苏联一方面,引起他们与统治阶级斗争以保护苏联的决心。①

  按:1929年6月下旬,中共红四军第七次代表大会在福建龙岩召开,对党内存在的关于党的领导、政治思想工作、红军的任务等问题仍未取得一致意见。8月13日,中央政治局讨论"朱、毛问题"。会后,周恩来起草的这封指示信中必须与全国的政治宣传联系起来的要求,体现出其宣传工作要有全局观、大局观的思想。

9月14日,为纪念彭湃等烈士,撰写通讯《彭杨颜邢四同志被敌人捕杀经过》。文章追述了彭湃、杨殷、颜昌颐、邢士贞被捕、被审讯和被枪杀的详细经过,赞扬了死难烈士的革命精神。文章指出:"直至彭、杨等四同志已经枪毙了,上海英文报上忽皇皇地登着法院判决文是处彭、杨等同志以八年的有期徒刑。"②消息来源于英文报纸。

文章号召革命人民"在死难的烈士前面,不需要流泪的悲哀,而需要更痛切更坚决地继续着死难烈士的遗志,踏着死难烈士的血迹,一直向前努力,一直向前斗争!"③此文1930年8月30日在彭湃等遇难周年时用笔名"冠生"发表在《红旗日报》上。

  按:《彭杨颜邢四同志被敌人捕杀经过》这篇通讯详细记录了彭湃等人的被捕情况,充满真情,感人肺腑,既是悼念烈士的祭文,更是掷地有声地声讨帝国主义和国民党的檄文;既愤怒声讨帝国主义与国民党当局合谋,残酷暗杀四位烈士的罪行,又追述了他们的革命业绩。作者的喜怒爱憎与人民群众完全融合在一起。带着感情写通讯,才能写好通讯。

10月,我党建立起第一座秘密电台,开始抄收国内外通讯社播发

---

  ① 中共中央文献研究室、中国人民解放军军事科学院编:《周恩来军事文选》(第1卷),人民出版社1997年版,第83页。
  ② 中共中央文献编辑委员会编:《周恩来选集》(上卷),人民出版社1980年版,第26页。
  ③ 中共中央文献编辑委员会编:《周恩来选集》(上卷),第27页。

的新闻。①

　　按：周恩来非常注重了解国际信息，充分利用国内外的新闻为革命工作所用。

新闻背景

4月17日，中国共产党的通信报纸《上海报》秘密出版，由李求实任主编，1930年8月14日出版第385期后，与《红旗》三日刊合并为《红旗日报》。

6月，在中共二中全会通过的《职工运动决议案》中，关于今后党的任务和策略明确规定：各种刊物要在各种工人中设通信员，各种刊物要为群众说话的喉舌；党与工会的工厂支部应尽可能举办工厂日报和壁报，作经常鼓动群众的刊物，必须注重本工厂实际问题，提出最实际最具体的要求口号。

7月27日，红四军在闽西创办《浪花》报，是中国人民军队历史上的第一份报纸。

9月1日，中共中央机关刊物《布尔塞维克》刊载题为"布尔塞维克党的组织战线——列宁论党的组织"一文，文章第一节"党报是一个集体的组织者"集中阐释了列宁在《怎么办》一文中提出的党报思想。

9月9日，四川籍青年记者陈铭德、吴竹似、刘正华等于南京创办的《新民报》出刊，他们当时都是国民党党员，并且都服务于国民党的中央通讯社，对中央社刻板的工作方式和垄断新闻的做法感到不满意，感觉与自己理想中的新闻自由相去甚远，产生了办民间新闻企业的想法，于是就办起了一张规模不大的同人报《新民报》，报名取"作育新民"的意思，希望继承和发扬同盟会机关报《民报》的革命精神。后又在重庆、成都、北平、上海出版日报、晚刊，号称五社八版。

11月15日前后，红军创办的第一家日报《右江日报》创刊。此报为红七军机关报，现存1929年12月18日第44期一份。

12月23日，上海亚美广播电台开始播音，呼号XGAH，发射功率初为50瓦，后增至100瓦。该台由亚美无线电公司苏祖国、苏祖圭创办，是中国自己建造的第一家无线电台，初名上海广播电台，是我国历史最长、影响较大的私营广播电台。

秋天，复旦大学新闻系成立。

莫斯科广播电台建成，开始对外播音，总台设在莫斯科。

---

① 赵玉明：《赵玉明文集》（第2卷），中国广播电视出版社2014年版，第54页。

1930年（三十二岁）

1月15日，主持的中共中央军委主办的机关刊物《军事通讯》创刊，并在该刊上发表《〈关于红四军历史及其情况的报告〉编者按》。编者按指出：这是很值得我们宝贵的一个报告，朱毛红军这个"怪物"，在我们看了这个报告以后，都可一目了然。朱毛红军在编制、筹款、政治军事训练、官兵平等、开支公开与群众关系等方面的经验，都是在中国"别开生面"，在过去所没有看过听过的。要求各地红军、各地方党组织学习红四军的经验。①

> **按**：这篇编者按写出了编发这个报告的目的、要求，特别是指出了中国特色的经验，显示出超越时代的前瞻思想。这是周恩来这一时期不多的新闻评论代表作。

3月初，中共中央派周恩来到莫斯科向共产国际报告工作。在途经德国的时候，应德共机关报《红旗报》的约请，写了题为"写在中华苏维埃第一次代表大会召开之前"的社论，署名陈光（译音。——笔者），4月27日发表。此社论发表后，很多读者向报社探寻作者是谁？《红旗报》公开答复道："这篇值得一读的文章作者是我们的中国兄弟党中央政治局的一位领导成员。"②

> **按**：周恩来在这篇社论中关于"农民游击战和土地革命是今日中国革命的主要特征"的精辟结论，标志着他已经摆脱"城市中心论"的束缚，根据中国的实际，向"乡村中心"迈进。

8月30日，在《红旗日报》第1版上发表1929年9月14日撰写的署名"冠生"的《彭杨颜邢四同志被敌人捕杀经过》一文。

9月7日，《红旗日报》第24号第2版发表题为"中国革命新高潮

---

① 中共中央文献研究室编：《周恩来年谱1898—1949》，中央文献出版社2007年版，第181页。

② 金冲及主编：《周恩来传1898—1949》（上），中央文献出版社1989年版，第213页。

与中国共产党"，内容为周恩来在莫斯科召开的联共第十六次代表大会上的演说。

9月30日，撰写《目前红军的中心任务及其几个根本问题》，12月20日，在《军事通讯》第4期发表。

新闻背景

1月5日，毛泽东写作《星星之火，可以燎原》一文。

3月2日，左翼作家联盟成立。

3月26日，中共中央政治机关报《红旗》发表题为"提高我们党报的作用"的文章，文章第一节是"列宁论党报的作用"，集中论述马克思主义的党报理论。

7月29日，红军报刊中第一张也是唯一的铅印对开大报《红军日报》创刊于长沙。

8月15日，中共中央机关报《红旗日报》在上海创刊，第一任主编为李求实。1930年10月30日，该报增出独立副刊《实话》。

吴定九著的《新闻事业经营法》出版，这是中国第一部有关报纸经营管理方面的专著。

1931年（三十三岁）

3月12日，得知何孟雄、林育南、李求实等23人在龙华就义后，很悲痛。本日，为《群众日报》撰写社论《反对国民党残酷的白色恐怖》。社论说：何孟雄等二十三个同志，他们都是无产阶级的先锋战士，他们的牺牲"是革命中巨大的损失""革命战士英勇斗争的热血，必然更要燃烧着广大工农群众的革命火焰，更迅速摧毁和埋葬帝国主义国民党以及一切反动势力到死亡的进程"[①]。

3月14日，在为中共中央起草的《关于目前兵运工作的决议》中

---

① 中共中央文献研究室编：《周恩来年谱1898—1949》（上），中央文献出版社2007年版，第211页。

提出:"应出版一种对士兵的经常宣传品——《兵士周刊》,按期分散到兵士群众中去。"①

3月15日,为《群众日报》撰写的社论《拥护京汉路上红军的胜利》刊登在第六号上。

3月,指示特科在上海开办华南通讯分社。以后特科通过这个公开的新闻机关进行活动,获得许多重要情报。②

10月21日,在《红旗周报》上发表《日本侵占满洲与我们党当前的任务》一文。

新闻背景

年初,中共中央宣传部在上海创办了中国工人通讯社(1932年改名为中国工农通讯社),对外印发中英文稿。

3月16日,《文艺新闻》创刊于上海,是中国左翼作家联盟的外围刊物,袁殊创办并任主编。

7月,共产主义青年团苏区中央局的机关报《青年实话》在江西永丰县龙岩创刊。

9月18日,"九一八事变"发生。

9月24日,《健康报》在江西瑞金创刊,是中国共产党创办最早的一张专业报纸。1936年因抗日战争而停刊,1946年8月15日在佳木斯市第一次复刊,1950年迁京出版,成为中华人民共和国卫生部的机关报;1956年1月周恩来总理亲题报头。1966年因受"文化大革命"的影响而再度停刊,直至1979年7月1日再次复刊至今。

10月,中国新闻学研究会成立。

11月7日,在中华苏维埃第一次全国工农兵代表大会开幕的当天,红色中华通讯社(简称"红中社")以"CSR"(即Chinese Soviet Radio,中华苏维埃无线电台的缩写)的呼号,开始了新闻文字广播。红中社与《红色中华》报属同一机构。红

---

① 中共中央文献研究室、中国人民解放军军事科学院编:《周恩来军事文选》(第1卷),人民出版社1997年版,第140页。

② 中共中央文献研究室编:《周恩来年谱1898—1949》(上),中央文献出版社1989年版,第208页。

中社的《无线电材料》(即后来的《参考消息》)创刊,当时是专供我党政军高级领导同志参阅的内部刊物,还以《无线电日讯》《每日电讯》等多种名称出版,每期只油印四五十份。在艰苦的长征年代曾被迫停刊,到达陕北后复刊。1942年12月1日改为今天的名字《参考消息》,1949年3月在北京出版。党中央为使全国党内外高级领导都能通过《参考消息》洞察外部世界,掌握国际局势的变化,避免在"观察时事问题时的片面性和思想僵化的现象",决定于1957年3月1日将《参考消息》由刊物型改为报纸型,并扩大发行量。

12月11日,中华苏维埃临时中央政府的机关报《红色中华》创刊,不定期出版,或7日、8日、10日,版次有2版到6版不等。1934年中央红军开始长征,红中社停止播发新闻,部分原工作人员随军参加长征。部分人员留在苏区坚持斗争,由瞿秋白主持继续编辑出版《红色中华》报,至1935年1月停刊。1935年10月,中央红军到达陕北。红中社11月在瓦窑堡恢复新闻广播,《红色中华》报和参考刊物同时复刊。

12月11日,中国工农红军军事委员会机关报《红星》报创刊。

中国新闻学研究会在上海成立。

1932年(三十四岁)

2月3日,撰写的《今年的"二七"纪念与中国工人阶级的中心任务》在2月14日出版的《红色中华》二七增刊第2版发表。文章指出:"在这个年头来纪念'二七',又加上闽赣两苏区工人代表会正在'二七'开幕,越发使我们认识:在目前农民土地革命与反帝国主义的民族革命运动两大主流日益汇合的当中,巩固和加强工人阶级的领导,是比任何时候都紧迫重要了。"①

2月9日,中共苏区中央局机关报《实话》第1期发表《帝国主义大战的危机与党的目前紧急任务》一文。

---

① 中共中央革命军事委员会编印:《第二次国内革命战争时期军事文献 党内绝密文件1》,中国人民解放军总参谋部,1957年,第391页。

自 2 月中旬开始,《时报》《新闻报》《时事新报》《申报》等连日登载国民党特务机关伪造的所谓《伍豪等脱离共党启事》。2 月 20 日,中共临时中央机关报《斗争》发表《伍豪启事》,指出这是"国民党造谣诬蔑的新把戏!""一切国民党对共产国际中国共产党与我个人自己的造谣诬蔑,绝对不能挽救国民党于灭亡"。2 月下旬,中华苏维埃共和国临时中央政府主席毛泽东也对此发出布告,指出:"这显然是屠杀工农兵士而出卖中国于帝国主义的国民党党徒的造谣污蔑。"①

按:顾顺章叛变后,张冲带人搜捕周恩来等中共要人扑空。1932 年 2 月 16 日至 21 日,由张冲一手炮制的所谓"伍豪等 243 人脱离共党启事",在上海《时报》《新闻报》《申报》《时事新报》等报纸上相继刊出,此即为"伍豪事件"。面对这则企图破坏中共党组织,极尽造谣污蔑之能事的"启事",《申报》老板史量才态度慎重,派人用专车把当时担任《申报》总管理处顾问的陶行知接到自己寓所密商。陶行知建议《申报》压一压再说。2 月 16 日、18 日,《时报》《新闻报》相继刊出"启事",《申报》以手续不全为由,迟迟不予刊登。直至国民党上海检查处来电催问,才拖到 20 日、21 日见报。接着,2 月 22 日的《申报》广告栏里,又刊登一封《致伍豪先生公开信》,以广告形式辟谣,张冲的阴谋未能得逞,他所伪造的这个"伍豪启事",也未起到什么作用。事实是早在 1931 年 12 月,周恩来就已到江西苏区。

3 月 2 日,《红色中华》第 12 期头版头条发表社论,标题为"红军十二军占领杭武意义"。社论写道:"红十二军自从去年开到闽西以后,所向无敌,他开到什么地方,什么地方的军阀团匪便'望风而逃',这次攻下了武平上杭,更证明十二军有铁一般的坚固,火一般的威声。"②

---

① 中共中央文献研究室编:《周恩来年谱 1898—1949》(上),中央文献出版社 2007 年版,第 222 页。

② 中共福建省委党史研究室编:《福建红色诗文》,中共党史出版社 2012 年版,第 11 页。

按：文章开头简要叙述新闻事实，红军十二军二月下旬攻下武平上杭两个城市。3 月 2 日的社论用的新闻是 2 月下旬的内容，体现了新闻评论与其他政论文章的区别。文中描述新闻事实极其简约，论点很鲜明，这样的摆事实、讲道理，是很好的社论范文。

5 月 30 日，在中共苏区中央局机关刊物《实话》第 5 期上发表《拥护全国红军的胜利，坚决执行积极进攻的路线》一文。

9 月 5 日，在中共苏区中央局机关刊物《实话》第 7 期上发表《帝国主义国民党的四次"围剿"与中国工农红军当前的任务》一文。文中提出："红军当前的任务是坚决地采取积极进攻的策略，以胜利的进攻，粉碎敌人的四次'围剿'。既要反对对此悲观恐惧的机会主义的动摇，也要反对忽视敌人'围剿'而不去进行广大群众的战争动员的'左'倾错误。"①

10 月 25 日，《实话》第 9 期发表《开展胜利的进攻，粉碎敌人大举进攻》一文。

11 月 14 日，《红色中华》第 7 版头条位置刊登 1932 年 10 月 29 日发出的《中国工农红军兼第一方面军总司令朱德总政委周恩来总政治部主任王稼蔷告全体红色战士书》。

新闻背景

3 月 20 日，左翼新闻记者联盟（简称"记联"）在上海成立，前身为中国新闻学研究会。

5 月，《苏区工人》创刊。

6 月，国民党军事系统的《扫荡报》在南昌出版，社长刘泳尧。

7 月 1 日，邹韬奋主办的"生活书店"在上海创立。

11 月 12 日，亚洲"第一电台"在南京落成播音。

国民党中央宣传部公布《宣传品审查标准》。

---

① 中共中央文献研究室编：《周恩来年谱 1898—1949》（上），中央文献出版社 2007 年版，第 226 页。

1933 年（三十五岁）

1月14日，《红色中华》第2版头条位置刊登给朱总司令周总政委转全体红色指战员们的中央政府嘉奖前方全体红色战士电。第2版刊登给朱总司令周总政委转全体红色指战员们的中央政府致五军团吊唁赵博生同志电。

> 按：这两篇电讯，对于鼓舞当时红军指战员的士气起到了积极作用。

1月16日，致电中共苏区中央局和临时中央政府，要求领导机关下达的各种文件，"不仅要严格批评与纠正各种错误与倾向（这是必要的），并也将许多成绩表扬出来，鼓励一般下级干部前进"。"《红色中华》在这一点上太少注意了"，建议以后应注意改进。① 以上是《周谱》记载，《任弼时年谱1904—1950》的记载与《周谱》有点差别。"应将许多成绩表扬出来，鼓励一般下级干部前进并作模范。"《红色中华》对此注意太少，甚至连篇批评，《青年实话》的轻骑队栏目，有时"措词过火"，必须改正。②

> 按：从《周谱》和《任弼时年谱1904—1950》的记载可以看出，周恩来虽然工作非常繁忙，但仍然坚持阅读报纸，并且关注报纸的办报思路，及时给予具体的指导意见。

3月6日，《红色中华》第2版头条位置刊登给朱总司令周总政委转全体红色指挥员战斗员的中共中央局慰劳方面军电。第2版刊登给朱总司令周总政委转全体指挥员战斗员的中央政府致前方红军电。

---

① 中共中央文献研究室编：《周恩来年谱1898—1949》（上），中央文献出版社2007年版，第242—243页。
② 中共中央文献研究室编：《任弼时年谱1904—1950》，中央文献出版社2014年版，第199页。

4月1日，撰写的《论敌人的要塞与围攻乐安的教训》刊登在《红色战场汇刊》上。

　　按：《红色战场》是一份军事性刊物，由中国工农红军第一方面军总司令部出版。目前只发现第九期（1933年5月4日）、第十期（1933年5月11日）、第十三期（未注出刊日期）和一份1933年9月1日出版的《红色战场》副刊。当时中国工农红军学校将《红色战场》上刊登的文章汇集起来，翻印出版了《红色战场汇刊》。

5月，撰写《从实际战斗中来认识战术原则》和《火力与突击》两文，收入8月出版的《红色战场汇刊》第6期。

8月27日，《中央红军当前的紧急任务》一文在《红星报》第4期上发表。

9月6日，撰写《为什么在上海召开反战会议》一文，在《反战新闻》第2期上发表。

　　按：《反战新闻》于1933年8月29日创刊，每两天出版一次，每期4开4版。

11月25日，撰写《反对红军中以萧劲光为代表的罗明路线》一文，发表在1933年12月12日出版的《斗争》第38期第3版上。

新闻背景

1月，租界《大美晚报》在上海创办汉文版，1949年5月上海解放后停刊。

2月17日，美国《新闻周刊》（Newsweek）杂志创刊。

2月，中国共产党苏区中央局机关刊物《斗争》在瑞金创刊。

12月1日，张闻天撰写的《关于我们的报纸》一文说："我们的报纸是革命的报纸，是工农民主专政的报纸，是阶级斗争的有力武器。"这一论点的提出，反映了当时阶级营垒分明、阶级斗争形势严峻的现实。

国民党中央通讯社建立国内通讯网。

德国创办德国通讯社。美国学者拉斯韦尔提出"传播五要素"理论。

1934 年（三十六岁）

2月16日，与张爱萍共同撰写《少年队员加入模范队：为十万模范队员而斗争》，发表在《红色中华》第153期上。

3月13日，《红星》3月18日第33期发表《五次战役中我们的胜利——论持久战》一文。

3月31日，《红色中华》第169期第2版刊登《本报启事》：本报163、164期第2版所刊登之《在五次"围剿"的决战中国民党进攻苏区的新布置》一文系本报记者根据周恩来同志在军委的报告《在持久战役中我们的胜利》而写成的，该文本尚未完，原拟在第165期继续登载，但因第165期在编稿时《红星》已将周恩来同志报告的全文完全登出，故本报不再继续登载。各地读者如欲明了整个情形，望购买《红星》第33期阅读。

4月18日，撰写《工农红军和全苏区群众一致动员起来为保卫广昌而战》一文，由4月22日第38期《红星》发表。

4月27日，撰写《为土地为自由为苏维埃政权战斗到底》一文，发表在4月29日出版的《红星》第39期上。

4月30日，撰写的社论《广昌虽然陷落了，我们无论如何都要粉碎敌人！》在《红星》第40期发表。社论指出：严重的形势摆在我们面前，历史给我们的时间是很短促的了。需要我们以布尔塞维克的坚定性、顽强性，不动摇地执行党和苏维埃中央政府的号召，一切工作集中在战争的动员，一切动员为着前线上的胜利。社论把"单纯防御的堡垒主义"和"保守主义的分兵把口子"列为目前主要危险——右倾机会主义的表现。①

---

① 中共中央文献研究室编：《周恩来年谱1898—1949》（上），中央文献出版社2007年版，第265页。

5月17日，与张爱萍共同撰写《少年先锋队中央总队部为目前形势告全体队员书》，发表在5月23日《红色中华》第192期第1版上。

7月10日，社论《纪念"八一"我们要消灭敌人在苏区门内，要瓦解敌人在他们的背后!》在《红星》第53期上发表。

> 按：王凤超的《年表》把时间记载为7月20日，期数为第54期，标题缺少"纪念'八一'"四个字。

7月15日，毛泽东、项英、张国焘、朱德、周恩来、王稼蔷（祥）等合署《中华苏维埃共和国中央政府、中国工农红军革命军事委员会为中国工农红军北上抗日宣言》。全文约2600字，刊登在8月1日出版的《红色中华》第221期上。8月7日，《红星》第98期全文刊载了该宣言，落款为"中华苏维埃共和国中央政府主席毛泽东，副主席项英、张国焘，中国工农红军革命军事委员会主席朱德，副主席周恩来、王稼祥，一九三四年七月十五日。"

8月18日，为《红星》第60期撰写《新的形势与新的胜利》社论，《红星》8月20日发表该文。文章提出："我们要坚决地挺到敌人的后方去，开展游击运动，创造新的苏区，创造新的红军，采取更积极的行动调动敌人，求得整个的战略部署的变动，以在运动战中消灭白军。"[①]强调"大战就在眼前，九、十月间将是决定胜负的血战的重要关键"[②]。

> 按：从社论中"我们要坚决地挺到敌人的后方去，开展游击运动，创造新的苏区"内容来看，是对中央红军准备撤离中央苏区作了最早的舆论暗示。

9月4日，与朱德、王稼蔷一起发布《中革军委为扩大红军的紧急动员的号令》，刊发在《红色中华》第228期第2版。

[①] 中共中央文献研究室编：《周恩来年谱1898—1949》（上），中央文献出版社2007年版，第268页。

[②] 中国人民解放军历史资料丛书编审委员会编：《红军长征·文献》，解放军出版社1995年版，第21页。

新闻实践期（1914年10月—1937年12月）　　85

新闻背景

2月10日，杜重远在上海创办宣传抗日救亡的时事政治性刊物《新生》周刊。

8月9日，国民党政府制定《检查新闻办法大纲》。

8月，杭州新闻记者公会通电倡议，每年9月1日为"中国记者节"，全国各地新闻界响应。

9月，《世界知识》在上海创办，胡愈之、金仲华任编辑。

10月，中国工农红军开始长征，除《红星》外报刊全部停刊。

11月13日，我国著名爱国主义者、民主主义战士和新闻事业家史量才先生在沪杭公路上殉难。

瞿秋白赴中央苏区，接任《红色中华报》主编兼社长。

1935年（三十七岁）

5月，有天晚上，靠着一棵树睡觉。"为了保护双脚，他已养成习惯，在脚边塞满旧报纸。"①

9月17日，红一、三军团和军委纵队北上，突破腊子口进入甘南。从腊子口往前走了十几里路有一个集镇，"毛泽东、周恩来、刘少奇、彭老总好多人都在那里休息。他们说：罗迈，你也来休息。他们拿着报纸在看，是敌人的，发现陕北有一个刘志丹'共匪'。"②

周恩来的随行卫生员陈诗林回忆道："1935年9月下旬的一天，周副主席对我说：'陈诗林小老表，现在你没啥事，出去找些报纸来。'我听了立即走出四合院，一上街就碰见汀州红军卫生军校的同学欧阳懿、陈志芳、谢登鸿。我们四人吃完饭，一起来到街北面红军卫生队驻扎的伪镇公所，看见堆着一大堆国民党的报纸。我们找出几张《大公报》。报纸上的有关内容大致是：'共军从商城到麻城，翻越天谷山进

---

① ［英］迪克·威尔逊：《周恩来传》，封长虹译，解放军出版社1989年版，第120页。
② 李维汉：《关于陕甘宁边区党史的几个问题》，《人文杂志》1981年第1期，第9页。

人陕西的柴家关、陕南黑山街。打秦岭,逼近西安,向北逃窜,进入陕北匪区。'我把这几张报纸交给了周副主席。后来我们跟随毛主席、周副主席到了陕北与我拿来的报纸有关系。"①

9月18日,在哈达铺,周恩来身边的卫生员陈诗林等来到街北面红军卫生队驻扎的镇公所,挨个房间搜索,在一间光线昏暗、堆满杂物的房间,发现有几张《大公报》《山西日报》《晋阳日报》《天津益世报》。他们就把报纸拿回来。周恩来和邓颖超如饥似渴,兴致勃勃地接过报纸翻看起来。果然《大公报》上的一则消息引起他们的注意。消息的大致内容是:"共军从商城到麻城,翻越天谷山进入陕西的柴家关、陕南黑山街。打秦岭逼近西安,向北逃窜,进入陕北匪区。""太好了!"9月22日,毛泽东、周恩来等在哈达铺关帝庙召集团以上干部开会。毛泽东在会上宣布到陕北去,那里有刘志丹、徐海东领导的红军和革命根据地。② 这是潘星海《红军总政委周恩来》一书的记载。

  按:两篇文章中的回忆,都是陈诗林说的,只是一家之言,但可以肯定的是:党中央从国民党报纸上看到了刘志丹领导的红军正在陕北苏区,证实陕北可以作为红军长征的落脚点。《毛泽东年谱》记载,9月20日,在哈达铺期间,毛泽东从国民党报纸上了解到陕北有相当大的一片苏区和相当数量的红军。根据黄会奇在《党的文献》2016年第5期《促成长征落脚陕北的报纸因素》一文考证,中共中央和红军领导人在进驻哈达铺前后读到了《大公报》《山西日报》《晋阳日报》等多种报纸以及一些布告、传单之类的材料,初步促成了把陕北作为长征落脚点的决定。

新闻背景

1月,中共召开"遵义会议"。

5月4日,上海《新生周刊》载《闲话皇帝》一文,引发中日外交事件,史称

---

① 云立新:《哈达铺的报纸是怎么来的?》,《新闻爱好者》1996年第12期,第37页。
② 潘星海:《红军总政委周恩来》,湖北人民出版社2007年版,第282—284页。

"新生事件"。

5月,中共在巴黎创办《救国报》,作为面向海外宣传建立抗日民族统一战线的机关报,10月被当局禁止邮寄。经交涉,12月9日更名为《救国时报》重新出刊。

7月,范长江以《大公报》特约通讯员的身份开始了西北采写的历程,历时10个月,行程万余里,沿途采写数十篇通讯在《大公报》上发表。第二年,结集出版了《中国的西北角》一书。

9月20日,《立报》创刊于上海,是中国现代较有影响的小刊报纸,成舍我、张友鸾、萨空了先后任总编辑。

10月,我国历史上第一次"世界报纸展览会"在复旦大学新闻系举行。

10月22日,我国新闻界前辈戈公振先生逝世。

11月16日,《大众生活》创刊于上海,是中国现代综合性时事期刊,16开,周刊,邹韬奋任主编兼发行人。

12月,北平爆发"一二·九"爱国运动。

南京国民党政府法院通过《修正出版法》。

美国纽约和费城之间建成第一条双轴电缆,让电视联播成为可能。

1936年(三十八岁)

4月16日,与主席毛泽东、副主席彭德怀一起发布《西北革命军事委员会命令——奉行"五一"全苏区赤少队总检阅》,《红色中华》第268期第2版刊发这一命令。

春,周恩来的警卫员魏国禄习惯性地跑进周恩来办公室,办公室的陈设十分简陋,"一张桌上是书报杂志"①。

6月,一天,路过延安北部的一个小镇,看到了一位西方人。用英语说道"你好!""你找谁呀?"此人便是埃德加·斯诺,美国《星期六晚邮报》和《生活》杂志的记者。斯诺把这位问候人描绘为"蓄着中国人少有的浓密胡子"。斯诺被这位干练的人物深深迷住了。他详细地

---

① 魏国禄:《周恩来副主席长征》,中国青年出版社1976年版,第108页。

1936年，美国记者埃德加·斯诺到陕北访问。这是周恩来和聂荣臻
在西征前线遇到斯诺时热烈握手的情景

资料来源：转自《周恩来答问录》，人民出版社2016年版，第3页。

描写道：周"身材修长，中等个儿，消瘦但结实。虽说胡子又黑又长，但外表还是有点孩子气。大大的眼睛，热情、深邃。他身上有一种磁力，这种吸引力似乎来自于他的羞怯、个人魅力及对指挥工作胸有成竹的个人品质的综合。他的英语虽讲得结结巴巴，但绝对正确。当他告诉我他已5年没说过英语时，我感到非常惊愕"[①]。周恩来给斯诺一匹马，带他一块儿到保安见毛泽东。

按：6月见到周恩来，是埃德加·斯诺在《西行漫记》中的记载。斯诺于1928年来华，曾任欧美几家报社驻华记者、通讯员。1936年6月，他访问陕甘宁边区，采写了大量通讯报道，成为第

[①] ［英］迪克·威尔逊：《周恩来传》，封长虹译，国际文化出版公司2013年版，第200页。

一个采访红区的西方记者,轰动了中外新闻界,并于1937年10月出版了著名的《红星照耀中国》一书,中文版更名为《西行漫记》,成为畅销一时的世界名著,被评价为标志着西方了解中国的新纪元。斯诺到延安之后,宣传毛泽东、周恩来等中共领袖人物及红军指战员,是中国革命的需要,也是世界反法西斯战争的需要,这是《西行漫记》,包括毛泽东自传、周恩来自述产生的历史背景,也是毛泽东、周恩来等起初不赞成宣传他们自己,后又勉强同意的原因。斯诺1938年访问武汉时,常去拜访周恩来,并请周恩来就抗战形势发表意见。1941年至1946年作为美国《星期六晚邮报》记者赴世界各地采访。1959年因受美国麦卡锡主义迫害,移居瑞士。新中国成立后,曾多次来华访问。逝世后,遵照其遗愿,部分骨灰葬于北京大学(原燕京大学旧址)校园内的未名湖畔。由于共同为中国的解放事业作出了杰出的贡献,斯诺与艾格尼丝·史沫特莱、安娜·路易斯·斯特朗并称为外国记者的"三S"(因三人英文名字第一个字母均为S,故名)。斯诺先生患病期间,中国驻瑞士大使陈志方和中国驻联合国安理会常任代表黄华曾前往探望,转达毛泽东、宋庆龄、周恩来、邓颖超等的亲切慰问。

7月9日至10日,在安塞白家坪会见美国记者埃德加·斯诺,表示中共欢迎他考察苏区,并为之拟定考察的路线及项目,同时回答斯诺所提的许多问题。采访内容收入斯诺所著《中共杂记》(Ramdom Notes on Red China)一书,曾以"周恩来谈第一次国共合作与蒋介石"为题刊载于1980年第1期《党史研究资料》上。周恩来说:"我接到报告,说你是一个可靠的新闻记者,对中国人民是友好的,并且说可以信任你会如实报道。""任何一个新闻记者要来苏区访问,我们都欢迎。不许新闻记者到苏区来的,不是我们,是国民党。你们见到什么,都可以报道,我们要给你一切帮助来考察苏区。"[1]

---

[1] 中共陕西省委党史研究室:《周恩来在陕西纪事》,陕西人民出版社1998年版,第41页。

11月9日，毛泽东、朱德、周恩来、张国焘、彭德怀、林彪、贺龙、徐向前、罗炳辉等一起发表《局势至此，非抗战不足以图存——红军卅八将领致国民革命军西北各将领书》，在《红色中华》第310期第1版刊发。

11月30日，《红色中华》第1版发表给共产党中央委员会、中央军事委员会的表态信，题目为"争取抗日统一战线建立 坚决执行党的总路线"，署名：朱德、张国焘、彭德怀、周恩来、贺龙、任弼时、关向应率一、二、四三个方面军团以上干部并告西路军徐总指挥陈政治委员，时间为11月25日。

按：四川人民出版社1986年6月出版的怀恩著的《周总理生平大事记》一书，随意增加了副标题"给中央和中央军委的信"，这是不严谨的做法。

12月12日，西安事变爆发。周恩来率中共代表团赴西安协助张学良、杨虎城两将军和平解决事变。到达西安第二天，周恩来就会见了美国记者史沫特莱，对她阐述了中共抗日民族统一战线的方针与中共和平解决西安事变的方针，请她协助开办西安广播电台的英语节目。史沫特莱和当年担任英国报纸记者的新西兰人贝特兰合作，承担了英语广播任务。史沫特莱用英语和德语向全世界宣布，共产党人来西安，"不是为了个人恩怨报仇雪恨而来，而是为了国家统一的新时期铺路而来"①。

按：史沫特莱，1928年以德国《法兰克福日报》记者身份来华，为国外报刊撰文报道江西苏区的革命斗争以及西安事变的消息。1938年1月到武汉后，多次与周恩来见面。著有自传体小说《大地的女儿》和记述朱德生平的《伟大的道路》，以及介绍中国革命斗争的小说、杂文集《中国人民的命运》《中国红军在前进》《中国在反击》《中国的战歌》等著作。

---

① 孙果达、王伟：《西安事变中神秘的史沫特莱》，《党史纵横》2011年第8期，第46页。

在解决西安事变期间,审定《解放日报》、广播电台的宣传纲要。① 他十分关心广播电台的宣传工作,亲自审阅每周宣传纲要,指示地下党员搞好广播宣传工作。②

西安事变发生后不久,出现了一个自称"雷电社"的电台,向国内外发布消息,宣扬什么红旗插遍西安古城等狂热的口号。听口气不像是敌人的,但客观上却为敌人攻击西安事变提供了口实。周恩来一到西安,就注意到这个情况,在内部指示查找这个电台。几天后,终于在东北军兵营中找到了。原来是几个参加扣蒋的青年军官在华清池蒋介石的临时行辕缴获了这部电台,就自作主张地办起了"雷电社"。他们以为这是为革命办好事。在周恩来的具体指示下,说服这些青年停止活动,排除了一次来自内部的干扰。③

12月19日,致电毛泽东、博古:"决定在西安设红中通讯社,请注意广播宣传,并将所有公开电报、信件及宣传品均用广播发出。"④

按:1923年以来,周恩来成为坚定的马克思主义者,是一名职业革命家,新闻传播活动是为革命事业服务的,他积极创建新闻出版阵地,搭建新闻宣传平台,为宣传党的主张,教育和组织群众,促进革命事业的发展发挥了积极作用。

新闻背景

6月,邹韬奋在香港创办《生活日报》。

10月,举世闻名的二万五千里长征胜利结束。

12月12日,西安事变后,中共代表团到达西安,成立新华社西安分社,传播中共和平解决西安事变的方针政策。

---

① 中共中央文献研究室编:《周恩来年谱1898—1949》(上),中央文献出版社2007年版,第343页。

② 罗瑞卿、吕正操、王炳南:《西安事变与周恩来同志》,人民出版社1979年版,第5页。

③ 金冲及主编:《周恩来传1898—1949》,中央文献出版社2009年版,第193页。

④ 穆欣:《隐蔽战线统帅周恩来》,中国青年出版社2002年版,第275页。

12月14日，苏联《真理报》发表社论，指责西安事变"显有怪异性质"，说"汪精卫利用张学良部队中的抗日情绪，挑动这支部队反对中央政府"。

12月15日，日本《朝日新闻》发表社论，认为西安事变是"受了赤化的浸润"，威胁南京政府若只依靠欧美苏联，"将来会招致不可收拾的破局"。

12月27日，《中央日报》发表所谓蒋介石对张学良、杨虎城的训话。

南京国民党政府成立中央广播事业指导委员会，陈果夫为主任。南京国民政府交通部公布《指导全国广播电台播送节目办法》。

美国图画杂志《生活》创刊。英国广播公司在伦敦以北的亚历山大宫建成全世界第一个公众电视发射台。

1937年（三十九岁）

2月4日，范长江在西安第一次同周恩来会晤。周恩来对他说："你在红军长征路上写的文章，我们沿途都看到了。我们红军里面的人，对于你的名字都很熟悉。你和我们党和红军都没有关系，我们很惊异你对于我们行动的研究和分析。"①

按：1927年到1937年，在国统区，共产党领导的红军长期被污名化为"土匪"。西安事变后，在西安的周恩来果断邀请《大公报》记者范长江访问延安，借《大公报》去妖魔化。在延安，范长江见到了朱德、林彪等共产党将领，与毛泽东在凤凰山窑洞更是秉烛夜谈。1937年2月15日，《大公报》发表范长江的报道《动荡中之西北大局》。这是国统区媒体第一次正面报道红军。时值国民党三中全会召开，当天报纸一到南京，与会人员对于西北大势之实况皆大为震撼，因为和蒋介石上午讲得完全不一样。长征路上遭遇围追堵截的共产党人，以舆论为铺垫，推动国共合作，重新登上中国政治舞台。这是从政治层面对红军的肯定。1938年，范长江组织中国青年新闻记者协会，创办国际新闻社。离开《大公报》

---

① 方蒙：《范长江传》，中国新闻出版社1989年版，第171页。

后，他对自己长期的"个人奋斗"历史进行反思，在反思中认识到加入中共的重要性和紧迫性，毫不犹豫地向周恩来表达了成为共产党一员的愿望和请求，1939年5月的一天，在重庆曾家岩五十号周公馆里，经周恩来介绍并报请延安批准，范长江加入中国共产党。皖南事变后，奉命到香港创办《华商报》。1942年，范长江转入苏北解放区，先后任华中新闻专科学校校长，新华社华中分社社长，《新华日报》华中社社长等职。新中国成立后任《人民日报》社长。范长江新闻奖作为长江韬奋奖的前身之一，于1991年设立，是由中国记协组织的全国中青年记者评选的最高荣誉奖，以中国杰出的新闻工作者范长江的名字命名，旨在促进中国新闻界学习和发扬范长江献身于人民新闻事业的崇高精神，培养和造就更多的优秀新闻工作者。范长江著有通讯《中国的西北角》《塞上行》及《通讯与论文》等著作。

2月14日，鉴于国民政府军事委员会政训处将派人以新闻记者身份到延安参观考察，致电中共中央书记处，提出应根据新政策在延安、甘泉等县群众中进行解释和动员，做好接待工作。①

2月15日，会见美国新闻记者艾格妮丝·史沫特莱，向她宣传中共和平统一、团结抗战的主张，"颇得其同情"。②

2月16日，电告洛甫、毛泽东等：艾格妮丝·史沫特莱将至苏区访问。建议：在红军中深入宣传新政策；从速训练一批接待人员；对延安、淳化、栒邑等重要地区加以整顿，以方便美国记者参观、摄影，扩大红军和苏区的影响。③

2月20日前后，连日同北平、天津的新闻记者谈话，并会见广州中山大学参观团。④

---

① 中共中央文献研究室编：《周恩来年谱1898—1949》（上），中央文献出版社2007年版，第359页。
② 中共中央文献研究室编：《周恩来年谱1898—1949》（上），第359页。
③ 中共中央文献研究室编：《周恩来年谱1898—1949》（上），第359页。
④ 中共中央文献研究室编：《周恩来年谱1898—1949》（上），第360页。

2月，在延安接待了天津一家英文报刊《华北明星报》外国记者的采访。他说，我在天津南开读中学、大学。这个学校教学严格，课外活泼，我以后参加革命活动是有南开教育影响的。请你回到天津后，在南开大学张伯苓校长前代我问候。①

3月6日，致电洛甫、毛泽东、博古等：鉴于《大公报》《益世报》《北平晨报》等报刊陆续发表评论，讨论统一救国问题，"为争取全国统一，我们应参加这些讨论"。建议中共中央派人化名向各报投稿，文章要避免党八股的笔调。电文中请求派廖承志或邓小平作为自己的助手，负责开展宣传工作。②

3月，中央决定：党报委员会由张闻天、博古、凯丰、周恩来组成，廖承志任秘书长，并着手筹备党的政治理论刊物——《解放》周刊的出版工作。③

△ 撰写《我们对修改国民大会法规的意见》，约3800字，在5月1日出版的《解放》第1卷第2期上发表。有关新闻内容包括：保障人民言论出版集会结社居住信仰的完全自由，确认男女平等，废止一切剥削人民自由权利的法令（如危害民国紧急治罪法、检查新闻条例等），以保障人民及各政党团体真能获得"选举之自由及提出议案和宣传讨论之自由"④。4月29日，《新中华报》头版头条发表该文节录。

  按：这些意见的发表，在当时对于保障人民言论出版自由，巩固抗日统一战线起了重要的作用。

5月下旬末，在上海、南京停留的数天内，同各方人士谈话，争取中共的合法地位，并酝酿筹办宣传抗日的刊物。在南京期间，周恩来处在国际新闻界的包围之中，体验到了一种新的外交特使的生活。他告诉

---

① 徐行主编：《南开学者纵论周恩来》，天津人民出版社2008年版，第25页。
② 中共中央文献研究室编：《周恩来年谱1898—1949》（上），中央文献出版社2007年版，第363页。
③ 刘妮：《延安：党的新闻出版事业的摇篮》，《人民政协报》2016年10月20日第11版。
④ 中央档案馆：《中共中央文件选集1936—1938》（第11册），中共中央党校出版社1991年版，第207页。

一名记者:"蒋介石手下的自由主义者的影响主要在南京政府内部……国共合作和停止十年内战计划的成功,要靠这样的事实,那就是中国人民、中国的士兵,以及南京的自由主义者要求在日本人侵占我国领土的时候,结束中国人打中国人的局面。"①

6月22日,会见记者海伦·斯诺,向她介绍了国共两党谈判的情况。②

6月23日,接受美国学者彼森采访。③

6月24日,出席中共中央政治局会议,提出上海是政治舆论的中心,必须特别重视,应加强上海的工作。④

△ 毛泽东、朱德、周恩来致电张云逸,要张云逸在同桂系将领李宗仁、白崇禧联络时,坦率地说明"只有以抗日民主与蒋比进步,才能生存发展,如以军阀政策与蒋比落后,则只有失败"⑤,并要张云逸设法推动广东、广西、香港方面的政治人物应邀参加蒋介石即将在庐山召集的谈话会,在谈话会上应注意宣传救亡纲领,开放爱国的言论思想自由,撤销"紧急治罪法"和"新闻检查条例",释放政治犯等。

6月26日,在英文世界里享有一定知名度的《密勒氏评论报》援引日文《上海每日新闻》《上海日报》的报道,同期登载了周恩来与蒋经国的会面及周恩来抵沪重建中共党组织的两条消息。⑥

按:1923—1937年,周恩来的新闻实践不以报道信息为目的,不再简单地对内加强教育,对外宣传"主义",而是把新闻工作置于中国革命事业的大目标下,以党的宣传工作为核心,以媒体为传播工具,更多地结合具体问题,指导和推进革命工作。

---

① [英]迪克·威尔逊:《周恩来传》,封长虹译,解放军出版社1989年版,第133页。
② 姬乃军:《情系热土 国际友人在延安》,陕西人民出版社1993年版,第152页。
③ 中国新四军和华中抗日根据地研究会编著:《新四军在华中》,军事科学出版社2012年版,第2页。
④ 中共中央文献研究室编:《周恩来年谱1898—1949》(上),中央文献出版社1989年版,第367页。
⑤ 力平:《青年周恩来》,中国社会出版社2006年版,第200页。
⑥ 马学强、袁家刚:《从〈密勒氏评论报〉看中共抗战》,《兰台内外》2015年第5期,第18页。

7月7日，叫警卫李思明到街上买《西京日报》关于事变的号外。①

7月10日，同中共党员夏衍谈话，要他以进步文化人的身份在国统区开展统一战线工作。并告诉他："在国民党统治区域，要做的事很多，我们要办一张党报，昨天已经决定了，由潘梓年和章汉夫负责。"② 又约见6月出狱的潘梓年，说服潘梓年放弃到革命根据地去的要求，立即筹建党报的工作。不久之前，当时在上海的一位波兰同志薛泼（后在皖南事变中牺牲）给夏衍看过一张德文报纸，上面有周恩来在中央苏区的照片，那照片上是一个满脸胡须、戴着八角帽的军人，下面注明是周恩来。③

按：夏衍，抗日战争爆发后，任《救亡日报》主编，曾先后到广州、桂林复刊该报。1941年遵照周恩来的指示去香港，任中共华南分局委员，与范长江等创办《华商报》。1945年到重庆任中共南方局文化组副组长，《新华日报》代总编。抗战胜利后，受周恩来委托到上海恢复《救亡日报》（改名《建国日报》）及筹备《新华日报》上海版，从事文化界的统战工作和民主运动。

潘梓年，1932年任中共江苏省委机关报《真话报》总编辑。抗战爆发后，长期在周恩来直接领导下从事抗日救亡文化宣传和在文学界、学术界开展统一战线工作。1938年遵照周恩来的指示，与章汉夫一起筹办《新华日报》，任9年社长。1940年在周恩来任书记的中共南方局负责文化工作委员会新闻组工作。与吴克坚、熊瑾玎等著有《新华日报的回忆》。

章汉夫，抗战爆发后，在周恩来的领导下，主要从事抗日救亡宣传活动，在重庆任《新华日报》新闻编辑部主任、总编辑，撰写的时评文章切中时弊，在国民党统治地区产生了巨大影响。此外，遵照周恩来的指示参加《群众》周刊的筹备工作。1946年10月，

---

① 人民出版社资料组编：《人民的好总理 纪念敬爱的周恩来同志》（上），人民出版社资料组，1977年，第269页。
② 夏衍：《懒寻旧梦录》，生活·读书·新知三联书店1985年版，第373页。
③ 李子云编选：《夏衍七十年文选》，上海文艺出版社1996年版，第103页。

根据周恩来的指示去香港，负责新华社的工作。

7月17日，和博古、林伯渠在庐山同蒋介石、邵力子、张冲继续谈判国共两党合作抗日的各项问题，其中包括中国共产党在国统区公开出版报纸、刊物和延安出版的《解放》在国统区的发行问题。由于蒋介石无诚意，周恩来力争无果。①

7月18日，将所拟关于谈判的十二条意见，通过宋美龄转交蒋介石。意见的内容包括：允许各报刊载《中共中央为公布国共合作宣言》；允许中共在延安出版的《解放》周刊在全国发行。②

7月中旬，代表中共中央到上海检查党的工作，在会见胡愈之、夏衍等人时，指示加强爱国新闻工作者的团结，组成统一战线。胡愈之、夏衍等同一些新闻界人士商讨后，认为应该在上海组织一个新闻工作者团体。③

7月29日，毛泽东、朱德、周恩来、张国焘、彭德怀、贺龙、林彪、刘伯承、徐向前、叶剑英、张云逸、萧克、徐海东等合署签名《红军将领庆贺平津胜利通电》。电文约720字，载于《解放》第1卷第12期。

8月，指示夏衍协助从日本回国的郭沫若筹办一张文化界抗日统一战线性质的报纸，这就是8月24日在上海创刊的上海文化界救亡协会机关报《救亡日报》。这是一张文化界具有抗日民族统一战线性质的报纸，是由国共两党出资、出人合办的，实际上由郭沫若任社长、夏衍任总编辑，是周恩来领导下的以群众面目出现的一张进步报纸。④

8月18日前后，在南京期间，同国民党中央宣传部长邵力子商定中共在国民党统治区创办报刊。不久，邵力子签署文件，正式批准中共南

---

① 王凤超：《周恩来新闻活动年表》（续一），《新闻研究资料》1988年第3期，第67页。
② 中共中央文献研究室编：《周恩来年谱1898—1949》（上），中央文献出版社2007年版，第379页。
③ 黄瑚：《新闻春秋》（第9辑），复旦大学出版社2009年版，第360页。
④ 廖永祥：《周恩来与新华日报研究文集》，国际港澳出版社2005年版，第395页。

京办事处在南京筹办《新华日报》。①

△ 和朱德一起探望国民党中央执行委员会委员于右任，商谈中共准备在南京筹办《新华日报》事，并请于右任为该报题写报头。于右任欣然同意。于右任乃国民党元老，时任国民政府监察院院长，写得一手好字，请他写报头，有利于加强两党合作的气氛。以后在武汉期间，周恩来又多次同于右任恳谈，并通过王炳南、屈武同于右任保持联系。②

按：请于右任为《新华日报》题写报头，有利于加强两党合作的气氛，也有利于报纸的出版发行，从这一细枝末节处可以看出周恩来执行统一战线政策的良苦用心。

9月中旬，和彭德怀等一起出席由文化、教育、新闻各界人士召开的欢迎会。在会上发表讲话，宣传抗日民族统一战线政策。③

9月22日，国民党中央通讯社发表了由周恩来起草的《中共中央为公布国共合作宣言》（以下简称《宣言》），标志着由中国共产党倡导和推动的、以国共合作为基础的抗日民族统一战线正式形成。此宣言起草于7月4日，7月15日由中共中央交付国民党，拖了两个多月才发表。

按：关于《宣言》的起草和交付时间，1937年9月25日，张闻天和毛泽东《关于国共两党抗日民族统一战线建成后宣传内容的指示》和9月29日《新中华报》登载的中共中央负责人的谈话均明确指出，《宣言》7月4日起草，7月15日交付国民党。众多文献和著述都如此引用，但复旦大学历史系贺永泰认为："《宣言》是7月2日起草的，《宣言》交付蒋介石的时间不一定是7月15日，而是在此之前。至于确切的时间，有待进一步考证。"④

9月27日，在太原山西国民师范学校礼堂召开的山西牺牲救国同盟

---

① 中共中央文献研究室编：《周恩来年谱1898—1949》（上），中央文献出版社2007年版，第385页。
② 中共中央文献研究室编：《周恩来年谱1898—1949》（上），第385页。
③ 中共中央文献研究室编：《周恩来年谱1898—1949》（上），第385、390页。
④ 贺永泰：《〈中国共产党为公布国共合作宣言〉若干问题的考究和补缀》，《史林》2011年第2期，第141—142页。

会第一次代表大会上作报告,礼堂只能容纳1500人,可是来了4000多人。记者穆欣第一次聆听周恩来报告。①

9月28日,阅报获悉项英、陈毅在南昌同国民党接洽改编红军游击队的消息后,分别致电项英、陈毅、傅秋涛、叶挺等,要他们立即相互取得联系。②

9月30日,在山西太原,著名记者陆诒首次见到周恩来。③

10月22日,会见英国《曼彻斯特卫报》记者艾格妮丝·史沫特莱。史沫特莱情绪激动地说:"在太原我见到的所有人当中,很显然他是最现实的、最聪明的、最有能力的。他英俊潇洒,博学多才。"④ 她把周恩来同世界著名人士贾瓦哈拉·尼赫鲁相提并论。"他站立笔直,说话时看着对方的眼睛,语调坦诚,他知识渊博,想象力丰富,判断问题一针见血……如果有必要采取一些类似引进现代医疗设施这类有价值措施的话,那么签署命令并将这项措施贯彻下去的一定是周恩来。"⑤

10月下旬,在山西的群众大会上发表讲话。英国记者詹姆斯·伯特伦是这样描写周恩来的:他身着平纹"中山装",留着短发和短须,好像是"D. H. 劳伦斯的自画像,充满着活力,给人以深刻的印象"。伯特伦心想:"如果他不是一位革命者的话,那么他一定会是一位艺术家。"⑥ 他浑身充满生气,举止轻快。他熟练地运用着他的各种手势,毫不费力地说着一口流利的英语,时常还夹着几个法语单词。当记者就战争问题向他提问时,他回答说:"即使日本人能够占领整个中国,它也没有那么多的军队。这是一个很简单的算术题。在中国北部有300多座城市,即使他们在每个城市中驻上一个连,他们也绝对控制不了整座

---

① 穆欣:《周恩来与我的新闻生涯》,《新闻爱好者》1998年第6期,第5页。
② 中共中央文献研究室编:《周恩来年谱1898—1949》(上),中央文献出版社2007年版,第392页。
③ 陆诒:《周总理教我怎样做记者》,《新闻研究资料》1979年第3期,第31页。
④ [英]迪克·威尔逊:《周恩来传》,封长虹译,解放军出版社1989年版,第136页。
⑤ [英]迪克·威尔逊:《周恩来传》,封长虹译,第136页。
⑥ [英]迪克·威尔逊:《周恩来传》,封长虹译,第136页。

城。这样对我们来说可就太好了——我们可以一个一个地分别消灭他们。"①

10月底，会见《大公报》派驻山西战场的记者孟秋江、陆诒，向他们介绍山西的战局，着重指出：我军必须变单纯防御为攻势防御，积极消灭敌人有生力量，才能有效地阻止日军前进。并嘱咐他们到前线后同部队一起行动，做好战地报道工作。②

> 按：范长江、孟秋江和陆诒为抗日战争时期三位出色的新闻记者。他们深入烽火连天、硝烟弥漫的前线，从事战地采访；跑前线，也跑后方；采访过毛泽东、周恩来、朱德、彭德怀、聂荣臻、刘伯承、邓小平；采访过张治中、傅作义、卫立煌、蔡廷锴、吉星文；既迅速地报道了战况，也客观地评介了人物。

10月，根据周恩来的指示，潘梓年、章汉夫、杨放之、徐迈进、钱之光、许涤新等陆续聚集南京，筹备出版《新华日报》《群众》周刊。后因上海、南京相继失守，筹备工作移至武汉继续进行。③

> 按：徐迈进，曾任上海《立报》编辑，武汉和重庆时期《新华日报》编辑、编辑部副主任，中国青年记者学会总会常务理事，延安《解放日报》副总编辑，新华通讯社总社副总编辑。

> 许涤新，抗日战争时期任武汉、重庆《新华日报》编辑，《群众》杂志副主编，《新华日报》党总支书记。

11月8日，在周恩来的倡导和支持下，中国青年新闻记者协会（1938年3月30日更名为中国青年新闻记者学会。——笔者）在上海成立，推选范长江、恽逸群、杨潮（羊枣）、袁殊、朱明为总干事。夏衍、邵宗汉为候补干事。

> 按：中国青年新闻记者协会现在发展为中华全国新闻工作者协会（简称"中国记协"），在国内外新闻界享有声望，拥有地方记

---

① ［英］迪克·威尔逊：《周恩来传》，封长虹译，解放军出版社1989年版，第136页。
② 中共中央文献研究室编：《周恩来年谱1898—1949》（上），中央文献出版社2007年版，第396页。
③ 中共中央文献研究室编：《周恩来年谱1898—1949》（上），第396页。

协、专业记协、新闻学会和团体会员 150 多个，还同世界上 100 多个国家和地区的新闻界朋友开展友好往来。

11 月 9 日，《新闻报》记者耿炳光经人介绍来到周恩来的驻地。周恩来热情地把耿炳光让进屋里，首先对他前来采访表示欢迎，接着就耿炳光提出的关于抗战形势、民运状况、防止妥协、华北抗战的地位、日本侵略野心、八路军在抗战中的地位、对敌战术、国际援助等方面的问题进行了详细的分析和论述，充满精辟而独到的见解。①

11 月 11 日，到达晋南重镇临汾，太原失守后，这里成为山西抗战政治中心。在临汾期间，会见英国《伦敦先驱日报》记者詹姆斯·贝特兰，在谈话中说，坚持华北抗战最要紧的是强大中国的军队，发展群众运动。指出：组织华北民众抗战的主要任务将落在八路军身上，并一起看了平型关战役中缴获的日军将领板垣征四郎副官的日记。②

11 月 16 日，在山西临汾一次群众大会上作题为"目前抗战危机与坚持华北抗战的任务"的演讲。全文约 4000 字，刊载于汉口《群众》周刊第 1 卷第 2 期。

11 月下旬，潘梓年等撤到武汉后，就国民党当局迟迟不给《新华日报》和《群众》周刊发登记证一事，按周恩来指示，与国民党当局进行交涉，提出：如果不立即给我们的报纸和刊物同时发出版登记证，那就必须让我们先出版《群众》周刊。经徐迈进同国民党武汉市政府交涉，办理了《群众》周刊的出版登记手续。③

12 月初，南京《新民报》社在南京沦陷前撤离西上，在途经武汉时，周恩来通过郭沫若告诉《新民报》负责人陈铭德、邓季惺说：《新华日报》正准备出版，希望我们两家报纸今后密切合作，共同为抗战宣

---

① 中共陕西省委党史研究室：《周恩来在陕西纪事》，陕西人民出版社 1998 年版，第 444 页。
② 中共中央文献研究室编：《周恩来年谱 1898—1949》（上），中央文献出版社 2007 年版，第 398 页。
③ 王凤超：《周恩来新闻活动年表》（续一），《新闻研究资料》1988 年第 3 期，第 68 页。

12月6日，接见记者陆诒，从下午一直谈到深夜，深入细致地分析了当时国内外形势。最后，陆诒提出要求解决在当地发出新闻电讯的问题。他慨允可由延安先发至西安八路军办事处转西安《大公报》分馆，再由他们转发到汉口《大公报》，解决了工作上的难题。陆诒当即表示由衷的感谢，周恩来摇摇头说："不必说感谢，这是我们应当做的工作。目前，全国军民都要倾听延安的声音，迫切要求了解我们对当前抗战局势的看法，及时把这些消息传布到全国，这是我们共同的愿望。"②

12月9日至14日，中共中央政治局召开会议。会议决定：由周恩来、博古、项英等组成中共中央长江局，领导南部党的工作。《新华日报》和《群众》周刊由长江局直接领导。③

12月11日，在周恩来的领导下，中共在国统区的机关刊物《群众周刊》在汉口公开出版。社长兼主编为潘梓年，副主编是许涤新。④

12月18日，《群众》第1卷第2期发表周恩来在临汾党政军民联欢大会上的讲演《目前抗战危机与坚持华北抗战的任务》。

12月21日，晚，陈绍禹（王明）、周恩来、秦邦宪（博古）等同蒋介石举行会谈。周恩来所谈事项中包括出版《新华日报》问题。蒋介石表示，"对此完全同意"⑤。

12月23日，中共中央代表团和中共中央长江局举行联席会议，在讨论组织事项中决定长江局下设党报委员会，周恩来为委员，具体领导《新华日报》和《群众》周刊的工作。⑥

---

① 方汉奇主编：《中国新闻事业编年史》（中），福建人民出版社2000年版，第1375页。
② 陆诒：《周总理教我怎样做记者》，《新闻研究资料》1979年第1期，第32页。
③ 廖永祥：《周恩来与新华日报研究文集》，国际港澳出版社2005年版，第397页。
④ 王凤超：《周恩来新闻活动年表》（续一），《新闻研究资料》1988年第3期，第68页。
⑤ 韩辛茹：《新华日报史》，重庆出版社1990年版，第4页。
⑥ 方汉奇主编：《中国新闻事业编年史》（中），第1375页。

12月25日，《群众》第1卷第3期发表《目前抗战形势与坚持长期抗战的任务》一文。内容包括要坚持长期抗战，就必须巩固、扩大以国共合作为基础的抗日民族统一战线，实行全民的全面抗战，动员和组织千百万群众，才能争取长期抗战的最后胜利。

12月31日，在武汉大学发表演讲，其中的第二、三部分，全文约1300字，以"现阶段青年运动的性质和任务"为题，刊载于武汉《战时青年》第1期，收入《周恩来选集》（上）。《激流》旬刊1938年第1卷第4期以"现阶段的青年运动的性质与任务"为题刊出。

按：本年冬，陆诒作为《大公报》记者到延安采访毛泽东、周恩来、李富春等中共领导人。后经范长江推荐到《新华日报》任记者。1938年1月20日、21日，《新华日报》连载他写的《延安进行曲》。《新华日报》同时发表陆诒写的访问记：《彭德怀谈前线战况》，介绍八路军在华北各地的抗日战绩。

新闻背景

1月27日，中共中央发出《为转变目前宣传工作给各级党组的信》，指出：宣传工作的方式方法也必须适合于党的策略路线而力求迅速转变。

1月，中共红色中华通讯社改名新华通讯社。1月29日，《红色中华》从第352期改名《新中华报》。

3月6日，《大公报》《益世报》《北平晨报》等报刊陆续发表评论，讨论统一救国问题。

4月24日，中共中央机关刊物《解放》周刊在延安创办。

7月7日，夜，日军向卢沟桥一带中国军队开火，中国守军第29军予以还击。全面抗日战争开始，史称"七七事变"。

8月19日，邹韬奋主编的《抗战》三日刊在上海创刊。

10月，斯诺撰写的《红星照耀中国》一书在美国出版，最早向美国人民和全世界人民介绍了中国共产党和中国工农红军的英雄业绩，引起了强烈震动，很快出现多种语言的译本，成为举世皆知的名著。

11月8日，中国新闻记者协会在上海成立，后改为中国新闻记者学会。

12月11日，晋察冀根据地的《抗敌报》创刊于阜平，1940年11月7日改名为《晋察冀日报》，社长、总编辑为邓拓，1948年6月14日停刊，是抗日根据地出版最早的一份报纸。

12月13日，日寇侵占南京，进行疯狂大屠杀，其罪行罄竹难书。

新闻高峰期

(1938年1月—1947年2月)

这一时期以《新华日报》的创办到停刊为标志。周恩来在新闻事业上所起的作用，早已彪炳史册。他采取搭建传播平台、撰写评论文章、运用题词、编辑修改稿件等方法，发挥各类新闻武器的威力，团结培养一大批优秀的编辑记者队伍，广交外国记者朋友来传播中国共产党的声音，展示了中国的抗战力量，为战胜日本帝国主义，为世界反法西斯战争的伟大胜利作出了重大贡献，同时为中国共产党的新闻事业贡献了力量。

一 创办报刊电台等载体，搭建传播中国力量的平台

周恩来积极搭建传播平台，创办报纸杂志、广播电台，统一抗战思想，传播抗战声音，展示中国力量，为抗战的最终胜利作出了独特贡献。领导《新华日报》时期是周恩来新闻思想和实践的又一个高峰，主要体现在五个方面：一是充分发挥新闻评论的导向作用，旗帜鲜明，富有战斗性。二是抓新闻采访强调深入实际、深入群众。三是强调副刊也有战斗力，要注重发挥副刊的作用。四是抓新闻战线的统战工作，通过新闻工作促进统战工作。五是尊重新闻人才，培养了一支强大的新闻队伍。在《新华日报》工作时期，他十分重视对新闻人才的培养。

二 善用"笔战"超前预言，传播党的声音，指导革命工作

周恩来特别重视运用手中的笔，进行"笔战"，为战场的"枪战"做前驱，做后盾，以其政治家的远见卓识，高超的驾驭文字的能力，无可辩驳的逻辑力量，形象生动的语言，成为国统区无可置疑的"笔战"主帅，有力地指导了中国人民的抗日战争、解放战争。

三 运用修改稿件等方法，更好地展示抗战力量

抗战时期，周恩来不仅撰写新闻评论文章，还修改有关人员的稿

件，为抗战大局服务。在审阅稿件时，他高屋建瓴，字斟句酌，不只改内容、改思想、改文法、改错别字，甚至改标点符号。

四　提升战略执行力，强化传播队伍建设

抗战时期，《新华日报》享有"政治家办报""专家办报"的美誉，这与周恩来发现、培养的一大批编辑记者等传播人才是分不开的。

五　借助外国记者，传播中国力量

周恩来抓住时机多次主动接见来自世界各国的记者、作家，并先后安排外国友人到边区、解放区去参观考察，通过他们对中国的抗战形势及重大事件的真相作全面准确的宣传报道，特别是对中国共产党的抗战情况进行持续报道，以传播中国共产党的抗战声音，从而争取了国际舆论对中国抗战的支持。

1938 年（四十岁）

1月8日，《群众》第1卷第5期发表《怎样进行持久抗战?》一文。强调指出，只有持久抗战，才能争取最后胜利，这是抗战五个月中最主要的教训。① 该文于1月7日完成，《血路》第2期予以节选刊登，《激流》旬刊第1卷第4期、《解放》第30期也刊登了该文。

按：《论持久战》是毛泽东于1938年5月26日至6月3日在延安抗日战争研究会所作的讲演。从时间上讲，周恩来论述持久战比毛泽东出版专著早了近5个月。

1月9日，给《新华日报》的创刊题词为："坚持长期抗战 争取最后胜利 新华日报出版纪念 周恩来 廿七 一、九"。《新华日报》1月12日第3版予以刊发。

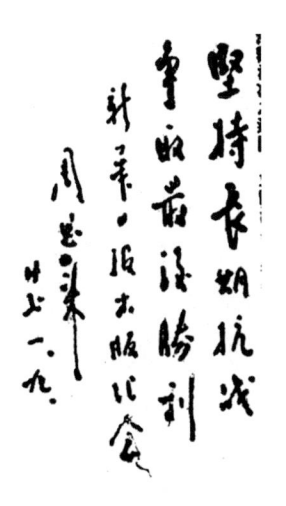

资料来源：转自《新华日报》1938年1月12日第3版。

---

① 周恩来：《周恩来政论选》（上），人民日报出版社、中央文献出版社1998年版，第171页。

按：周恩来为办好《新华日报》倾注了大量心血，这次题词内容既可看作抗战时期党的奋斗目标，也可以看作《新华日报》的办报方针，同时可以说是党的报刊的神圣使命。

不久，又对《群众》周刊副主编许涤新等说："《群众》的编辑方针，同《新华日报》毫无二致，差别是在于《群众》是党刊，是理论性的刊物，它要更多地从马克思列宁主义出发，要更多地从理论的角度出发，帮助广大读者理解抗日战争的正义性，理解抗日战争胜利的必然性。同时，还要从理论的角度出发，去批判当时一切不利于抗战以至破坏抗战的反动谬论。"①

按：当时，《新华日报》和《群众》周刊受中共中央长江局党报委员会领导，周恩来是党报委员会的成员之一，但党报党刊的日常工作并不由他负责指导，这同以后重庆时期还是有所不同的。从周恩来与许涤新等人的谈话中，我们可以看出，用马克思列宁主义观点看问题、宣传马克思列宁主义是党报党刊的重要任务。1847年9月26日，恩格斯认为，党的报刊的任务"首先是组织讨论、论证、阐发和捍卫党的要求，驳斥和推翻敌对党提出的各种要求和论断"。周恩来提出《群众》周刊的编辑方针与恩格斯的观点是一脉相承的。

1月10日，上海明明书局出版发行《抗战政治工作纲领》一书，该书第二部分"抗战政治工作纲领"谈到："利用一切胜利消息——尽管是最微小的——迅速传达到各部队中去，提高部队的勇气。""特别注意这种胜利消息是要准确的，不能是欺骗的""目前中国新闻政策在宣传方面有许多不实在，影响到人们对于新闻的不信任，如果在战斗中作欺骗的宣传，下次战士就会说政治工作是吹牛皮卖膏药了，所得的效果便是相反的。"

1月11日，《新华日报》在汉口创刊。根据中共中央代表团和长江中央局联席会议的决定，由王明、周恩来、博古、华岗、潘梓年、黄文

---

① 金冲及主编：《周恩来传1898—1949》，中央文献出版社2009年版，第240页。

杰及湖北省委宣传部长组成党报委员会，王明任主席，华岗任书记。王明是《新华日报》社董事会的董事长。①

按：《新华日报》于1938年1月11日创刊，到1947年2月28日，被国民党政府查封，存在9年1个月又18天，出版报纸3231期。它出版的这段时间，正值全面抗日战争时期到解放战争初期，对这段历史中发生的一系列重大事件，作了忠实的报道。新中国成立后，《新华日报》成为中共江苏省委机关报。

1月12日，接受《文摘战时旬刊》记者汪衡、陈文杰采访。采访内容以"周恩来先生访问记"为题，刊载于1938年1月18日出版的《文摘战时旬刊》第9号。其中有这样的问题：八路军最近的战况是一般民众所急想知道的，可是报纸上的消息绝不能满足这种要求，请先生一述。周恩来在谈到国际条件，我们还未充分利用时说："各国人民是愿意帮助中国的，但是不明了现在中国抗战的情形。即使驻在中国的外国记者，也常常弄不清楚。这是我们宣传机构没有做好的结果。例如常有记者向我们问起最近的战况，我所知道的自然是局部的，自然只能就我知道的告诉他们，但是人家就要以为我只在替八路军宣传了；然而其他战线的活动我虽愿意宣传，但又很不容易获知。这是国际宣传上的严重问题。"该刊最后在"编者几句话"中这样推荐道：对于目前的抗战形势，周先生有极详尽的正确的分析与解答。在这失败主义的心理极为猖獗的时候，这篇谈话有仔细一读的价值。

按：《文摘战时旬刊》1937年1月在上海创刊，由复旦大学文摘社主办，孙寒冰任主编。1938年1月迁汉口出版，由黎明书局发行。该刊主要摘辑外论。1938年10月从汉口迁重庆出版。

1月17日，暴徒捣毁新华日报营业部及印刷厂。长江中央局立即就此事作出决议，由周恩来、叶剑英出面同武汉国民党党政军当局交涉，要求采取有效措施，保证今后不再发生类似事件。②

---

① 中共中央文献研究室编：《周恩来年谱1898—1949》（上），中央文献出版社2007年版，第407页。

② 中共中央文献研究室编：《周恩来年谱1898—1949》（上），第409页。

1月21日，起草长江中央局致中共中央书记处电，其中包括在重庆设新华日报分社并筹备印厂，准备必要时西迁。①

1月，艾格妮丝·史沫特莱到武汉。在武汉期间，周恩来多次会见她，向她详细介绍中共的抗日主张，赞扬她的国际主义精神。②

1938年，史沫特莱（中）在武汉与周恩来（左二）、艾黎（左一）及卡尔逊（右二）等人合影

资料来源：转自《名人传记》2014年第12期，第84页。

2月3日，给《救亡日报》的题词为："巩固和扩大救亡阵线，动员起千万万的群众，赶走日本强盗出中国！救亡日报嘱题 周恩来 廿七年二月三日"。2月17日，《救亡日报》头版刊登了该题词。

按：王凤超的《年表》中"千万万的群众"前面多个"千"字。

2月8日，给《新华日报》反侵略国际宣传周工农日特刊的题词为："工农大众，是中国抗战的柱石，是世界反侵略阵线的先锋。你们

---

① 中共中央文献研究室编：《周恩来年谱1898—1949》（上），中央文献出版社2007年版，第409页。

② 中共中央文献研究室编：《周恩来年谱1898—1949》（上），第402页。

如果联合起来,日本侵略的魔鬼,将要在你们面前崩溃,全世界的法西斯阵线,将要在你们面前瓦解。周恩来 二月八日"。

资料来源:中共中央文献研究室第二编研部编《周恩来题词集解》,中央文献出版社2012年版,第22页。

资料来源:转自《新华日报》1938年2月9日第4版。

2月10日，《扫荡报》发表社论，把陕甘宁边区说成是西北的新的封建割据区域，指责红军虽改易旗帜却不服从中央。当日，周恩来会见蒋介石，指出《扫荡报》这种宣传运动的严重后果。蒋介石表示：对各党派也无意取消或不容许它们的存在，只愿融成一体。周恩来重申：国共两党都不能取消，"只有从联合中找出路"。蒋介石回答：可以研究，并说：《扫荡报》的言论不能代表国民党和他个人的意见。陈立夫补充说，蒋介石已批评了《扫荡报》，并且要求各报以后不再刊登这类文章。①

2月，关于国际问题答记者问。②

3月1日，《新中华报》第421期第1版刊登《周恩来启事》。内容为：《新中华报》第416、417期转载的我在武汉谈话记录，完全未经本人校阅，内容有许多记错的，特此声明，以免发生误会。

  按：周恩来追求真实，从他刊登启事中可以看出其对待任何事情的严谨认真的态度。

3月12日，《新华日报》第4版发表题为"怎样纪念孙中山先生的伟大"的文章，通过回顾历史教训，阐述了国共两党合作的重要意义，纪念孙中山逝世十三周年。文章指出，孙中山"这种伟大的革命精神正是目前中国抗日民族统一战线所极端需要的"。

3月25日，为《新华日报》出版的《中国学生救国会联合会代表大会特刊》题词："学习学习再学习，在学校里学习，到前线上学习，到军营中学习，到群众中学习，一切学习都为着争取抗战胜利，都为着建设国家复兴民族！中国学生救联会代表大会 周恩来 三月二十五日"。《新华日报》3月27日第4版予以刊登。

4月1日，国民政府军事委员会政治部第三厅成立，郭沫若任厅长。在筹组过程中，周恩来对三厅的组织机构、共产党员的活动方式和

---

① 金冲及主编：《周恩来传 1898—1949》，中央文献出版社2009年版，第230页。
② 中共中央文献研究室、中国人民解放军军事科学院编：《周恩来军事文集》（第2卷），人民出版社1997年版，第105页。

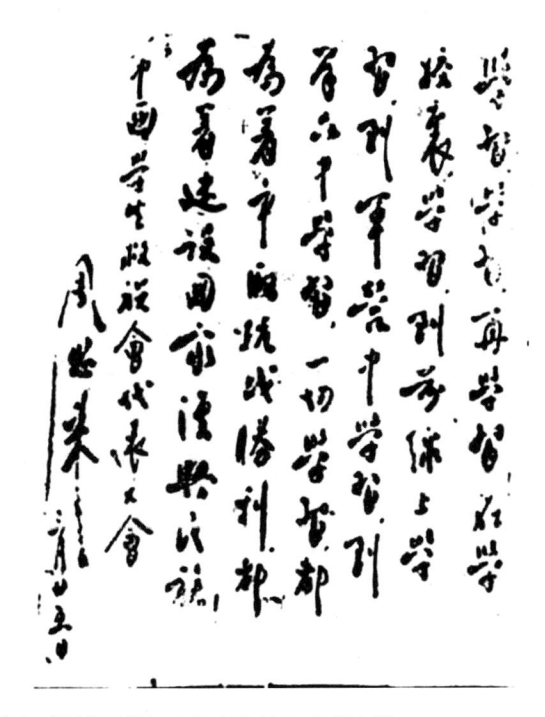

资料来源：转自《新华日报》1938年3月27日第4版。

宣传方针等做了大量工作。

4月7日，在《新华日报》发表题为"怎样进行二期抗战宣传周工作"一文，就各种宣传方式作了分析。文章指出，第一，在文字宣传上，要力求具体、通俗和生动；第二，在口头宣讲上，要力求普遍、通俗和扼要；第三，在艺术宣传上，要更加普遍、深刻和激越感人。对怎样才能具体、通俗、生动、普遍、扼要、深刻等方面，都给予了具体详细的说明。他强调，宣传周，虽发动了武汉各界，但工作的对象应首先扩大到前线。第一，要利用每日广播的演讲敦请最高统帅及其他领袖发出勉励前线将士的训词，使前线将领能够亲聆这种激励他们的话，并印发和诵读给全体将士听，以激发全体士气。第二，要印发小型的宣传刊物及画报，迅速地输送到前方。对交通不便和留在敌人后方作战的部队，应设法用航空输送，以接济前方精神上的粮食。第三，要使参加这次宣传周的各团体，能推出代表会同各剧团、各歌咏队和电影放映队，分赴各前线去慰劳慰问。第四，要在这次宣传周募集救助负伤战士的药品和经费，并希望能从这运动中联合起各种救助团体，成立全国范围的联合的统一组织，以便协助政府对前线将士的救护工作。第五，要援助和拥护儿童保育会及儿童救济协会的工作，推动他们形成联合行动，并号召青年到前线去参加救济难民，救济儿童的工作和进行前线上防空、防毒的运动。他指出，要使这次抗战宣传，扩大到敌人占领地区和敌人队伍中去。我们要编印慰藉和勉励我们自己同胞的宣传品，要编制动摇和瓦解敌伪官兵的传单、画报、标语、口号，借着隐藏的活动、空中的飞机、战场上的宣传队喊话队游击队，以及顺着江河下流的刻了字的木板木片，散布到敌人占领区域或敌人部队中去。要运用这次抗战宣传周的经验，更扩大到各城市、各乡村去，要使各级政治工作机关，都起来动员各地民众团体，参加抗战宣传的工作，使之扩大和深入联系起来，一直达到全中华民族的动员。他希望，武汉宣传动员的成绩，将成为全国宣传动员的模范。要努力于武汉抗战宣传，以达到全国抗战宣传的成功！

初夏，一个闷热的下午，夏衍到武汉向周恩来请示关于办《救亡日报》很难处理的问题。周恩来详细地询问了报纸的销量等报社的情况，以及读者、文化界和国民党方面对这张报纸的看法和态度，谈了近四个小时。周恩来问夏衍："你们报纸销量八千份，占广州各报总销数的百分之几？""当然，问题不单在销量，而在于读者敢不敢看你们的报和欢不欢喜看你们的报。你不是说和国民党有点关系的人不肯给你们写文章么？这就是一个问题。这张报纸是以郭沫若为社长的上海文化界救亡协会的机关报，这一点就规定了你们的办报方针。办成像国民党的报纸当然不行。办得像《新华日报》也不合适。办成《中央日报》一样，人家不要看；办成《新华日报》一样，有些人就不敢看了。总的方针是宣传抗日、团结、进步，但要办出独特的风格来，办出一份左、中、右三方面的人都要看，都欢喜看的报纸。要好好学习邹韬奋办《生活》的作风，通俗易懂，精辟动人，讲人民大众想讲的话，讲国民党不肯讲的,讲《新华日报》不便讲的,这就是方针。"①

按：周恩来这次谈话,明确了《救亡日报》的性质,指明了办报方针,可以看作中国共产党新闻思想中的党性、人民性、喉舌、齿轮和螺丝钉等理论的雏形。夏衍按照周恩来这一指示精神办的《救亡日报》在华南,在香港,在海外,在广泛的社会阶层中,产生了很大的影响。

4月11日,在汉口广播电台发表《争取更大的新的胜利》的广播讲演。②

4月25日,撰写《关于所谓〈中国共产党的策略路线〉一书问题的公开信》一文,《新华日报》4月27日第2版、《解放》第36期予以发表。

4月29日,陈绍禹(王明)、周恩来、博古(秦邦宪)就国共两党关系和中共中央开除张国焘党籍两个问题,在《新华日报》第2版转第3版发表《答复子健先生的一封公开信》,该公开信撰写于4月28日,长达8000字。《西北周刊》1938年第13期予以发表。

4月,荷兰著名电影、纪录片导演伊文思到达武汉,周恩来到旅馆去看望他。③

4月至5月间,中共长江中央局下属机构国际宣传委员会及其办事机构国际宣传组成立。委员会由周恩来、王明、博古、凯丰、吴克坚、王炳南等组成,工作人员有王安娜、许孟雄、毕朔望等。主要工作是为国际刊物撰稿,以及同外国友人联络。周恩来指示国际宣传组,与在武汉的40多名外国记者要保持经常的联系,凡中共代表团举行记者招待会都要邀请他们参加,并向他们提供《新华日报》的新闻资料。④ 国际宣传组提供的资料由于及时和准确,往往比国民党通讯社的资料更受外

---

① 袁鹰、姜德明编：《夏衍全集 文学》（下册），浙江文艺出版社2005年版,第438页。
② 赵玉明：《赵玉明文集》（第2卷），中国广播电视出版社2014年版,第196页。
③ 金冲及主编：《周恩来传1898—1949》，中央文献出版社2009年版,第242页。
④ 陈信凌主编：《新闻春秋》（第11辑）《"中国红色新闻事业的理论与实践（1921—1949年）"高层论坛论文汇编》，江西高校出版社2009年版,第93页。

国记者的重视。

按：王安娜，德国名字安娜丽泽·马尔腾斯，1935年来华。抗战时期，在重庆协助周恩来从事对外宣传工作，著有《中国——我的第二故乡》等。

5月1日，给《新华日报》"五一"纪念专刊题词："全中国工人阶级，在抗战中来纪念五一，实具有两方面的意义：一方面，全中国工人阶级应努力于民族解放，以谋自身的解放；另一方面，应联合全世界工人阶级反抗暴日的侵略，以保障世界和平。五一纪念专刊 周恩来"。《新华日报》5月1日第3版予以发表时，由于当时的制作技术原因，没有标点符号。

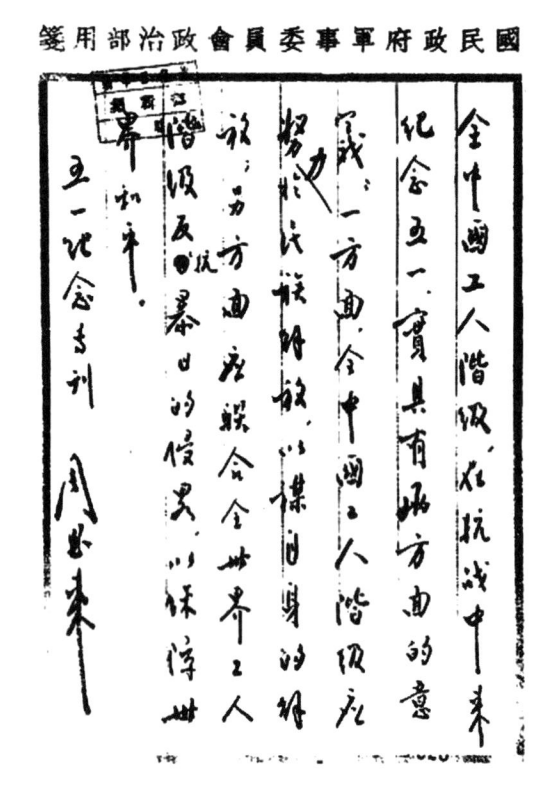

资料来源：中共中央文献研究室第二编研部编《周恩来题词集解》，中央文献出版社2012年版，第21页。

按:《周谱》和王凤超的《年表》题词皆是:"全中国工人阶级在抗战中来纪念'五一',实具有两方面的意义,一方面全中国工人阶级应努力于民族解放以谋自身的解放,另方面应联合全世界工人阶级反抗暴日的侵略以保障世界和平。"其中"五一",题词中没有引号,《周谱》和王凤超的《年表》都加了引号;"实具有两方面的意义"后面用":",《周谱》、王凤超的《年表》都用",";"全中国工人阶级应努力于民族解放,以谋自身的解放"一句中间有逗号,《周谱》、王凤超的《年表》都没有加逗号;两个方面句读之间用分号,《周谱》、王凤超的《年表》用逗号。标点符号也是题词的重要组成部分,不能随便句读,如果题词中句读错了,也可以纠正,但把原来正确的改为错的,这是不应该的。

5月4日,是五四运动纪念日,给《新华日报》题词:"五四运动,给予全中国学生的光荣传统为抗日运动与文化革命。在抗战的今天,来纪念十九年前的五四,我愿全中国学生保持并发扬这一历史传统,贯彻抗战到底,勉为文化先锋。周恩来 廿七,五,四。"

资料来源:转自《新华日报》1938年5月4日第3版。

按：王凤超的《年表》漏掉了第一句："五四运动，给予全中国学生的光荣传统为抗日运动与文化革命。"

5月7日，《群众》第1卷第27期发表《关于所谓〈中国共产党的策略路线〉一书问题的公开信》，明确指出所谓《中国共产党的策略路线》一书是伪造的。

5月18日，陈绍禹与周恩来、秦邦宪合写的《陈绍禹周恩来秦邦宪答复××先生的一封公开信》在《新华日报》5月21日第4版发表。

5月22日，《解放》周刊发表毛泽东、朱德、王明、周恩来、洛甫、博古、项英、陈云致美国共产党第十次全国代表大会电。[①]

5月25日，在后来成为《南华早报》记者的朱树洪纪念册上题字："全中国人民团结起来，打倒日本军阀，保卫世界和平！周恩来，二五·五"。[②]

5月下旬，范长江组织记者井然有序地从徐州突围回到武汉。新华日报社为欢迎和慰问各报社记者，在汉口普海春西菜社举行招待会，周恩来因事未能出席。5月26日，专门给范长江写了一封信，热情洋溢地表示慰问。

> 长江先生：听到你饱载着前线上英勇的战息，并带着光荣的伤痕归来，不仅使人兴奋，而且使人感念。闻前线上归来的记者正在聚会，特驰函致慰问于你，并请代致敬意于风尘仆仆的诸位记者。
> 专此。祝健康！
> 周恩来
> 五月二十六日

5月下旬，约范长江和陆诒到八路军办事处作了长时间谈话，详细

---

① 中共中央文献研究室编：《周恩来年谱1898—1949》（上），中央文献出版社2007年版，第421页。

② 朱佳木、安建设主编：《震撼世界的20天 外国记者笔下的周恩来逝世》，中央文献出版社1999年版，第285页。

资料来源：转自《党的文献》2015 年第 2 期，第 2 页。

询问从战局到官兵关系、军民关系等具体情况。周恩来当时是军事委员会政治部副部长，由于他的敦促，政治部部长陈诚、副部长黄琪翔等又邀请记者们举行座谈会，听取他们的汇报。①

　　按：这件事说明周恩来特别重视发挥新闻记者的作用，同时体现出周恩来善于通过新闻工作者开展统一战线工作。

6 月 7 日，致函范长江说："本星期四（9 号）正午约津浦战场归来诸记者会餐，地点在中街新生活宿舍。届时当可静聆诸先生对于二期抗战的经验与教训的高论，希预告怀着满脑意见的诸记者能分类准备为好。关于约请的名单，将由政治部函你代约，预计有 20 人以上。"②

6 月 8 日，毛泽东、朱德、王明、周恩来、洛甫、博古、项英、陈云共同签署中共中央复电致谢美国共产党代表大会，电文刊登于当日《新华日报》第 2 版。

---

① 韩辛茹：《新华日报史 1938—1947》，重庆出版社 1990 年版，第 25 页。
② 《武汉文史资料》编辑部：《纪念抗日战争胜利 50 周年专辑》，《武汉文史资料》1995 年第 3 期，第 85 页。

6月9日，津浦战场归来记者聚餐会举行。会上，各报记者就战地情况一一发言。记者们毫无拘束，各抒己见，对加强合作抗战提了很好的意见和建议，比较集中的是认为国民党战地民众动员、军民关系、军队政治工作等方面暴露出不少问题。①

6月11日，致信《大公报》采访主任范长江，对战地记者表示关切。其间曾听取战地记者的汇报，鼓励他们据实向政府当局反映前线情况，并根据他们反映的问题向陈诚提出了加强军队政治工作的具体意见。②

6月15日，《新华日报》在报眼位置摘登《我们对于保卫武汉与第三期抗战问题的意见》一文中的一段："为使我国能坚持长期抗战到取得驱逐日寇的最后胜利，必须政府有最大决心解决各种问题的中心枢纽问题——人才问题。'才难'和'人才决定一切'，这是古今中外共同公认的真理。"《新华日报》第3版发表陈绍禹（王明）、周恩来、秦博古（博古）联名文章《我们对于保卫武汉与第三期抗战问题的意见》，具体阐述保卫武汉和有效地进行第三期抗战工作在军事、政治、经济方面需要采取的步骤和办法。文章提出，要发扬西班牙人民保卫马德里的精神来保卫大武汉。该文还发表在《解放》第45期上。

按：这是周恩来在武汉时期与王明联名发表的唯一的文章。文章提出应采取的措施，不能说完全错误，但与持久抗战方针不符合。

6月中旬，陆诒将往第五战区和第二战区采访。行前，周恩来与他谈话，对三个战区的政治军事情况作了深刻分析，提醒他途中可能遇到的困难，再三嘱咐要把困难估计多一些。③

6月19日，与中共中央书记处商定后起草的同国民党交涉的十条意见交蒋介石。内容有停止查禁抗日书刊方面的。④

---

① 方蒙：《范长江传》，中国新闻出版社1989年版，第206页。
② 穆欣：《抗日烽火中的中国报业》，重庆出版社1992年版，第10页。
③ 韩辛茹：《新华日报史》，重庆出版社1990年版，第95页。
④ 中共中央文献研究室编：《周恩来年谱1898—1949》（上），中央文献出版社2007年版，第424页。

9月前的几个月，在汉口聘请电影界的袁牧之筹组一个班子，拍摄一部反映延安与华北抗日根据地情况的纪录电影。①

7月7日，在《新华日报》第5版发表7月6日撰写的《论保卫武汉及其发展前途》一文，该文同时发表在《群众周刊》第5期、《解放》第48期上。

△ 给重庆《新民报》抗战周年纪念特刊题词为："全民团结 持久斗争 抗战必胜，建国必成。重庆新民报抗战周年纪念特刊 周恩来 廿七 七 七"。

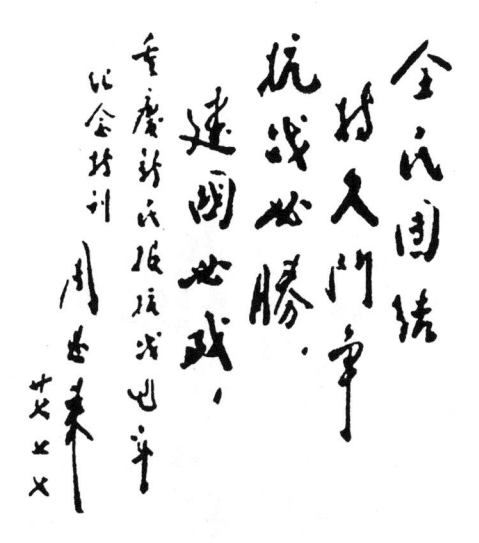

资料来源：中共中央文献研究室第二编研部编《周恩来题词集解》，中央文献出版社2012年版，第23页。

按：1929年9月创刊于南京的《新民报》，是当时著名的民营报纸之一，致力于抗日救亡宣传，1938年1月迁至重庆继续出版。原重庆《新民报》总编辑陈理源回忆说，抗战时期，周恩来曾经对《新民报》的人开玩笑地说，《新民报》是个托拉斯。《新民报》当时有八个地方版。在《新华日报》迁到重庆前，周恩来曾经对郭沫若说，

---

① 徐肖冰、方方：《徐肖冰访谈录》，《电影新作》1999年第5期，第51页。

《新民报》要搬到重庆，《新华日报》也要搬去，你和《新民报》有些联系，以后应使两家报纸互相帮助，多加联系。由于周恩来的爱护、关怀，《新民报》发展得很好。《周谱》记载本次题词的内容是，为重庆《新民报》创刊周年纪念特刊题词："全民团结，持久斗争。抗战必胜，建国必成。"对照题词，"创刊周年纪念"明显有误。

7月，《新华日报》欲借对参政会的报道，请一部分参政员发表谈话。陆诒在做采访准备的时候去请示周恩来，问采访参政员应注意些什么？周恩来指着桌上的参政名单说："你先谈谈每个参政员的情况。"陆诒没有这个准备，知道的情况也不多。周恩来说："不了解参政员的情况写出来的东西就不可能深刻。"于是耐心地向陆诒介绍了每个参政员的经历和政治背景。周恩来和蔼地笑着说："这回是我告诉你，下回可就要请你告诉我呵！"①

1938年夏，周恩来和邓颖超在武汉会见美国著名记者埃德加·斯诺
资料来源：转自周尔鎏著《我的七爸周恩来》，中央文献出版社2015年版，第334页。

---

① 韩辛茹：《新华日报史》，重庆出版社1990年版，第38页。

夏，与博古、叶剑英分别会见斯诺、斯特朗、史沫特莱、爱泼斯坦等国际记者及艾黎等国际友好人士，感谢他们对中国抗日战争的支持。在武汉期间还会见过美国总领事戴维斯、《纽约时报》记者德尔丁、新西兰记者贝特兰、美国主教鲁茨、美国作家贝尔登等。①

  按：斯特朗，全名安娜·路易斯·斯特朗。以国际新闻记者身份驻苏联多年，参加和协助创建《莫斯科新闻》。1925年首次来华。1945年第五次来华时访问了延安，和周恩来多次接触。1958年9月应周恩来邀请第六次访华，从此定居中国。此时虽年事已高，但仍不断著文向世界人民报道中国社会主义革命和建设的成就，为增进中美两国人民之间的了解和友谊作出了贡献。

  爱泼斯坦（曾译为艾普斯坦），1915年出生于波兰，1931年在《京津泰晤士报》从事新闻工作，1933年结识埃德加·斯诺，1937年任美国联合社记者，1938年参加宋庆龄等人组织的保卫中国同盟，主编同盟刊物《新闻通讯》，向全世界传播中国抗日战争的实况，争取世界人民对中国进行援助。同年夏，与斯诺一起受到周恩来的接见，周恩来对他们支持中国的抗战表示感谢。1944年随中外记者团赴延安、晋西北采访，访问了周恩来等人。同年11月，周恩来在宴会上向他及新闻记者介绍时局和国共谈判的一些情况。他撰写了大量报道，向全世界人民介绍中共领导下的广大军民英勇抗战的事迹。1957年加入中国国籍。1979年任《中国建设》总编辑。

8月1日，《新华日报》第3版特别发表周恩来的纪念短文《今年的八一》，这是为国际反侵略战争纪念日给各国共产党报纸写的。

  △ 在《星岛日报》创刊号上刊登题词："坚持团结抗战 反对分裂投降！星岛日报 周恩来题"。

  按：1938年8月1日，著名华侨企业家胡文虎在香港创办的

---

① 中共中央文献研究室编：《周恩来年谱1898—1949》（上），中央文献出版社2007年版，第424页。

《星岛日报》，是一份爱国报纸。该报于1941年日本侵占香港后被迫停刊，1945年日本投降后复刊。

为《星岛日报》题词

资料来源：中共中央文献研究室第二编研部编《周恩来题词集解》，中央文献出版社2012年版，第57页。

8月21日，《新华日报》发表社论，抗议前一天武汉卫戍总司令部下令解散共产党领导下的三个团体，因而被国民党当局勒令停刊两日。同日，中共长江中央局致电中共中央、前总、新四军，提议由中央发抗议通电，各地发拥护《新华日报》电文。后经周恩来严厉交涉，武汉卫戍总司令部允许《新华日报》照常出版。①

8月，向中国青年新闻记者学会捐款，给范长江写信，对中国青年新闻记者学会的工作表示关注。②

---

① 中共中央文献研究室编：《周恩来年谱1898—1949》（上），中央文献出版社2007年版，第428页。
② 穆欣：《抗日烽火中的中国报业》，重庆出版社1992年版，第14页。

9月7日，向外国新闻记者发表"论继续抗战必获胜利"的谈话。①

9月26日，中共中央终止王明在武汉的工作，由周恩来、博古、叶剑英、黄文杰组织南方局，代表中共中央领导"负责南方国民党统治区和沦陷区中党的工作"②，领导《新华日报》社。

9月，吴印咸一行到达延安后，八路军总政治部电影团即宣告成立。这个电影团是在中国共产党领导下，由时任党中央副主席的周恩来亲自策划的第一摄影组织，吴印咸担任该团技术及摄影负责人。③

9月，在八路军驻武汉办事处会见杰出的新闻记者、政论家和出版家邹韬奋。④

按：邹韬奋，1938年在周恩来的直接领导下，从事抗日救亡文化宣传工作。曾任《新华日报》编辑。1941年1月皖南事变后，为了应付国民党顽固派的更大迫害，在周恩来周密细致的安排下，从重庆疏散到香港等地，行前周恩来特别检查其化装，并一再叮嘱不可戴眼镜。同年冬，在周恩来直接领导的历时半年之久的秘密大营救中，邹韬奋由香港转内地，继续从事抗日救亡运动。1945年10月，遵照周恩来指示前往上海筹备《新华日报》上海版。设立于1993年的韬奋新闻奖是长江韬奋奖的另一前身，由韬奋基金会委托中国记协组织评选，是新闻编辑、新闻评论员、新闻类节目制片人、校对等全国新闻工作者的最高奖项。关于周恩来与邹韬奋第一次会面时间目前记载有两种：一是1938年2月，这是中共四川省委党史研究室2007年5月编的《中共中央南方局的文化工作（送审稿）》一书的记载；二是1938年9月，出自刘孝良等著的安徽人民出版社1989年出版的《周恩来统一战线的理论与实践》一书。这两种说法都没有出处。

---

① 《文献》丛刊社主编：《红藏 进步期刊总汇 1915—1949 文献1》，湘潭大学出版社2014年版，第288页。

② 中共中央文献研究室编：《周恩来年谱1898—1949》（上），中央文献出版社2007年版，第429页。

③ 卜庆功、邱丰：《创建八路军电影团》，《唯实》2015年第9期，第39页。

④ 刘孝良等：《周恩来统一战线的理论与实践》，安徽人民出版社1989年版，第131页。

9月之后，邹韬奋在撰写时评遇到困难时，每次都会想到向周恩来请教。而周恩来又总是谦虚地和他一起讨论，共同分析，一道得出结论，还句酌词斟地为他修改文章，以商讨的口气建议他有些话应该说得隐讳婉转一点，以进行更有理、有利、有节的斗争。①

从9月底到10月中旬，《新华日报》刊登周恩来的政论和谈话有五篇之多，这是过去所没有的。这些文章和谈话根据中共六届六中全会精神表达了对时局的最新意见。②

10月5日，在武汉记者学会晚会上讲话时指出，中国不会亡，但也不能速胜，必须坚持持久战，坚持统一战线，鼓励青年记者到敌人后方去，开展新闻报道工作。③

10月6日，《新华日报》第2版发表题为"周副部长演讲 争取抗战胜利问题 在记者学会晚会上"。

10月7日，印度援华医疗队成员巴苏大夫在当天的日记中记载："下午，我们去看望周恩来同志，他正在办公室里举行记者招待会，屋里挤满了新闻记者，大部分是外国人。我们在一个角落里坐下，倾听着他透彻地分析中国的军政局势，以及阐明怎样通过全面发动群众抗击敌人。他现在是政府军事委员会群众动员部门的负责人，所以他非常忙。他侃侃而谈，精力充沛，学识渊博，长着一对机灵、谨慎的眼睛，还有中国少见的浓眉。看来他好像连每天刮脸的时间都没有。电话和通讯员不断地打扰着招待会。他宣读了一个纸条，仔细地听着党报社的章汉夫同志把内容译成英语，他自己也适时地说一些英语来帮助翻译。最后，他要求每个记者把他们的报道给他看看哪些话被引用了。"④

10月7日至9日，撰写的《论目前抗战形势》社论在《新华日报》分上、中、下三部分连载，社论约9000字。根据毛泽东《论持久战》的

---

① 《怀念周恩来》编辑小组编：《怀念周恩来》，人民出版社1986年版，第203页。
② 韩辛茹：《新华日报史1938—1947》，重庆出版社1990年版，第91页。
③ 中共中央文献研究室编：《周恩来年谱1898—1949》（上），中央文献出版社2007年版，第430页。
④ 高梁：《恒河黄河情丝 献给爱德华、柯棣华、巴苏华的花环》，辽宁人民出版社1994年版，第56页。

论述，纠正了前一段时间《新华日报》因受王明右倾机会主义的影响，而在宣传、导向上的错误。社论指出："中国抗战，经过了十五个月的英勇战斗，完全证实了一个真理，即是：只有坚持长期抗战，才能争取中华民族解放战争的最后胜利。一切对中国抗战之速亡论或速胜论，均已从事实上宣告破产。"① 这篇社论还被印成小册子大量发行，使许多人从惶惑中看清前途，坚定了抗战必胜的信念。10月31日，延安《解放》第55期予以全文刊登。他为社论题写了标题："论目前抗战形势 周恩来"。

资料来源：转自赵玉明著的内部交流图书《周恩来题词纪事暨研究文集》。

按：社论精神与毛泽东7月1日在《解放》周刊发表的《论持久战》的思想完全一致，批评了悲观论和速胜论、侥幸论，对于团结国民党及其他爱国人士、巩固抗日民族统一战线起到了重要作用。

10月10日，《新华日报》发表署名周恩来的《辛亥、北伐与抗战》

---

① 周恩来：《周恩来政论选》（上），人民日报出版社、中央文献出版社1998年版，第204页。

代论,纪念辛亥革命二十七周年。

10月19日,给《新华日报》鲁迅逝世两周年纪念专刊撰写的题词为:"鲁迅先生之伟大,在于一贯的为真理正义而崛强奋斗,至死不屈,并在于从极其艰险困难的处境中,预见与确信有光明的将来。这种伟大,是我们今日坚持长期抗战、坚信最后胜利所必须发扬的民族精神!鲁迅逝世二周年纪念 周恩来 廿七,十,十九"。《新华日报》10月19日第4版予以刊发。

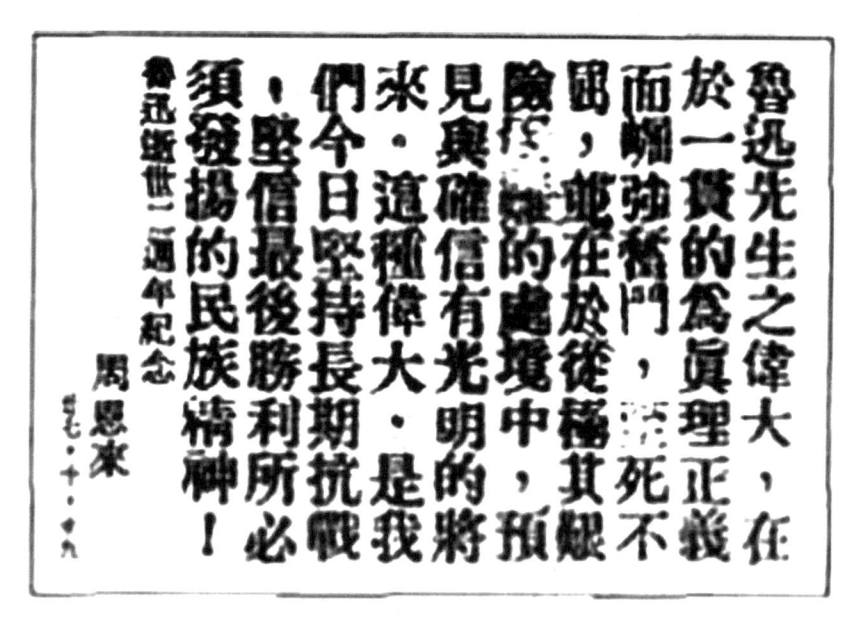

资料来源:中共中央文献研究室第二编研部编:《周恩来题词集解》,中央文献出版社2012年版,第27页。

按:周恩来的题词高度凝练地概括了鲁迅精神,帮助人们更好地学习鲁迅,给广大群众指明了克服困难、走向光明的道路,鼓舞了人们坚持抗战的斗志。在纪念大会上,周恩来作了热烈的演讲,《新华日报》20日第3版刊登消息。这次演讲词本来已经整理好了,由《新华日报》记者李密林带往重庆,不幸他所乘坐的"新升隆"号轮船途中被日寇炸毁,人和原稿都沉没江中。

10月24日,深夜,到新华日报社编辑部口授《告别武汉父老兄弟》社论,由秘书陈家康笔录。社论强调:"我们只是暂时离开武汉,我们一定要回来的,武汉终究要回到中国人民的手中。"① 社论排版后,周恩来审看了校样,确保25日发表。

10月25日,凌晨一时,接到电话,日军已迫近市郊。周恩来命令报社其他人员撤退,由留下的工人坚持将最后一天的报纸印出了一部分,并散发和张贴。②

在汉口期间,著名新闻摄影家罗伯特·卡博为周恩来拍摄了几张特写和肖像
资料来源:此图转自《北京日报》2012年9月11日。

---

① 石西民、范剑涯编:《新华日报的回忆》(续集),四川人民出版社1983年版,第176页。
② 金冲及主编:《周恩来传1898—1949》(修订本),中央文献出版社1998年版,第526页。

10月30日，经周恩来、范长江、胡愈之等策划，以"青记"会员为骨干的国新社成立。①

按：国新社是在周恩来直接参与筹划下，以中国青年新闻记者学会会员为骨干的一个进步通讯社。周恩来关怀国新社在华北抗日根据地的活动，像国新社按月寄发的经费（包括记者的工资和各方来稿的稿酬）这样的小事，范长江都会烦请周恩来转交。由于邮路经常中断，每当邮汇不通时，范长江便将这些经费烦请周恩来经由内部交通送到中共晋西区党委，由其转交，有的信封上还有周恩来的签名。

10月，中共六届六中全会批判和纠正了王明的错误。此后，中共中央南方局书记周恩来兼任《新华日报》董事长。②

11月2日，和叶剑英、潘汉年、廖承志联名致信《救国时报》，宣传八路军在敌后取得的战绩，控诉日军侵略解放区的暴行，动员华侨支援抗战。③

11月10日至12日，指示夏衍撤到桂林后自筹经费，恢复《救亡日报》，建立宣传据点。④

陆诒回忆道：1938年11月12日上午，我和范长江在长沙八路军办事处访问周恩来，请示今后的工作。他清楚地指明："敌人占领广州、武汉以后，其政略与战略都有了改变，针对这种形势，我们也应当有所改变，政治重于军事，这点已经越来越明显了。将来粤汉路以东的军事由何人负责指挥，目前尚未确定，你们暂时以先去桂林为宜。目前长沙局面异常混乱，张治中将军虽然担任湖南省主席，但他未必能控制住当地局势，在今晚六时以前，你们务必和中国青年新闻记者学会的一部分人员撤离此地。"当时，我们对离开长沙还有点踌躇，不料到了下午四

---

① 李海文主编：《周恩来之路 人民总理的真实故事》，北京出版社1998年版，第93页。
② 方晓红：《中国新闻史》，南京师范大学出版社2004年版，第243页。
③ 中共中央文献研究室编：《周恩来年谱1898—1949》（上），中央文献出版社2007年版，第434页。
④ 中共中央文献研究室编：《周恩来年谱1898—1949》（上），第435页。

时，周恩来同志又派人前来检查我们是否已准备出发。他的每一项指示历来对我们具有强大的说服力，我们即遵命于当天下午六时搭车赴衡阳，转往桂林。12 月 1 日，范长江同志要我带国际新闻社（简称国新社）记者三人由桂林出发，到广东战区采访。路过衡阳，又访问了周恩来同志和叶剑英将军，当时他们正在出席南岳军事会议。周恩来同志及时向我们指出："敌人现已转移兵力扫荡其后方，而在正面战场上暂停进攻，以配合政治上诱降策略。我们必须在政治上、军事上采取针对性的政略和战略才能击破敌人的阴谋诡计。到广东战区走一走是可以的，但时间不宜过久，要密切注意全局性的形势发展，还是以早日去重庆为好，《新华日报》在武汉失守之日（即十月二十五日）已在重庆复刊了。"1943 年 6 月 25 日，我在恩施郊外的一家农舍中见到了叶将军一家人，转达了周恩来同志的谈话，并带给他最近出版的几期《群众》周刊和《新华日报》五月份合订本，他非常兴奋。①

11 月 19 日，接见记者，谈长沙脱险经过，并揭露国民党焚烧长沙情况。《新华日报》于 11 月 20 日第 2 版刊登了这条消息，标题为"周恩来谈长沙脱险经过"。

11 月中旬，对《救亡日报》记者叶厥孙谈抗战问题时指出："我们的战略是持久战、全面战。"②

11 月，阿英主编的《文献》丛刊第 2 期发表了周恩来《论继续抗战必获胜利》一文。

12 月初，和郭沫若一起会见白崇禧，提出《救亡日报》要在桂林复刊等问题。白崇禧表示支持。③

按：《救亡日报》1937 年 8 月 24 日创刊，皖南事变发生后，于 1941 年 2 月 28 日停刊。1945 年 10 月 10 日改名《建国日报》在上海复刊，同月 24 日被迫停刊。

---

① 陆诒：《周总理教我怎样做记者》，《新闻研究资料》1979 年第 3 期，第 33—39 页。
② 中共中央文献研究室编：《周恩来年谱 1898—1949》（上），中央文献出版社 2007 年版，第 436 页。
③ 中共中央文献研究室编：《周恩来年谱 1898—1949》（上），第 436 页。

12月5日，重庆新华日报社、《群众》周刊和八路军重庆办事处举行在日机轰炸"新升隆"号轮船中殉难同志的追悼会，周恩来和邓颖超送了挽联。①

12月18日，署名周恩来的《论今后敌人的动向》代论在《新华日报》第1版发表，约2000字。代论客观地分析了当时的抗战状况，指出了战略相持阶段战争的特点及今后敌人进攻的方向和我国军队应做的部署。

12月19日，根据周恩来的指示，《新华日报》在重庆举行"义卖献金日"，4天总收入5万余元，全数交国民政府，作为支持抗战经费。②

本年，和一些外国代表、新闻记者保持接触，保证了党的观点和方针政策得以让他们知晓，直接向他们阐明，挫败了国民党的新闻封锁和歪曲。作为一个新闻工作人员，我不时地去拜访他。不管我多么年轻幼稚（当时我23岁），他都不厌其烦、热情洋溢地向我解说各种事情。他的坚强有力、肝胆相照、远见卓识、极度严肃而又活泼风趣的态度和谈话给了我深刻的印象——他从不咬文嚼字、马虎敷衍或者使人感到枯燥无味，而是富有勃勃生气。另有几次他派人告诫我要注意各种事件和动向，用一些我闻所未闻或素不理解的事情开导我。③

本年度的一天，周恩来夫妇在《纽约时报》通讯员蒂尔曼·杜丁家里吃饭，突然空袭警报响了。在警报解除之后，他们从掩体里出来，发现杜丁的房子已经被炸成了一堆废墟。有一次，史沫特莱尖刻地说了一些外国记者对中国的失实报道。周恩来说："如果记者们的报道总是那么正确无误，历史学家就没用了。"④ 他对其他外国记者说："对我们来

---

① 中共中央文献研究室编：《周恩来年谱 1898—1949》（上），中央文献出版社2007年版，第436页。
② 廖永祥：《周恩来与新华日报研究文集》，国际港澳出版社2005年版，第403页。
③ 黑龙江大学中文系资料室编：《永远怀念敬爱的周总理》（第3辑下），黑龙江大学出版社1978年版，第222页。
④ ［英］迪克·威尔逊：《周恩来传》，封长虹译，解放军出版社1989年版，第141页。

说，斯诺是最伟大的外国作家，也是我们最好的外国朋友。"①

《新蜀报》原总编辑、1958年任重庆市副市长的周钦岳当时回忆说：正是在周总理的指引下，《新蜀报》才跟随《新华日报》走了一段。一九三八年在汉口，我见到了周总理，他对我说《新华日报》要迁到重庆，你是重庆人，又办《新蜀报》，你要给些支持。《新华日报》迁到重庆后，《新蜀报》出面搞了一次欢迎招待会，那天，周恩来、邓颖超、叶剑英等同志都来了，新华日报社社长潘梓年同志也来了。②

本年，在周恩来的亲自安排下，荷兰著名纪录片导演尤里斯·伊文思无偿赠送给吴印咸、袁牧之一台先进的摄影机。吴印咸以摄影机为纪念物，为周恩来与邓颖超夫妇摄下一张合影照。③

按：本年多次为报刊题词，撰写社论，并指出宣传抗战是这个时期报刊的中心任务，强调要宣传我党团结抗日的方针，动员、唤醒、激发和组织群众起来，赶走日本侵略者。

新闻背景

1月25日，《文汇报》在上海创刊。

一、二月间，《武汉时报》《扫荡报》《血路》《抗战与文化》等报纸杂志，连篇累牍地发表反共文章。

2月5日，《新中华报》第3版刊登消息，标题为"最近抗战形势的分析（上）——周恩来同志在汉口文化界座谈会讲"。

2月10日，《新中华报》第3版刊登消息，标题为"最近抗战形势的分析（下）——周恩来同志在汉口文化界座谈会讲"。

2月，胡愈之等在国统区首次翻译、出版《红星照耀中国》一书。为了躲避反动派的书报检查，这本书的书名被改为《西行漫记》。

3月，中国青年新闻记者学会机关刊物《新闻记者》创刊，每月一期。

---

① ［英］迪克·威尔逊：《周恩来传》，封长虹译，解放军出版社1989年版，第141页。
② 石西民、范剑涯等编：《新华日报的回忆》（续集），四川人民出版社1983年版，第416页。
③ 莫云：《人生难逢一周公——摄影大师吴印咸与周恩来的交往》，《中华魂》2015年第11期，第46—47页。

4月2日,《中共中央关于党报问题给地方党委的指示》发出。

5月26日,毛泽东在延安抗日战争研究会上讲演《论持久战》,至6月3日结束。

9月25日,聂荣臻和白求恩接受广州《救亡日报》记者采访。

国民党设立"中央图书杂志审查委员会",对报刊实行出版前检查制度。

1939年（四十一岁）

1月2日,对路透社记者发表谈话指出,汪精卫第一次对日本媾和运动,见于去年十月广州失守后,汉口沦陷前。① 同日,《新华日报》第1版发表社论《汪精卫叛国》,批判了汪精卫之流对抗战前途丧失信心的亡国论调。

1月5日,《新华日报》第4版发表吴克坚署名文章《汪精卫叛国难道是偶然的吗?》,继续声讨汪逆。

1月9日,南开校友会于下午5时请张伯苓、周恩来发表演讲。《新华日报》1月10日第3版以"南开校友会 昨晚请周恩来演讲"为题发表了中央社的消息。

1月10日,南开校友新年后首次聚餐,周恩来发表演讲。《新华日报》1月11日第3版以"南开校友会上 周恩来演讲"为题发表了本埠消息。据报道介绍,周恩来作了题为"抗战建国与南开精神"的演讲。

1月16日,南方局召开成立会议。会后,周恩来向南方局、八路军驻渝办事处和《新华日报》的党员干部传达党的六届六中全会精神。②

1月25日,致函蒋介石说:"最近《新华日报》以拥护政府拥护抗战并得钧座批准之报纸在西安翻印,竟被国民党封闭,并波及其他代印报馆。而《抗战与文化》则谩骂中共及其领导人如故,仍得在西安出

---

① 中共中央文献研究室编:《周恩来年谱1898—1949》（下）,中央文献出版社2007年版,第439页。

② 廖永祥:《周恩来与新华日报研究文集》,国际港澳出版社2005年版,第404页。

版。中宣部尤以此为未足，更行文内政部勒令已在广西省政府登记之新华日报分馆，不许在桂林翻印。而《新华日报》在各地代售之被禁，许多公共机关阅读该报之被罚，更属常事。"要求蒋介石"予以考虑而解答之"。①

1月28日，《新华日报》第4版发表了为"国际反侵略动员大会中国分会"所作的题词："为民族解放而战，为世界和平而战！国际反侵略动员大会中国分会 周恩来"。

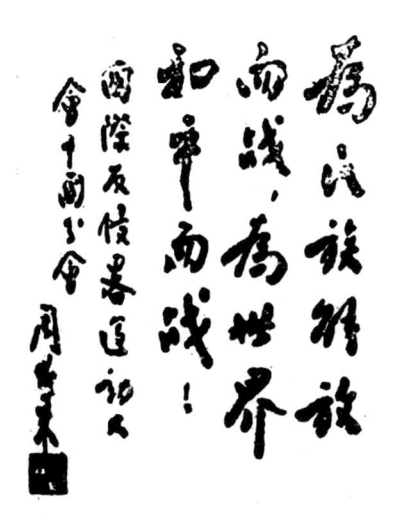

资料来源：转自《新华日报》1939年1月28日第4版。

1月28日，《新华日报》第1版刊登1月27日写的《周恩来启事》，驳斥抗战以来，"日寇广播时造鄙人谣言""此为敌人挑拨惯技，本不值一辨""路透社一月一日英文电，系根据鄙人在友人家宴中杂谈，事前事后决未得该社记者发表谈话之通知，其谈话内容措辞与鄙人当时所谈者大有出入""更不意此稿为成都新民报1月11日译载（注明为扫荡报稿，但重庆扫荡报并未登此稿），辗转阅读，并查真相，始知路透社久已宣扬于外，诚为遗憾之至"。并声明："凡以后各通讯社

---

① 周恩来：《周恩来书信选集》，中央文献出版社1988年版，第167—168页。

各报馆记者各书报编辑，欲发表鄙人之谈话讲演及著文者，必须于事前取得鄙人之同意并校阅原稿，始得刊布，否则，发表任何关于鄙人之记载文件，本人决不负责也。"1月29日、30日，《新华日报》第1版在同样位置再次刊登1月27日写的《周恩来启事》。

　　按：王凤超的《年表》只记录1月29日《新华日报》刊登的《周恩来启事》。

　　1月至2月，应中华职业教育社创始人黄炎培之请为《国讯》撰稿。1月5日，给杂志主编张雪澄写信，因工作繁忙，文章没能写完，需延期二三日。1月19日，给黄炎培写信解释说，近日忙于急迫的工作，但又不忍一再推迟约稿，于是回城伏案改稿至深夜三点，将原写出的草稿改为一半，先送登《国讯》，因明晨还要改动计划，所以只好停笔。《国讯》旬刊杂志第194期发表《今年抗战的新形势与新任务》。文章指出："努力建军，努力建设国防经济，努力于敌后工作，以巩固

新闻高峰期（1938年1月—1947年2月）

今年抗战的新形势与新任务（续一九四期） 周·恩·来

如何能克服自己的困难？要克服困难，必须先了解困难的实质。

过去一年半抗战自身所遭遇的困难，其最主要的不外作战与动员两方面。首先，在作战方面，为的保卫每一大城市，以提高我们敌人进攻我们的征一失，交通父斯，抗战决难持久，属於这种思想的人，也掳心主力损失过後种思想的纷扰，因之发生一时期的纷扰，人心之不安，必过战恐难继续，因之发生一时期的纷扰，人心之不安，必过战前重发表声明，前线将士在仍继续的纷扰，人心之不安，必过战值得我们民族抗战在战略上的要求，是一方面要绝抗战的努力与坚强起来要从我们新的继续作战的敌人，方便纷扰之人心师奋不久抗战的信念方得渐趋加强。这种殊死抗战的特殊及其复杂性未能认识，更引起抗战的特殊及其复杂性未能认识，更引起抗战的特殊及其复杂性未能认识，更觉与纷扰的来源，甚至对於我国好敌深入，造成敌人今日敢不能之形势，於是不得不以重兵与敌会战，并以时间争取於是不得不以重兵与敌会战，并以时间争取时间，並以时间换取时间，同时又须保存我一切老弱资材的後移，而同时又须保存我抗战主力，避免被敌摧毁，並图补充增强其机动灵活巧妙的决心，日益坚决，只有给我们最高统帅及前线将其机动灵活巧妙的决心，知道什麽时候应该进行会战，知道什麽时候应该撤退，而不致敌人追估得太转移撤退，而不致敌人追估得太或我们撤退得太晚。但一般人也在过去一年半之抗战经验中学习，到为既日保卫战略之波困难便应保卫战略之据，既日处。故在当时有人以为既日保卫大城市，一抗战战略之辨证的发展，不要因一个大城市之失陷，幾終交通缐遭之

今年抗战的新形势与新任务（续完） 周·恩·来

第四、深入敌後

亡作，是敌人二期抗战之存亡的关键。"不是目前敌人在左续发展的认的重来，"完成将民族的团结"、"泉源涌到新部队"、"口诛笔伐肃清汉奸卖国奖不可分"、"经济团结"、"解资为国的。从一新阶段中德义之逼一防线"的呼声，更高些呼和喻：在新阶段的奋斗中，於敌後应信赖中枢之党於敌後应信赖中枢之党国共领导、经济配合，军事配合起来因国共合作，经济配合，军事配合起来。敌人之压迫，不能分化三民主义，既是敌人所能分化的，但也是敌人所说的话既正确，蒋委员长"精诚团结抵抗"的邀请，而来共同百年战争，不过这示其已经明知中日战争，非最短期所能完全解决，决不能仅以一中国覆灭，其实富高敌人之不能了结此中日战争所应该是吾人抗战之新阶段中，中越残酷的抗战下去。敌人既不中途所设法，就不能不倾全力全力为止。则其经济国民经济，对外建筑，对於建立中国内部的政治，不惜以中路联合方式，如汪精卫，如王克敏，如果我民族要求一切说人贯彻其所说之一切，吞灭中国，既是敌人所能分化的，所谓外交攻势，骨的基本国策。因此，自中国的基本国策。因此，自敌人的政策，并告的回答，是要遵敌深入後的主要方针。因此，敌人所盘踞不守的；敌人所夺大的抗战工作之恐心，但我不可能的，但我不可能接近一们不能不是在敌後方工作之恐心，但我们不对是在敌後更加敌人的可能，区别这敌小的可能现大起

抗战必胜、建国必成的信念，应该是今年克服困难，渡过难关，造成敌我相持，准备反攻的坚定不移的路线。"文章连载于《国讯》第194、196期和第197—198期合刊上。

　　按：王凤超的《年表》记载：此文在1月、2月出版的《国讯》第196期至198期上连载。《周谱》记载：文章连载于《国讯》第一百九十六、一百九十七、一百九十八期。中共党史出版社1998年3月出版的郑新如、陈思明著的《〈群众〉周刊史》第25页注释中认为：《今年抗战的新形势与新任务》载《国讯》196期、197与198合期。《纪事》综合"读秀中文学术搜索"和"大成故纸堆全文数据库"而得出结论。

　　2月，以中共中央军委副主席身份到皖南新四军军部视察，应袁国平、朱镜我的要求，欣然为《抗敌报》题写报名，并罕见地在报头下方签署了"周恩来"三个字。在视察附近的机关、部队时，还到《抗敌报》印刷所看望了工作人员。①

周恩来为《抗敌报》题写的报名

资料来源：转自《觉悟》2011年第2期，第22页。

　　3月7日，作题为"目前形势和新四军的任务"的报告，在谈到加强宣传工作时指出："对我们的胜利消息应该尽量地宣传，对敌人的欺骗宣传应该不放松地驳斥。敌人贴了一个布告，我们也应该贴一个布告，揭穿敌人的欺骗。这项工作是非常重要的，决不要迟疑。我们政治

---

①　王传寿主编：《烽火信使 新四军及华中抗日根据地报刊研究》，合肥工业大学出版社2010年版，第207页。

部以后应该听敌人的广播,好来研究对策。"① 关于报告内容,《文献》1939 年第 8 期发表题为"周恩来论抗战新阶段与侵略者新政策"一文,是根据名记者 Astatieus 节录原文翻译刊登的。

3 月 18 日,晚,同第十集团军参谋长徐旨乾、《浙江潮》主编严北溟谈至深夜。②

3 月 24 日至 30 日,回绍兴祭祖。当时,宋子亢以绍兴《民国日报》前线(指杭州)军事记者的身份,成了浙江唯一采访周恩来此行的新闻记者。③

3 月,与叶剑英、潘汉年、廖承志联名发表《第八路军致华侨社团的公开信》,介绍八路军抗战事迹,敬希广大"诸公领袖同侨""迅速动员当地全体侨民,予以有效之援助,我八路军健儿,誓与日寇不共戴天"。④

4 月 11 日,在汉口广播电台作广播讲演《争取更大的新的胜利》。他在讲演中分析了日军侵略的新动向,肯定了鲁南台儿庄胜利的意义,并号召巩固全民族的团结,不断夺取前线斗争的新胜利。⑤

4 月 13 日,《新华日报》第 2 版发表社论《中国人民无可补偿的损失》,以悼念王若飞、博古、叶挺、邓发等"四八"烈士。怀恩的《周总理生平大事记》认为,这篇社论是周恩来写的。⑥ 从社论题写标题的书法来看应该是周恩来的手迹,从文章的语言风格分析,认为社论也是周恩来的手笔。

4 月 14 日,中共代表团周恩来等为北平国民党将查封《解放报》函告国民党代表王世杰、邵力子等,要求"实践保证人民自由诺言,制

---

① 中共中央文献编辑委员会编:《周恩来选集》(上卷),人民出版社 1980 年版,第 108 页。
② 中共中央文献研究室编:《周恩来年谱 1898—1949》(下),中央文献出版社 2007 年版,第 445 页。
③ 谢云飞:《七十九年前周恩来回绍兴 记者宋子亢用镜头记录"故乡行"》,《绍兴晚报》2018 年 4 月 5 日第 A11 版。
④ 蔡仁龙、郭梁主编:《福建党史资料 华侨抗日救国史料选辑》,1987 年,第 51 页。
⑤ 赵玉明:《赵玉明文集》(第 2 卷),中国广播电视出版社 2014 年版,第 216 页。
⑥ 怀恩:《周总理生平大事记》,四川人民出版社 1986 年版,第 293 页。

止此种侵犯言论自由行为"。①

4月上中旬，在江西吉安住地接见了法共《人道报》女记者西蒙。②

资料来源：转自《新华日报》1946年4月13日第2版。

4月底，到桂林。在桂林期间，会见为纪念五四运动前来采访的《救亡日报》记者姚潜修，指出："我们纪念'五四'，应该继承它的积极优良传统，为民族解放运动，科学和民主运动，发扬它的光荣历史，以有利抗战建国。"并介绍浙江妇女营越过钱塘江奋勇杀敌的事迹。4

---

① 怀恩：《周总理生平大事记》，四川人民出版社1986年版，第293页。
② 怀恩：《周总理生平大事记》，第214页。

日，《救亡日报》发表姚潜修写的"五四"二十周年访周恩来的报道。①

按：此乃《周谱》记载。4日前面没有月份，表述不严谨，按照体例理解为5月4日。《救亡日报》是何时发表姚潜修写的报道呢？目前笔者查到另外两种说法，因为本人查不到《救亡日报》原文，只能列出疑点。一是肖效钦、钟兴锦主编的中央党史出版社出版的《抗日战争文化史1937—1945》一书记载：1939年5月2日第2版刊姚潜修的《"五四"二十周年访周恩来先生》；二是桂林八路军办事处纪念馆1983年编的《漓水烽烟》一书收录《"五四"二十周年日访周恩来先生》一文，作者姚潜修，注明原载《救亡日报》一九三九年五月五日。

4月，为建立国际统一战线，中共中央南方局根据周恩来指示建立对外宣传小组（一九四〇年十二月后称南方局外事组。——笔者）。②

春，嘱咐新华日报社社长潘梓年协助在重庆的一批科学家组织成立"自然科学座谈会"③。

5月3日至4日，写信询问报馆在日机"五三""五四"轰炸中受损情况，并针对几个同志因没能挤进防空洞险些遇难，而再三叮嘱大家一定要躲警报。④

5月6日，致函国民党中央宣传部部长叶楚伧，就《中央日报（重庆各报联合版）》事作出如下说明："一、《新华日报》为尊重紧急时期最高当局之紧急处置及友报迁移筹备之困难，特牺牲自己继续出版之便利，同意参加重庆各报暂时联合版以利团结。二、《新华日报》同人郑重声明，一俟各报迁移有定所，筹备有头绪，《新华日报》即将宣布复刊。三、附上启事一则，务请先生即交联合版明日刊登，无任盼祷。"⑤在周恩来的领导下，经过新华日报报社人员的努力，报纸在8月13日

---

① 中共中央文献研究室编：《周恩来年谱1898—1949》（下），中央文献出版社2007年版，第448页。
② 中共中央文献研究室编：《周恩来年谱1898—1949》（下），第448页。
③ 中共中央文献研究室编：《周恩来年谱1898—1949》（下），第449页。
④ 廖永祥：《周恩来与新华日报研究文集》，国际港澳出版社2005年版，第404页。
⑤ 周恩来：《周恩来书信选集》，中央文献出版社1988年版，第172页。

正式复刊。

5月12日,《新华日报》暂时停刊参加《中央日报(重庆各报联合版)》。周恩来在报纸停刊期间,指示报馆:(1)留几个人在原址编印油印小报,除张贴街头巷尾外,要散发给群众;(2)大部分同志迁磁器口高峰寺,除集中精力编好《群众》周刊,用它来代替报纸的言论阵地外,还要翻印延安及国内外一些进步报刊、书籍和编印马列著作;(3)派出部分人员在化龙桥筹建新址。①

5月27日,致函吴克坚、陆诒,对陆诒拟的采访工作计划提出修改意见:"一、特派员对本报采访之职责,不单限于写通讯稿,而应将通讯、搜集参考材料、供给编辑材料、建议等定为特派员之一般的职责;二、特派员在出勤期中,尚应为本报向预定的及同情我们的社会闻人代

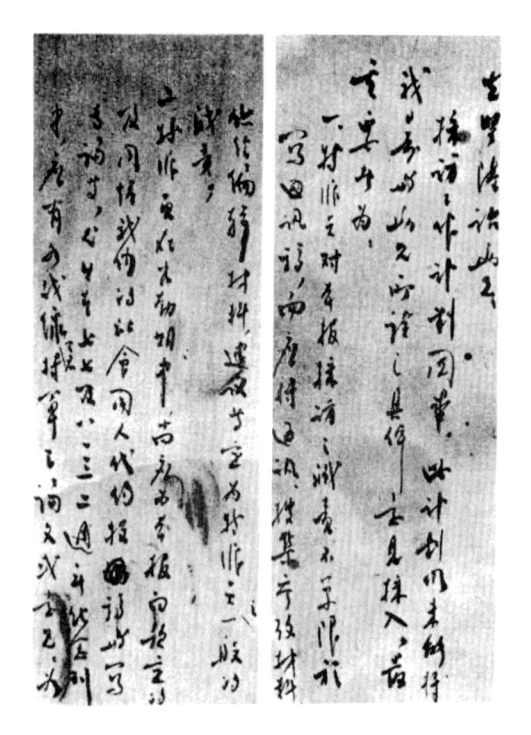

资料来源:韩辛茹《新华日报史1938—1947》,重庆出版社1990年版,前言插图。

---

① 廖永祥:《周恩来与新华日报研究文集》,国际港澳出版社2005年版,第405页。

约投稿与写专论等，尤其在'七七'及'八一三'二周年纪念刊中，应有各战线有名将军之论文或意见，如其不愿写稿，能发表意见代其记下亦所欢迎，请即预定此计划。三、采访科应规定收集处理稿件办法，如登记、分类、送阅、发表或不发表、收回、类存等，均应由采访科正副主任负责处理；四、采访科应有专人保管材料并分类列举纲目；五、图书室亦应与采访科联系起来。"①

  按：这次通信对新闻采访计划的修改非常全面，非常周全，一个重要的举措是通过新闻工作开展统一战线工作。

5月31日，应邀在国民党中央广播电台作《二期抗战的重心》广播讲演。指出："二期抗战的重心是在敌后""争夺敌后的方针便是广大发展游击战争"，任务是建立游击根据地，消耗敌人有生力量。敌人在华兵力约三十六个师团的百分之八十五都使用在敌人占领区域的防卫与"扫荡"。而在敌后则敌之"扫荡"与我之反"扫荡"几乎到处都有。从华北到华南，每天都在血战。假使我们在敌后创造出一二十个游击根据地，每个根据地像五台山、中条山一样牵制敌人四五万，则二十个根据地可以牵制敌人侵华的全部兵力。这样，变敌后方为前方、积小胜为大胜的战略方针可完全成功。②

  按：《二期抗战的重心》广播讲演，论述精辟、影响巨大，刊登在《群众周刊》1939年第3卷第5期和《中央日报（重庆各报联合版）》6月18日第3版。同时刊登在国民党中央广播事业管理处主办的面向国内外发行的《广播周报》第173期。

5月，范长江"在重庆向周恩来同志提出了入党要求，不久党批准了我的要求"③。

6月，中旬，一个炎热的上午，周恩来从磁器口步行十多里，走到双碑远祖桥，又沿着山路爬上了半边堡，来到了高峰寺（现为沙坪坝区

---

① 周恩来：《周恩来书信选集》，中央文献出版社1988年版，第174—175页。
② 中共中央文献研究室编：《周恩来年谱1898—1949》（下），中央文献出版社2007年版，第450页。
③ 范长江：《我的青年时代》，《人物》1980年第3期，第103—105页。

井口乡半边堡村）专程看望报馆印刷部的同志们。①

6月18日，在重庆撰写《七七事变二周年纪念总结》，发表在《抗战月报》1939年第8期。

6月25日，《八路军军政杂志》发表为纪念"七七"两周年的题词："坚持抗战到底，反对中途妥协！坚持统一战线，反对挑动内讧！发动全面战争，反对包办压制！七七两周年纪念　周恩来"。

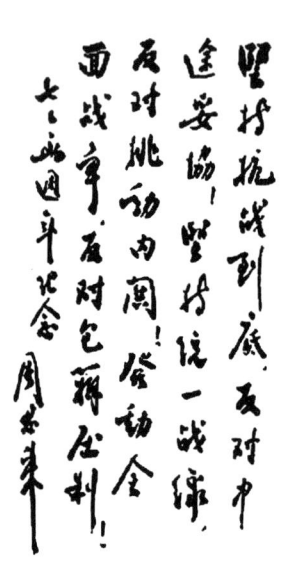

资料来源：转自《党的文献》2015年第5期，第2页。

按：王凤超的《年表》少了最后一个"！"。

7月2日和7月21日，《解放》第81期发表《周恩来同志致军委政治部陈部长电》二则。该期同时刊发《周恩来同志关于平江惨案的谈话》一文。

7月7日，撰写的《抗战两年》一文在《新中华报》第5版头条位置刊发。《群众》第3卷第8、9期合刊（7月16日出版）亦登载了此

---

① 重庆市沙坪坝区政协文委会等编：《周恩来在沙坪坝　纪念周恩来诞辰九十周年》，重庆大学出版社1988年版，第40页。

文。7月7日出版的《解放》第75、76期发表了此文。

　　△ 要求报社的同志,坚决执行党中央提出的三大政治斗争口号,敢于说出真理,善于说出真理;敢于对敌进行斗争,善于对敌进行斗争,要使得《新华日报》能真正成为人民的喉舌和号角,同坚持在敌后抗战的八路军、新四军一样,也能起党的一个方面军的作用。我们全体报社的同志在周恩来同志的鼓舞之下,就提出了"编得好,印得清,出得早"和努力争取"销得多"的口号。①

　　7月31日,答延安《新中华报》记者问。

　　8月1日,《新中华报》发表《谈平江惨案经过》一文。

　　8月2日,致电陈诚:"不仅华北军民有口皆碑,公认战绩;即在敌方广播,亦只认与八路军激战。"② 通过地方广播说明八路军积极抗战之真相,驳斥张荫梧诬告八路军制造严重事件。

　　夏,鉴于四月以来邹韬奋主持的生活书店的西安分店等被封闭,先后约邹韬奋到曾家岩五十号,约生活书店、读书出版社负责人到红岩商议在国民党统治区难以存身的书店工作人员的撤退问题。以后三家书店先后派人到华北等地建立华北书店,加强解放区的出版事业。③

　　9月,去苏联治病,途经迪化听取李啸平(时任《新疆日报》编辑长。——笔者)汇报工作,并要求把《新疆日报》当作中共在新疆地区的一个新闻阵地。④

　　秋,张楚琨以《南洋商报》(1923年由陈嘉庚创办)特派员身份回国采访抗战新闻,同时受董事经理傅无闷的委托,为该报聘请编辑主任。在重庆,张楚琨受到周恩来的多次接见,他向周恩来特别提及,希

---

① 人民出版社资料组编:《人民的好总理 纪念敬爱的周恩来同志》(上),1977年,第319页。
② 金冲及主编:《周恩来传1898—1949》,人民出版社、中央文献出版社2009年版,第261页。
③ 中共中央文献研究室编:《周恩来年谱1898—1949》(下),中央文献出版社2007年版,第452页。
④ 段京肃主编:《新闻春秋》(第5辑)《抗日战争与新闻传播学术研讨会、抗战广播史研讨会论文集》,首都师范大学出版社2006年版,第105页。

望找到一位众望所孚的新闻权威人士，以帮助陈嘉庚的抗日筹赈运动。周恩来推荐了胡愈之。当时胡愈之虽然不是公开党员，但他写的进步文章已风靡南洋，是国民党当局重点"保护"对象。在廖承志的精心安排和帮助下，1940 年 12 月 1 日，张楚琨和同事在新加坡码头，从肮脏的三等舱底把神采奕奕的胡愈之和王纪元迎接上岸。第二天，消息一传开，当地舆论界为之轰动。陈嘉庚闻讯高兴地连声说："深庆得人，深庆得人！"胡愈之成为南侨总会的上宾，陈嘉庚不会说普通话，胡愈之又听不懂闽南话，两人都请张楚琨当翻译。他们讨论国事及社会问题，互相尊重，互相支持，使党的抗日民族统一战线的方针政策得到了陈嘉庚及南洋华侨的理解与支持，促进了团结、抗战、进步。① 后来，周恩来又派沈兹九等去协助胡愈之，以加强这个宣传阵地。

11 月，和任弼时一起作为中共驻共产国际的代表，同共产国际领导人季米特洛夫会谈，研究在延安建立广播电台的问题。共产国际决定援助一台广播发射机。拆成散件，从莫斯科空运到乌鲁木齐，又陆运到兰州、西安，途中屡遭扣压，经周恩来反复交涉才得以运到延安。广播电台的一些主要零件除了来自苏联，还有一部分是从敌人飞机上拆下来的。②

△ 给共产国际写了一份长达 116 页的报告，阐述抗日战争和国共两党情况。此报告经周恩来修改后，发表在 1940 年 4 月出版的《共产国际》杂志上，标题为"中国抗战的严重时机和目前任务"。③

本年，告诉美联社的杰拉尔德·萨姆森，战后还将继续同国民党合作。他特别支持毛泽东关于游击战的理论，他说，这个理论"最适应现在的国家经济状况"。游击战能严重地破坏日军的通信线路，"使他们必须为此在占领区驻扎大批军队，花费大量资金"。④

---

① 小段：《张楚琨：甘做世纪孺子牛》，《纵横》1998 年第 4 期，第 54 页。
② 李庚辰主编：《走向辉煌 中国共产党党史学习资料》(3)，四川人民出版社 2002 年版，第 2292 页。
③ 师哲口述：《在历史巨人身边 师哲回忆录》，九州出版社 2015 年版，第 98 页。
④ ［英］迪克·威尔逊：《周恩来传》，封长虹译，解放军出版社 1989 年版，第 144 页。

新闻背景

1月3日,《申报》(香港版)第8版发表消息,标题为"周恩来谈话——对汪反叛并不惊异 谓与时局毫无影响"。

1月15日,《八路军军政杂志》创刊,由八路军总政治部出版。

2月,国际广播电台在重庆开播,由国民党政府主办。国民党政府成立战时新闻检查局。

4月16日,全国青年联合会延安办事处主办的《中国青年》出版。

5月10日,《申报》(香港版)第3版发表消息,标题为"五四廿周年纪念日访周恩来"。

5月28日,《申报》(香港版)第3版发表消息,标题为"视察江南游击区归来 周恩来谈新形势(上)"。

5月29日,《申报》(香港版)第3版发表消息,标题为"视察江南游击区归来 周恩来谈新形势(下)"。

6月1日,《中国妇女》创刊,由中共中央妇女运动委员会主办。

7月6日,中共中央为纪念抗战两周年发表对时局的宣言,明确提出著名政治口号:"坚持抗战到底,反对中途妥协""巩固国内团结,反对内部分裂""力求全国进步,反对向后倒退"。

7月20日,中国女子大学新闻系在延安创办,这是中国共产党在抗日根据地最早创办的新闻系科。

8月1日,《新中华报》第3版头条发表消息,标题为"周恩来同志 谈平江惨案经过 已电请最高当局雪冤并向肇事者严重抗议"。

9月,第二次世界大战爆发。

10月20日,中共中央出版的党内刊物《共产党人》创刊。

12月1日,新华社业务刊物《通讯》创刊,毛泽东题写刊名。

1940年(四十二岁)

年初,和潘梓年一起要求"参加座谈会的四五位同志负责编辑《新华日报》的《自然科学》副刊,并指示我们副刊的内容要多样化,不能局限于只是介绍科学知识，文字要生动活泼，通俗易懂。最初副刊的稿件几乎全由座谈会的同志供给，以后外来的稿件越来越多，我们就大量采用外稿，同时借以密切同广大群众的联系。"①

> 按：这是石西民、范剑涯等编的《新华日报的回忆》（续集）中的记载。事实是周恩来于1939年夏离开重庆去延安，至1940年6月才返回重庆，因此，这次指示时间应该是石西民、范剑涯等记忆错误。

3月26日，晚，在欢迎大会上发表讲话：从报刊上看到反动派准备妥协投降、搞磨擦、分裂以及倒退的现象，实令人痛心。但坚信在中国共产党坚持抗战、坚持团结、坚持进步的口号下，以及全党全国人民共同努力下，投降派必定失败，中国抗战定能获得最后胜利。会后，周恩来亲自放映从苏联带回的影片。②

> 按：关于时间，《周谱》注一说是25日。金冲及主编的《周恩来传》中的时间为3月27日下午，在欢迎大会上讲话。

3月，撰写《中国抗战的严重时机和目前任务》一文，刊登于5月30日出版的《解放》第108期和8月25日出版的《八路军军政杂志》第2卷第5期。

3月，从莫斯科回到延安，带回来一台广播发射机，中央决定利用这台广播发射机筹建口语广播电台。③

春，中共中央决定建立广播委员会，周恩来担任主任，主持广播电台的筹建工作。④

6月至7月，与叶剑英一起多次同国民党何应钦、白崇禧谈判，并

---

① 石西民、范剑涯等编：《新华日报的回忆》（续集），四川人民出版社1983年版，第273页。
② 中共中央文献研究室编：《周恩来年谱1898—1949》（下），中央文献出版社2007年版，第463页。
③ 方汉奇、史媛媛主编，赵永华等撰稿：《中国新闻事业图史》，福建人民出版社2006年版，第359页。
④ 中央人民广播电台简史编写组编：《中央人民广播电台简史1949—1984》，中国广播电视出版社1987年版，第4页。

递交中共关于解决目前危局、加强团结抗战的提案。提案要求国民政府停止查禁各地的书报杂志，给《新华日报》的出版发行以法律保障，允许登载中共文件及领导人的言论文章等。①

7月7日，出席新华日报社为纪念"七七"并欢迎周恩来、邓颖超而举行的晚会。在会上作形势报告。② 7月8日，《新华日报》第2版发表这一消息，标题为"本报纪念晚会 周恩来同志出席指导 指陈抗战团结进步三点 勉励本报同志努力奋斗"。

7月8日，《新华日报》刊登为冼星海《黄河大合唱》在重庆公开发表书写的题词。同时，指示《新华日报》将国民党新闻检查机关检扣的《中共中央关于抗战三周年对时局的宣言》和毛泽东为纪念抗战三周年撰写的《团结抗战》一文，印成单行本加以散发。③

夏，在《抗战时期文化工作的方针》一文中说，宣传"一切为了抗战，一切服从抗战"，要采取各种不同的做法："敌后——书报可用油印，设立流动书店和小规模图书馆""接近后方的战区——可把书报输送去"。④

8月1日，中共中央政治局会议根据周恩来的提议决定：今后由中央每周（或十日）发出宣传要点，使全国各地党报遵照宣传。⑤

8月9日，在延安高级干部会议上作工作报告，谈到"关于对文化战线的具体领导"时说："统一的广播，现在技术条件可以解决，但工作上的问题尚待解决。现在广播稿太长，外面不可能整天收，需要审查，要限在一点半钟以内。"⑥"现在延安刊物太多，实际不能领导全国，各刊物编辑须注意每期中有一两篇带全国性的文章，以便选

---

① 中共中央文献研究室编：《周恩来年谱1898—1949》（下），中央文献出版社2007年版，第468页。
② 中共中央文献研究室编：《周恩来年谱1898—1949》（下），第469页。
③ 廖永祥：《周恩来与新华日报研究文集》，国际港澳出版社2005年版，第406—407页。
④ 赵春生主编，中共中央文献研究室编：《周恩来文化文选》，中央文献出版社1998年版，第14页。
⑤ 中共中央文献研究室编：《周恩来年谱1898—1949》（下），第471页。
⑥ 赵春生主编，中共中央文献研究室编：《周恩来文化文选》，第20页。

集发行，实现对全国的领导。"① "建立各地的报纸，不仅延安，在大后方、在海外还须增加。"② 在谈到"关于文化运动的布置"时，他指出："报纸方面：（一）报纸要分散，现在集中是不可能的，比较起来重庆是一个中央，因各有记者可以反映到外面去。（二）投寄稿件到各中间性报纸去。因为不可能把这些报纸杂志都变作我们自己的，在这一点上倒可以用假名。每个报纸在国际问题和文艺副刊方面一般都要选进步稿件。（三）接近各种报纸，即使是顽固派的报纸，他们的编辑也不都是顽固的。海外报纸影响特别大，特别需要接近。"③ 文委或文协应该订出各方面对投稿的需要和标准，来领导投稿运动。对于中间性刊物也要帮助推销，缩小顽固派的影响。通讯机关：除中央社外即青年记者学会主办的国际新闻社，他们的稿子可寄到国内外各地区去。全民社是比较局部的，限于重庆、成都和海外某些报纸。当然，我们还没有可能做到像国新社那样，希望以后也能向同样方向发展。中央社在顽固派中也还算是进步的，毛主席去年十月的谈话就是他们发的。我们自己的通讯社应该做到："（一）争取合法化。（二）稿件要多样，不要老是几个宣传口号。延安的生产学习情况，《大众》刊物上的有些也该发并附照片。（三）态度不要完全党内化，有时要用人民的口吻，也不必标明新中华社字样，以便大家采用。"④

9月5日，致电中共中央书记处：华北百团大战是一件兴奋人心的大事，我们在此到处鼓吹宣传，今日《大公报》《新蜀报》社论称赞八路军战绩，蒋有电嘉奖。何应钦亦允发子弹。南方悲观情绪甚深。现在正是我党加强影响，挽救危局之时。宜扩大宣传，加强统战工作，打破悲观失望思想，提出积极办法。华北、华中边区宜扩大游击活动，加强

---

① 赵春生主编，中共中央文献研究室编：《周恩来文化文选》，中央文献出版社1998年版，第20页。
② 赵春生主编，中共中央文献研究室编：《周恩来文化文选》，第20页。
③ 赵春生主编，中共中央文献研究室编：《周恩来文化文选》，第21页。
④ 赵春生主编，中共中央文献研究室编：《周恩来文化文选》，第22页。

对敌作战，收揽进步人才，建立民主政治。①

9月14日，主持中共中央南方局常委会，听取《新华日报》总编辑吴克坚关于报社工作的汇报。15日，周恩来在发言中肯定报社的工作有进步，缺点是没有充分发挥党的宣传鼓动工具的作用，把握政策不稳，有些内容没有站在党的立场。提出一方面要注意站稳立场。另方面也要活泼、巧妙，不能呆板。指出今后的政治方向，除继续强调团结第一外，还要补充进步第一；要把握时机，反对悲观情绪，在军事上可以华北的例子来说明我们还是有办法，能坚持抗战的；要强调伸张民意，安定人心。②

按：吴克坚，1930年于上海在周恩来直接领导下从事秘密工作。1936年赴巴黎，任中共驻共产国际代表团主办的《救国时报》（巴黎版）总编辑。抗战爆发后，应周恩来电召回国，在周恩来的直接领导下进行抗日救亡活动，任中共长江局秘书长、《新华日报》总编辑。

9月29日，在中华职业教育社举办的讲演会上作题为"国际形势与中国抗战"的报告。讲稿在《新华日报》9月30日第2版以消息的形式发表，标题为"周恩来同志讲 国际形势与中国抗战 帝国主义战争正益趋持久扩大 坚持抗战勿对美日冲突存幻想 只要团结到底胜利一定属我们"。

△ 在重庆一次演说会后为中华职业教育社王席君题词："笔战是枪战的前驱 也是枪战的后盾！席君先生 周恩来 廿九，九，廿九"。

10月4日，出席中共中央南方局会议。根据周恩来的提议，文化工作委员会由凯丰任书记（11月间，凯丰回延安后，文委工作由周恩来直接负责。——笔者），周恩来任副书记，下设书店、社科、宣传、新闻等组。③

---

① 中共中央文献研究室编：《周恩来年谱1898—1949》（下），中央文献出版社2007年版，第476页。
② 中共中央文献研究室编：《周恩来年谱1898—1949》（下），第477—478页。
③ 中共中央文献研究室编：《周恩来年谱1898—1949》（下），第479页。

资料来源：中共中央文献研究室第二编研部编《周恩来题词集解》，中央文献出版社2012年版，第32页。

10月20日，《新华日报》第3版报道参加鲁迅逝世四周年纪念大会并摘要报道讲话的内容，《抗战文艺》第6卷第4期也有该刊记者所记的一个概要。

10月24日，电告毛泽东："对于华北进步报章之限制，对舆论反共之动员，对凡有共党左倾嫌疑者之加紧监视和被逮捕，均证明反共高潮是正在着着上升。"①

10月28日，《新华日报》民生路208号营业部开业。周恩来和南方局的董必武等领导经常在这里接见各界人士。②

10月下旬，鉴于反共高潮正在上升，报纸宣传已被封锁，周恩来要南方局力争油印、散发宣传品和进行口头宣传，以示抗议，同时向各方作解释、反驳工作。③

---

① 金冲及主编：《周恩来传1898—1949》，人民出版社、中央文献出版社2009年版，第276页。
② 廖永祥：《周恩来与新华日报研究文集》，国际港澳出版社2005年版，第407页。
③ 中共中央文献研究室编：《周恩来年谱1898—1949》（下），中央文献出版社2007年版，第483页。

11月6日，致电毛泽东：《新华日报》自11月1日起，即强调日寇诱降及内战危机，统战、外交、宣传各方面，我们都在动员，我和剑英正分头奔走，作讲话。①

11月10日，主持南方局会议，全面部署党在国统区的工作。关于宣传方面，强调加强《新华日报》的社论；印发朱、彭、叶、项（即朱德、彭德怀、叶挺、项英。——笔者）关于新四军问题的"佳电"，编辑供国际宣传的资料；报馆的班子亦要缩小、精悍。②

11月24日，为《新华日报》问题致电中央书记处和党报委员会说，《新华日报》在国民党严密检查和压迫下，处境日渐困难，不仅文章检扣很多，而且国民党中宣部还准备以所谓"群众"力量，将《新华日报》打掉。为使本报合法存在，拟从新年起大加改革，不一定天天有社论，刊登多方面的材料，而且不要每篇都是政治化的面孔，实行烘托宣传。③

11月，与叶剑英一起同各国外交人员和记者进行广泛的接触。④

12月10日，著名记者范长江和沈钧儒爱女沈谱在重庆结婚，周恩来参加了他们的婚礼，并送了新婚礼物。婚礼当天，周恩来为他们两人写了"同心同德"的贺词。⑤范长江结婚一星期即去桂林工作。不久，皖南事变发生，长江处境危险。周恩来紧急通知中共驻桂林办事处主任李克农，让他通知范长江马上离开桂林，并通过李济深代买了范长江去香港的机票，保护了范长江的安全。⑥

12月21日，致函张冲，有关报纸内容有："《新华日报》被扣被删之稿件、文句，常至极无理地步，如本月七号中苏文化协会之妇女晚会

---

① 中共中央文献研究室编：《周恩来年谱1898—1949》（下），中央文献出版社2007年版，第485页。
② 廖永祥：《周恩来与新华日报研究文集》，国际港澳出版社2005年版，第408页。
③ 廖永祥：《周恩来与新华日报研究文集》，第408页。
④ 金冲及主编：《周恩来传1898—1949》，中央文献出版社2009年版，第277页。
⑤ 中共中央文献研究室第二编研部编：《周恩来题词集解》，中央文献出版社2012年版，第33页。
⑥ 赵兴林主编：《灿烂的星河 人民日报记者部新闻实践与思考》（上），人民日报出版社2010年版，第136页。

特写上有'团结打日寇，团结打汉奸'字句，亦被删去。"① "重庆若干报纸已奉命公开反共，而《商务日报》更公开揭载所谓中共脱党分子之宣言，以示挑衅。"②

12月，会见安娜·路易斯·斯特朗，揭露国民党顽固派准备挑起内战的阴谋。谈话结束时，周恩来嘱咐斯特朗：这些材料暂时不要发表。③

△ 为向国内外揭露国民党积极反共的行为，派人将国民党半年来制造摩擦的有关材料汇集成册，密寄西安和桂林，并托德籍友好人士王安娜经外国朋友带往香港散发。④

重庆时期的一个警卫员回忆说，周恩来有一个习惯无法改变，就是把报纸带到厕所里去读。重庆的外国人对周恩来的印象较深，埃文斯·卡尔森在一篇报道里将周恩来描述为"充满着如此高尚的品格和谦恭的思想"⑤。较有影响的记者像杰克·安德森经常应邀到曾家岩吃饭。

在重庆的那些年中，同许多知识分子和专业人员建立了联系，很好地利用了由于国民党专制独裁而造成的非共产党人士日益增长的对蒋介石离心离德的机会，创立了一个后来作为北京传播工具的编辑机构的核心。⑥

吴全衡在重庆时作为女报人与周恩来共事三年，曾写了一篇关于延安的文章，说："现在草已绿了，到处是鲜花。"周恩来对她嚷嚷说："克里空——胡扯。""延安的春天缺水，根本不会有一片草叶。"周恩来与《时代周刊》及《生活》杂志驻重庆的代表西奥多·怀特交上了朋友。⑦

---

① 周恩来：《周恩来书信选集》，中央文献出版社1988年版，第189—190页。
② 周恩来：《周恩来书信选集》，第191页。
③ 金冲及主编：《周恩来传1898—1949》，中央文献出版社2009年版，第277页。
④ 中共中央文献研究室：《周恩来年谱1898—1949》（下），中央文献出版社2007年版，第492页。
⑤ [英]迪克·威尔逊：《周恩来传》，封长虹译，解放军出版社1989年版，第147页。
⑥ [英]迪克·威尔逊：《周恩来传》，封长虹译，第149页。
⑦ [英]韩素音：《周恩来与他的世纪1898—1998》，王弄笙等译，中央文献出版社1992年版，第221—222页。

在一次记者招待会上，有人问周恩来更多的是中国人还是共产党人时，他回答说："我首先是中国人，其次才是共产党人。"①

按：在周恩来的领导下，共产党媒体所作的广泛的宣传解释工作，让社会各界了解到中共团结抗日的主张和事件发展的真相，博得了社会各界特别是人数众多的中间势力的同情，对于皖南事变发生后社会舆论的向背有着深远的影响。

新闻背景

2月7日，中共中央职工委员会主办的《中国工人》创刊。毛泽东在为《中国工人》杂志撰写的发刊词中指出，为把报纸好好办下去，一定要"多载生动的文字，切忌死板、老套、令人看不懂、没味道、不起劲"，好的文风应该是生动的、鲜明的、尖锐的、毫不吞吞吐吐的。"一个报纸既已办起来，就要当作一件事办，一定要把它办好。这不但是办的人的责任，也是看的人的责任。看的人提出意见，写短信短文寄去，表示欢喜什么，不欢喜什么，这是很重要的，这样才能使这个报办得好。"

2月15日，陕甘宁边区文化协会主办的《中国文化》创刊，毛泽东的《新民主主义论》在创刊号上发表。

8月2日，中共中央致电南方局、新华日报社，指出：在外交政策问题及内政改革上，你们应与各中间派报纸的某些正确观点取统一战线态度，不采取对立态度，以便有力地打击投降派。

9月5日，《申报》（上海版）第3版发表消息，标题为"周恩来对记者谈 全国在领袖领导下团结益趋坚强 北方战事开展近半月 目的在牵制日军兵力"。

9月27日，《新华日报》第2版发表消息，标题为"周恩来同志主讲 国际形势与中国抗战"。

9月30日，《新华日报》第2版发表消息，标题为《周恩来同志讲 国际形势与中国抗战》。

12月2日，中共中央华中局机关报《江淮日报》在江苏盐城创刊，刘少奇兼任社长。

---

① ［英］迪克·威尔逊：《周恩来传》，封长虹译，国际文化出版公司2011年版，第195页。

12月30日，中国共产党创办的第一座广播电台——延安新华广播电台开始试验播音，呼号是XNCR，后改称陕北新华广播电台。

美国无线电公司首先成功试制出彩色电视。

1941年（四十三岁）

1月11日，出席《新华日报》创刊三周年庆祝晚会。在他讲话时，机要员送来中共中央急电。周恩来立刻用沉痛的语调宣布新四军局势的严重。这时，饭厅里的电灯突然熄灭，过了一会儿才亮起来。周恩来意味深长地激励大家："有革命斗争经验的人都懂得怎样在光明和黑暗中奋斗。不但遇着光明不骄傲，主要是遇着黑暗不灰心丧气。只要大家坚持信念，不顾艰难向前奋斗，并且在黑暗中显示英勇卓绝的战斗精神，胜利是会到来的，黑暗是必然被击破的。"①

△ 指示新华日报社在次日报道他的发言时，透露新四军在北移中受到包围袭击的消息。②

1月12日，《新华日报》第2版发表消息，标题为"本报庆祝三周年 周恩来叶剑英同志莅临致词"，在报道周恩来讲话中插入"新×军最近在向北移动中被敌寇重重包围"一句话。

1月，新华日报馆在化龙桥编辑部所在地举行规模盛大的三周年纪念活动。时任《新华日报》总经理的熊复回忆说："周恩来同志参加了这次纪念活动。他同报馆负责人一起接见重庆各界爱国进步人士，同报馆全体人员一起聚餐，到晚上还参加纪念会，在会上还讲了话。"他从抗战形势讲到《新华日报》的任务，使大家受到无限鼓舞，至今还留下强烈印象。记得他说过这样的话：《新华日报》是党在"大后方"（这是当时对国民党统治区的称呼）坚持抗战、坚持团结、坚持进步的

---

① 中共中央文献研究室编：《周恩来年谱1898—1949》（下），中央文献出版社2007年版，第495页。

② 中共中央文献研究室编：《周恩来年谱1898—1949》（下），第495页。

一面旗帜。《新华日报》所起的作用，同八路军新四军在敌后作战一样，抵得上党的一个方面军。《新华日报》要充当"大后方"人民的喉舌，要敢于说出真理，也要善于说出真理。记得"编得好、印得清、出得早"这个口号，是以后报馆领导根据周恩来同志的讲话精神提出来的。①

　　按：这是时任《新华日报》总经理熊复1959年回忆的内容，时间是1940年1月，当时周恩来正在苏联治疗右臂，不可能在重庆参加活动。周恩来这次讲话时间应该是1941年1月11日。1979年，吴玉章等编的四川人民出版社出版的《〈新华日报〉的回忆》收录这篇文章仍然与1959年出版的内容完全一样。周恩来参加这样的活动是一定的，讲话的内容也是可信的，根据《周谱》记载，三周年纪念活动是在1941年举行的。根据内容判断可能是熊复记错了时间，也可能是排版时把时间搞错了，故《纪事》把这一内容放在1941年。人民出版社资料组1977年编的《人民的好总理 纪念敬爱的周恩来同志》（上）收录的原《新华日报》在京部分同志回忆敬爱的周总理与《新华日报》时认为，周恩来这次讲话的时间是在1939年7月7日。②

1月12日，发动中共在重庆的工作人员四处向国民党元老和抗战派、国共以外各党派、文化界、外交界和新闻界揭发何应钦、白崇禧的反共阴谋。③

　　按："四处"在《周谱》里为"四出"，拙著认为，这是排版失误，应该是"四处"，如果原稿如此也应该加注释说明，并作修改。

1月13日，召集南方局、八路军驻渝办事处、《新华日报》干部会

---

① 潘梓年等：《新华日报的回忆》，重庆人民出版社1959年版，第26—27页。
② 人民出版社资料组编：《人民的好总理 纪念敬爱的周恩来同志》（上），1977年，第319页。
③ 中共中央文献研究室编：《周恩来年谱1898—1949》（下），中央文献出版社2007年版，第495页。

议，部署应变的各项措施。①

1月中旬，指示新华日报社撰写关于皖南事变真相的报道和抗议国民党制造皖南事变的社论；指示八路军重庆办事处和新华日报社编印揭发皖南事变真相的传单。组织力量，准备材料，动员外国记者分别带往香港、南洋、美国发表。②

△ 找王炳南、王安娜谈话。对王安娜说："你在这里认识许多外国人，特别是外国记者和外交官，你必须尽快让他们知道国民党袭击新四军的事件。炳南、龚澎和其他同志，也应该去访问自己认识的外国人，把这个事件告诉他们。"③

1月17日，晚，指示新华日报社坚决拒绝刊登国民政府军事委员会的反动"通令"和"发言人谈话"，坚持照常出报。当得悉《新华日报》关于揭露皖南事变真相的报道和社论被新闻检查官扣压后，立即为《新华日报》题词："为江南死国难者志哀 一月十七日夜 周恩来"，并作诗："千古奇冤，江南一叶，同室操戈，相煎何急！！周恩来"。④

按：当时有关皖南事变的报道全部被扣，因为报纸稿件事先都需经过审查。17日晚10点多，新闻检查所派人到新华日报社坐等审查第二天《新华日报》的大样。报社为了发表周恩来题词，准备了没有周恩来题词的版面应付检查。周恩来在红岩办事处把题词写好后，由童小鹏指派在红岩十八集团军办事处的干部岳仁和送到报馆，并指示：要报社加快编排和制版力量，组织好发行力量，务必抢在第二天各大报发行以前，将报纸送到广大读者手中。《新华日报》第2版刊发题词："为江南死国难者志哀"，占6栏版面。第3版占五栏版面登一首诗："千古奇冤，江南一叶，同室操戈，相煎何急！！"诗中"一叶"指新四军军长叶挺。"同室操戈，

---

① 廖永祥：《周恩来与新华日报研究文集》，国际港澳出版社2005年版，第409页。
② 中共中央文献研究室编：《周恩来年谱1898—1949》（下），中央文献出版社2007年版，第497页。
③ ［德］王安娜：《中国——我的第二故乡》，生活·读书·新知三联书店1980年版，第360页。
④ 中共中央文献研究室编：《周恩来年谱1898—1949》（下），第498页。

相煎何急"引用三国时曹丕逼弟弟曹植的七步成诗之事，实际上是指责国民党当局破坏国共合作抗日的罪行。当国民党顽固派发现市面上出现印有周恩来题词手迹的报纸时，大批报纸早已冲破山城的浓雾传遍了整个重庆。这天的报纸，上午就在重庆市内销完，每份后来增卖到五角。当时一个美国记者花了十美金，在重庆街头抢购到那天的最后一份《新华日报》，成为国统区新闻界的奇谈。毛泽东2月2日从延安致电周恩来："收到来示，欣慰之至，报纸题字亦看到，为之神王。"（此句中的"王"通"旺"，即"神旺"之意。——笔者）。

资料来源：中共中央文献研究室第二编研部编《周恩来题词集解》，中央文献出版社2012年版，第56页。

1月18日，闻新华日报社营业部主任涂国林被捕，当即向张冲据理力争，迫使当局将人放回。①

△ 根据中共中央来电，指示《新华日报》在人员减少后，可日出半张。②

---

① 中共中央文献研究室编：《周恩来年谱1898—1949》（下），中央文献出版社2007年版，第498页。

② 廖永祥：《周恩来与新华日报研究文集》，国际港澳出版社2005年版，第409页。

周恩来为"皖南事变"题词照片

资料来源：转自《重庆日报》2012 年 3 月 7 日第 B7 版。

1月18日（或19日），得知夏衍主编的《救亡日报》因拒登国民党中央社诬陷新四军的消息，当天报纸全部被扣，并获悉白崇禧下令逮捕夏衍，当即通过八路军桂林办事处通知夏衍、范长江立即离开桂林去香港，同从重庆撤去的文化工作者合作，在港建立对外宣传点。①

1月19日，对军事组起草的《新四军皖南部队惨被围歼真相》传单作了四处修改，并说传单道理清楚透辟，材料确凿充分，气势高昂委婉，会沉重打击国民党，并能得到广泛的同情。新华日报社赶印传单，并迅速散发到国内外。②

1月，"皖南事变"后，带着一沓《新华日报》来到老校长张伯苓家。周恩来把载有抗议皖南事变题词的《新华日报》分给伉乃如、吴国桢等人，同时说："你们看看这千古奇冤！我新四军近万名英勇将士没有战死在抗日沙场上，竟饮恨于皖南事变的伏击中。国民党的一些

---

① 中共中央文献研究室编：《周恩来年谱 1898—1949》（下），中央文献出版社 2007 年版，第 498—499 页。
② 王凤超：《周恩来新闻活动年表》（续一），《新闻研究资料》1988 年第 3 期，第 77 页。

人，用心何其毒也！"吴国桢作辩解。两人越争越凶，张伯苓从中调和说："我看多会你们两个不吵了，中国就好了。"周恩来严肃地反驳道："这不是我们两个人的问题。"①

1月底，致函已回纽约的斯特朗，建议她发表所知道的情况，并附去中共中央军委会关于重建新四军军部的命令和中共中央军委发言人的正式声明。斯特朗随即在纽约一些报纸和《美亚》杂志上揭露皖南事变真相。②

2月1日，《新华日报》自今日起，日出报纸半张。③

2月4日，有一部分当天出版的《新华日报》被国民党宪兵扣押，四名报差被捕，周恩来对此采取了一次不寻常的行动。这天傍晚，他在曾家岩五十号"周公馆"听说此事，便打电话向国民党谈判代表张冲抗议，随即亲自往宪兵队要求退还报纸，释放被捕人员。门口卫兵不让进去，他要求宪兵队队长出来谈话也遭到拒绝。正在争执不下的时候，张冲匆忙赶来，劝周恩来先回去休息，问题由他来解决。周恩来坚决不同意，说不交还报纸就不走。在寒冷的街头僵持了近两个小时，后来还是由张冲签写收条才发还两捆《新华日报》。周恩来拿到报纸，当场散发给围观的群众，四名报差也被释放了。这件事立即在社会上产生很大的反响。④

  按：王凤超的《年表》记载时间为2月6日。

2月14日，与居里（美国经济学家，曾参与罗斯福新政，1939—1945年任总统行政助理和经济顾问，协助制定对华政策。——笔者）在英国驻华大使馆卡尔的寓所内进行茶会。有关这次会谈的情况，《美国外交关系文件》的记述是：鉴于此次会谈的诸多原因，为避免引起媒体的注意和猜测，行事极为小心，以免居里先生和周恩来先生的会面为

---

① 徐行主编：《南开学者纵论周恩来》，天津人民出版社2008年版，第28页。
② 中共中央文献研究室编：《周恩来年谱 1898—1949》，中央文献出版社1989年版，第490页。
③ 中共中央文献研究室编：《周恩来年谱 1898—1949》，第502页。
④ 韩辛茹：《新华日报"方面军"——在打退第二次反共高潮中的作用》，《新闻研究资料》1983年第5期，第58页。

公众所知。①

2月18日，接见张冲，责以近月来政治压迫事件频仍，如逮捕报贩、恐吓读者、扣压邮件、封闭报馆、撕毁广告等。②

2月19日，和中共中央南方局委员董必武、八路军参谋长叶剑英一起发给毛泽东并中央书记处的电报指出，广泛宣传茂林阴谋，编印各种材料在国内外发表；请延安发表一广播谈话，并印发各地。③

2月28日，向国民党联络代表张冲提出作为中共出席参政会的先决条件12项，其中第三项是"立即停止对《新华日报》之一切压迫"。④

2月，一封由重庆发往延安的信由周恩来托叶剑英带给正在延安马列学院学习的重庆《新华日报》记者范元甄。信中写道，"元甄同志：乘参谋长飞回之便，我写几句话问问你好。你现在当能想像（应为象。——笔者）我们在此地的忙碌、紧张和愤慨的情形。"⑤ 还在信中附上10元钱与自己的照片。

△ 要廖承志通知夏衍："在香港建立一个对'南洋'和西方各国华侨、进步人士的宣传据点。"⑥ 4月8日，经过夏衍、范长江、邹韬奋、金仲华、乔冠华等的努力工作，《华商报》在香港创刊。另外，邹韬奋主办的《大众生活》5月17日在香港复刊。

按：乔冠华，1938年到香港，在《时事晚报》撰写评论。1939年，为香港《世界知识》杂志国际评论撰写人员。1941年参

---

① The Ambassador in China to the Secretary of State（Chungking, March 3, 1941），*Foreign Relations of the United States Diplomatic Papers 1941*，Volume Ⅴ，*The Far East*，p. 607.
② 中共中央文献研究室编：《周恩来年谱 1898—1949》（下），中央文献出版社2007年版，第504页。
③ 中共中央文献研究室中央档案馆编：《建党以来重要文献选编（一九二一——一九四九）》（第18册），中央文献出版社2011年版，第129页。
④ 廖永祥：《周恩来与新华日报研究文集》，国际港澳出版社2005年版，第409页。
⑤ 孙志慧：《我相信你的血也在沸腾——周恩来致范元甄的信》，《红岩春秋》2004年第3期，第56页。
⑥ 童小鹏：《风雨四十年：童小鹏回忆录》（第一部），中央文献出版社1994年版，第318页。

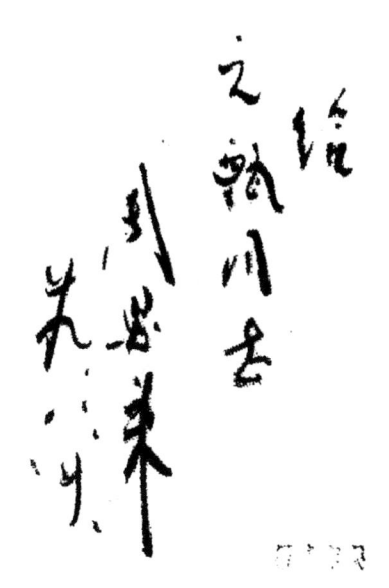

新闻高峰期（1938年1月—1947年2月） 165

周恩来致范元甄照片及背面签字。信及照片现存红岩革命历史博物馆

资料来源：转自《红岩春秋》2004年第3期，第56页。

与创办《华商报》。1942年到重庆，从事宣传工作，是《新华日报》社论委员会成员之一，负责国际述评。1946年5月，周恩来指派其负责出版英文《新年周刊》；10月，遵周恩来指示去香港负责新华社分社工作。

△新华日报社原有工作人员二百多人，只留八十多人，其余全部疏散。在这样险恶的环境中进行疏散，稍有不慎，就会发生意外，周恩来作了周密细致的部署。新华日报社在疏散人员时，周恩来亲自前去检查。他拿着红蓝铅笔和名册，一个一个地仔细询问，认真了解他们的经历、特长和短处，疏散的去向，可利用的社会关系，到达落脚点的证明，遇到盘查时的答话等，并随时提出他所发现的漏洞和改进意见。第二天清早，他又送去一封信，继续补充了几点他对疏散工作的意见。如戈宝权疏散去香港工作等。①

---

① 金冲及主编：《周恩来传1898—1949》，中央文献出版社2009年版，第280页。

3月1日，同张冲谈判，要求解除扣寄各地抗战书报的禁令；立即停止对《新华日报》的一切压迫等内容。①

△ 收到毛泽东致周恩来、董必武电，托收购多种报纸和书刊。②

3月8日，鉴于3月7日《新华日报》准备发表的《中共参政员未出席本届参政会真相》一文遭到扣压，决定采取抗审办法，不经送审出版一大张增刊，用大字将有关中共参政员不出席本届参政会的全部文献公开发表，使国民党统治区广大群众能够了解。③

3月9日，致电中共中央说：今日《中央日报》的社论称"即使中共参政员不出席，剿共事实亦不至发展"④。12日，毛泽东致电周恩来说："我们攻势（双十二条及不出席）结果，迫得蒋介石作正面回答，却把问题向全国公开了（借一切国民党报纸发表我们的十二条同时暴露了蒋介石的真面目），蒋原欲把问题缩小，现在却扩大了（由军事问题扩大到政治问题，党派问题），这些都是我们攻势的结果。"⑤ "我们却还应继续我们的攻势，直到我们的临时办法各条实际上被承认（主要是扩军、防地、新华报及路上少捉人）。"⑥ 15日，周恩来电复："我们意见，致电国民党八中全会无甚必要。因即便送到，他们也不会在会上宣读的，还不如用一篇文章或谈话回答蒋之六号讲演。"当日，毛泽东来电表示同意，由周处"写一回答六号讲演的东西，中央对八中全会不再发文件"。⑦

3月10日，毛泽东致信周恩来、董必武：自3月1日起，请代订下列日报各一份：中央日报，扫荡报，新蜀报，新民报，国家社会报及云

---

① 中共中央文献研究室编：《周恩来年谱1898—1949》（下），中央文献出版社2007年版，第506页。
② 中共中央文献研究室编：《周恩来年谱1898—1949》（下），第507页。
③ 中共中央文献研究室编：《周恩来年谱1898—1949》（下），第508页。
④ 中共中央文献研究室编：《周恩来年谱1898—1949》（下），第508页。
⑤ 中共中央文献研究室编，逄先知主编，冯蕙、姚旭、赵福亭、吴正裕副主编：《毛泽东年谱：1893—1949 修订本》（中卷），中央文献出版社2013年版，第282—283页。
⑥ 中共中央文献研究室编，逄先知主编，冯蕙、姚旭、赵福亭、吴正裕副主编：《毛泽东年谱：1893—1949 修订本》（中卷），第283页。
⑦ 中共中央文献研究室编：《周恩来年谱1898—1949》（下），第508页。

南各种报纸。①

"皖南事变"后不久,高天经陈家康的联系,以国新社和《南洋商报》记者身份,受到周恩来同志的亲切接见。谈话时,周恩来肯定了国新社的成绩,鼓励进步的青年新闻记者坚持在敌后工作。这次谈话,使高天获得了在国统区坚持工作的巨大精神力量。②

4月8日,要求廖承志通知《华商报》总编辑夏衍:"在香港建立一个对'南洋'(指现在的东南亚。——笔者)和西方各国华侨、进步人士的宣传据点。"③

按:周恩来非常重视香港在海外(尤其是东南亚)抗日宣传中的地位,指示八路军香港办事处创办《华侨通讯》和《华商报》,并派胡愈之亲赴香港、南洋等地参与领导针对华侨的宣传工作。4月8日,《华商报》创刊于香港,由廖承志主持筹办,是一份对开晚报。

4月9日,晚,在重庆中一路孙师毅家,夏衍见到周恩来时说:"办了几年报,有点上瘾了,这次回到重庆,让我到《新华日报》工作吧。"周恩来说,你今后的工作,我们考虑过,也和郭沫若、阳翰笙、杜国庠谈过,潘梓年和章汉夫当然会欢迎你,你也可以给《新华日报》写文章,但是,你在重庆还得争取公开合法,以进步文化人的面貌,做统一战线工作。你在重庆工作所需要的就是这种公开的文化人的身份。你主动地和国民党的头面人物见面,以后就可以在《新华日报》和其他报刊上写文章,就可以大摇大摆地到化龙桥和曾家岩五十号。④

4月,我国著名民办报纸《大公报》获美国密苏里大学新闻学院

---

① 中共中央文献研究室编:《毛泽东书信选集》,中央文献出版社2003年版,第154页。
② 江苏省政协文史资料委员会、淮安市政协文史资料委员会编:《江苏文史资料》第136辑《淮安文史资料》第17辑《淮安古今人物》第3集,江苏文史资料编辑部,2000年,第193页。
③ 金冲及主编:《周恩来传1898—1949》,人民出版社、中央文献出版社2009年版,第293页。
④ 夏衍:《白头记者话当年——重庆〈新华日报〉及其他》,《新闻研究资料》1985年第3期,第22—23页。

奖。周恩来派人以新华日报社的名义赠送《大公报》及其总编辑张季鸾一副贺联："养天地之正气，法今古之完人"，及一条幅："同心协力"。对张季鸾及其所主办的《大公报》给予中肯的评价。①

5月7日，撰写《如何看待文化人》一文，认为文化人是革命精神的宣传者。文章指出："他们终究是做上层统战及文化工作的人，故仍保留一些文化人的习气和作风，这虽然如高尔基、鲁迅也不能免的，何况他们乎。因此，我们必须学习列宁、斯大林对待高尔基的眼光、态度和尺度，才能帮助和提拔这班文化人前进。毛主席告诉我们要重视这支文化战线上的力量，因为他们正是群众革命精神的宣传者和歌颂者。"②

5月12日，与《新华日报》总编辑吴克坚联名致电中共中央党报委员会："鉴于反动分子加紧曲解马列主义，诬我停止抗日；而我方人员疏散，又遭封锁，稿件来源断绝。拟利用目前时机，开展对反共宣传的反攻。建议叶剑英每月提供分析战局的军事论文；建议王明、凯丰指定人写理论和国内外时局的稿件；请转告廖承志、陆诒组织国际问题的稿件。"③

△国民党参政员许孝炎在宴会上公然向新闻记者造谣：中条山激战时，第十八集团军不遵命配合对敌作战。周恩来在第二天列举事实向中外记者驳斥许孝炎的谎言，以后又一再要求国民党当局更正。④

5月14日，致函张冲，就12日晚宴会上，国民党中宣部主任秘书许孝炎公开向新闻记者散布"十八集团军不遵命配合对敌作战"的谣言，提出责问并表示遗憾。⑤

5月16日，给美国通讯社发声明指出：所谓"八路军不抗日，打

---

① 李满星：《张季鸾与民国社会》，百花文艺出版社2011年版，第226页。
② 南方局党史资料征集小组：《南方局党史资料文化工作》，重庆出版社1990年版，第7页。
③ 中共中央文献研究室编：《周恩来年谱1898—1949》（下），中央文献出版社2007年版，第513—514页。
④ 金冲及主编：《周恩来传1898—1949》，中央文献出版社2009年版，第312页。
⑤ 王凤超：《周恩来新闻活动年表》（续一），《新闻研究资料》1988年第3期，第78页。

中央军"① 之说，全系日寇造谣中伤。

5月21日，致信《大公报》张季鸾、王芸生：惟贵报所引传说，既泰半为敌人谣言，一部又为《华盛顿明星报》之毫无根据的社评，不仅贵报"不愿相信"，即全国同胞亦皆不能置信。盖美国虽为助我国家，但美国报纸论断通信社消息，却不能尽据为信，例如华盛顿十九日合众电，竟称"据拥护政府最力之参议员多玛斯对合众社记者谈称……彼素即主张以逐渐之方法调解中日战事"，我们能因此便信美国政府已接受日本之和平提议么？况中共与汪逆，久成"汉贼不两立"之势，国内某小部分人或可与汪逆重谈合作，中共及绝大多数之中国军民，吾敢断言，虽战至死，亦决不会与汪逆同流合污，投降日寇。至敌人谣言，则所造者不止一端，即单就晋南战事论，南京二十日同盟电，亦曾说："当晋南、豫北战事发生之前，胡宗南为奉命包围红军（？）计，

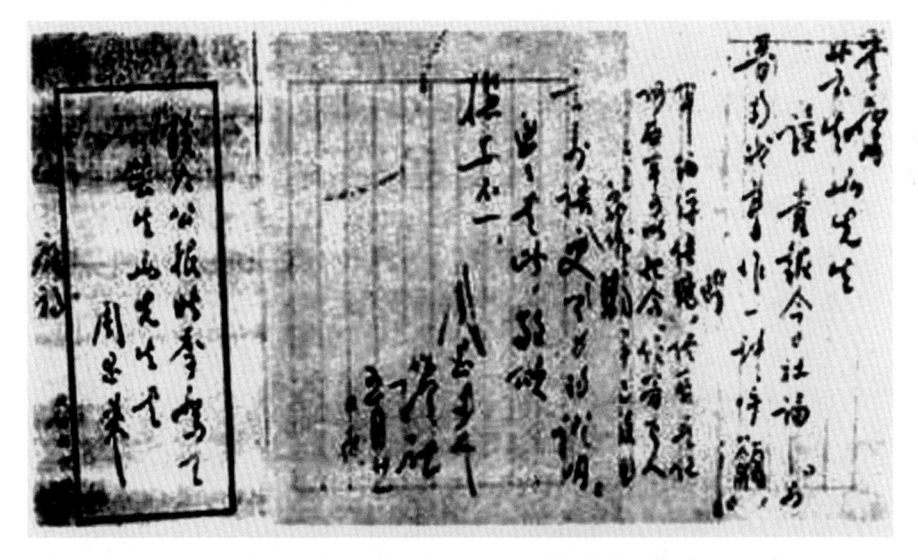

1941年5月，周恩来给《大公报》张季鸾、王芸生写信，说明中条山战役实况，对该报失实社评予以驳斥。图为信的首尾和信封

资料来源：转自《党史博览》2003年第6期，第45页。

---

① 中共中央文献研究室编：《周恩来年谱1898—1949》（下），中央文献出版社2007年版，第514页。

曾自晋南抽出所部五师调至陕甘宁三省……以致晋南渝（？）军实力大减。"我想贵报对于此种说法，当同样"不愿相信"。① 周恩来在信中列举大量事实，驳斥此社论中所述"十八集团军不遵命配合对敌作战"等全非事实，揭穿各种谣言，指出一周前晋南白晋公路一段即为第十八集团军部队袭占，停止通车。声明："我们一向主张团结抗战，而且永远实践团结抗战。"负责地向贵报及全国军民同胞声明："只要和日寇打仗，十八集团军永远不会放弃配合友军作战的任务，并且会给敌人以致命的打击的。同时，十八集团军作战地界，奉命不与友军混杂，免致引起误会。"②

  按：本月，日军在中条山对国军发动攻势，国民党军队丧失兵力5万多人。蒋介石为了掩饰失败，造谣诬蔑八路军不配合作战。《大公报》于本日发表社论《为晋南战事作一种呼吁》，重复蒋的诬蔑。《大公报》在23日将此信全文发表后，同时又发表张季鸾写的《读周恩来先生的信》社评，为自己辩解，并用"国家中心论"来抗拒周恩来的批评。周恩来的《致大公报书》在重庆《新华日报》上发表，并经新华社作了广播；6月13日，延安的《解放日报》及解放区的报纸都予以发表。6月17日，毛泽东从延安发给周恩来的电报中说：你的信和《大公报》的文章，我都看了，"很有意思"，你"那封信写得很好"。这封信发表后，在重庆、国民党统治区、解放区乃至全国引起了极大反响，帮助人们弄清了真相，使一切造谣者无言以对。

4月15日至5月22日，南方局举行会议，在发言中肯定党报党刊在皖南事变中完成了疏散任务，在困难面前没有产生任何动摇，经受住了考验。他对新局面下的工作提出三点意见：第一，对国民党方面进行的有计划、有组织的反动宣传，"我们必须应战，并要采取攻势，这是非常重要的中心问题"；第二，改善报刊的内容和形式，辅助上述任务

---

① 周恩来：《周恩来书信选集》，中央文献出版社1988年版，第198—199页。
② 周恩来：《周恩来书信选集》，第200页。

的完成；第三，冲破发行的封锁。他还提出许多具体办法，如国民党检查机关通不过的稿件，由许涤新、徐冰、章汉夫另编一个刊物，每周出一期，秘密发行；《新华日报》每星期日出版增刊；每三天发表一篇社论，时事评论、短评要经常有；要对报馆工作人员进行策略教育，每周举行一次讨论会。根据他的指示，《新华日报》从5月25日至7月20日出版增刊八期，主要刊登评论和专栏文章。周恩来亲自撰稿八篇，以代论的形式出现，在读者中产生了很大的影响。①

5月21日，撰写致《大公报》张季鸾、王芸生信，《新华日报》5月25日第3版全文刊发，周恩来题写标题。

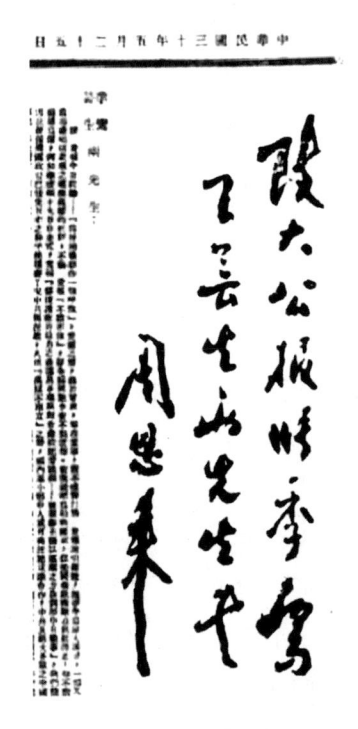

资料来源：转自《新华日报》1941年5月25日第3版。

5月25日，《新华日报》第1版转第2版发表《论目前战局》代

---

① 金冲及主编：《周恩来传1898—1949》，中央文献出版社2009年版，第292页。

论。文章分析说，目前帝国主义战争正在扩大和持久，强调我国的抗战不排斥运用帝国主义之间的矛盾和争取外援，但必须坚持独立自主和自力更生的基本国策。周恩来为代论题写了标题。

论目前战局 周恩来

资料来源：转自《新华日报》1941 年 5 月 25 日第 1 版。

△ 致电毛泽东说，从近日《大公报》和《商务日报》所发的社论看，国民党怕我们另立一个中心。主张不忙答复，准备从正面作文章反驳。①

5 月 28 日至 31 日，鉴于蒋介石正制造八路军"不抗日"的舆论，致电毛泽东、朱德和叶剑英，建议采取针锋相对的办法，内容有：向记者发表声明，向国民政府军事委员会提出质问；朱德电卫立煌，要卫立煌立即转电中央社解决，同时令八路军立送战报；电文送中央社发表，用以向海外广做宣传，同时发社论。②

---

① 中共中央文献研究室编：《周恩来年谱 1898—1949》（下），中央文献出版社 2007 年版，第 516 页。
② 中共中央文献研究室编：《周恩来年谱 1898—1949》（下），第 516 页。

5月30日,中央社在一条有关十八集团军行动的消息中写道:"截至今日止,尚未据报与敌军正式接触。"周恩来立刻向《新华日报》记者发表谈话,列举事实,驳斥这一完全违背事实的消息。他说:"最近一周,单就中央社之洛阳专电,便有六次提及晋东我军或十八集团军作战地区之战役的,而大公报两次西安专电,更证明太行山及晋北我军均在与敌作战。""此等电讯发自前方,见闻自更翔实,既经前方军事机关检查于先,又经后方军事机关复审于后,揭诸报端,已历多日,岂能谓为非战报?!"他最后说:"我们当然并不以此等战果为满足,我们愿意接受国人善意的督责和更多的希望。我们期待着更大的战果的来临。"①

按:周恩来5月21日致《大公报》的信和5月30日的声明,分别在《新华日报》5月25日第3版和6月1日发表。帮助人们弄清真相,使一切造谣者无言以对,一时轰动了山城重庆。这两期《新华日报》增刊,销售分别达到17000份、20000份,再破发行记录。

5月31日,为《新华日报》撰写《论时局中的暗流》代论。文章在介绍时局中主流的同时,指出目前战局中出现一股暗流:在西方英、德妥协共同反苏,在东方则是日、美少数人企图以美国为中介来调解中日战争。《新华日报》6月1日第1版转第2版发表,周恩来题写了标题。

按:《论时局中的暗流》一文,使中国人民认清了世界战争中暗流对中国的影响,打击了美、日、英的阴谋,鼓舞了中国人民更加坚定地投入民族抗战中去。

5月,美国著名作家海明威(《下午日报》记者。——笔者)和他的妻子玛莎·盖尔荷恩(《柯立耳日报》记者。——笔者)在大街上闲逛了半天,直到确信后面没有人跟踪后,在王安娜的带领下,穿过迷宫

---

① 金冲及主编:《周恩来传1898—1949》,人民出版社、中央文献出版社2009年版,第314页。

论时局中的暗流 周恩来

资料来源：转自《新华日报》1941年6月1日第1版。

一样的小街小巷才来到曾家岩50号与周恩来见面。① 海明威和盖尔荷恩是受《太平洋邮报》和《科里尔》杂志的邀请来中国考察蒋介石政府对日作战情况的。② 海明威在访问周恩来后说："周恩来是一个有极大魅力和智慧的人。他与所有国家的大使馆都保持着密切的联系，他成功地使几乎每一个在重庆与他有接触的人，都接受共产党人对于所有发生的任何事情的立场。"③

1940年12月至1941年5月，国民党新闻检查部门不准《新华日报》刊登的稿件达260篇，删节的有150篇。各地《新华日报》营业机构被封，报刊被扣，报童被拘捕殴打。报社随时可能被迫停止出版。怎样在如此严峻的局势下坚持下去？周恩来冷静地提出两条要求：一要稳，就是"不失立场，有时不便说就不说，够分量就行了"。二要活，就是"不呆板，要巧妙"。他采取措施，一方面，精简报社机构，缩小

---

① 王泓等编：《周恩来与国际友人》，重庆大学出版社1995年版，第34页。
② 王弘：《海明威秘见周恩来》，《党史天地》1996年第8期，第34页。
③ 童小鹏：《风雨四十年》（第一部），中央文献出版社1994年版，第317页。

报纸版面,不再每天发社论;另一方面,同国民党当局做坚决斗争。周恩来亲自前往宪兵队抗议交涉,要求发还被扣报刊,放回被捕人员。①

6月1日,《新华日报》第3版发表特讯,标题为"周恩来负责申明 十八集团军有战报!有战果!十八集团军敢于接受敌人挑战!"

△ 向《新华日报》记者发表谈话,就5月30日中央社发表的国民政府军委会发言人的讲话,列举事实加以驳斥,指出这个讲话所说第十八集团军"截至今日止,尚未据报与敌军正式接触"不符合事实。声明:"十八集团军有战报!有战果!十八集团军敢于接受敌人的挑战!"并告同胞"勿为敌人的流言所动,更勿为敌人挑拨所中",全国军民应团结成一个铁拳,好击碎敌人的进攻和挑拨性的流言。②

6月8日,《新华日报》第1版转第2版发表《论敌寇两面政策》代论,从方法论的角度分析了敌寇的两面性,并题写了标题。

论敌寇两面政策 周恩来

资料来源:转自《新华日报》1941年6月8日第1版。

---

① 金冲及主编:《周恩来传1898—1949》,人民出版社、中央文献出版社2009年版,第292页。

② 中共中央文献研究室编:《周恩来年谱1898—1949》(下),中央文献出版社2007年版,第517页。

6月15日、22日，撰写的《民族至上与国家至上》代论在《新华日报》分上、下两篇刊完，还题写了标题。

资料来源：转自《新华日报》1941年6月15日第1版。

6月23日，撰写的《粉碎德国反苏战争爆发!》社论在《新华日报》第1版发表。

6月28日，为《新华日报》撰写《论苏德战争及反法西斯的斗争》代论指出："战争的发展方在开始，我们已经说过：其战果决不是短时期所可看出，更不是几个仗便见分晓。但是我们可预言的是时间有利于苏联。纳粹德国利在速决，故一开始便攻势甚猛，企图仍以闪电战达到其两个月征服苏联的狂言。苏联的战法，不论是拒之于国门之外，或是引之深入，只要苏联的主力在，人力在，物力在，时间一久，法西斯侵略者必然要遭受最后的惨败。故我们对苏德战争，不能以一时的出入胜负为断。"代论在6月29日《新华日报》第1版发表，并题写标题。6月30日《群众》周刊第6卷第7期，7月31日《解放》第133期发表了代论。

7月7日，《新华日报》第1版转第2版发表周恩来撰写的题为

"'七七'四年"的代论及题写的标题。

论苏德战争及反法西斯的斗争 周恩来

资料来源：转自《新华日报》1941年6月29日第1版。

"七七"四年 周恩来

资料来源：转自《新华日报》1941年7月7日第1版。

7月19日，针对中央社诬蔑第十八集团军"擅自行动"一事，以第十八集团军驻渝代表身份，发表《关于第十八集团军行动真相》的谈话。国民党当局不准《新华日报》登载。次日，周恩来致电毛泽东、朱德、王稼祥、叶剑英：为对付蒋诬我军"擅自行动，请电告前线总司令部将历次磨擦事件的具体情况详细电告，以便在报上披露或印传单，并请叶剑英搜集整理这类材料转廖承志在南洋诸报发表"。①

7月20日，致电中共中央：对昨、今两日国民党中央社发表的所谓第十八集团军擅自行动的消息，我已采取针锋相对办法对付，请各地党组织将各地党员、青年、进步分子被捕和被压迫的事实、地点、时间和人数、姓名、经过等具体情况广为搜集登记，详细电告延安，并将其中可发表者加以整编分电此间与沪、港，以便在各报纸披露，如不能通过，则印成传单小册子发表。②

△《新华日报》第1版转第2版发表《团结起来打敌人》代论，指出日本侵略者"不管其是在积极准备北进，或者南进，或者南北并进，但其灭华之方针决不会有任何变更，而且还会先来个西进"。"不论在任何情况下，我们总应准备敌人西进，乃至迎头打击敌人西进，这才是万全之策。等待胜利，总是一种最有害的心理，尤其是专门希望日寇打别人，最是一种没出息的想头，而且对于联合友邦，争取外援，也颇不合乎情理。"文章最后号召："全中国的人民、全中国的军队、全中国的党派，大家向着一个目标前进，这就是：团结起来打敌人！"

夏，为扩大中共在国外的影响，委托王安娜把毛泽东最重要的文章译成英文；还向她提供资料，请她定期给保卫中国同盟写报告。③

8月2日，出席新华日报社追悼该社成都分销处经理申同和烈士的大会。④《新华日报》8月3日刊载《在〈新华日报〉追悼申同和同志

---

① 中共中央文献研究室编：《周恩来年谱1898—1949》（下），中央文献出版社2007年版，第522—523页。
② 中共中央文献研究室编：《周恩来年谱1898—1949》（下），第523页。
③ 中共中央文献研究室编：《周恩来年谱1898—1949》（下），第526页。
④ 中共中央文献研究室编：《周恩来年谱1898—1949》（下），第524页。

> 团结起来打敌人！
>
> 周恩来

资料来源：转自《新华日报》1941 年 7 月 20 日第 1 版。

会上的讲话》，指出新华日报社的革命同志，为推动民族抗战付出了代价。勉励大家学习申同和的艰苦作风和坚守岗位的精神。文章认为，申同和同志和其他成千上万的青年战士一样为民族、为革命流尽了最后一滴血，这是我们革命者的骄傲。

8 月 30 日，为纪念中国人民抗战四周年所写《抗战四年》一文在《群众》周刊第 6 卷第 8—9 期合刊中发表。

9 月 7 日，同董必武、邓颖超电唁张季鸾家属，《大公报》转张季鸾家属礼鉴："季鸾先生，文坛巨擘，报界宗师，谋国之忠，立言之达，尤为士林所矜式。不意积劳成疾，遽归道山，音响已沉，切劘不在，天才限于中寿，痛悼何堪。特此驰唁，敬乞节哀。"[①]《新华日报》9 月 8 日予以刊登。联名送的挽联为：忠于所事，不屈不挠，三十年笔墨生涯，树立起报人模范；病已及事，忽轻忽重，四五月杖鞋失次，消磨了国士精神。[②]

[①] 重庆市历史学会编辑：《周恩来同志在重庆期间发表的重要文章和讲话汇辑》，重庆市历史学会，1980 年，第 140 页。

[②] 中共中央文献研究室编：《周恩来年谱 1898—1949》（下），中央文献出版社 2007 年版，第 527 页。

按：1941年9月27日，重庆《大公报》第3版挽联一束里刊登周恩来邓颖超两先生联：四五月杖鞋失次中的"失"字为"矢"字。

9月18日，《新华日报》第3版发表周恩来撰写的《"九一八"十年》纪念文章和题写的标题。9月30日出版的《群众》周刊第10期发表该文。

资料来源：转自《新华日报》1941年9月18日第3版。

9月，指示抽调中共中央南方局罗清、蒋金涛编译出版英文小册子，内容主要是选译《解放日报》《新华日报》上发表的重要文章和毛泽东、周恩来等中央领导人对局势的讲话，解放区建设情况和外国朋友写的解放区见闻等，出版后向外国记者、外国使馆和各国友好人士散发。①

10月9日，致马歇尔将军备忘录在《群众》第12卷第12期发表。

10月19日，《新华日报》第1版转第2、3版发表撰写的《太平洋

---

① 中共中央文献研究室编：《周恩来年谱1898—1949》（下），中央文献出版社2007年版，第528页。

的新危机》代论和题写的标题。

太平洋的新危机

周恩来

资料来源：转自《新华日报》1941年10月19日第3版。

按：10月19日的代论预言太平洋战争将要爆发，12月8日，日军偷袭珍珠港，太平洋战争爆发。事实的发展证明了周恩来预见的正确，代论有力地指导了当时的工作。

10月，找洪沛然谈话（在红岩村中共南方局周恩来的一间办公室里。——笔者），周说："报馆采访部现在有两位同志（一个是杨赓，一个是鲁明。——笔者），但都不是四川人。你是四川人，在这里工作起来可能方便一些。"① 同时读书生活社出版的《学习生活》临时编辑缺人，要洪沛然兼代一下。

11月9日，国民党重庆市党部机关团体为张冲举行追悼会，周恩来送了挽张冲（淮南）联："安危谁与共？风雨忆同舟！周恩来敬挽。"并为《新华日报》撰写《悼张淮南先生》哀文。② 《新华日报》第1版

---

① 石西民、范剑涯等编：《新华日报的回忆》（续集），四川人民出版社1983年版，第304页。

② 石仲泉：《我观周恩来》，中共党史出版社2008年版，第144页。

发表哀文和题写的标题。

悼张淮南先生
周恩来

资料来源：转自《新华日报》1941年11月9日第2版。

11月14日，冯玉祥六十大寿，《新华日报》安排了一个版面为他祝寿。周恩来为《新华日报》撰文《寿冯焕章先生六十大庆》，并题写标题。文章赞扬他追求进步，为民族为国家坚持奋斗的献身精神。

11月16日，《新华日报》出版《纪念郭沫若先生创作二十五周年特刊》。周恩来为特刊题写刊头，写了《我要说的话》代论，并题写标题，对其在新文化运动中的地位和作用作了完整、深刻的评价。[①]

按：在半年时间里，周恩来在《新华日报》连续发表10篇代论，不仅及时对时局的变动发表意见，而且对报刊舆论做出反应，每一篇都气势磅礴，震动了整个重庆，大大加强了《新华日报》宣传共产党主张、引导革命舆论的权威力量，也展示了周恩来新闻评论写作的新高度。

---

① 郑新如、陈思明：《〈群众〉周刊史》，中共党史出版社1998年版，第187页。

寿冯焕章先生六十大庆
周恩来

资料来源：转自《新华日报》1941年11月14日第2版。

我正说的话
周恩来

资料来源：转自《新华日报》1941年11月16日第1版。

12月7日，为《新华日报》辟有"棠棣之花剧评"专页题写刊头，并修改《从棠棣之花谈到评历史剧》和《正义的赞歌，壮丽的图画》两文。①

---

① 中共中央文献研究室编：《周恩来年谱 1898—1949》（下），中央文献出版社2007年版，第533页。

题写的特刊刊头

资料来源：转自《新华日报》1941年11月16日第3版。

资料来源：转自《新华日报》1941年12月7日第4版。

12月14日，在《新华日报》第3版发表题为"太平洋战争与世界战局"的文章和题写的标题。

按：此文肯定了全世界反侵略国家和民族必定取得胜利，但还得经过一定的努力，主要是因为民族国家尚存在若干弱点和困难，提醒大家太平洋战争在初期还会有若干挫败并预言这种初期的挫败，也许会丧失若干岛屿、某些土地以及某些交通线，然而决不足以悲观，只要太平洋沿岸各友邦、各民族团结一致，互信互助，牺牲一切，坚持到最后，必能改变目前太平洋的不利局面。此文还批评了抗战必败和速胜的观点，引导受众增强最后胜利的勇气和决心。太平洋战争爆发前后的一系列代论和文章，在国民党统治区产生了广泛的影响，为中共赢得了很高的声誉，打开了共产党的新闻宣传新局面。

太平洋战争与世界战局 周恩来

资料来源：转自《新华日报》1941年12月14日第3版。

12月15日，致函郭沫若，对郭所著历史剧本《棠棣之花》的某些字句提出意见,请郭考虑。①

按:修改内容涉及政治、文学、技术等各个角度。周恩来对剧本中的某些称呼及个别词句都作了修改。如"胡说巴道"应该为"胡说八道","您"和"你"要注意使用场合等,并且详细指出第几幕第几页的某句话需要改动,非常认真细致,可谓字斟句酌,体现了周恩来对郭沫若和戏剧事业的关心,也体现了周恩来深厚的文字功底。

12月,致电廖承志、潘汉年、刘少文并中共中央书记处,提出:将困留在香港的爱国人士接至澳门转广州湾然后集中桂林;政治活动人物可留桂林,文化界可先到桂林新华日报社,戈宝权等来重庆。②他还接待过许多外国记者,向他们揭露国民党顽固派的反共行径,宣传中共中央有关团结抗战的主张,介绍解放区的民主设施和八路军、新四军奋勇抗战的事迹。③

按:1941年,是国际形势发生剧烈变化的一年,6月22日,苏德战争爆发。12月8日,太平洋战争爆发。这两件事极大地改变了世界政治格局和力量对比,对中国的战局也产生了巨大影响。周恩来在半年时间里,先后在报上发表了十几篇时事评论,分析形势,指明方向,教育人民,鼓舞抗日士气。

本年澳大利亚人、时任英国《每日快报》驻中国记者的贝却敌第一次会见周恩来。周恩来的观点是,东南亚人民的作用将是决定性的,东南亚各国都可以建立游击队。④

新闻背景

1月,震惊中外的"皖南事变"爆发。

---

① 中共中央文献研究室编:《周恩来年谱1898—1949》(下),中央文献出版社2007年版,第535页。
② 中共中央文献研究室编:《周恩来年谱1898—1949》(下),第536页。
③ 金冲及主编:《周恩来传1898—1949》,中央文献出版社2009年版,第311页。
④ 七十年代月刊社编:《周恩来纪念集》,广角镜出版社有限公司1977年版,第170页。

2月，因为报道"皖南事变"，斯诺再次被国民党当局吊销记者许可证，被迫离开中国。

5月16日，中共中央在延安创办机关报《解放日报》，由《新中华报》和《今日新闻》合并、改组而成。毛泽东题写了报名，并撰写了发刊词。

5月27日，《申报》（上海版）第4版发表消息，标题为"周恩来吁请 军民团结一致 粉碎日挑拨离间计划 打破日封锁准备反攻"。

5月，美国密苏里大学新闻学院授予《大公报》1941年度国际荣誉奖章。

6月1日，《新中华报》第3版头条发表消息，标题为"周恩来负责声明 十八集团军有战报！有战果！十八集团军敢于接受敌人挑战！"

6月22日，法西斯德国向苏联进攻，苏德战争爆发。

6月30日，《申报》（上海版）第6版头条刊发消息，标题为"德苏作战世局改观 华内部愈趋团结 苏联加入反侵略战线 国共间摩擦可以消除 周恩来主张向日进攻"。

10月21日，《申报》（上海版）第4版刊发消息，标题为"周恩来论 日本国策"。

12月8日，太平洋战争爆发。

延安中央研究院设立新闻研究室，开启了中国共产党研究新闻学的进程。

埃塞俄比亚通讯社成立，这是非洲国家自己办的第一家通讯社。

1942年（四十四岁）

1月16日，《新华日报》根据周恩来的指示，自即日起，发起慰问苏联红军的签名运动。签名截至1月23日苏联红军建军节，平均每天签名有3000人左右。①

2月中旬，致电中共中央办公厅，要求建立对重庆及南方党的专门广播，并每日播送抗日根据地新闻和宣传教育材料。②

---

① 廖永祥：《周恩来与新华日报研究文集》，国际港澳出版社2005年版，第411页。
② 中国社会科学院新闻研究所编：《中国共产党新闻工作文件汇编1921—1949》（上），新华出版社1980年版，第122页。

2月23日，为纪念苏联红军建军二十四周年，《新华日报》第2版发表《在列宁斯大林旗帜之下，苏联红军胜利的前进！》一文，周恩来为自己的文章题写了标题名。

资料来源：转自《新华日报》1942年2月23日第2版。

按：王凤超的《年表》少了最后一个"！"。

3月14日，接毛泽东电：张申府纪念《新华日报》的文章表示对我党满腔热情，已在《解放日报》转载。"他对于把党报变为容许一切反法西斯的人说话的地方这一点是很对的，新华、解放都应实行。关于改进《解放日报》已有讨论，使之增强党性与反映群众。《新华日报》亦宜有所改进。"[1] 周恩来当即领导《新华日报》开展整风运动，在报馆全体职工中广泛、深入地进行马列主义、毛泽东思想的教育。

3月18日，致电毛泽东，报告《新华日报》改进的情况，说目前

---

[1] 中共中央文献研究室编，逄先知主编，冯蕙、姚旭、赵福亭、吴正裕副主编：《毛泽东年谱：1893—1949 修订本》（中卷），中央文献出版社2013年版，第368页。

正使这份报纸不仅成为反法西斯的论坛,并要成为民主的论坛;有几种副刊已注意吸收外稿,第三版设了"友声",专门发表党外人士的意见;不仅常登进步分子的文章,还要登中间分子的文章,现将遵照中央关于整顿三风及你的电示,再求改进。①

4月3日,郭沫若创作的历史剧《屈原》上演。遵照周恩来的指示,《新华日报》为此剧出了专刊,组织了评介文章,并召开座谈会进行讨论。周恩来亲自参加座谈会,并修改评介文章。②

4月9日,因太平洋战争爆发而从香港回来的夏衍到了重庆。当晚,周恩来就同他见面。夏衍表示愿到《新华日报》工作。周恩来说:"你今后的工作,我们考虑过,也和郭沫若、阳翰笙、杜国庠谈过,潘梓年和章汉夫当然会欢迎你,你也可以给《新华日报》写文章,但是,你在重庆还得争取公开合法,以进步文化人的面貌,做统一战线工作。"③ 出乎夏衍意料地建议他先去看看潘公展,说:"你去拜访他,他会感到意外的。但你在重庆工作所需要的就是这种公开的文化人的身分(份。——笔者)。你主动地和国民党的头面人物见面,以后就可以在《新华日报》和其他报刊上写文章,就可以大摇大摆地到化龙桥和曾家岩五十号。"不久,周恩来又叮嘱夏衍:"在你到《新华日报》去看望潘梓年、章汉夫、许涤新这些老朋友之前,一定要先到张家花园全国文艺界抗敌协会去,拜访老舍,和到中华剧艺社去看望应云卫。"他说:勤交朋友,要尽可能多交朋友。以后,他又多次对夏衍说:"你有一个有利的条件,就是你在广州、桂林、香港办报的时候,认识了一些国民党的党政军方面的人,和一些'左翼'以外的文化界人士也交上了朋友。""现在到了重庆,交朋友的面要更广一些,对于政治上、文艺思想上意见不同的人,对他们也要和和气气,切忌剑拔弩张,这方面我们

---

① 中共中央文献研究室编:《周恩来年谱1898—1949》(下),中央文献出版社2007年版,第540页。
② 廖永祥:《周恩来与新华日报研究文集》,国际港澳出版社2005年版,第412页。
③ 金冲及主编:《周恩来传1898—1949》,人民出版社、中央文献出版社2009年版,第300页。

犯过错误，吃过亏，千万不要再犯。"①

4月18日，将对国民党准备发动新的反共高潮的估计电告毛泽东，建议对一〇九起反动事件予以编排和广播。②

4月22日，答美方观察员问。其中有"在中国要干成事情就得与中国政府打交道，舍此别无他途。如果试图离开政府行事，你就什么都干不了"③。

> 按：通过回答提问，巧妙地发出信息：美国朋友们对八路军的医疗援助等帮助，遭到了中国当局的阻挠。

春，范长江由香港返回桂林后，蒋介石再次下逮捕令。周恩来指示八路军重庆办事处通过张友渔通知范长江立即离开，去武汉附近李先念部队，或去苏北陈毅部队。范长江后来到了苏北解放区。④

> 按：张友渔，1931年主编《世界日报》。1939年任《时事新报》主编。1941年任《华商晚报》主笔。回重庆后任《新华日报》代理总编辑。此间，在周恩来的直接领导下开展工作。

春，杨黎原调到《新华日报》工作，一直在新华日报社工作5年。他回忆说，一天深夜，周恩来要报社几位负责同志到红岩村谈工作。一边询问一边指示，其中有一条就是要办好一个内部刊物。这个刊物是报社内部工作人员交流经验，表扬好人好事的园地，当时确定由我来负责编辑，周恩来给这个刊物取名为"《新华日报人》"⑤。从此，"新华人"这个称呼就流传开来。

5月3日，答美方观察员问。回答提问时引用1942年伦敦《泰晤士报》社论。披露由于中国实行新闻检查和控制，美国无法得知事实

---

① 金冲及主编：《周恩来传1898—1949》，人民出版社、中央文献出版社2009年版，第300页。
② 中共中央文献研究室编：《周恩来年谱1898—1949》（下），中央文献出版社2007年版，第543页。
③ 中共中央文献研究室编：《周恩来答问录》，人民出版社2016年版，第41页。
④ 中共中央文献研究室编：《周恩来年谱1898—1949》（下），第542页。
⑤ 杨黎原：《"新华人"的深切怀念》，《思想战线》1978年第2期，第18页。

真相。①

　　按：在答美方观察员的谈话中，我们可以看出周恩来在非常繁忙的工作中也注重阅读国外报纸的社论。

5月23日，《新华日报》为正式改版做准备，发表《敬告本报读者——请予本报以全面的批评》一文，公开向读者征求意见。

　　按：周恩来十分重视《新华日报》的改版工作，多次主持检查报纸工作的会议，并作了许多很重要的指示，使《新华日报》的改版工作始终在整风精神的指导下进行。

　　整风改版之后，周恩来建议报馆内部制定一些必要的规章制度，以巩固和扩大整风成果。潘梓年和吴克坚、章汉夫、熊瑾玎等一起，作了大量的调查研究，广泛听取意见，针对报馆的实际，制定出"编印时间表"和"工作人员奖惩条例"等。这些规章制度对工作人员的工作、思想、学习、作风等方面提出了具体的要求，对于加强报馆人员的思想建设、组织建设和业务建设发挥了积极的作用，为建立一支马克思主义的又红又专的办报队伍奠定了基础。

5月下旬，会见随美国军事代表团来渝的埃德加·斯诺，希望美国军事代表团和美国记者去延安参观。委托斯诺将宣传八路军、新四军作战业绩的有关资料带给居里，并给居里附信一封。②

6月8日，中共中央宣传部发出《关于在全党进行整顿三风学习运动的指示》。南方局根据这个指示对组织整风学习作了统一部署，由周恩来、董必武等领导人，南方局机关、八路军驻渝办事处及新华日报馆的工作人员，按政治水平和文化程度，分高级、中级、普通三级编班学习。③

6月19日，就国民党在西北布置反共军事行动、廖承志被捕和桂林新华日报分馆被封事，质问刘为章。④

---

① 中共中央文献研究室编：《周恩来答问录》，人民出版社2016年版，第47—48页。
② 中共中央文献研究室编：《周恩来年谱1898—1949》（下），中央文献出版社2007年版，第545页。
③ 韩辛茹：《新华日报史》，重庆出版社1990年版，第250页。
④ 中共中央文献研究室编：《周恩来年谱1898—1949》（下），第547页。

6月21日，为悼念在反扫荡中壮烈牺牲的八路军副参谋长左权，撰写《左权同志精神不死!》代论，6月23日，《新华日报》第2版发表，6月30日延安《解放日报》刊印。

按：文章高度评价左权英勇抗日、以身殉国的民族精神，也向国外人士表明了八路军英勇抗日的决心，是对国民党污蔑八路军不抗日的有力回击。文章以充分的事实说明，中国共产党和八路军是民族抗战的中流砥柱。这对于揭穿日本侵略者的分化阴谋，维护抗日民族统一战线内部团结，鼓舞和激励全国军民英勇抗战，起到了积极的作用。

7月15日、16日、17日、18日、19日，重庆《新华日报》第1版连续五天刊登周恩来、邓颖超7月14日联名为父亲周贻能去世泣启的讣告。

按：周恩来律己很严，为何这次利用《新华日报》为父亲刊讣告呢？结合当时的环境不难看出，这是周恩来出于开展统一战线工作的需要。长期以来，国民党一直宣传共产党"共产共妻""六亲不认"，是"洪水猛兽"等，周恩来为父亲病逝在报上登讣告，为父亲举哀，使国民党的谣言不攻自破。

7月下旬，面告即将离渝去北碚编写剧本《法西斯细菌》的夏衍：要利用这段时期，勤交朋友。①

7、8月间，周恩来派人转告邹韬奋，建议他前往苏北抗日根据地，还可以转赴延安。②

秋天，应重庆《新民报》几位编辑、采访方面负责人的约请，与郭沫若一起同他们座谈。周恩来仔细询问了《新民报》的情况和困难，向他们提出了许多建议。③

---

① 中共中央文献研究室编：《周恩来年谱1898—1949》（下），中央文献出版社2007年版，第550页。
② 邹嘉骊：《韬奋年谱》（节选·上），《新文学史料》2004年第3期，第110页。
③ 中共四川省委党史研究室编：《〈中共中央南方局的文化工作〉送审稿》，2007年，第180页。

新闻高峰期（1938年1月—1947年2月） 193

  9月16日，夜，为《新华日报》创办《团结》复刊撰写发刊词《团结的旨趣》，指出："最近我党中央号召整顿三风，便是要在党的正确路线和巩固基础上，认真地做反省的功夫。新华的改革，就是响应这个号召和在事实上执行自己对抗战对人民所负担的义务。"明确阐述了《新华日报》改版的重大意义。《新华日报》9月19日第4版刊登发刊词并用了他题写的副刊"团结"的手迹，同时刊登由他题写的标题。

资料来源：转自《新华日报》1942年9月19日第4版。

  9月18日，在周恩来主持下，《新华日报》正式改版，并发表了改版社论《为本报革新敬告读者》。社论阐述了改版所遵循的整风方针，诚恳地感谢读者对党报的深刻、全面的批评，概述了《新华日报》的性质和肩负的伟大任务。后来，根据周恩来的指示，报纸上还开辟了"生活一角""生活的海"等专栏，专门报道底层劳动群众艰难困苦的生活及反饥饿反压迫的要求，因而受到广大读者特别是劳苦大众的欢迎。改版之后，根据周恩来的指导，报馆内建立了一系列的规章制度。①

△《新华日报》第 2 版发表《第十一年的"九一八"》代论和题写的标题。

资料来源：转自《新华日报》1942 年 9 月 18 日第 2 版。

9 月 25 日，撰写《论"贤妻良母"与母职》一文并题写标题，《新华日报》27 日第 4 版发表。

10 月 16 日，应约同林彪一起会见张治中，提出了"三停、三发、两编"的要求，其中有"停止对《新华日报》的压迫"② 之内容。

11 月 18 日，以《新华日报》编者名义发表该报首次刊出的《友声》专栏前言，内容说，随着抗战局势的发展，中国人民的任务越来越重。在探讨需要解决的问题中应当重视不同的意见，特辟《友声》一栏，欢迎各方面朋友提出真知灼见。

---

① 石西民、范剑涯等编：《新华日报的回忆》（续集），四川人民出版社 1983 年版，第 233 页。

② 金冲及主编：《周恩来传 1898—1949》，人民出版社、中央文献出版社 2009 年版，第 316 页。

> 论贤妻良母与母职 周恩来

资料来源：转自《新华日报》1942年9月27日第4版。

11月22日，邹韬奋和书店同仁热情交谈说："我接受恩来同志的指示，到重庆后，又向恩来同志提出要求入党，他还是以前的意见，目前党还是需要你这样做。从武汉到重庆，直到我离开重庆到香港，其后，回到上海，转到解放区，我的一切工作和行动都是在党和恩来同志指示下进行的。"①

11月，同廖沫沙谈话，要他进《新华日报》担任编辑主任工作，接替石西民。有一次，有位同志写了一篇有关印度问题的社论，廖沫沙看到原文已经所剩无几，全文几乎都是周恩来亲笔改写的。这使廖沫沙十分惊讶，他立即感到有一种巨大的力量支持着他们的工作。②

12月14日，在南方局、八路军驻渝办事处和《新华日报》党员大会上报告国共关系。③

下半年，《新华日报》采访部主任陆诒有一次到曾家岩五十号找周恩来说："最近时局沉闷，新闻线索较少。有的报道枯燥乏味，读者也

---

① 穆欣：《韬奋》，人民出版社1985年版，第125页。
② 陈海云、司徒伟智：《廖沫沙的风雨岁月》（四），《新文学史料》1985年第4期，第207—208页。
③ 廖永祥：《周恩来与新华日报研究文集》，国际港澳出版社2005年版，第413页。

不要看。"周恩来回答道:"这是因为你没有深入群众,不了解读者的愿望和要求。我建议你除了必要地采访一些上层活动外,可以着眼于群众。譬如说,访问几个从战区流浪到重庆的擦皮鞋难童,或者访问嘉陵江上几个渡口的船夫,或者访问重庆市内的公共汽车售票员,谈谈他们的生活和愿望。这种别开生面的新闻报道,也许会得到读者的欢迎,你不妨试一试。"又说:"你实在没有线索,不妨到茶馆里去坐坐,听听群众在谈些什么,想些什么。"① 他的这些意见推动了《新华日报》采访工作的转变。

  按:周恩来的谈话是关于新闻线索的看法,可以说来源于客观的实践活动,体现了事实是第一性的,新闻是第二性的原则。新闻信息不是天上掉下来的,它依赖于人们的实践活动,依赖于人与客观世界的认识关系,没有客观存在就没有可靠的信息。人民是世界的创造者,是新闻的主要报道对象,又是主要的接受对象、服务对象。新闻来源于群众的实践活动,离开客观实际,离开人民群众,离开时代生活的主流,就没有大多数群众所需要的新闻,就没有真正具有普遍意义的新闻。今天,新闻界鼓励记者秉持贴近实际、贴近生活、贴近群众的"三贴近"采写原则,可以说与周恩来的这一思想是一脉相承的。

  本年,在周恩来的倡议下,《新华日报》增加了《戏剧研究》《时代音乐》《木刻阵线》《科学专页》《书评专页》,直到《日本研究》等副刊,它们都深受广大读者的欢迎。还在第3版开辟了《友声》专栏,刊登爱国民主人士对团结抗战,发展经济的意见和建议。②

  按:本年,关心国统区各阶层人民的生活,责成《新华日报》辟专栏,报道工人、教师和中下级公务人员的生活,并调查物价变动对各业工人的影响。

---

① 吴玉英等编:《〈新华日报〉的回忆》,四川人民出版社1979年版,第34—35页。
② 江明武主编:《周恩来生平全记录》,中央文献出版社2004年版,第308页。

新闻背景

2月24日,"美国之音"创立。

3月16日,中共中央宣传部发出《为改造党报的通知》,包括"全党办报",党报的主要任务,大力加强党报编辑部的工作,党报的战斗性、通俗化等内容。

3月31日,《解放日报》举办改版座谈会,毛泽东在会上讲话指出:"利用《解放日报》,应当是各机关经常的业务之一。"

春天开始,中国共产党在全党范围内开展整风运动。4月1日,《解放日报》实行改版,强调"要使《解放日报》能够成为真正战斗的党的机关报"。

5月23日,《新华日报》在整风改革期间宣布要在读者的帮助下,"使本报得以肃清主观主义、教条主义与党八股的残余"。

5月,毛泽东发表《在延安文艺座谈会上的讲话》。

9月,中共中央决定,《解放日报》兼为中共中央西北局机关报。

9月9日,中共中央西北局发布了《关于解放日报工作问题的决定》。

10月28日,《解放日报》特辟《新闻通讯》专栏,为抗日民主根据地的报纸上最早出现的新闻学研究专刊之一。

晋察冀军区政治部建立中国共产党创办的第一个摄影画报社——晋察冀画报社。

1943年(四十五岁)

1月,会见张治中,逐条宣读中共方面最后的四项意见,其中包括"中央亦可在中共地区办党、办报"[1] 等内容。

3月5日,四十五岁生日,《新华日报》总经理潘梓年代表报馆全体同志写了一篇祝辞,里面有"严若师,慈若母"这样的话,不仅说出了大家对周恩来的爱戴和敬仰,也表达了潘梓年同志的深挚感情。[2]

---

[1] 金冲及主编:《周恩来传》,中央文献出版社1998年版,第677页。
[2] 姚北桦、王淮冰编:《报人生活杂忆 石西民新闻文集》,重庆出版社1991年版,第154页。

3月18日，在红岩撰写《我的修养要则》，《人民日报》1980年1月8日第2版头条刊登。

我的修养要则：

一，加紧学习，抓住中心，宁精勿杂，宁专勿多。

二，努力工作，要有计划，有重点，有条理。

三，习作合一（即理论和实践相结合。——笔者），要注意时间空间和条件，使之配合适当，要注意检讨和整理，要有发现和创造。

四，要与自己的他人的一切不正确的思想意识作原则上坚决的斗争。

五，适当的发扬自己的长处，具体的纠正自己的短处。

六，永远不与群众隔离，向群众学习，并帮助他们。过集体生活，注意调研，遵守纪律。

七，健全自己身体，保持合理的规律生活，这是自我修养的物质基础。

一九四三，三，一八，于红岩。

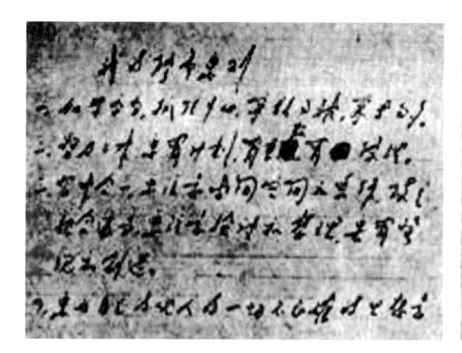

资料来源：转自《人民日报》1980年1月8日第2版。

按：修养第二、三条讲的是实事求是，第六条讲的是群众路线，第四、五条讲的是批评与自我批评，体现了党的三大作风。开门见山、一针见血地说问题，通俗易懂，不绕弯子，很少用虚词，朴实生动的文风扑面而来。短短的修养要则绝非简单地传达信息，而是有着丰富而深刻的内涵，间接折射出周恩来的革命理想、革命追求、革命品格、革命情操、革命志趣、革命经历，具有很高的思想境界。

3月22日，在重庆《新华日报》第4版署名发表《致柯棣华大夫家属的慰问信》。

4月28日，致电毛泽东和朱德：请即将最近八路军、新四军作战和配合友军的情况以及他们进攻我军情况电告，以便将前者在《新华日报》上发表，并向外国记者宣传我们的战绩。①

5月16日，《新华日报》第2版发表《追念张荩忱上将》代论，追悼三年前逝世的张自忠将军。

5月22日，共产国际执行委员会发布《解散共产国际的决议》。晚，周恩来会见外国记者，答复三点：（一）共产国际解散是共产国际七大以来的"自然发展，并非意外"；（二）中共在共产国际七大后，"对本国问题一向自主决定，并自己解决本身问题"；（三）中共中央将发表决定。②

5月27日，在南方局、八路军驻渝办事处和《新华日报》的干部会议上，向到会同志传达了中共中央《关于共产国际执委主席团提议解散共产国际的决定》，并讲了有关的一些情况。③

5月，为了吹嘘鄂西的胜利，重庆"慰劳协会"一反惯例，邀请新华日报社人员参加它所组织的慰问团。新华日报社编委拒绝参加。周恩来说服编委改变这一决定，指出，应当利用这个机会，到前线慰问广大军民，并尽可能把艰苦抗战的真相报道出来。④

---

① 中共中央文献研究室编：《周恩来年谱1898—1949》（下），中央文献出版社2007年版，第565页。
② 中共中央文献研究室编：《周恩来年谱1898—1949》（下），第567页。
③ 廖永祥：《周恩来与新华日报研究文集》，国际港澳出版社2005年版，第413页。
④ 中共中央文献研究室编：《周恩来年谱1898—1949》（下），第568页。

6月初，亲自主持了《新华日报》改进编辑工作和出版工作的会议。报社根据周恩来提出的"编得好、印得清、出得早"的要求，进行了改进工作的学习，建立了从编辑、排字、浇版、印刷到发行的整个工作过程的规章制度，争分夺秒地工作，实现了"错字少""印得清""出得早"的目标。①

　　按："错字少"，即一万个字包括标点在内，不超过三个错字；"印得清"，即用的是土制的黄褐色纸张；"出得早"，即抢在《大公报》之前发行，早发一个钟头就可以多发几千到一万份。

6月28日，回延安经过成都时，到《新华日报》设在这里的营业分处视察，看望大家。②

6月，地处鄂西的第六战区司令长官陈诚指挥了一个小战役，稍有斩获，想请重庆的记者组团前往采访，为他做点宣传，《新华日报》也收到了邀请。大家推采访主任陆诒去请示周恩来。周恩来说："这次，我就是要派你去参加慰问团，除了采访报道前线情况之外，还有一项重要任务要你完成。""你可持我的亲笔介绍信去访问陈诚，向他直截了当提出要求，要单独访问叶挺将军，我估计他是难以拒绝的。"③ 结果就有了后来的对叶挺的专访。这是皖南事变以后，第一次对叶挺情况的报道。

8月6日，延安《解放日报》发表8月2日在延安欢迎会上的演说。

8月11日，毛泽东、周恩来电告董必武：尽量争取中间人士在中间刊物上发表抗议，译成英文向外界揭露，《新华日报》《群众》多登反法西斯主义文章。④

8月19日，致函毛泽东，就参政会召开之前国民党对我党采取的缓

---

① 石西民、范剑涯等编：《新华日报的回忆》（续集），四川人民出版社1983年版，第63页。
② 廖永祥：《周恩来与新华日报研究文集》，国际港澳出版社2005年版，第414页。
③ 陆诒：《上海文史资料选辑》（第75辑），1994年，第16—17页。
④ 中共中央文献研究室编：《周恩来年谱1898—1949》（下），中央文献出版社2007年版，第574页。

和之计建议说：我们的对外宣传（包括作战、民主、生产、学习等。——笔者），要建立专门对重庆及大后方的广播，指定专人收编每日广播电文。毛泽东同意周恩来的提议。①

8月，在国民党统治区，董必武和南方局根据毛泽东、周恩来电文的精神，通过八路军办事处、新华日报社以及地下党组织秘密印发各种关于中国法西斯主义的社论、文章和资料，并译成英文在外国人士中散发。②

9月1日，出席中共中央政治局会议。在会上说：国民党压《新华日报》时，董老和我自己组织卖报队同他们斗争。对外活动我们以美国为主，其次是英国。新四军事件时，许多消息能立即发到美国去。美国为我们募捐一千多万元，这是孙夫人帮助我们的。③

△《新华日报》第3版发表社论（二）《记者节谈记者作风》指出，党的新闻工作者应该是"真理的信徒，人民的忠仆"。④

按：周恩来反复阐述的这一思想与1942年3月毛泽东在《解放日报》改版座谈会上关于党的新闻事业的"共产党的路线就是人民的路线"思想是完全一致的。1947年，周恩来为《新华日报》创刊九周年撰写题词，再次提出"为人民喉舌，为人民向导"的要求，向党的新闻工作者指明，坚持党的立场与人民的立场的一致性。

9月3日，致电董必武：可组织学习和讨论七、八月《解放日报》广播的文章、通电。⑤

9月4日，到清凉山，在新华社篮球场上，向新华社、解放日报社

---

① 中央档案馆编：《周恩来手迹选》第2卷《书信》（上），北京出版社1998年版，第143页。
② 金冲及主编：《周恩来传1898—1949》，中央文献出版社2009年版，第320页。
③ 中共中央文献研究室编：《周恩来年谱1898—1949》（下），中央文献出版社2007年版，第575页。
④ 中共中央党史资料征集委员编：《中共党史资料》（12），中共党史资料出版社1984年版，第170页。
⑤ 中共中央文献研究室编：《周恩来年谱1898—1949》（下），第576页。

工作人员作报告，分析当前的斗争状况，阐明党的方针和策略。①

9月29日，同胡乔木、王首道研究对重庆广播问题。②

10月，华中局派徐雪寒到上海，去剑桥医院当面向韬奋叙述毛泽东、周恩来对他的关怀之情。③

秋天，原晋绥军区第八分区司令员韩钧从延安路过晋绥去前线，从延安动身前，周恩来特地嘱托他捎话给抗战日报社社长廖井丹和中共中央晋绥分局："穆欣同志这几年向大后方报纸写过不少介绍敌后军民坚持对敌斗争的通讯，对于粉碎国民党诬蔑我们'游而不击'的谣言，起了好的作用。"④

11月22日，中共中央宣传部致电董必武，批评近一时期《新华日报》《群众》周刊，在反击反共高潮中刊登了几篇不恰当地宣传国民党顽固派的文章。董必武于当日致电周恩来和中宣部，汇报有关同志的检查和开展批评与自我批评的情况，表示正积极改进。⑤

按：《董必武年谱》记载致电周恩来和中央宣传部的时间是11月26日。韩辛茹《新华日报史》认为，董必武致电周恩来和中宣部就《新华日华》《群众》周刊《中原》的错误作检查的时间是12月16日。

周恩来帮助一个英国贵族从重庆带回了给他儿子的信，此人的儿子在延安电台工作。⑥

本年后，耿炳光担任西安《秦风日报·工商日报联合版》总编。《工商日报联合版》的进步政治方向得到周恩来的高度重视和关怀。一次经过西安，他特托杜斌丞转告《工商日报联合版》编辑部："为西北保存这个仅有的进步报纸，希望言论勿太突出，免遭毒手。"得

---

① 中共中央文献研究室编：《周恩来年谱 1898—1949》（下），中央文献出版社 2007 年版，第 576 页。
② 中共中央文献研究室编：《周恩来年谱 1898—1949》（下），第 579 页。
③ 邹嘉骊：《韬奋年谱》（节选·下），《新文学史料》2004 年第 4 期，第 178 页。
④ 穆欣：《述学谭往 办〈光明日报〉十年自述》，东方出版社 2006 年版，第 1 页。
⑤ 廖永祥：《周恩来与新华日报研究文集》，国际港澳出版社 2005 年版，第 414 页。
⑥ ［英］迪克·威尔逊：《周恩来传》，封长虹译，解放军出版社 1989 年版，第 154 页。

知周恩来的关怀，耿炳光倍加感激，对周恩来的斗争策略暗暗佩服。①

新闻背景

2月15日，《新闻记者法》颁布，这是中国历史上第一个专门管制新闻记者的法律。后又颁布《新闻记者法施行细则》，这一规定遭到了新闻界内外的一致反对，始终未能付诸施行。

9月1日，陆定一在《解放日报》上发表的《我们对于新闻学的基本观点》一文，是中国共产党党报理论建设的一个重要成果。陆定一在文中认为："新闻的定义，就是新近发生的事实的报道。"

10月19日，《解放日报》发表《在延安文艺座谈会上的讲话》。

10月，国民党中央宣传部国际宣传处与美国纽约哥伦比亚大学新闻学院合办的重庆新闻学院成立。

12月，中、美、英首脑发表《开罗宣言》。

1944年（四十六岁）

1月15日，询问东江纵队，延安中央广播你们按时收听否，请告。②

2月28日，致电董必武请安排龚澎、龙飞虎陪送中外记者团来延安。③

3月9日，致函董必武并转正在筹组的中外记者西北参观团：闻你们将来延安参观，我受毛泽东、朱德两同志及中共中央委托，特电你们

---

① 中共陕西省委党史研究室：《周恩来在陕西纪事》，陕西人民出版社1998年版，第4446页。

② 中共中央文献研究室、中国人民解放军军事科学院编：《周恩来军事文选》（第2卷），人民出版社1997年版，第435页。

③ 中共中央文献研究室编：《周恩来年谱1898—1949》（下），中央文献出版社2007年版，第584页。

表示热烈欢迎，并派《新华日报》记者龚澎、重庆八路军办事处交通科科长龙飞虎等护送至延。①

　　按：西北考察团成员包括美联社、合众社、路透社、塔斯社等外国记者斯坦因、爱泼斯坦、福尔曼、武道、夏南汉神甫、普金科6名外国记者与《大公报》《中央日报》等9名中国记者。这是一个具有深远历史意义的突破。被国民党长期封锁的延安边区终于以它独特的魅力迎来了这些中外记者。

3月12日，在延安各界纪念孙中山先生逝世十九周年大会上的演说词《关于宪政与团结问题》在3月14日《解放日报》上发表。

4月4日、6日，毛泽东、周恩来连日电嘱董必武：速将特务受命准备诬蔑中共等情况透露给各记者，使有精神准备，并注意揭破。②

春末（或夏初），召集延安党、政、军、民、学参加接待中外记者团的负责人和干部开会，介绍记者团的情况和采访的目的，交代中共中央接待的方针政策。以后又出席军委秘书长杨尚昆召开的陕甘宁边区政府交际处全体干部大会，在会上讲话指出，交际处工作的根本任务是"宣传出去，争取过来……要准备对记者团在参观访问过程中反映出来的各种思想，多做解答解释工作，揭穿国民党的造谣诬蔑，加深他们对我们的了解，以利于进一步开展国内国外的统一战线"。③

6月9日，经南方局长期多方面的工作，由驻重庆的外国记者发起组织的中外记者西北参观团抵达延安，受到热烈欢迎。毛泽东、周恩来、朱德等接见了参观团全体记者，向他们详细介绍了解放区各方面的情况，分析了国内外形势，重申了我党在国际事务上的态度及国内问题的立场和政策。④

---

　　① 王真：《没有硝烟的战线——抗战时期的中共外交》，广西师范大学出版社1995年版，第159页。
　　② 中共中央文献研究室编：《周恩来年谱1898—1949》（下），中央文献出版社2007年版，第586页。
　　③ 中共中央文献研究室编：《周恩来年谱1898—1949》（下），第587页。
　　④ 南方局党史资料编辑小组编：《南方局党史资料》（4）《军事工作》，重庆出版社1990年版，第544页。

6月10日，应邀在第十八集团军总司令朱德为欢迎中外记者西北参观团举行的晚会上作陪。①

6月，在延安时，爱泼斯坦到周恩来住的窑洞里去看他，他的窑洞里仅有的摆设是一床一桌，两把椅子和许多书报。当时一个小型报话机正要发出第一份英语的新华社新闻稿。周恩来对新闻内容、编辑、翻译等事项给予关心。②

中外记者团访延安时与周恩来等中共领导人合影。前排右三为周恩来

资料来源：转自《对外传播》2015年第8期，第39页。

7月1日，《解放日报》发表在延安答新华社记者说：国共谈判从延安到重庆，已历时两月。尽管双方提案"内容相距尚远"，商谈仍在继续。中共中央正研讨国民党的复案，"期谋合理解决"。他强调说：所谓合理解决，是指在有利于团结抗战及促进民主的条件下，我党无不乐于商讨。③

---

① 中共中央文献研究室编：《周恩来年谱1898—1949》（下），中央文献出版社2007年版，第590页。

② 黑龙江大学中文系资料室编：《永远怀念敬爱的周总理》（第3辑下），黑龙江大学出版社1978年版，第224页。

③ 金冲及主编：《周恩来传1898—1949》，中央文献出版社2009年版，第326页。

7月4日，在延安各界庆祝美国独立168周年纪念大会上讲话，希望到会的中外记者参观团成员把八路军、新四军求得战争胜利的要求转达给国民政府。①

7月6日，为准备返回重庆的中国记者饯行。②

7月10日，致函秦邦宪（时任延安解放日报社社长、新华通讯社社长）："工厂会议文件原本要出一小册子。现因一时印不及，少奇同志意见，先将几篇演说稿登解放（《解放日报》。——笔者）。我已经看过，请你阅后登出。"③

7月14日，召集有关干部座谈，介绍来边区参观的外国记者的情况，要求大家向外国记者宣传、介绍根据地的情况。④

△ 对有关干部讲话，在阐述我们党的新闻出版政策时说："在出版方面，延安只有《解放日报》，因为客观的条件就是如此。过去根本没有印报纸的印刷机和工具，都是我们自己从国外搬进来的。自己造纸，政府的东西都印不完。但是，我们在思想上要有一个准备，将来到天津、北平，有很多私人印刷厂和书店存在，要允许他们存在。就是《大公报》，只要不违反我们的政策，服从我们的法令，也可以复版，不会没有人看，过去的影响还在。只有一个党报是不行的。可以批评，但不能干涉这种出版自由。将来到了城市，私人有出版书籍、开书店的自由，那时就更可以看出我们的政策。"⑤

7月15日，致函毛泽东：爱泼斯坦今日来谈，除答他所提的问题外，还有保卫中国大同盟的援助，也请你向他提几句，并托他致谢孙夫人及"中保"所有同人。如你能答应写封信给孙夫人托他带去，那就

---

① 中共中央文献研究室编：《周恩来年谱1898—1949》（下），中央文献出版社2007年版，第591页。
② 中共中央文献研究室编：《周恩来年谱1898—1949》（下），第591页。
③ 周恩来：《周恩来书信选集》，中央文献出版社1988年版，第237页。
④ 中共中央文献研究室编：《周恩来年谱1898—1949》（下），第591页。
⑤ 赵春生主编，中共中央文献研究室编：《周恩来文化文选》，中央文献出版社1998年版，第321页。

新闻高峰期（1938年1月—1947年2月） 207

更好。"中保"前昨两年所捐之款及其分配数目附上一单，请参阅。①

7月19日，电复董必武：中外记者来后，外国记者颇积极，"愿意多看、多谈、多住并去前线"，要求与中国记者"分开行动"；"中记则消极，怕看怕谈，愿早归"。经过月余的参观、谈话，中国记者"一致承认我党组织力强，与人民成一片，军事不可侮，生产成绩好，文化方向对""公开表示，国共决不能打，只能政治解决"，外国记者五人，现仍留在延安，拟九月回渝。②

8月6日，致函王炳南说："这次送去很多书报，有空时，也可选择一二，送往美印发表。"③他在信中还满怀热情地一一问起他在武汉、重庆结交的外国记者、作家和友人，表示对他们的想念和关怀之情。他要外事组代他回答他们的来信，并且"时时与他们保持联络"。他提到的保持联络的人包括斯诺、史沫特莱、卡尔逊（美国军事观察家。——笔者）、范宣德（美国国务院中国科科长。——笔者）、贝尔登（美国记者。——笔者）。《人民日报》1988年3月4日第7版刊登书信手迹。

8月12日，在延安答新华社记者问，驳斥国民党中宣部部长梁寒操在记者招待会上散布的所谓国共问题已有了一些解决，双方观点无原则分歧、谈判障碍在于中共等谎言。④全文载8月13日《解放日报》。

8月14日，致函中共中央南方局外事组组长王炳南，对他送来的材料表示满意，还交代了一些具体事项：治王稼祥的病，需要penicillin，据《大美晚报》载，已有九万万拉送至中国，请打听下，可否设法弄到一些？我们欢迎爱金生来。战报当设法多多广播，以便你们宣传。⑤

8月18日，为中共中央起草《关于外交工作的指示》。文件说，这次外国记者和美军人员来边区访问和考察，是对新中国有初步认识后的实际接触的开始。文件指出：这次外国记者、美军人员来我边区及敌后

---

① 周恩来：《周恩来书信选集》，中央文献出版社1988年版，第238页。
② 中共中央文献研究室编：《周恩来年谱1898—1949》（下），中央文献出版社2007年版，第591页。
③ 周恩来：《周恩来书信选集》，第240页。
④ 中共中央文献研究室编：《周恩来年谱1898—1949》（下），第592页。
⑤ 周恩来：《周恩来书信选集》，第243页。

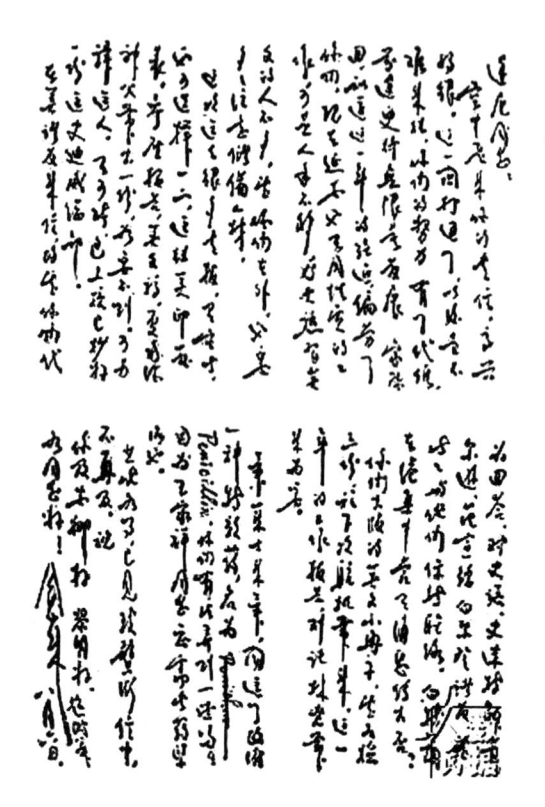

资料来源：转自《人民日报》1988年3月4日第7版。

根据地，便是对我新民主中国有初步认识后的实际接触的开始，因此，我们不应把他们的访问和观察看作普通行为，而应看作我们在国际上统一战线的开展，是我们外交工作的开始，并明确表示："文化宣传上，我们欢迎与盟国文化合作，欢迎盟国通讯社或其政府新闻处在延安设立分社，或欢迎派遣特约通讯员及记者来延，并给以至各地访问之便利。"①

8月31日，致函摄影家吴印咸、徐肖冰，答复关于为美军驻延安观察组成员考伦代拍照片之事，其中内容有：关于为考伦拍照片计划一般可以，惟人物中须加上聂司令与叶参谋长，如能加上续主任更好。中央

---

① 中共中央文献研究室中央档案馆编：《建党以来重要文献选编（一九二一——一九四九）》（第21册），中央文献出版社2011年版，第473—475页。

办公厅，最好请任弼时、李富春两同志在室内办公。大礼堂请少奇同志演说，大饭厅似乎可以不用，用即须有人在吃饭。还有最重要一点，即拍几场"秧歌"，最典型的以拍《兄妹开荒》为最好。① 9月，徐肖冰、考伦拍摄了党中央领导同志活动的资料，并到晋西北前方拍摄吕正操、陈漫远在前线的活动、战斗、缴获日军各种战利品等资料。

按：徐肖冰，周恩来批准其参加八路军，成为革命队伍中的一员。

9月2日，在延安获悉邹韬奋病逝的消息后，向中共中央提议：1. 在延安开追悼会，先组筹备会；2.《解放日报》发表追悼文章；3. 中央致挽电。②

10月1日，邹韬奋先生追悼会在重庆举行，当时在延安的周恩来、邓颖超写的挽联为：

韬奋先生千古

忧时从不后人，办文化机关，组救国团体，力争民主，痛搭独裁，哪怕冤狱摧残，宵小枉徒劳，更显先生正气；

历史终须前进，开国是会议，建联合政府，准备反攻，驱逐日寇，正待我辈努力，哲人今竟逝，倍令后死伤神。

周恩来、邓颖超鞠躬敬挽 ③

10月10日，在延安各界庆祝双十节集会上，发表讲话《如何解决》，《解放日报》10月12日发表。

10月12日，致电林伯渠、董必武、王若飞等：11月1日，邹韬奋生前友人决定举行盛大追悼会和著作展览并出特刊，请在渝搜集《萍踪寄语》《生活日报》《大众生活》等，并请宋庆龄、柳亚子、张澜、黄

---

① 张建珍主编：《钱筱璋电影之路》，中国电影出版社2006年版，第56页。
② 彭亚新主编：《中共中央南方局的文化工作》，中共党史出版社2009年版，第222页。
③ 陈信凌主编：《新闻春秋》（第11辑）《"中国红色新闻事业的理论与实践（1921—1949年）"高层论坛论文汇编》，江西高校出版社2009年版，第98页。

炎培、沈钧儒、陶行知等撰写追悼短文。①

△《解放日报》发表周恩来著名的"双十演说",新华社对外播发。

10月13日,参加美国记者哈里逊·福尔曼和伊斯雷尔·爱泼斯坦等举行的宴会,向他们介绍国内的政治形势,说明他这次来重庆的任务。②

10月28日,电复林伯渠、董必武关于请示可否援《大公报》之例派《新华日报》记者去印度做随军记者的来电,说可与英军当局接洽,征得同意后再同美军交涉。③

10月,召集延安邹韬奋追悼会的筹备会议,并修改《悼邹韬奋先生》送毛泽东审阅。④

11月8日,毛泽东、周恩来、朱德同美国总统特使赫尔利等人会谈,美方提出一个《为着协定的基础》的文件,周恩来在提议中说:要加上言论、出版、集会、结社、居住和人身自由。⑤

11月16日,宴请美国新闻处驻渝广播记者福尔曼、《劳工报》记者爱泼斯坦、《纽约杂志》记者白修德。⑥

11月17日,应邀赴福尔曼、爱泼斯坦、白修德的宴请。⑦

11月18日,在新华日报馆向报社全体工作人员作《国内外形势和解放区情况》报告。⑧

11月7日之后,在重庆期间,"《新华日报》的社论、代论以及重要的文章,都可以先请恩来同志审阅,他对这件事抓得很紧,审稿非常

---

① 中共中央文献研究室编:《周恩来年谱 1898—1949》(下),中央文献出版社 2007 年版,第 598 页。
② 中共中央文献研究室编:《周恩来传 1898—1976》(上),中央文献出版社 2008 年版,第 637 页。
③ 中共中央文献研究室编:《周恩来年谱 1898—1949》(下),第 599 页。
④ 王凤超:《周恩来新闻活动年表》(续一),《新闻研究资料》1988 年第 3 期,第 83 页。
⑤ 中共中央文献研究室编:《周恩来传 1898—1976》(上),第 635 页。
⑥ 中共中央文献研究室编:《周恩来年谱 1898—1949》(下),第 601 页。
⑦ 中共中央文献研究室编:《周恩来年谱 1898—1949》(下),第 601 页。
⑧ 中共中央文献研究室编:《周恩来年谱 1898—1949》(下),第 601 页。

认真，有时一篇社论经他修改后还不满意，就责成我们重新拟稿"①。

11月20日，就美国《时代》杂志发表反苏反中共文章事致电毛泽东，请示可否发表谈话予以驳斥。毛泽东批："请博古作文驳斥。"21日，毛泽东又致电周恩来："时代杂志谬论，可作文登新华日报辟之，似不必发表谈话。"②

12月2日，将毛泽东来电中提出的三点意见转告赫尔利：其中第二点为，梁寒操三天前在记者招待会上宣称，中国目前所需者只是军令统一，党派合法问题须留待战后一年再讲。③

12月7日，给《新华日报》"一二·九"纪念特刊题词："由于一二九运动掀起了全国抗日运动的高潮，现在正面战场正处在极为严重的关头，需要大后方青年更加切实而坚韧的发扬一二九精神，才能推进民主争取抗战胜利。周恩来 一九四四，十二，七。"

> 按：王凤超的《年表》把题词日期错为9日，9日是《新华日报》刊发的时间。

12月11日，王若飞致电毛泽东、周恩来、董必武：据包瑞德说，赫尔利得知我方"将广播谈判条件，非常气愤"，包瑞德认为我方不该使赫尔利太难堪。说弄决裂了，对我方不利。④

本年，指示新华日报社负责人协助"自然科学座谈会"同科学技术界人士广泛交往，并向个别著名科学家作了动员。⑤

> 按：本年，新华日报社开展"新华报人"运动，周恩来为运动奖状题词"新华报人"。7月30日和8月30日起，重庆和成都的《新民报》分别连载赵超构采写的一组新闻通讯《延安一月》。把

---

① 夏衍：《白头记者话当年——重庆〈新华日报〉及其他》，《新闻研究资料》1985年第3期，第34页。
② 中共中央文献研究室编：《周恩来年谱1898—1949》（下），中央文献出版社2007年版，第602页。
③ 中共中央文献研究室编：《周恩来传1898—1976》（上），中央文献出版社2008年版，第641页。
④ 中共中央文献研究室编：《周恩来年谱1898—1949》（下），第605页。
⑤ 中共中央文献研究室编：《周恩来年谱1898—1949》（下），第608页。

资料来源：转自《新华日报》1944年12月9日第4版。

延安的真实情况记录下来，在"雾都"重庆一家私营的《新民报》上连载；这要有巨大的勇气和精湛的"技巧"。后由该报结集成十多万字的《延安一月》，于1945年1月出版，5个月内重印3次，销量达数万册，重庆新华日报社购买2000册派人送往延安。周恩来不止一次地赞赏过这篇报道，把它比作中国记者写的《西行漫记》，要党的新闻工作者向赵超构学习。

新闻背景

3月4日，新华社总社在发给各地分社的电报中，将新闻的真实性与党的信用联系起来考察。

5月16日，《解放日报》发表社论《提高一步》，明确指出理论和实践相结合、和人民群众紧密地联系在一起以及自我批评是党报的作风问题，并从理论上阐释了这三项党报优良传统与作风对于党的新闻工作的重要意义。

6月20日，国民党政府颁布《战时出版品审查办法及禁载标准》和《战时书刊审查规则》。

9月1日，新华社在延安正式开始了英文广播。

9月，《解放日报》发表社论《本报创刊一千期》，明确提出了"全党办报"的观点。

盟军诺曼底登陆，法国光复，政府整肃报界。

12月，在以戴高乐为首的法国临时政府授意下，由青年记者在巴黎合资创办的《世界报》创刊。

由法国人查理·哈瓦斯1835年创办的世界上最早的通讯社哈瓦斯通讯社本年改组为法新社。

1945年（四十七岁）

1月18日，同董必武一道致电王若飞，指出"向国民党当局作要求学术、言论、出版自由的斗争"①。

1月24日，由延安飞重庆前，在延安机场向新华社记者发表谈话。一下飞机，又对《新华日报》记者发表声明，重申中共中央的主张。②《新华日报》1月25日第2版头条发表，标题篇幅比正文还多一倍，十分醒目。

△ 会见《大公报》和《新民报》记者，向他们说明中共中央的主张。③

冬（公历1944年12月至1945年2月。——笔者），指示新华社记者登门拜访马寅初，并建议在《新华日报》上发表马寅初的文章，给最高的稿酬，以这种方式给予马寅初以接济。④

---

① 中共中央文献编辑委员会：《周恩来选集》（上卷），人民出版社1980年版，第188页。
② 中共中央文献研究室编：《周恩来传1898—1976》（上），中央文献出版社2008年版，第645页。
③ 中共中央文献研究室编：《周恩来传1898—1976》（上），第646页。
④ 中共中央文献研究室编：《周恩来年谱1898—1949》，中央文献出版社1989年版，第590页。

2月14日，王世杰在外国记者招待会上发表歪曲国共谈判真相的声明。2月15日，代表中共中央就国共谈判问题发表声明，谴责王世杰的声明是不坦白和不公平的。2月16日，《新华日报》第2版头条刊登周恩来的声明。

2月，在重庆曾家岩50号十八集团军办事处作关于国内外形势的报告。讲完以后，一位五十来岁姓张的中年人站起来发问：在黔南事变中，独山收复以后，各报在头版头条报道这个重大新闻，而且标题字很大；唯有《新华日报》不是这样，无论版面位置、标题字号，《新华日报》都不够引人注意。他以为这样的处理不好，问周先生的意见怎样。周恩来回答的第一句话就是："张先生这个问题提得好！刚才我已经讲过日军撤走的原因，我们不能像《中央日报》等那样，说什么'国军收复独山'，大吹大擂，欺骗人民。所以《新华日报》不用特号标题等等是没有错的；但是，问题还有另一方面，日本人打到独山一带，当局惊惶失措，强迫贵州人民紧急疏散，重庆也人心惶惶，在这样的时候，老百姓听到日寇从独山撤走是会感到宽慰的。这条消息有安定人心的作用。所以，这次《新华日报》这样的处理是有缺点的。它只想到不欺骗人民，而没有考虑到人民的心理和愿望。这个问题我们在总结工作时已经注意到了。"①

> 按：无论是从新闻实践还是从新闻管理的角度来看，周恩来这次报告后的互动都十分精彩。张先生的提问很专业，也比较难回答，周恩来的回答既肯定张先生的问题提得好，又高屋建瓴、辩证地看待《新华日报》不用特号标题等的有利一面和不足之处，让听者心服口服。

3月8日，为中共中央起草致王若飞电：建议说服民主同盟同我配合痛击蒋介石伪装民主，秘密印发《解放日报》评蒋介石演讲的文章。②

---

① 左克：《名人与标题》，《新闻三昧》1999年第6期，第21页。
② 中共中央文献研究室编：《周恩来年谱1898—1949》（下），中央文献出版社2007年版，第619页。

3月24日，致电王若飞：中央决定《新华日报》参加旧金山会议的记者可提章汉夫，《解放日报》可提余光生，敌后不再提。①

4月23日至6月11日，中国共产党第七次全国代表大会在延安召开期间，按照周恩来的指示精神，摄影大师吴印咸拍摄了大型纪录片《中共第七次代表大会》。②

5月，毛泽东、周恩来致电新四军华中局领导，要调当时担任新华社华中分社《新华日报》（华中版）的社长范长江以及钱俊瑞、阿英、梅益等知名人士去国统区公开开展活动，而且越快越好。③

6月18日，与毛泽东联名电复七参政员，欢迎来延安商谈国是。电文刊载于6月30日《解放日报》。

6月19日，出席中共七届一中全会第一次会议。周恩来说：国民党如独裁地召开所谓国民大会，我们就召开解放区人民代表会议，同他对立，日期定在十一月，现在民主党派和外国记者也知道我们要开这个会。④

7月16日，在《解放日报》发表《"关于中国解放区人民代表会议选举事项的决议"草案的说明》一文。

7月24日，给国民党云南省政府主席龙云的电报中有：此间通电新闻，另由广播发出，请收听。⑤

7月28日，根据美国战时新闻处重庆分处处长费思所提的要求，起草复函，内容有：延安新华社愿代表边区新华书店及解放社与美国战时情报处实行出版品之交换；华北、华中敌后抗日根据地之出版物名称、

---

① 中共中央文献研究室编：《周恩来年谱1898—1949》（下），中央文献出版社2007年版，第620页。
② 莫云：《人生难逢一周公——摄影大师吴印咸与周恩来的交往》，《中华魂》2015年第11期，第47页。
③ 王化许主编：《梅园华章 中共代表团梅园新村纪念馆建馆三十周年研究文集》，中央文献出版社2009年版，第136页。
④ 中共中央文献研究室编：《周恩来年谱1898—1949》（下），中央文献出版社2007年版，第625页。
⑤ 中共中央文献研究室、中国人民解放军军事科学院编：《周恩来军事文选》（第2卷），人民出版社1997年版，第530页。

地址及发行额，亦可由新华社按期通知美方；若能争取国民政府取消无理检查、不加扣阻，则美国战时情报处、新闻处与延安之间"彼此可以邮件来往"，新华社更愿与你们实行无线电交通；我们欢迎你们派员在延安、敌后各抗日根据地和在华美军中进行宣传工作，并愿"保持有关是项工作之联系"；抗战期间同意你们在边区及华北、华中根据地设无线电收音机，并愿意收听你们的无线电广播，也请你们转告有关各方收听延安新华社英文广播。①

8月12日，起草以新华社记者名义发表的对蒋介石十一日命令的评论，毛泽东修改后，于十三日发表。②

8月16日，为中共中央起草给重庆局指示："数日来，蒋介石以更大力量在扩大内战宣传，动员接近他的中外记者向外广播，企图嫁其责任于我。""你们应在报纸上，在中外人士中，配合延安广播，坚决地予以严斥，以压倒蒋之反动宣传，推动各方。"③

8月中旬，延安台恢复播音。这时候，周恩来正在延安。针对国民党反动派妄图阻止八路军、新四军和其他人民武装部队接受日本投降的阴谋，他连续起草了七道向解放区所有部队发布的命令。要求我军各部向一切敌占交通要道展开积极进攻，迫使日伪军投降。其中第七道命令特别提出要控制无线电机关。上述命令是经毛泽东修改后，朱德用"延安总部命令"的名义发布的。延安台在恢复播音之初，反复播送了上述七道命令以及延安《解放日报》上刊登的我军坚决执行命令、连续进军、取得重大胜利的消息。④

8月21日，中央决定改变上海举行武装起义的计划，毛泽东亲自起草急电稿。送到周恩来面前的第一份急电稿上有这样几句话："日本投

---

① 中共中央文献研究室编：《周恩来年谱1898—1949》（下），中央文献出版社2007年版，第626—627页。
② 中共中央文献研究室编：《周恩来年谱1898—1949》（下），第628页。
③ 中共中央文献编辑委员会编：《周恩来选集》（上卷），人民出版社1980年版，第223—224页。
④ 赵玉明、哈艳秋、袁军：《周恩来与广播电视》（上），《中国广播电视学刊》1998年第3期，第7页。

降条约即将签字,蒋介石已委任上海官吏,在新形势下,上海起义变为反对蒋介石,必被镇压下去,宜改为群众组织各种团体,发动清查汉奸斗争……"周恩来在"发动清查汉奸斗争"之后增补了"立即建立群众性及《新华日报》上海版两种报纸公开出版"23个字。毛泽东很赞同这个补充意见。①

8月22日前后,为中共中央起草《目前紧急要求》十四条,准备向国民政府提出,第十一条是:"取消一切妨碍人民自由的法令和对新闻出版物的检查条例。"②这个文件经毛泽东修改过,但当时没有发出,在8月25日发表的《中共中央对目前时局宣言》中包括了这个文件的内容。

8月28日,乘飞机从延安飞赴重庆机场。据《大公报》记者子冈报道:"第一个出现在飞机门口的是周恩来,他的在渝朋友们鼓起掌来。他还是穿那一套浅蓝的布制服。到毛泽东、赫尔利、张治中一齐出现的时候,掌声与欢笑声齐作。延安来了九个人。"③正当前来欢迎的各党各派代表彬彬有礼地向毛泽东走去时,那些年富力强的中外记者一拥而上,把毛泽东团团围住。而各党各派代表则被挡在人墙之外,无法同毛泽东接近。周恩来一看这种情形,立刻把一个纸包高举在空中,说:"新闻界的朋友们,我从延安为你们带来了礼物,请到这儿来拿吧!"这句话一下子把大群的记者吸引过来。周恩来看到毛泽东已能同各党派代表握手交谈,才微笑着打开纸包,向记者一一分发"礼物",原来是从延安带来的毛泽东的书面谈话。④《新华日报》报道毛泽东抵达重庆和参加中苏文化友好协会等活动,都是周恩来提出稿件写作要点,稿子

---

① 中共上海市委党史研究室编:《周恩来在上海》,上海人民出版社1998年版,第121—122页。

② 中共中央文献编辑委员会编:《周恩来选集》(上卷),人民出版社1980年版,第222页。

③ 金冲及主编:《周恩来传1898—1949》,人民出版社、中央文献出版社2009年版,第342页。

④ 金冲及主编:《周恩来传1898—1949》,第342—343页。

写好后，又由周恩来审改的。①

8月29日，《新华日报》第2版的"本报讯"标题"商讨团结建国大计 毛泽东同志昨抵渝"一文，是周恩来要求夏衍写的。这条消息是28日在曾家岩二楼、乔冠华的房间里赶出来的，因为次日6点以前要送给周恩来审阅，实在写得很粗糙。这条消息经周恩来审阅，并作了一些修改，夏衍记得的修改有两处：一是在"机场上的警戒是严密的"下面加了"蒋主席派了警卫组长陈希曾来帮同照料一切"；二是在毛主席下飞机时，原来写的是："第一个露面的是赫尔利大使，他右手挥着帽子，以美国西部片中的牛仔的姿势，连蹦带跳地走下舷梯""毛主席满面笑容，口中说：'青山绿水，好地方、好地方'。"这两句，周恩来用铅笔删去了。②

9月1日，中苏文化协会会长孙科、副会长邵力子出面，在中苏文协举行盛大酒会欢迎毛泽东、周恩来、王若飞。周恩来对夏衍说："今天你是酒会的客人，又是《新华日报》的编辑和记者，所以你得写一篇'特写'，明天见报。这样，会前会后，会内会外，你都得去看看、听听。夏衍问：这篇'特写'要着重哪些方面？恩来同志想了一下说：一是要强调团结，提一下中山先生的三大政策，因为这是毛主席1924年以来第一次和国民党领导人的会见；二是出席这次酒会的人，不论他们过去如何反共，都要把他们的名字写上。"③

抗战期间，根据周恩来的指示，章汉夫照章登记，持有宇宙通讯社（实际上是共产国际的通讯社。——笔者）的记者证，同美联社、合众社和路透社记者一样，在重庆有合法的身份。④

抗战期间，为重庆出版的《新华日报》上的"青年生活"题写专栏名。

---

① 廖永祥：《周恩来与新华日报研究文集》，国际港澳出版社2005年版，第416页。
② 夏衍：《白头记者话当年——重庆〈新华日报〉及其他》，《新闻研究资料》1985年第3期，第41页。
③ 夏衍：《白头记者话当年——重庆〈新华日报〉及其他》，《新闻研究资料》1985年第3期，第42页。
④ 《章汉夫传》编写组：《章汉夫传》，世界知识出版社2003年版，第83页。

资料来源：转自赵玉明著的内部出版交流图书《周恩来题词纪事暨研究文集》。

抗战时期，决定由新华日报社编印出版马列著作和毛主席著作的单行本，以及延安《解放日报》的选刊，秘密发行。①

按：周恩来在抗日战争中所起的作用，早已彪炳史册。他采取搭建传播平台，撰写评论文章、运用题词、编辑修改稿件等方法，团结培养一大批优秀的编辑记者队伍，广交外国记者朋友，来传播中国共产党的声音，展示了中国抗战力量，为战胜日本帝国主义，为世界反法西斯战争的伟大胜利作出了重大贡献，同时为中国共产党的新闻事业贡献了力量。

9月初，国共谈判开始前，对南方局、八路军驻渝办事处和《新华日报》的干部作指示，未经授权不得传布会谈消息。②

9月4日，毛泽东、周恩来等到《新华日报》民生路营业部看望和慰问工作人员。在此前后，周恩来还向报馆代理总编辑夏衍和办公室主任徐迈进等传达毛泽东的指示，要报馆立即派人到上海、南京、武汉、广州、香港等大城市办报，开辟新的宣传阵地。③

9月8日，在谈判时先指出：近日来国民党报纸上纷纷攻击中共为"割据"。他慨叹地说："似此理论之争，我方亦将强调结束党治，召开党派会议，组织联合政府，以相对抗。如此，谈判成为僵局，问题即不能解决。"④

9月9日，徐迈进受毛泽东和周恩来指派，以《新华日报》记者身

---

① 本社编：《人民的好总理》（上），江西人民出版社1977年版，第198页。
② 廖永祥：《周恩来与新华日报研究文集》，国际港澳出版社2005年版，第416页。
③ 廖永祥：《周恩来与新华日报研究文集》，第416页。
④ 金冲及主编：《周恩来传1898—1949》，人民出版社、中央文献出版社2009年版，第345页。

份出席在南京举行的日本受降仪式。①

9月12日，致信邹韬奋夫人沈粹缜，对韬奋逝世表示慰问："在邹韬奋的笔下，培育了中国人民的觉醒和团结，促成了现在中国人民的胜利。中国人民更一定要继续努力，为实现韬奋先生所全心向往的和平、团结、民主的新中国而奋斗不懈。韬奋先生的功业在中国人民心目中永垂不朽，他的名字将永远是引导中国人民前进的旗帜。"②

9月13日，下午三时，毛泽东、周恩来、王若飞招待外国记者。③

9月14日，毛泽东、周恩来致电中共中央转张云逸、饶漱石等："上海《新华日报》及南京、武汉、香港等地以群众面目出版的日报，必须尽速出版。根据国民党法令，可以先出版后登记。早出一天好一天，愈晚愈吃亏。""华中可去上海等地公开活动的，如范长江、钱俊瑞、阿英、梅雨等，要多去，快去。除日报外，其他报纸、杂志、通讯社、书店、印刷所、戏剧、电影、学校、工厂等方面无不需要。就近请即先到上海工作，在今后和平时期中有第一重大意义，比现在华中解放区意义还重要些，必须下决心用最大力量经营之。"④ 在此期间，还和夏衍谈话，派夏衍到上海恢复《救亡日报》。10月10日，《救亡日报》改名《建国日报》在上海出版。10月24日，在国民党政府压迫下《建国日报》停刊。

> 按：《建国日报》虽然被勒令停刊了，上海《新华日报》的筹备工作仍在进行。编辑每天将收听到的延安新华社通过电台发出的广播内容，编译成中、英文的《新华通讯稿》，油印向上海民主和进步人士、团体以及当地的报刊发送。1946年5月周恩来来上海，在思南路建立中共代表团办事处，上海《新华日报》更是集中大批

---

① 新华社：《我党新闻文化工作卓越组织者与活动家 徐迈进遗体告别仪式在京举行》，《人民日报》1987年10月10日。
② 中共中央文献研究室编：《周恩来年谱 1898—1949》（下），中央文献出版社2007年版，第633页。
③ 中共重庆市委党史工作委员会编：《重庆谈判纪实 1945年8—10月》，重庆出版社1983年版，第113页。
④ 毛泽东：《毛泽东新闻工作文选》，新华出版社1983年版，第131页。

来自重庆和解放区的新闻工作者积极进行筹备。1947年2月28日上午，国民党派一群便衣特务来到上海《新华日报》筹备处，勒令其即日起停止活动，不准继续出版《群众》，不准发行重庆《新华日报》。1949年5月28日，中共上海市委机关报《解放日报》在上海出版。

9月21日，出席国共第八次谈判，讨论军事和解放区问题。在此后一段时间里，周恩来向文化、妇女、产业、新闻各界和各党派、国民党内的民主派介绍国共谈判情况，说明中国共产党的主张，指出导致谈判陷入僵局的责任在于国民党。[1]

抗战胜利后，刘尊棋根据周恩来指示到上海工作，先后创立了《联合日报》《联合晚报》。[2] 王纪华在《〈联合晚报〉的联合战斗》一文中写道：周恩来同志非常爱看《联晚》，对我们既有表扬，也有批评。表扬我们几个月来报纸办得不错，艰苦奋斗有成绩；批评我们政治色彩还比较红，要我们更进一步注意团结广大群众，开展各个方面的统一战线工作。[3]

10月8日，晚，第十八集团军驻重庆办事处秘书李少石（共产党员、廖仲恺的女婿。——笔者）在乘车外出途中，遭到国民党士兵的枪击，伤势严重，被送入市民医院抢救。在场的《新华日报》采访部主任石西民回忆说：当周恩来把这一切安排妥帖后，"又轻轻地走进剧场，仍然回到原来的座位上，一直默默地坐到京戏演完散场，毛主席向主人道别上车为止。我亲眼看到周恩来同志不曾将这个当时尚未查清而又非常震撼人心，也使他本人悲愤欲绝的惨案向毛主席透露一个字。毛主席始终坐着看戏，不知道曾经发生这个大事故"。"周恩来同志在场内场外显然成为两个人。如果这不是他在政治上的高度警惕和出于对毛泽东

---

[1] 中共中央文献研究室编：《周恩来年谱1898—1949》（下），中央文献出版社2007年版，第635—636页。

[2] 于友：《刘尊棋》，人民日报出版社1996年版，第2页。

[3] 中共上海市委统战部统战工作史料征集组编：《统战工作史料选辑》（第2辑），上海人民出版社1983年版，第98页。

主席安全的赤诚关怀,怎么能够当场如此镇静呢?"①

10月11日,《新华日报》第2版发表第十八集团军驻渝办事处钱之光处长的谈话,公开说明真相,开枪是由于八路军办事处的汽车撞伤士兵引起的。下午,参加李少石安葬公祭仪式,并前往执绋。《新华日报》10月12日第2版刊登李少石安葬消息。

> 按:钱之光,1937年10月遵照周恩来指示,参与筹备出版《新华日报》和《群众》周刊。解放战争时期,在周恩来直接领导下开展工作。

10月12日,《新华日报》第2版发表由周恩来整理、起草,经国共双方签字的《政府与中共代表会谈纪要》。

10月17日,致电中共中央转饶漱石:最好速派钱俊瑞、范长江、阿英去开展文化宣传工作。②

> 按:钱俊瑞,1938年7月任《江淮日报》社长。解放战争后期任新华社北平分社社长兼总编辑,《解放日报》和社论委员会主任。1949年3月,任中国出席世界和平大会代表团秘书长,周恩来对他此行作过指示。

10月18日,致电毛泽东:"我党在沪必须筹备一大的党报和通讯社",已请董必武在美国订购印刷机,已派夏衍、徐迈进筹备,将派廖沫沙、戈宝权、范剑涯去。③

10月19日,在重庆工业界人士的星期五聚餐会上,作题为"当前经济大势"的演讲,发表在10月20日《新华日报》第2版头条,同时发表在本年12月出版的《西南实业通讯》(3—4合刊)上。

10月20日,《新华日报》第3版刊登周恩来在陪都文化界纪念鲁迅先生逝世九周年大会的讲演词,以"周恩来同志出席致词 希望文化

---

① 金冲及主编:《周恩来传1898—1949》,人民出版社、中央文献出版社2009年版,第349页。
② 中共中央文献研究室编:《周恩来年谱1898—1949》(下),中央文献出版社2007年版,第638页。
③ 中共中央文献研究室编:《周恩来年谱1898—1949》(下),第638页。

界能参与政治会议 依靠人民建立民主的新文化"为题刊发。

10月31日,《新华日报》刊登文章介绍延安新华广播电台。《新华日报》不仅报道延安广播的时间,及时预告节目内容,而且刊登专稿,介绍解放区广播的特点,以及它和国民党统治区广播的本质区别。为了扩大延安台广播的影响,《新华日报》多次刊登延安台重要的广播稿。①

10月,伍必端专门负责为周恩来等领导人提供阅报服务。伍必端每天把《中央日报》《大公报》等报刊上有关政治协商的消息画成红框,再送给周恩来、邓颖超等人阅读。②

11月4日,给中共中央关于停止内战恢复交通问题同国民党谈判的补充意见的电报中记载:另于新华社社论中,加强宣传国方进兵,在华北利用敌伪,发动内战,弥漫全国。我如自卫,不得不隔断交通,实行还击。现在为避免内战,我方要求华北撤兵,交我受降,并查办阎(阎锡山)、傅(傅作义),以配合我之谈判。为使谈判及政会拖延,请告《解放日报》、新华社多播送各地国民党进攻事实及地点、日期,至要。③

12月13日,《新华日报》第2版报道了周恩来在延安青年纪念"一二·九"十周年,声援昆、蓉学生反内战运动会上的讲话内容。

12月16日,晚,召集《新华日报》负责人潘梓年、章汉夫开会,研究布置工作。④

12月18日,上午,参加由政治协商会议的中共代表团举行的记者招待会,到会的中外记者有50余人,周恩来在招待会上发表谈话,并回答记者提问。⑤《新华日报》12月19日第2版刊发记者招待会答问。

---

① 赵玉明、曹焕荣、哈艳秋:《延安(陕北)新华广播电台发展概略(一九四〇年——一九四九年)》,《新闻研究资料》1980年第1期,第126页。
② 王旭道、施春生:《伍必端素描〈周总理像〉》,《世纪风采》2004年第1期,第17页。
③ 中共中央文献研究室、中国人民解放军军事科学院编:《周恩来军事文选》(第3卷),人民出版社1997年版,第11页。
④ 廖永祥:《周恩来与新华日报研究文集》,国际港澳出版社2005年版,第417页。
⑤ 怀恩:《周总理生平大事记》,四川人民出版社1986年版,第281—282页。

12月20日，《新华日报》第2版报道周恩来向国民党谈判代表邵力子表示，中共希望立即停战。

12月28日，《新华日报》第2版报道周恩来等昨天参加国共恢复谈判，再提无条件停战。

12月31日，周恩来王若飞叶剑英函复民主同盟主席张澜，表示完全同意立即停止武装冲突。1946年1月1日《新华日报》第2版刊登。

12月，据英国路透社记者戴维·切普（周恩来在他到达后便给他起了一个中文名字：漆德卫）推断，周恩来的名字本月第一次出现在《伦敦时报》上。这以后周恩来的名字便频繁出现在新闻界了。①

新闻背景

2月4—11日，苏、美、英三国政府首脑斯大林、罗斯福、丘吉尔在苏联克里米亚半岛上的雅尔塔里瓦吉亚宫举行会议。

2月10日，美洲10家华侨报纸通电国内，要求结束一党专政，成立联合政府。

4月23日—6月11日，中国共产党第七次全国代表大会在延安召开。

5月8日，德国宣布无条件投降。

8月15日，日本天皇以广播"停战诏书"形式，宣布无条件投降。

9月2日，中国抗日战争胜利结束，第二次世界大战胜利结束。

12月9日，《新华日报》（华中版）在苏皖边区首府淮阴正式创刊，这是中共中央华中分局的机关报，范长江为社长兼总编辑，包之静为副社长。

《新闻天地》1945年第2期刊登危涟漪撰写的《周恩来抵渝与新华日报》文章。

本年重庆、成都20余家报刊和通讯社拒绝国民党的新闻检查。国民党政府被迫废除新闻检查制度。

苏联恢复广播和电视的定期播出。意大利几家重要日报联合组成全国报业联合社，简称"安莎社"。日本同盟社被解散，成立共同通讯社和时事通讯社。

英国学者克拉克提出卫星电视设想。

---

① 戴维·切普：《周恩来与外国新闻界》，王国学译，《龙江党史》1998年第2期，第47页。

1946年（四十八岁）

1月5日，《新华日报》第2版报道1月4日在东北政治建设协会招待政协代表茶话会上的致词。

1月6日，《新华日报》第2版报道1月5日国共双方协商同意，推张群周恩来迅即商议实施停止冲突恢复交通。同时报道在追悼冼星海大会上发表讲话的消息。

1月7日，所撰《蒋介石元旦演说与政治协商会议》作为《解放日报》社论发表。

1月8日，《新华日报》第2版报道1月7日在政协会议全体代表茶话会上发表讲话。

1月10日，关于停战命令的发布等问题答记者问。1月11日《新华日报》第3版头条刊登相关内容。10日在政治协商会议开幕式上的致词在1月11日《新华日报》第2版发表。1月11日，《中央日报》第2版以"周恩来昨晚招待记者"为题刊登消息。

1月11日，《新华日报》第3版发表为该报创刊8周年撰写的题词："新华日报应永远为中国人民服务 周恩来"。

资料来源：转自《新华日报》1946年1月11日第3版。

按：王凤超的《年表》漏了一个"应"字。

1月12日，《新华日报》第2版发表《关于停止军事冲突的商谈经过 周恩来同志的报告》。

在政协第三次会议上，作关于国共会谈经过的报告，《新华日报》1月13日第2版发表。

1月17日，《新华日报》第2版就关于军队国家化问题发表周恩来阐述的几点意见。

1月19日，《新华日报》第2版发表在1月18日政协会上讨论国民大会问题的发言，题为"政治解决要有原则"。

1月28日，重庆《新华日报》刊登为纪念1932年1月28日驻上海十九路军奋起抗日十四周年的题词："向'一·二八'抗日英雄们致敬 周恩来"，并发表《向"一·二八"抗日英雄们致敬》的600字文章。

2月1日，就政治协商会议决议等问题答记者问。《新华日报》发表1月31日在政协闭幕会上的致词。2月2日《新华日报》第2版头条刊登记者招待会内容。2月2日《中央日报》第2版以"周恩来昨招待中外记者"为题刊登消息。

资料来源：转自《新华日报》1946年1月28日第4版。

2月6日，会见美国《读者文摘》记者乌特莱，回答中共在政协做出的基本让步。①

2月7日，下午，重庆大学学生爱国运动会邀请周恩来去讲演。《新华日报》2月8日第2版刊登讲演内容。

2月9日，《新华日报》第2版刊登在庆贺政协会议成功联欢晚会上的讲话。

2月10日，在重庆，国民党特务制造了殴打民主人士的"较场口事件"。事发后，中央通讯社及《中央日报》等国民党官方新闻媒介公开造谣，说是"群众互相殴打"。许多正义记者纷纷找新华日报社，要求联合起来维护新闻报道的真实性，揭露中央通讯社的造谣。周恩来指示《新华日报》一定要击破中央社的造谣。2月13日《新华日报》发表了社论《恳切的忠告》，希望中央通讯社本着真实报道的新闻原则，珍爱自己的声誉，切实纠正关于"较场口事件"的虚假报道。中央通讯社拒不认错，再次攻击《新华日报》不尊重事实。周恩来指示《新华日报》要更广泛地把新闻界同仁团结起来，彻底孤立中央通讯社。于是，在周恩来的鼓励下，重庆新闻界中的大部分编辑记者团结起来，发表了重庆221名新闻从业人员声明，要求"保障人权，忠实报道"。②

2月12日，收到内装一颗子弹的特务恐吓信，将此信交《新华日报》公布。③ 2月14日，《新华日报》第2版以消息的形式给予公布，标题为"较场口血案发生后 周恩来接到恐吓信 信内并附有手枪子弹一颗 威吓勿向蒋主席报告真相"。

2月21日，致函国民党上海市长钱大钧，正式申明："《新华日报》自始随国都搬迁，由宁而汉，由汉而渝，现国府还都在即，《新华日报》理应追随东下。"并宣布："特派该社社长潘梓年君先行来沪筹备

---

① 中共中央文献研究室编：《周恩来年谱1898—1949》（下），中央文献出版社2007年版，第659页。
② 王洪祥主编：《中国现代新闻史》，新华出版社1997年版，第332页。
③ 中共中央文献研究室编：《周恩来年谱1898—1949》（下），第661页。

出报。"①

2月22日，国民党当局指使特务捣毁重庆《新华日报》营业部、民盟机关报《民主报》营业部，打伤工作人员多人。周恩来举行记者招待会，发表严正声明："这次有组织的暴徒捣毁《新华日报》，显然与政治协商会议的民主希望相违背。"② 声明发表在2月23日出版的《新华日报》第2版上。2月23日《中央日报》第3版以"新华日报被捣毁事 周恩来昨晚招待记者"为题刊登消息。

2月24日，下午三时许，至《新华日报》营业部详细察看被捣毁的情形，并一一慰问营业部工作同志。之后赴市民医院慰问被打伤的同志，同每个受伤者紧紧握手，并仔细询及被打伤的经过，最后勉励受伤者为民主斗争而流血是光荣的，同时也是不可避免的。以后大家会跟在他们后面一样来做。临走时，一再叮嘱受伤者要趁此机会休息一下，把身体养好，然后再投入工作中去。《新华日报》2月25日第3版刊登慰问消息。

2月26日，在重庆《学生快报》上发表《关于东北问题的意见》。③

2月27日，致电中共中央转林平、连贯：《华商报》的面目应逐渐变为群众性的，绝不能以党的面目出现，我们暂不能来粤。④《群众》第11卷第6期刊登《周恩来发表公报》。

3月1日，《新华日报》第2版发表2月28日《对执行部工作人员讲话》，其中有周恩来致词内容。

3月7日，周恩来、吴玉章、陆定一、董必武、王若飞、邓颖超、秦邦宪等以中共代表团的名义向国民党政府及蒋介石再次提出抗议，抗议一大批有组织的暴徒持械捣毁《新华日报》的营业部。3月10日，

---

① 《党史资料丛刊：一九八五年》（第四辑），上海人民出版社1985年版，第48页。
② 金冲及主编：《周恩来传1898—1949》，人民出版社、中央文献出版社2009年版，第357页。
③ 中共中央文献研究室编：《周恩来年谱1898—1949》（下），中央文献出版社2007年版，第663页。
④ 中共中央文献研究室编：《周恩来年谱1898—1949》（下），第663页。

《新华日报》第 2 版发表抗议书。

3 月 10 日，同美国总统特使、军事三人小组顾问马歇尔会谈纪要有：一个月以前，有两三个美国记者来问我对苏军自东北撤兵问题的态度。这几人因和我很熟悉，故我坦白地告他们，如只为我们着想，我赞成苏军撤得越早越好，因苏军一撤走，政府军未到，该地自然可由我们的军队接收。如苏军不走，最后一定是留给政府军接收。但我们不愿公开表示，以免给别人一个印象，好像我们要把东北独占。次日，美联社曾对此发出报道，简单地说我赞成苏联撤兵。但此事国民党却一直不提，不予发表，因这与他们的宣传不相符合。①

3 月 18 日，招待中外记者，就保障人民权利、改组政府、整军、停战等问题，列举事实，批评国民党"二中全会的决议动摇了政治协商会议的决议"。在重庆中外记者招待会上的谈话，刊载于 3 月 19 日重庆《新华日报》上。内容有：揭露国民党捣毁新华日报馆等事件至今没有解决；如言论、出版的自由问题，限制言论自由的法令名义上虽已废止，但实际上仍限制重重，并且采用了极不平等的限制办法。像中共在北平出版的《解放》三日刊受到非法的禁止，而别的新出版的报纸在上海则得到许可等。

3 月 25 日，周恩来、董必武、王若飞、吴玉章、陆定一、邓颖超、秦邦宪 7 人就新华日报社被毁事件，以中共代表团的名义第三次向国民党政府提出抗议，《新华日报》当日第 2 版予以刊发。

3 月 29 日，致函英国塞尔温·克拉克夫人，说将通过 B. U. A. C. 重庆委员会定期送给她《新华日报》，指定专人为她提供每月一次的新闻稿。如有需要，将给她的委员会送去专稿。②

3 月，对《新华日报》特派员周而复说："要通过党的统一战线工作来开展采访活动，又要通过采访活动来宣传和加强党的统一战线工作，决不要单纯为了完成这次报道任务而采访。采访不到新闻，你会苦

---

① 中共中央文献研究室、中国人民解放军军事科学院编：《周恩来军事文选》（第 3 卷），人民出版社 1997 年版，第 74 页。

② 周恩来：《周恩来书信选集》，中央文献出版社 1988 年版，第 277 页。

恼，也完成不了任务。统战工作，团结工作，你首先要从记者当中做起，尽可能多的争取友军。这次记者当中不是有《大公报》的，《申报》的，美联社的，合众社的吗？你要和他们多交朋友，就是中央社和《中央日报》的记者，也不是不可接触，也可以做点争取工作。和这些记者团结工作做好了，你在采访中的困难自然会大大减少……"① "作为《新华日报》的特派员，你的职责范围，不单纯是做好采访报道的工作，还要向同情我们的各界人士约稿，征求他们对我们工作的意见和建议，搜集各种事件和参考资料，供领导参考……"②

4月1日，在重庆曾家岩50号招待外国记者，谈了国共关系问题。③

4月4日，下午二时招待中外记者，归纳为三个问题：（一）关于政协决议的实施问题；（二）关于军事问题；（三）关于东北问题。他指出，国民党顽固派正继续进行破坏政协决议煽动内战的种种活动。这些问题不澄清，中共不参加政府，并盼盟邦慎重考虑对华援助。招待会历二小时半始毕。记者招待会的消息发表在4月5日的《新华日报》第2版头条位置。谈话全文作为当前时局中重要文献4月6日《新华日报》第2版全文刊登。

4月5日，审改中共代表团致王世杰、邵力子、张群转蒋介石的信。信中就4月3日北平解放报社、新华通讯社和滕代远公馆被国民党方面非法搜查，四十余名工作人员遭逮捕一事提出抗议。④

△ 撰写《为北平等地有计划的反共暴行中共代表团提出严重抗议》一文，与董必武、王若飞、吴玉章、陆定一、邓颖超、秦邦宪联名发表在4月6日《新华日报》第3版头条位置。

4月7日，收到《解放日报》七日社论《驳蒋介石》，要《新华日

---

① 石西民、范剑涯编：《新华日报的回忆》（续集），四川人民出版社1983年版，第330页。
② 石西民、范剑涯编：《新华日报的回忆》（续集），第331页。
③ 怀恩：《周总理生平大事记》，四川人民出版社1986年版，第291页。
④ 中共中央文献研究室编：《周恩来年谱1898—1949》（下），中央文献出版社2007年版，第672页。

报》全文转载。①

4月7日后，黄嘉惠在《消息》半周刊上发表题为"周恩来与记者们"的记者招待会花絮。内容有：周恩来先生在中共代表团招待记者，小小的房间显得非常拥挤，几只沙发已经给人占满了。周氏等了好久才出现，他靠门而立，就开始谈话了，这种随便的方式，使人觉得很舒服。周是颇好的一位演说家，说话甚富感情。称记者为"朋友们"，谈话的题目是严肃的，然而也引起了好几次笑声：一次是说"有些人看共产党这三个字就不顺眼，打共产党好像是过瘾。其实共产党是杀不光的。也许将来在座各位的子孙也作了共产党，也说不定。共产党不拉人，可是国民党的儿子也跑到这边来了，这里就是一位廖承志先生"。周指着傍门而立的廖承志先生，一位清瘦戴金丝边眼镜的青年人。又一次，他回答记者的询问"签订了许多次协定，到底哪一次是最顺利的呢？"周氏迟疑有顷，说道："也许是我们让步最多的一次就是最顺利的了。"大家哄笑。"那是整军方案的一次。记得那天下午，新华日报馆给打得一塌糊涂，代表团门口堆满了特务，张治中将军亲自开了车来接了我去。……也许他们觉得那一次是特务们吓出来的吧。所以特务们后来更香了。"大家又复哄笑。周说："我们之间存在着一点矛盾。前些年，在曾家岩50号时，记者朋友们一来就是谈上大半天，真是畅谈衷曲。近来也许大家会说：周恩来不容易见了。实在是因为太忙；那时候我空得很，尤其是皖南事变以后，简直一点谈商的影子都没有了。所以能陪大家撩（聊。——笔者）闲天。"最后他又谈了一点对新闻界的"门外谈"："我以为一个名记者要会采寻材料，可是不是有一条就卖一条，有了多少条在肚里，研究比较，看出那（哪。——笔者）条是真的那（哪。——笔者）条是假的。必要时放一两条出去。同时因为人家相信他，有材料也肯供给他，这样他就像一个囤积新闻的人，（不是囤积物资呀！）这样，他简直是左右逢迎，无往不利了。"他说明比较研究

---

① 中共中央文献研究室编：《周恩来年谱1898—1949》（下），中央文献出版社2007年版，第672—673页。

的时候，两只手比着像弄一个球似的，比了好半天。

　　按：这篇花絮有内涵、有底蕴，文字力透纸背，让人读后回味无穷。周恩来答记者问的机智、幽默、风趣，活生生的形象跃然纸上，尤其是最后虽然说是"门外谈"，其实很内行，很懂记者，今天仍然很有借鉴意义。

　　4月7日，夏衍主持创办了《消息》半周刊，十六开本，每期十六页。每逢周日、周四出版，故《纪事》把这篇文章的时间确定为4月7日之后。

4月13日，在重庆记者招待会上发表谈话，阐明中共对东北局势及国民大会问题的态度。4月15日，《申报》（上海版）第1版刊登消息，标题为"周恩来招待记者"。

　　按：此次记者招待会的时间，《周谱》记载为：4月11日，举行记者招待会，指出国民党当局大规模进攻，将使中国重陷于全国范围的内战。王凤超的《年表》记载为13日，《申报》联合社重庆14日电为今日。根据《周恩来一九四六年谈判文选》《周恩来答问录》两书记载及《申报》报道等推论，王凤超的《年表》记载的13日应该是正确的。

△《新华日报》以第2版整版的篇幅报道了王若飞、博古、叶挺、邓发"四八"烈士因飞机失事而殉难的消息，并刊登了以周恩来为首的中共代表团的《讣告》。

4月16日，周恩来、董必武、吴玉章、陆定一、邓颖超联名在《新华日报》第1版发表讣告，悼念王若飞、秦邦宪（博古）、叶挺等在黑茶山遇险机毁人亡。第3版发表他们4月14日联名的《北平国民党将查封解放报中共代表团函国民党代表》。

4月18日，《新华日报》第2版发表了由周恩来授意、陆定一执笔的《可耻的大公报社论》一文。这一时期《新华日报》的不少社论，都是由周恩来布置，中共代表团执笔撰写。[①]

[①] 廖永祥：《周恩来与新华日报研究文集》，国际港澳出版社2005年版，第420页。

4月19日,《新华日报》第 2 版发表代论《四八烈士,永垂不朽!》和题写的标题。文章表现了对已故战友深厚的无产阶级情谊,对破坏和平民主进程的反动派的无比义愤,以及将烈士未竟事业进行到底的坚强决心。

资料来源:转自《新华日报》1946 年 4 月 19 日第 2 版。

按:王凤超的《年表》少了最后一个"!"。

4月21日,出席中共代表团、中共四川省委、第十八集团军重庆办事处和《新华日报》全体工作人员在红岩举行的追悼"四八"烈士大会,任主祭。①

△ 撰写《促进国民党解决各项问题 中共代表团致送书面声明》,发表在 23 日的《新华日报》第 2 版上。

4月23日,撰写《函复政府代表重申中共对各项问题的态度》一文,《新华日报》4 月 24 日第 2 版发表。

---

① 中共中央文献研究室编:《周恩来年谱1898—1949》(下),中央文献出版社 2007 年版,第 676 页。

4月24日，致函陈诚，抗议4月3日午夜3时北平我解放报社、新华通讯社与滕代远将军公馆同时被非法搜查，四十余人横遭逮捕一事。①

4月28日，接受《大公报》记者曾敏之的采访。他充满感情地谈起他个人的历史。曾敏之回忆说："当年他五十岁，穿了一套新的蓝色中山服。胡子刮得很光。他讲话，你记录下来就是一篇文章。他擅长辞令，分析问题逻辑性、条理性、远瞻性都具备。那时候我还年轻，记忆力特别强。没有录音机，只靠记录。我不做记录，因为采访过程中记录，常常打岔，影响他讲话的情绪。不做记录也利于发问，这样在他叙述过程中有些重要问题，我想让他多讲一些，就可以发问了。做记者要有这样的功夫。而不是你讲我听就算了。谈话结束后，我回去马上凭记忆记录下来。第二天晚上也是这样。后来就写成了《谈判生涯老了周恩来》，发表以后，上海当年有一个刊物叫《文萃》，马上全文转载。文章约有七千多字，轰动一时。"②

按：这是中国记者第一次系统而又详细地采访报道周恩来。

4月30日，在曾家岩50号住所举行记者招待会，对东北问题发表重要讲话，并介绍中共代表团驻渝联络代表兼四川省委书记吴玉章、副书记王维舟及新华社负责人傅钟、周文同记者见面。《新华日报》5月1日第2版头条刊登招待会消息。《中央日报》5月1日第2版以《中共代表团招待记者　周恩来如是说》予以报道。

4月，派石西民等人到宁筹办分社。石西民等带着周恩来的亲笔信和中共代表团的公函，多次找国民党南京市市长马超俊和社会局，要求从没收的敌伪产业中拨出房屋给新华日报分社用，同时为《新华日报》申请登记。但南京国民党当局推诿敷衍，迟迟不办。③

5月2日，和记者曾敏之谈话，回顾自己的经历。其中有关于读《民权报》《甲寅杂志》《新青年》《每周评论》《星期评论》等报刊事，提笔为曾敏之赠言："人是应该有理想的，没有理想的生活会变成盲目。

---

① 周恩来：《周恩来书信选集》，中央文献出版社1988年版，第283页。
② 曾敏之：《晚晴集：曾敏之记述的人物沧桑》，金城出版社2008年版，第294页。
③ 徐晓红主编：《周恩来生平研究资料》，中央文献出版社2013年版，第276页。

到人民中去生活，才能取得经验，学习到本事，这就是生活实践的意义。"①

5月3日，晚，在记者招待会上驳斥国民党当局散布的"中原无战事"谎言。《新华日报》5月5日第2版发表记者招待会内容。一些美国记者访问了他，报道了周恩来阐述的共产党的主张。

5月4日，派中央宣传部部长陆定一、《新华日报》总编辑章汉夫到上海与钱大钧继续交涉《新华日报》出沪版事宜。②

5月6日，早上，三方代表、工作人员和新闻记者六十余人，向武汉以北一百多公里的宣化店进发。③

5月8日，下午，在礼山中学同美国和国民党方面代表进行会谈，有中外记者四十多人到会。④

5月初，根据周恩来的部署，上海和南京都设立了《新华日报》筹备处，还在两市设立了新华社分社。周恩来亲自过问《新华日报》在南京、上海的筹备工作，先是写信给国民党上海市市长钱大钧，由潘梓年持信趋访钱大钧，遇阻；后又派陆定一、华岗，找新任上海市市长吴国桢交涉，仍被婉言拒绝。周恩来立即确定先出两份杂志，一份即《群众》周刊；另一份即英文《新华周刊》，由龚澎任发行人。国民党对这两份刊物都很害怕，英文《新华周刊》只出了三期，于6月5日被国民党当局查禁；《群众》周刊转入地下，出了一段时间，即转到香港继续出版。⑤另据中共四川省委党史研究室编的《〈中共中央南方局的文化工作〉送审稿》记载：5月17日，在周恩来和南京局的领导下，由乔冠华、龚澎主编的英文刊物《新华周刊》在上海出版。《新华周刊》主要面向世界各国通讯社和记者，宣传中共和平民主的立场和努力，揭露蒋

---

① 中共中央文献研究室编：《周恩来年谱1898—1949》（下），中央文献出版社2007年版，第679页。

② 李三星：《"办报就是打政治仗"——周恩来与解放战争时期上海的进步报刊》，《上海党史研究》1998年第2期，第22页。

③ 金冲及主编：《周恩来传1898—1949》，中央文献出版社2009年版，第366页。

④ 金冲及主编：《周恩来传1898—1949》，第366页。

⑤ 廖永祥：《周恩来与新华日报研究文集》，国际港澳出版社2005年版，第421页。

介石挑动内战的阴谋，报道中国发生的重大政治新闻。《新华周刊》的问世使国民党当局如坐针毡，于 6 月 5 日查封了只出版了三期的《新华周刊》。①

5 月初，记者陆诒赴梅园新村 30 号中共代表团办事处访问。周恩来、廖承志、范长江亲切接见，详细地垂询《联合晚报》在上海的出版情况，陆诒都作了汇报。最后，周恩来结合当时形势，具体指出："办报就是打政治仗，你们在工作实践中，时刻不能忘记发展进步势力，争取中间势力，孤立反共顽固势力的政策。即使在同反共顽固势力斗争中，也要采取争取多数，反对少数，各个击破的策略。政治上的原则一定要坚持，但必须与灵活的策略相结合，切不可求一时的痛快，不作长期斗争的打算。《新华日报》虽然也在南京筹备出版，但能不能出版，还得看形势的发展。因此，你们已经出版的进步报刊肩荷着重大责任，不仅要努力把自己的报纸办好，还要更好地团结新闻界同业一起前进，共同奋斗，切不可孤军作战！干革命，总是团结多一点的人为好。团结就是力量，眼前的任何困难一定能够克服！"②

5 月 13 日，致电中共中央及军事调处执行部中共代表叶剑英和参谋长罗瑞卿，强调："南京、上海已成为反动舆论中心，谣言之盛超过重庆。故我党在京、沪均应有报纸才便作战与动员群众，否则处在围攻中，我无还手机会。现正筹备在上海出大张，南京出小张，均日报。机器已运下，唯经费必须请中央即拨。"③

> 按：在这里，周恩来强调，只有掌握宣传工具，才能便于"动员群众"，在思想舆论战线进行"作战"，宣传我党主张，粉碎反动舆论的"围攻"。

5 月 15 日，就国民党造谣中共军队要打江苏南通问题，在机场上送

---

① 中共四川省委党史研究室编：《〈中共中央南方局的文化工作〉送审稿》，2007 年，第 345 页。

② 陆诒：《上海文史资料选辑》（第 75 辑）《文史杂忆》，上海人民出版社 1994 年版，第 28—29 页。

③ 中共中央文献研究室中央档案馆编：《建党以来重要文献选编（一九二一——一九四九）》（第 23 册），中央文献出版社 2011 年版，第 260 页。

白鲁德飞往北平时,向记者表示愿去南通视察。因南通无战事,国民党不敢让三人小组视察,未能成行。① 晋冀鲁豫《人民日报》创刊,第一版刊发消息,题目为"周徐白三氏飞南京 光山小组将视察中原解放区"。

  按:周是指中共代表周恩来,白是指美方代表白鲁德,徐是指国民党代表徐永昌。

5月23日,致函邓文钊(时为香港《华商报》董事长兼督印人。——笔者)、萨空了(时为《华商报》总经理。——笔者)、刘思慕(时为《华商报》总编辑。——笔者)、千家驹(时为《经济通讯》主编。——笔者),希望各方配合宣传和平民主之方针。在信中说:"《华商报》《自由世界》《经济通讯》《民主》等报刊,在诸兄努力之下,成就甚大,至为钦佩。""此即吾人所须悉力争取之目标,亟待各方面配合进行者也。诸兄在南方主持言论,盼于此方面多所注意。"②

  按:萨空了,抗战爆发后,任新疆日报社社长,《光明报》《新蜀报》经理。抗战胜利后,任香港光明日报社秘书长,《华商报》总经理。

△《文萃》第31期发表曾敏之《谈判生涯老了周恩来》一文。

6月3日,《群众》杂志社恢复为周刊出版,担负着党的机关报的任务。

6月6日,陆定一举行记者招待会,发表周恩来关于东北停战之公报。《新华日报》于6月8日第2版头条刊载《周恩来同志声明》。

6月19日,在周恩来的争取、关心、指导下,由加拿大友好人士文幼章在上海创办的英文版《上海时事通讯》秘密出版。1947年3月1日,周恩来致电当时尚留上海的董必武、钱之光,要求他们在撤离之前介绍金仲华同志同文幼章来往,争取继续出英文通讯。中共代表团驻上

---

① 中共中央文献研究室编:《周恩来年谱1898—1949》(下),中央文献出版社2007年版,第682页。

② 周恩来:《周恩来书信选集》,中央文献出版社1988年版,第296页。

海办事处撤走后，文幼章仍坚持办《上海时事通讯》，直到1947年6月，得知国民党当局可能加害于他，才离沪去加拿大。①

6月20日，接见记者，发表谈话。6月30日，《解放日报》发表此次《答中外记者问》。

6月21日，举行记者招待会。关于记者招待会内容，国民党《中央日报》6月22日有报道。

△ 关于国共最近会谈情况发表谈话和答问。谈话内容发表在6月25日《人民日报》上，答问内容发表在7月2日《人民日报》上。

6月23日，下午，在南京下关车站，国民党当局精心策划指挥的自称"难民"的暴徒包围毒打和平请愿的代表们。暴行前后延续达五个多小时。在场记者与欢迎人员有十二人受伤。被围打的记者包括《大公报》办事处主任高集、《新民报》采访部主任浦熙修、《益世报》记者徐斌。高、浦、徐三位记者再三出示证件、名片，交涉均无效。高集背部、腿部受伤，头部受伤最重，左眼球已突出。浦熙修腰部、胸部、头部均重伤，因胸伤吐血。徐斌跳窗而出。周恩来得知后，与董必武、邓颖超等立刻前往医院慰问。《新华日报》6月25日第3版头条刊登相关消息。

6月24日，一见到《联合晚报》记者王纪华就风趣地说："你要是跟马叙伦、盛丕华他们同班火车来，一定也要挨打，也一定要成为我们昨夜在中央医院的慰问对象了！"接着就严肃地指出：你是搞工商界统战工作的，要在商言商嘛！你办报纸更要讲究统一战线政策！要尽一切努力同社会各界人士进行广泛的接触，团结一切可以团结的人。要运用《联合晚报》的有利条件，讲出人民要讲的话，报道人民要知道的事实，以全心全意为人民服务的精神，去获得千万读者的同情与爱护。一定要从各方面表达他们主张民主、和平，反对独裁、内战的愿望，紧紧抓住不断巩固、扩大党的统一战线这个纲，团结人民，教育人民，打击

---

① 中共上海市委党史研究室编：《周恩来在上海》，上海人民出版社1998年版，第136页。

敌人，把千百颗子弹打在一个标的上。①

6月28日，《新华日报》刊登《周恩来向政府抗议》一文，是写给三人会议小组美方代表马歇尔和国民党代表徐永昌的。

6月30日，下午，招待中外记者，答复有关时局各项问题。《新华日报》7月3日第2版头条发表，《人民日报》7月10日第1版发表，《群众》第11卷第10期发表。

6月末，一天，《文汇报》驻南京特派记者黄立文对周恩来进行了采访，他"对于《文汇报》说了一些勉励的话，从他的谈话中，我看出他对《文汇报》看得十分仔细。他记得一些新闻、通讯和评论的内容，记得一些标题，记得起副刊的文章，还记得起由柯灵主编的《记者的话》的某些内容。他越谈这方面的内容，我越窘，因为我并不总是仔细看报，我们报纸的许多内容我自己并未详细读过。"② 全面内战爆发以后，在国民党仍想以和谈掩饰自己扩大内战的真面目时，《文汇报》在头条新闻的导言里分析了形势，并用特号字体《内战还打下去？》作为标题，周恩来看后称赞说："很好，态度鲜明，切中要害！"③

7月1日，和李维汉一道致电陈伯达、王明、谢觉哉、胡乔木：不论时局变化如何，制宪一事终会正式提出，我们的发言权必须充分使用。甚盼延安宪法委员会继续其工作，有计划地写些文章广播。④

7月2日，和董必武一起会见蒋介石。本来，周恩来还想同蒋介石谈办报、放人等问题，因看到不可能有任何结果而没有提出。

△《人民日报》头版头条发表消息，标题为"就国共最近会谈情形周恩来同志答记者问"，内容是6月21日下午在京举行的中外记者招待

---

① 中共上海市委统战部统战工作史料征集组编：《统战工作史料选辑》（第2辑），上海人民出版社1983年版，第92页。
② 李三星：《"办报就是打政治仗"——周恩来与解放战争时期上海的进步报刊》，《上海党史研究》1998年第2期，第24页。
③ 李三星：《"办报就是打政治仗"——周恩来与解放战争时期上海的进步报刊》，《上海党史研究》1998年第2期，第24页。
④ 中共中央文献研究室编：《周恩来年谱1898—1949》（下），中央文献出版社2007年版，第695页。

会，到会记者 30 余人，周将军除发表书面谈话外，还答复各记者询问。

7 月 6 日，会见《纽约先锋论坛报》记者斯蒂尔。[①]

7 月 10 日，《人民日报》第 1 版刊登消息，标题为"周恩来将军在京招待记者 答复关于目前局势诸问题"，内容为 6 月 30 日在南京举行的记者招待会，到会中外记者 30 余人。

7 月 12 日，电复拉加第亚对救济物资分配提出建议，《新华日报》7 月 15 日第 2 版发表。

7 月 14 日，《新华日报》第 3 版以"中共代表团之唁电"为题发表周恩来、董必武、邓颖超、李维汉、廖承志等给闻一多夫人张曼筠女士的信函。

7 月 17 日，举行记者招待会，说明闻一多 15 日在昆明被国民党特务暗杀的真相。7 月 18 日，《新华日报》第 2 版头条发表《周恩来同志严正声明》。7 月 19 日，《新华日报》第 2 版发表《周恩来同志在记者招待会报告》。

△ 周恩来、董必武等在南京向国民党政府提交抗议书并给闻一多夫人发唁电。抗议书和唁电都发表在次日的《新华日报》第 3 版上，在国民党统治区产生巨大的反响。

7 月 18 日，下午，在上海寓所举行记者招待会，到会的中外记者一百多人，把一间不大的客厅挤得坐无隙地。许多晚到的记者只得在窗外、阳台上站着听讲。周恩来谈了三件事：一件是各地的冲突，一件是关于救济问题，一件是最近的昆明事件（指国民党特务在昆明暗杀李公朴、闻一多事件。——笔者）。其中包括"这些问题的严重性不亚于内战。因为这是打击大后方手无寸铁的民主人士、工业家、新闻记者及文学家"。《群众周刊》第 11 卷第 12 期发表该记者招待会内容，以"周恩来将军谈三大问题"为题。《新华日报》7 月 26 日第 2 版刊登此次记者招待会消息。

---

① 中共中央文献研究室编：《周恩来年谱 1898—1949》（下），中央文献出版社 2007 年版，第 696 页。

1946年7月18日，周恩来在周公馆会客室举行记者招待会

资料来源：转自中国共产党新闻网2008年4月14日，《周恩来答问录》第28页收录此图。

7月20日，在开封期间，一次在各界人士出席的座谈会上，就黄河堵口问题发表演说。在场的国民党中央通讯社一名记者在其所发的专稿中称周恩来"是气宇轩昂的人物"，回答问题"是深刻的"。①

7月21日，在上海期间，接待安娜·路易斯·斯特朗，向她介绍国内战争的形势。②

7月22日，《冀中导报》发表《谴责国民党进攻解放区摧毁民主运动》一文。当天，《人民日报》第1版发表消息，标题为"周恩来将军招待记者 谴责国民党当局进攻我解放区 揭露特务头子陈立夫组织

---

① 金冲及主编：《周恩来传1898—1949》，中央文献出版社2009年版，第374页。
② 中共中央文献研究室编：《周恩来年谱1898—1949》（下），中央文献出版社2007年版，第700页。

暗杀"。

7月25日，给中共中央电报，请中央将南京新华社关于陶（行知）先生逝世的报道广播全国。①

夏天，一个傍晚，杨兆麟照例把《通讯稿》分送到梅园新村17号周恩来的办公室。周恩来正站在屋子中间和几位领导同志谈话，接过杨兆麟递给他的《通讯稿》，以敏锐的目光注意到《通讯稿》上的头条新闻，是我军在苏北取得大捷的消息，就对杨兆麟说："像这么重要的消息，以后要早一点告诉我。我下午去和他们谈判了，要是知道这条消息，就好说话了。"②

△ 在周公馆招待上海新闻界人士。招待会结束后，周恩来要《改造日报》总经理金学成留下，在询问了《改造日报》的一些情况后说："你们办的《改造日报》很有意义。"说完，又建议金学成请郭沫若撰写《寄日本文化工作者》。之后，郭沫若写了此文，刊登在第2集《改造评论》上，并由改造日报社电台发往日本。③

8月4日，《群众》第12卷第3期刊登《周恩来将军抗议国民党轰炸延安致蒋介石函》。

△ 因中共华中局和有关新闻单位对国民党第四十九师和第七十二师进攻苏北解放区的战报不准确而连续更正一事，批评道："以后此类事件请有十分把握后再播出。"④

8月19日，与董必武一道电告中共中央：国民党的宣传斗争策略有所改变，在报上散布主和空气，并为进攻解放区制造借口，建议谈判中仍坚持停战和政协决议两原则。二十一日，中共中央电复：我们一贯力

---

① 周恩来著，中共中央文献编辑委员会编：《周恩来选集》，人民出版社1980年版，第238页。
② 杨兆麟：《一个记者的足迹——半世纪作品选》，北京广播学院出版社2001年版，第343页。
③ 中共上海市委党史研究室编：《周恩来在上海》，上海人民出版社1998年版，第137页。
④ 王化许主编：《梅园华章 中共代表团梅园新村纪念馆建馆三十周年研究文集》，中央文献出版社2009年版，第43页。

求和平。我在宣传上仍坚持要蒋停战，召开政协，主张和平。①

8月22日，与董必武等电慰"民盟"中央主席张澜先生，《新华日报》23日第2版发表这一消息。

8月26日，下午3时半，在南京梅园新村寓所举行记者招待会。在会上分发《群众》周刊的社论第12卷第4、5期《立即无条件停战！实行政协决议！》。《新华日报》8月28日第2版转第3版全文转载社论。《新华日报》8月28日第2版发表记者招待会内容，《人民日报》8月30日头版头条发表同一内容，标题为"周恩来同志招待新闻界 重申停战实现政协决议 国民党敢于推翻政协乃因美国支持"。关于记者招待会内容，《群众》第12卷第6期以"周恩来将军答记者问 中国现已存在全面性之内战 获致和平主要靠人民的力量"为题发表。关于答问外国记者内容，《新华日报》8月31日第2版刊登。

8月28日，接受美国合众社记者采访。内容主要有：有关问题应加考虑，当前美国处境两途应择其一；三种观点一个结论；调处人员保留，驻华美军必须撤退。②

△ 为合众社撰写《中国共产党的对美立场》评论文章。全文约2200字，发表在8月29日《文汇报》上。

9月1日，在南京机场得知《中美剩余战时财产出售协定》已于昨日签订，十分愤慨。飞抵上海后，举行记者招待会，抗议美国帮助国民党扩大内战。关于记者招待会消息，《新华日报》9月3日第2版头条刊登。

9月3日，离沪返京前向联合记者发表谈话，《文汇报》9月5日发表。

△《文汇报》发表《谈政府及美方应公布转让物资种类数目》一文。

9月5日，《群众》杂志社编辑部、经理部办公室被查抄，刊物被

---

① 《董必武年谱》编纂组：《董必武年谱》，中央文献出版社2007年版，第262—263页。
② 周恩来著，中共中央文献研究室、中共南京市委员会编：《周恩来1946年谈判文选》，中央文献出版社1996年版，第630页。

没收。周恩来在南京获悉后,立即致函国民党有关当局,严正指出:搜查《群众》社及没收杂志"均系非法且有计划的强暴行为。蒋主席之四项诺言、政府保障言论自由之法令,均被此种暴行完全戳穿。"同时,对当局"提出严重抗议",强调"保留要求赔偿损失之权,以后该刊之出版发行,政府当局应予以合法之保障"。9月7日,就国民党上海警备区于9月4日非法搜查《群众》周刊社一事,致函张厉生、吴铁城,提出严重抗议。《新华日报》9月11日第2版刊登周恩来抗议消息。9月14日,周恩来又与董必武联名致函国民党当局,严重抗议国民党上海市政府迫令《群众》停刊。9月16日下午,周偕同秘书章文晋及范长江等从南京到上海,在听取关于《群众》事件的情况汇报后,即决定由中共代表团上海发言人陈家康正式发表谈话,将事件真相公之于众,争取社会舆论的支持。同时又精心组织安排《群众》转入地下继续出版,一直坚持到1947年2月中共上海联络处撤退的前夕。①

9月17日,听取《群众》周刊负责人潘梓年汇报该刊迭遭国民党当局迫害的情况。②

9月16日之后几天,关切地询问《联合晚报》的工作情况并提出改进的意见。有一次,他曾经委婉地批评说:"加强新闻界团结,不是光靠口头上说说,而是要在实际工作中做到相互支援,相互促进,以写文章、发消息来说,彼此也要互通有无,照顾全局。我看你们光为自己报纸写文章,争独家新闻,就有点向本位主义发展的倾向,这样就不利于共同的斗争。我可以为你们提供一点新闻线索,但是你们能不能做到先为其他报刊写文章,其次才为本报写?你回去,可以把我这个意见跟翰伯同志谈谈。"③之后在南京接见刘尊棋时,周恩来说:"要努力联合

---

① 李三星:《"办报就是打政治仗"——周恩来与解放战争时期上海的进步报刊》,《上海党史研究》1998年第2期,第24页。
② 中共中央文献研究室编:《周恩来年谱1898—1949》(下),中央文献出版社2007年版,第710页。
③ 陆诒:《上海文史资料选辑》(第75辑)《文史杂忆》,上海人民出版社1994年版,第34页。

《文汇报》《新民报》一致行动。"①

9月19日，会见联合社记者。22日，再次会见，介绍美国援助蒋介石打内战的情况。②

  按：周恩来两次会见记者的谈话，揭露了美蒋勾结、破坏谈判的事实，传播了中共的态度和立场。

9月20日，《上海民国日报》发表《9月19日在周公馆接见美联社记者时的声明》一文。

9月，三次与美国记者李勃曼谈话，谈个人与革命的历史。③

秋季，一天，在上海周公馆招待《文汇报》与《联合晚报》负责人，特意请文汇报社社长徐铸成提前一小时去。徐讲了当局除政治上压迫、威胁外，还在白纸配给、资金周转等方面对报纸实施限制。周恩来听后，言简意赅地说："只要紧紧地依靠群众，什么困难都是不难克服的。"徐铸成在回忆往事时说："《文汇报》之所以能日渐走向胜利，主要是各界人士的支持和广大读者的推动，就我个人而言，周恩来同志的关怀和爱护给我们的鼓舞最大。"④ 周恩来曾对《联合晚报》作过三点指示：一、报纸的性质要绝对秘密，这是铁的纪律；二、报纸要尽量办下去，稍微妥协一些也可以，出比不出好；三、千万不能左。还强调说，"这三点不能动摇，要打高度政治仗。"⑤

10月1日，下午，在上海周公馆召开中外记者招待会。到会的有中外记者70余人。周恩来这次记者招待会的讲话，外国通讯社和国内外

---

  ① 中共上海市委党史研究室编：《周恩来在上海》，上海人民出版社1998年版，第132—133页。

  ② 中共中央文献研究室编：《周恩来年谱1898—1949》（下），中央文献出版社2007年版，第710页。

  ③ 中共中央文献研究室编：《周恩来年谱1898—1949》（下），第709页。

  ④ 李三星：《"办报就是打政治仗"——周恩来与解放战争时期上海的进步报刊》，《上海党史研究》1998年第2期，第24页。

  ⑤ 李三星：《"办报就是打政治仗"——周恩来与解放战争时期上海的进步报刊》，《上海党史研究》1998年第2期，第24页。

许多报纸都用显著版面进行报道,在社会上引起强烈的反响。① 记者招待会内容在《群众》周刊第 12 卷第 11 期发表。

1946 年 10 月,周恩来(左一)在记者招待会上

资料来源:转自《档案春秋》2008 年第 3 期,第 23 页。

10 月 4 日,撰写悼词,为上海各界追悼李公朴、闻一多先生,由邓颖超代表周恩来在会上宣读。消息刊载于 10 月 6 日重庆《新华日报》第 3 版,标题为"和平可期,民主有望,杀人者终必覆灭! 周恩来同志悼李闻词"。

按:李闻指李公朴和闻一多。

10 月 9 日,晚,招待报界人士。②

10 月 10 日,为天津《益世报》纪念创刊一万号题词:"为和平民

---

① 金冲及主编:《周恩来传 1898—1949》,中央文献出版社 2009 年版,第 375—376 页。
② 金冲及主编:《周恩来传 1898—1949》,第 376 页。

主而奋斗"①。因种种原因,《益世报》未敢刊发。

10月初,指示章汉夫到香港筹备《群众》出版工作。不久又派乔冠华、龚澎、刘宁一、许涤新、方卓芬等到香港工作。②

10月12日,与董必武致电吴玉章、张友渔、于江震。电报说,国民党既打张家口,又宣布召开国大,证明他要破裂,今后将堵死谈判。《新华日报》在此形势下应坚持斗争,不要自行停刊,但要最后精简。省委是否可与报馆合成一机关,以便抽出干部去延,请考虑。③

10月19日,在上海鲁迅逝世十周年纪念会上发表演说。10月21日重庆《新华日报》第3版报道此消息。

10月19日,约陆诒谈话,明确指示陆诒:"你在上海新闻界目标较大,不宜久留,还是早点到香港去为好。在那边已经有很多同志建立了宣传阵地,在华侨社会中做新闻工作。一切都要作长期斗争的打算,暂以五年为期,我们一定可以取得新民主主义革命的胜利。"④

10月20日,和董必武致电中共中央转四川省委吴玉章、张友渔,提出四川省委和新华日报馆尽量缩小,多余人员回延安或赶快疏散,并和地下党切断联络。吴玉章、张友渔应坚持阵地。⑤ 他们一直坚持出版到1947年2月28日,《新华日报》被国民党封闭。

10月21日,《新华日报》第2版刊登周恩来致卡尔逊,祝贺中国及远东会议开幕两条专电。

△ 周恩来和这么多第三方面人士到南京去,各报对此都大肆刊载,

---

① 中共天津市委党史研究室、周恩来邓颖超纪念馆、南开大学周恩来研究室编:《周恩来与天津》,天津人民出版社1998年版,第204页。
② 中共中央文献研究室编:《周恩来年谱1898—1949》(下),中央文献出版社2007年版,第714页。
③ 中共江苏省委党史工作委员会等编:《中共中央南京局》,中共党史资料出版社1990年版,第163页。
④ 陆诒:《上海文史资料选辑》(第75辑)《文史杂忆》,上海人民出版社1994年版,第37页。
⑤ 中共中央文献研究室编:《周恩来年谱1898—1949》,中央文献出版社1989年版,第700页。

许多人仍抱有一线希望。①

△《新华日报》第 3 版报道周恩来在上海纪念鲁迅先生逝世 10 周年大会上的讲演。

10 月 29 日，致中共中央转方方、林平并香港工委电：争取出版英文杂志和《群众》杂志。《群众》可标明是沪版在港翻印。新华分社由章汉夫、乔冠华负责。②

  按：1947 年 1 月，《群众》（香港版）出版，开展对海外的宣传工作。同时采用伪装封面在国民党统治区发行，一直坚持到 1949 年 10 月 20 日第 143 期停刊。

10 月，范长江传达周恩来指示，要陆诒即日离开上海，到山东解放区工作。不料国民党军队又进攻烟台，往山东之路中断，周恩来决定陆诒先到香港。

秋天，对曾担任上海《联合日报》《联合日报·晚刊》社长的刘尊棋说："看来，国民党什么流氓手段都用得出来，你们不能低估它。同时，你们还要坚持把报纸出下去，努力联合《文汇报》和《新民报》一致行动。"③

11 月 15 日，国民党召开违反政协协议的国民大会，中共与民盟拒绝参加，当天《文汇报》在头版刊登了加框短讯，内容是：国府不考虑小党参加国民大会，标题为"要的不来，来的不要"寥寥 8 字，概括了国民大会代表资格为进步人士不屑一顾，而又为宵小之徒求之不得，尖刻地讽刺了当局的尴尬。周恩来看了这则短讯，赞扬拟此标题的编者是"值得尊敬的大手笔！"他对《文汇报》总体上的评价也很高，曾对记者说："你们《文汇报》办得很好，很有战斗精神，我们办事处的同

---

① 中共中央文献研究室编：《周恩来传 1898—1976》（上），中央文献出版社 2008 年版，第 729 页。

② 中共中央文献研究室编：《周恩来年谱 1898—1949》（下），中央文献出版社 2007 年版，第 714 页。

③ 中央文献出版社编：《不尽的思念》，中央文献出版社 1987 年版，第 165—166 页。

志都爱看。"①

11月16日，下午，在南京梅园新村举行撤离南京的最后一次中外记者招待会，发表了对国民党召开"国大"的严正声明。声明刊载于11月17日重庆《新华日报》第2版头条。在招待会上，记者们提的问题什么都有。周恩来一直站着侃侃而谈。他有时语调激昂，有时冷静地进行分析，有时诚恳地作解释。②《中央日报》记者问："共产党的《新华日报》可以在国民党地区重庆、桂林、南京出版，为什么《中央日报》不能到延安出版呢？是不是你们共产党还不及国民党民主？"周恩来说："这事你们《中央日报》领导人也曾对我提过。我曾对他们说：'你们想到延安出《中央日报》我们很欢迎。不过我们在延安出《解放日报》的机器和设备是在二万五千里长征的时候，把机器拆成了一块一块才带到延安装起来印报纸的，历尽千辛万苦才能够出版的。在延安纸张也很困难，我们没有白报纸，只能用当地灰黑色的土纸来印报。你们如果要到延安去出《中央日报》，你们必须先把机器运去，把纸张运去，因为我们是无法替你们解决的。而且还有一个重大问题，即报纸是要人看的，我们延安的人看惯了《解放日报》，不一定习惯看你们的《中央日报》，所以你们要预备亏本，你们要预备花了资金收不回来。'他们一想的确是这样，所以就不想去延安办报了。"③散会后，无锡《大锡报》记者钱小柏拿到刚刚分发的《政协文献》一书，请周恩来在上面题词。周恩来题词为"为真民主真和平而奋斗到底 周恩来"。会后，杨兆麟立即把新闻稿写出来，送去请周恩来审阅。时间不太久，电话铃响了，周恩来的秘书通知杨兆麟去取稿。走进周恩来的办公室，他微笑着对杨兆麟说："行了，赶快拿去发吧。"事后，杨兆麟又去报务组把稿件取回来，仔细看了一遍，周恩来只做了少数几处修改、补充，杨兆麟领会了

---

① 李三星：《"办报就是打政治仗"——周恩来与解放战争时期上海的进步报刊》，《上海党史研究》1998年第2期，第24页。
② 金冲及主编：《周恩来传1898—1949》，中央文献出版社2009年版，第380—381页。
③ 《怀念周恩来》编辑小组编：《怀念周恩来》，人民出版社1986年版，第400—401页。

其中的含义。而使杨兆麟印象最深、终生难忘的是，看到他从第一句到最后一句，都用毛笔圈点了一遍，每个逗号，每个句号，都非常工整。①

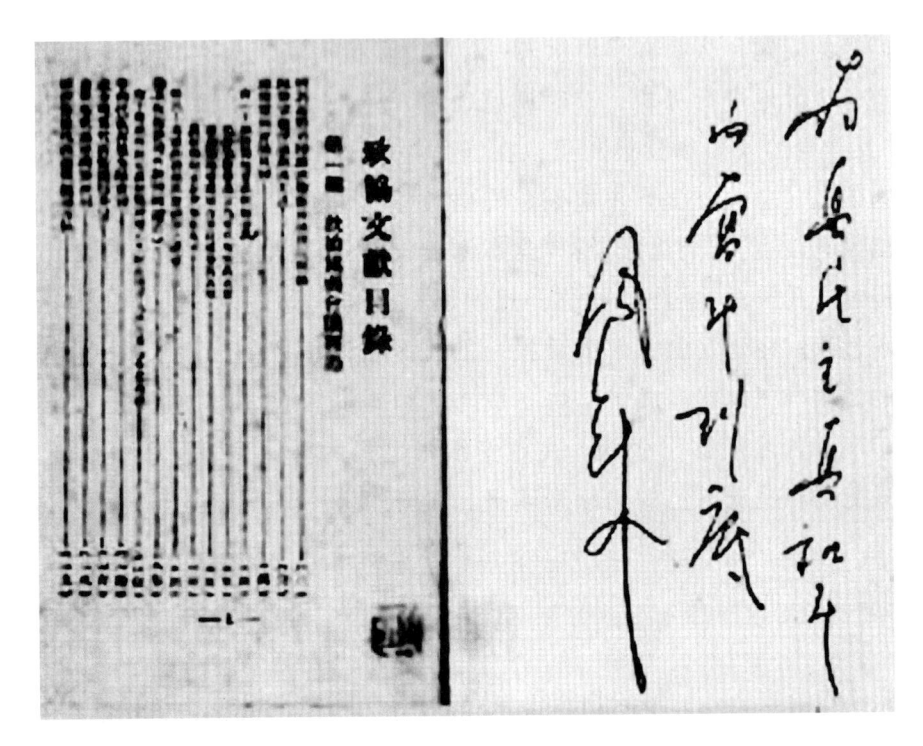

资料来源：中共中央文献研究室第二编研部编《周恩来题词集解》，中央文献出版社2012年版，第83页。

11月17日，下午，在南京梅园新村会见《新民报》总编辑曹仲英和采访部主任浦熙修。周恩来说："国民党在一个时期内被迫容许一定的'新闻自由'，极可能因军事上的失利而日渐伪装不下去。国民党是擅于交替使用硬的压迫和软的诱骗这两手的，看来《新民报》以后遭到的麻烦不会少。你们报有五社八版，对国内外舆论有一定影响，希望

---

① 杨兆麟：《一个记者的足迹——半世纪作品选》，北京广播学院出版社2001年版，第344页。

能好好办下去。你们的报纸是同人的集合，不是《新华日报》——我们的党报，国民党可以不让我们在南京、上海出版，但我们的力量到达哪里，哪里会立刻出现我们的党报。你们就不同了，你们的报纸一不出，人就散了，以后集合就难了。所以，希望你们好好地办下去！当然更希望你们能够较多地反映社会真实，反映广大人民的要求和愿望，这样，报纸才会扩大自己的影响，才能壮大自己的生命力。"①

11月18日，《新华日报》第2版报道了周恩来答记者问。12月2日，《人民日报》第1版刊登记者招待会内容。

11月19日，从南京回到延安后，立即召集会议，研究延安台的战备疏散问题。"周副主席指示我们，在战争情况下，不能中断播音，要保证把毛主席、党中央的声音及时传播到各地去。"②

11月25日，致电董必武：上海办报事，除《联合晚报》外，潘汉年、胡愈之筹办《商务报》，请依情况给予投资。请告童小鹏给雅安王少春汇款。③

> 按：《联合晚报》于1946年4月15日在上海创刊，原名《联合日报晚刊》，金仲华任报务委员会主任，陈翰伯任总编辑，是中国共产党领导的进步报纸，1947年5月25日被国民党查封。《商务报》资料不详。

11月26日，致电中共东北局林彪、彭真说：最近南京、上海经过北平执行部疏散了一批干部到东北，大多数可做新闻记者、编辑工作。④

11月29日，与董必武分别以中共代表团首席代表、中国解放区救济总会主席的名义，联名给联合国善后救济总署署长拉加第写了书信《关于救济问题》，《新华日报》12月11日第2版发表。

11月30日，致函新华社社长廖承志、总编辑余光生，将国统区

---

① 陈铭德等：《〈新民报〉春秋》，重庆出版社1987年版，第246—247页。
② 人民出版社资料组编：《人民的好总理 纪念敬爱的周恩来同志》（中），人民出版社资料组，1977年，第272页。
③ 《董必武年谱》编纂组：《董必武年谱》，中央文献出版社2007年版，第274页。
④ 中共中央文献研究室编：《周恩来年谱1898—1949》（下），中央文献出版社2007年版，第725页。

的广播新闻特点概括为："一、带综合性报道各地战况，要具体生动，但重要捷报又必须成为头条独立新闻。二、带综合性报道各地动员参战实况，更要生动具体，但也不取消个别典型故事，毋宁说更重要。三、报道各地政治、经济、文化、社会改革和建设情况，尤重在事实的描写。四、后方不易得或不被注意的国际消息，但非每天都有，这与对解放区广播不同。五、解放（指《解放日报》。——笔者）社论、评论乃至发言人谈话或记者评论，甚重要。六、每周或半月军事、政治、国际述评甚为重要，须指人撰述。七、军事上各种统计，每月须有几次，可与尚昆同志订货，要他指定童陆生局长编制。八、解放区文艺动向或短作品，每周有一两次报道，也有必要。综合这些内容，其特点便为以解放区的情况、中共的意见，有系统的教育大后方人民。"①

按：这是一篇关于新闻工作的重要信函，是一篇指导性很强的新闻理论与实践相结合的新闻理论文章，既指明新闻工作的方向——教育大后方人民，又有具体的新闻业务工作建议——头条新闻、事实的描写、评论的重要性、广播的特殊性等论述，是周恩来新闻思想成熟的重要标志。

△ 延安《解放日报》发表《为庆祝朱总司令六十大寿的祝词》。

11月下旬，主持由中央军委三局、新华社等部门负责同志参加的会议，研究、讨论新华社和广播电台的转移问题。他在会上提出：在战争的情况下，要确保不中断广播，使党中央的声音及时地传播出去。会议决定，由三局负责在陕北勘查适当地点，筹建一座战备广播电台，同时分别通知晋绥、晋察冀、晋冀鲁豫解放区为延安台在当地选择台址，准备建立另一座战备台。②

12月1日，《新华日报》刊登周恩来为朱德60寿辰写的《祝词》。

12月2日，《人民日报》第1版刊登消息，标题为"南京记者招待

---

① 周恩来：《周恩来书信选集》，中央文献出版社1988年版，第360页。
② 北京广播学院新闻系编：《中国人民广播回忆录》（续集），中国广播电视出版社1986年版，第26—27页。

会上 周恩来同志声明原文 国民党一手包办破坏政协一切决议 违反全国民意侵占各党派代表名额"，刊登 11 月 16 日下午二时及五时分别举行记者招待会的内容。

12 月 12 日，党中央在延安举行纪念西安事变十周年大会。周恩来对杨虎城将军之子、二十四岁的杨拯民说："你今天要好好地骂他（指反动派）一顿。"会后，又对他说："你下午好好休息一下，晚上到广播电台再骂他一顿。"周恩来指示他要把讲稿压缩到二十分钟以内，并请西北局宣传部长李卓然同志帮他修改一下广播讲话稿。①

12 月 13 日，延安《解放日报》发表在延安各界举行的"双十二"纪念会上的演讲。

12 月 14 日，《新华日报》第 2 版头条发表消息，标题为"延安各界代表千余人 举行'双十二'纪念会 周恩来同志作严正讲演"，同时刊登周恩来同志演讲全文。

12 月 28 日，就杜鲁门 12 月 18 日发表声明重申美国完全支持国民党政府一事，答记者问。12 月 29 日，《新华日报》第 2 版头条报道了答记者问内容。答记者问刊登在 12 月 31 日《人民日报》头版头条。

△《解放日报》发表《坚决反对美蒋合作屠杀中国人民》一文。

12 月，撰写《就当前时局问题发表的谈话》一文，在 1947 年 1 月 7 日出版的《群众》周刊第 14 卷第 1 期上发表。文章采用新华社记者就目前时局有关问题访问周恩来将军答问的形式。

本年在南京的时候，没有因为赵浩生是《中央日报》的记者就敌视他。②

在马歇尔来华期间，当时为他们做过翻译的朋友朱青回忆说："如果周恩来了解了某种情况而工作人员还不知道时，他就会批评大家有惰性。他每时每刻都希望听到新的想法，新的认识。'读些西方杂志，报

---

① 杨拯民：《怀念敬爱的周恩来总理，周恩来同志八十诞辰纪念诗文选》，人民出版社 1978 年版，第 46 页。

② 《五湖的怀念》，1978 年 3 月，第 277 页。

纸……发现有新的内容就告诉我。'"①

本年，除了领导新华日报社工作，为《新华日报》撰写社论、代论等外，还作为新闻人物被《新华日报》发表报道118篇。5月15日创刊的《人民日报》发表报道23篇。

新闻背景

2月，华中新闻专科学校创办于江苏淮阴（现淮安。——笔者）市，这是中国共产党在解放区创办的第一所新闻专门学校，校长为著名记者范长江。前身为1945年3月华中建设大学文教系开办的华中新闻训练班。

5月15日，晋冀鲁豫《人民日报》——晋冀鲁豫边区广大人民的报纸创刊，方针和宗旨是：全心全意为人民服务！

6月3日，因国民党不准在上海出版《新华日报》，将《群众》杂志从重庆迁到上海出版，李维汉任主编，并出版英文《新华周刊》，由龚澎、乔冠华负责。

6月10日，《人民日报》头版刊发消息，标题为"上海当局非法封闭中共英文新华周刊"。

6月，国际广播组织成立。1952年，我国广播组织——中央广播事业局加入该组织。

9月1日，延安《解放日报》刊登资料《解放区报纸》，列举各解放区出版的报纸58种。

9月1日，储安平把《客观》改名为《观察》，作为周刊正式出版。

《消息》半周刊第9期刊登《周恩来伉俪情深》一文，简单介绍周恩来夫妇感情很好。其中引用著名记者斯诺的话："中国的贤内助一词，只有周夫人当之无愧。"

联合国无线电广播局成立，以世界主要通用语言向142个国家和地区播音。国际新闻工作者协会成立。美国联邦通信委员会发表《广播电视持照人公共服务责任》政策报告，这是美国广播史上对节目内容管理最有影响力的文件。

世界上第一台电子计算机"ENIAC"问世，拉开了现代电子计算机发展的序幕。

---

① ［英］韩素音：《周恩来与他的世纪 1898—1998》，王弄笙等译，中央文献出版社1992年版，第251页。

1947年（四十九岁）1—2月

1月8日，致电中共中央香港分局方方、林平并转章汉夫：《文汇报》（香港版）"其方针仍照沪版，惟可更多揭露美帝国主义在华罪行及蒋之反动罪状。如能在南洋侨商中募捐，助其发展，更好。"①

△ 在《解放日报》刊登《发表严重声明制止蒋介石放水阴谋》一文。

1月10日，消息《就当前黄河堵口问题 周恩来同志严正谈话》在《新华日报》第2版头条发表，同时在《群众》第14卷第3期发表。

△ 撰写《评马歇尔离华声明》，延安《解放日报》1月14日发表。1月16日，《新华日报》第2版发表消息，标题为"关于马歇尔离华声明 周恩来同志发表严正评论"。

△ 延安《解放日报》刊登题词"徐老七十大寿 人民之光 我党之荣。周恩来"。

1月11日，给《新华日报》创刊九周年的题词为："为人民喉舌，为人民向导，继续努力，坚持不屈，来迎接民族民主的新高潮。周恩来"。②《新华日报》1月12日第2版用印刷体发表这一题词。

　　按：这一题词为当时如何办好《新华日报》定了调，也为党的报刊定了性，指明办好党报党刊的正确方向，体现了周恩来深邃的新闻思想之光。题词既指明了党报的性质——为人民服务，也指明了办党报的方向——为人民喉舌，为人民向导。

1月16日，起草中共中央致董必武、吴玉章、叶剑英、刘晓、钱珍、张明、方方、林平、潘汉年电：中央认为蒋管区党组织系统有调整

---

① 中共中央文献研究室编：《周恩来年谱1898—1949》（下），中央文献出版社2007年版，第733页。

② 中共中央文献研究室编：《周恩来年谱1898—1949》（下），第734页。

256　周恩来新闻纪事

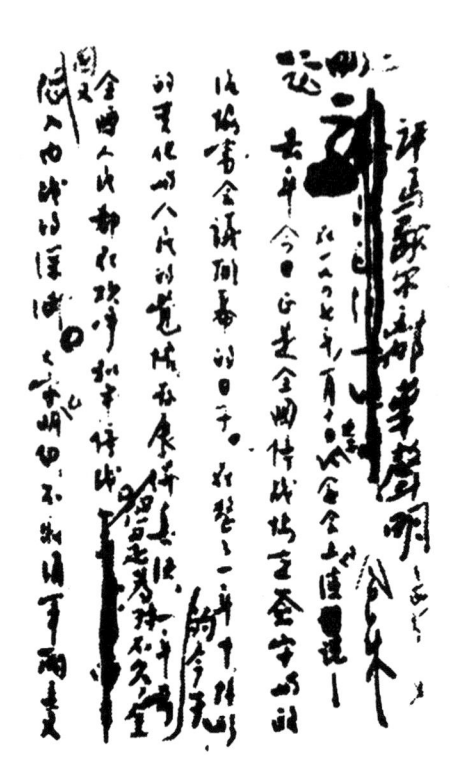

周恩来起草、毛泽东修改过的《评马歇尔离华声明》手稿

资料来源：转自中国历史博物馆编《纪念周恩来总理》，文物出版社 1978 年版，第 66 页。

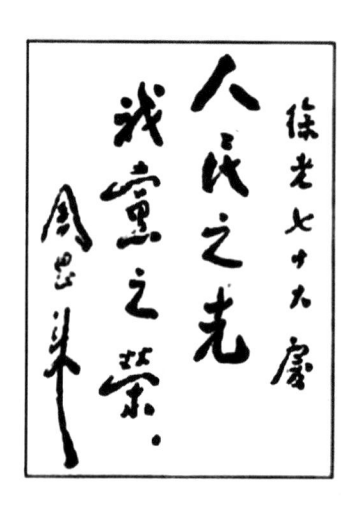

资料来源：中共中央文献研究室第二编研部编《周恩来题词集解》，中央文献出版社 2012 年版，第 86 页。

必要，包括重庆分局领导《新华日报》工作。①

△《人民日报》头版刊登标题为"评马歇尔离华声明——周恩来同志一月十日在延安纪念会上的讲演"文章。同日，《中央日报》第2版发表消息，标题为"周恩来批评马歇尔声明 美联社昨发表"。

1月，再次主持召开备战会议，主要检查落实新华社的战备问题。会上，周恩来强调，新华社的广播（包括中文广播、英文广播和口语广播）在任何情况下都不能中断，而且对外广播的功率还要加强。②

2月1日，在中共中央政治局举行的会议上作国民党统治区人民运动的报告，指出：现在，内战责任清楚了，连中间性的报纸也不说战争责任在我们。但人民中还有一种想法：既然谁也消灭不了谁，为什么要让生灵涂炭？我们要说明：妥协只能使生灵涂炭，去年的经验已经说明这一点；只有武装自己，才能避免生灵涂炭。还要进一步，要使人民知道从自卫战争中得到生存与独立。③

2月8日，出席上海记者招待会。

2月10日，致函新华社社长廖承志、副总编辑范长江："这两天，想已在试编中文专播，除你们审阅外，请送一些给罗迈同志看看，要他和燕铭、江震同志也提些意见，以便开始后能适合各方需要。譬如昨天报载《七个月自卫成果》及《苏皖还是人民的》两篇缩短些，便很合专播需要。"④

2月13日之前，同安娜·路易斯·斯特朗、阳早、寒春等交谈。他说：目前我们要到山沟里度过一段艰苦的日子，但不用很久将会取得全国的胜利。同意阳早、寒春随军转移，劝斯特朗离开解放区。2月13

---

① 中共中央文献研究室编：《周恩来年谱1898—1949》（下），中央文献出版社2007年版，第734页。
② 《新华通讯社史》编写组：《新华通讯社史》（第1卷），新华出版社2010年版，第298页。
③ 金冲及主编：《周恩来传1898—1949》，人民出版社、中央文献出版社2009年版，第385页。
④ 新华社新闻研究部编：《新华社文件资料选编（1931—1949）》（第1辑），1980年，第104页。

2月8日，周恩来出席上海记者招待会的签名照

资料来源：转自《人民日报》2012年10月18日第24版。

日，斯特朗离开延安。①

> 按：王凤超的《年表》为2月20日，美国记者安娜·路易斯·斯特朗离开延安。根据周恩来2月20日写给斯特朗的信函，可以肯定王凤超的《年表》记载的时间是错误的。

2月20日，致函已回到北平的斯特朗："你作为中国人民的一位真正的朋友，我们对你最为想念。""通过你的影响和著作，你对中国人民将做许多有益的工作。""这是我们的外国朋友所能做的最美好的事情。"②

△ 致电王炳南：南京三个美国记者可以来延安，我和陆定一、廖承志可以与之见面。③

---

① 闻岩主编：《周恩来大事本末》，江苏教育出版社1998年版，第532—533页。
② 中共中央文献研究室编：《周恩来年谱1898—1949》（下），中央文献出版社2007年版，第739页。
③ 中共中央文献研究室编：《周恩来年谱1898—1949》（下），第739页。

新闻高峰期（1938年1月—1947年2月） 259

2月22日，接见合众社记者等，表示欢迎愿与解放区进行正常贸易的美商，欢迎一切美国记者光临。①

2月27日，致电吴玉章、张友渔、王炳南、童小鹏、董必武、钱瑛并告方方、林平、章汉夫：《新华日报》被封，"请吴、张速以普通电将经过分告京、沪，并向各方各报发表抗议，京、沪、港即据此响应。请董亦向蒋方抗议并发声明"。报馆员工，除留极少数人办理结束事务外，大部可依计划就地疏散。干部不可能隐蔽者，即向延安撤退。王炳南应通知美方，我人员须有专机飞渝送延安。②

2月28日，撰写《为蒋方迫令撤退中共人员事致蒋介石电》，《大公报》3月3日、《冀中导报》3月4日发表。

2月，在延安王家坪召开会议，研究新华社的战备工作。周恩来指出：新华社的文字、口语广播不能中断，对外广播还要加强。指示军委三局为新华社配备一个200瓦的机器，供文字广播用。③ 3月19日，国民党军侵占延安。新华社的文字电讯、口语广播照常发布，只是电头中的"延安"二字改成了"陕北"。④

按：《新华日报》时期，是周恩来新闻思想和实践的又一个高峰，主要体现在五个方面：**一是充分发挥新闻评论的导向作用，旗帜鲜明，富有战斗性。**周恩来要求每个社论委员会成员每个月各写一至两篇社论。在武汉时期，他写过8篇社论，《新华日报》撤离武汉前发表的最后一篇社论《告别武汉》，是由他口述，当场记录下来发排的。到重庆以后，仅1941年一年就写了10篇之多，其中有社论，有评论，有专论。**二是抓新闻采访，强调深入实际、深入群众。**周恩来强调，记者要到一线去抓"活鱼"，要求记者采访前拟订好周密的采访计划。他经常指导记者考虑采访的思路，选择采

---

① 中共中央文献研究室编：《周恩来年谱1898—1949》（下），中央文献出版社2007年版，第740页。
② 中共中央文献研究室编：《周恩来年谱1898—1949》（下），第741页。
③ 新华社新闻研究所、中国新闻史学会编：《光荣与梦想"新华社80年历程回顾与思考"学术研讨会文集》，新华出版社2011年版，第288页。
④ 新华社新闻研究所编：《新华社回忆录》，新华出版社1986年版，第181页。

访的对象。给记者们提供了很多采访线索，比如辛亥革命的"双十节"到了，他建议记者去采访但懋辛、熊克武、张澜；"九一八事变"纪念日到了，他建议记者去采访马占山、莫德惠这些东北的领袖人物。他希望新闻工作者"十八般兵器"样样都会，特别要掌握消息、通讯、评论、调查报告这些"武器"。**三是强调副刊也有战斗力，要注重发挥副刊的作用。**《新华日报》副刊之所以办得非常精彩，与周恩来注意抓报纸副刊工作有很大关系。在周恩来的建议下，《新华日报》副刊陆续增加了《时代音乐》《戏剧研究》《科学专页》《木刻讲座》等栏目，使《新华日报》副刊更加丰富多彩。**四是抓新闻战线的统战工作，通过新闻工作促进统战工作。**《新华日报》一创刊，周恩来就请国民党的元老，也是老报人的于右任题写报头。他注意组织对有代表性的民主人士黄炎培、陶行知、马寅初等人的采访。他还十分注意和新闻战线上的一些同仁之间的联系。如陈铭德和邓季惺夫妇当时在四川办《新民报》，周恩来为这个报纸题过词，还曾两次到陈铭德家里去看望他们夫妇，说他们的报纸办得好。后来，毛泽东的《沁园春·雪》就是在他们办的这家报纸的副刊上首先发表的。对《大公报》，周恩来也与其保持了密切联系。张季鸾去世后，周恩来曾以个人名义发过唁电。每次有人从边区来，带来一些延安生产的小米和红枣，他都派人专门给王芸生送去一些，以示关注。当然，对《大公报》一些不正确的言论他也有过批评，有斗争也有团结。为了做好国统区的统战工作，他十分重视党领导下的统一战线类的报纸的出版，曾专程到桂林和夏衍讨论《救亡日报》的办报方针。通过新闻工作开展统一战线是周恩来对新闻工作和统战工作的独特贡献。**五是尊重新闻人才，培养了一支强大的新闻队伍。**在领导《新华日报》工作时期，他十分重视对新闻人才的培养。首先，要求编辑和记者一专多能。在《新华日报》这个大熔炉里得到过锻炼的乔冠华后来成为著名的国际评论家，许涤新后来成为著名的经济学家，夏衍则成为著名的杂文家。其次，要求新闻工作者加强新闻写作的基本功。写评论，既要有正确的观点，也要有充分的事实根据，两者要紧密结合。他还告诫《新华日报》的评论作者们：拿起笔来，首先要想你为什么写，然后要想你写给谁看。强调写评论文章要有的放矢，有针对性。再次，鼓励新闻工作者要多学习群众的语言，加强这方面的修养。最后，提倡新闻工作者要深入群众。一次和著名记者陆诒谈话的时候提醒记者，你既然经常跑参政会，就应该了解那些参政员们，某人是哪个党派的，他们平常的政治表现如何，他们的政治倾向怎样。有的记者曾经为找不到合适的采访对象而发愁，周恩来就教导他们，要深入群众，发掘题材，多做细致的采访工作。他建议记者去采访在街上擦皮鞋的难童、在嘉陵江上拉纤的船夫和在公共汽车上卖票的售票员；还可以到茶馆去坐坐，听听老百姓摆龙门阵时都有什么议论。

新闻背景

2月27日、28日，南京国民党政府封闭《新华日报》。

台湾"二二八"事变发生后，全岛除两家国民党当局直接控制的机关报外，其余20多家同情、支持、参与起义的报纸全部被禁。

指导新闻期

（1947 年 3 月—1976 年 1 月）

这一时期，周恩来的新闻思想主要是在处理和指导具体事务的过程中体现出来的。他谙熟新闻手段，精心地指导党和国家的新闻工作，主要是领导党的新闻事业，通过谈话、指示、批文、审阅新华社稿件、接受记者采访、答记者问、接见记者等形式体现出来，涉及领域更为宽广，既有关于党报性质、职能、定位、导向、作用、受众等社会主义新闻理论的基本问题，也包括一以贯之的新闻真实、客观公正等新闻报道的基本原理，特别是关于国际报道、对外报道、答记者问等指导方针和工作原则等新的内容，还包括国内外媒体对其活动的报道、海外媒体对他的传播、海外各界人士对他的评价与回忆等内容，从中我们可以看到周恩来心系人民、胸怀天下的伟大情怀，审时度势、高屋建瓴的政治智慧。

一 新闻机构是党和人民的耳目喉舌

周恩来认为，新闻机构是党和人民的耳目喉舌，这是社会主义新闻事业的阶级属性和党性，与资本主义的新闻事业有本质区别。周恩来注重突出新闻为人民服务，为革命和建设事业服务的本质特征。

二 出思路 做指导把关人

周恩来采取出思路、勤指导、最后把关的新闻工作方法，对新中国的新闻事业作出了重大贡献。无论是抗美援朝、日内瓦会议、万隆会议、第一颗原子弹爆炸，还是尼克松访华、李宗仁归来；无论是新闻报道还是广播电视的播出，乃至《人民日报》《参考消息》的版面安排，其中都可以看到周恩来的智慧。

三 对新闻工作者提出明确要求

周恩来提出，新闻工作者在采访活动中应做到以下六点：第一，不是根据允诺,而是看工作结果;第二,不是根据纸上计划,而是看实际情形,看是做了还是敷衍;第三,不是看形式,而是看内容,看实际上是否正确地执行还是被曲解了;第四,不仅由上而下,还要由下而上地加以审查;第五,要有系统地经常地审查;第六,记者要亲自参加调研,不可把道听途说作为实有之事来报道。只有这样,才能做到新闻报道的真实准确,才能发挥新闻的导向作用。

对新闻图片提出严格要求。他明确指出,要提高图片和新闻电影的水平。图片要符合"最有力的视觉冲击"这一理念,镜头语言要真实记录富于新闻性的新闻人物的风采。图片的排列要按照"国家无论大小,一律平等"的原则办理。图片的"选片编辑要有政治头脑"。他希望能在统一事权、各守专责、互相协助、避免重复、集中人力、节约器材、提高水平和发挥时效的要求下,订出一个全面分工计划。

对外宣传要服务外交大局,要有的放矢。周恩来认为,新闻工作要注意读者对象,要按读者对象发稿,对外宣传不能把对国内的报道方式硬搬到对国外的报道上来,不管人家的需要,只管自己的需要;宣传工作要有针对性,既不丧失原则,又要讲求效果,不要乱宣传。

记者要多请教。周恩来强调,记者既不能缩手缩脚,也不能自以为是,既要大胆负责,独立思考,又要多向别人请教,特别是遇到重要的政策性问题、外交问题,应向有关方面请示,这样可以避免产生自己难以发现的错误。他多次接见记者,特别是外国记者,介绍新中国取得的成就,传播中国共产党的声音,为树立新中国良好的国际形象作出了重要贡献。

四 新闻媒体要注意刊登西方的消息和评论

他山之石可以攻玉。新中国成立后,要与外界打交道,就需要全面了解整个世界的信息。不能仅靠一家或几家通讯社提供新闻信息,而是要靠世界上众多媒体之间相互交换新闻信息来印证事实、了解事情的真相和全貌。周恩来极力提倡在新闻报道中要注意新闻来源的多样性,特别重视发挥《参考消息》的作用。

五 尽心尽力求真实,力有不逮"克里空"①

周恩来一生追求尊重事实,实事求是,要求新闻工作者追求新闻的真实。对于新闻工作,周恩来讲过很多话,作过很多指示。中国现行的有关新闻的方针、政策、基本思路,许多都是他提出来的,即使是在"文化大革命"期间,人们受"极左"思想影响的情况下,他仍大声疾呼要尊重事实,要正视存在的问题并加以解决。由于众多原因,新闻界的"克里空"现象一直存在,周恩来对此也力有不逮。

---

① 克里空是苏联剧本《前线》中一个惯于弄虚作假、吹牛拍马的战地特派记者。

1947年（四十九岁）3—12月

3月8日至9日，在中央大礼堂举行的欢迎会上，向回延安的中共四川省委、八路军驻渝办事处、《新华日报》的全体人员作政治报告。周恩来嘱咐于刚、刘瞻带领《新华日报》一部分工作人员和全部报丁报童退到山西临县，在中央城市工作部领导下组织学习，迎接新的任务。①

3月10日前后，和廖承志谈话，指示将新华社干部分为两部分。小部由范长江带队，随中央留在陕北，直接归周恩来领导。大部由廖承志带队到晋冀鲁豫解放区，保证电台声音不断，新华社发稿的日常工作继续进行。②

3月11日，起草中共中央致滕代远、薄一波、王宏坤电：请将你们与塔德交涉及黄河入故道时为患的情况陆续电告，以便广播全国。③

3月12日，撰写《关于参加四国外长会议的声明》一文，发表在《东北日报》3月16日。

3月中旬，党中央撤离延安前夕，派人给电台送来了重要新闻稿。④

3月25日，到瓦窑堡好坪沟村视察陕北新华广播电台，鼓励坚持在第一线工作的播音员、技术员，要坚守岗位，保证不中断广播。⑤

3月，在撤出延安以前，毛泽东和周恩来向新华社（当时的延安台即新华社的语言广播部）的负责同志布置任务，明确要求：延安台一停

---

① 廖永祥：《周恩来与新华日报研究文集》，国际港澳出版社2005年版，第426页。
② 中共中央文献研究室编：《周恩来年谱1898—1949》（下），中央文献出版社2007年版，第744页。
③ 中共中央文献研究室编：《周恩来年谱1898—1949》（下），第744页。
④ 人民出版社资料组编：《人民的好总理 纪念敬爱的周恩来同志》（中），人民出版社资料组，1977年，第272页。
⑤ 赵玉明：《周恩来与战争年代的广播事业》，《新闻研究资料》1986年第1期，第71页。

播，晋冀鲁豫电台就接替广播，保证延安台的声音不中断。周恩来还派人给电台送来了重要新闻稿。播音员以充满必胜信心的声音，在延安作了最后一次广播。①

△在撤离延安的奔波途中，"您怎么能穿这样的鞋走路？"有人说，"你的鞋垫都露出来了。""那不是鞋垫，"周恩来说，"我在那儿塞了一迭（应为叠，原文如此。——笔者）报纸，原以为它会坚持一会儿的。"②

4月初，在陕北子洲县小河沟村，新华社西北前线分社的工作人员偶遇周恩来，见分社人员背着电台行军，行动不便，就把自己使用的一头骡子和一头驴子送给分社人员。③

4月22日，新华社发表周恩来起草的社论《新筹安会——评蒋政府改组》。④社论刊登在4月25日的《晋察冀日报》上。

4月，新华社播发了陆定一写的社论《新筹安会——评蒋政府改组》，需要同时发一篇评论，"四大队"（1947年3月，国民党军队进攻延安，在中共中央机关队伍里，有一支由新华社副总编辑范长江率领的番号为"四大队"的新华社工作队，简称"四大队"。——笔者）编辑人员对有关情况不熟悉，也无资料，范长江请示了周恩来，由周恩来口述，新华社派编辑赵棣生记录整理。周恩来在住所的窑洞里娓娓而谈，一篇几千字的文章，从头到尾一气呵成，哪里该另起一段，他及时提醒，对编辑不熟悉的人名、史实，他就稍停给以指点。不久，有一篇从前线发回的评论送周恩来审，他认为还需补充材料和进行较大修改，于是赵棣生又被派去做记录和整理。这两篇评论播发后在国内产生了很大反响。⑤

按：《周谱》认为，《新筹安会——评蒋政府改组》社论是周

---

① 赵玉明、曹焕荣、哈艳秋：《周恩来同志与人民广播》，《现代传播》1979年第1期，第2页。
② ［英］迪克·威尔逊：《周恩来传》，封长虹译，解放军出版社1989年版，第164页。
③ 《新华通讯社史》编写组：《新华通讯社史》（第1卷），新华出版社2010年版，第487—488页。
④ 中共中央文献研究室编：《周恩来年谱1898—1949》（下），中央文献出版社2007年版，第748—749页。
⑤ 万京华：《老一辈无产阶级革命家与新华社》，《新闻战线》2011年第7期，第12—13页。

恩来起草的，万京华的回忆文章说是陆定一写的。笔者认为，事实可能是陆定一根据周恩来的意思写的，用陆定一名义发表；也可能是周恩来写的，用陆定一名义发表的。

4月，听到陕北台女播音员以充沛的感情播出我军在西北战场上的第二个胜利消息——羊马河大捷的喜讯后，高兴地说："这个播音员讲得很好，应该通令嘉奖。"①

5月5日，为中共中央起草《关于蒋管区工作方针的指示》，要求"将党的宣传工作，侧重于以群众中有职业有地位人物，利用公开刊物、报纸、集会，批评时政，增强不满；而将党的广播言论、解放区胜利消息，经过极可靠关系，辗转秘密散布"。②

> 按：周恩来在这里强调，要发挥报刊的作用来配合解放区的胜利，推动全国胜利新高潮的来临，与他报刊为革命工作服务的思想是一脉相承的。

5月9日，修改的评论《志大才疏阴险虚伪的胡宗南》由新华社发表，此文由林朗起草，周恩来口述修改意见，赵棣生记录整理而成。③ 5月12日，晋冀鲁豫《人民日报》头版刊登该评论。

6月19日，起草中共中央致东北局、叶剑英、李维汉转廖承志、香港分局并告上海局电：最近在捷克首都召开世界新闻记者会议，东北局可要求参加为其会员，并进行国际活动，由吴文焘代表解放区记联在欧洲与世界记协接洽。香港分局可要章汉夫、龚澎、廖沫沙等联络香港及南洋的中国自由主义及进步的记者成立中国或华南自由记者协会，设法救济内地被捕与流亡到香港南洋的记者。如记协成立，即可申请参加世界记协，并向世界记协控诉蒋政府大捕记者的暴行。④

---

① 赵玉明：《周恩来与战争年代的广播事业》，《新闻研究资料》1986年第1期，第72页。

② 中共中央文献编辑委员会编：《周恩来选集》（上卷），人民出版社1980年版，第270页。

③ 王凤超：《周恩来新闻活动年表》（续二），《新闻研究资料》1988年第4期，第143—144页。

④ 中共中央文献研究室编：《周恩来年谱1898—1949》（下），中央文献出版社2007年版，第756页。

6月22日，给第七后方医院院长魏明中的复信内容有：新闻纸，我们只有自己出版的新闻简讯，现托通信员带去二份，望设法传观，并读给伤病同志听听。① 在魏明中的回忆文章《难忘的回忆 深切的怀念——忆周总理在解放战争时期对某医院工作和对伤病员的热情关怀》中，复信中所言出版的新闻简讯名称为《新闻简报》。②

7月7日，山东《大众日报》刊登为华东军民题词："华东军民在过去一年中，已经歼灭进犯正规军蒋军四十二个旅，只要再歼灭四十二个旅，一定完成胜利。周恩来"。③

8月21日，起草中共中央致罗迈转上海局、香港分局电："刘（晓）、钱（瑛）电提议利用目前蒋、魏（德迈）接洽卖国勾当，加强反美蒋斗争，意见甚好。望本此意，在沪、港利用各种可能广泛宣传美蒋勾结卖国残民打内战种种事实，激发人民中民族情感，以酝酿更大的民族斗争。新华社亦将加多发表此类事件的报导和评论，望注意收听。"④

9月28日，从合众社消息中得知余心清等二人二十七日在北平被捕后，与任弼时一道电告杨尚昆、李克农。⑤

△ 在关于时局问题的报告中说："无论在那（哪。——笔者）个部门工作的同志，都要在自己的岗位上努力，都要做一个有用的螺丝钉，都要发挥自己的作用。"⑥ 按照这一要求，新闻出版部门也要为"全国大反攻，打倒蒋介石"发挥自己的作用。

---

① 中共中央文献研究室、中国人民解放军军事科学院编：《周恩来军事文选》（第3卷），人民出版社1997年版，第227页。

② 广西人民出版社编：《缅怀周总理的丰功伟绩 学习周总理的革命精神》，广西人民出版社1977年版，第312页。

③ 杨林染、孙伟杰编著：《革命战争年代的〈大众日报〉》，中共党史出版社2005年版，第143页。

④ 中共中央文献研究室编：《周恩来年谱1898—1949》（下），中央文献出版社2007年版，第764页。

⑤ 中共中央文献研究室编：《周恩来年谱1898—1949》（下），第770页。

⑥ 中共中央文献编辑委员会编：《周恩来选集》（上卷），人民出版社1980年版，第282页。

9月29日，致信邓颖超：除了电报来往外，就是听新闻，读新闻。看书阅报，一天天的日子也就这样过去了。①

10月3日，从合众社1日电中得知，陈布雷之女陈琏与其丈夫袁永熙在北平被捕，王冶秋在警察到达前跑脱，致电罗迈、李克农：此案为军统局发动，似牵涉范围甚广，有扩大可能。②

11月10日，致函王炳南，筹划新中国外交的未来蓝图。其中"关于新闻工作，需要变动，已托乔木同志面告参座，待参座来河西时商决。"③

香港新华社是在抗日战争结束、重归英国殖民统治后恢复的。派龚澎和她的丈夫乔冠华奔赴香港，负责那里新华社的工作。④

新闻背景

5月25日，国民党当局在上海封闭《文汇报》《新民晚报》《联合晚报》三家民营报纸。

6月10日，新华社伦敦分社成立，《新华社新闻稿》（英文）出版，这是新华社历史上在海外出版的第一份英文新闻稿。6月15日，《晋绥日报》第4版用整版篇幅刊登苏联剧本《前线》，一个惯于弄虚作假、吹牛拍马的战地特派记者"克里空"的形象跃然纸上，发起了反"克里空"运动。得到了中共中央的肯定，并通过新华社宣传反"克里空"运动，从晋绥解放区推广到其他解放区。

8月28日，新华社发表署名总社编辑部的专论《锻炼我们的立场与作风——学〈晋绥日报〉检查工作》一文。

9月1日，新华社又发表社论《学习〈晋绥日报〉的自我批评》。

被认为是西方"报刊的社会责任理论"的奠基作——美国新闻自由研究委员会

---

① 中共中央文献研究室编：《周恩来邓颖超通信选集》，中央文献出版社2014年版，第51页。
② 中共中央文献研究室编：《周恩来年谱1898—1949》（下），中央文献出版社2007年版，第771页。
③ 高梁：《新中国外交是这样开创的——重读周恩来致王炳南的五封信》，《炎黄春秋》1998年第4期，第17页。
④ ［英］韩素音：《周恩来与他的世纪1898—1998》，王弄笙等译，中央文献出版社1992年版，第260—261页。

的综合报告《一个自由与负责的报纸》发表。

1948 年（五十岁）

1月6日，为中共中央起草致上海、香港地下党负责人电：港、沪两地收全毛泽东《目前形势和我们的任务》后，要力争在报刊上全文发表，并印成中英文本向国内外散发，进行广泛宣传，并收集各方面的反映。①

1月，在为中共中央起草的关于当前民主党派工作的指示中说，在揭露美蒋阴谋、反对召开伪国大的斗争中，"我党及左派报纸刊物是配合这一宣传的。这样，就在群众面前孤立并抛弃了民社党、青年党，并阻止了民主同盟以后对于伪宪及改组政府的动摇"②，从而团结了大多数，推进了反对美蒋的斗争。

2月14日，毛泽东、周恩来对新华社发出五点关于土改报道的指示。关于政策宣传问题方面强调："不健全的通讯或文章，宁可不发，并将发现的问题，立即反映给我们。"③

　　按：金冲及主编的《周恩来传》记载，发出指示的时间为2月24日。

3月5日，审改中共中央发言人对一月民盟宣言和民革宣言及行动纲领的谈话稿。谈话稿表示愿在新民主主义事业中，同一切反帝反封建的民主团体一道前进；并再次指出第三条道路在中国与世界一样都是不可能的。④ 8日，谈话稿以"对民盟宣言及国民党革命委员会宣言纲领

---

① 中共中央文献研究室编：《周恩来年谱1898—1949》（下），中央文献出版社2007年版，第777页。

② 中共中央文献编辑委员会编：《周恩来选集》（上卷），人民出版社1980年版，第286页。

③ 新华社新闻研究部编：《新华社文件资料选编（1931—1949）》（第1辑），1980年，第140页。

④ 中共中央文献研究室编：《周恩来年谱1898—1949》（下），中央文献出版社2007年版，第784页。

中共中央发言人发表评论"为题在晋冀鲁豫边区《人民日报》头版头条发表。

3月7日，为中共中央起草的给晋绥分局的指示指出："近两月来，晋绥分局许多指示及二月十日在《晋绥日报》上公布的分局紧急通知，对土改和整党工作所规定的方针和办法，与中央关于在老区半老区进行土改工作与整党工作的指示，基本上并无不同之处。故中央这一指示，仍应公开发表。"他说："任何政策的决定或改变，任何政策中之正确的部分或错误的部分，必须适时地不但向干部而且向群众公开指出，才能得到群众的了解和拥护而成为力量。"①

4月2日，陪同毛泽东接见《晋绥日报》编辑人员。②

按：此时间是《周谱》记载，金冲及主编的《周恩来传》为4月1日和2日，参考许多书籍记载并根据当时情况判断，在特别繁忙的情况下，毛泽东、周恩来不可能用两天时间接见报纸编辑人员，《周谱》可能比较准确。

4月，当时在他身边工作的干部回忆道：每次进办公室，"都看到周副主席那么专心地埋头工作。看完电报，听完汇报，审查完各个战场的战绩统计和实力统计，他就把这些经过他审阅或批示的电报和文件，分别送给新华社发表、某同志审阅、某单位办理，或送毛泽东审阅"。③

6月19日，在华东野战军围攻开封守军的激战中，为中共中央军委起草致粟裕等电：从今日起，广播电台将播送对开封的国民党官兵及市民的广播，你们可收录后印成传单，用炮打入城内。④

6月中旬，召集廖承志、范长江、石西民、梅益、徐迈进等开会，

---

① 中共中央文献编辑委员会编：《周恩来选集》（上卷），人民出版社1980年版，第301页。
② 中共中央文献研究室编：《周恩来年谱1898—1949》（下），中央文献出版社2007年版，第787页。
③ 中共中央文献研究室编：《周恩来传1898—1976》（上卷），中央文献出版社2008年版，第798页。
④ 中共中央文献研究室编：《周恩来年谱1898—1949》（下），第795页。

对新华社撤离延安一年多来的工作，既有表扬，又有批评。①

7月6日，撰写《豫东大捷》及《致七十二师文告》稿，经毛泽东修改后交新华社播发。② 7月15日《东北日报》刊印《豫东大捷》一文。

7月20日，告诉新华社胡乔木：西北局关于开展离队野战军战士归队运动的指示，有些可择要公开发表，以利推广运动，但必须有归队运动的具体成绩的报道，方能有教育和启发意义。③ 要新华总社研究分析离队野战军战士归队运动，如有好的典型望报总社，然后一同发表。④

7月26日—8月23日，参加中共中央召集的各部门负责人会议，研究包括对内对外宣传报道等问题。⑤

9月，在散步中遇到石西民、吴冷西，指出，这次集训条件很好，重大宣传问题都由中央书记处议定。⑥

10月16日，审改中共中央给东北局的关于对蒋币政策数点说明的指示。在其中增写："我党在新解放地区对待蒋币政策，一般地不能采取完全拒绝兑换的方针，尤其不宜公开作如此宣传，因这将影响蒋管区人民对我的信用至巨。"⑦

10月29日，起草新华社电讯，中国人民解放军总部宣布正式将吴化文部改编为人民解放军第三十五军。⑧

11月6日，致新华总社、华东野战分社并华东总分社的指示电："凡有重要战果如攻克城市，歼灭大量敌军及俘获重要将领等，应迅速

---

① 《新华通讯社史》编写组：《新华通讯社史》（第1卷），新华出版社2010年版，第320—321页。
② 刘云莱：《新华社史话》，新华出版社1988年版，第187页。
③ 中共中央文献研究室编：《周恩来年谱1898—1949》（下），中央文献出版社2007年版，第798页。
④ 郑德金：《周恩来指导新华社工作纪实（1931—1976）》，《中共党史资料》2008年第2期，第169页。
⑤ 中共中央文献研究室编：《周恩来年谱1898—1949》（下），第799页。
⑥ 郑德金：《周恩来指导新华社工作纪实（1931—1976）》，《中共党史资料》2008年第2期，第169页。
⑦ 中共中央文献研究室编：《周恩来年谱1898—1949》（下），第811页。
⑧ 中共中央文献研究室编：《周恩来年谱1898—1949》（下），第808页。

发表。""除供应文字广播材料外,望注意组织口语广播稿件供给我们,如描写敌军溃败覆亡的通信,及我方军政首长或对敌俘对敌军劝降的广播词等。广播词要解说得出,听得进,要有煽动性。"①

12月19日,为中共中央起草致香港分局、上海局电:美联社香港十七日电称中共发言人说,傅作义正利用北平作为讨价还价的资本,任何中国军队都不愿担当破坏北平的责任。你们必须严斥美联社记者的造谣或歪曲,声明中共在港并无正式发言人。②

12月23日,为中共中央起草《关于战争期间拒绝一切外国记者采访解放区的指示》,明确指出:现时帝国主义外交人员及冒险分子都在寻找机会企图钻进解放区来,进行挑拨和破坏民主阵营的工作,我应严正地注视这一发展,并在适当时机用适当方式,揭露其阴谋,打破其幻想。尤其强调对美、英、法等国要求进入解放区的外交人员和记者,应一概拒绝;军管期间还应监视其行动,发现有破坏行为者,即予惩办直到驱逐出境。③

本年,著名女记者杨刚回到中国。周恩来带杨刚在西柏坡见毛泽东时介绍说,杨刚是"党内少有的女干部"④。

新闻背景

3月15日,香港《大公报》正式复刊。

4月2日,毛泽东对《晋绥日报》编辑人员发表重要谈话,是中国共产党党报理论走向成熟的标志性成果。在《对晋绥日报编辑人员的谈话》这篇长约8000字的文章中,毛泽东指出:"报纸的作用和力量,就在它能使党的纲领路线,方针政策,工作任务和工作方法,最迅速最广泛地同群众见面。"此文不仅论述了党报的

---

① 中华人民共和国史广播电视编辑部编:《当代中国广播电视回忆录》第3集《周恩来与广播电视》,中国广播电视出版社1994年版,第244页。
② 中共中央文献研究室编:《周恩来年谱1898—1949》(下),中央文献出版社2007年版,第823页。
③ 张寿春、金鑫著,江苏省周恩来研究会组织编写:《周恩来与创建新中国》,中央文献出版社2013年版,第222页。
④ 胡乔木:《胡乔木文集》(第3卷),人民出版社2012年版,第386页。

功能和作用，而且对党报的性质、任务、文风、工作原则以及"全党办报""群众办报"等一系列重大理论与实践问题进行了深刻阐述。

6月5日，《中共中央关于宣传工作中请示与报告制度的决定》颁布。

6月15日，中共华北局机关报《人民日报》在河北省平山县里庄创刊，毛泽东为该报题写报头。当时是中共中央华北局机关报，8月改组为中国共产党中央委员会机关报。

9月9日，香港《文汇报》创办，总主笔徐铸成，总经理严宝礼。

10月2日，刘少奇对华北记者团发表重要谈话。在《对华北记者团的谈话》一文中提出，我们党要通过千百条线索和群众联系起来，而新闻记者的工作和事业，"就是千百条线索中很重要的一条""报纸每天和群众见面，每天把党的政策告诉群众"，党报记者要自觉做"人民的喉舌"。

新华社总社迁到西柏坡。

新华社布拉格分社成立。

美国《合众国》《世界报道》两周刊合并为《美国新闻与世界报道》。

国际报纸发行者协会在巴黎成立。

联合国在日内瓦举行会议，通过《国际新闻自由公约》。

1949年（五十一岁）

1月，在极其繁忙的情况下，每天要看陕北台编印的《新华广播稿》。一天，邓颖超见到陕北台的一个同志说：你们的广播稿编得很好，我和恩来同志每天都看，你们有了读者了。邓颖超对她和周恩来同志看到的好稿提出了表扬，指出了有些稿子存在的照搬知识分子语言，不够通俗、生动的现象。不几天，记载着周恩来和邓颖超同志亲切关怀的一封书信，先是在电台的编辑部，后又在几十里地外的播音组传阅，同志们从中汲取力量，决心把陕北台的节目办得更好。[1]

1月19日，为中共中央起草经毛泽东审改的《关于外交工作的指

---

[1] 赵玉明、曹焕荣、哈艳秋：《周恩来同志与人民广播》，《现代传播》1979年第1期，第3页。

示》发出。《指示》对于外国人办的报纸刊物通讯社及外国记者等项，都规定了暂行政策。其中，"对平津两地外国记者，连美国记者在内，亦暂取放任态度，观察其究作何种活动和报道，但对外国通信（讯。——笔者）社，仍应禁止其发稿。外国记者向我机关人员和部队进行访问，仍应拒绝接见和答复；如被偶然遇到并被询以我对外国记者的态度时，可答以尚未考虑这项问题。外国记者在北平电报局尚能向外发报时，如有新闻电稿发南京、上海，我可暂不禁止，让其发出。但我军事代表必须令电报局将其所发电稿于发后按日送阅。在经过一个考察时期后，到时可考虑其中有否合乎我们需要的外国记者，给以采访和发报之权，其他则不予批准，只以外国侨民待遇。"①

3月7日，复电李维汉，民主人士准备发表声明表示抗议马来亚驱逐华侨及香港封闭达德学院一事，声明发表后，新华社当发短评加以介绍。②

3月10日，对新华社工作失误作批评。1月26日，九三学社在北平的《新民报》发表《拥护中共"五一"口号暨毛泽东八项主张的宣言》。③由于新华社北平分社对九三学社不甚了解，没有转发此消息。当董必武过问此事以后，仍然没有引起他们的重视和采取补救措施。周恩来就此事向新华社提出了批评。④

3月30日，晨3时，对张治中声明稿作批示：张治中将军发表声明交新华社于30日晚9时及10时以英文口语和文字分别广播，其他文字继之，31日登报。⑤

3月，刚进城时，《大公报》设有一个小专栏，每天每期讲一个

---

① 中央档案馆编：《中共中央文件选集（一九四九年一月至九月）》（第18册），中共中央党校出版社1992年版，第78—79页。
② 中共中央文献研究室编：《周恩来年谱1898—1949》（下），中央文献出版社2007年版，第836页。
③ 王民：《〈华商报〉与各民主党派响应"五一"口号时间的考证》，《民主》2010年第1期，第46页。
④ 李静主编：《实话实说西花厅》，中国青年出版社2007年版，第25页。
⑤ 王凤超：《周恩来新闻活动年表》（续二），《新闻研究资料》1988年第4期，第144页。

"中国的世界第一"。有一次听周恩来谈话说:我们的报纸要谦虚,鼓劲要根据事实,你天天一篇"中国的世界第一",我怀疑有那么多!中国很穷,按人口平均的各种产量、产值之少也是世界第一。中国有许许多多困难要克服,生产要恢复,强调世界第一只能助长一个新生国家的盲目性和自大狂,对于我们仍在进行的战争和正在恢复的建设都不会有益。①

3月,著名女记者金凤"第一次见到周恩来"②。

4月1日,晚饭后,周恩来、林伯渠两人邀张治中和邵力子谈话。周恩来问:"我们的广播(指3月26日的广播通知。——笔者)你们收听到了,已经带来了为实施八项条件所必需的材料吗?对和谈有没有具体的意见?"张治中回答道:"我们没有具体的方案,想听听你们的——当然,是以八项原则为基础。"③

4月24日,南京解放的第二天,周恩来在中南海接见即将南下工作的党内外文化和新闻界人士,代表党中央宣布,把具有光荣历史的两张党报《解放日报》《新华日报》的报名,分别给上海和南京,范长江去上海筹办《解放日报》,石西民去南京筹办《新华日报》。4月26日,石西民抵达南京,以军代表的身份负责接收国民党《中央日报》、中央通讯社及中央广播电台,着手创办人民的新闻事业。4月29日这天早晨,套红印刷的《新华日报》创刊号即同沉浸在解放喜悦中的南京人民见面了。石西民任社长,兼任新华社南京分社社长和南京人民广播电台台长。④

4月26日,起草中央军委给渡江战役总前委的指示,针对美国广播称人民解放军曾进入南京美国大使馆施行室内检查并收缴该室器具一事,要求总前委进行核查。⑤

---

① 安岗:《办一张最好的党中央机关报》,《新闻战线》2008年第6期,第22页。
② 金凤:《难忘周总理对记者的关怀》,《新闻战线》1998年第3期,第7页。
③ 中共中央文献研究室编:《周恩来传1898—1976》(上),中共文献出版社2008年版,第836页。
④ 杨润时:《石西民略传》,《新闻研究资料》1989年第4期,第69页。
⑤ 张寿春、金鑫:《周恩来与创建新中国》,中央文献出版社2013年版,第227页。

4月，在香山对新华社的谈话中指出，新华社是党的通讯社（中华人民共和国成立后也是国家的通讯社。——笔者），同时也是人民的通讯社。新华社的所有编辑、记者都要明确认识新华社是党和人民的耳目喉舌这个根本性质。写新闻、评论都要记住新华社这个身份，要照顾各个方面，当前特别要照顾好你们不熟悉的，但在国内政治生活中地位越来越重要的各民主党派、民主人士。你们的报道要充分体现党的统一战线政策，要充分尊重各民主党派、民主人士。①

按： 周恩来的这一谈话，体现出他非常重视社会主义新闻事业的阶级属性和党性，将之视为党和人民的耳目喉舌。可以说，这个认识是周恩来其他新闻思想的基础。周恩来强调的新华社是党和人民的耳目喉舌这个根本性质，突出为人民服务，是在本质上与资本主义国家的新闻事业相区别的。报道要充分体现党的统一战线政策，要充分尊重各民主党派、民主人士。这是他的新闻工作为统战工作服务独特思想的延续和发展。

5月中旬，一天深夜，周恩来在中南海召见潘汉年、许涤新、沙可夫、茅盾、胡愈之、萨空了、周扬、袁牧之、钱杏邨、郑振铎等文化界人士，赵超构也在座。周恩来对接管上海的工作和即将召开的第一次文代大会的筹备工作作了详尽指示。谈到新闻工作的时候说："我们过去在山沟里办报，读者对象主要是工农兵和干部，入城之后，情况就不同了，特别是像北京、上海、武汉、广州这些大城市。为此，要请你们几位办报有经验的人给我们出主意，提意见。按解放前那样办报当然不行。办成解放区那样，读者也会不习惯，达不到教育、宣传的目的。此外，还有一个民办报纸的问题，像大公报、申报、新闻报、新民报以及党领导的外围报纸，这是一个相当复杂、政策性很强的问题。我们初步的意见是北平、上海这样的地方，还可以保留几家民营报纸。国民党的党报，当然要接管改造，但是从业人员还是要分不同情况妥善处理。这

---

① 吴冷西著，新华社新闻研究所编：《吴冷西论新闻报道》，新华出版社2005年版，第374页。

个问题要特别慎重,不能鲁莽从事。"①

6月12日,为中国民主同盟主办的《光明日报》题词:"光明之路 周恩来"。

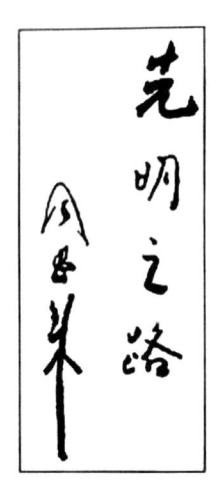

资料来源:中共中央文献研究室第二编研部编《周恩来题词集解》,中央文献出版社2012年版,第86页。

6月20日,北平新华广播电台在全国联播节目中播放了毛泽东、周恩来和李济深等在新政治协商会议筹备会上的讲话录音。②

6月24日,毛泽东、周恩来批准新华社社务委员会名单。③

6月30日,代表中央就《大美晚报》停刊给上海市委发电报。上海市委并华东局:俭电悉。完全(《建国以来周恩来文稿》注:"完全"二字为毛泽东加写。——笔者)同意你们对《大美晚报》高尔德及美帝副国务卿谈话的处理办法,并准备在条件成熟后给予总的反击。④

---

① 夏衍:《懒寻旧梦录》,生活·读书·新知三联书店1985年版,第588页。
② 中华人民共和国史广播电视编辑部编:《当代中国广播电视回忆录》第3集《周恩来与广播电视》,中国广播电视出版社1994年版,第244页。
③ 《新华通讯社史》编写组编:《新华通讯社史》(第1卷),新华出版社2010年版,第490页。
④ 中共中央文献研究室、中央档案馆编:《建国以来周恩来文稿》(第1册),中央文献出版社2008年版,第38页。

7月10日，在乔冠华等请求拨付报刊费的电报上批示：可同意，告刘恕拨款。①

7月11日，在中共香港工作委员会新华分社负责人黄作梅请求拨款给陈翰笙的电报上批示："如同意，即复。"②

7月11日，深夜到中央新闻纪录电影制片厂审阅《新政治协商会议筹备会成立》纪录片。他仔细审阅了解说词稿，并在北影拟定送审的三个片名中圈定了现在采用的片名。他对说明词逐句逐字进行了修改。还在许多地方加了眉批，如批："电影是给群众看的，在解说上不宜一边称先生，一边称同志，一般地直称姓名，不加先生或同志为妥。对话则可根据实况加以区别。"这是针对解说词中将民主人士称先生，而将中共领导人称同志而加的批注。修改后还写道：我已修改过了，请送燕铭（指筹备会秘书长齐燕铭。——笔者）再审阅一下，看有无错误，然后再送袁牧之同志收。③

7月12日，致函新华社社长胡乔木，告知当晚在中南海颐年堂约请新闻界几位友人聚餐并回答几个问题。约请人员名单是：《大公报》记者朱启平、高汾；《新民报》北平社经理邓季惺、采访部主任浦熙修；天津《进步日报》社管理委员会主任徐盈及驻北平办事处代理主任彭子冈；《观察》社社长储安平；《光明日报》秘书长萨空了、总编辑胡愈之。还有中国人民解放军南京市军管会新闻处处长刘尊棋和政协筹备会议秘书长宦乡。④

7月17日，代表中央就外国新闻等机构处理办法给南京市委并华东局发电报：对苏联新闻处的处理，同意你们与友方商量的办法。⑤

7月19日，出席中华全国文学艺术工作者第一次代表大会。会议休息时，《人民日报》女记者陈柏生因大会报道问题找到周恩来。周恩来

---

① 中共中央文献研究室、中央档案馆编：《建国以来周恩来文稿》（第1册），中央文献出版社2008年版，第105页。

② 中共中央文献研究室、中央档案馆编：《建国以来周恩来文稿》（第1册），第117页。

③ 高维进：《中国新闻纪录电影史》，中央文献出版社2003年版，第97页。

④ 周恩来：《周恩来书信选集》，中央文献出版社1988年版，第419—420页。

⑤ 中共中央文献研究室、中央档案馆编：《建国以来周恩来文稿》（第1册），第128页。

说:"新闻中写的名字和排列次序,都对过了吗?一定不要弄错了。""你们是人民的记者,要对人民负责呢,那个程砚秋的'砚'字,可不要再写成'艳'字了。记住了吧!"柏生拿出大会发的纪念册,请周副主席签名留言,周恩来随手翻阅紫红色封皮的纪念册,沉思片刻,认真地写下"为建立人民宣传工作而努力 陈柏生同志 周恩来 一九四九,七,十九"这个对新闻工作者极为重要的题词。又对柏生说:"你们要像毛主席说的,好好为人民服务,向人民学习,人民需要你们。"①

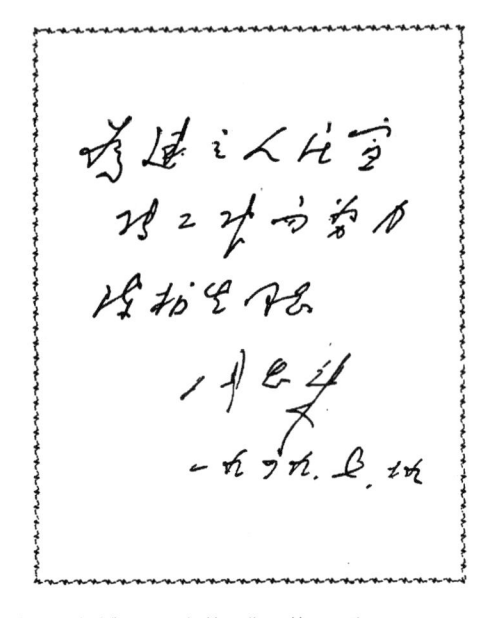

资料来源:转自《新闻战线》1978年第1期,第27页。

7月23日,撰写《恢复生产建设中国》一文,《工人日报》1981年1月8日发表。

7月24日,纪念邹韬奋逝世五周年题词为:"邹韬奋同志经历的道路是中国知识分子走向进步走向革命的道路 纪念韬奋同志逝世五周年 周恩来"。

---

① 柏生:《一个记者的幸福回忆》,《新闻战线》1978年第1期,第27页。

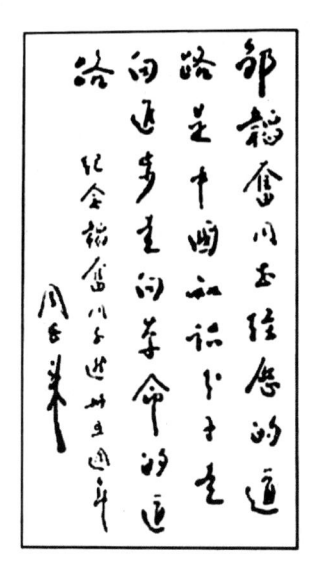

指导新闻期（1947年3月—1976年1月） 283

资料来源：中共中央文献研究室第二编研部编《周恩来题词集解》，中央文献出版社2012年版，第94页。

7月25日，对《解放日报》社论稿提出修改意见：第二项任务"此外，应鼓励大批学校工厂内迁"句，应改为"此外，应在可能和必要的条件下，鼓励某些学校工厂内迁"，以便与此项首句所提"部分学校工厂"相呼应。①

　　按：经过周恩来的修改，表述更准确、更严谨。他不是以领导身份压人修改，而是指出为何修改，让人心悦诚服地修改。

7月28日，对《解放日报》社论稿作出批语：送胡乔木照此校正，内有一句，"大批"两字还是去掉。②

7月30日，代表中央就播发中苏通商谈判消息给李富春并东北局发电报要求，7月31日于莫斯科和沈阳同时发表下列消息，然后北平新华社于8月31日广播全国。消息文字如下："中国东北人民民主政府以高岗为首的商业代表团，日前业从东北到达莫斯科，举行了有关通商问

---

① 中共中央文献研究室、中央档案馆编：《建国以来周恩来文稿》（第1册），中央文献出版社2008年版，第173页。
② 中共中央文献研究室、中央档案馆编：《建国以来周恩来文稿》（第1册），第173页。

题的谈判。由于顺利商谈的结果，并获得了东北与苏联之间相互交换商品的决定。协定以一年为期。东北将以大豆、植物油、玉米、大米等商品向苏联出售，苏联将向东北出售工业设备、汽车、煤油、布匹、纸张、医药器材等商品。代表团已于7月30日由莫斯科动身返国。"①

7月30日，晚，纪录片《新政治协商会议筹备会成立》编辑高维进、摄影师徐肖冰将纪录片送到中南海请周恩来审查，由于那里没有固定的放映机而是用手提放映机，光线、声音试了好久也调不好，急得放映员满头大汗，因怕耽误周恩来的时间，徐肖冰前去解释，周恩来反倒安慰说，慢慢来，别紧张，我今天有时间。后来虽放映了，但声音仍不清晰，会议庄严热烈的气氛未能完全表达出来。周恩来说，从内容看么，可以了。影片就这样通过上演了。②

7月31日，给李富春发电报，"同意《东北日报》即于今日发表东北代表团消息。"③

8月1日，对上海市委关于外国记者发电优待问题电报作出批语："即送乔木（指胡乔木。——笔者），与炳南、王诤商复，似应同意。"④

8月5日，国民党湖南省政府原主席程潜发表起义通电，新华社华中总分社和第四野战军总分社都迟发了。周恩来先后多次找陈克寒（时任新华社总编辑、社长。——笔者）和吴冷西（时任新华社总社副总编辑。——笔者），严肃地批评新华社没有及时重视这方面的报道，落在迅速变化的形势后面。⑤

8月22日，在为新政治协商会议起草的《新民主主义的共同纲领》手稿第二稿关于文化教育部分中写道："新民主主义的新闻出版事业，是服从于国家的一般政策，并推动及巩固新民主主义的革命及建设事业的。国家的新闻出版机关，应根据中国人民的立场，新民主主义的观点

---

① 中共中央文献研究室、中央档案馆编：《建国以来周恩来文稿》（第1册），中央文献出版社2008年版，第198页。
② 高维进：《中国新闻纪录电影史》，中央文献出版社2003年版，第97页。
③ 中共中央文献研究室、中央档案馆编：《建国以来周恩来文稿》（第1册），第199页。
④ 中共中央文献研究室、中央档案馆编：《建国以来周恩来文稿》（第1册），第214页。
⑤ 李静主编：《实话实说西花厅》，中国青年出版社2007年版，第19页。

及人民政府各个时期的政策,进行工作。"①

8月26日,代表中央关于明令外国通讯社停业事给上海市委并华东局发电报,同意用军管会名义明令外国通讯社停止业务及其命令的内容。②

8月,毛泽东为新华社拟电稿"叶剑英将军奉命南下两广工作,聂荣臻将军继任北平市长"。周恩来参与修改后播出。③

9月21日,中国人民政治协商会议第一届全体会议在北平隆重举行,批准广播电台记者采访会议新闻,并批示播送毛主席在会上的讲话录音,使全国人民第一次听到毛主席的声音。④ 推荐杨刚作为新闻界代表出席新政治协商会议。

9月26日,在《人民日报》头版发表《〈中国人民政治协商会议共同纲领〉草案起草的经过和纲领特点（1949年9月22日）》一文。

9月,为《世界知识》创刊十五周年题词:"世界知识 创刊十五周年纪念号 周恩来"。⑤

按:《世界知识》1934年9月16日创刊于上海,是一份以评述国际时事为主的综合性刊物。抗战时期先后迁汉口、重庆、香港等地出版。1945年12月,在上海复刊。1949年9月,该刊主编之一金仲华请求周恩来为该刊创刊十五周年题词。

△ 为《新民报》创刊二十周年题词:"新民报创刊二十周年 依靠群众 教育群众 周恩来"。

10月1日,专向他的"外事"人员,要他们确保把毛的话翻译好,通过电台,广为传播。"要让全世界都听到我们的声音。"⑥

---

① 中共中央文献研究室、中央档案馆编:《建国以来周恩来文稿》（第1册）,中央文献出版社2008年版,第311页。
② 中共中央文献研究室、中央档案馆编:《建国以来周恩来文稿》（第1册）,第320页。
③ 王凤超:《周恩来新闻活动年表》（续二）,《新闻研究资料》1988年第4期,第145页。
④ 《我们的周总理》编辑组编:《我们的周总理》,中央文献出版社1990年版,第434页。
⑤ 中共中央文献研究室第二编研部编:《周恩来题词集解》,中央文献出版社2012年版,第96页。
⑥ [英]韩素音:《周恩来与他的世纪1898—1998》,王弄笙等译,中央文献出版社1992年版,第274页。

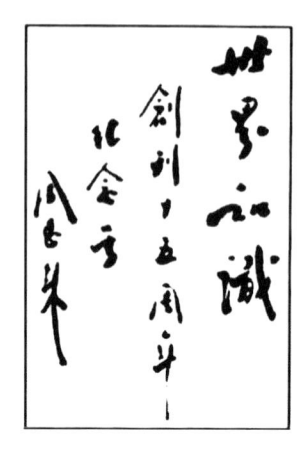

资料来源：中共中央文献研究室第二编研部编《周恩来题词集解》，中央文献出版社2012年版，第96页。

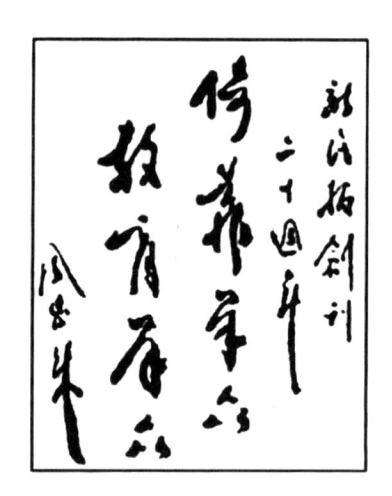

资料来源：中共中央文献研究室第二编研部编《周恩来题词集解》，中央文献出版社2012年版，第96页。

△ 开国大典，批准广播电台进行现场实况广播。以后的国庆节、"五一"节、全国人大、政协及其他重要会议的实况和报道也都是经周总理亲自批准播放的。[1]

---

[1] 《我们的周总理》编辑组编：《我们的周总理》，中央文献出版社1990年版，第434页。

△《人民日报》第 4 版刊发消息，标题为"周恩来关于人民政协共同纲领的报告 捷'红色权力'报全文刊载"。

　　△ 据摄影家侯波回忆，想拍一个带城楼的毛主席侧身镜头，但一再往后撤身还是取不到满意的角度。正在这时，周总理抓住她的衣角说："要小心，别摔着。"①

　　10 月 5 日，给胡乔木写信，请于今晚以广播发表消息，内容为：苏联政府已任命罗申为苏联驻中华人民共和国第一任大使，我中央人民政府已任命王稼祥为中华人民共和国驻苏联第一任大使。双方已均征得同意。②

　　10 月 21 日，《南侨日报》刊登为海外华侨的题词："海外侨胞与祖国人民团结一起 为实现中华民族的彻底解放而奋斗 周恩来"。

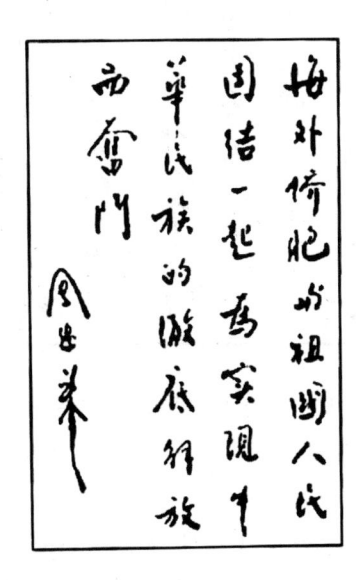

　　资料来源：中共中央文献研究室第二编研部编《周恩来题词集解》，中央文献出版社 2012 年版，第 96 页。

---

　　① 侯波、陈小博：《我是如何进入中南海为毛主席拍照的》，《纵横》2018 年第 1 期，第 19—21 页。

　　② 中共中央文献研究室、中央档案馆编：《建国以来周恩来文稿》（第 1 册），中央文献出版社 2008 年版，第 431 页。

按:《南侨日报》,1946年11月20日创办于新加坡,为爱国华侨陈嘉庚先生所办,胡愈之任社长,总经理为张楚琨,1950年9月20日,被英国殖民当局无理查封。

10月30日,为纪念《南侨日报》创刊三周年题词:"为宣扬新民主主义的共同纲领而奋斗 为保护国外华侨的正当权益而奋斗 南侨日报三周年纪念 周恩来 一九四九年十月三十日"。题词刊登于《南侨日报》11月27日。

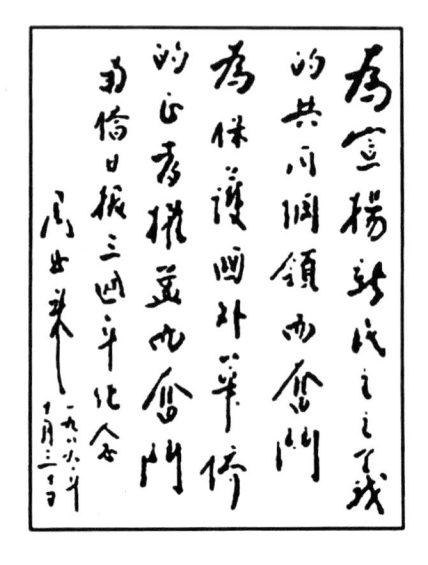

资料来源:中共中央文献研究室第二编研部编《周恩来题词集解》,中央文献出版社2012年版,第106页。

按:题词中的共同纲领,即《中国人民政治协商会议共同纲领》,1949年9月29日经中国人民政治协商会议第一届全体会议通过,是一部建国纲领,由中国共产党领导,各民主党派、各人民团体和各族各界人民的代表共同制定,是一定时期内全国人民共同的奋斗目标和统一行动的政治基础。因此,为宣传共同纲领而奋斗,不仅是《华侨日报》的重要任务,也是新闻工作的重要任务。11月27日,《南侨日报》刊登题词。

11月5日，应苏联塔斯社之请，为纪念十月革命撰写《十月革命的光辉永远照耀着我们》一文。①

11月15日，致新华社驻布拉格分社社长吴文焘并告王稼祥电："李四光先生受反动政府压迫，已秘密离英赴东欧，准备返国，请你们设法与之接触。并先向捷克当局交涉，给李以入境便利，并予保护。"②

11月24日，胡乔木送上关于统一发布中央人民政府及其所属各机关重要新闻的暂行草案一份，周恩来在上面批示："新闻室，仍归新闻总署管理，不必设在中央人民政府办公厅内。"③

12月12日，对越南受难华侨给毛泽东、周恩来等电报作出批语，其中"三、发拟稿登报"④。

12月14日，关于任命新疆省政府名单事给彭德怀的电报，新疆省人民政府名单，今日政治局讨论，须十六日提政务会议通过，当晚可以广播，无法再提早。⑤

12月17日，关于发表毛泽东抵莫消息等问题给王稼祥电报，毛主席抵莫消息及公报，我们今日七时以后才陆续收到，故已不及登在今天报上，只能在京津发号外，并于下午开始广播，全部消息将登在十八号报纸上。⑥

12月19日，主持召开政务院会议听取有关部门汇报，并作出指示，原则批准成立文化用纸管理委员会，解决新闻出版单位用纸十分紧张局面。⑦

---

① 中共中央文献研究室编：《周恩来年谱1949—1976》（上），中央文献出版社1997年版，第9页。
② 鲁振祥等主编：《红书简》（1），山西人民出版社2001年版，第188页。
③ 《胡乔木传》编写组编：《胡乔木书信集》（修订本），人民出版社2015年版，第24页。
④ 中共中央文献研究室、中央档案馆编：《建国以来周恩来文稿》（第1册），中央文献出版社2008年版，第659页。
⑤ 中共中央文献研究室、中央档案馆编：《建国以来周恩来文稿》（第1册），第663页。
⑥ 中共中央文献研究室、中央档案馆编：《建国以来周恩来文稿》（第1册），第679页。
⑦ 方厚枢：《历史回望：新闻出版用纸的过去和现在》（上），《中国出版》2002年第3期，第47页。

新中国成立初期，当周恩来呼吁那些爱国的、受过专业训练的人要帮助建设中国，而不是为了自己的私利待在香港、台湾或西方时，一位出版过埃里克·仇（香港的一位青年作家，曾经的一名记者。——笔者）作品的香港华人编辑在人民共和国建立后不久访问了北京。他说："埃里克，周总理清楚地记得你，他问起了你，我告诉他，你和我们一起在香港。他说他愿意亲自见到你。"① 20世纪40年代，仇作为一名记者的确在内地见过周恩来。

新中国成立初期，周恩来的一位秘书以日记的形式记录了其生活中的一天，其中有关新闻方面的内容为："当天对外广播稿子送来了，总理很快地看了一遍。他浏览了中国报纸的社论，不禁皱起眉头，因为他认为有一篇社论言词偏激。深夜三点半时，他开始阅读送来的文件、新闻摘要，直到四点半为止。"②

新中国成立初期，新华社人员通常在晚间甚至午夜找周恩来定稿，后来临时性变成经常性了。以致有几次周恩来对吴冷西说："我都成了你们的总编辑了。你们要学会自己走路，越少找我越好。我当助理总编辑就行了。"③

自新中国成立初期开始，多次指示新华社要尽最大努力收集国际公开情报。先是要求抄收所有主要的外国通讯社的电讯，后来又要求收集西方主要报刊与中国有关的评论，尽可能全面、迅速、充分发挥"耳目"的作用。④

本年，作为新闻人物的周恩来被《人民日报》发表报道文章67篇。

新闻背景

1月1日，毛泽东发表《将革命进行到底》，表明中国人民决不怜惜蛇一样的恶

---

① ［英］迪克·威尔逊：《周恩来传》，封长虹译，解放军出版社1989年版，第178页。
② ［英］韩素音：《周恩来与他的世纪1898—1998》，王弄笙等译，中央文献出版社1992年版，第284页。
③ 李静主编：《实话实说西花厅》，中国青年出版社2007年版，第19页。
④ 李静主编：《实话实说西花厅》，第28页。

人，决心坚决彻底干净全部地消灭一切反动势力，将革命进行到底。

1月，天津解放，《益世报》被关闭。

6月16日，中国民主同盟机关报《光明日报》创刊，毛泽东为创刊号题词："团结起来，光明在望"。

7月1日，新华社总社增办对国外中文文字广播。

7月13日，中华全国新闻工作者协会筹备会致电国际记者协会，正式请求加入该会。

7月15日，《工人日报》创刊，是中华全国总工会机关报。

8月1日，中共中央华北局机关报《人民日报》改为中共中央机关报。从此至今，《人民日报》就一直是中共中央机关报。

8月20日，上海人民广播电台率先开办了对台湾广播。

10月1日，在天安门广场举行开国大典，北京新华广播电台和全国各地人民广播电台联合进行了6小时的现场实况广播，新华社播发开国大典消息和照片。

10月1日，成立国际新闻局。它是中央人民政府新闻总署的组成机构之一，也是新中国成立后最早的对外新闻出版单位。

10月1日，中央人民广播电台开始播音，全国有45座人民广播电台。

10月20日，新中国成立以后创办的第一家省级党报——中共青海省委机关报《青海日报》在西宁创刊。

11月1日，中央人民政府政务院（后改称"国务院"）新闻总署正式成立，由胡乔木担任署长，范长江、萨空了担任副署长，承担起领导新中国新闻事业、管理国家新闻机构的责任。其下辖一厅（办公厅）、一社（新华社）、三局（广播事业管理局、国际新闻局、新闻摄影局）、一校（北京新闻学校）。当日，中央人民政府新闻总署创办北京新闻学校，由副署长范长江兼任校长，陈翰伯任副校长，招收两期学员共500余人，学制每期不到一年，出版校刊《新闻学习》，共出24期，1951年8月停办。

11月15日，《新华月报》在北京创刊，是新中国第一份大型时政性、文献性综合月刊。

10月18日，广州人民广播电台开始播音；1950年元旦，贵阳人民广播电台开始播音；1950年1月5日，成都人民广播电台开始播音；1950年3月4日，昆明人民广播电台开始播音。

1949年，《新闻简报》诞生，用电影胶片记录和传播新闻，每周一期，每期约十分钟。中央新闻纪录电影制片厂制作的《新闻简报》曾是国人集体收看的"新闻联播"。1978年后改为《祖国新貌》，直到1993年结束。

柏林电台改称德意志民主共和国电台。

1950年（五十二岁）

1月1日，上海《新闻日报》元旦增刊发表题词："为报道真实新闻而奋斗！新闻日报元旦增刊 周恩来"

资料来源：中共中央文献研究室第二编研部编《周恩来题词集解》，中央文献出版社2012年版，第102页。

按：此题词是该报总主笔（后任社长）金仲华到北京向周恩来汇报工作时请周题写的。《新闻日报》前身为《新闻报》，1893年2月在上海创刊。1949年5月上海解放时停刊，6月，改组后出版，改称此名。1978年复称《新闻报》。

△《人民日报》第2版头条刊登题词："人民胜利万岁！周恩来"

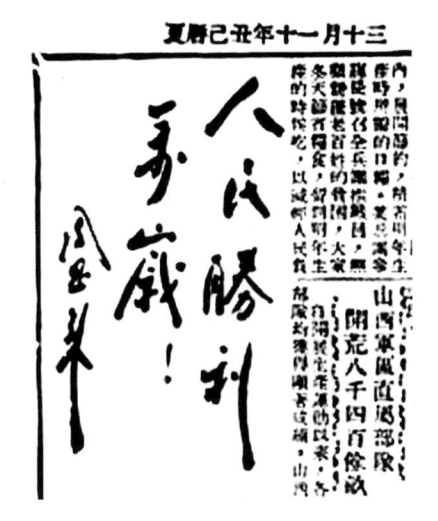

指导新闻期（1947年3月—1976年1月） 293

资料来源：转自《人民日报》1950年1月1日第2版。

△《解放日报》刊登新年题词："解放台湾 解放全中国！解放日报新年增刊 周恩来"。

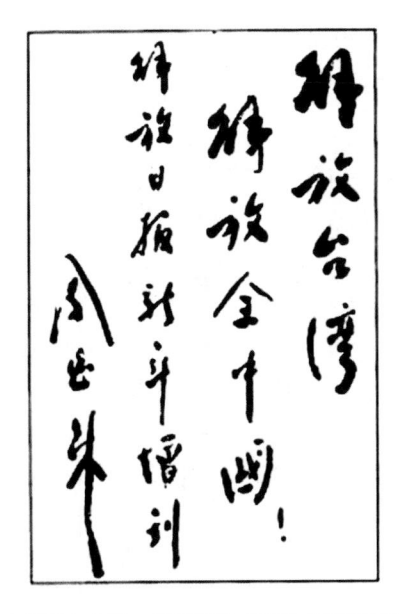

资料来源：中共中央文献研究室第二编研部编《周恩来题词集解》，中央文献出版社2012年版，第101页。

△《文汇报》刊登元旦增刊题词:"努力为人民服务 文汇报元旦增刊 周恩来"。

资料来源:中共中央文献研究室第二编研部编《周恩来题词集解》,中央文献出版社 2012 年版,第 102 页。

△ 中国人民解放军华东军区海军司令部机关报《人民海军》报创刊,并在创刊号刊登题词"为建设中国人民海军而奋斗 周恩来"。

资料来源:中共中央文献研究室第二编研部编《周恩来题词集解》,中央文献出版社 2012 年版,第 103 页。

按：同一天，为五个不同媒体撰写并发表题词五次，这是很少见的，可以看出，周恩来在新中国成立初期仍然十分关心新闻传播事业。题词的重要特点是在强调新闻真实性的前提下，为新闻传播事业指明方向，即为人民服务，为新中国服务，为新政治、新经济服务。

年初，和宋庆龄副主席在北京饭店举行宴会，欢迎苏联第一个专家代表团。宴会在晚上7时开始，6时刚过，《人民日报》记者金凤便赶到北京饭店找周恩来秘书，索要参加宴会的名单和讲话稿。秘书告诉金凤，宋庆龄送来了一篇用英文写的欢迎词讲话稿。秘书担心，宋庆龄很可能用英文致欢迎词，这不符合新中国的国情。周恩来提前半小时到达会场，秘书急忙向他报告。周恩来让秘书赶紧找人把那份英文讲话稿翻译出来。周恩来懂英文，改了几个词。7时整，周恩来和宋庆龄笑容满面地步入宴会厅。金凤也跟了进去。周恩来站起来讲话，说今天本来由中央人民政府副主席宋庆龄致欢迎辞。宋副主席是南方人，普通话说得不大好，由他代表宋副主席宣读欢迎词。宋庆龄微笑着点头，苏联专家听了更是热烈鼓掌。难怪夏衍说，什么叫周到？周总理一到，工作就周到了。金凤写出新闻稿，时间已是晚上10时，报社总编室的截稿时间是夜12时，必须赶紧把稿子送到报社。金凤找到周恩来秘书，请他把新闻稿送请总理审阅。新闻不到1000字。周恩来向金凤走来，伸出手，温和地说："你是《人民日报》记者吧，我们一起走。"外面正下大雨，周恩来的卫士长将一件军用雨衣披在总理身上。周总理一回头见到金凤，随手将雨衣披在她身上。周总理向金凤解释道："这个消息是否发表，还得回去请示主席。你和我一起到中南海，在我办公室等着。"在车里，周总理和蔼地问金凤的姓名，什么时候入党和参加新闻工作，哪个学校学生，金凤一一回答。周总理听了点点头，勉励她说："你是新中国第一代女记者，要努力工作，努力学习啊。"他问金凤认识不认识彭子冈、浦熙修？金凤说，在采访中常见到她们。周总理说："她们都是很能干的记者。还有一位杨刚同志，她是大公报名记者，文章很好。记者工作很重要，女同志当记者，困难要多些。但国外有史沫特莱、斯特朗这样知名的女记者，国内也有杨刚、子冈、浦熙修这些女记者，她们工作都很出色。你要好好向她们学习。"晚上 11 时,周总理披着雨衣推门进来,告诉金凤,消息暂不发表。周总理又对秘书同志说:"你安排一下,让金凤同志坐我的车回报社。外面雨很大。"①

  按:这一段是《人民日报》记者金凤的回忆,从中可以看出,周恩来对新闻工作者如数家珍,对新闻工作者可谓关怀备至,对新闻处理非常谨慎。

  年初,有一天半夜,李琦值班,周恩来交给他一份有关外交方面的声明,要求第二天见报。李琦照例封好,交给收发室就睡觉去了。没想到第二天报纸上没有刊登。周恩来自然生气,要求立即查明原因,并嘱咐要每个环节都查清楚。原来是由于天气寒冷,汽车在政务院机关旧式库房里很久没有发动起来,等将声明送到新华社时已经晚了,错过了发稿的时间。周恩来想到李琦刚来,并没有过多地责备,而是说:要采取措施,保证不再出现这类事。②

  2 月 12 日,6 时,发电报给刘少奇转杨尚昆、李克农、胡乔木,协商新华社社论发表问题。③

  2 月 13 日,18 时,发电报给胡乔木,内容包括塔斯社英文稿发出来太晚。④

  2 月 14 日,发电报给胡乔木,内容包括新华社社论修改、新闻广播、塔斯社新闻稿译发等。⑤

  3 月 17 日,在讨论《关于文教工作计划要点的报告》时说:"为使全国人民对今明两年的土地改革有正确的认识,需要进行广泛深入的宣传教育,这不仅是新闻部门的事,文教各部门都要做土改教育工作。"⑥

---

  ① 金凤:《难忘周总理对记者的关怀》,《新闻战线》1998 年第 3 期,第 8—9 页。
  ② 李静主编:《实话实说西花厅》,中国青年出版社 2007 年版,第 211 页。
  ③ 中共中央文献研究室、中央档案馆编:《建国以来周恩来文稿》(第 2 册),中央文献出版社 2008 年版,第 71—72 页。
  ④ 中共中央文献研究室、中央档案馆编:《建国以来周恩来文稿》(第 2 册),第 74 页。
  ⑤ 中共中央文献研究室、中央档案馆编:《建国以来周恩来文稿》(第 2 册),第 75—77 页。
  ⑥ 中共中央文献研究室编:《周恩来年谱 1949—1976》(上),中央文献出版社 1997 年版,第 28 页。

3月29日，打电报给国际电信联盟秘书长艾奈斯特，申明我中央人民政府是代表中国人民的唯一合法政府。我国政府已任命邮电总局局长李强为参加国际电信联盟的首席代表。中国国民党集团的非法"代表"，已没有资格出席4月1日在意大利召开的国际广播会议。①

3月，由周恩来任政务院总理的中央人民政府新闻总署召开新闻工作会议，决定中央人民广播电台增办藏语、蒙古语和朝鲜语广播。

4月1日，任命李强等为参加国际广播会议代表。②

4月15日，为中国人民解放军空军政治部主办的《人民空军》创刊题词："为建立人民空军而努力 周恩来"。

资料来源：中共中央文献研究室第二编研部编《周恩来题词集解》，中央文献出版社2012年版，第103页。

4月，为新中国成立后南京创刊一周年的《新华日报》题词："在人民胜利的南京，出版新华日报一周年，今后应更好地为人民服务。周恩来"。

---

① 中共中央文献研究室、中央档案馆编：《建国以来周恩来文稿》（第2册），中央文献出版社2008年版，第226页。
② 中共中央文献研究室、中央档案馆编：《建国以来周恩来文稿》（第2册），第238页。

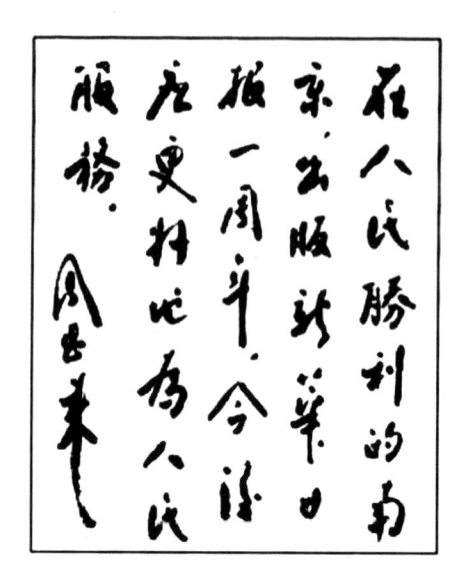

资料来源：中共中央文献研究室第二编研部编《周恩来题词集解》，中央文献出版社 2012 年版，第 102 页。

按：《新华日报》现为中共江苏省委机关报，当时是中共南京市委机关报。1949 年 4 月 30 日在南京创刊。1949 年南京解放后，根据周恩来提议，经中共中央批准，南京创办的党报仍沿用《新华日报》的名称以示纪念。

春，每夜都听美国的新闻报道。由于 12 个小时的时差，每天晚上必须有专人整夜监听广播，以捕捉信息。①

5 月 4 日，《中国青年》第 38 期纪念恽代英同志殉难十九周年特辑发表周恩来题词："中国青年热爱的领袖——恽代英同志牺牲已经十九年了，他的无产阶级意识，工作热情，坚强意志，朴素作风，牺牲精神，群众化的品质，感人的说服力，应永远成为中国革命青年的楷模。一九五零年五月 周恩来"。

---

① ［英］韩素音：《周恩来与他的世纪 1898—1998》，王弄笙等译，中央文献出版社 1992 年版，第 293 页。

指导新闻期（1947年3月—1976年1月） 299

> 中国青年热爱的领袖——挥
> 代英同志牺牲已经十九年了。
> 他的艰苦奋斗作风，勇敢牺
> 牲精神，爱护青年群众，风仪
> 坚贞不屈以至殉身革命的感
> 人的说服力，永远成为千百
> 万革命青年的楷模。
> 一九五〇年五月 周恩来

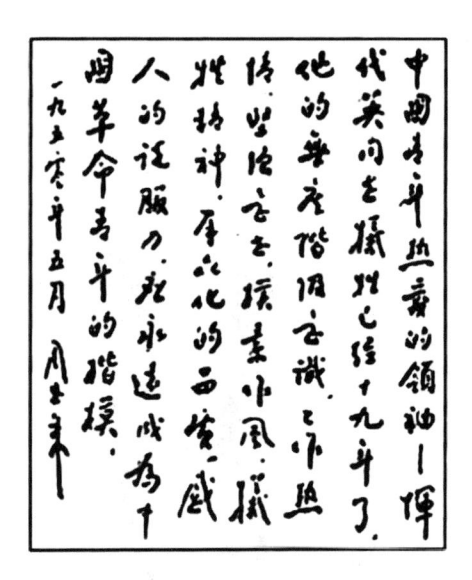

资料来源：中共中央文献研究室第二编研部编《周恩来题词集解》，中央文献出版社2012年版，第104页。

5月25日，宋庆龄致函周恩来，希望他对新的工作计划给予建议和补充，"要加强和进一步开展我们这方面的工作比规划中国福利基金会对外宣传活动要容易得多。原因是这些计划实际都在进行，它们只不过是要探讨如何实现我们早有的想法的问题"，但"由于我们对宣传工作的看法还不明确，始终还在寻找完成这一工作的新的道路和方法"，所以"我们希望有特殊的荣幸来修改宣传工作计划"。① 同日，宋庆龄在另一封信函中，建议让中国福利基金会在北京设立一个联络处，人员从中国福利基金会工作人员中调用或由周恩来推荐。关于中国福利基金会国际宣传组的人事问题，将通过周恩来的了解与同意而决定。②

5月，宋庆龄致函周恩来，推荐耿丽淑为国际宣传工作的负责人。③

△ 对英国将查封《南侨日报》事作出批语：告罗迈商乔木速复，

---

① 宋庆龄：《宋庆龄选集》（上卷），人民出版社1992年版，第538页。
② 宋庆龄：《宋庆龄书信集》（下册），人民出版社1999年版，第276—278页。
③ 徐锋华：《〈中国建设〉的创办与新中国成立初期的对外宣传》，《中共党史研究》2016年第5期，第63页。

此间应先发表批评文章。①

6月1日，在《人民日报》头版发表为六一儿童节题词："为孩子们的健康祝福 周恩来"。

资料来源：转自《人民日报》1950年6月1日第1版。

6月14日，接受捷克通讯社和捷克红色权利报驻华特派员万纳的采访。内容刊载在6月23日《人民日报》头版头条。

6月17日，宋庆龄致函周恩来，特别提到国际宣传工作"对于我们将来怎样发展有很大影响"。②

6月27日，心情沉重地听着杜鲁门的广播讲话，并说："杜鲁门改变了艾奇逊的政策。"③ 周恩来会聆听每一则广播电讯，阅读所有西方广播的文稿。

---

① 中共中央文献研究室、中央档案馆编：《建国以来周恩来文稿》（第2册），中央文献出版社2008年版，第377页。
② 宋庆龄：《宋庆龄书信集》（下册），人民出版社1999年版，第304页。
③ ［英］韩素音：《周恩来与他的世纪1898—1998》，王弄笙等译，中央文献出版社1992年版，第294页。

6月28日，代表中国政府就杜鲁门27日广播讲话发表声明。此声明稿经周恩来修改。①

△ 以外交部长名义发表《关于美国武装侵略中国领土台湾的声明》，6月29日《人民日报》头版刊登。

6月，修改并批准《外国记者登记暂行条例》，这是新中国第一个法规性文件，将外国记者的管理工作纳入了正规化、正常化轨道。②

7月23日，发出《关于镇压反革命活动的指示》，《人民日报》7月24日头版头条发表。

夏，对新华社社长吴冷西和记者徐熊谈对外事新闻报道的看法：有些记者写东西总是老一套，公式化，概念化，是从什么时候开始，是谁立下的规矩，写宴会消息，一定要讲"在热烈友好气氛中进行"？当记者回答这是按惯例办时，周恩来说：惯例也可以打破嘛。当然，改，也要一步步来。你每次都写气氛"热烈友好"，一下子不写了，人家反而会起疑心，要是读者见多了，你不提气氛，人家也会习以为常。③

按：周恩来的谈话，循循善诱，入情入理，开导、引导新闻工作者要注重创新，要讲究艺术，当然不能一蹴而就，要渐进式的改革，要润物细无声渗透式地改进。

8月31日，《人民日报》第1版同时刊登两条消息，标题分别为"法人道报论周外长声明 揭穿美国侵略者的烟幕 波兰人民论坛报斥美国侵我台湾""苏加诺哈达电毛主席周总理 感谢对印尼独立纪念日的祝贺"。

9月8日，撰写《关于新解放区征收农业税的指示》，《人民日报》9月10日头版头条发表。

9月12日，《目前人民政权建设的主要任务》社论在《人民日报》

---

① 王凤超：《周恩来新闻活动年表》（续二），《新闻研究资料》1988年第4期，第145页。
② 胡正强：《中国现代报刊活动家思想评传》，新华出版社2003年版，第93页。
③ 中共中央文献研究室：《不尽的思念》，中央文献出版社1987年版，第587页。

头版发表，社论经董必武修改，由周恩来审定。①

9月15日，致潘汉年、夏衍转吴耀宗电："先生为发表宣言（指《中国基督教在新中国建设中努力的途径》的教会革新宣言。——笔者），推动各方，备极勤劳，至可感佩。此项文件，拟予全部发表，并由《人民日报》为文赞助，以广影响。"②

9月26日，给毛泽东、刘少奇、朱德、胡乔木阅苏联《消息报》编辑部向周恩来约稿的来电，并已答应10月1日为《人民日报》拟写的文章给《真理报》。③

9月30日，在《为巩固和发展人民的胜利而奋斗》报告中说："书籍、刊物和报纸的发行量和流通范围，也已经迅速地增加和扩大。"10月1日，报告在《人民日报》第1版发表。

9月下旬，接宋庆龄函，具体提出建立国际宣传机构的工作要点，其中有"配合外交部的同性质工作范围之内""国际宣传机构与宣传刊物……设在北京"。④

10月1日，为庆祝新中国成立一周年，《人民日报》头版刊登题词："为进一步巩固和发展中国人民胜利而奋斗 周恩来"。头版同时发表署名文章《为巩固和发展人民的胜利而奋斗》。

> **按**：王凤超的《年表》记载为：10月1日在《人民日报》发表题为"为巩固和发展人民的胜利而奋斗"的文章，缺少题词内容。

10月4日，《人民日报》第4版刊发消息，标题为"庆祝我国国庆节 苏报纸杂志发表专文 真理报全文刊登周总理报告 莫斯科电台整天播送特别节目"。

---

① 王凤超：《周恩来新闻活动年表》（续二），《新闻研究资料》1988年第4期，第145页。
② 中共中央文献研究室、中央档案馆编：《建国以来周恩来文稿》（第3册），中央文献出版社2008年版，第296页。
③ 中共中央文献研究室、中央档案馆编：《建国以来周恩来文稿》（第3册），第328页。
④ 宫喜祥主编：《辉煌与理想〈今日中国〉创刊60周年纪念文集》，外文出版社2012年版，第40页。

10月26日，审定并签发《中共中央关于在全国进行时事宣传的指示》，相关内容有："为了使全体人民正确地认识当前形势，确立胜利信心，消灭恐美心理，各地应即展开关于目前时事的宣传运动。""宣传的基本内容有二：（一）我国对美军扩大侵朝，不能置之不理；（二）我全国人民对美帝国主义应有一致的认识和立场，坚决消灭亲美的反动思想和恐美的错误心理，普遍养成对美帝国主义的仇视、鄙视、蔑视的态度。"①

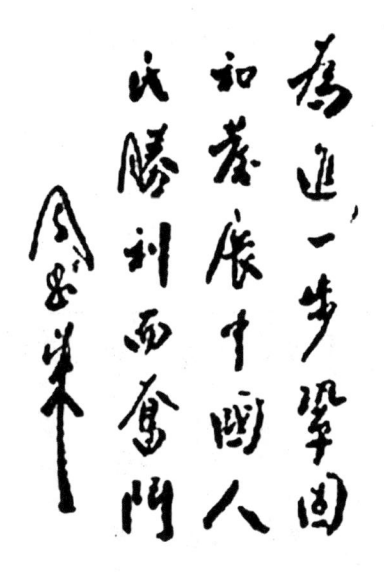

资料来源：转自《人民日报》1950年10月1日第1版。

10月28日，签署颁发了《中华人民共和国政务院关于改进和发展全国出版事业的指示》，相关内容有："出版总署应当推动和组织报纸、杂志、广播中关于出版物的介绍批评的工作，对于优良的、切合需要的出版物应予奖励，对于粗制滥造、不负责任的出版物应使之渐次淘汰"。②

---

① 中央档案馆、中共中央文献研究室编：《中共中央文件选集》（第4册），人民出版社2013年版，第203页。

② 中共中央文献研究室编：《建国以来重要文献选编》（第1册），中央文献出版社2011年版，第390页。

从 10 月开始，先后三次到宋庆龄的北京寓所拜访，商议以宋庆龄与各国人民建立友谊的长期经历和丰富经验为基础，创办一本对外宣传刊物。①

11 月 8 日，就可以公开中国人民志愿部队赴朝参战一事给中国驻朝鲜大使馆政务参赞、临时代办柴军武发电报，内容有：对中国人民抗美援朝保家卫国志愿部队（简称中国人民志愿部队，不称中国人民志愿军）在朝鲜人民军总司令部统一指挥下参加作战事，可以公开发表，说法请以中国各党派联合宣言及七日广播战报所说者为准，有几句话略为提到，不必多说。②

11 月 15 日，《人民海军》报改刊为《人民海军》杂志，为其创刊号题词："努力建设人民海军 为反对美帝侵略、解放台湾，保卫海防而奋斗 周恩来"。

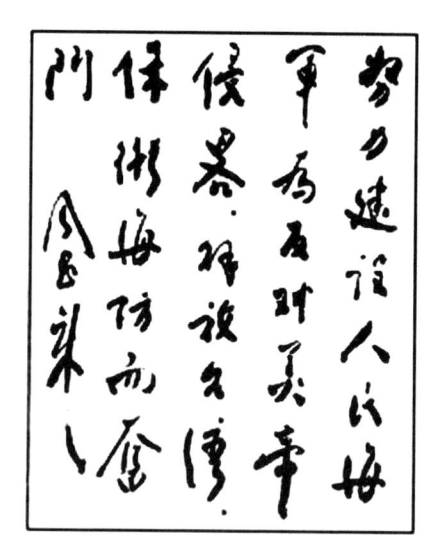

资料来源：中共中央文献研究室第二编研部编《周恩来题词集解》，中央文献出版社 2012 年版，第 143 页。

---

① 徐锋华：《〈中国建设〉的创办与新中国成立初期的对外宣传》，《中共党史研究》2016 年第 5 期，第 61 页。
② 中共中央文献研究室、中国人民解放军军事科学院编：《周恩来军事文选》（第 4 卷），人民出版社 1997 年版，第 89 页。

11月，一次政务院会议之后，把吴冷西（时任新华社总编辑。——笔者）留下，并把齐燕铭同志（时任政务院办公厅主任。——笔者）和徐冰同志（"文化大革命"前一直是中共中央统战部常务副部长。——笔者）找来，要他们帮助新华社订出各民主党派、民主人士名单排列的先后次序。并说，这是一门学问，是处理我党和民主党派、民主人士关系的一个相当重要的政治问题。新华社领导人和编辑记者都要掌握这门学问。①

12月4日，就对日和约问题发表声明，刊载在12月5日《人民日报》第1版。

12月14日，复伍修权、乔冠华电：招待记者谈话稿可用，望在"抹杀它……发言权"句后加"和代表权"四字，在"对于亚洲……重大发言权"句后加"及它在联合国中的代表地位"十二字。此外，还应加入这样一段意见："我们历来主张和平解决朝鲜问题并使朝鲜问题局部化的，故我们坚持一切外国军队撤离朝鲜，朝鲜人民自己解决朝鲜问题的主张。但美国统治集团却在武装干涉朝鲜的同时，实行武装侵略台湾，轰炸中国本土，并扩大在东亚的侵略。现在全世界爱好和平的人民都需要和平解决朝鲜问题的时候，美英集团却要在朝鲜保留侵略行动，继续侵占中国台湾，并对全世界加紧进行其侵略政策和战争失败。这从杜鲁门总统、艾德礼首相的联合公报中，从马歇尔将军向美国国会提及准备宣布全国处于紧急状态中，就可得到证明，并从而可以懂得奥斯汀先生所赞成的在朝鲜首先停战的真正意图，就是要求朝鲜人民军和中国人民志愿部队束手让美国侵略军在朝鲜继续侵略，就是要求台湾仍然被美国武装侵占，就是要求日本军国主义可以被麦克阿瑟重新恢复起来，就是要求美国人民可以被美国统治集团为所欲为地驱入到战争深渊。这种圈套，马歇尔将军曾经帮助蒋介石在中国多次摆布过，故中国人民对之并不生疏。我们愿向世界的善良人民揭穿他们这个诡计。"在

---

① 吴冷西著，新华社新闻研究所编：《吴冷西论新闻报道》，新华出版社2005年版，第374—375页。

这段之后，可接上原稿"我们人民热爱和平"，然后在"我们仍尽一切努力争取远东问题的和平解决"句下增加"并愿（设法劝告）中国人民志愿军被迫与朝鲜人民军一道抵抗美国侵略军的军事行动早日得到结束"一句。回国途经英国时，"如有可能也应招待记者一次""应着重向西欧人民说话，以反对侵略战争，尤反对美国战争贩子企图将欧洲人民驱入战争深渊"。①

12月15日，主持政务院第六十三次政务会议。在讨论沈雁冰所作的《文化部关于电影工作的报告》时发言，指出：明年度的新闻简报应该与抗美援朝的主题配合起来是对的，但要防止流于概念化。②

△ 起草中共中央指示，同意中财委提出的在美国对我国实行经济封锁时的七项对策。指示说：凡属美国此类封锁事实，"中财委应负责供给新华社以足够资料，并撰写社论短评，交《人民日报》发表，中宣部应负责指导之"。③

12月16日，复伍修权、乔冠华电：同意你们在招待记者谈话稿中所加的一段文字。但你们应注意，据新闻讯，联大政委会仍将在十八日开会，不管控诉美国的议案排入与否，你们应向赖伊及安迪让要求在十八日政委会发言，如被拒绝，则你们的谈话稿提到此事便更主动了。如十八日政委会开会你们已得到通知被邀到会，则招待记者便应推迟到十九日，离美期也应顺推一日。④

12月22日，代表中国政府发表《关于联大非法通过成立朝鲜停战三人委员会决议的声明》，刊登于12月23日《人民日报》头版头条。

12月24日，《人民日报》头版发表消息，标题为"苏报刊载我周外长声明"。

---

① 中共中央文献研究室、中央档案馆编：《建国以来周恩来文稿1950年7月—1950年12月》（第3册），中央文献出版社2008年版，第642—643页。
② 中共中央文献研究室编：《周恩来年谱1949—1976》（上），中央文献出版社1997年版，第106—107页。
③ 中共中央文献研究室编：《周恩来年谱1949—1976》（上），第107页。
④ 中共中央文献研究室、中央档案馆编：《建国以来周恩来文稿1950年7月—1950年12月》（第3册），第661页。

12月26日,《人民日报》第4版发表消息,标题为"欧洲各国进步报纸均刊载周外长声明"。

12月31日,为了使各国人民更好地了解新中国的真实情况,同宋庆龄商量由她出面组织创办一个对外宣传的英文刊物。同她就办刊方针交换意见,建议刊物为定期月刊。次年1月28日,再次和宋庆龄商议办刊事宜时,同意该刊物经费的预算计划,并商定由陈翰笙协助工作。①

在一次阅读一份香港杂志时,他发现有两幅珍贵的12世纪字画轴卷在香港出售,马上发一份电报给在香港的龚澎和她丈夫乔冠华。乔当时负责香港新华社的工作,他把这两幅轴卷买了下来。它们是我们国家珍宝的一部分。②

本年,作为新闻人物的周恩来,被《人民日报》发表报道文章170篇。

新闻背景

1月1日,由新闻总署国际新闻局主办的《人民中国》半月刊英文版创刊,这是新中国成立后创办的第一种外文期刊。(1958年3月,英文版《人民中国》改名为《北京周报》。——笔者)

1月4日,《人民日报》出版《新闻工作》专刊,刊载列宁、斯大林关于报刊工作理论,介绍苏联新闻工作经验和指导当前新闻工作的文章等。

1月23日,《人民日报》头版刊发消息,标题为"周总理抵苏京消息 苏联各报显著刊载"。

2月,《中国时报》创刊于台北市,前身是《征信新闻》。目前是台湾两大报系之一。

3月29日,中央人民政府新闻总署署长胡乔木《在全国新闻工作会议上的报告》发布。

3月29日至4月16日,新中国成立后第一次全国性研讨新闻工作的会议——

---

① 中共中央文献研究室编:《周恩来年谱1949—1976》(上),中央文献出版社1997年版,第111页。

② [英]韩素音:《周恩来与他的世纪1898—1998》,王弄笙等译,中央文献出版社1992年版,第285页。

全国新闻工作大会在北京召开，也是全面调整和发展新中国新闻事业的第一次重要会议。

从 4 月 10 日起，中央电台越南、缅、泰、印度尼西亚和朝鲜五种外语开始广播，同时对东南亚地区华侨开办广播。

4 月 19 日，《中共中央关于在报纸刊物上开展批评和自我批评的决定》颁布。

4 月，为了使广播有效地为我国广大人民服务，为了使他们能有收听广播的机会，中央人民政府新闻总署发布了"关于建立广播收音网的决定"。

5 月 6 日，史沫特莱女士病逝。

5 月 16 日，邓小平《在西南区新闻工作会议上的报告》明确指出："报纸最有力量的是批评与自我批评。"

5 月 22 日，中央电台开办的第一个少数民族语言节目——藏语广播正式开播。8 月 15 日，蒙语广播开播。

5 月，国际新闻局成立一家以向海外报刊提供英文特稿为主要任务的新闻机构。1954 年 12 月改由新华社领导，其宗旨是让世界了解中国。

6 月 10 日，英文报纸《上海新闻》创刊，该报每周出版六天，每天出对开两面一张，星期一无报。金仲华任该报社长兼总编辑。

7 月 1 日，《新观察》半月刊在北京创刊，主要面向中国知识界。

7 月 20 日，反映中国人民的革命斗争和建设事业的大型画刊《人民画报》在北京出版。该画报为综合性月刊，八开本彩色精印，是新中国出版的第一份全国性的综合摄影画报。1951 年 1 月，《人民画报》英文版创刊，这是我国出版的第一个外文画报。

7 月，新中国成立后第一部有关报纸出版的重要法规——《全国报纸杂志登记暂行办法（草案）》颁布。

9 月 22 日，新华社《内部参考》正式创刊。

9 月，上海华东新闻学院停办，后并入上海复旦大学新闻系。

10 月 6 日，《时事手册》在北京创刊，为通俗性、时事性半月刊。

11 月 1 日，我国对外宣传的英文半月刊《人民中国》增出俄文版。

《谁是最可爱的人》《马特洛索夫式的英雄黄继光》《新华社记者评述朝鲜战场的胜利》等抗美援朝宣传报道传世之作陆续在内地媒体上刊登。

中共中央发出关于改新华社为统一集中的国家通讯社的指示。北京广播电台对外播音。

英国广播公司对外广播平均每天 92 小时,居世界各国之首。欧洲广播联盟成立。国际新闻学会成立。

1951 年(五十三岁)

1 月 1 日,给朱德复信,问在中央人民政府人民革命军事委员会举行的新年同乐会上的讲演稿是做什么用的?是公开讲演、广播和登报,还是内部发表?请告。如果公开发表,对志愿军部队的措辞,需要改动下为好。①

1 月 18 日前,在大连市苏方移交财产情况电报的批语中写道:将文字改得清楚后交新华社发表。② 新华社的消息是 1 月 18 日发表。

1 月 23 日,《人民日报》第 4 版刊登消息,标题为"罗工人党与英、奥共产党报纸 一致支持周外长复联合国电"。

1 月 26 日,在给毛泽东的信中写道:外交部来电话,今夜一时,"美国之音"广播,说加外长宣布支持美国谴责中国,同时又支持七国提案;南非外长亦宣布支持美国谴责中国。③

1 月 29 日,《人民日报》第 4 版发表消息,标题为"毛主席周总理贺印国庆电 印全国各地报纸显著刊登"。

2 月 12 日,修改中共中央统战部给华南分局并转新华社香港分社社长黄作梅电报稿,并在上面作批语。④

2 月 14 日,撰写的《中苏友好同盟伟大的一年——为苏联《真理报》作》一文在《人民日报》头版署名发表。

△ 为庆祝《中苏友好同盟互助条约》签订一周年纪念,在中央电

---

① 中共中央文献研究室、中央档案馆编:《建国以来周恩来文稿》(第 4 册),中央文献出版社 2018 年版,第 1 页。
② 中共中央文献研究室、中央档案馆编:《建国以来周恩来文稿》(第 4 册),第 60 页。
③ 中共中央文献研究室、中央档案馆编:《建国以来周恩来文稿》(第 4 册),第 78—79 页。
④ 中共中央文献研究室、中央档案馆编:《建国以来周恩来文稿》(第 4 册),第 135 页。

台发表广播演说。这是新中国成立后，国家领导人第一次专门在电台发表广播演说。①

2月19日，致信毛泽东并刘少奇、胡乔木：看了斯大林的谈话（斯大林本月16日就目前国际形势问题对《真理报》记者的谈话。——笔者）后，我拟在郭沫若出席世界和平理事会第一届会议的报告（已带走）中加入这样一条要求："'和平理事会要求联合国大会应即取消诬蔑中华人民共和国为侵略者的可耻决定，而接受中华人民共和国中央人民政府关于朝鲜及远东问题的和平建议'，以代替原来只提出中国建议而未提出取消那个可耻决定"的一句话。本日，得到毛泽东同意后，即电告郭沫若。②

△ 中财委关于江西省收兑各苏区土地革命时期发行的纸币及公债情况报告中有这样的内容：安远一位50多岁的老者很骄傲地说："我早知道共产党是讲信用的，所以他们发行的票子总是有用的。"周恩来作出批语：告中财委在结束后可要新华社采访一两处这样典型的新闻发表。③

△ 对中共中央山东分局关于美国飞机入侵烟台领空的电报给时任周恩来总理办公室秘书郭英会：电话告胡乔木，要山东新华社发一新闻电来，以便送我阅后发表。④

按：新中国成立后，周恩来无论多么繁忙，有关外事新闻一定要亲自审阅后才公开发表，一方面体现了他事无巨细的工作作风，另一方面，也体现了他一贯重视新闻传播的力量。

2月20日，给华南分局去电报：关于大公报清理旧欠所提两项办

---

① 《当代中国的广播电视》编辑部选编：《中国广播电视大事记》，北京广播学院出版社1987年版，第39页。
② 中共中央文献研究室编：《周恩来年谱1949—1976》（上），中央文献出版社1997年版，第132页。
③ 中共中央文献研究室、中央档案馆编：《建国以来周恩来文稿》（第4册），中央文献出版社2018年版，第155页。
④ 中共中央文献研究室、中央档案馆编：《建国以来周恩来文稿》（第4册），第156页。

法，原则上可予同意。①

3月1日，为《学文化》半月刊创刊号题词："努力学习文化，好提高政治、技术水平。周恩来"。

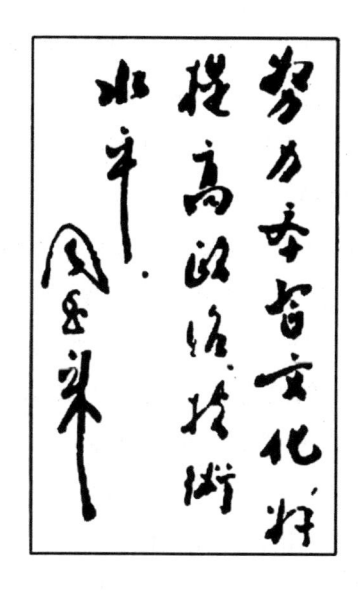

资料来源：中共中央文献研究室第二编研部编《周恩来题词集解》，中央文献出版社2012年版，第118页。

按：周恩来十分重视提高工农群众的文化教育程度。《工人日报》社编辑、出版的面向工农大众的通俗杂志《学文化》半月刊创刊时，立即为其题词，体现了他的搞经济建设需要文化建设支持的思想。

3月15日，审改并批发中共中央致各中央局、分局和各大军区电。把原稿"由于过去几次我军均以敌而取胜"，改为"由于过去几次我军均以让敌前进而取胜"。在电文中增写："在敌人未被大量消灭以前，敌人的前进不会停止的。我们抗美援朝的任务，在于击败美帝，解放朝

---

① 中共中央文献研究室、中央档案馆编：《建国以来周恩来文稿》（第4册），中央文献出版社2018年版，第164页。

鲜；欲如此，必须大量消灭敌人，而不斤斤计较于一城一地的得失。汉城能保持在朝鲜人民军手中固好，否则，守城与歼敌不可兼顾的时候，照我们中国人民革命战争的经验来看，我们宁可后者是最为有利的。"①

按：《周恩来年谱1949—1976》（上）中"不可兼顾"为"不可兼得"②，因《建国以来周恩来文稿》根据周恩来修改稿刊印，且出版在后面，故采用"不可兼顾"。

3月23日，在讨论《中华人民共和国海关法（草案）》时指出：海关法是个新东西，要好好宣传。③

3月26日，阅读新华社福建分社给总社的电报。④

4月14日，审改并批发《人民日报》就美国总统杜鲁门于十一日宣布撤销麦克阿瑟的远东军总司令、"联合国军"总司令职务而写的时评：《美国侵略者在朝鲜的败局是定了的》。文章指出："麦克阿瑟的下台，是中朝人民抗美斗争的胜利，也是世界人民反对侵略战争、保卫世界和平的一个胜利。"⑤《人民日报》4月15日第1版刊发此时评。

4月17日，代表中央给华东局并上海市委电报：关于永灏油轮事件及我外交部声明，在新华社十八日广播中发表。⑥

4月28日，以军委的名义给彭德怀等的电报：现东京二十五日既有四个美师抵日的消息，已令作战部、情报部与新华社集中注意力，并分别收听日、美、蒋、李四方面广播和电讯，以便弄清情况及时电告你们。⑦

5月5日，在政务院关于戏曲改革工作的指示中指出，进行改革主要地应当依靠广大艺人的通力合作，依靠他们共同审定、修改与编写剧

---

① 中共中央文献研究室、中央档案馆编：《建国以来周恩来文稿》（第4册），中央文献出版社2018年版，第231页。
② 中共中央文献研究室编：《周恩来年谱1949—1976》（上），中央文献出版社1997年版，第139页。
③ 中共中央文献研究室编：《周恩来年谱1949—1976》（上），第142页。
④ 中共中央文献研究室、中央档案馆编：《建国以来周恩来文稿》（第4册），第259页。
⑤ 中共中央文献研究室编：《周恩来年谱1949—1976》（上），第147页。
⑥ 中共中央文献研究室、中央档案馆编：《建国以来周恩来文稿》（第4册），第323页。
⑦ 中共中央文献研究室、中央档案馆编：《建国以来周恩来文稿》（第4册），第358页。

本，并依靠报纸刊物适当地开展戏曲批评，一般地不应依靠行政命令与禁演的办法。①

5月18日，为何香凝画题联："鹊报援朝胜利，花贻抗美英雄。周恩来敬题 一九五一年五月"。《人民日报》5月18日第3版刊登。

资料来源：何香凝、周恩来《鹊报援朝胜利，花贻抗美英雄——题何香凝〈喜鹊牡丹图〉》，《艺术市场》2011年第11期，第2页。

按：1951年5月，由全国民主妇女联合会等组织和著名画家徐悲鸿等人发起、主办了抗美援朝书画义卖展览会。何香凝作了一幅花鸟图。画的是喜鹊和牡丹，既有浓厚的民族风格，又有强烈的时

---

① 中共中央文献研究室、中央档案馆编：《建国以来周恩来文稿》（第4册），中央文献出版社2018年版，第377页。

代气息，用以象征抗美援朝的胜利，预示抗美援朝的光明前景。周恩来的题联，高度概括了画面的内容，且深化了主题，体现了崇高的国际主义和爱国主义精神，也是对何香凝以及文化界的充分肯定和热情鼓励。

6月7日，签发《中央人民政府政务院关于加强政府机关内部统一战线工作的几项具体规定》，《人民日报》6月10日第1版发表。

6月18日，美国《时代》周刊封面刊登标题："共产主义者周恩来 在朝鲜战争中"。

6月23日，苏联驻联合国大使马立克在联合国新闻部举办的"和平的代价"广播节目中发表演说。杨刚收听了马立克的广播演说后，立即向周恩来汇报。周恩来指示说："马立克的这个讲话，代表了朝中方面的观点，请你通知《人民日报》立即发表社论。"杨刚根据周恩来指示，立即起草社论。①

7月10日，召集章汉夫、伍修权等开会，议定：报道外侨罪犯的罪状，应切实具体，不应夸张。②

7月13日，为毛泽东起草给金日成等的电报：因今日天电干扰甚大，李奇微广播全文北京尚未收到，请将您处所收全文经内部电台发来。③

7月17日，为毛泽东起草给李克农等的电报：这几天来，我们中立区及新闻记者问题上，在议程中的军事分界线及监察和停战的机构问题上，都已做了让步。④

7月25日，为毛泽东起草给李克农等的电报引用马歇尔于昨日在记者招待会上讲话内容。⑤

---

① 吴德才：《在周总理身边工作的日子——记金箭女神杨刚二三事》，《湖北文史资料》1997年第4期，第18—19页。
② 中共中央文献研究室编：《周恩来年谱1949—1976》（上），中央文献出版社1997年版，第157页。
③ 中共中央文献研究室、中央档案馆编：《建国以来周恩来文稿》（第5册），中央文献出版社2018年版，第10页。
④ 中共中央文献研究室、中央档案馆编：《建国以来周恩来文稿》（第5册），第16页。
⑤ 中共中央文献研究室、中央档案馆编：《建国以来周恩来文稿》（第5册），第53页。

按：周恩来一贯重视将敌人的广播、报纸、记者招待会上公开的内容为自己所用，在抗美援朝期间，亦不例外。

△ 为毛泽东起草给李克农等的电报：公报一并经广播发表，请平壤电台亦予以广播。①

8月1日，为毛泽东起草致李克农并告金日成、彭德怀电：今后当根据开城记者报道，着重批评敌人提出无理要求、拖延谈判为对和平无诚意，并对照我方的合理主张与谋和诚意。报道及宣传文字均应着重说理，以争取舆论。平壤方面，请金首相考虑，亦作适当配合。②

8月2日，为毛泽东起草致李克农并告金日成、彭德怀电：我方记者应从速写出新闻报道电告北京和平壤，以便中朝两国报纸据此发表评论，揭露敌人，让世界人民看清是美国在拖延和破坏停战谈判。4日，再次代拟电文："敌人很害怕他的要求被公开出来会受到多数舆论非难，故仍在反对三八线，以掩盖他的要求"。"我们的对策应该在会议中坚持三八线的主张不变""着重地驳斥敌人与此有关的各种狂妄而无谋和诚意的观点，逼敌人在这个问题上松口，然后方可考虑提出我们的方案"。"请速告开城记者多写几篇关于这一中心问题的报道，以动员舆论。"③

8月5日，在李克农关于新闻报道迟缓原因的电报上批示，让时任总理办公室秘书的陈浩告诉时任中共中央宣传部副部长、中央人民政府新闻总署署长的胡乔木，"速改善电台关系"。④

8月8日，为毛泽东起草严正抗议板门店射击事件给李克农并告金日成、彭德怀电：望指示记者速即报道此事。⑤

---

① 中共中央文献研究室、中央档案馆编：《建国以来周恩来文稿》（第5册），中央文献出版社2018年版，第56页。
② 中共中央文献研究室、中国人民解放军军事科学院编：《周恩来军事文选》（第4卷），人民出版社1997年版，第210页。
③ 中共中央文献研究室编：《周恩来年谱1949—1976》（上），中央文献出版社1997年版，第166页。
④ 中共中央文献研究室、中央档案馆编：《建国以来周恩来文稿》（第5册），第92—93页。
⑤ 中共中央文献研究室、中央档案馆编：《建国以来周恩来文稿》（第5册），第100页。

8月9日，在李克农转报美方对我八月九日抗议书复文上批示：抗议书，已告乔木于今夜发表广播并登明日报纸。①

△ 为毛泽东起草给李克农并告金日成、彭德怀电：我们拟将张春山向美方提出的书面抗议原文于今晚广播。②

8月13日，为毛泽东起草给李克农并告金日成、彭德怀电：十二日公报，北京已发中、英文广播，不及再改。仍请平壤照原文同样广播，以示一致。③

8月15日，以外交部长的名义发表《关于美英对日和约草案及旧金山会议的声明》，刊登于8月16日《人民日报》头版头条。

8月18日，《人民日报》第2版发表消息，标题为"上海各报发表评论 一致拥护周外长声明 痛斥美英单独对日和约草案"。第4版发表消息，标题为"莫斯科各报 刊载周外长声明"。

8月20日，五时半，为毛泽东起草给李克农并告金日成彭德怀电：对于8月19日晨五时发生的松谷里事件，在晚上十一时卅分才将抗议书送出，并才电告，抗议书也没有电告新华社，提出了批评，认为，"这在宣传上和针锋相对斗争上，我均显得落后于敌人。"当天七时，在抗议书电报稿上批注，即先送时任中共中央宣传部副部长、中央人民政府新闻总署署长的胡乔木发表，如已来不及登报，可立即发广播。④

8月21日，为毛泽东起草给李克农并告金日成彭德怀电：建议立即将乔埃回答告知新闻记者，作成报道，说明我方代表团对其回答非常不满和愤慨。⑤

8月23日，为毛泽东起草给李克农并告金日成彭德怀电：为了应对"联合国军"飞机轰炸开城中立区，提醒作一切必要准备，尤其代表团

---

① 中共中央文献研究室、中央档案馆编：《建国以来周恩来文稿》（第5册），中央文献出版社2018年版，第104页。
② 中共中央文献研究室、中央档案馆编：《建国以来周恩来文稿》（第5册），第110页。
③ 中共中央文献研究室、中央档案馆编：《建国以来周恩来文稿》（第5册），第127页。
④ 中共中央文献研究室、中央档案馆编：《建国以来周恩来文稿》（第5册），第161—162页。
⑤ 中共中央文献研究室、中央档案馆编：《建国以来周恩来文稿》（第5册），第163页。

成员及新闻记者住所必须立即移至我军驻地。你们对抗议如无须修改，可先由你处送出并立即电告，以便我们赶于今日下午广播。①

8月24日，为毛泽东起草给李克农并告金日成彭德怀电：敌人23日在东京广播乔埃的报告，说我方当夜拒绝保留所有证据，不让其白天再来检查。你们对此，应以代表团发言人名义向记者发表谈话，驳斥乔埃向李奇微的报告。②

8月25日，在电报稿上写批语：今日报纸不及登，但广播可准备在上午发表。二十四时，为毛泽东起草给李克农并告金日成彭德怀电，二十四日代表团发言人的发言稿，今日方收齐，现改好交新华社今晚发表。③

8月26日，为毛泽东起草给李克农电：对于入侵敌机数量要求，不要再说数目不详，弄得报道上前后矛盾。④

8月27日，代金日成、彭德怀起草给李奇微的电稿，驳斥对方否定事实，用反问句"除非你方决心破裂谈判，不让你方代表团、联络官乃至新闻记者再来开城，否则，你方能够逃避这个现实的审查么?"⑤

△ 为毛泽东起草给李克农并金日成、彭德怀电：此间于今晚十时广播中文，十一时广播英文，明早六时再广播英文一次。⑥

8月30日，为毛泽东起草的关于李奇微复信后的对策给李克农并告金日成、彭德怀电中建议，将敌机近日入侵情况于30日晚电告北京、平壤，同时广播。金日成、彭德怀给李奇微复电的答复稿当于卅日晚改好广播。⑦

---

① 中共中央文献研究室、中央档案馆编：《建国以来周恩来文稿》（第5册），中央文献出版社2018年版，第178—179页。
② 中共中央文献研究室、中央档案馆编：《建国以来周恩来文稿》（第5册），第180—181页。
③ 中共中央文献研究室、中央档案馆编：《建国以来周恩来文稿》（第5册），第181—182页。
④ 中共中央文献研究室、中央档案馆编：《建国以来周恩来文稿》（第5册），第191页。
⑤ 中共中央文献研究室、中央档案馆编：《建国以来周恩来文稿》（第5册），第194页。
⑥ 中共中央文献研究室、中央档案馆编：《建国以来周恩来文稿》（第5册），第197页。
⑦ 中共中央文献研究室、中央档案馆编：《建国以来周恩来文稿》（第5册），第203—205页。

9月4日，美国策划召开旧金山会议，把中华人民共和国排斥在外。印度、缅甸拒绝参加会议；苏联、捷克斯洛伐克、波兰虽然参加，但提出自己的对日和约建议。《人民日报》准备了一篇社论，对印、缅的行动表示欢迎，但忽略了我们对苏联等国参加会议所持的态度。周恩来审阅这篇社论稿时特加写了下面一段话："对待美英两国政府所提出的破坏国际协定和准备新战争的对日和约草案定稿与美国政府所召开的背弃国际义务而将中华人民共和国排斥在外的旧金山会议，在反对这样一个对日和约的国家中，本来可能有两种态度，一种是参加会议提出自己对日和约建议并为此建议而奋斗；一种是拒绝签订这样一个和约，因此也就拒绝出席这样一个会议。前者是苏联等国家所采取的态度，后者是印度、缅甸等国家所采取的态度。这两种态度都是中国人民所欢迎的。"① 9月10日，《人民日报》第1版发表的社论《美帝国主义奴役亚洲人民的计划是可以打败的》吸收了周恩来的意见。

9月5日，为毛泽东起草关于准备发表敌方被俘人员供词问题给李克农并告金日成、彭德怀电：同意先发表一新闻短讯，请平壤方面亦发表同样消息。②

9月6日，为毛泽东起草关于南日复乔埃电稿问题给李克农并告金日成、彭德怀电：同意两个电稿，可于明日送交对方，日期亦应改为九月七日，北京、平壤明日广播，后日登报。③

9月9日，为毛泽东起草关于发表抗议敌机侵入中立区上空等文件给李克农并告金日成、彭德怀电：9月8日捉到朴德基，望根据其供词编一消息发来。④

9月10日，为毛泽东起草关于发表我方代表团声明等问题给李克农并告金日成、彭德怀电：今晚只能先将我方代表团的声明发表，请平壤

---

① 王凤超：《周恩来新闻活动年表》（续二），《新闻研究资料》1988年第4期，第146页。
② 中共中央文献研究室、中央档案馆编：《建国以来周恩来文稿》（第5册），中央文献出版社2018年版，第210页。
③ 中共中央文献研究室、中央档案馆编：《建国以来周恩来文稿》（第5册），第213页。
④ 中共中央文献研究室、中央档案馆编：《建国以来周恩来文稿》（第5册），第224页。

收到后，也能在广播上转播，并在报纸上发表。①

9月10日，为毛泽东起草关于开城复会谈判策略给李克农并告金日成、彭德怀电：在中立条款中，可考虑新闻记者照料会场。②

9月17日，为毛泽东起草关于开城复会等问题给李克农并告金日成、彭德怀电：关于乔埃九月十一日来信，我方连日已有八篇通信评论此事，敌人通讯社及其总部新闻处对此已有反应，我们目前可不发表此函。望你们告我方新闻记者写一报道，批评乔埃九月十一来文虽对九月十日事件作了回答，但对南日以前三个抗议却一个也未回答，而金、彭九月十一给李奇微的文件，是更高一级的负责表示，必须由李奇微作答才能算数。③

9月19日，为毛泽东起草关于处理南朝鲜军队红十字会车闯入板门店中立区事给李克农并告金日成、彭德怀电：如需要发表公报新闻，望于交回时拟一电稿拍来。④

9月22日，《人民日报》第1版发表消息，标题为"周外长斥责非法对日和约的声明 莫斯科各报以显著地位刊载"。

9月23日，为毛泽东起草关于李奇微九月二十三日回文给李克农并告金日成、彭德怀电：北京英文广播明日上午六时即可发表，并附李奇微来函，望平壤亦予发表。⑤

9月25日，为毛泽东起草关于联络官会议方针和策略给李克农并告金日成、彭德怀电：有"敌人军中电台今日连续广播我方联络官片面休会，退出会场"内容，建议"同时应指示各新闻记者配合此种揭发的报道"。⑥

按： 从近期代为起草的电文稿中，可以看出周恩来关注敌人电

---

① 中共中央文献研究室、中央档案馆编：《建国以来周恩来文稿》（第5册），中央文献出版社2018年版，第233页。
② 中共中央文献研究室、中央档案馆编：《建国以来周恩来文稿》（第5册），第245页。
③ 中共中央文献研究室、中央档案馆编：《建国以来周恩来文稿》（第5册），第256—257页。
④ 中共中央文献研究室、中央档案馆编：《建国以来周恩来文稿》（第5册），第264页。
⑤ 中共中央文献研究室、中央档案馆编：《建国以来周恩来文稿》（第5册），第279页。
⑥ 中共中央文献研究室、中央档案馆编：《建国以来周恩来文稿》（第5册），第285页。

台的广播内容，为自己工作服务。从中还可以看出，周恩来善于指导我方新闻记者，配合工作作新闻报道。

9月26日，为毛泽东起草关于联络官会议方针和策略给李克农并告金日成、彭德怀电：这样答复，容易被对方曲解为我方拒绝会晤，以证实其在昨天广播及来信对于我方联络官片面休会突然离开会场的诬陷。①

9月29日，由政务院总理周恩来署名发布的《中央人民政务院关于检查婚姻法执行情况的指示》以"切实执行婚姻法，保护妇女合法权益"为题刊载于《人民日报》第1版。

10月6日，为毛泽东起草关于开城会议地址问题复李奇微给李克农并告金日成、彭德怀电：北京拟于七日晚广播，八日登报，请平壤方面亦照此办理。②

10月9日，1点30分，为毛泽东起草关于回复李奇微复信问题给李克农并告金日成、彭德怀电：我们已从八日晚东京军中广播中收到李奇微复件，估计原件当于今（九）日送到。③ 18时30分，为毛泽东起草关于金日成、彭德怀回复李奇微来信复文给李克农并告金日成、彭德怀电：北京准备十日上午六时发表英文广播，七时中文，十一日登报，请平壤方面亦照此办理。④

10月10日，给华北局并转唐山市委电：同意公开进行人民防空工作，但不要在报上宣传。⑤

按：从电文稿中可以看出，周恩来十分注意新闻宣传的保密工作。

10月15日，为毛泽东起草关于中立区范围临时协议问题给李克农并告金日成、彭德怀电：我们已收到李奇微致金彭信的广播。⑥

---

① 中共中央文献研究室、中央档案馆编：《建国以来周恩来文稿》（第5册），中央文献出版社2018年版，第286页。
② 中共中央文献研究室、中央档案馆编：《建国以来周恩来文稿》（第5册），第304页。
③ 中共中央文献研究室、中央档案馆编：《建国以来周恩来文稿》（第5册），第313页。
④ 中共中央文献研究室、中央档案馆编：《建国以来周恩来文稿》（第5册），第315页。
⑤ 中共中央文献研究室、中央档案馆编：《建国以来周恩来文稿》（第5册），第321页。
⑥ 中共中央文献研究室、中央档案馆编：《建国以来周恩来文稿》（第5册），第329页。

10月17日，为毛泽东起草对十月十七日联络官会议指示给李克农并告金日成、彭德怀电：有几句话说得太肯定了的，到转弯时就很难解释，我们已将其删去，请平壤方面在使用这次公报时，待北京广播后照删改稿发表。我们只将其来件与开城十六日发来的新华社记者报道加以若干修改后于今日一起发表。①

10月18日，为毛泽东起草致李克农（同志）（《建国以来周恩来文稿》中有。——笔者）并告金、彭电：凡是我（们）（《建国以来周恩来文稿》中有。——笔者）已准备修改的办法（《建国以来周恩来文稿》中有"，"号。——笔者）或非主要的问题，不要在头一天或前一次会议上或在新闻报道上说得那样死，那样不可更改，应该为下一步文章留有余地。你们拟指示记者在我方提出划小开城、汶山中立区及通道两侧的范围后，（《建国以来周恩来文稿》中没有"，"号。——笔者）报道我方作了巨大让步，是颇为不妥的。这件事本身既不是什么了不起的让步，而且对方如果不同意，我们又准备再划小些，岂不是成为巨大让步之后的又一巨大让步，在政治上极为不利。实际上，会址移至板门店，由双方负责保护（《建国以来周恩来文稿》中有"，"号。——笔者）及中立区扩大到汶山，在敌人看来，他们并未占了什么便宜，反而束缚更大，连汶山上空飞机都不能飞越。（《建国以来周恩来文稿》中为"，"号。——笔者）故从十月七日以后，（《建国以来周恩来文稿》中没有"，"号。——笔者）对方各种报道及各方舆论均未强调我们这一让步，相反地还说板门店比开城更多麻烦。②

10月22日，为毛泽东起草关于谈判复会协议的签署等问题给李克农并告金日成、彭德怀电：此项复文稿，如无意见，望即于明日下午将复信交给对方，并先电告我们，以便明晚广播并发表协议及谅解全文。③

---

① 中共中央文献研究室、中央档案馆编：《建国以来周恩来文稿》（第5册），中央文献出版社2018年版，第337页。

② 中共中央文献研究室编：《周恩来年谱1949—1976》（上），中央文献出版社1997年版，第187页。

③ 中共中央文献研究室、中央档案馆编：《建国以来周恩来文稿》（第5册），第350页。

10月23日，为毛泽东起草关于同意更改复会日期给李克农并告金日成、彭德怀电：已告新华社照此时间修改，并于明日下午广播南日同志复件及协议和谅解两个文件并附南日来信，二十五日登报。请平壤亦照样发表。①

10月24日，给毛泽东的请示，其他文件，今晚亦可广播发表。②

10月，《俄文教学》杂志（双月刊）创刊号刊登题词："教好俄文，学好俄文，交流中苏文化，为新中国建设事业服务。周恩来"。

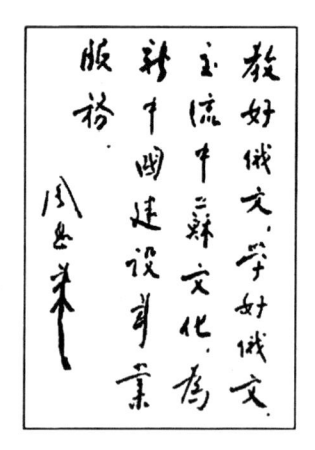

资料来源：中共中央文献研究室第二编研部编《周恩来题词集解》，中央文献出版社2012年版，第113页。

11月2日，《人民日报》第1版发表消息，标题为"周总理政治报告录音 今日下午六时十五分广播"。

11月3日，《人民日报》头版整版刊登《政治报告——一九五一年十月二十三日在中国人民政治协商会议第一届全国委员会第三次会议上的报告》全文。报告在分析一年来新区土地改革运动所以取得伟大成绩的主要原因中指出，"实行了广泛宣传政策、放手发动群众的办法。只

---

① 中共中央文献研究室、中央档案馆编：《建国以来周恩来文稿》（第5册），中央文献出版社2018年版，第355页。

② 中共中央文献研究室、中央档案馆编：《建国以来周恩来文稿》（第5册），第360页。

有深入地广泛地宣传土地改革政策，充分放手地发动农民群众，并经过各种会议，实行诉苦，划清阶级，团结起农村百分之九十以上的人口，进行必要的恰当的斗争，公平合理地分配土地改革的果实，才能制止和战胜地主阶级的破坏和反攻。"在民族关系这一部分，强调指出："在一切少数民族地区，普及和深入抗美援朝的爱国主义教育，逐步地恢复和发展一般文化教育事业，尤其要有计划有重点地建立和发展有关少数民族的新闻事业和出版事业。"

△ 为毛泽东起草关于同意十一月三日小组会谈判策略给李克农并告金日成、彭德怀电：开城发来新闻电稿，乔木已予发表，英语广播即嘱其增加。①

11月6日，为毛泽东起草关于就地停战谈判问题给李克农并告金日成、彭德怀电：这在敌人军中电台的五日广播上，也可看出敌人对其提议并无把握。②

11月7日，为毛泽东起草关于在十一月八日小组会上提出就地停战方案给李克农并告金日成、彭德怀电：你们这两天公报发得太晚，已来不及登次日报纸，望注意提早发来，以利宣传。③

11月8日，为毛泽东起草关于就地停战方案的进一步指示给李克农并告金日成、彭德怀电：你们昨夜发来公报既长且晚，又不能及时广播登报，以后务望写得简明扼要，提早发来，以利宣传。④

按：连续两天指出新闻的时效性问题，可见周恩来对这一问题的重视。

11月10日，为毛泽东起草关于十一月十日小组会谈判策略给李克农并告金日成、彭德怀电：根据敌人连日的发言和广播，我们认为敌人的目的是紧张局势和拖延谈判。在公报和记者报道中，你们也应该采取

---

① 中共中央文献研究室、中央档案馆编：《建国以来周恩来文稿》（第5册），中央文献出版社2018年版，第381页。
② 中共中央文献研究室、中央档案馆编：《建国以来周恩来文稿》（第5册），第394页。
③ 中共中央文献研究室、中央档案馆编：《建国以来周恩来文稿》（第5册），第398页。
④ 中共中央文献研究室、中央档案馆编：《建国以来周恩来文稿》（第5册），第402页。

攻势，揭露敌人的阴谋和无赖，宣传我方公平合理的建议。[①]

11月11日，为毛泽东起草关于坚持我方军事分界线建议给李克农并告金日成、彭德怀电：在会内外进行正面宣传，以揭穿敌人拖延谈判的阴谋，敌人现在很怕由于维辛斯基的建议，我们方面发生变化，故新闻消息说李奇微正在汶山对此事研究办法，你们应抓紧这个机会，表示强硬态度。[②]

11月12日，为毛泽东起草关于驳斥敌人拖延谈判的阴谋等问题给李克农并告金日成、彭德怀电：在公开报道中故意说我们要一事实上的停火而拉长停战谈判，以混淆舆论。[③]

11月13日，为毛泽东起草关于十一月十四日小组会谈判策略给李克农并告金日成、彭德怀电：谈话稿待收到后当予审核发表。[④]

11月14日，为毛泽东起草关于十一月十四日小组会谈判策略给李克农并告金日成、彭德怀电：发言人谈话稿已交新华社发表，并有社论配合。[⑤]

11月19日，为毛泽东起草关于对敌方四项建议的修正案等问题给李克农并告金日成、彭德怀电：因为据新闻消息，三十天限期是联合国参战国家向美国提出经美国同意的。[⑥]

△ 关于援朝报纸用纸问题给彭德怀并高岗电：关于朝鲜人民军总部出版中文战友报需我帮助白报纸问题，十一月十四日来电已悉。同意供给。[⑦]

11月21日，《人民日报》第1版发表消息，标题为"苏联莫斯科各报显著刊登我周外长声明"。

[①] 中共中央文献研究室、中央档案馆编：《建国以来周恩来文稿》（第5册），中央文献出版社2018年版，第408—409页。
[②] 中共中央文献研究室、中央档案馆编：《建国以来周恩来文稿》（第5册），第412页。
[③] 中共中央文献研究室、中央档案馆编：《建国以来周恩来文稿》（第5册），第415页。
[④] 中共中央文献研究室、中央档案馆编：《建国以来周恩来文稿》（第5册），第419页。
[⑤] 中共中央文献研究室、中央档案馆编：《建国以来周恩来文稿》（第5册），第422页。
[⑥] 中共中央文献研究室、中央档案馆编：《建国以来周恩来文稿》（第5册），第443页。
[⑦] 中共中央文献研究室、中央档案馆编：《建国以来周恩来文稿》（第5册），第447页。

指导新闻期（1947年3月—1976年1月）　　325

12月5日，为毛泽东起草关于回答敌方主要问题等事项给李克农并告金日成、彭德怀电：敌人是否想以停止建设新的飞机场作为交换，请你们予以估计，因敌人新闻中有此暗示。①

按：从代拟的电文稿中可以看出，周恩来十分注意通过阅读敌人新闻发现有价值的新闻信息为我所用。

12月7日，为毛泽东起草致李克农并告金日成、彭德怀电：在谈判和宣传上，"你们应抓住这一点"。②

按：《建国以来周恩来文稿》中为"你们应抓紧这点，在谈判和对外宣传上揭露敌人这种无理要求"③。意思虽然一样，但应该忠实于原稿。

△ 修改中央关于成立各级转业建设委员会的决定，其中有：这些是绝密文件，请你们注意不要登报或在刊物上转载。④

12月8日，为毛泽东起草关于十二月七日会议谈判策略给李克农并告金日成、彭德怀电：在七日的敌人新闻报道中已有此透露。⑤

12月13日，为毛泽东起草关于同意轮换制及遣俘等谈判原则给李克农并告金日成、彭德怀电：在宣传上望即将你们整理好的活着的外俘名单逐日电告若干，以便向外广播。⑥

12月16日，4时30分，为毛泽东起草关于军事人员轮换等问题给李克农并告金日成、彭德怀电：你们应痛斥其狂妄荒谬的主张和理由，并指示新闻记者在报道上予以配合。关于交换俘虏材料，我们先可广播一部分。⑦

△ 为毛泽东起草致李克农并告金日成、彭德怀电："外俘名单仍以

---

① 中共中央文献研究室、中央档案馆编：《建国以来周恩来文稿》（第5册），中央文献出版社2018年版，第494页。
② 中共中央文献研究室编：《周恩来年谱1949—1976》（上），中央文献出版社1997年版，第202页。
③ 中共中央文献研究室、中央档案馆编：《建国以来周恩来文稿》（第5册），第501页。
④ 中共中央文献研究室、中央档案馆编：《建国以来周恩来文稿》（第5册），第505页。
⑤ 中共中央文献研究室、中央档案馆编：《建国以来周恩来文稿》（第5册），第508页。
⑥ 中共中央文献研究室、中央档案馆编：《建国以来周恩来文稿》（第5册），第523页。
⑦ 中共中央文献研究室、中央档案馆编：《建国以来周恩来文稿》（第5册），第542页。

不广播为妥。目前应进一步准备的是李伪俘虏现有七千二百九十二人的名单""以便在决定交换俘虏（材料）（《建国以来周恩来文稿》中有。——笔者）时，使外俘和伪俘的名单能够先后交出"。①

12月17日，为毛泽东起草致李克农并告金日成、彭德怀电："你们既已掌握了准备交换的全部外俘和伪俘的名单，同意你们在十七日下午会议中答应对方先行交换俘虏材料，并就材料的编制交换意见，以便十八日正式交换全部材料。""材料交出（换）（《建国以来周恩来文稿》中有。——笔者）后，敌人必有一番反宣传，我们应准备反击，并将外俘伪俘（全部）（《建国以来周恩来文稿》中有。——笔者）名单广播发表。""明告对方，关于限制朝鲜境内设备和自由视察为干涉内政，是我方绝对不能允许和接受的。"②

△《中国建设》第一期印刷出来，周恩来对第一期很满意。③

12月20日，关于北京不再广播外俘名单给金日成并告李克农电：美英通讯社已开始详细发表我方交出之外俘名单，故北京决定不再广播。南朝鲜伪俘名单是否仍由平壤予以广播，请金首相酌定。④

12月23日，为毛泽东起草关于战争装备和遣俘等问题的谈判对策给李克农并告金日成、彭德怀电：我们用这种办法并于会后做成新闻报道，以击退对方关于立即访问和交换伤病俘虏的要求。⑤

本年，作为新闻人物的周恩来，被《人民日报》发表报道文章79篇。

新闻背景

1月15日，《志愿军》报创刊于朝鲜战地。

---

① 中共中央文献研究室编：《周恩来年谱1949—1976》（上），中央文献出版社1997年版，第204页。
② 中共中央文献研究室编：《周恩来年谱1949—1976》（上），第204页。
③ 徐锋华：《〈中国建设〉的创办与新中国成立初期的对外宣传》，《中共党史研究》2016年第5期，第62页。
④ 中共中央文献研究室、中央档案馆编：《建国以来周恩来文稿》（第5册），中央文献出版社2018年版，第557页。
⑤ 中共中央文献研究室、中央档案馆编：《建国以来周恩来文稿》（第5册），第576页。

1月25日，新华社主办的《新闻业务》创刊。

4月11日，《人民日报》第1版刊登魏巍写的朝鲜通讯《谁是最可爱的人》。

4月27日，《中国青年报》创刊。

5月20日，《人民日报》发表毛泽东写的社论《应当重视电影〈武训传〉的讨论》。

6月6日，《人民日报》发表社论《正确地使用祖国的语言，为语言的纯洁和健康而斗争》。

9月16日，台湾《民族晚报》《经济时报》《全民日报》三报发行联合版，1953年正式更名为《联合报》，成为王惕吾的独有企业。（台湾当局决定今后一律不批准新报纸登记，1951年到1987年，台湾一直只有31家报纸。——笔者）

11月5日，《中国少年报》创刊。

新华社受中宣部委托接办《时事手册》，这是新华社办报刊之始。

苏联中央电视台成立。国际新闻学会成立。《世界版权公约》签定。

1952年（五十四岁）

1月5日，在中国人民政治协商会议第一届全国委员会第三十四次会上作讲话，讲话要点刊载于1月8日《人民日报》第1版。

1月8日，给毛泽东写的报告：一波同志向党内外干部会做广播报告，报告的方式是集中北京党政军民的高级干部聚在一起直接听他的报告，各机关的人员则聚集在自己的机关内听他的报告广播。如果稿子适用，拟同时向全国广播。①

按：周恩来善于运用广播这一新闻传播载体，发挥广播传播快捷的作用，取得了很好的传播效果。

1月12日，以毛泽东名义起草给李克农并告金日成、彭德怀电，周恩来作修改后发出，其中有组织外国记者就干涉内政及扣留人质问题加

---

① 中共中央文献研究室、中央档案馆编：《建国以来周恩来文稿》（第6册），中央文献出版社2018年版，第11页。

强揭发敌人拖延谈判的阴谋。①

1月14日，胡乔木请毛泽东、周恩来、陈云审阅《人民日报》一九五二年一、二月份宣传计划要点，毛泽东审批同意，周恩来作了修改。②

1月28日，署名发布《中央人民政府政务院关于加强老根据地工作的指示》，2月1日，《人民日报》头版头条发表。③

2月17日，为毛泽东起草关于二月十八日谈判策略给李克农并告金日成、彭德怀电：你们应根据这些原则，写好一个发言稿，于十八日参谋会中提出，并准备发回广播；同时应指示新闻记者作此配合报道。④

2月18日，为毛泽东起草关于二月十九日谈判策略给李克农并告金日成、彭德怀电：合众社板门店十七日电讯就暗示了如果苏联作为中立国，就不能参加政治会议。⑤

2月19日，以毛泽东名义起草给李克农并告金日成、彭德怀电，周恩来作修改，增加：通知《人民日报》予以舆论配合，请平壤方面亦作同样配合。⑥

2月21日，为毛泽东起草致金日成并告彭德怀、李克农电："敌人自一月二十八日起，连续在朝鲜前线以飞机撒放毒虫细菌，经化验业已证明其中含有鼠疫、霍乱及其他病菌……我们应在世界人民面前进行控诉，并动员舆论进行反对。"⑦

2月23日，关于《人民日报》发表邵式平等检讨事向毛泽东并刘少奇、朱德报告：《人民日报》昨日已将邵、范、方的检讨发表了。经

---

① 中共中央文献研究室、中央档案馆编：《建国以来周恩来文稿》（第6册），中央文献出版社2018年版，第16页。
② 人民日报出版社：《毛泽东周恩来刘少奇朱德邓小平陈云为人民日报撰审稿手迹选》（上），人民日报出版社2008年版，第26页。
③ 中共中央文献编辑委员会编：《周恩来选集》（下），人民出版社1984年版，第76页。
④ 中共中央文献研究室、中央档案馆编：《建国以来周恩来文稿》（第6册），第117页。
⑤ 中共中央文献研究室、中央档案馆编：《建国以来周恩来文稿》（第6册），第120页。
⑥ 中共中央文献研究室、中央档案馆编：《建国以来周恩来文稿》（第6册），第129页。
⑦ 中共中央文献研究室编：《周恩来年谱1949—1976》（上），中央文献出版社1997年版，第218页。

我检查，《人民日报》是因为《长江日报》已经发表，又得新华社的通知说已收到江西检讨电报，遂未加考虑需否请示，即行发表。我为此已经批评了昨夜决定发表此篇检讨的安岗同志。江西省委的检讨尚未到，拟俟到后再将两篇检讨一同择要作国内广播。①

2月24日，《人民日报》社论稿说，美国"在日暮途穷的情况下"，被迫接受停战谈判，周恩来改为"在侵略战争遭到失败的情况下"。②

2月28日，《人民日报》第1版发表消息，标题为"苏联各报刊载周外长的声明"。

3月6日，就有关重大问题的宣传事宜致信陆定一：（一）关于对反细菌战的宣传，由中央军委防疫办公室"统一掌握，新华社、人民日报派人前往参加并保持密切联系"；（二）关于对"三反""五反"的宣传，由中宣部和中央节约检查委员会秘书长刘景范保持联系，指导新华社、人民日报；（三）关于对一般政策的宣传和各业务部门的报道，由政务院及各委分两层掌握。③

3月8日，代表中华人民共和国中央人民政府对美国侵略军使用细菌武器屠杀中国人民提出抗议。《人民日报》当日头版头条刊登。

3月9日，致电李克农："考虑可否举行记者招待会将材料展览，以便在宣传上起配合作用"。④

3月10日，《人民日报》第1版刊登两条消息，标题分别为"莫斯科各报显著登载我周外长的声明 红星报严斥美国武装干涉者进行细菌战的空前罪行""朝鲜中央广播电台 转播我周外长三月八日声明"。

3月11日，召集陆定一、熊复、陈克寒、蒋南翔、邓拓等开会，研

---

① 中共中央文献研究室、中央档案馆编：《建国以来周恩来文稿》（第6册），中央文献出版社2018年版，第138页。

② 崔奇：《崔奇时事评论集 20世纪40年代—21世纪初叶》，人民日报出版社2010年版，第145页。

③ 中共中央文献研究室编：《周恩来年谱1949—1976》（上），中央文献出版社1997年版，第222—223页。

④ 中共中央文献研究室编：《周恩来年谱1949—1976》（上），第224页。

究对现阶段"三反""五反"的宣传问题。①

3月12日，2时，审改《人民日报》当天发表的社论。原标题为"依法处理一切贪污盗窃分子"，周恩来改为"争取反贪污、反盗窃斗争的彻底胜利"。

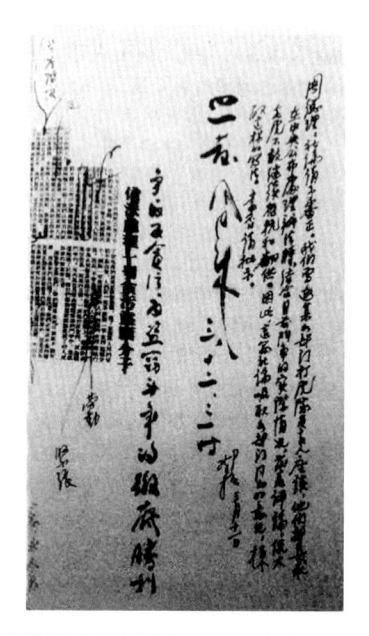

资料来源：人民日报社办公厅《毛泽东周恩来刘少奇朱德邓小平陈云为人民日报撰审稿手迹选》（下），人民日报出版社2008年版，第55页。

△ 审改《中共中央关于"五反"分类标准的补充通知》。《通知》指出，根据既顾统一原则又便各地因地制宜的精神，本日公布的这个文件与前内部下发者有一些修改。有了这些修改后，"可使某些违法户比例较大之城市能争取解放大多数，缩小打击面"。《通知》要求："各地在执行此文件时，必须结合《人民日报》三月十二日社论之精神，以求'五反'斗争的彻底胜利"。②

---

① 中共中央文献研究室编：《周恩来年谱1949—1976》（上），中央文献出版社1997年版，第225页。
② 中共中央文献研究室编：《周恩来年谱1949—1976》（上），第225页。

△《人民日报》头版头条刊登 11 日签发的《中央人民政府政务院命令》。

3 月 13 日，通知贺诚督促东北、军委、志愿军司令部等地区和部门的卫生机关迅速搜集整理出足以充分证明敌人进行细菌战的材料送李克农处。并电告李克农待这些材料送到后，再考虑举行记者招待会。①

　　按：此乃《周谱》记载。《纪事》认为，"卫生机关"后面应该加"逗号"，否则句子太长。

3 月 14 日，主持政务院第一百二十八次政务会议。在讨论防疫工作问题时说，要在全国范围内开展人民防疫运动，加强防疫宣传工作，注意搜集美国撒布细菌的各种罪证。②

3 月 20 日，致电东北、志愿军防疫委员会并告华北、华东防疫委员会：将有国际人士前往调查美帝国主义进行细菌战的情况，望做好揭露敌人这一行为的充分实物证据的展览和具有说服力的宣传工作。③

4 月 4 日，在第 131 次政务院会议上讨论电影工作时，周恩来总理对新闻纪录片提出："纪录片有很大作用，新闻片也改进了，拍得有头有尾，直接对我们有教育意义。我们的作品必须有头有尾，层次分明，处理的方法不要像外国的那样快，因为我们还是半农业社会的人，太快了跟不上。"周总理一贯关心新闻纪录片，特别是新中国成立之后，许多纪录片他都多次审看，甚至对解说词也逐字逐句地修改。强调其宣传与教育的作用，更强调群众观点，要影片使群众能看得进听得懂。后来周总理在看过一些新闻纪录片后，概括提出新闻纪录片要"主题突出、交代清楚、有头有尾、层次分明"。这实际上是提出我们的新闻纪录电影应具有民族风格和民族气派，应具有我们自己的特色。④

4 月 5 日，召集王稼祥、陆定一、刘宁一、章汉夫等开会，商议统

---

① 中共中央文献研究室编：《周恩来年谱 1949—1976》（上），中央文献出版社 1997 年版，第 225 页。

② 中共中央文献研究室编：《周恩来年谱 1949—1976》（上），第 225 页。

③ 中共中央文献研究室编：《周恩来年谱 1949—1976》（上），第 227 页。

④ 高维进：《中国新闻纪录电影史》，世界图书北京出版公司 2013 年版，第 113 页。

一和加强反细菌战的对内对外宣传，决定成立反细菌战宣传委员会，陆定一为主任，章汉夫为副主任。①

4月15日，关于两个月来反细菌战工作总结给毛泽东并中央的报告：中央防疫委员会已将《人民日报》刊载的"防御细菌战常识"和"防疫常识"付印。②

4月17日，对中宣部关于地方报纸可以发表防治农作物病虫害报道电报稿予以修改，加写"并应利用报纸号召地方干部，进行群众性的消灭害虫运动"。③

4月19日，关于组织俘虏询问团等事给金日成电：拟请朝鲜新闻记者、科学家、电影人员参加。④

4月21日，对三野关于在部队报纸揭露敌机撒布细菌毒虫给新华社总社电报批语：华东、华南均限于部队报纸在不泄密原则下作适当揭露。⑤

4月23日，《人民日报》头版头条刊发4月22日以政务院总理身份发布的中央人民政府政务院关于防治害虫的紧急通知。

4月27日，为毛泽东起草关于四月二十七日谈判策略给李克农并告金日成、彭德怀电：北京英文广播因稿件太长，直至廿六日廿二时起始得播出。⑥

4月30日，关于公布美国细菌战战俘材料事给金日成电：请考虑于二号或三号广播并在报纸上发表，并请在决定了广播和在报上发表的时间后，通知我们，以便北京同时公布。此外，附新闻稿一件，备参考。⑦

---

① 中共中央文献研究室编：《周恩来年谱1949—1976》（上），中央文献出版社1997年版，第231—232页。
② 中共中央文献研究室、中央档案馆编：《建国以来周恩来文稿》（第6册），中央文献出版社2018年版，第277页。
③ 中共中央文献研究室、中央档案馆编：《建国以来周恩来文稿》（第6册），第289页。
④ 中共中央文献研究室、中央档案馆编：《建国以来周恩来文稿》（第6册），第290页。
⑤ 中共中央文献研究室、中央档案馆编：《建国以来周恩来文稿》（第6册），第294页。
⑥ 中共中央文献研究室、中央档案馆编：《建国以来周恩来文稿》（第6册），第302页。
⑦ 中共中央文献研究室、中央档案馆编：《建国以来周恩来文稿》（第6册），第308—309页。

5月5日，关于美俘讯问团事给杜平等电报，询问朝鲜劳动新闻记者金亨凤"是否仍为团员或已撤回，望告"。①

5月10日，关于还击港英当局迫害中国居民问题给毛泽东等电：送上对英国政府的抗议文件，请阅正退还，准备于今晚广播，并连同新闻一起发表。②

5月8日，《人民日报》第4版发表消息，标题为"莫斯科〈真理报〉〈消息报〉等 显著刊登周恩来部长的声明"。

5月15日，《人民日报》第4版发表消息，标题为"朝鲜印度巴基斯坦报纸 显著刊载周外长声明 印度《自由报》斥美国武装日本"。

5月18日，4时，关于对美军细菌战战俘政策问题给杜平等电：法《今晚报》记者贝却敌可于必要时再令去俘管处协助动员二俘或其他嫌疑犯向调查团作证。《真理报》16日载该报平壤记者通讯。③

△ 致李克农、乔冠华电："在（《建国以来周恩来文稿》中没有。——笔者）我们的发言和新闻稿件中所用刺激性的词句，如'匪类''帝国主义''恶魔''法西斯'等甚多，以致国外报刊和广播不易采用。"望指示发言起草人和记者在稿件中，应"注重简短扼要地揭发事实，申述理由，暴露和攻击敌人弱点，避免或少用不必要的刺激性语句"。"国内方面亦将采取同样的方针"。④

△ 嘱咐秘书杨刚传达下列指示：今后不论写新闻还是评论，都要尽量避免刺激性的语句，如"匪徒""血腥事件""滔天罪行"等等。要尽量用事实去说服人，阐述我方意见，揭露对方伎俩。总之是以理取胜。火气太大，外国报纸和读者很难接受。⑤

---

① 中共中央文献研究室、中央档案馆编：《建国以来周恩来文稿》（第6册），中央文献出版社2018年版，第318页。

② 中共中央文献研究室、中央档案馆编：《建国以来周恩来文稿》（第6册），第327页。

③ 中共中央文献研究室、中央档案馆编：《建国以来周恩来文稿》（第6册），第341页。

④ 中共中央文献研究室编：《周恩来年谱1949—1976》（上），中央文献出版社1997年版，第238—239页。

⑤ 林枫：《马克思主义新闻观 中国视角的系统阐释》，新华出版社2005年版，第434—435页。

5月23日，关于美方违反协议和强迫甄别事给李克农等电：似应以由新闻记者报道较好。交贝却敌发英、法报纸发表。①

5月下旬至6月5日，多次召集外交部、中共中央宣传部和联络部有关人员商讨起草并修改《亚洲及太平洋区域和平会议宣言（草案）》。《宣言》经筹备会议起草委员会讨论通过后，6月7日在《人民日报》第1版发表。②

5月，指出："新闻要用事实服人，以理取胜。"后来，他又告诫新华社的同志："新闻报道中的提法要有根据，要有事实根据。""要如实地向中央反映情况""对事实一定要核实，事实要搞清楚。"③

按：新闻的本质是真实，真实是新闻的生命，周恩来一生都追求新闻的真实。新闻要"用事实服人，以理取胜"，这是周恩来新闻事实观的重要论述。通过事实报道，揭示事物的本质，帮助人们正确地认识世界和改造世界。

6月5日，对中宣部关于《解放日报》违纪事给华东局宣传部电报进行修改，增加"先是新闻、广播、出版、文化等部门"。④

6月9日，以毛泽东名义起草给李克农并告金日成、彭德怀电，周恩来对电报稿作了修改，增加内容有：此信你们可于九日下午送出并以电话和电报告我们发出时间，以便此间及平壤于九日晚广播。⑤

6月26日，关于发布敌机轰炸水丰发电厂新闻事给甘野陶电：新闻内容是否可以着重指出发电厂系为朝鲜人民服务的，不能构成军事目标，美方对之肆意轰炸，显然是有意破坏朝鲜居民的日常生活，违反人道原则。关于轰炸的结果则不应发表。他们拟好新闻发表，北京将予转

---

① 中共中央文献研究室、中央档案馆编：《建国以来周恩来文稿》（第6册），中央文献出版社2018年版，第353页。

② 中共中央文献研究室编：《周恩来年谱1949—1976》（上），中央文献出版社1997年版，第240页。

③ 刘继才、高树宝主编：《职业道德通俗讲话》，辽宁人民出版社1987年版，第271页。

④ 中共中央文献研究室、中央档案馆编：《建国以来周恩来文稿》（第6册），第381页。

⑤ 中共中央文献研究室、中央档案馆编：《建国以来周恩来文稿》（第6册），第385页。

载并发表评论。①

按：这次电文讨论的是配合当时形势的新闻报道。周恩来关于新闻的电文，抓住了新闻的核心点，新闻眼为发电厂是为民众服务的，敌机轰炸民用设施，必然要受到谴责，舆论效果好。当然对不应该发表的内容也明确指出，从中可以看出周恩来高超的新闻报道艺术。

6月27日，关于送审中央结束"三反"的补充指示给毛泽东等的信：有必要抽出处理阶段中几个问题由政务院发一公开指示，登报宣布。②

△ 对中宣部关于重庆市委接办重庆《大公报》事给西南局宣传部电报，加写"但大公报原有编、经两部人员如有可用者亦应留用若干人，其负责人如不适宜任专职，亦应给以报馆顾问名义安置之"。③

6月30日，《人民日报》第1版发表周恩来为庆祝荆江分洪工程竣工而向工程指挥部赠送的锦旗上题词："要使江湖都对人民有利 周恩来"。

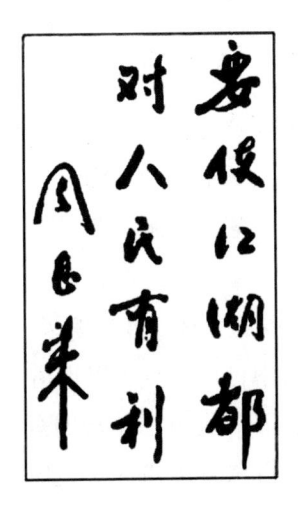

资料来源：中共中央文献研究室第二编研部编《周恩来题词集解》，中央文献出版社2012年版，第116页。

---

① 中共中央文献研究室、中央档案馆编：《建国以来周恩来文稿》（第6册），中央文献出版社2018年版，第424页。
② 中共中央文献研究室、中央档案馆编：《建国以来周恩来文稿》（第6册），第431页。
③ 中共中央文献研究室、中央档案馆编：《建国以来周恩来文稿》（第6册），第435页。

7月1日，为祝贺成渝铁路全线通车的题词："修建铁路，巩固国防，发展经济，改善人民生活。周恩来"。

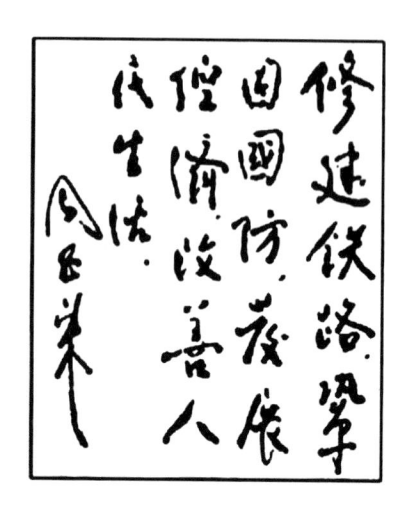

资料来源：中共中央文献研究室第二编研部编《周恩来题词集解》，中央文献出版社2012年版，第117页。

按：中共中央文献研究室第二编研部编的《周恩来题词集解》和金冲及主编的《周恩来传》皆指出，《人民日报》7月1日刊登了周恩来的这一题词。笔者翻阅整套《人民日报》发现，没有刊登题词。

7月3日，关于组织报道七月三日谈判发言给李克农等电：应组织中外记者就对方该项发言中可用之点予以报道。①

7月19日，政务院关于一九五二年暑期全国高等学校毕业生统筹分配工作的指示：应注意掌握六月十四日《人民日报》"把专门技术人才放到最需要的岗位上去"的社论。②

8月1日，关于接待意共代表事给毛泽东等信：人民日报可以应

---

① 中共中央文献研究室、中央档案馆编：《建国以来周恩来文稿》（第7册），中央文献出版社2018年版，第4页。
② 中共中央文献研究室、中央档案馆编：《建国以来周恩来文稿》（第7册），第31页。

邀，但不一定能得到签证。①

8月3日，给毛泽东等信：《关于加强人民监察通讯员和人民检举接待室的指示》稿，"可以登报"。②

8月17日，关于抵达莫斯科事给毛泽东并中央电：公报即由我驻苏大使馆将塔斯社稿直电新华社于十八日上午在北京广播。③

8月19日，《人民日报》第1版发表消息，标题为"苏联真理报在首页刊载 周总理等抵苏消息"。

8月23日，《人民日报》第1版发表消息，标题为"莫斯科各报显著刊载斯大林大元帅接见周总理的消息"。

9月9日，向中央报送中苏关于旅顺口和中长路文件给章汉夫、伍修权并报主席信：签字日期，预定在十五日或十六日，发表在同日晚上，先广播，次日登报。④

9月13日，关于准备签署中苏文件事给毛泽东并中央的报告：如十五日签字不变，十五晚即可广播，十六日见报。⑤

△ 关于斯大林同意代我设计和装备中波电台事给王稼祥并报毛泽东等电：昨晚见斯大林同志，他已面允代我设计二百五十至三百基罗瓦特中波广播电台并给装备。⑥

9月14日，关于发表中苏文件时间问题给毛泽东并中央的报告：四个文件的签字时间定在十五日晚九时，北京时间十六日上午二时，故新华社广播应准备在十六日上午，同日亦可见报。请令新华社与文件同时广播登报。⑦

9月16日，关于发表中苏文件事给毛泽东的报告：此公报将于今晚

---

① 中共中央文献研究室、中央档案馆编：《建国以来周恩来文稿》（第7册），中央文献出版社2018年版，第48页。
② 中共中央文献研究室、中央档案馆编：《建国以来周恩来文稿》（第7册），第58—62页。
③ 中共中央文献研究室、中央档案馆编：《建国以来周恩来文稿》（第7册），第80页。
④ 中共中央文献研究室、中央档案馆编：《建国以来周恩来文稿》（第7册），第123页。
⑤ 中共中央文献研究室、中央档案馆编：《建国以来周恩来文稿》（第7册），第127页。
⑥ 中共中央文献研究室、中央档案馆编：《建国以来周恩来文稿》（第7册），第128页。
⑦ 中共中央文献研究室、中央档案馆编：《建国以来周恩来文稿》（第7册），第129页。

十时后由塔斯社发来。广播及登报均请在十六日上午办好。①

9月,同马林可夫谈党的组织问题的提纲里提到党报问题。②

10月15日,为毛泽东起草的关于致克拉克信问题给李克农并告金日成、彭德怀电:北京、平壤两地于十六日下午分别以中、英文和朝、英文发表口头和文字广播,并于十七日见报。③

10月18日,《人民日报》第1版发表10月17日为天津塘沽新港开港的题词:"庆祝新港开港 望继续为建港计划的完成和实施奋斗 周恩来"。

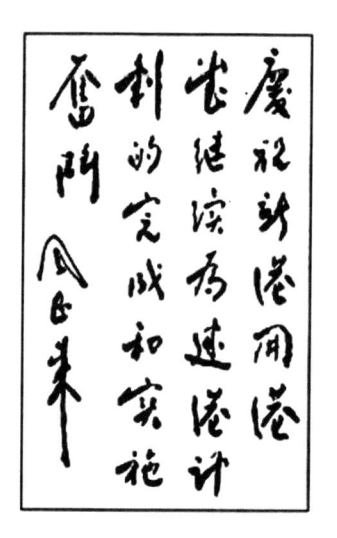

资料来源:中共中央文献研究室第二编研部编《周恩来题词集解》,中央文献出版社2012年版,第117页。

10月24日,主持政务院第156次政务会议。在讨论郭沫若作的《关于一九五二年几项文化教育工作的报告》时说:"文教工作中,除了教育,还包括文化艺术、科学、卫生、新闻、出版等。这些,都与经

---

① 中共中央文献研究室、中央档案馆编:《建国以来周恩来文稿》(第7册),中央文献出版社2018年版,第135页。
② 中共中央文献研究室、中央档案馆编:《建国以来周恩来文稿》(第7册),第170页。
③ 中共中央文献研究室、中央档案馆编:《建国以来周恩来文稿》(第7册),第186页。

指导新闻期（1947年3月—1976年1月） 339

济建设有密切关系。所以，要进行经济建设，文教工作就必须加强，决不能削弱。"① "文委所属的单位还有新华社、广播局、出版机构等，方面很多，都需要扩大和加强。"②

10月25日，修改《人民日报》社论。周恩来将社论原题"坚决保卫和平，争取朝鲜战争的胜利结束——纪念中国人民志愿军出国作战两周年"改为"坚决保卫和平，为抗美援朝的胜利奋斗到底！——纪念中国人民志愿军出国作战两周年"，当日第1版刊发。

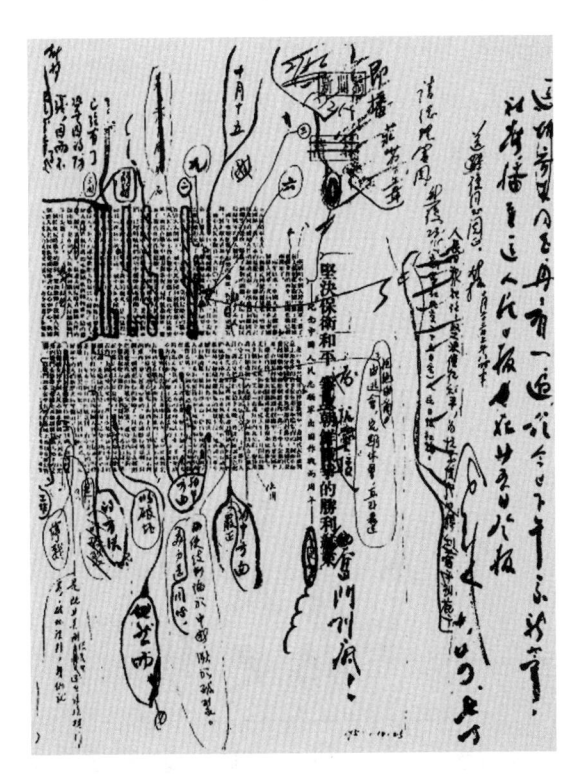

资料来源：崔奇《周恩来——20世纪中国杰出的马克思主义政论家——为纪念周恩来同志诞辰100周年而作》，《新闻战线》1998年第3期，第6页。

---

① 中共中央文献研究室编：《周恩来年谱1949—1976》（上），中央文献出版社1997年版，第265页。
② 周恩来著，中央教育科学研究所编：《周恩来教育文选》，教育科学出版社1984年版，第72页。

按：我们结合社论写作的时代背景，加上文章末尾"尽管美帝国主义还在压迫它的附庸国家，迫使联合国的许多会员国不敢表现出它们对于立即停止朝鲜战争的渴望，但是我们相信，只要朝中人民军队、朝中人民和全世界人民继续努力，朝鲜战争一定可以胜利结束，美帝国主义的日暮途穷的侵略政策一定要遭到彻底的失败。"从中便可悟出这一修改的妙处所在："争取"是力求获得、力求实现的意思，语气平缓，留有很大的余地，而"为抗美援朝的胜利奋斗到底！"旗帜鲜明的态度，且语气掷地有声，充分表现了中国人民的决心和力量，非大家不能为也。

11月5日，《人民日报》第3版发表题词："学习苏联电影事业的经验，更好地为人民服务。周恩来"。

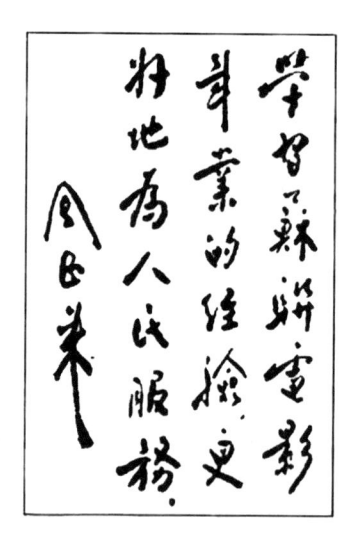

资料来源：中共中央文献研究室第二编研部编《周恩来题词集解》，中央文献出版社2012年版，第121页。

11月6日，《人民日报》第1版发表为庆祝举行"中苏友好月"的题词："伟大的中苏两国的友好同盟是反对新战争挑拨和保卫远东及世界和平的坚强堡垒！周恩来"。

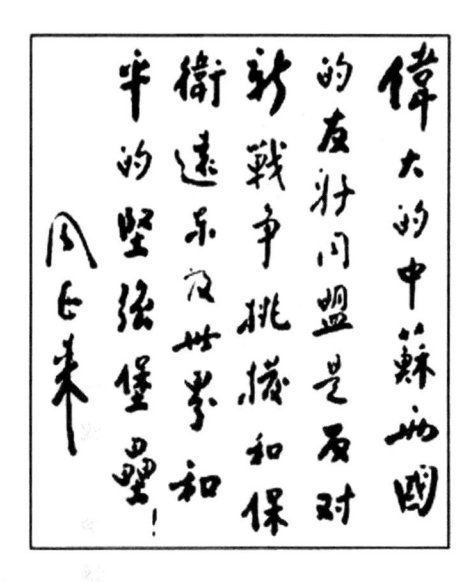

资料来源：中共中央文献研究室第二编研部编《周恩来题词集解》，中央文献出版社 2012 年版，第 112 页。

11 月 8 日，对习仲勋关于"中国新闻社"编制和经费等问题报告的批语有：看"中国新闻社"的组织、编制、人选及工作方针是否合适，是否大了一些。①

11 月 30 日，致函宋庆龄。12 月 12 日，宋庆龄将在世界和平大会上作题为"人民能够扭转局势"的演说，演说稿交周恩来修改。周在信中说："真对不起，演说稿被我压了几天，今夜才改出。现即送上，请您审阅，看是否用得。如蒙同意，请交柳无垢同志或金仲华同志将中英文打出数份，并于今晚交我一份，我还想再读一遍。"12 月 4 日，再次致函宋庆龄，告知最后的修改发言稿已印好。②

按：柳无垢，曾任宋庆龄秘书，时任外交部外交政策委员会秘书。金仲华，新闻工作者，时任上海《新闻日报》总编辑。

12 月 8 日，把《人民日报》社论稿初稿"我方建议已获得世界舆

---

① 中共中央文献研究室、中央档案馆编：《建国以来周恩来文稿》（第 7 册），中央文献出版社 2018 年版，第 223 页。

② 周恩来：《周恩来书信选集》，中央文献出版社 1988 年版，第 484—486 页。

论的欢迎，但是美国直到今天仍然没有表现出丝毫的诚意"，改为"……没有表现出任何认真讨论我方建议的诚意"。①

12月14日，关于建议朝方拒绝和驳斥联大决议案给朴宪永的电报：中国政府回答联合国大会主席皮尔逊来电的文件，将于十二月十五日发表并广播，请平壤方面予以收听。②

△ 反对联大通过关于朝鲜问题的决议给皮尔逊的电报：这一切，在一年多来美英通讯社的各种报道中……甚至在美国国防部部长罗维特最近在十二月二日对记者的谈话中都已经完全证实其为千真万确了。从今年十月十四日到十二月四日，仅仅根据朝中美英通讯社所透露出来的消息加以统计，这样死伤的朝中战俘已达三百二十一人之多，平均每天有六七个朝中战俘因此受害。③

12月27日，审阅政协常委会会议新闻稿，并批示："送主席审阅后，交新华社发表"。④

本年，新华社福建分社在给总社的一份电报中说，美蒋特务最近计划谋害陈嘉庚。周恩来指示福建省和厦门市政府要绝对保证嘉老的安全，并派驻军协助。⑤

本年，应钱之光之邀为《中国纺织》题写刊名，1986年1月创刊

资料来源：易芳《〈中国纺织〉60华诞》，《中国纺织》2012年第1期，第28页。

---

① 崔奇：《崔奇时事评论集 20世纪40年代—21世纪初叶》，人民日报出版社2010年版，第145页。
② 中共中央文献研究室、中央档案馆编：《建国以来周恩来文稿》（第7册），中央文献出版社2018年版，第263页。
③ 中共中央文献研究室、中央档案馆编：《建国以来周恩来文稿》（第7册），第268—269页。
④ 王凤超：《周恩来新闻活动年表》（续二），《新闻研究资料》1988年第4期，第147页。
⑤ 童小鹏：《风雨四十年》（第二部），中央文献出版社1996年版，第184页。

的《中国纺织报》用了周恩来题写的中国纺织四个字和鲁迅题写的一个"报"组合而成。

本年，作为新闻人物的周恩来，被《人民日报》发表报道文章119篇。

新闻背景

1月，《今日中国》（原名《中国建设》）创刊，由宋庆龄创办，是中国唯一一本多文种综合性对外报道月刊。在其创办和发行过程中，周恩来和宋庆龄发挥了关键作用。

2月，《解放军画报》创刊，由中共中央军委总政治部主办。该刊与《人民画报》《民族画报》并称为中国"三大画报"。

5月5日，《真理报》驻京记者和塔斯社驻华总分社为庆祝苏联出版节和《真理报》创刊四十周年举行纪念招待会。

7月24日，德国《图片报》创刊于汉堡。

9月14日，中国新闻社于北京成立，10月1日开始发稿。它是以海外华侨、港澳台同胞为对象的通讯社。

圣约翰大学新闻系并入复旦大学新闻系；燕京大学新闻系并入北京大学中文系。新华社摄影部成立。

国际新闻联合会成立。国际广播组织同意汉语为该组织合法语言之一。

1953年（五十五岁）

1月21日，以外交部长身份对美国不断派飞机侵入我领空表示抗议。《人民日报》1月22日头版头条刊登消息。

1月22日，修改新华社电稿："我国空军十二日夜间击落侵入东北上空的一架美国RB—29型飞机"。[①]

[①] 王凤超：《周恩来新闻活动年表》（续二），《新闻研究资料》1988年第4期，第147页。

1月27日，就新华社一九五三年新闻报道计划作出指示：（一）要加强对抗美援朝的报道。（二）"面向建设，面向国际"的提法不完整，应为"联系群众，联系实际，提高质量和效率，有重点地发展一些工作"。（三）对国家工业化的报道还不具体，需要加强。①

抗美援朝期间，亲自抓《人民日报》抗美援朝的宣传。他不仅具体布置评论任务，审定稿件，而且审阅每一期《抗美援朝专刊》。②

1月，在《亚洲社会党会议简报》第八号上作批语：告乔木同志，请中宣部指示人民日报及新华社对亚洲社会党会议站在美帝立场上的一切阴谋多写几篇稿件予以揭露。③

2月5日，《人民日报》头版刊登《政治报告——一九五三年二月四日在中国人民政治协商会议第一届全国委员会第四次会议上的报告》一文。

2月9日，《人民日报》第1版发表消息，标题为"苏联真理报消息报和红星报 刊载周恩来副主席政治报告 印度各地报纸刊载了报告摘要"。

2月18日，关于联合国大会复会后对美斗争布置问题给金日成电：我们拟自二月廿日起连续发表美国继续在朝鲜和中国进行细菌战的新闻。其程序为廿日晚广播美进行细菌战的新闻，廿二日晚广播细菌战俘供词的新闻及施尉伯主要供词录音，廿三日晚广播施关于海军陆战队细菌战会议及关于保密的两个供词录音，廿四日晚广播布赖少校的供词录音。各件均于广播后的次日见报。现准备将各件文字材料经过新华社于十九日陆续发平壤。④

3月1日，根据中宣部批准的关于改进《参考消息》的方案，新华

---

① 中共中央文献研究室编：《周恩来年谱 1949—1976》（上），中央文献出版社 1997 年版，第 282 页。

② 人民出版社资料组编：《人民的好总理 纪念敬爱的周恩来同志》（中），人民出版社资料组，1977 年，第 265 页。

③ 中共中央文献研究室、中央档案馆编：《建国以来周恩来文稿》（第 8 册），中央文献出版社 2018 年版，第 63 页。

④ 中共中央文献研究室、中央档案馆编：《建国以来周恩来文稿》（第 8 册），第 121 页。

社将《参考消息》一分为二：一是继续以《参考消息》为名印出，篇幅少而简；二是以《参考资料》为名印出，篇幅多而杂。《参考资料》是党内著名的"大参考"，每日分上午版和下午版。①"这是周总理倡议这样办的"。②

  按：周恩来深知掌握国际动态的重要性。新中国成立初期，多次指示新华社要尽最大努力收集国际公开情报，要求抄收所有主要的外国通讯社的电讯，收集西方主要报刊与中国有关的评论，尽可能的全面、详细和迅速，充分发挥"耳目"的作用。新华社将《参考消息》一分为二，就是根据周恩来倡议办的。周恩来曾多次对新华社的领导说，事情再忙，每天也一定要看完两本《参考资料》。为了及时了解情况，周恩来规定新华社建立二十四小时值班制度，一收到外国通讯社发出的重大新闻，必须立即向总理办公室报告（重大事件由周恩来亲自报告毛泽东）；《参考资料》开印并装订成册之前，先给周恩来总理办公室和外交部等有关部门送去清样，这样可以让有关部门把关，让资料更准确。1951年夏到1953年夏，朝鲜停战谈判期间，为了配合板门店的斗争，周恩来几乎每天都指示新华社注意报道什么方面的问题和要写出针对美国方面什么观点的评论。这些指示，多数在晚上他看过志愿军代表团从开城发来的报告和《参考资料》上的有关材料以后告诉新华社，其中许多是要求新华社必须在午夜以前写好并印成清样送给他亲自审阅，少数是周恩来夜间睡觉前交代他的值班秘书在第二天上午告诉新华社的。

3月15日，关于悼念哥特瓦尔德逝世事给毛泽东等电：今（十五）日莫斯科报纸登载苏共中央、苏联部长会议和最高苏维埃主席团联名

---

① 中共中央宣传部理论局编：《纪念中国共产党成立90周年理论研讨会文集》（中），学习出版社2011年版，第877页。

② 李静主编：《实话实说西花厅》，中国青年出版社2007年版，第28页。

公告。①

　△《人民日报》头版刊登周恩来总理兼外长的唁电，悼念捷克斯洛伐克共产党主席哥特瓦尔德。

　3月27日，为毛泽东起草致丁国钰并告金日成、彭德怀电：如金首相同意金、彭复克拉克二月二十二日来信的信稿内容，"请即（以）(《建国以来周恩来文稿》中有。——笔者）电话告开城并电复我们（。）(《建国以来周恩来文稿》中为"，"号。——笔者）开城可于二十八日下午将此信交给对方，平壤、北京于二十八日晚广播，二十九日登报。"②

　3月28日，对毛泽东给中国人民志愿军谈判代表丁国钰等电报新闻稿作修改。③

　3月30日，为毛泽东起草征询对朝鲜停战谈判声明稿的意见给金日成电：此稿准备于今（三十）日晚间广播，三十一日登报。④

　△阐述中国政府对朝鲜停战谈判的态度和主张声明，《人民日报》3月31日头版头条刊发。

　4月1日，《人民日报》头版头条刊发金日成完全同意和支持周恩来关于朝鲜谈判问题的声明。

　4月2日，《人民日报》头版发表消息，标题为"波德报纸刊载周总理声明"。

　4月3日，《人民日报》头版发表消息，标题为"人民民主国家报纸纷纷发表评论 拥护和支持中朝两国的建议 英、法、比、丹、挪、瑞典等国进步报纸支持周总理声明"。

　4月14日，就新闻宣传报道问题作指示：文章"要重质不要重量，

---

①　中共中央文献研究室、中央档案馆编：《建国以来周恩来文稿》（第8册），中央文献出版社2018年版，第197页。
②　中共中央文献研究室编：《周恩来年谱 1949—1976》（上），中央文献出版社1997年版，第291页。
③　中共中央文献研究室、中央档案馆编：《建国以来周恩来文稿》（第8册），第213—214页。
④　中共中央文献研究室、中央档案馆编：《建国以来周恩来文稿》（第8册），第222页。

并要经过当地党委""采取合作态度，不要对立起来，记者不要滥用权威"。现在纷纷下去的检查组也是这样，形成钦差大臣满天飞。在公开宣传中要注意不夸张，过去我们有很多话说过了头。"毛主席的原则是：做了一百件事，只说五十件，才不致自满。"①

4月15日，《人民日报》第4版发表消息，标题为"印度报纸欢迎周总理关于朝鲜问题的声明"。

4月24日，就新华社记者采访建设新闻应划分界限作批语：胡乔木、陈郁、吴冷西三同志：此类新闻不应发表。从此得出教训：第一，新华社记者采访建设新闻应划分界限，何者应访，何者不应访；第二，主管部门首长如未审阅不应签发；第三，新华社提出问我，尚属谨慎，应予嘉奖。②

△ 主持政务院第一百七十六次政务会议，在讨论韦悫作的《对东欧各人民民主国家文化教育考察报告》时说：出国参观访问，国家花的代价是很大的，因此，在国外学到了东西，不能自己知道就算了，而是需要作报告、写文章。写出文章，也不一定都登《人民日报》，除《人民日报》外，还可登《光明日报》，登各种杂志。③

5月9日，致电李富春："国内在经济宣传上经常发生保密的界限问题，即何者可以公开宣传，何者应当严守秘密，因缺乏经验，很难判断。随着有计划建设时期的到来，工业生产和基本建设日益发展，此一问题就日益严重而迫切需要加以解决。"请向苏方有关负责人提出这个问题，希望他们介绍保密工作的原则和经验，如能给予可供参考的文件更好。④

5月14日，《人民日报》第1版发表消息，标题为"莫斯科各报刊载周外长声明"。

---

① 中共中央文献研究室编：《周恩来年谱1949—1976》（上），中央文献出版社1997年版，第294页。
② 中共中央文献研究室、中央档案馆编：《建国以来周恩来文稿》（第8册），中央文献出版社2018年版，第267页。
③ 中共中央文献研究室编：《周恩来年谱1949—1976》（上），第296页。
④ 中共中央文献研究室编：《周恩来年谱1949—1976》（上），第298—299页。

5月，对新华社社长吴冷西说，外国记者报道都用本人姓名，阿兰·惠灵顿和贝却敌（这是当时在板门店采访的对中国友好的两位记者）也用本人的姓名报道，我们自己的记者是否也可以在报道中署名，我们也要培养自己的名记者。开始时不妨先用一个集体笔名，因为稿件是好几个人写的，一个名字用开了，以后就好办。①

按：周恩来作出关于培养名记者的指示后，新华社报道中出现特派记者"吴敏"和"江南"的名字。他们撰写的文章犀利有力，体现了我方的政策和策略，揭露了敌方的阴谋，在宣传斗争中起了重要作用，在国内外引起强烈反响，成为我方关于朝鲜问题和停战谈判的权威性报道。以吴敏为笔名的沈建图，是归国华侨，精通英文，长期从事新华社英文采写与编辑工作，是能用英文直接写稿的人。他在朝鲜停战谈判报道中，用吴敏为笔名从开城发回大量述评性报道，在国内外产生强烈反响。"江南"是北京所写评论性新闻的笔名，由周恩来通过他的秘书给社长吴冷西打电话布置任务，甚至连评论的要点和可利用的材料都会指点明白，并亲自修改稿件，主要由蒋元椿执笔。

6月9日，审改《人民日报》社论《打开和平解决朝鲜问题的道路》。周恩来签"照发"后，《人民日报》当日第1版发表。②

6月18日，对征求停战命令意见给金日成的电报作修改，增加"我们准备在停战协定签字之后，公开发布广播这项命令"③。

6月20日，对致克拉克信稿处理问题给李克农的电报作修改，内容有：北京准备在二十日上午十一时将金彭去信并附哈利逊来信广播，请平壤亦于同时广播。④

7月7日，为毛泽东起草关于目前停战谈判情况及克拉克来信的对

---

① 李静主编：《实话实说西花厅》，中国青年出版社2007年版，第29—30页。
② 人民日报出版社：《毛泽东周恩来刘少奇朱德邓小平陈云为人民日报撰审稿手迹选》（下），人民日报出版社2008年版，第57页。
③ 中共中央文献研究室、中央档案馆编：《建国以来周恩来文稿》（第8册），中央文献出版社2018年版，第372页。
④ 中共中央文献研究室、中央档案馆编：《建国以来周恩来文稿》（第8册），第375页。

策问题给李克农并告金日成、彭德怀电：金、彭复信于八日交出后，即于八日北京时间上午十一时开始英、中文广播，九日登报，请平壤亦同此办理。①

7月8日，致函中国驻苏联大使馆参赞戈宝权，同意西蒙诺夫提出的"苏作家协会拟派一作家作为该报（苏《文艺报》。——笔者）记者，常驻北京以便经常报道中国文化活动"的要求，要戈宝权即告苏外交部并告西蒙诺夫：欢迎苏作家协会即派一作家为该报记者常驻北京报道中国文化活动。②

在朝鲜停战谈判中，夜以继日地指导和修改新华社有关报道和评论，经常午夜出题目，凌晨审稿。他常戏说他是新华社和《人民日报》的"夜班总编辑"。③

7月25日，修改以毛泽东名义起草的对朝鲜停战协定签字仪式和报道问题给李克农等的电报稿，增加"南朝鲜及蒋匪记者不得参加""望以此为最后定稿"等内容。④

7月26日，修改以毛泽东名义起草的对朝鲜停战协定签字仪式和报道问题给李克农等的电报稿，增加"除不再反对李、蒋新闻代表出席外，其他可不再变动"。⑤

7月28日，修改以毛泽东名义起草的对彭德怀谈话稿和金日成告人民书同时广播问题给李克农等的电报稿，增加"金首相告人民书的最后定稿望给新华社发来，以便同时广播"⑥。

8月1日，给毛泽东等写信：关于工资、年终双薪、年休假的两个

---

① 中共中央文献研究室、中央档案馆编：《建国以来周恩来文稿》（第9册），中央文献出版社2018年版，第9页。
② 王凤超：《周恩来新闻活动年表》（续二），《新闻研究资料》1988年第4期，第147页。
③ 吴冷西著，新华社新闻研究所编：《吴冷西论新闻报道》，新华出版社2005年版，第323页。
④ 中共中央文献研究室、中央档案馆编：《建国以来周恩来文稿》（第9册），第39页。
⑤ 中共中央文献研究室、中央档案馆编：《建国以来周恩来文稿》（第9册），第40页。
⑥ 中共中央文献研究室、中央档案馆编：《建国以来周恩来文稿》（第9册），第47页。

文件请审阅。指示是否需要登报，请漱石同志批告，通知则肯定不拟登报。①

8月3日，《人民日报》第1版刊登消息，标题为"莫斯科各报显著刊载毛主席周总理复电"。

8月24日，就联合国召开政治会议讨论朝鲜问题发表声明，《人民日报》8月25日头版头条刊发。

8月26日，《人民日报》第1版发表消息，标题为"莫斯科各报和印度报纸 登载周外长关于政治会议的声明"。

8月27日，《人民日报》第1版发表消息，标题为"布拉格和华沙各主要报纸刊载周外长关于政治会议的声明"。

9月8日，钱俊瑞关于国际广播组织拟在我国建立的第三区收测站更变场地问题给周恩来的报告，周批示：习、钱，以改设华东为好，望派员与华东局商定后再进行勘察。②

9月15日，《人民日报》第1版刊登消息，标题为"周外长致联合国秘书长电苏联〈真理报〉全文刊载"。

9月16日，审改《人民日报》社论《感谢苏联的伟大援助》。③

9月20日，对中立国遣返委员会波兰委员所提问题之答复给李克农电：书刊、报纸、电影等文化器材由交战双方供给。④

9月23日至10月6日，第二次文代会召开，在会上发表讲话时，推开讲稿，对着话筒大声说："在座的谁是魏巍同志，今天来了没有？请站起来，我要认识一下这位朋友，我感谢你为我们子弟兵取了个'最可爱的人'这样一个称号。"⑤

---

① 中共中央文献研究室、中央档案馆编：《建国以来周恩来文稿》（第9册），中央文献出版社2018年版，第52页。

② 中华人民共和国史广播电视编辑部编：《当代中国广播电视回忆录》第3集《周恩来与广播电视》，中国广播电视出版社1994年版，第245页。

③ 人民日报出版社：《毛泽东周恩来刘少奇朱德邓小平陈云为人民日报撰审稿手迹选》（下），人民日报出版社2008年版，第58页。

④ 中共中央文献研究室、中央档案馆编：《建国以来周恩来文稿》（第9册），中央文献出版社2018年版，第140页。

⑤ 许颖：《新闻采访与写作》，中国传媒大学出版社2011年版，第153页。

指导新闻期（1947年3月—1976年1月）　351

按：1951年4月11日，魏巍在《人民日报》第1版发表关于朝鲜战场通讯《谁是最可爱的人》。

9月27日，关于拟接见大山郁夫事给毛泽东等的报告：如需发表谈话要点，届时，再以新闻稿送中央审阅。①

9月28日，就国家统计局将发表《关于一九五二年国民经济和文化教育恢复与发展情况的公报》一事，和高岗起草致毛泽东并刘少奇、朱德、陈云的联名信：这个公报，拟于本月三十日登报发表。②

10月8日，《关于苏联建议召开五大国外长会议的声明》，约900字，刊载于10月9日《人民日报》头版头条。

10月12日，《人民日报》第1版发表消息，标题为"莫斯科各报刊载周恩来外长的声明"。

10月14日，《人民日报》第1版发表消息，标题为"朝鲜'劳动新闻'和'民主朝鲜报'发表社论 支持周恩来外长和南日外务相的声明"。

12月5日，为送审《一九五四年国家经济建设公债条例》等文件给毛泽东信：如主席同意，即请批回，以便交新华社发表。③

12月9日，《人民日报》第1版刊登消息，标题为"莫斯科各报刊载周外长的声明和通知"。

12月28日，《人民日报》头版头条发布总理周恩来的《中央人民政府政务院关于开展冬季农业生产工作的指示》一文。

本年，苏联广播机构代表在出席"国际广播组织"在北京举行的会议期间，向我方代表提出，为了加强苏中两国之间的广播合作，建议签订一个广播合作协定。事后，我国有关主管部门就此事请示周恩来。周恩来再次指示，我国广播电台和莫斯科广播电台交换播出节目是可以的，但是他们播出什么内容，必须事先得到我方同意，不能由对方单方

---

① 中共中央文献研究室、中央档案馆编：《建国以来周恩来文稿》（第9册），中央文献出版社2018年版，第153页。
② 中共中央文献研究室、中央档案馆编：《建国以来周恩来文稿》（第9册），第159页。
③ 中共中央文献研究室、中央档案馆编：《建国以来周恩来文稿》（第9册），第249页。

面确定。他还特别指出，必须注意，这是一个涉及国家主权的问题。①

在担任总理职务的早期，一位印度尼西亚记者问他华侨是否会被当作中国帝国主义扩张的工具。在这位记者的国家里有几百万华侨。一位在场的人注意到周恩来"顷刻间的愤怒"。他挥舞着双手来充分表达他的意思，用严厉的声音来表示他的愤怒。周恩来回答说，中国并不为自己的祖先在过去对邻国犯下的侵略进行辩护；中华人民共和国保证决不重犯这样的错误，决不成为帝国主义者。随后，周恩来的愤怒平息下来。"他使这位听他讲话的人对自己的提问激怒了他而感到不好意思。"②

看过一些《新闻简报》后指出：新闻简报要"有头有尾，交代清楚"。③

本年，作为新闻人物的周恩来，被《人民日报》发表报道文章101篇。

新闻背景

1月1日，《人民日报》发表题为"迎接一九五三年的伟大任务"的社论。

3月，《中宣部关于党报不得批评同级党委问题给广西省委宣传部的复示》发出。

4月14日至28日，国际广播组织在捷克斯洛伐克首都布拉格召开了第十二届全体大会、行政理事会第二十三届会议和技术委员会会议。中华人民共和国广播事业局局长梅益当选为主席。

6月，专门针对日本发行的日文综合性月刊《人民中国》创刊。

7月，中央新闻纪录电影制片厂在北京建立。《中共中央关于新华社记者采写内部参考资料的规定》颁布。

12月28日，中共中央批准并转发中共中央宣传部编写的《为动员一切力量把我国建设成为一个伟大的社会主义国家而斗争——关于党在过渡时期总路线的学习

---

① 赵玉明、哈艳秋、袁军：《周恩来与广播电视》（下），《中国广播电视学刊》1998年第5期，第7页。
② [英] 迪克·威尔逊：《周恩来》，封长虹译，中央文献出版社2003年版，第207页。
③ 陈荒煤、陈播主编：《周恩来与电影》，中央文献出版社1995年版，第206页。

和宣传提纲》，标志着总路线的形成，此后，全国掀起学习和宣传总路线的高潮。

上海《大公报》和天津的《进步日报》合并，在天津出版《大公报》，1956年迁北京。

美国新闻署成立，统管美国对外宣传。

1954年（五十六岁）

1月9日，撰写《就恢复关于朝鲜政治会议问题的双方谈判发表的声明》，约2500字，《人民日报》1月10日头版头条刊发。

△ 修改恢复关于朝鲜政治会议问题双方会谈发表稿的电报，增加"开城收到后，望以中文本及英文广播稿打送蒂迈雅将军"。①

1月11日，《人民日报》第1版刊登消息，标题为"莫斯科各报刊载周外长声明"。

1月13日，《人民日报》第1版刊登消息，标题为"各人民民主国家的报纸 刊载周恩来外长的声明"。

1月31日，《人民日报》第1版刊登消息，标题为"莫斯科各报刊载周外长声明"。

3月3日，关于中朝同时发表参加日内瓦会议消息给金日成电：由中朝双方同时发表消息，苏联亦同时发表收到中朝两国接受邀请的消息，均于三月三日晚广播，三月四日见报。兹将中国方面所发消息发上供参考。请朝方亦同时发表同样内容的消息，惟中朝两国位置应该相互变换。②

3月6日，以总理的身份对加强灾害性天气的预报、警报和预防工作作指示：对于各级气象预报台、站的大范围灾害性天气的预报、警

---

① 中共中央文献研究室、中央档案馆编：《建国以来周恩来文稿》（第10册），中央文献出版社2018年版，第12页。

② 中共中央文献研究室、中央档案馆编：《建国以来周恩来文稿》（第10册），第118页。

报，各地人民广播电台和海岸电台等应定时予以广播，必要时并临时增加广播次数。各地广播收音站应认真组织收听，并尽可能向邻近地区进行传达。各地报纸对于本区或当地灾害性天气的预报、警报应及时地以显著地位予以刊登，各地报纸、人民广播电台和各级气象预报台、站，并应经常注意对大范围灾害性天气的预报、警报、预防方法及有关的气象知识，进行广泛宣传。①

3月17日，《光明日报》的《文字改革》专刊（双周刊）创刊，周恩来题写刊头。采用横排版。②

4月1日，致电法国《人道报》社长马赛尔·加香，祝贺《人道报》创刊50周年。③ 4月16日，《人民日报》第1版刊登消息，标题为"周恩来同志电贺'人道报'创刊五十周年"。

4月14日，温济泽接到周恩来总理亲笔签名的全权证书，任命他为全权代表，负责签订中华人民共和国中央人民政府文化教育委员会广播事业局和苏维埃社会主义共和国联盟文化部广播总管理局之间的广播合作协定。④

4月19日，在美国公然宣传反对停战，策划扩大战争，动员舆论叫嚣的情况下，指示杨刚转告陆定一：在二十一日发表的《人民日报》社论里加进四句话："我们不侵略别人，也坚决反对任何人的侵略行为；我们不威胁别人，也反对任何人的威胁行为；我们不干涉别人内政，也反对别人干涉任何人的内政；我们主张和平，反对战争，但别人对我们的任何武装侵略，我们决不会置之不理！"⑤

4月24日，下午，新闻记者和摄影记者云集日内瓦的宽特兰机场，

---

① 中共中央文献研究室、中央档案馆编：《建国以来周恩来文稿》（第10册），中央文献出版社2018年版，第123—124页。

② 方汉奇、李矗主编：《中国新闻学之最》，新华出版社2005年版，第527页。

③ 钱江：《周恩来与日内瓦会议》，中共党史出版社2005年版，第61页。

④ 江苏文史资料编辑部：《恩泽长淮——周恩来百年诞辰》，江苏文史资料编辑部，1998年，第28页。

⑤ 中共中央文献研究室编：《周恩来年谱1949—1976》（上），中央文献出版社1997年版，第360页。

指导新闻期（1947年3月—1976年1月）　　355

美国的摄影记者纷纷叫唤："周先生，走近点，朝我这里看！"周恩来有礼貌地抬起头来，迎面走向记者。摄影镁光灯把耀眼的光彩洒在周恩来的身上。"严肃、面无笑容、冷酷……"当时报界的评论如是说。周恩来意识到自己犯了错误。几天以后，中国代表团成员换上了浅色服装或西装，笑容可掬地出现在照相机的镜头面前。①

4月24日至7月23日，日内瓦会议期间，中国代表团首次举行新闻发布会时，台湾"中央社"驻巴黎记者王家松要求入场，被我新闻联络官拒绝。拒绝的理由为"中央社"是台湾的"官方机构"，要警惕他们在这里制造"两个中国"的假象，周恩来得知后当即指出：警惕性是需要的，但不能抽象地讲警惕，警惕总要有事实根据，没有事实根据的警惕是主观主义，就会自己制造紧张，给工作造成损失。蒋介石的基本政策，也是坚持一个中国，他坚持只有一个"中华民国"。美国顽固支持蒋介石，一直否认中华人民共和国的存在。现在怎么样？不但瑞士早就同我们建交，杜勒斯也不得不同我们坐在一起开会，这里哪有"两个中国"的影子呢，来了一个中央社的记者，怎么就会造成"两个中国"的假象？蒋介石对美国又投靠，又信不过。这次会议使他很不安，美国当然会向他通气，但他信不过。他派个记者来，显然是为了便于进行现场观察，观察我们，也观察美国。让他了解一些第一手的真实情况，这对我们有什么不好？在周恩来的指示下，对此事采取了补救办法：找一位与王家松方便接触的我方记者，转告他欢迎参加我代表团的新闻发布会，有什么困难将酌情帮助。②

　　按：周恩来对这件事情的处理所表现出来的高度智慧和才能，不仅在与会者间，而且在国际舆论上赢得了普遍的赞扬。

日内瓦会议期间，深感西方报纸对中国的报道大都不准确，而当时我国主要的对外宣传刊物《人民中国》是半月刊，时效性较慢，不能

---

① 钱江：《周恩来与日内瓦会议》，中共党史出版社2005年版，第5页。
② 王凤超：《周恩来新闻活动年表》（续二），《新闻研究资料》1988年第4期，第147—148页。

及时将我国重要政策、领导人讲话传播出去。周恩来提出，要办一个新的英文刊物，及时地阐明我国的内外政策，介绍我们的革命和建设的成就。回到北京后，周恩来和陈毅对从事外宣工作的同志又谈到：我国的对外宣传工作要有个攻势，来个扩展。①

日内瓦会议期间，对于会议新闻报道的方针、业务思想，经常给予具体指导，并审阅重要稿件，关心记者活动。他告诫记者团，要严守组织纪律，贯彻代表团的意图；在报道中要多用事实，少发议论，不要把话说得太满，以免情况变化时，陷于被动。②

日内瓦会议期间，新闻情况组的房间内设了两台电传机，一台英语，一台法语，日夜接收美、英、法几大通讯社的电讯，翻译后各自动手刻写在一种很薄的蜡纸上，即时油印，送给周恩来、张闻天等领导参阅。③

日内瓦会议期间，周恩来得知中国代表团新闻办公室的客人络绎不绝，有应接不暇之感时建议，为友好的记者举行小型宴会，为一般的记者举行大型冷餐招待会，请记者们吸中国烟、喝中国酒、吃中国菜，边吃边谈，让人感到无拘无束，轻松活泼。④

日内瓦会议期间，英国外相艾登对记者说："跟中国的周总理打交道，我当然乐意。要知道，他可不是平凡的人，你们早晚都会清楚，他是个不平凡的人。"⑤

在日内瓦协议签署后，有一次，他与《纽约时报》的一位记者进行了一次前所未有的谈话，让他理解这次谈话的意图，并将其意图及时地转达到杜勒斯那里，即如果美国从越南撤出所有军事基地，那么周恩来就接受越南停火的建议。⑥

---

① 何国平：《中国对外报道思想研究》，中国传媒大学出版社2009年版，第96—97页。
② 中共中央党史研究室、中央档案馆编：《中共党史资料》2008年第2期，总第106辑，中共党史出版社2008年版，第171页。
③ 钱江：《周恩来与日内瓦会议》，中共党史出版社2005年版，第197页。
④ 钱江：《周恩来与日内瓦会议》，第198页。
⑤ 钱江：《周恩来与日内瓦会议》，第94页。
⑥ ［英］迪克·威尔逊：《周恩来传》，封长虹译，解放军出版社1989年版，第189页。

章文晋在随中国代表团参加日内瓦会议期间，发往国内的一篇外国新闻社的译稿出了差错，周恩来严肃批评了他，指出这是对大事不负责。几句话使章文晋难过万分，终生引以为戒。①

4月25日，在日内瓦得悉了关于尼赫鲁的消息，致电外交部并转陆定一：建议《人民日报》发表尼赫鲁关于印度支那停火的声明。②

△ 关于撤退奠边府战役法国伤兵问题给中央军委电：各国通讯社至今尚无报道。③

4月30日，《人民日报》第1版刊登在日内瓦会议4月28会议上周恩来外长的发言。第1版还刊登了消息，标题为"苏联'真理报'记者评周恩来外长的发言"。

△ 关于日内瓦会议两天情况给毛泽东等电：此二事新闻稿已发国内。④

5月1日，关于与艾登所谈问题给毛泽东等电：宴会后外国记者盛传艾登与我会面前曾见杜勒斯，杜对艾的行为大为不满。⑤

5月3日，《人民日报》第4版刊登消息，标题为"各国舆论重视周外长的发言 认为周外长提出的有关亚洲和平问题的主张符合各国人民的愿望"。

5月5日，《人民日报》第1版刊登在日内瓦会议5月3日会议上周恩来外长的发言。

△ 关于日内瓦会议五月四日会议情况给毛泽东等电：新闻报道中传说星期六才能开始讨论。昨日，美国在他的记者招待会中吹嘘侵朝十六国中已有十国发言，但懂得内情的人知道英、法还是没讲话。⑥

---

① 章文晋、张颖：《走在西花厅的小路上 忆在恩来同志领导下工作的日子》，社会科学文献出版社2013年版，第5页。
② 钱江：《周恩来与日内瓦会议》，中共党史出版社2005年版，第19页。
③ 中共中央文献研究室、中央档案馆编：《建国以来周恩来文稿》（第10册），中央文献出版社2018年版，第179页。
④ 中共中央文献研究室、中央档案馆编：《建国以来周恩来文稿》（第10册），第201页。
⑤ 中共中央文献研究室、中央档案馆编：《建国以来周恩来文稿》（第10册），第205—206页。
⑥ 中共中央文献研究室、中央档案馆编：《建国以来周恩来文稿》（第10册），第226页。

5月6日，关于公布高棉、寮国（即老挝。——笔者）两抗战政府声明的电报：范文同同志已同意并电告北京越南通讯分社立即公布，他们已另通知该分社。请令新华总社必须在今夜或明早将该二声明（加上高棉主席、寮国总理姓名）的中文、英文、法文稿经电台广播，并于明日上午发给我们。①

△ 关于日内瓦会议将讨论印度支那问题的有关情况给毛泽东等电文可以看出，通过《纽约先驱论坛报》了解法国的方案。②

5月9日，关于日内瓦会议五月八日情况给毛泽东等电：详情新华社报导。③

△ 关于释放奠边府战役敌军重伤员问题给韦国清并报中央电：收到此声明后即发表广播。④

谭文瑞回忆说：在召开讨论印度支那问题的第二次日内瓦会议的时候，我们派去采访日内瓦会议的一位同志写了一篇通讯，揭露法国在会议上提出的一个方案是美国方案的翻版，在报上发表了。周恩来在报上看到后，立即从北京给这位同志发去一个电报，向他指出在公开宣传中把法国的立场说成同美国一模一样，不利于利用矛盾，分化对方。告诉他这样的问题，以后要注意。⑤

5月10日，美国《时代》周刊封面刊登标题："红色中国的周恩来 在日内瓦会议上"。

5月11日，《人民日报》第4版刊登消息，标题为"朝鲜中央通讯社发表评论 支持周恩来外长关于战俘问题的建议"。

---

① 中共中央文献研究室、中央档案馆编：《建国以来周恩来文稿》（第10册），中央文献出版社2018年版，第232—233页。
② 中共中央文献研究室、中央档案馆编：《建国以来周恩来文稿》（第10册），第236页。
③ 中共中央文献研究室、中央档案馆编：《建国以来周恩来文稿》（第10册），第244页。
④ 中共中央文献研究室、中央档案馆编：《建国以来周恩来文稿》（第10册），第249页。
⑤ 人民出版社资料组编：《人民的好总理 纪念敬爱的周恩来同志》（中），人民出版社资料组，1977年，第265—266页。

5月13日，致电韦国清并报中共中央："关于释放奠边府敌方重伤员的双方商谈情况和释放、转运具体进展情况，请能随时电告以便转送范文同同志和苏联代表团，据之进行宣传，粉碎敌人之阴谋。与此同时，若能动员奠边府战役中所俘敌军高级军官发表有关我们优待俘虏、伤员和释放敌方重伤员的人道主义措施的谈话，则更好，但请不要勉强他们去做。"①

△ 晚上，中国代表团在日内瓦旧区圣彼得广场举行电影招待会，放映中国的《1952年国庆节》彩色纪录片。观众席差不多坐满了，以各国记者居多。电影放映后，周恩来询问有无批评意见？熊向晖汇报，他间接地听说有一个美国记者认为，影片说明中国在搞军国主义。周恩来一听就有了新的想法。他说，即使有个别人这样说也值得注意，再给他们演一部《梁山伯与祝英台》。这是上海电影制片厂刚刚拍摄完成的彩色戏剧影片，是从越剧《梁山伯与祝英台》转化而来的。熊向晖就将影片调到旅馆观看。放映电影的时候，旅馆里的瑞士员工也有进场观看的，不过一会儿，就一个个地走了。熊向晖判断，他们肯定是因为看不懂，因为要不是有字幕，熊向晖自己也听不懂越剧唱词。他心想，让外国人看《梁山伯与祝英台》真是"对牛弹琴"了。看罢电影，熊向晖请看懂了这出戏的人将剧情和主要唱词写了15—16页的说明书，打算译成英文，放在剧场请观众自取。熊向晖曾在美国留学，英文颇佳，他将《梁山伯与祝英台》意译成"梁与祝的悲剧"请周恩来审定。周恩来看了直摇头，对熊向晖说，这是"八股"，十几页的说明书谁看呀？周恩来说："我要是记者，我就不看。"接着，他说出了自己的见解，只要在请柬上写一句话："请你欣赏一部彩色歌剧电影——《中国的罗密欧与朱丽叶》"，周恩来非常自信地说："放映前再用英语作三分钟说明，概括地介绍一下剧情，用词要带点诗意，带点悲剧气氛，把观众的思路引入电影，不再作其他解释。"②

---

① 中共中央文献研究室编：《周恩来年谱1949—1976》（上），中央文献出版社1997年版，第367页。

② 钱江：《周恩来与日内瓦会议》，中共党史出版社2005年版，第200—202页。

按：用"中国的罗密欧与朱丽叶"向外国友人介绍梁山伯与祝英台的故事，真乃别出心裁、不落窠臼，用"拿来主义"，借鉴国外表述，使之为我所用，既蕴含中国道理，又用符合国外受众语言习惯的方式转换语义，结果，演出大为成功，观众报以热烈掌声，认为太美了，比莎士比亚的《罗密欧与朱丽叶》更感人，说这是"东方式的细腻的演出"。这确实是高明的手法，对于我们加强对外传播，讲好中国故事，传播中国好声音，树立中国好形象，让世界更加真切地了解中国，仍有指导意义。

5月15日，关于日内瓦会议五月十四日情况给毛泽东等电：莫洛托夫发言全文见塔斯社广播。[1]

△ 关于释放奠边府战役敌重伤俘问题给韦国清并报中央电：除越南通讯社应经常广播外，请你亦每日发二次简报（越南广播此地收不到），特别是第一批四百五十人的国别情况请速查告，以便今日越南代表团发布新闻时使用。[2]

5月18日，关于印度支那问题第一次限制性会议情况给毛泽东等电：现据法新社西贡十七日电，对方已进一步破坏已成协议，停止撤退伤员。[3]

5月19日，关于印度支那问题第二次限制性会议情况给毛泽东等电：黄文欢十八日举行记者招待会公布事实揭露对方阴谋。关于此事《真理报》连日有评论，我亦组织新华社记者配合宣传揭露。在此一宣传战中，只要能及时掌握材料就可以继续揭露对方阴谋，掌握主动。[4]

5月24日，《人民日报》第1版刊登在日内瓦会议5月22日会议

---

[1] 中共中央文献研究室、中央档案馆编：《建国以来周恩来文稿》（第10册），中央文献出版社2018年版，第277页。
[2] 中共中央文献研究室、中央档案馆编：《建国以来周恩来文稿》（第10册），第287—288页。
[3] 中共中央文献研究室、中央档案馆编：《建国以来周恩来文稿》（第10册），第293页。
[4] 中共中央文献研究室、中央档案馆编：《建国以来周恩来文稿》（第10册），第297页。

上周恩来外长关于朝鲜问题的发言。

5月26日,《人民日报》第4版发表消息,标题为"朝鲜'劳动新闻'评中朝两国新的和平努力 西欧报刊重视周外长的补充建议和南日的发言"。

5月27日,新华社播发了经过周恩来审定的新闻稿。①

5月29日,关于日内瓦会议五月二十八日情况给毛泽东等电:昨日下午朝鲜问题第十二次大会,"都是老一套,连法新社的报道都说下午的会毫无成绩,死气沉沉"②。

6月1日,关于印度支那问题第九次限制性会议情况给毛泽东等电:皮杜尔会外表示要见我,但又怕美国知道,要求不让记者事先晓得。③

6月6日,致电毛泽东、刘少奇并报中共中央:根据此间新闻界传闻,对方十六国昨天上午开会,美国倾向于破裂朝鲜问题的会谈。"在宣传方面,亦拟就会议中我方和解态度与美国破坏态度作对比,说明我方的作法是尽可能寻求共同点,而美国却坚持联合国监察,不想在联合国以外另谋解决途径。"④

△《人民日报》第4版发表消息,标题为"英前贸易大臣威尔逊发表文章 叙述会见周外长的印象"。

6月7日,《人民日报》第1版刊登消息,标题为"莫斯科各报 刊载周外长六月五日的发言"。

6月8日,《人民日报》第4版发表消息,标题为"印度报纸重视周外长的发言"。

6月9日,对《人民日报》报道不够显著而且太迟缓提出批评,他

---

① 钱江:《周恩来与日内瓦会议》,中共党史出版社2005年版,第198页。
② 中共中央文献研究室、中央档案馆编:《建国以来周恩来文稿》(第10册),中央文献出版社2018年版,第367页。
③ 中共中央文献研究室、中央档案馆编:《建国以来周恩来文稿》(第10册),第380页。
④ 中共中央文献研究室编:《周恩来年谱1949—1976》(上),中央文献出版社1997年版,第377页。

要求今后关于这类新闻以及日内瓦会议重要报道要密切配合外交斗争。致电外交部并中宣部：报道以艾德礼为首的英国工党访问我国的消息，26日电稿登载在6月2日《人民日报》四版四栏（,）（《建国以来周恩来文稿》中没有","号。——笔者）是不够显著而且也太迟缓了（的）（《建国以来周恩来文稿》中有"的"。——笔者）。艾决定访问我国的消息引起世界注目，特别（是）（《建国以来周恩来文稿》中没有"是"字。——笔者）在资本主义国家中反应很大。一般认为（,）（《建国以来周恩来文稿》中没有","号。——笔者）艾的访华是得到了丘吉尔与艾登同意的，因而这标志着英（、）（《建国以来周恩来文稿》中有"、"号。——笔者）美矛盾的表面化。为（了）（《建国以来周恩来文稿》中有"了"。——笔者）配合外交斗争（,）（《建国以来周恩来文稿》中没有","号。——笔者）我党报应表示重视。今后关于这类新闻以及日内瓦会议重要报道如何刊登问题，外交部与中宣部应经常联系与研究，以便密切地配合外交斗争。①

　　按：从电报中可以看出，周恩来十分懂得新闻价值、新闻要讲究时效性，要密切配合外交斗争，对于不懂的问题要经常与专业人士联系和研究，这些仍然有很强的指导性。

6月11日，《人民日报》第1版刊登在日内瓦会议6月9日会议上周恩来外长的发言。第1版同时刊登消息，标题为"莫斯科报纸刊载周外长发言"。

6月13日，《人民日报》第1版刊登在日内瓦会议6月11日会议上周恩来外长关于朝鲜问题的发言。

6月14日，关于会晤瑞士外交部长等情况给毛泽东等电：席间谈话无重要内容故初发新闻外未做简报。②

6月17日，就艾登今晨介绍丘吉尔首相将于下午在下议院发表公

---

① 刘树勇编著：《新中国美术文献博物馆》（1），黑龙江教育出版社2001年版，第177页。

② 中共中央文献研究室、中央档案馆编：《建国以来周恩来文稿》（第10册），中央文献出版社2018年版，第478页。

报，宣布中国政府派遣外交人员驻伦敦前来征询意见一事，致电毛泽东、刘少奇并中共中央：在目前形势下，宣布这项协议是有利的，故决定同意。因为"相互承认对方外交人员的代办身份和地位，可以表示两国关系已开始走向正常化，但在双方经过谈判互换大使之前两国关系仍然是不完全正常的，仍然没有完全脱离谈判建交阶段，代办的机构应称代办处"。周恩来建议，新华社也于今晚宣布此消息并向全国广播。①

△《人民日报》第4版刊登周恩来外长在日内瓦会议6月15日会议上的发言。

6月20日，《人民日报》第4版刊登消息，标题为"周外长的六点建议受到普遍欢迎和重视 法英等国报纸认为印度支那谈判有了新的希望"。

6月22日，接受印度《印度教徒报》记者雪尔凡伽采访。"我们约定北京新华社在《印度教徒报》发表之后广播。"② 内容刊登在6月26日《人民日报》第1版。

6月24日，关于同法国总理会谈情况给毛泽东等电：孟戴斯—弗朗斯亲自主持了记者招待会。③

△ 在访印途中路过开罗时，向埃及报界发表谈话。④

6月25日，《人民日报》第1版发表消息，标题为"印度各报对周总理访问印度表示热烈欢迎"。

6月26日，《人民日报》第1版刊登消息，标题为"印度各报热烈欢迎周恩来总理访问印度"。

6月27日，在印度新德里记者招待会上发表书面谈话。内容刊登在

---

① 中共中央文献研究室编：《周恩来年谱1949—1976》（上），中央文献出版社1997年版，第386页。

② 中共中央文献研究室、中央档案馆编：《建国以来周恩来文稿》（第10册），中央文献出版社2018年版，第550页。

③ 中共中央文献研究室、中央档案馆编：《建国以来周恩来文稿》（第10册），第575页。

④ 中共中央文献研究室、中央档案馆编：《建国以来周恩来文稿》（第10册），第579页。

6月29日《人民日报》第1版。

△ 向印度人民发表广播演说，全文刊载于6月28日《人民日报》第1版。

6月28日，关于报送《中印两国总理联合声明》稿给毛泽东等电：请收到后交新华社按前电办理。①

△《人民日报》第4版头条发表消息，标题为"亚洲和欧洲各国舆论 普遍重视周恩来总理访问印度"。

6月29日，《人民日报》头版头条刊发《中印两国总理联合声明》，提出了著名的"和平共处五项原则"。

6月29日，《人民日报》第1版刊登周恩来在德里欢迎会上的讲话。

7月1日，《人民日报》第4版头条发表消息，标题为"印、缅、印尼、捷、德和西欧各国报纸 普遍重视周总理访问印度和缅甸"。

7月3日，《人民日报》第4版刊登周恩来在印度和缅甸的访问组图。

7月10日，建议《人民日报》写一社论响应南日声明给中宣部等电：（一）对南日外务相七月六日的声明似应写一社论，予以响应。（二）六月廿九日《人民日报》登的《中印两国总理联合声明》第三段第二句"在这一协议中它们规定了为两国之间关系的某些原则"中之"为"字系"指导"二字之误。错误可能是从德里发回的电报中即已产生。请外交部查明并由《人民日报》更正这一错误。②

按：从电报中可以看出，周恩来十分注重用社论配合重大外交事件。发现错误，不仅分析原因，还要求迅速更正，体现了他实事求是的态度。7月12日，《人民日报》发表了新华社更正。

7月14日，建议越方提前宣布保护外侨政策给毛泽东等电：据法新

---

① 中共中央文献研究室、中央档案馆编：《建国以来周恩来文稿》（第10册），中央文献出版社2018年版，第595页。
② 中共中央文献研究室、中央档案馆编：《建国以来周恩来文稿》（第11册），第12页。

社台北十一日电，台匪已决定派招商局船只撤退河内的中国居民。据美联社十二日新德里电，在同一问题上印度则表现了相反的态度。①

△ 请随时电告印度支那境内军事活动情况给韦国清电：据路透社七月十三日报导，越南人民军对寮国南部巴色城发动进攻，并在该城南伏击法军。②

7月15日，请新华社摘发艾德礼在英国议会发言电：兹将艾德礼十三日在会议发言发上，请新华社即摘要发表，要摘得多一些全面一些。③

7月20日，关于印支停战协议可能达成及内容要点给毛泽东等电：请令外交部方面、新华社、电台随时注意收听，随到随译。④

7月21日，是关于恢复印度支那和平问题的日内瓦会议闭幕日。这天下午，因为事先知道要通过最后宣言，总理嘱咐李慎之不要去会场，而是拿着最后宣言的初稿在别墅里等会场的通知，每通过一段就交给电台向北京发一段。李慎之每等来一个电话，就改正一段，然后用剪刀剪下来，送到电台发北京。一直等到总理率领代表团回来，他才回到自己住的旅馆，过了10点上床睡觉。不料到了半夜12点左右，电话铃响了，是总理的机要秘书陈浩打来的。她说："你快来吧！你怎么搞的，从来没有见总理发这么大的火！"陈浩告诉李慎之："北京来电话了，说我们发回去的最后宣言比别的通讯社所发的少了好几段，总理也不知道是怎么回事，正等着你哩！《人民日报》已经印了24万份了，因为新华社把你发回去的稿子同外电对，对出了问题，已经停机不印了。"大概是打在极薄的打字纸上的原稿，在被剪成一段一段的时候，有的竟被风吹走了，因为他的办公桌正好临窗。总理说："你来了，我气也生过了，火也发过了，不想再说什么了。你到机要室去看看我给中央的电报，然后赶快补救，北京还等着呢。"李慎之看了总理亲笔写的电报，

---

① 中共中央文献研究室、中央档案馆编：《建国以来周恩来文稿》（第11册），中央文献出版社2018年版，第24页。
② 中共中央文献研究室、中央档案馆编：《建国以来周恩来文稿》（第11册），第30页。
③ 中共中央文献研究室、中央档案馆编：《建国以来周恩来文稿》（第11册），第34页。
④ 中共中央文献研究室、中央档案馆编：《建国以来周恩来文稿》（第11册），第95页。

一个字也没提到他，只说总理自己"应负失察之责，请中央给予处分"。那天晚上，陈家康陪着李慎之把最后宣言的中文同英法文原文仔仔细细重新校订了一遍，也改正了一错误（陈家康懂法文），最后发回北京已经是凌晨两三点钟了。定稿以后，李慎之一个人在屋里写检讨，第二天早晨交给总理。总理一句话也没有说，叫李慎之交给李代表。7月22日的《人民日报》到中午才出版。后来并没有处分李慎之。①

7月22日，《人民日报》第1版刊登7月21日在日内瓦会议上周恩来总理兼外长的发言。

日内瓦会议后，亲自主持研究了对外国记者的工作方针，并作了以下五项规定：（一）来者不拒，区别对待；（二）谨慎而不拘谨，保密而不神秘，主动而不盲动；（三）记者提问，不要滥用"无可奉告"，凡是已经决定的、已经公布的或经过授权的事，都可以讲，但要言简意赅，一时回答不了的，记下来，研究后再回答；（四）对于挑衅，据理反驳，但不要疾言厉色；（五）接待中，要有问有答，有意识地了解情况，有选择、有重点地结交朋友。②

7月26日，关于访问民主德国情况给毛泽东等电：中宣部收到这三天的访问德国的新闻后，最好能发表一与此事有关的社论，因德国党报已发表了两篇社论，其他报纸评论也较多。③

7月27日，《人民日报》第2版刊登7月24日在柏林市群众大会上周恩来总理的演说。

7月29日，《人民日报》第1版刊登周恩来在接受一级波兰复兴勋章后的答词。

7月30日，《人民日报》第3版刊登与华沙各界人民代表见面会上周恩来的讲话。

8月1日，《人民日报》第5版刊登周恩来访问德意志民主共和国

---

① 李慎之：《周总理的两次发火》，《百年潮》1998年第3期，第57页。
② 吴建民主编：《交流学十四讲》，浙江人民出版社2004年版，第170页。
③ 中共中央文献研究室、中央档案馆编：《建国以来周恩来文稿》（第11册），中央文献出版社2018年版，第157—158页。

组图。

8月3日，《人民日报》第1版刊登周恩来总理在宴请范文同副总理宴会上的欢迎词。

8月4日，《人民日报》第1版刊登周恩来在招待会上的讲话。

8月14日，《人民日报》第1版刊登关于批准政务院总理兼外交部部长周恩来的外交报告的决议。

△《人民日报》第1版刊登周恩来总理兼外长的外交报告。

8月15日，《人民日报》第1版刊登周恩来在招待会上的讲话，祝贺巴基斯坦国庆。

△ 中央电台开办了对台湾广播。周恩来审批过这个节目的方针，批转过听众来信。节目开办之初，中央统战部组织的各民主党派、人民团体中央领导人及重要社会知名人士的广播讲话稿，许多是周恩来审定的，有的稿件还是他亲自出面组织的。[1]

8月16日，《人民日报》第1版刊登周恩来在招待会上的讲话，纪念朝鲜解放九周年。

8月17日，接见日本新闻界、广播界访华代表团。[2]《人民日报》第1版发表消息，标题为"莫斯科报纸刊登周总理外交报告"。

8月18日，关于苏联政府建议合组中苏勘探队等问题给毛泽东等电：苏联火花画报为纪念中华人民共和国建国五周年，拟出一专号。为准备稿件已派两位记者来中国搜集资料。其中一位是苏联著名的摄影记者，曾表示希望有机会为毛主席拍几张五彩照片供画报刊出。[3]

△《人民日报》第1版刊登周恩来在招待会上的讲话，庆祝印度尼西亚独立九周年。

8月19日，《人民日报》第1版发表消息，标题为"朝、捷、保报

---

[1] 赵玉明、哈艳秋、袁军：《周恩来与广播电视》（中），《中国广播电视学刊》1998年第4期，第7页。

[2] 中共中央文献研究室编：《周恩来年谱1949—1976》（上），中央文献出版社1997年版，第409页。

[3] 中共中央文献研究室、中央档案馆编：《建国以来周恩来文稿》（第11册），中央文献出版社2018年版，第253页。

纸刊载周总理外交报告"。

8月22日，《人民日报》第4版发表消息，标题为"印度尼西亚'人民日报'发表社论指出 周总理在印度尼西亚独立日发表的讲话是两国人民的友谊史上的非常重要的事"。

8月23日，中央广播事业局关于将毛泽东、刘少奇、周恩来、朱德四同志一些有历史性的讲话制成录音片发售问题，向中宣部请示。杨尚昆与中央书记处同志研究后认为，目前不宜公开发售录音片，已经录好的录音胶带，应责成广播事业局妥为保存。①

8月24日，《人民日报》第4版刊登消息，标题为"纪念周总理访问印度的册子在德里出版"。

8月27日，《人民日报》第1版刊登在招待印度尼西亚艺术团酒会上周恩来的讲话。

8月31日，同苏联驻华大使尤金等的谈话纪要记载，尤金提到关于《苏联大百科全书》一书，《真理报》曾以专文介绍。②

9月1日，召集陆定一、廖承志、邓拓、吴冷西、朱穆之开会，修改《中共中央关于解放台湾宣传方针的指示》。《指示》指出："除了军事斗争和外交斗争以外，还必须在宣传工作、政治工作、经济工作等方面同时加紧努力，动员全国人民从各方面加强团结。提高警惕，瓦解敌人，加强国防建设，加强海军和空军的训练，增加生产，完成和超额完成国家建设计划，扩大国际和平统一战线，孤立美国侵略集团，最后达到解放台湾。"③

9月8日，《人民日报》第3版刊登消息，标题为"新闻片'周恩来总理应邀访问印度和缅甸'即将在各地放映"。

9月12日，钱俊瑞关于中央广播事业局拟与国际广播组织签订的

---

① 中华人民共和国国史广播电视编辑部编：《当代中国广播电视回忆录》第3集《周恩来与广播电视》，中国广播电视出版社1994年版，第245—246页。

② 中共中央文献研究室、中央档案馆编：《建国以来周恩来文稿》（第11册），中央文献出版社2018年版，第273页。

③ 中共中央文献研究室编：《周恩来年谱1949—1976》（上），中央文献出版社1997年版，第412页。

《关于第三区收测站协定的修改条文的报告》送周恩来,周的批示是:拟令中央广播事业局照此修改的协定草案先与苏联、捷克来京代表一谈,在取得他们的同意后,再向国际广播会议(9月中旬在北京召开。——笔者)报告通过。①

9月15日至28日,第一届全国人民代表大会第一次会议在北京举行,会上要通过《中华人民共和国宪法》。周恩来对宣读宪法的播音员夏青提出要求:"要读得慢点,声音也要收点,因为在座的有些老先生,他们的心脏都不大好。"②

9月23日,在全国人大一届一次会议上所作《政府工作报告》提到:《人民日报》最近发表过太原热电站建设工程中的浪费情况,就是一个惊人的例子。③ 中央台记者杨兆麟事前拿到了报告稿,把新闻写好以后,还没有散会,而稿件要赶快送回电台广播,又不能随便跑到主席台上去,心中有些着急。杨兆麟知道周恩来历来十分关心和重视新闻工作,灵机一动,在稿件上端的空白处写了一行字:"总理:此稿要及早送回电台广播,请您审阅。"落款是"中央台记者",交给主席台旁的一位工作人员,请他送上去。杨兆麟在台下注视着,周恩来从口袋里掏出钢笔,好像在圈圈点点。不久,他招呼工作人员上台取稿,除个别文字上的改动以外,又是从头到尾圈了一遍。④

9月24日,《人民日报》第1版刊登9月23日在中华人民共和国第一届全国人民代表大会第一次会议上作的《政府工作报告》。报告强调:"我们必须反对那些空洞的不提出问题不解决问题的文牍,反对那些冗长的不经过准备不作出决定的会议,反对那些只会坐机关开会、签公文而不研究业务、不熟悉情况、不检查工作、不接近群众的工作人

---

① 中华人民共和国史广播电视编辑部编:《当代中国广播电视回忆录》第3集《周恩来与广播电视》,中国广播电视出版社1994年版,第246页。
② 夏青:《回忆周总理的教诲》,《新闻与写作》1991年第2期,第5页。
③ 中共中央文献研究室、中央档案馆编:《建国以来周恩来文稿》(第11册),中央文献出版社2018年版,第309页。
④ 杨兆麟:《一个记者的足迹——半世纪作品选》,北京广播学院出版社2001年版,第344—345页。

员，反对若干国家机关中的那些机构臃肿、办事拖沓。"

9月26日，接见苏联驻中国大使尤金的谈话纪要：据周恩来同志的意见，这些材料是可以由苏联代表团在大会上引用的。这里指的是，苏联代表团在联大会议上只能引用在报刊上已经发表过的事实材料。①

10月1日，《人民日报》第1版刊登庆祝中华人民共和国成立五周年周恩来在庆祝大会上的讲话。

△《人民日报》第4版刊登祝贺中华人民共和国成立五周年，德意志民主共和国格罗提渥、匈牙利部长会议主席纳吉、蒙古泽登巴尔总理、罗马尼亚部长会议主席乔治乌—德治、保加利亚部长会议主席契尔文科夫、印度尼西亚总理沙斯特罗阿米佐约等给周恩来的贺电；印度总理兼外长尼赫鲁、以色列总理兼外长夏里特、越南范文同副总理兼外长、朝鲜南日外务相等给周总理兼外长的贺电。

10月2日，《人民日报》第2版刊登祝贺中华人民共和国成立五周年，捷克斯洛伐克总理西罗基、波兰部长会议主席西伦凯维兹、锡兰总理科特拉瓦拉、巴基斯坦总理穆罕默德·阿里给周恩来的贺电；保加利亚外长涅伊切夫、蒙古人民共和国外长贾尔卡赛汗、波兰外长斯克热歇夫斯基、罗马尼亚外长布吉奇给周恩来外长的贺电。

10月7日，《人民日报》第1版刊登周恩来总理兼外长致格罗提渥总理电。

10月8日，《人民日报》第1版刊登周恩来在招待会上的讲话，庆祝德意志民主共和国成立五周年。

10月11日，关于与赛福鼎谈修筑新疆铁路等问题给邓小平的信：社论我已告诉邓拓同志准备了。②

10月13日，《人民日报》第1版刊登在苏联驻我国大使尤金举行的招待会上周恩来的讲话。

---

① 中共中央文献研究室、中央档案馆编：《建国以来周恩来文稿》（第11册），中央文献出版社2018年版，第349—350页。
② 中共中央文献研究室、中央档案馆编：《建国以来周恩来文稿》（第11册），第382页。

10月16日，关于苏联政府代表团访华情况给张闻天电：苏联政府代表团利用会谈中准备文件的时间，曾去南方一趟，报上已有报道。①

10月21日，《人民日报》第1版刊登周恩来的讲话。

11月7日，《人民日报》头版头条刊登祝贺伟大的十月社会主义革命三十七周年，毛泽东、周恩来致伏罗希洛夫、马林科夫、莫洛托夫电。

11月9日，给邓颖超的信：日间看书和游泳或散步，晚间读报和看电影。②

11月29日，《人民日报》头版头条刊登祝贺阿尔巴尼亚解放十周年，毛泽东、周恩来致列希、谢胡和什图拉电。

12月3日，《人民日报》第1版发表消息，标题为"周总理盛宴欢迎吴努总理"，并刊登周恩来总理的讲话。

12月4日，审改《人民日报》社论《中国人民不解放台湾绝不罢休》，12月5日，《人民日报》第1版刊发。③

12月7日，《人民日报》第1版刊登祝贺芬兰共和国宣告独立三十七周年周恩来的讲话。

12月9日，《人民日报》头版头条刊登中华人民共和国外交部长周恩来关于美蒋"共同防御条约"的声明。

12月10日，《人民日报》第2版刊登台湾民主自治同盟副主席李纯青《拥护周外长关于美蒋"共同防御条约"的声明 反对蒋贼出卖台湾》文章。

12月11日，《人民日报》第1版刊登周恩来欢迎缅甸联邦总理吴努的讲话。

12月13日，修改《中共中央关于开展反对美蒋条约的宣传运动的

---

① 中共中央文献研究室、中央档案馆编：《建国以来周恩来文稿》（第11册），中央文献出版社2018年版，第391页。

② 中共中央文献研究室、中央档案馆编：《建国以来周恩来文稿》（第11册），第423页。

③ 人民日报出版社：《毛泽东周恩来刘少奇朱德邓小平陈云为人民日报撰审稿手迹选》（下），人民日报出版社2008年版，第59页。

指示》并作批语。①

12月25日，就《中国人民政治协商会议第二届全国委员会第一次全体会议宣言》稿修改给毛泽东的请示：这是今晚通过的宣言稿，因明日为星期日，各国报纸多停刊，故改在明日上午广播，后日见报。②

本年，作为新闻人物的周恩来，被《人民日报》发表报道文章249篇。

新闻背景

1月初，人民日报社总编辑邓拓，率领"中国新闻工作者代表团"访问《真理报》。

2月13日，中新社主办的综合性的日刊——《中国新闻》刊印。

3月，中国第一份盲文刊物《盲文月刊》在北京创刊。

6月28日，中国与印度两国总理发表《联合声明》，提出了"互相尊重领土主权；互不侵犯；互不干涉内政；平等互利；和平共处"五项原则。

7月17日，《中共中央关于改进报纸工作的决议》发布。

7月，温济泽率中央广播事业局代表团（这是新中国成立后我国广播界出访的第一个大型代表团。——笔者），前往苏联考察访问。

8月15日，拥有"中华之声""神州之声"两套节目的中央人民广播电台对台广播正式成立。

9月20日，《中华人民共和国宪法》规定："中华人民共和国公民有言论、出版、集会、结社、游行、示威的自由。"

11月30日，第一次汉字改革，使用简体汉字。《中共中央关于改进报纸工作的决议》发表。

12月，朱穆之率新华社代表团先后前往苏联考察访问。

西欧1000多家电视台组成电视网，标志着英国广播公司（BBC）独占英国电视业的局面被打破。美国全国广播公司正式播放彩色电视节目，第一个正式开办彩色电视。

---

① 中共中央文献研究室、中央档案馆编：《建国以来周恩来文稿》（第11册），中央文献出版社2018年版，第493—495页。
② 中共中央文献研究室、中央档案馆编：《建国以来周恩来文稿》（第11册），第537页。

1955 年（五十七岁）

1月5日，《人民日报》头版刊登周恩来讲话，纪念缅甸联邦成立七周年。

1月11日，《人民日报》头版刊登消息，标题为"印度报纸发表评论称 周总理接见哈马舍尔德是为了和平"。

1月24日，撰写《关于美国政府干涉中国人民解放台湾的声明》，《人民日报》1月25日头版头条发表。

1月26日，《人民日报》第1版发表消息，标题为"莫斯科各报登载周外长声明"。

1月27日，《人民日报》第1版刊登周恩来讲话，纪念印度共和国国庆五周年，第1版同时刊登消息，标题为"捷、印报纸刊载周外长声明"。

1月31日，在国务院全体会议第四次会议上作报告时指出：关于苏联帮助中国和平利用原子能问题，一月十八日报纸上刊登的苏联部长会议发表的声明，大家已经看到了。①

2月5日，中央广播事业局就1957年在北京建立中等电视台向国务院二办写了报告。2月12日，周恩来在报告上批示："将此事一并列入文教五年计划中讨论"。②

△《人民日报》第1版发表消息，标题为"苏各报刊载周总理复哈马舍尔德电"。

2月6日，《人民日报》第1版刊登消息，标题为"捷、波、罗、匈、阿报纸刊载周总理复哈马舍尔德电"。

---

① 中共中央文献研究室、中国人民解放军军事科学院编：《周恩来军事文选》（第4卷），人民出版社1997年版，第357页。
② 唐海、唐世鼎、吴君红：《亲切的关怀 巨大的鼓舞——毛泽东、周恩来、邓小平等老一辈无产阶级革命家关心中国电视发展纪事》，《当代电视》2014年第10期，第4页。

2月7日,《人民日报》第1版发表消息,标题为"波、捷、罗、阿、丹报纸就周总理致哈马舍尔德复电发表评论 支持我国人民维护国家主权的正义立场"。

2月12日,在中央对解放大陈等沿海岛屿和迅速建立革命秩序指示上,加写"迅速搜集美蒋凶残罪行,多做文字报道和摄影记录,以暴露敌人罪状"。①

2月14日,因为急于抢拍镜头,摄影记者吴化学在拿笨重的新闻镜箱时不小心碰了一下桌角。"怎么,碰坏了没有?"坐在旁边的周恩来关切地问。在这样一个隆重而又严肃、紧张的场合下,周恩来不忘关心记者的工作,让吴化学非常感动,他看了看新闻镜箱,轻声回答:"报告总理,没有!""噢——"周恩来放心地微笑着点了点头。在采访活动中,尤其是在一些宴会活动上,周恩来总是与有关部门的同志打招呼:"要给记者们留饭,他们的工作很紧张、很辛苦,没有时间吃饭……"②

2月15日,《人民日报》第1版刊登在苏联大使馆举行的盛大宴会上周恩来的讲话,庆祝中苏友好同盟互助条约签订五周年。

2月24日,《中华人民共和国国务院公报》第9期发表《国务院总理周恩来6月2日答印度尼西亚记者苏纳约、苏莱曼、阿萨·巴法吉、克鲁韦特、达新·苏拉地问》一文。

2月,题写刊名的我国历史上第一本全国公开发行的大型少数民族画报《民族画报》创刊。③

---

① 中共中央文献研究室、中央档案馆编:《建国以来周恩来文稿》(第12册),中央文献出版社2018年版,第79页。
② 孙军:《难忘采访周总理的日子——新华社高级记者吴化学的回忆》,《新闻三昧》1998年第2期,第6页。
③ 闵祖华:《光影辉煌50年——纪念〈民族画报〉创刊50周年》,《中国民族》2005年第10期,第52页。

指导新闻期（1947年3月—1976年1月） 375

周恩来在飞机上阅读《民族画报》

资料来源：范迪安、陈履生主编《周恩来与中国美术》，广西美术出版社2008年版，第49页。

3月10日，就国民党前高级将领卫立煌拟由香港回内地后发表《告台湾袍泽朋友书》一事，致信毛泽东："书记处原商定要华南（分局）将他原文发来后，待卫到北京后即照原文发表，以存其真。""现从原文看来，如不改动，以在卫入境后即在广州发表较妥。"因为等卫到北京并要在修改后再发表，那就需要一段时间，作用不如现在大。而且，在广州发表时，还可同时送登香港报纸。①

3月，在周恩来的关怀下，国务院作出了在农业、畜牧业和渔业生产合作社重点建立一万个收音站的决定，建站所需的收音机，由中央广

---

① 中共中央文献研究室编：《周恩来年谱1949—1976》（上），中央文献出版社1997年版，第456—457页。

播事业局免费供给。①

4月4日，《人民日报》头版头条刊发毛泽东、刘少奇、周恩来致道比、赫格居斯、波尔多奇基电，祝贺匈牙利解放十周年。

4月9日，打电话给西花厅，要工作人员立即将我情报部门获知国民党特务准备在飞机上放置爆炸物的情况，通报英国驻华代办处、新华社香港分社及赴香港候机的部分中国代表团工作人员。10日晚，新华社香港分社接到周恩来指示后，将情况通报印度航空公司驻港办事处。11日，由于香港当局对机场地勤人员没有检查和监督，国民党驻香港特务机关收买启德机场的检修人员周驹在"克什米尔公主号"机翼下放置了从台湾运去的定时炸弹。飞机飞离香港前往印尼五小时后爆炸，中国和越南代表团工作人员以及随同前往的中外记者11人全部遇难。②

按：中外记者有7人：沈建图，时任新华社对外新闻编辑部主任。李平，时任新华社对外新闻编辑部记者。杜宏，时任广播事业管理局对外广播部副主任，作为中央人民广播电台前往采访。黄作梅，时任新华社香港分社社长。郝凤格，时任中央新闻纪录电影制片厂摄影员。奥地利《人民之声报》和柏林《新德意志日报》记者严斐德和我国记者组一起去万隆。严斐德原名符利兹·严森，出身于维也纳的一个普通职员家庭。抗日战争期间，他来到中国，做过许多支持我国抗战的工作，写过不少歌颂我党和我国人民英勇斗争的文章。1950年他在柏林出版的《中国胜利了！》一书，在苏联和其他东欧社会主义国家翻译发行，深受广大读者欢迎。还有波兰记者斯塔列茨。

4月14日，晨七时十五分，不顾个人安危，和陈毅率代表团按原计划乘印度"空中霸王号"飞机从昆明飞往印度尼西亚。在机场，周恩来和所有送行人员一一握手道别。走到军区摄影记者刘醒民跟前，周恩

---

① 赵玉明、曹焕荣、哈艳秋：《周恩来同志与人民广播》，《现代传播》1979年第1期，第3页。

② 中共中央文献研究室编：《周恩来年谱1949—1976》（上），中央文献出版社1997年版，第462—463页。

来微笑着握住他的手："刘醒民同志，你辛苦了，你的工作很出色嘛。"①

4月15日，关于飞机破坏案的意见给中央电：由外交部致电波兰记者斯塔列茨和奥地利记者严斐德的家属表示慰问。对于此次牺牲的我国工作人员和记者家属由外交部代表政府表示慰悼，并请内务部议定抚恤办法。②

4月19日，在亚非会议现场的中国新闻工作者李慎之、张彦记录下当时的情景："突然，会场里爆发了一阵从来没有的暴风雨似的掌声。环顾全场，每一个座位现在都坐满了人，没有座位的地方也站满了人。当周恩来走上讲台的时候，水银灯一齐亮起来，照相机一齐动起来，没有人不意识到这一刻的重要。""不但是记者，不但是代表，而且连来宾席上的有些外交官也都掏出了笔记本。"③ 美国记者鲍大可的报道说："这篇发言最惊人之处就在于它没有闪电惊雷。周恩来用经过仔细挑选的措辞简单说明了共产党中国对这次会议通情达理、心平气和的态度。他也回答了在他之前发表的演说中对共产党所作的许多直接间接的攻击。""周恩来的发言是中国以和解态度与会的绝好说明。他的发言是前两天公开会议的高潮。"④

△ 接受西方记者的采访，谈对本月18日逝世的物理学家阿尔伯特·爱因斯坦的评价：我对爱因斯坦的逝世极为悲痛。在他的一生中，他曾致力于把科学用于和平的事业。他一直是反法西斯的，是一位拥护和平的科学家，我代表中国人民表示哀悼。⑤

4月20日，《人民日报》第1版发表19日下午在亚非会议全体会议上的发言和补充发言（是根据英文稿译出的。——笔者）。

---

① 张正直：《一位军区摄影记者的特殊经历》，《党史文苑》2002年第3期，第27页。
② 中共中央文献研究室、中央档案馆编：《建国以来周恩来文稿》（第12册），中央文献出版社2018年版，第125页。
③ 李慎之、张彦：《亚非会议日记 日内瓦会议通讯》，中国新闻出版社1986年版，第15页。
④ 金冲及主编：《周恩来传1898—1976》（下），中央文献出版社2008年版，第1056—1058页。
⑤ 中共中央文献研究室编：《周恩来年谱1949—1976》（上），中央文献出版社1997年版，第467页。

4月21日，致电中共中央："已将条约的基本精神在华侨中开始透露，以作必要的精神准备。公报发表后，这里的华侨报纸同时准备发表社论。"建议《人民日报》发表社论表示祝贺。①

△《人民日报》第1版发表19日下午在亚非会议全体会议上周恩来的补充发言。

4月22日，《人民日报》第1版发布消息，标题为"印度报纸欢迎周总理在亚非会议上的发言"。

4月23日，《人民日报》第1版刊发中华人民共和国和印度尼西亚共和国关于双重国籍问题的条约签字仪式上中华人民共和国外交部长周恩来的讲话。

4月24日，给陈云副总理并报中央电：请国内于二十五日晚上广播，二十六日见报。②

4月25日，关于亚非会议的成绩估计与宣传要点给张闻天并报中央电：宣传上现在宁可说谨慎些，不宜过多强调，等会议影响充分扩大时，再多说些较为主动。现在应即多搜集和研究各国反映，对歪曲的言论准备在适当时候以批驳。③ 晚上接受美国《民族》周刊记者贾菲采访。600字的采访内容刊登在4月29日《人民日报》第1版，同时刊登在《新华月报》第67期。

△《人民日报》第1版刊发消息，标题为"莫斯科和德里报纸 刊载周总理声明"。第4版刊发消息，标题为"周总理关于缓和远东紧张局势问题的声明 受到各国政府人士和舆论的重视和欢迎"。

4月27日，向印度尼西亚人民发表广播演说，约1700字的广播内容刊登于《人民日报》4月28日第1版。

4月28日，书面答复印度尼西亚记者的提问，1000字内容刊登于4

---

① 中共中央文献研究室编：《周恩来年谱1949—1976》（上），中央文献出版社1997年版，第468页。
② 中共中央文献研究室、中央档案馆编：《建国以来周恩来文稿》（第12册），中央文献出版社2018年版，第152页。
③ 中共中央文献研究室、中央档案馆编：《建国以来周恩来文稿》（第12册），第165页。

月 29 日《人民日报》第 1 版。

4 月 29 日，摄影记者张淮富准备给周恩来照相，周恩来说："小同志，天快黑了，没有闪光灯，就不要浪费胶片了！"①

4 月 30 日，关于出国后各地商谈台湾问题给中央并毛泽东报告：锡兰总理对记者发表的声明中用帝国主义者的谰言歪曲历史。亚非会议闭幕后，由于吴努的介绍，又接见了美国民族周刊的记者，把我们的立场和意见再阐明一次，以避免外界发生误会。②

4 月，给《南洋画报》亚非会议特刊题词为："南洋画报亚非会议特刊纪念 亚非各国人民团结起来，为反对殖民主义、促进世界和平和合作而奋斗！周恩来"。

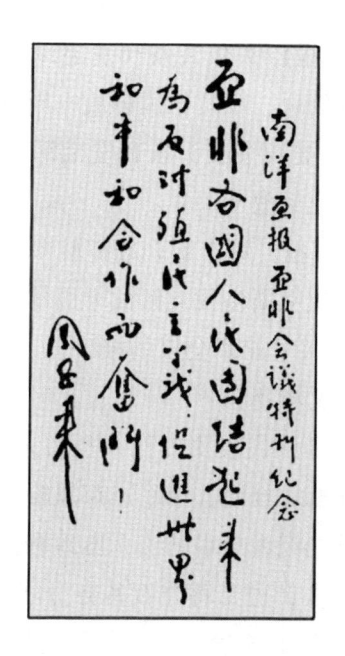

资料来源：中共中央文献研究室第二编研部编《周恩来题词集解》，中央文献出版社 2012 年版，第 147 页。

---

① 中共云南省委党史研究室编：《情系南滇 周恩来与云南》，云南民族出版社 1997 年版，第 406—407 页。
② 中共中央文献研究室、中央档案馆编：《建国以来周恩来文稿》（第 12 册），中央文献出版社 2018 年版，第 188—193 页。

按：该刊于1955年6月13日出版。

4月，出席万隆亚非会议期间，沉着冷静、彬彬有礼地驳斥了西方及亚洲记者对中国的指责。一些西方以及当地的报纸正在掀起一场反对华侨的运动。新加坡的某位记者甚至出书将海外华侨一律说成是潜在的北京的第五纵队，周恩来解释说，居住在海外的华侨并不是历届中国政府的政策蓄意造成的，而是西方殖民国家造成的。①

万隆会议期间，万隆侨报的记者和印尼各城市来的侨报记者串联起来，有二三十人，参与保卫周总理。周总理走到哪里，他们就跟到哪里，组成一个内圈，既维持秩序，又保卫总理。但不少人错过了好镜头，牺牲了写稿，影响了吃饭、睡觉，他们为总理的安全真是殚精竭虑。②

5月8日，《人民日报》头版头条刊发毛泽东、刘少奇、周恩来致皮克、狄克曼、格罗提渥电，祝贺德国解放十周年。

5月9日，《人民日报》头版头条刊发毛泽东、刘少奇、周恩来的贺电，祝贺捷克斯洛伐克解放十周年。

5月10日，《人民日报》第1版刊登捷驻华大使格里哥尔举行宴会上周恩来的讲话，庆祝捷克斯洛伐克解放十周年。

5月13日，撰写《关于亚非会议的报告》，《人民日报》5月17日第1版转第4版发表。文章指出："一九五五年四月十一日在前往亚非会议途中，中华人民共和国代表团工作人员石志昂、李肇基、钟步云，中国记者沈建图、黄作梅、杜宏、李平、郝凤格，越南民主共和国代表团工作人员王明芳，波兰记者斯塔列茨，奥地利记者严斐德和印度国际航空公司的机务和工作人员遭受蒋介石特务分子的暗害遇难。在这里，我们谨向烈士们表示深切的悼念，并向他们的家属表示同情和慰问。""缅甸吴努总理在一九五五年四月二十六日对美国《新闻周刊》记者说，他深信中国没有领土野心，中国最大的愿望就是求得和平。"

---

① ［英］韩素音：《周恩来与他的世纪1898—1998》，王弄笙等译，中央文献出版社1992年版，第319—422页。

② 李静主编：《实话实说西花厅》，中国青年出版社2007年版，第104页。

5月19日，《人民日报》第1版刊发消息，标题为"印度报纸评周总理关于亚非会议的报告"。

5月26日，《人民日报》第4版刊发消息，标题为"印度报纸欢迎周总理关于亚非会议的报告"。

参加在万隆举行的亚非会议以后回到广州，参观了农讲所旧址。他对馆内工作人员讲述毛泽东的伟大革命实践，指示整个展出应当突出宣传伟大领袖毛主席，宣传毛泽东思想。他恳切地告诉同志们不要过多地宣传他。后来，邓颖超参观农讲所时，发现纪念馆内周总理的像比别的教员的像大一些，就向周总理反映了这一情况。周总理委托邓颖超转告农讲所的同志，把他的像放成同别的教员的像一样大。周恩来说："那几位同志都为革命牺牲了，我的像不应当超过他们。"①

6月2日，接受印度尼西亚安塔拉通讯社记者苏纳约、《印度尼西亚火炬报》记者苏莱曼、《社会使者报》记者阿萨·巴法吉、《东星报》记者克鲁韦特、《印度尼西亚新闻》记者达新·苏拉地的联合采访，回答记者提出的中国同印度尼西亚友好合作、解放台湾等问题。3000字内容刊登在6月10日《人民日报》头版头条。印度尼西亚报纸10日以显著地位刊登了周恩来答印度尼西亚记者问，并且广泛地加以评论。《印度尼西亚火炬报》《东星报》《社会使者报》分别发表了社论、评论。

6月15日，关于印机失事案指证等问题给陶铸电：同意组织大公、文汇及其他报刊进行揭露。②

按：大公即香港《大公报》，文汇即香港《文汇报》。

7月11日，《人民日报》第1版刊发消息，标题为"印度尼西亚报纸重视周恩来总理答记者问"。

7月11日，《人民日报》头版头条刊登毛泽东、刘少奇、周恩来致

---

① 新华日报编印：《敬爱的周总理永远活在我们心中》，《新华日报通讯》1977年，第201—202页。
② 中共中央文献研究室、中央档案馆编：《建国以来周恩来文稿》（第12册），中央文献出版社2018年版，第282页。

桑布、泽登巴尔、拉布丹电，贺蒙古人民革命胜利 34 周年。

7月22日，《人民日报》头版头条刊登毛泽东、刘少奇、周恩来致波兰国家领导人电，祝贺波兰 11 周年国庆。

7月31日，《人民日报》第1版发表标题为"目前国际形势和我国外交政策——1955年7月30日在第一届全国人民代表大会第二次会议上的发言"，其中有：杜勒斯先生一九五五年七月二十六日在记者招待会上引用艾森豪威尔总统的话说，美国在日内瓦大使级会谈中将遵循同各国人民进行合作的原则。发言引起广泛重视。30日，华盛顿所有下午报纸都在第一版用大标题刊载了关于这个发言的报道。巴黎方面对周恩来总理兼外交部长在第一届全国人民代表大会第二次会议上的发言表示"很大的兴趣"。印度新德里各报31日都在头版登载了周恩来总理三十日在第一届全国人民代表大会第二次会议上所作的关于目前形势和我国外交政策的发言。《印度快报》《印度斯坦时报》和《印度斯坦旗报》都用通栏标题予以报道。捷克斯洛伐克《红色权利报》和《人民防线报》以及其他报纸在31日都刊载了中华人民共和国国务院总理兼外交部长周恩来在第一届全国人民代表大会第二次会议上的发言摘要。

夏，在印度文化代表团来中国访问前，周恩来批评我们外事报道，除了一大堆名单和"在热烈友好的气氛中进行"外，见不到一点现场活动的情节和任何变化。为了使工作有所变化，他指示有关部门：第一，歌舞团和舞蹈学校要派出一些演员或学员随团活动，这样既可以陪一陪印度演员，又可以向人家学些舞蹈节目。第二，新华社、人民日报社及其他中央新闻单位要派记者随团采访，以便能写些生动的、活泼的、有生气的报道，而不要老是干巴巴的那一套。后来，代表团去大连等地访问演出时，各有关单位都执行了周恩来这一指示。①

> 按：周恩来批评以后，我国的外事报道大量减少了名单，视角和笔触放在现场情节与重要人物的言行等细节上，这在当时尤为难能可贵。

---

① 中央文献出版社编：《不尽的思念》，中央文献出版社1987年版，第588页。

8月7日，关于采取紧急措施揭露李承晚挑衅阴谋事给金日成电：朝中政府的声明发表时，北京《人民日报》准备写一社论予以支持。①

8月15日，关于送审外交部对日本问题声明稿向毛泽东等报告：我准备在声明发表后接见日本记者。看看日本方面的反应，再发一篇社论。②

△《人民日报》头版头条刊登毛泽东、刘少奇、周恩来电，祝贺朝鲜解放十周年。《人民日报》第4版刊登在庆祝巴基斯坦独立八周年招待会上周恩来的讲话。

8月16日，《人民日报》第1版刊登周恩来在朝鲜民主主义人民共和国驻华大使崔一举行的招待会上的讲话，庆祝朝鲜解放十周年。

8月17日，关于送审答日本记者问书面稿向毛泽东等报告：送上答日本记者问的书面稿，请予审核。我已约好日本记者在今晚会见他们。③

△ 接见以横田实为团长的日本新闻界、广播界访华代表团，包括团长横田实（"产业经济新闻"社副社长。——笔者），团员门田勋（"朝日新闻"外报部部员。——笔者）、橘善守（"每日新闻"社论委员。——笔者）、高木健夫（"读卖新闻"编辑局次长。——笔者）、针生健次郎（"日本经济新闻"社论委员。——笔者）、横田芳郎（"东京新闻"编辑局次长。——笔者）、须田祯一（"北海道新闻"社论委员。——笔者）、铃木充（"中部日本新闻"编辑局长。——笔者）、冈本顺一（"西日本新闻"社论委员。——笔者）、久我丰雄（共同通讯社外信局长。——笔者）、中村茂（日本广播协会文化广播研究所所长。——笔者）、铃木恒治（东京广播台调查局长。——笔者）、白石末彦（九州广播台东京支社社长。——笔者）等。对代表团预先提出的五个问题作出书面答复。会上，一一回答了代表们新提出的一些问题。

---

① 中共中央文献研究室、中央档案馆编：《建国以来周恩来文稿》（第12册），中央文献出版社2018年版，第342页。

② 中共中央文献研究室、中央档案馆编：《建国以来周恩来文稿》（第12册），第361页。

③ 中共中央文献研究室、中央档案馆编：《建国以来周恩来文稿》（第12册），第367页。

新闻司司长龚澎，《人民日报》副总编辑杨刚，中国新闻工作者联谊会副会长吴冷西、梅益、王芸生，副秘书长张纪明等接见时在座。1800字内容刊登在8月18日出版的《人民日报》头版头条。

> 按：杨刚，女，记者。1930年革命低潮时入党，1931年曾被捕入狱，在狱中受刑仍坚贞不屈。从燕京大学毕业后，杨刚在上海参加"左联"，认识了美国进步作家史沫特莱；应美国名记者斯诺邀请，与作家萧乾一道协助其编译中国现代短篇小说选《活的中国》。在重庆，杨刚以《大公报》编辑和记者身份，听从周恩来、董必武的指示，广泛结交外国记者、外交官。新中国成立后，杨刚先担任周恩来总理办公室主任秘书，被认为是与乔冠华、宦乡比肩的党内国际问题专家。杨刚后调任《人民日报》副总编辑，要求版面上每天都有国际问题的评论。做过《人民日报》总编辑的吴冷西称赞她"下笔千言，倚马可待"。杨刚、彭子冈、浦熙修、戈扬被并称为新闻界"四大名旦"。

8月17日，周恩来接见日本新闻界广播界访华代表团（新华社记者 齐观山摄）
资料来源：转自1955年8月18日《人民日报》第1版。

△《人民日报》第1版刊登周恩来总理致哈拉哈普总理电，祝贺印度尼西亚独立十周年。同时刊登在印度尼西亚大使举行的庆祝宴会上周恩来总理的讲话。

8月21日，关于支持印度收复果阿问题给毛泽东信：支持印度收复果阿，除十八日有《人民日报》评论，二十一日有中国和大、亚太和会给印度的支持电外，今日又作了各种布置。①

8月23日，接见南斯拉夫《政治报》记者米利奇，回答其提问。

△《人民日报》第1版刊登毛主席、刘委员长、周总理的贺电，祝贺罗马尼亚解放十一周年。

8月24日，《人民日报》第1版刊登周恩来在罗马尼亚大使举行的招待会上的讲话，庆祝罗马尼亚解放十一周年。

9月2日，《人民日报》第1版刊登毛泽东刘少奇周恩来电，祝贺越南民主共和国成立十周年。

9月9日，《人民日报》第1版刊登毛泽东、刘少奇、周恩来的贺电，祝贺保加利亚解放十一周年。

9月28日，《人民日报》第5版发表周恩来为全国青年社会主义建设积极分子大会的题词："艰苦奋斗 不怕困难 周恩来"。

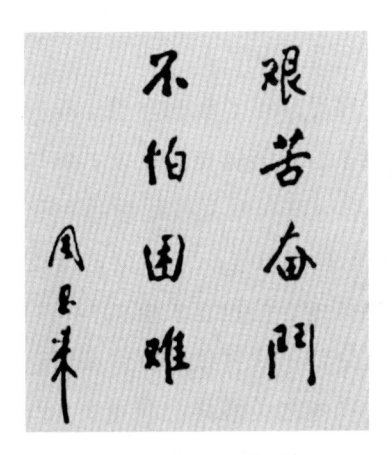

资料来源：转自《人民日报》1955年9月28日第5版。

10月3日，《人民日报》第3版发表周恩来2日为全国第一届工人

---

① 中共中央文献研究室、中央档案馆编：《建国以来周恩来文稿》（第12册），中央文献出版社2018年版，第380页。

体育运动大会的题词:"开展职工体育运动 推进社会主义建设事业 周恩来"。

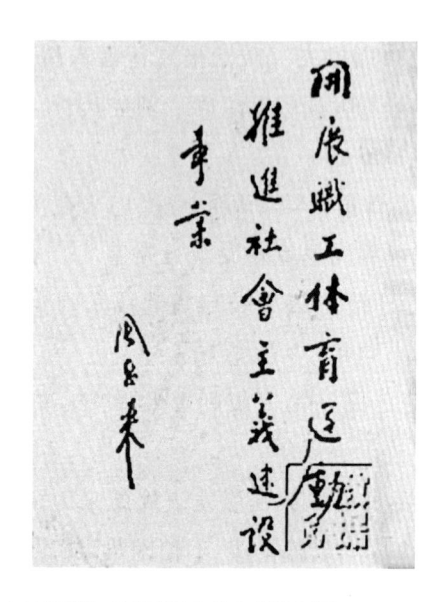

资料来源:转自《人民日报》1955年10月3日第3版。

10月8日,《人民日报》第1版刊登毛泽东、刘少奇、周恩来致皮克、狄克曼、格罗提渥电,祝贺德意志民主共和国成立6周年。

10月23日,接受菲律宾《马尼拉纪事报》记者莫里西奥和曼那劳克采访说:"这次《马尼拉纪事报》记者莫里西奥先生和曼那劳克先生来中国访问,使我们两国的人民也有了接触。我们愿意看到我们两国政府人员之间和两国人民之间的这种接触更加频繁起来。这对于增进我们两国人民的友谊和改进两国的关系将会起重要的作用。"1000字内容刊登在10月30日出版的《人民日报》第1版。

10月27日,接见埃及新闻工作者代表团和伊斯兰教青年国际大会代表。①

---

① 中共中央文献研究室编:《周恩来年谱1949—1976》(上),中央文献出版社1997年版,第512页。

指导新闻期（1947年3月—1976年1月）

11月7日，《人民日报》头版头条刊登毛泽东、刘少奇、周恩来致伏罗希洛夫、布尔加宁、莫洛托夫电，祝贺伟大的十月社会主义革命三十八周年。

11月17日，新华社报道，毛泽东为首都人民英雄纪念碑题词，周恩来书写了纪念碑碑文。碑文内容为："三年以来在人民解放战争和人民革命中牺牲的人民英雄们永垂不朽 三十年以来在人民解放战争和人民革命中牺牲的人民英雄们永垂不朽 由此上溯到一千八百四十年从那时起为了反对内外敌人争取民族独立和人民自由幸福在历次斗争中牺牲的人民英雄们永垂不朽 一九四九年九月三十日 中国人民政治协商会议第一届全体会议建立"。

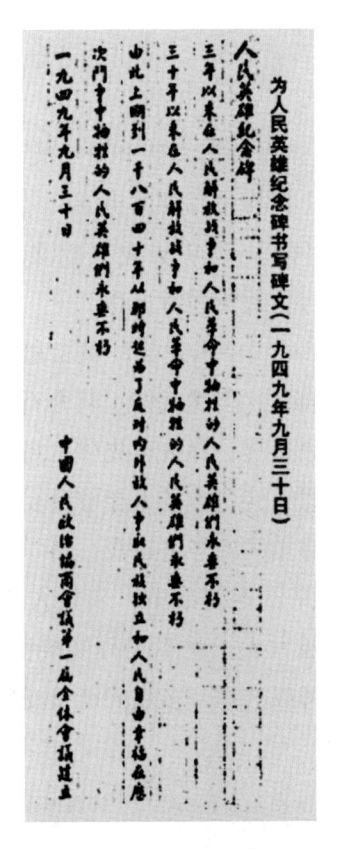

资料来源：潘新明主编，中华人民共和国外交部档案馆编《周恩来手迹大字典》，人民出版社1996年版，第20页。

11月26日，《人民日报》第1版刊发上林山荣吉等给周恩来总理的感谢信。

12月2日，《人民日报》第1版刊登周恩来同志唁电，哀悼著名和平战士大山郁夫逝世。

12月6日，《人民日报》第1版刊登周恩来总理致吉科宁总理电，祝贺芬兰共和国国庆。

12月10日，对新华社摄影记者谈培章说："你们摄影动作太慢，一个镜头要对好久才拍，使被照的人很不好受。有的外宾对此也提了意见，你们应当研究好好改进，有些地方可以向外国记者学习。""你们可以办一个摄影学校训练摄影记者，提高摄影技术。现有的摄影记者也可以去学习。"①

12月11日，《人民日报》第1版刊发消息，标题为"周恩来总理接见西德作家马蒂阿斯"。

12月12日，《人民日报》第1版刊登在北京各界欢迎德意志民主共和国政府代表团大会上周恩来总理的讲话。

12月19日，致信胡乔木："中央会议批准《人民日报》自一九五六年一月一日起用老五号字改为横排出版。"②

12月23日，在回答对《中国建设》英文版提出的问题时说：用通俗的语言使大家容易看懂，这当然很好。蒋介石卖国集团这样的提法是属于形式方面的，不论怎么提，称他蒋先生也可以，但事情的本质是不会改变的。我们可以注意，使西方的人能够接受。从内容上看，有一些是西方能接受的，例如讲中国的经济建设、科学研究、办大学等等；有的内容，例如我们要和平，不要战争，多数人能接受，少数人不能接受；还有的内容，一些西方人士就不见得能接受了，但我们不能不说。当然，在内容方面我们可以选择，多数人能接受的就多说，不能接受的

---

① 王凤超：《周恩来新闻活动年表》（续二），《新闻研究资料》1988年第4期，第149页。

② 中共中央文献研究室编：《周恩来年谱1949—1976》（上），中央文献出版社1997年版，第528页。

就少说。①

12月25日，就答塔斯社记者问谈话稿的有关内容致信李富春："谈话稿改了一下，其中主要是删去了很多指标和具体数字，因为上次在书记处会议上，主席不赞成过早宣布提前完成五年计划的号召，并说有些东西，我们做好了以后再宣传为好，故一九五六年元旦社论，决定不宣布什么数字和指标。因此，你的这篇谈话也力求避免绝对数字和过高的百分比。"②

12月26日，对《人民日报》元旦社论清样作了第一次全面和精心的修改，并作出批示："邓拓同志：请照此重打清样十份立即交来。周恩来 十二．廿六"。当日，周恩来在第二次清样上的批示是："定一同志：这是改后的清样，请你再加斟酌，准备星期三（廿八）政治局会后谈一次。周恩来 十二．廿六日夜"。③

△《人民日报》第4版刊登在纪普纳大使举行的盛大招待会上周恩来的讲话。

12月27日，接见伊斯兰教青年国际大会代表团和埃及新闻工作者代表团说：中国人民始终是同情和支持埃及人民为民族独立和和平建设而斗争的，我们愿意共同促进两国人民的兄弟友谊。④

12月29日，就近日发现十六艘国民党军舰突然集结马祖岛附近一事指示总参谋部作战部："应发表消息，予以揭露。"⑤

△ 对《人民日报》元旦社论第三次清样又作了一次修改。周恩来采纳了彭真（时任北京市委书记、市长。——笔者）在另一次清样上的修改意见，并作出批语："少奇同志：定一同志根据主席的指示和富春、彭真等同志的意见，对元旦社论又作了第三次修改。现送上，请即予审阅、指示。明日将再经空航送给主席阅看，后日退回。周恩来 十二．廿九日。"深夜，周恩来在《人民日报》改排重打的第四次清样上再作

---

① 中共中央文献研究室编：《周恩来年谱1949—1976》（上），中央文献出版社1997年版，第530页。
② 中共中央文献研究室编：《周恩来年谱1949—1976》（上），第530页。
③ 王爱民：《周恩来五审〈人民日报〉社论》，《百年潮》2013年第2期，第7页。
④ 中共中央文献研究室编：《周恩来年谱1949—1976》（上），第531页。
⑤ 中共中央文献研究室编：《周恩来年谱1949—1976》（上），第533页。

批语:"主席:这是邓拓同志在打清样过程中提出的一个较大的变动的意见。他认为全篇已修改得很好,只是从篇幅方面看似乎太长了一些,故他提议删掉几段,并作一些文字上的调动。定一同志把它交给我,我现附上,供你审阅时参考。周恩来 十二.廿九夜。"①

12月31日,对陆定一关于《人民日报》元旦社论批语立即作出批示:"邓拓同志:请即照此发给各地各报,以人民日报元旦社论名义同日发表。周恩来 十二.卅一。"这是第五次批示。②

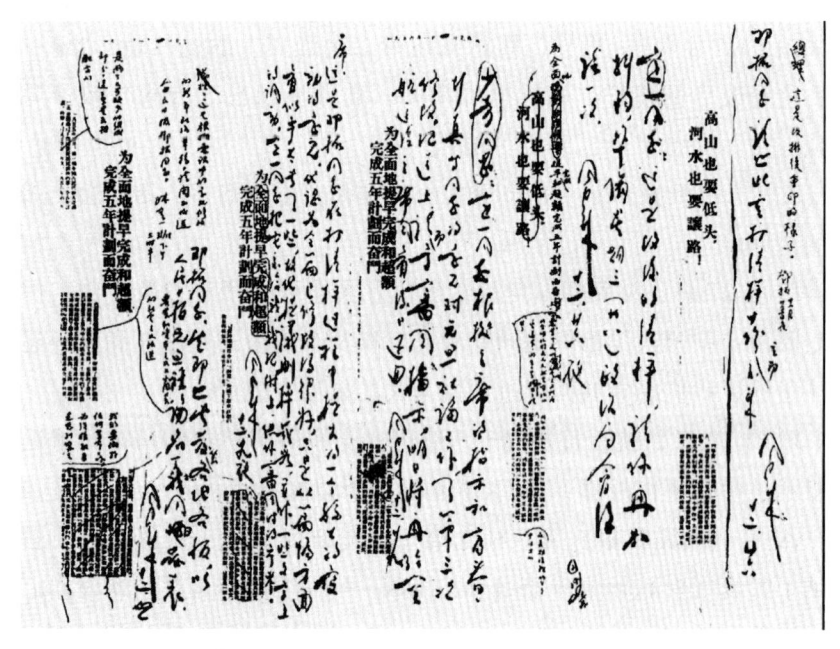

周恩来审改1956年《人民日报》元旦社论的五次批示
资料来源:王爱民《周恩来五审〈人民日报〉社论》,《百年潮》2013年第2期,第9页。

12月,新华社记者提前报道了签订中德友好合作条约的消息(中德双方约定,此条约需由双方在统一时间公布。——笔者)。周恩来知道后,把新华社领导吴冷西、朱穆之和记者及有关同志找去,总结经验

---

① 王爱民:《周恩来五审〈人民日报〉社论》,《百年潮》2013年第2期,第8页。
② 王爱民:《周恩来五审〈人民日报〉社论》,《百年潮》2013年第2期,第8页。

教训。他先承担了责任,说只在国务院会议上提醒记者,却没有在人大常委会会议上向记者作交代,这是自己的疏忽。然后提出批评和分析,这条新闻错在什么地方,会造成什么影响,还阐述了记者注意请示和独立负责的关系。他指出,记者要对自己采写的每一篇稿件独立负责,而要做到这一点,记者就要加强学习,多向别人请教。并举例说:我在遇到大的事时,就请示主席,请示少奇同志,在财经问题上也常请教陈云同志。而别人遇到外交上的问题也常常来问我。①

△ 在一次会议上,找新华社有关负责人询问了世界各主要通讯社的机构、设备、人才等情况,也询问了新华社这方面的情况。周恩来说,中国是这样大的一个国家,没有一个与之相适应的通讯社是不行的。他指示新华社加快建设,要发展,要壮大。②

埃及《图画周刊》编辑部主任萨·马杰德(《人民日报》翻译为萨布里·阿布·马格德·穆罕默德。——笔者)在《世界上最强劲最亲切的政治家》一文中记载:1955年12月,周恩来会见包括记者在内的埃及访华代表团成员。③

50年代,外国驻华记者常同各国驻华使节一起被邀请出席国宴。周恩来在主宾席同各国政要把盏笑谈,《真理报》首任驻华记者奥夫钦尼科夫就坐在不远的记者席上。他说,周总理经常到记者席来,知道他懂汉语,时常和他交谈,还给他取了一个中国名字——欧福钦。1955年,奥夫钦尼科夫应周总理邀请,赴中国西藏进行了为期两个月的采访,成为新中国成立后踏访西藏的第一位苏联人。④

本年,作为新闻人物的周恩来,被《人民日报》发表报道文章158篇。

---

① 中共中央党史研究室、中央档案馆编:《中共党史资料》2008年第2期,总第106辑,中共党史出版社2008年版,第171页。

② 中共中央党史研究室、中央档案馆编:《中共党史资料》2008年第2期,总第106辑,第171页。

③ 《五湖的怀念》,1978年3月,第206页。

④ 黎信:《衣带渐宽终不悔——欧福钦和他的中国情结》,《中国记者》1996年第4期,第59页。

新闻背景

1月1日,《光明日报》全部版面改竖排为横排,为全国报纸首创。随后,《中国青年报》《文汇报》《河北日报》等其他家全国性和省级报纸也先后改为横排,完成了我国报刊编排形式的一次前所未有的重大变革。

1月1日,上海人民广播电台创办《每周广播》,是我国第一家公开发行的广播节目报。

4月25日,中央电台创办《广播节目报》。

4月,中国人民大学新闻系创办于北京,9月开始招生,是按照苏联模式创建的第一个新式的新闻系。"文化大革命"期间,该校停办。1971年9月,北京大学中文系又设新闻专业,部分人大新闻系教师调到北大办新闻专业。1978年新闻系随人大复校而恢复,北大新闻专业停办。1988年7月改组为新闻学院。

5月,中华全国新闻工作者协会研究部、北京大学新闻专业、中国人民大学新闻系联合召开了带有明显学术争鸣性质的且注定要载入史册的新闻工作座谈会。

10月,毛泽东在中央政治局会议上谈到国际形势时说,新华社是中央的耳目喉舌。同时指出,新华社驻外记者太少,许多事情没有自己记者的报道,即使有也太少、太迟。新华社要尽快向世界各国派出自己的记者,"把地球管起来,让全世界都能听到新华社的声音"。

中共中央党校开办的新闻班,开设了中国新闻事业史课程。

1956年(五十八岁)

1月1日,《人民日报》元旦社论《为全面地提早完成和超额完成五年计划而奋斗》发表。

1月6日,《健康报》刊用周恩来题写的报头。周恩来的题字是写在一张长方形的白宣纸上的,有横写、竖写的好几条,并传话交代,让报社同志选用。①

---

① 王凤超:《周恩来新闻活动年表》(续二),《新闻研究资料》1988年第4期,第149页。

指导新闻期（1947年3月—1976年1月）　　393

健康报

资料来源：华叶《人品书墨俱丰碑——周恩来的报头书法》，《书法艺术》1994年第4期，第26页。

按：《健康报》于1931年在江西中央苏区首府瑞金诞生，当时由中央军委总卫生部出版，以毛泽东提出的"一切为了伤病员健康"为办报方针。它是我国革命根据地最早创办的卫生专业报纸，也是我国现代报刊史上历史最悠久的专业性报纸。新中国成立后，《健康报》成为卫生部机关报。

1月12日、13日，修改《关于知识分子问题的报告》稿，并增写一些重要内容。《人民日报》1月30日第1版转第2版发表《关于知识分子问题的报告》一文，后收入《周恩来选集》（下）《周恩来统一战线文选》。

1月22日，下午，与毛泽东一起接见南斯拉夫驻中国大使波波维奇及其夫人以及以南斯拉夫通讯社社长皮尔皮奇为首的南斯拉夫新闻工作者访华代表团。波波维奇向毛泽东主席呈献了南斯拉夫联邦人民共和国总统铁托赠送的礼品——一架电影放映机和两部新闻纪录片。接见时在座的有中国新闻工作者联谊会会长邓拓，副会长吴冷西、梅益、王芸生等。1月23日，《人民日报》第1版刊发消息，标题为"毛主席和周总理接见南斯拉夫大使和新闻工作者访华代表团"。

1月26日，《人民日报》第1版刊登周恩来总理致尼赫鲁总理电，祝贺印度共和国国庆。

1月31日，审阅陆定一关于为配合周恩来在全国政协委员会所作的《政治报告》向台湾展开相应的宣传工作问题给中共中央的报告，并批示："所拟九项，均可同意。但执行步骤不必太急，宣传广播都要有间隙，而且针对台湾的反应，（还）(《建国以来周恩来文稿》有"还"。——笔者)要有新的内容。"①

---

① 中共中央文献研究室编：《周恩来年谱1949—1976》（上），中央文献出版社1997年版，第543页。

同南斯拉夫新闻工作者访华代表团成员谈话（新华社记者邹健东摄）
资料来源：转自 1956 年 1 月 23 日《人民日报》第 1 版。

△《人民日报》第 1 版转第 2 版转第 3 版刊登 1956 年 1 月 30 日在中国人民政治协商会议第二届全国委员会第二次全体会议上作的政治报告。

2 月 1 日，在中央广播事业局关于建立电视台的报告上批示："拟同意广播局所提三项请求，送陈、陈、李、李、习（指陈云、陈毅、李富春、李先念、习仲勋。——笔者）阅后交二办办理。"该报告提出，委托苏联设计播出黑白电视的北京电视台，请对方尽可能考虑到今后北京播出彩色电视时的建台需要，以免将来再搞一套，造成浪费。①

2 月 5 日，《人民日报》第 4 版刊发消息，标题为"印度舆论重视周总理的政治报告"，主要介绍《自由新闻》2 月 2 日社论内容。

2 月 9 日，《人民日报》第 4 版刊发消息，标题为"关于周恩来总理的政治报告的反应"。主要内容有：朝鲜《劳动新闻》发表社论，

---

① 唐海、唐世鼎、吴君红：《亲切的关怀 巨大的鼓舞——毛泽东、周恩来、邓小平等老一辈无产阶级革命家关心中国电视发展纪事》，《当代电视》2004 年第 10 期，第 4 页。

《民主朝鲜报》专门报道。美国《斯通周刊》刊载文章。

2月20日，国务院关于推广普通话的指示有：全国各报社、通讯社、杂志社和出版社的编辑人员，应该学习普通话和语法修辞常识，加强对稿件的文字编辑工作。①

3月1日至4日，阅读《关于成立人民日报出版社的请示》报告。②

3月14日，《人民日报》第1版刊登波兰统一工人党中央委员会第一书记贝鲁特同志逝世，毛泽东主席、刘少奇委员长、周恩来总理的唁电。

3月18日，和刘少奇、彭真、邓小平、陈伯达出席毛泽东召集的会议，商谈西方通讯社关于苏联国内情况的报道问题。③

3月23日，《人民日报》第1版报道，预计到1967年我国平均每人可食肉80多斤，周恩来对此消息提出批评：这个消息是不可靠的，因为我们对那时的人口、猪、粮食饲料数字均无法知道。新华社和人民日报社要进行检查，哪个部门批准的就批评哪个部门；并发表短评，公开更正。以后要发表的经济数字，应经过各主管部门或国家计委审查，如果拿不准时，应报总理和主管副总理审批。④

按：1956年初，在我国社会主义改造取得重大成果的时候，部分党的领导人逐渐产生了盲目追求高速度的思想。1955年底，毛泽东在为《中国农村的社会主义高潮》一书所写的序言和许多编者按中，要求批判右倾保守思想，扩大建设规模，加快建设速度。1956年1月，他又提出"多快好省"这样一个理想的建设方针，接着他督促制定了"农业发展纲要四十条"。这一系列言行的中心思想就是要"快"。在过于高度集中的政治体制下面，"上有好者，

---

① 中共中央文献研究室、中央档案馆编：《建国以来周恩来文稿》（第13册），中央文献出版社2018年版，第133页。

② 人民日报出版社：《毛泽东周恩来刘少奇朱德邓小平陈云为人民日报撰审稿手迹选》（下），人民日报出版社2008年版，第94页。

③ 中共中央文献研究室编：《周恩来年谱1949—1976》（上），中央文献出版社1997年版，第560页。

④ 中共中央文献研究室编：《周恩来年谱1949—1976》（上），第561页。

下必甚焉"。1956年初，经济建设中出现了急于求成的倾向，基本建设拨款增多，市场供应偏紧。对此，周恩来等许多领导人保持清醒的头脑，这次批评是既反保守又反冒进思想的体现，显得非常珍贵。

3月24日，《人民日报》第1版刊登周恩来总理在阿哈默德大使举行招待会上的讲话，庆祝巴基斯坦伊斯兰共和国成立。

3月27日，主持国务院常务会议。在谈到报纸工作时说，《人民日报》错了要进行自我批评，过去学《真理报》，错了不能更正，党报只能登结论，不能发表不同意见，不能争论，这样做不对，报纸可以活泼一些。①

4月3日，出席中共中央政治局会议。会议讨论《关于无产阶级专政的历史经验》。3日深夜和次日下午，出席中共中央会议，讨论修改此文。② 5日，《人民日报》第1版转第2版全文发表这篇文章。

4月11日，《人民日报》第1版刊登周恩来总理致吴努总理电，祝贺中缅两国开航。

4月12日，《人民日报》第1版刊登吴努总理给周总理的复电，感谢周恩来在4月9日信中祝贺两国间航空线开航；刊发周总理电范文同慰问王明芳烈士家属、周总理电西伦凯维兹慰问斯塔列茨烈士家属、周总理电尼赫鲁慰问遇难印度人员家属等；刊发周总理电谢沙斯特罗阿米佐约。

4月17日，《人民日报》第1版刊登周总理给锡兰总理班达拉奈克的贺电。

4月19日，《人民日报》第1版刊登锡兰总理班达拉奈克给周总理的复电、摩洛哥首相贝凯给周总理的复电。

4月20日，《人民日报》第1版刊登沙斯特罗阿米佐约给周总理的复电。

---

① 中共中央文献研究室编：《周恩来年谱1949—1976》（上），中央文献出版社1997年版，第561页。
② 中共中央文献研究室编：《周恩来年谱1949—1976》（上），第562页。

4月21日,《人民日报》根据周恩来总理的指示,在第3版头条刊登了4月16日国务院发布的《关于加强国家档案工作的决定》,4月23日,《人民日报》头版又发表了《加强国家档案工作》的社论。

本年春,为全国科协、团中央等部门创办的《知识就是力量》杂志题写刊名。①

资料来源:转自《知识就是力量》2016年第12期封面。

按:1956年前,《知识就是力量》杂志国内一直译作"知识即力量",请周恩来题写的刊名也是"知识即力量"。周恩来却题写了两种刊名:一种是"知识即力量",一种是"知识就是力量"。周恩来的意见是,刊名如用"知识就是力量",更为有力,更符合通俗化的要求;但究竟用哪个要请编辑部自己决定,因此写了两种刊名,供他们选择。"文化大革命"期间,该刊停办,1979年又重新出版。周恩来对刊名的改动虽然增加了一个字,却使刊名通俗易懂、更加大众化,语义更鲜明,着眼更深远,且读起来符合汉字韵律之美,铿锵有力,朗朗上口,更有节奏,更加响亮。

"五一"前夕,在招待外宾的酒会上,日本一位民间代表团团长曾对周恩来说:"下次再来中国时,我一定把日本政府建立外交关系的愿望一起带来。"曾任新华社记者的徐熊回忆说,写稿时,我想起了总理的教诲,便根据中日关系现状一再考虑,如果照发此人的讲话,会对他本人造成不良后果。我把我的想法通过总理秘书对总理讲了,他非常赞赏我们为客人处境着想,并要我们征求客人本人意见。于是,我通过接待人员同这位日本人士商量,把他说话的口气缓和了一些,即把"一

---

① 闻岩主编:《周恩来大事本末》,江苏教育出版社1998年版,第570页。

定"改为"希望能够"。他对此表示非常感激。①

5月5日,接见印度尼西亚记者公会副主席、《泗水邮报》总编辑阿齐兹率领的印度尼西亚新闻工作者代表团时说,蒋介石如果愿意将台湾归还祖国,就是一大功劳,中国人民是会宽恕他们的。②

△ 接见日本工人代表团、日本五金机械产业工会代表团、日本机关报代表团,针对日本政府的担心说:中国接待日本客人,不打算宣传共产主义,我们只宣传一件事,就是日中友好。③

5月17日,中共中央书记处书记邓小平批复了人民日报社5月15日向中共中央报送的关于改版的第一份报告:"刘、周已阅。同意。退邓拓同志。"④

按:从邓小平的批复中可以看出,包括周恩来在内的中央主要领导人对于《人民日报》将进行的改版十分关心。

5月22日,接见澳大利亚《悉尼先驱报》记者斯派特。⑤

5月31日,接见路透社记者漆德卫。⑥

5月31日,晚,在答《每日快报》记者马考尔的提问时说:在我看整个世界的时候,我看到还有一些阻碍各国自由往来和建立彼此友好关系的困难,这些困难大部分是人为的。是别人而不是我们造成的。又说:毫无理由的乐观主义是愚蠢的,但是在严格的实事求是的基础上的乐观是可以允许的。我认为,在实事求是的基础上,还要采取主动。⑦

6月20日,《人民日报》第1版头条刊登一篇重要社论:《要反对保守主义,也要反对急躁情绪》。这篇社论是根据当时的中央政治局会议和周总理主持的国务院会议精神写的。强调"在反对保守主义和急躁

---

① 李静主编:《实话实说西花厅》,中国青年出版社2007年版,第234页。
② 中共中央文献研究室编:《周恩来年谱1949—1976》(上),中央文献出版社1997年版,第573页。
③ 中共中央文献研究室编:《周恩来年谱1949—1976》(上),第573页。
④ 钱江:《〈人民日报〉1956年的改版》,《新闻研究资料》1988年第3期,第14—15页。
⑤ 中共中央文献研究室编:《周恩来年谱1949—1976》(上),第579页。
⑥ 中共中央文献研究室编:《周恩来年谱1949—1976》(上),第583页。
⑦ 中共中央文献研究室编:《周恩来年谱1949—1976》(上),第584页。

周恩来与路透社首任驻华记者漆德卫（右一）在一起（路透社记者漆德卫提供）

资料来源：转自 2007 年 6 月 21 日新华网（http://news.xinhuanet.com/politics/2007—06/21/content_6272276.htm）。

冒进的问题上，要采取实事求是的态度"，指出"正确的工作方法，就是要使我们的计划、步骤符合于客观实际的可能性"。① 从当时情况说，社论很有针对性，也很有指导意义，充满了实事求是的精神。

6 月 25 日，国务院关于检查第一个五年计划执行情况的几项规定中有：我国发展国民经济的第一个五年计划提前完成或超额完成的情况，可以及时适当地采取新闻报道和公报的形式公布，为了使报道和公报的数字做到准确，凡五年计划完成情况的公布，应经下列程序审批：（略）②

---

① 《我们的周总理》编辑组编：《我们的周总理》，中央文献出版社 1990 年版，第 81—82 页。

② 中共中央文献研究室、中央档案馆编：《建国以来周恩来文稿》（第 13 册），中央文献出版社 2018 年版，第 232—233 页。

6月25日之后几天，著名英籍华裔女作家韩素音应邀出席一次在怀仁堂举行的政协会议，聆听周恩来作的报告。与韩一同出席会议的还有法新社记者雅克·洛甘。周恩来的讲话令雅克·洛甘激动不已。他向巴黎发了一篇有关中国民主前景的乐观报道。周恩来主要论述了需要有最大程度的辩论自由。为了确保"全体人民的信心和热情"，必须消除教条主义思想和官僚主义作风。"必须充分发挥"民主党派的作用。共产党"应听取其他党派的批评意见。命令主义只会阻碍进步"。①

6月28日，《人民日报》第1版刊发消息，标题为"周总理接见巴新闻工作者代表团 中国新闻工作者联谊会设宴欢送代表团"。内容有：周恩来在27日下午接见了以费兹·艾哈迈德为首的巴基斯坦新闻工作者访华代表团，接见时在座的有中国新闻工作者联谊会会长邓拓，副会长吴冷西、梅益、金仲华、王芸生，外交部新闻司司长龚澎。

6月29日，《人民日报》头版头条刊登标题为"周恩来总理兼外交部长关于目前国际形势、我国外交政策和解放台湾问题的发言——1956年6月28日在第一届全国人民代表大会第三次会议上"的文章。

7月3日，《人民日报》第5版刊发消息，标题为"周总理关于国际形势的发言受到各国舆论重视"。

7月4日，《人民日报》第1版刊发消息，标题为"印缅报纸评周总理发言 支持关于台湾问题的建议"。

7月11日，商议接见国民党原中央通讯社记者、现《南洋商报》特派记者曹聚仁的有关事宜。②

按：曹聚仁（1900—1972），浙江兰溪墩头镇蒋畈村（今属兰溪市梅江镇）人。我国现代著名作家、学者、记者，杰出爱国文化人士。1950年后任香港《星岛日报》编辑。1956—1959年，聚仁先后多次应邀回国内采访，1956年7月16日，周恩来邀请他参加

---

① ［英］韩素音：《周恩来与他的世纪1898—1998》，王弄笙等译，中央文献出版社1992年版，第337—338页。

② 中共中央文献研究室编：《周恩来年谱1949—1976》（上），中央文献出版社1997年版，第597页。

颐和园夜宴。这次宴会经过，聚仁以"颐和园一夕谈 周恩来会见记"为题，发表在1956年8月14日的《南洋商报》上，正式向海外传递国共可以第三次合作的信息，在海内外引起震动。

7月13日、16日、19日，先后由邵力子、张治中、屈武、陈毅等陪同，三次接见曹聚仁。①

7月16日，《人民日报》第1版刊发消息，标题为"周总理等同外国记者会见"。内容有：周恩来总理和陈毅副总理15日下午出席了中国新闻工作者联谊会举行的酒会。周恩来在酒会上分别同来自亚洲、非洲和拉丁美洲等11个国家的记者谈了话。他谈到了中国人民同这些国家人民的友谊，并且回答了各国记者们提出的问题。在酒会上，周恩来还应各国记者的请求，分别同他们照了相，并给许多记者题了字。周恩来在题字中表达了中国人民愿意同各国人民友好的愿望。酒会共进行了两个半小时。在酒会上，中国新闻工作者联谊会的负责人邓拓、吴冷西、梅益、王芸生，外交部新闻司负责人以及首都新闻界的著名人士，都同各国记者们欢聚交谈。

7月26—28日，访问波兰，专门接待新华社记者，对他们的工作进行了热情的鼓励。②

7月，为《冶金报》题写报名。③

按：1996年7月23日，《冶金报》更名为《中国冶金报》。

8月4日，在彭真招待印度尼西亚国会议长沙多诺的酒会上，向驻京外国记者发表谈话。④

8月5日，关于外交部新闻司驳斥法新社发言稿事给毛泽东信：昨晚与外国记者谈话，为防止他们利用曲解，曾要龚澎注意。现在伦敦法

---

① 中共中央文献研究室编：《周恩来年谱1949—1976》（上），中央文献出版社1997年版，第598页。
② 人民出版社资料组编：《人民的好总理 纪念敬爱的周恩来同志》（中），人民出版社资料组，1977年，第263页。
③ 姚志峰：《中国冶金报：打造权威行业媒体》，《中华新闻报》2008年11月19日第B04版。
④ 中共中央文献研究室编：《周恩来年谱1949—1976》（上），第607页。

周恩来在中国新闻工作者联谊会举行的酒会上同印度新闻工作者交谈

资料来源：转自中国经济网 2008 年 3 月 5 日（http://www.ce.cn/culture/rw/cn/xw/200803/05/t20080305_14732411_2.shtml）。

冶金报

资料来源：华叶《人品书墨俱丰碑——周恩来的报头书法》，《书法艺术》1994 年第 4 期，第 26 页。

新社故意将"埃及已经保证"改为"必须保证运河航道的自由"，而又武断地说中国总理赞成这条运河国际化。因此，与新闻司商好写一发言稿予以驳斥，也可表明我方初步态度，拟四时广播，请予审阅退回。①

8 月 6 日，关于送审各民主党派人民团体支持埃及政府收回苏伊士运河的联合声明给毛泽东信：九日可公布广播。我前日对外国记者谈话和新闻声明，各方已有反应。②

---

① 中共中央文献研究室、中央档案馆编：《建国以来周恩来文稿》（第 13 册），中央文献出版社 2018 年版，第 304 页。
② 中共中央文献研究室、中央档案馆编：《建国以来周恩来文稿》（第 13 册），第 306 页。

8月7日，《人民日报》第1版刊发消息，标题为"周总理同驻北京的外国记者谈话时明确表示 中国人民支持埃及把苏彝士运河公司国有化"。《人民日报》第5版刊登消息，标题为"埃政府研究三国会谈后的局势 开罗报纸显著刊登周总理谈话"。

8月9日，《人民日报》第6版刊登消息，标题为"埃及报纸重视周总理谈话"，《埃及报》《埃及进步报》《埃及日报》等刊登周恩来谈话。

8月15日，致函刘少奇、陈云，内容为当夜广播关于苏伊士运河的声明。提出，为争取时间，决定今夜四时广播，明早见报，以便抢在伦敦会议前发表。①

8月23日，凌晨，从台湾新竹机场起飞的一架P4M-IQ型麦克托式电子侦察机在窜入大陆时，被我飞行员张文逸三炮击中。飞机挣扎着向公海方向飞去，随后坠入大海。为了避免扩大事态，也为了在美国找上门来时掌握主动，总理亲笔改定了新华社的新闻稿——新华社23日讯：本月23日零点后在上海东南海面上空发现蒋军飞机一架，窜入我马鞍列岛上空，我空军飞机当即起飞。蒋机继续窜入嵊泗列岛上空，与我机在衢山岛之黄泽山上空遭遇，被我击伤，敌机当即向东南方向逃去。②

按：此文奥妙之处在于不提"美机"二字，点明"遭遇"是在我国领土"上空"，并交代"敌机当即向东南方向逃去"，任你美国想要什么花样都找不出破绽，避免引发国际问题的可能。

8月26日，歌唱家楼乾贵在《人民日报》副刊发表《中国歌与洋唱法》，周恩来和他握手，并说："我拜读了你的大作，立论还是公正的。"③

9月9日，晚，《中国青年报》记者顾美忠想采访在团中央大院参

---

① 周恩来：《周恩来书信选集》，中央文献出版社1988年版，第528页。
② 钟兆云：《知将莫如相——刘亚楼与周恩来的将相交往》（下），《党史博采》2008年第2期，第48页。
③ 舒乙主编，中国人民政治协商会议北京市委员会文史资料委员会编：《周恩来与北京》，中央文献出版社1998年版，第319页。

加北京市中、小学校教师联欢晚会的周恩来总理，挤到了总理身边，并选择一个挨近总理的座位坐了下来。顾回忆道，我一直对着总理微笑，心中无比的激动。总理像猜出了我的心意，转过头问我是哪里的？当我告诉他：我是《中国青年报》的。总理和蔼地点点头，还重复了一句："哦，小青年报的！"这时台上正在表演一个舞蹈，小演员们脸上胭脂很浓，画了眉毛，抹了口红。总理看着看着，突然转向我说："小青年报的，你写篇文章，小学生在台上演出脸上不要那么化装，不好看。"过了一会儿，总理又回过头对我说："小青年报的，你写篇文章，女孩子裙子不要这么长，提倡设计一些好看的衣衫。"①

9月10日，致函胡乔木，就刘少奇在中国共产党第八次全国代表大会所作的政治报告中的国际关系部分修改提出指导性意见。内容有：外交部同志起草的这个稿子，只是将原稿国际形势和国际支援两部分同外交部前稿掺合在一起，而没有很好地加以改写。这就显得眉目不清，形势和任务、国际关系和国际团结都有混淆之处。我以为这部分题目，或者叫"国际关系问题"或者叫"我们在国际关系中的政策"，而不宜叫"加强国际团结内容"。②

　　按：这封信讲的是报告稿子的修改，对新闻写作也有指导意义，故收录了这一内容。

9月14日，接见印度大使尼赫鲁，就他提出近来有的国家的报纸报道了许多中缅边界问题的消息一事说：关于中缅边界问题，两年前两国总理就曾提起过，今年才在通信里提到它，准备加以解决。中缅双方对边界问题的看法是有些距离的，但我们认为可以根据五项原则设法加以解决，而且是不难解决的。最近，中国已派人去边境了解情况。至于吴努来北京谈，我们是欢迎的。③

---

① 顾美忠：《"小青年报的！"——在周总理和贺老总身边采访》，《新闻研究资料》1982年第4期，第67—68页。
② 周恩来：《周恩来书信选集》，中央文献出版社1988年版，第530页。
③ 中共中央文献研究室编：《周恩来年谱1949—1976》（上），中央文献出版社1997年版，第617页。

9月16日，在中国共产党第八次全国代表大会上作的《关于发展国民经济的第二个五年计划的建议的报告》中指出："在文化教育、科学研究和保健事业方面。这几年来，这些事业都有相当大的发展。预计到一九五七年，除了个别的以外，高等教育、中等教育、初等教育、科学研究、新闻、出版、广播、文学、艺术、电影、体育和卫生医疗等事业，都有可能超额完成原定的计划。""应该进一步开展群众的文化工作，发展新闻、出版、广播、文学、艺术、电影等事业。在举办这些事业的时候，应该特别注重质量的提高。"报告全文最先刊载于9月19日《人民日报》头版通栏位置，并转第2版至第4版。

9月28日，《人民日报》第2版刊登在欢迎阿查里雅首相的宴会上周恩来的讲话。

9月30日，在庆祝国庆七周年招待会上讲话。《人民日报》10月1日第1版在新华社电讯中全文刊登了讲话内容，其中有：今年，同我们一起欢度我国国庆的，还有出席中国共产党第八次全国代表大会的各国兄弟党代表团，以及来自许多国家的官方和民间性的代表团和社会知名人士，代表着议会、军事、科学、文化、艺术、经济、贸易、宗教、新闻、体育、工会、青年、妇女、和平等各个方面。

摄影记者陈庆回忆道：初秋的一天，随同毛泽东主席来到北京西郊机场，迎接一位外国元首。当毛泽东主席同贵宾握手时，上百名中外摄影记者纷纷拥上前去。我国一个摄影记者，为了赶拍这一珍贵的历史镜头，把长镜头往前一伸，竟从一位领导同志的后肩上伸了出去。这位领导同志十分尊重和支持记者的工作，为了让他拍好毛泽东主席的光辉形象，一动不动地挺立着。那位记者"咔嚓咔嚓"地连续按起快门来。拍完镜头，这位领导同志才回过头来，对那位摄影记者微微一笑。"啊！是总理！"摄影记者大吃一惊，不好意思地刚想说些什么，周总理却亲切地朝他点点头。①

---

① 新华日报编印：《敬爱的周总理永远活在我们心中》，《新华日报通讯》1977年，第199页。

10月5日，《人民日报》第2版刊登在招待苏加诺总统宴会上周恩来的讲话。

苏加诺来访，周恩来和陈毅陪同他到外地参观访问。在长春参观东北电影制片厂时，正遇制片厂在拍摄新凤霞表演的《刘巧儿》。宾主一起坐在摄影棚里观看拍摄的场面，正看得十分有兴趣时，陈寰把稿子送到总理手中并说要往北京打电话发稿。陈寰心里还有点怕他看完演出后再看稿，可是周恩来接过稿边看边改，很快就把稿子递给了她。①

10月6日，《人民日报》第1版发布消息，标题为"周总理接见印度尼西亚记者"。内容有：国务院总理周恩来5日下午接见了随同苏加诺总统来中国访问的印度尼西亚记者。接见时在座的有外交部新闻司司长龚澎，亚洲司副司长陈叔亮，中国新闻工作者联谊会副会长梅益、王芸生。

10月7日，由张治中、邵力子、徐冰、屈武、童小鹏、罗青长陪同，宴请并同曹聚仁谈话，说：我们现在已不公开宣传反蒋。至于下面小报说几句，我们也管不了，这就是为和谈制造气氛。我们的手总是伸着的。蒋介石前天对外国记者说还要我们缴械投降。为了应付美国人，可以说反共的话，这我们完全理解。我们劝他们约束一下，不要派人来搞破坏活动。②

10月8日，《人民日报》第4版刊登在庆祝德意志民主共和国国庆招待会上周恩来的讲话。

10月20日，《人民日报》第4版刊登在欢迎苏拉瓦底总理的宴会上周恩来的讲话。

10月21日、22日，晚，先后出席中共中央政治局常委扩大会议和政治局扩大会议，听取新华社社长吴冷西介绍外国通讯社有关波兰情况的介绍。③

---

① 陈寰：《流光漫忆 一个女记者的人生旅程》，新世界出版社2003年版，第43页。
② 中共中央文献研究室编：《周恩来年谱1949—1976》（上），中央文献出版社1997年版，第617页。
③ 中共中央文献研究室编：《周恩来年谱1949—1976》（上），第632页。

10月24日，《人民日报》第2版刊登在苏拉瓦底总理举行的临别宴会上周恩来的讲话。

10月26日，《人民日报》第1版刊登在欢迎吴努主席的宴会上周恩来的讲话。

11月8日，《人民日报》第4版刊登在庆祝十月革命节的招待会上周恩来的讲话。

11月20日，《人民日报》第2版刊登在越南河内市民欢迎大会上周恩来的讲话。

11月23日，《人民日报》第5版刊发消息，标题为"越南《人民报》发表文章指出 周总理访越时特地到二征王庙献花更加密切了越中两国人民兄弟情谊"。

11月25日，《人民日报》第4版刊登在柬埔寨王国会议和国民议会联席会议上周恩来的讲话。

11月29日，《人民日报》第1版刊发消息，标题为"周恩来总理在巴兰机场答记者问 重申支持埃及的斗争 主张英法立即撤兵"。内容有：周恩来28日在巴兰机场上对尼赫鲁总理和欢迎者致答词后，有记者问他，关于埃及他有什么感想？周恩来回答说，我们支持埃及人民的正义斗争。有记者问：你们也要求英法军队撤出埃及么？周恩来回答说：我们的立场是同你们印度人一样的。愈快撤出愈好。有一位记者问周恩来对于这次访问印度有什么感想？周恩来用英语回答说，我感觉更加高兴。

12月1日，《人民日报》第2版刊登周恩来在印度国会的演说，同时刊登在招待周恩来的宴会上尼赫鲁的讲话和周恩来的讲话。

△中午，前往孟买省浦那，开始在印度各地的访问。登机前，在接见各国记者并回答美国合众社记者提问时说：中国一直希望改善中美关系。正如你们所知，我们已经特别邀请你们美国记者来中国访问。①

12月2日，《人民日报》第4版头条刊登在德里市民的欢迎大会上

---

① 中共中央文献研究室编：《周恩来年谱1949—1976》（上），中央文献出版社1997年版，第643页。

周恩来的讲话。

12月5日,《人民日报》第4版刊登在孟买市市政机关欢迎会上周恩来的讲话。

12月6日,在访问马德拉斯的马哈巴利普兰时,就埃及局势、和平解放台湾等问题答记者问,其中包括《真理报》、路透社和法新社的记者在内。内容刊登在12月7日《人民日报》第1版。

12月8日,致电外交部:"四日来电提到发表关于中缅边界问题的社论事,我意目前不宜发表,等我们去仰光看会谈情况如何再说,因为在吴努离京时已经发表了一个公报。"①

12月9日,在印度加尔各答举行记者招待会,就中美关系、克什米尔、第二次亚非会议等问题回答记者提问。内容刊登在12月11日《人民日报》第1版。参加12月9日晚招待会的有印度、中国、苏联、英国、美国和法国等国的约30名记者。记者招待会历时约一个半小时。周恩来答复了涉及范围很广的一些问题。一些西方国家的记者事先做了准备,如果周恩来的回答出现一点差错,他们马上就会向全世界大肆宣传。然而,周恩来沉着冷静,对答如流,使人找不到一点漏洞。有一位记者问,如果台湾归还中国的话,你们是否会给蒋介石一个部长的职位。周恩来说,部长的职位太低了。美国《纽约时报》的一位记者感叹地说:周恩来到底比咱们强!印度的一些官员也称赞周恩来是从未见过的如此智慧的政治家。

△ 晚上,总理在加尔各答举行了盛大的记者招待会。招待会后,陪同总理访问的印度记者和工作人员要求同周总理一起照一张相,留作纪念。总理欣然同意。第二天印度的报纸刊登了中国总理、副总理坐在地毯上与记者和工作人员的合影照片,并发表了赞扬周总理亲切接近普通工作人员的评论。②

12月11日,《人民日报》第3版刊登12月9日周恩来在加尔各答

---

① 中共中央文献研究室编:《周恩来年谱1949—1976》(上),中央文献出版社1997年版,第645页。

② 马永顺编:《人民公仆周恩来》,解放军出版社1991年版,第204—205页。

市民欢迎大会上的讲话。

△《人民日报》第 4 版刊登离开加尔各答时周恩来在飞机场上的讲话。

12 月 13 日,《人民日报》第 4 版刊登在缅甸反法西斯人民自由同盟领导人员大会上周恩来的讲话。

12 月 17 日,《人民日报》第 4 版刊登在中缅两国边境人民联欢大会上周恩来的讲话。

12 月 19 日,接受美国哥伦比亚广播公司爱德华·穆罗采访。在回答"你欢迎美国记者到中国去吗"这个问题时说:"我们欢迎美国记者到中国去,并且已经批准了,而且还将继续批准一些美国记者来中国采访的请求。我们也欢迎美国的各界人士来中国访问,增加两国人民的互相接触和了解,消除不应有的隔阂。"采访内容于 12 月 30 日在哥伦比亚广播电视节目中播出,产生了广泛的世界性影响。3800 字采访内容还发表在 1957 年 1 月 4 日《人民日报》第 1 版。

12 月 20 日,上午,离开仰光前,在机场答复了缅甸和外国记者提出的问题。内容刊登在 12 月 22 日《人民日报》第 4 版,其中有一个记者问:在已经讨论的边界问题上是否遭遇到什么额外的困难?周恩来答:没有。这个记者接着又问:中缅边界问题是能够和平地解决吗?周恩来回答说:当然可以和平解决,像我们这样的两个国家怎么不能和平解决。周恩来问这个记者:你是英国报纸的记者吗?记者答:是。周恩来接着说:我告诉你,所有这些问题都是英国遗留下来的,是英国殖民主义占领缅甸时,也是它对中国进行压迫的时候所造成的问题。

△《人民日报》第 2 版头条刊登周恩来总理在仰光大学的演说。

12 月 21 日,关于同吴努等的谈话情况给中央电:我们同美国哥伦比亚广播公司的记者商定,等他的电视节目指出并通知我们以后,我们才在国内发表。①

---

① 中共中央文献研究室、中央档案馆编:《建国以来周恩来文稿》(第 13 册),中央文献出版社 2018 年版,第 589 页。

12月22日，《人民日报》第4版刊登离开缅甸时周恩来在机场上的讲话。

12月23日，《人民日报》第4版刊登周恩来在卡拉奇市民欢迎会上的讲话。

12月24日，在巴基斯坦卡拉奇举行记者招待会，表示相信巴基斯坦和印度能够很好地解决克什米尔问题，并阐释中国政府对中美关系等问题的立场和意见。对记者提出的敏感问题——台湾问题，周恩来用英语提醒他们：台湾是中国的内政，"台湾过去是，现在还是中国的一个省份"。内容发表在12月26日《人民日报》第1版。

12月29日，在巴基斯坦达卡答记者问。内容发表在12月31日《人民日报》第1版。内容有：周恩来倚着内河轮船"玛丽·安德逊号"的栏杆回答了记者们提出的问题。当时他正在看英文报纸，一批巴基斯坦新闻记者前来找他。周恩来对苏拉瓦底总理说："我被记者包围了。"苏拉瓦底说："我来救你。"经过新闻记者们一再要求，周恩来还是回答了他们提出的问题。

12月30日，下午，飞抵印度新德里，并在机场答记者问，说：这次访问南亚五个国家，很高兴地看到这些国家的人民的友谊和对和平的热爱。①

12月31日，《人民日报》第4版刊发在欢迎周恩来的东巴基斯坦群众大会上东巴基斯坦人民联盟巴沙尼主席的讲话和周恩来总理的讲话。

12月，同意中央广播事业局关于在昆明建设1000千瓦对外中波发射台，并运用国产设备、由我国自行设计安装的计划。这个发射台按计划于1959年新中国成立10周年前夕开始广播。②

按：本年，周恩来审查批准建设广播大楼，将这项工程列入国

---

① 中共中央文献研究室编：《周恩来年谱1949—1976》（上），中央文献出版社1997年版，第650页。
② 《当代中国的广播电视》编辑部选编：《中国广播电视大事记》，北京广播学院出版社1987年版，第88页。

指导新闻期（1947年3月—1976年1月） 411

家建设计划，但要求广播局尽量减少非技术性建筑面积的开支。广播大楼完成设计后，周恩来请陈毅审查，并亲自作了最后审定。

下半年，中央台对台广播部的编辑们听到一个口头传达，说是周恩来指示，今后组织对台湾国民党军政人员广播稿时，要掌握一个基本态度，即"晓以大义，明以利害，动以感情，待以诚意"。这16个字言简意赅，使编辑人员很是开窍，并成了后来组织这方面广播稿件的指导方针。①

本年，指示新华社把英语部改成对外部，逐步增加了俄、法、西、阿四种文字的广播。② 新华社根据周恩来的指示"译名要统一，归口新华社"，成立中国唯一的综合性译名单位——新华社译名室。③ 谭文瑞回忆说："本年，觉察到《人民日报》的国际宣传工作队伍比较弱，不能适应斗争的需要，就调派了一些干部来加强报社的力量，并且亲自指导国际评论工作。他在相当一段时间里，经常给我们出一些短评的题

资料来源：中央档案馆编《周恩来手迹选》第1卷《题词题字》，北京出版社1998年版，第128页。

---

① 赵玉明、哈艳秋、袁军：《周恩来与广播电视》（中），《中国广播电视学刊》1998年第4期，第7—8页。
② 人民出版社资料组编：《人民的好总理》（中），人民出版社资料组，1977年，第251页。
③ 屈文生、李润：《近代以来外国地名译名的规范化》，《出版发行研究》2013年第2期，第94页。

目,要求我们迅速写出,写得尖锐泼辣,他亲自批改,大大加强了宣传上的战斗性。"①

本年,给《中国建设》英文双月刊创刊五周年题词:"继续作好同各国人民增进了解和友谊的工作。周恩来"。

1956 年周恩来与上海新闻记者合影

资料来源:穆欣《"尊重事实才能尊重真理"——周恩来维护新闻真实性的言行》,《党史文汇》2006 年第 3 期,第 14 页。

本年,作为新闻人物的周恩来,被《人民日报》刊发报道文章 254 篇。

新闻背景

1 月 1 日,《解放军报》创刊,中国人民解放军总政治部主办,为两日刊。

---

① 人民出版社资料组编:《人民的好总理 纪念敬爱的周恩来同志》(中),人民出版社资料组,1977 年,第 265 页。

3月20日，复旦大学新闻系编印的内部铅印刊物、郑北渭主编的《新闻学译丛》创刊。

4月22日，中共西藏自治区委员会机关报《西藏日报》藏文版和汉文版同时创刊。《西藏日报》的前身即《拉萨新闻简讯》。《拉萨新闻简讯》是1952年11月1日创刊的。《拉萨新简简讯》的藏汉文版，都已经在21日终刊。

4月25日，中国国民革命委员会中央主办的机关报《团结报》在北京创刊。

5月1日，中华人民共和国教育部和中国教育工会全国委员会联合举办的《教师报》创刊。

5月，刘少奇分别与新华社、广播事业局负责人谈话的精神在新闻界传达，鼓励人们对中国特色的新闻实践作出自己独立的理性思考，注意对新闻工作规律的研究。

6月20日，《人民日报》发表著名社论《要反对保守主义，也要反对急躁情绪》。

7月1日，为了探索适合中国国情的党报道路，《人民日报》进行改革。8月，中共中央将《人民日报》的经验推向全国，由此掀起了一场大规模的新闻工作改革热潮。通过这次改革，党报更受读者欢迎。

7月6日，中央人民广播电台朝鲜语广播开播。

9月，复旦大学新闻系教授王中为学生讲授《新闻学概论》，并撰写了《新闻学原理大纲（初稿）》，提出报纸的"两重性""社会需要论""读者需要论"。在1957年夏季的反"右"斗争中，王中也由"新闻改革理论家"，变成了"右派理论家"，并因此长期受到政治迫害。直到20年后，王中以及当时被株连的一批教师学生和记者编辑的错案才得以纠正。

10月1日，《文汇报》在上海复刊。

△《大公报》从今天起在北京继续出版。大公报报社已经由天津迁移到北京永安路新址。

10月15日，中国人民大学新闻系教学实习报纸《新闻与出版》正式创刊。

12月10日，中央人民广播电台维吾尔语开播。

世界新闻摄影荷兰基金会年度奖创立。

1956年，苏共"二十大"后，国际共运内部矛盾发展，冲突加剧，社会主义阵营国家相继爆发波兰和匈牙利事件。在中东，英、法两国为重新霸占苏伊士运河，联合以色列发动了侵略埃及的战争。当时在世界范围内这两个事件的影响都是空前的。

1957 年（五十九岁）

1月2日，《人民日报》第5版发表该报记者胡骑12月29日于达卡撰写的新闻特写《周总理在西巴基斯坦》。

元旦刚过，新华社的参考消息编写组就投入了紧张的创刊筹备工作。据当年一位资深编辑回忆，组里整理出一份送审的《参考消息》试版样稿，一共是7页，由当时的新华社社长吴冷西送周恩来审阅。在7页试样上，周恩来逐页、逐行、逐句，用毛笔勾、画、圈、点，并对选稿和编排作了方针性的指示。①

1月4日，《人民日报》第1版刊发消息，标题为"周恩来总理答美国记者问"。内容是：周恩来于1956年12月19日在仰光接见美国哥伦比亚广播公司爱德华·穆罗，回答了他所提出的一些问题。周恩来这次答记者问于12月30日在哥伦比亚广播公司电视节目中播送。《人民日报》刊登了问答全文，其中答问七为：你欢迎美国记者到中国去吗？我们欢迎美国记者到中国去，并且已经批准了，而且还将继续批准一些美国记者来中国采访的请求。我们也欢迎美国的各界人士来中国访问，增加两国人民的互相接触和了解，消除不应有的隔阂。

1月6日，《人民日报》第4版发表新华社记者孔迈1月1日寄自新德里的新闻特写《周总理在巴克拉—南加尔水利工程工地上》。

1月7日，《人民日报》第1版刊登在莫斯科机场上周恩来的答词。

1月8日，《人民日报》第5版头条刊登该报驻苏联记者李何、戴枫撰写的莫斯科通讯《苏联人民欢迎周恩来总理》。内容包括：宴会上，鄂木斯克收音机工厂的工人们送给周总理一架新式收音机。鄂木斯克市民们要求能够通过无线电广播听到周总理的讲话。周总理答应了鄂

---

① 中共江苏省委宣传部等编：《纪念周恩来同志诞辰110周年研讨会论文选编》，中央文献出版社2008年版，第414页。

木斯克市民的要求,为鄂木斯克广播电台录了音。发行550万份的《真理报》在惹人注目的报头位置向全苏联人民宣布"中华人民共和国国务院总理周恩来同志、副总理贺龙同志和随行人员今天将到达莫斯科作友好的访问"。《真理报》刊载了周恩来总理和贺龙副总理的大幅照片和两人的传记,发表了《愿苏中两国人民牢不可破的友谊不断发展和巩固》的社论。在《真理报》全文刊载了《人民日报》文章《再论无产阶级专政的历史经验》以后,在周恩来到达莫斯科之前,《真理报》出版社又把这篇文章印成单行本,两次共印100万份。

1月9日,晨,电告中共中央和毛泽东,说许多兄弟国家驻莫斯科使节都对我们发表《人民日报》文章(指1956年12月29日《人民日报》编辑部发表的《再论无产阶级专政的历史经验》一文。——笔者)公开表示祝贺,但赫鲁晓夫、布尔加宁、米高扬尚未提及该文。①

1月10日,《人民日报》第1版刊发消息,标题为"莫斯科各报评论周总理访苏",内容有:《消息报》《劳动报》《红星报》《共青团真理报》等报纸评论周恩来访苏。

1月11日,《人民日报》第1版刊登周恩来在莫斯科大学的讲话。第5版刊登该报驻苏联记者李何1月9日莫斯科专电发来的莫斯科通讯《周恩来总理在莫斯科大学》及塔斯社传真照片。

1月11日至16日,率领我国党政代表团访问波兰。在访问的紧张日程中,周恩来在转乘的火车上接见了新华社驻华沙记者谢文清,听取他对波兰情况的汇报,表扬了他发回来的大量调研材料,以及对波兰1956年夏发生的波兹南事件及其局势的正确分析,并说:"你说了真话,谢谢你!"②

1月12日,《人民日报》第1版刊登中华人民共和国政府代表团11日上午10时(华沙时间。——笔者)到华沙机场时周恩来的讲话。

1月13日,《人民日报》第4版刊登在招待周恩来总理的盛会上西

---

① 中共中央文献研究室编:《周恩来年谱1949—1976》(中),中央文献出版社1997年版,第5页。
② 万京华:《周恩来与新华社驻外记者》,《对外传播》2009年第3期,第31页。

伦凯维兹的讲话和周恩来的讲话。5版刊登该报记者胡思升12日华沙电，标题为"波兰人民热情地欢迎来自中国的贵宾"。内容有：1月7日记者到波兰外交部情报司报到时，一位合众社驻华沙记者为了做好周总理访波的报道，正着急地要求波兰外交部给予方便，要求在周总理从华沙赴波兰各地参观时，在专车上给他一个席位。为了采访周总理等访波和波兰的大选，10日前后，从美国、英国、法国、荷兰、瑞典、丹麦、西德、意大利、奥地利前来华沙的西方报刊记者有45位之多，这还不包括早已在这里的西方记者。

1月14日，《人民日报》第2版刊登周恩来在华沙群众大会上的演说。

1月15日，《人民日报》第4版刊登周恩来在克拉科夫群众大会上的讲话（摘要）。

1月16日，在波兰华沙举行记者招待会。内容发表在1月17日的《人民日报》第1版。

1月17日，《人民日报》第4版刊登周恩来在罗兹群众大会上的演说。

1月18日，《人民日报》第2版刊登周恩来在布达佩斯积极分子大会上的讲话。第5版刊登16日周恩来在布达佩斯机场上的答词，17日周恩来在布达佩斯机场上的告别词。

1月19日，《人民日报》第4版刊登周恩来在克里姆林宫苏中两国人民友好群众大会上的讲话。

1月20日，《人民日报》第4版刊登周恩来给苏联领导人的感谢电，周恩来在欢送宴会上的讲话，周恩来在伏努科夫机场上的讲话。

1月21日，《人民日报》第1版刊登周恩来在阿富汗首相达乌德汗19日举行欢迎宴会上的讲话。

1月24日，《人民日报》第1版刊登周总理在喀布尔机场的讲话。

△ 抵达印度新德里机场时，与一大群包围着他的印度和其他国家的记者们谈了话。有一位记者手里拿着刊载有周总理在莫斯科讲话的报纸问道：你说要用集体安全体系来代替东南亚条约组织和巴格达条约，

是吗？周恩来总理回答说，是的，中国政府已经提过多次了，苏联政府在中苏联合声明中也加以支持。他还告诉记者们说，这个集体安全体系的倡议是尼赫鲁总理首先提出来的，"我们是宣传而推广它"。①

1月25日，上午10时乘飞机离开新德里前往加德满都，在登上飞机之前，对记者们发表简短谈话。印度政府把一部共七卷、长2000米的关于周恩来访印的新闻纪录片赠给周恩来。②

1月27日，见摄影记者张永总是把镜头对着他，一再对张永说："拍群众""多拍群众！"③

1月29日，《人民日报》第4版刊登周恩来在26日加德满都市民欢迎大会上的讲话。

△ 在尼泊尔广播电台发表对尼泊尔人民的告别词。

1月29日上午离开尼泊尔首都加德满都前，就中美关系、访问尼泊尔印象、克什米尔等问题在国家大厦里举行记者招待会。在70分钟的记者招待会上，周恩来请尼泊尔记者首先提问题，大部分时间用于回答印度新闻界代表和路透社代表们提出的有关中国和美国的问题。周恩来的回答被译成英文和尼泊尔文。记者招待会内容《人民日报》1月31日第1版发表。

1月，给英文刊物《中国建设》创办五周年题词："继续作好同各国人民增进了解和友谊的工作。周恩来"。

2月5日，下午在锡兰（现名斯里兰卡。——笔者）科伦坡举行记者招待会，大约有20名斯里兰卡和外国记者出席。内容发表在2月7日的《人民日报》第1版。拉克什曼·拉特纳帕拉是《锡兰日报》的一名助理编辑，参加了报道工作，并采访了周恩来。他回忆说："周恩来先生说话和气，平易近人。我问他对两国关系的看法，他说，中国和斯里兰卡都是东方文明古国，两国人民友好交往的历史源远流长。我们应当加强合作与交流。他还邀请我到中国看看。周恩来的话与我们班达

---

① 赵蔚文：《周恩来总理50年代的印度之行》，《南亚研究》1998年第1期，第78页。
② 赵蔚文：《周恩来总理50年代的印度之行》，《南亚研究》1998年第1期，第78页。
③ 陈荒煤、陈播主编：《周恩来与电影》，中央文献出版社1995年版，第234页。

> 继续作好同[者]
> 两国人民增进了
> 解和友谊的工
> 作。 周恩来

资料来源：赵玉明《周恩来建国以来的题词》（四），《红岩春秋》2006年第5期，第31页。

拉奈克总理的观点不谋而合。这次访问后，斯中两国建立了大使级外交关系。"①

2月6日，《人民日报》第4版头条刊登周恩来在锡兰独立九周年庆祝大会上的讲话。

△ 全印广播电台晚间广播了周恩来2月5日从锡兰回国途中，在加尔各答机场上向全印度人民发表的广播演说。《把亚洲变成一个友好相处的大家庭》广播演说，发表在2月8日的《人民日报》第1版。

2月9日，《人民日报》第1版发表消息，标题为"锡兰总理班达拉奈克对记者们说 周总理访锡增进了两国的友谊"。

3月1日，新的《参考消息》出版发行。周恩来对《参考消息》改报扩大发行高度重视，在筹备《参考消息》改为报纸并扩大发行期间，周恩来挤出时间审阅《参考消息》改报试刊稿件，亲自为《参考消息》试版选稿定样。② 1992年6月21日《人民日报》发表署名为参考消息

---

① 拉克什曼·拉特纳帕拉：《中国记忆：很高兴能做中国人民的朋友》，《人民日报》2009年9月1日。
② 卫广益：《周总理与〈参考消息〉报——纪念周恩来同志诞辰一百周年》，《中国记者》1998年第3期，第12页。

编辑部的文章，题目叫"参考消息报头的由来"。该文说："1956年12月，《参考消息》筹备改版，确定从1957年3月1日起正式扩大发行。筹备工作中的一项任务是设计报头，是请人题写还是从名人手迹中选拼呢？有关同志作了各种设想，最后决定从鲁迅手迹中择选。'考'、'消'、'息'三个字很快就找到了，唯独'参'字难觅。后来终于在鲁迅的一封书信手稿中所提到的一个人名里找到这个'参'字。在经过一番加工处理后，《参考消息》报头诞生了，并且一直沿用至今。"

3月6日，《人民日报》第2版第3版两个整版刊发《关于访问亚洲和欧洲十一国的报告——1957年3月5日在中国人民政治协商会议第二届全国委员会第三次全体会议上》一文。

△ 晚，在柬埔寨经济代表团举行的宴会上接受日本记者今村采访。3月9日，《参考消息》第3版刊登消息，标题为"共同社记者报道周总理同他的谈话"。

3月8日，扎西那支在北京饭店大厅参加"三八"国际劳动妇女节庆祝活动。当扎西那支走到总理跟前时，总理亲热地拉着她的双手问："你有多大了？看不看得懂报纸？"①

3月11日，《人民日报》第5版头条刊登周恩来在欢迎捷克斯洛伐克政府代表团的宴会上的讲话。

3月13日，《人民日报》第2版头条刊登欢迎兄弟的捷克斯洛伐克贵宾，周恩来主席在政协全国委员会上的致词。

3月21日，到杭州笕桥机场迎接威廉·西罗基总理率领的捷克斯洛伐克代表团，《浙江日报》年轻摄影记者徐永辉也参加了拍摄。周恩来手里拿着徐永辉拍的照片，语重心长地对他说："要多拍群众，要拍为祖国作出贡献的劳动人民。"他还说："这些照片拍得很好，希望你多洗一些，每个外宾发一套。"4月25日晚，在中国剧院，周恩来看到了徐永辉，用手指着他说："你的两条腿比我汽车跑得快？希望你做一个

---

① 西藏自治区党史办公室编：《周恩来与西藏》，中国藏学出版社1998年版，第443—444页。

出色的好记者!"①

3月27日,《人民日报》第4版刊登周恩来在西罗基总理举行的宴会上的讲话。

4月2日,夜,在昆明与缅甸总理吴努会谈之后,《云南青年报》总编辑梁林邀请他为该报改名后的《边疆青年报》题名。

边疆青年报

资料来源:梁林《忆周总理为〈边疆青年报〉题写报头》,《红岩春秋》2006年第7期,第35页。

4月8日,《人民日报》第3版头条刊登周恩来在欢迎波兰政府代表团宴会上的讲话。

4月10日,参观天津大学实习工厂时,周抗在甬道上事先对好了相机的光圈和焦距。周恩来走出来了,女记者周沱走在周恩来的身边,周抗举起相机,按动了快门。周恩来笑着扬扬手说:"记者同志,不要给我照了,多给客人照吧。"②

4月11日,《人民日报》第4版刊登周恩来在天津市高等学校欢迎会上的讲话。

4月13日,下午,接见埃及《共和国报》总编辑兼中东通讯社董事艾·卡·古达。古达是代表埃及新闻界以观察员身份列席日前在北京召开的国际新闻工作者协会理事会会议的。接见时在座的有中国新闻工作者协会副会长吴冷西。4月14日,《人民日报》第1版刊发接见

---

① 乐子型主编,浙江省毛泽东思想研究中心、中共浙江省委党史研究室编:《周恩来与浙江》,中共党史出版社1992年版,第241—243页。
② 中共天津市委党史研究室等编辑:《周恩来与天津》,天津人民出版社1998年版,第112页。

消息。

4月14日，接见60多位电影工作者。在讲话中指出，宣传要真实、谦虚、实事求是，要反对那种不真实的和夸大好的方面的宣传方式。①

4月15日，苏联最高苏维埃主席团主席伏罗希洛夫到中国访问，国务院为他在中山公园举行了盛大的欢迎联欢会。王素心是《北京日报》文教部的记者，领导派她和另外几位记者采访这次活动。毛泽东、周恩来和伏罗希洛夫等人都在兴高采烈地跳舞。周恩来和王素心跳舞时说："小鬼，当记者的，要有遇事不惊、临危不乱的本领，今后要多到基层走走，多多接近各行各界的群众，广交朋友……"②

4月20日，出席全国政协为欢迎日本社会党访华亲善使节团和以久布白落实为首的日本妇女访华代表团举行的酒会。对日本记者说：日本人民是爱好和平的，这对亚洲和非洲都是非常有利的。中日两国人民不仅要恢复历史上的友好传统，而且应该在新的基础上发展友好关系。③

4月25日，晚，在杭州市新中国剧院，见摄影记者徐永辉站在椅背上拍照，便以极其关切的口吻说："小心"，并叫台下的一个同志帮助扶一下。总理是非常体贴记者的，总是设法为记者的工作创造条件。④

4月下旬，上海《解放日报》刊登了记者采写的《周恩来总理在杭州迎候贵宾时，笑谈"城墙"与官僚主义》的重要报道。周总理当时指出："领导人应该联系群众别让'城墙'把自己和群众隔开。"⑤

5月2日，给《天津青年报》题词："纪念五四，新中国的青年人，要努力学习，积极劳动，热爱祖国，提高政治思想觉悟，树立艰苦朴素作风，准备做一个有文化有技术的工人和农民，准备做一个体力劳动和脑力劳动相结合的知识分子。周恩来 一九五七，五，二，北京"。

---

① 中共中央文献研究室编：《周恩来年谱1949—1976》（中），中央文献出版社1997年版，第34—35页。
② 王素心：《周总理的教导终生难忘》，《北京晨报》2013年11月2日第A21版。
③ 中共中央文献研究室编：《周恩来年谱1949—1976》（中），第35—36页。
④ 人民出版社资料组编：《人民的好总理 纪念敬爱的周恩来同志》（中），人民出版社资料组，1977年，第474页。
⑤ 《我们的周总理》编辑组编：《我们的周总理》，中央文献出版社1990年版，第83页。

资料来源：中共中央文献研究室第二编研部编《周恩来题词集解》，中央文献出版社 2012 年版，第 133—134 页。

5月3日，再次为《天津青年报》题词："纪念五四，新中国的青年人，要努力学习，参加劳动，热爱祖国，提高政治思想觉悟，树立艰苦朴素作风，准备做一个有文化有技术的工人和农民，准备做一个体力劳动和脑力劳动相结合的知识分子。周恩来 一九五七年五月三日"。

> 按：这两次题词，前后相差一天，内容只有两处细微的差别：一处是积极劳动和参加劳动的区别，后者也就是 3 日的题词用"参加"，显然更准确，更好，青年人以学习为主，劳动参加即可；第二处是 3 日的题词落款没有北京，题词对象是天津青年报，落款北京不是很好。《周谱》只收录了 5 月 2 日题词，内容却是 5 月 3 日的，并且其中的"准备作一个有文化有技术的工人和农民，准备作一个体力劳动和脑力劳动相结合的知识分子"，把"做"字改为"作"字，虽然"作"和"做"字差别不大，有些意思也通用，笔者以为应当尊重原题词，根据两次题词手迹均应为"做"。
>
> 《周恩来题词集解》记载两次题词分别给《天津青年报》《中国青年报》，给《中国青年报》题词，不知从何而来，笔者只查到 1957 年 5 月 4 日《中国青年报》头版头条刊发周恩来 5 月 3 日的题词，是否专门给其题词不得而知。

资料来源：中共中央文献研究室第二编研部编《周恩来题词集解》，中央文献出版社2012年版，第134页。

    周恩来的这两次题词，虽然有细微差别，但都是通过《天津青年报》全面阐述和宣布了党在社会主义建设时期对青年人培养教育的基本方针。

5月4日，在北京接见了一批苏联记者，回答了记者们的问题。参加这次历时两小时半谈话的有《真理报》、塔斯社、《消息报》《共青团真理报》《文学报》《星火》画报和莫斯科电台的记者们。1957年5月9日，《参考消息》第1版刊登消息，标题为"周总理接见苏联记者时的谈话"。

5月12日，接见罗马尼亚议会代表团之前，同徐熊和文字记者、摄影记者交谈。针对有的单位对记者的采访不开放,不敢谈,周恩来说:"这有历史原因,也有思想认识上的问题。他们过于紧张了,生怕记者乱来。也有的人怕记者把事情弄错了,其实要记者一点不错也不可能。只要注意改进,问题是可以解决的。"另外,"记者本身也有问题。过去记者自己就缩手缩脚,不敢大胆活动,不敢大胆问,大胆写。""你们在文风上要不断改进,要大胆。但是,在内容上要审慎。""对于对敌斗争和对外关系的报道,是造次不得的。""特别是关于外交报道,要慎重,要懂得政策,要考虑它的国际影响"。他强调说:"关于外交报道是不能'争鸣'的,因为它不是人民内部矛盾。"①

5月20日,晚上,锡兰大使为周恩来举行宴会。宴会正在进行时,外交部有人给周恩来总理送来了一份印度和锡兰两国总理于19日刚发表的联合声明。周恩来看了后,在会上讲话时,临时加上了这样一段话:今天我们看到尼赫鲁总理在访问锡兰时同锡兰总理发表的联合声明。我们感谢他们提到了中国和亚洲其他国家的国际事务,以及强调潘查希拉(即和平共处。——笔者)五项原则的重要性。这说明在任何地方、任何时候都显示出了万隆会议精神、团结精神。徐熊认为,周恩来这番话很有新闻价值,应当成为宴会新闻的重点,在导语中突出它。可是,如果把它照搬到导语里,那就会太长,因此,他便跟外交部亚洲司负责人商量,用转述的形式,把周恩来的话概括成了一句:"周恩来总理今天表示支持印度锡兰两国总理的联合声明。"具体内容放在消息的第二段。周恩来在21日看到报上登的这条消息后,立即召见亚洲司负责人和徐熊。周恩来说:他并没有讲要"支持"这个声明,也不能"支持"这个声明。因为在这个声明中有两点我们是不能支持的,其一是它在克什米尔问题上严厉谴责了巴基斯坦;其二是在反对氢弹问题上,它把带有打破美、英核垄断性质的苏联核试验,同美国、英国核试验相提并论。并对徐熊说:"我赞成你打破成规,把最新最重要的事放在导语里,问题是导语中把我的讲话精神弄错了。"他还称赞亚洲司负

---

① 李静主编:《实话实说西花厅》,中国青年出版社2007年版,第227—228页。

责人与我共同研究稿子的办法很好,"问题是,不该对我的言论轻易地加上'支持'这样有分量的字眼。你们就没有想过,要是声明同我们主张完全一致,我会不用'支持'这个字眼吗?我又何必仅仅提到'注意到了它','感谢'它如何如何?"他转身对徐熊说:"这事说明,你们还缺乏国际知识,对世界大事还不能了如指掌。而透彻通晓时势这一点,应是外事记者所具备的。"他谆谆教导说,"要采访什么学什么""遇到复杂问题要经常与行家切磋琢磨"。接着,他热情地鼓励徐熊:"你们搞时事采访,也是做外交工作的,因此要懂得外交工作的艺术,并且为外交工作做出贡献。当然,外交工作和新闻报道,各有各的规律,但是,这两者都要服从我国对外政策。"①

5月25日,彭真为招待法国前总理富尔举行酒会,周恩来本来同富尔坐在一起交谈的,几个记者都坐在他们附近聆听。当他们谈到台湾问题时,富尔忽然说:"如果没有记者在场的话,我想同你详细谈谈这个问题。"周恩来指着徐熊等记者说:"我这里有不少记者呢!"他俩交谈结束后,周恩来特地走过来,向记者们交代说:"关于我们刚才谈及的台湾问题,你们不要报道。"开始,记者们都有些失望。因为就在5月24日,刚好发生台北同胞的反美示威事件。这事在当时震动了世界,因此是人们最关心,也是人们交谈最多的话题。记者们遇到这两位重要人物谈论这件事,当然都不愿把它放过去。这时有个记者忍不住问周恩来:"笼统地写一写可以吗?比如说,你们谈到'美蒋矛盾尖锐化'这句话。"周恩来摆摆手说:"我正是怕你们写这句,你们偏偏要写这句!"谈话就是从这里引起的。他教导大家,报道的事实要合乎逻辑。这就是说,事情要交代得很清楚,要条理分明,不要牵强附会,不要乱拉乱写,要使人看来合乎道理。周恩来说:"但是,我们绝不能使它变成了形而上学。"周恩来又进一步严肃地指出:"我们还必须辩证地看问题。""作为一个记者,不能看见一个什么现象,听了一句什么话就照写照录,而应该有所选择。"这是因为"许多事情从现象上看

---

① 中央文献出版社编:《不尽的思念》,中央文献出版社1987年版,第594—595页。

是简单的,但是它们却常常包含着许多非常复杂的问题,有许多微妙的地方。"接着,他仍以台湾问题为例,问记者:"你们希望不希望和平解放台湾?"徐熊和别的记者都回答:"希望。"他紧追一句问:"如果美国更加紧控制台湾,是否有利于我们解放台湾?"记者们都摇摇头,至此,记者们都已开始明白周恩来问话的用意。他指出:"现在美国已增兵三个师去台湾,舰队也加紧了活动。如果我们再在这里大嚷美蒋矛盾尖锐化,不是火上加油吗?不是更促使美国加紧控制台湾吗?今天《人民日报》关于这个问题的社论说得很对,这是台湾同胞的反美运动,是人民同美蒋之间的矛盾尖锐化。"接着,他又关切地对记者说:"当然,你们主观愿望是好的,总希望一下把台湾问题解决,总希望美蒋之间一下闹翻。你们总是把问题看得太简单了,你们总是心急,客观现实的发展本来是微妙的、曲折的,但是你们却把它看得很直很直,像个直筒子。"他又说:"你们心是好的,愿望是好的,但是你们不会辩证地去看问题。许多事情就常常如中国古话所说,弄得'事与愿违',得到同你们主观愿望相反的结果。"他告诫记者们不要"一见发生什么重要事情""就激动起来,就急躁起来,就要大讲特讲,弄得很紧张。"他告诫记者们,遇事要保持冷静头脑。因为头脑冷静了,才能深刻而透彻地观察和分析我们宣传的时机是否适当,宣传的分量和分寸是否恰到好处。只有这样,外事报道才能更有利地服务于当前的政治斗争。①

  按:周恩来的谈话内容很丰富,主要讲的是新闻选择问题。新闻选择是对现实生活中发生的事实加以鉴别,选出值得传播的事实供媒介报道,新闻是有选择的,不是看到什么就报道什么,要选择时机,掌握分量和分寸,选择要为大局服务。

  △ 为《外国文学》月刊题词:"百花齐放,推陈出新,为劳动人民服务,为世界和平服务。外国文学月刊 周恩来 一九五七年五月二十五"。

---

① 李静主编:《实话实说西花厅》,中国青年出版社 2007 年版,第 228—230 页。

> 百花齐放,
> 推陈出新,
> 为劳动人民服务,
> 为世界和平服务。
> 外国文学月刊
> 周恩来
> 一九五七年三月二日

资料来源：中央档案馆编《周恩来手迹选》第 1 卷《题词题字》，北京出版社 1998 年版，第 134 页。

5 月 30 日,《中国少年报》发表 5 月 27 日为"六一国际儿童节"的题词："庆祝六一国际儿童节，希望新中国的儿童们，从小就养成爱学习爱劳动的好习惯，准备做一个建设社会主义祖国的好劳动者。周恩

> 庆祝六一国际儿童节，希望新中国的儿童们，从小就养成爱学习爱劳动的好习惯，准备做一个建设社会主义祖国的好劳动者。
> 周恩来
> 一九五七年五月二十七日

资料来源：中共中央文献研究室第二编研部编《周恩来题词集解》，中央文献出版社 2012 年版，第 135 页。

来 一九五七年五月二十七日"。题词写好后，当晚派秘书送到少年报同志的宿舍，一式两份，任报社同志选用。①

6月26日，下午，接见波兰记者代表团。接见时，在座的有中华全国新闻工作者协会副会长吴冷西。②

6月27日，《人民日报》以三个整版及两个半版刊登1957年6月26日在第一届全国人民代表大会第四次会议上作的《政府工作报告》。

6月29日，《人民日报》第1版刊发消息，标题为"欧亚国家报纸刊载毛主席的讲演 真理报全文刊载周总理的报告"。

7月1日，参加我国第一座宽银幕立体声电影院在北京举行的开幕式和招待会。在开幕式上，举办了苏联宽银幕影片《革命的前奏》在北京首次映出招待会，并加映了我国第一部彩色宽银幕立体声纪录片《五月的节日》。③

7月10日，《人民日报》第1版刊登《关于中缅边界问题的报告》，这是7月9日在第一届全国人民代表大会第四次会议上作的。

7月12日，《人民日报》第8版刊登何谷润写的《萧乾所争的是什么样的自由？》，批评记者、作家萧乾6月1日在《人民日报》第7版发表的一篇题名"放心·容忍·人事工作"的文章。当时，萧乾已绝望，认为在劫难逃了。七月中旬的一天，萧乾回家时，告诉夫人文洁若，那天开会时，巴金坚持坐到他身边。周恩来在讲话中间问："萧乾同志来了没有？"萧乾应声站起来。周恩来宽慰他说："你不是右派。要认真检查，积极参加战斗。"萧乾说："他（指周恩来。——笔者）并没有把我们列为敌人。"周恩来用这种方式保护萧乾等记者人才。

7月15日，在北京接见埃及《晚报》记者卢特菲·来·克赫乌利。1957年7月17日，《参考消息》第1版刊登消息，标题为"埃及《晚

---

① 人民出版社资料组编：《人民的好总理 纪念敬爱的周恩来同志》（中），人民出版社资料组，1977年，第330页。

② 中华人民共和国外交部外交史研究室编：《周恩来外交活动大事记1949—1975》，世界知识出版社1993年版，第208页。

③ 张应吾主编：《中华人民共和国科学技术大事记1949—1988》，科学技术文献出版社1989年版，第115页。

报》刊载周总理接见该报记者时的谈话"。

7月17日，主持国务院常务会议时指出：5月29日高教部未经国务院正式批准，在《人民日报》自行发表消息，说得到国务院同意，这说明高教部有错误，应该批评高教部。①

7月20日至8月6日，全国民族座谈会期间，新华社摄影记者陈之平奉命去照相，因临时接到通知，没有带梯子。周恩来示意陈之平站在座位的椅子上拍照。②

7月23日、25日，与苏联对外文化委员会主席茹可夫商谈，将《俄文友好报》和《人民中国》合为《友好报》事宜。③

7月25日，下午，接见以田尻泰正为首的日本民间广播联盟代表团和日本共同社、《朝日新闻》记者，就中日关系发表谈话。廖承志、梅益和温济泽接见时在座。7月26日，《人民日报》第1版刊发消息，标题为"周总理接见日民间广播代表团及日本记者"。3300字谈话内容刊登于《人民日报》7月30日第1版。

7月底，南昌八一起义纪念馆应《解放军报》之约，为该报连环画《八一起义》撰写说明稿，以纪念中国人民解放军建军30周年。周恩来、朱德、贺龙、陈毅等领导人亲自审阅说明稿，其中周恩来修改97处，陈毅修改1处。周恩来的修改主要有以下几处：一是将原稿"1924年到1927年，中国人民的反帝反封建大革命，在中国共产党的推动和组织下，取得了伟大的胜利"，修改为"在中国共产党的正确领导的影响、推动和组织下取得了伟大的胜利"；二是原稿中"党为了挽救革命的失败，派周恩来同志在南昌举行起义"，在"南昌"后面加入"以贺龙同志率领的国民革命军第二十军、叶挺同志率领的国民革命军第十一军和朱德同志率领的国民革命军第九军一部分为基础"等一段话，并在

---

① 中共中央文献研究室编：《周恩来年谱1949—1976》（中），中央文献出版社1997年版，第61页。

② 《槎溪印记 南翔报十年副刊作品选1997—2007》，南翔报内部资料，2007年，第170页。

③ 中共中央文献研究室编：《周恩来年谱1949—1976》（中），第62页。

领导人名字中增加了刘伯承;三是对起义军南下作了严肃的自我批评,原稿中写道"起义军胜利后,向南挺进,部队到达广东时……"周恩来在胜利后加入"由于当时领导者没有能够坚持发动广大农民实行土地革命的政治路线,而采取单纯军事的方针"一段话。

资料来源:《周恩来修改过的〈八一起义〉说明稿》,《党史文苑》2016 年第 1 期,第 40 页。

周恩来在说明稿中把"周恩来同志"改成"周恩来等同志"。原说明稿写到"当起义军处在万分艰苦的战斗时,毛泽东同志率领秋收起义队伍向井冈山进军,建立了第一个革命根据地"。周总理亲笔划掉"处在万分艰苦的战斗"几个字,改为"向前挺进";而在"毛泽东同志率领秋收起义队伍向井冈山进军"后面,紧接着增加了"创立了土地革命的正确路线"这个重要内容。①

按:《八一起义》说明稿件为 16 开的方格信纸,共 5 张。原

---

① 人民出版社资料组编:《人民的好总理 纪念敬爱的周恩来同志》(上),人民出版社资料组,1977 年,第 180—182 页。

稿为南昌八一起义纪念馆副馆长杜南用蓝色钢笔书写,黑色毛笔小楷字为周恩来修改字迹。原件存于中央档案馆,南昌八一起义纪念馆陈展的是复制件。

八一建军节时,周总理在肖劲光海军大将的陪同下,视察青岛潜艇基地和检阅北海舰队。陈之平追随总理左右,奔驰在辽阔的海洋上,目睹人民海军威武的神采,在战舰上,陈之平跑上跑下,不停地拍照,总理及时提醒陈之平,镜头不仅要对准领导,更要对准广大海军战士。①

9月7日,《人民日报》第1版刊发消息,标题为"在青联和团中央酒会上会见各国青年代表 周总理表示支持叙利亚的正义斗争 他谈到美国记者访华问题时说:我们的大门是开着的,但是应该在平等、对等的基础上互相开着才好"。

△ 接见以华伦·麦肯纳为团长的美国青年代表团,在回答关于二十四个美国记者是否被允许进入中国的问题时说:"关于记者问题,就适用你们刚才说的在你们当中达成协议的原则,就是机会均等,彼此互惠,就是说,有来有往。你们诸位会问,为什么去年中国政府批准很多美国记者来。我们去年是抱着这样的一个愿望:先从中国方面主动打开这个局面,先让美国记者来,然后,我们相信就会引起美国人民和美国政府同等的回答,就是给中国记者开门,让他们到美国去访问和报道消息。但是,我们去年的这个努力没有达到我们的希望。不仅中国记者不可能去,美国记者也不被允许来中国。今年美国国务院改变了一个花样。虽然答应了一定数目的通讯社和报纸派记者到中国来,但是规定他们来中国的任务,而且肯定地是采取敌视中国的态度,来搜集情报。并且进一步把门关起来,使中国记者得不到互惠去美国。这样一来,就把文章作死了,作绝了,就如同我开始所说的,你们团长所提的精神——机会均等和彼此互惠就不可能了。因此,我想这件事情还应当经过新的努力,要使双方能在互惠的基础上交换记者。这是一种正规的办法。今天在座的虽然没有记者,但是听说也有几位朋友兼作记者职业,这等于

---

① 陈之平:《在周总理身边的日子》,《中华新闻报》2003年3月7日第8版。

说美国记者先到了中国。并且,在今天以前,也确实有三位美国记者到过中国。从你们的接触中,可以看到中国是不是愿意对外国新闻记者开放,并且在互惠的基础上开放。"① 内容发表在《中国青年》1957年第2期。

9月13日,《人民日报》第4版头条刊登周恩来在欢迎伏克曼诺维奇宴会上的讲话。

9月19日,接见以片山哲为首的日本社会党访苏亲善使节团,表明坚决反对美国制造"两个中国"的阴谋。为加强两国之间的友好关系。希望他们回国后制造舆论,使两国记者早日实现互相来往,也非常愿意在真正的平等互惠的基础上发展我们的贸易关系,说我们推进邦交的恢复、文化经济交流的方针是不会变的。②

9月24日,《人民日报》第4版头条刊登周恩来在欢迎哈达博士宴会上的讲话。

9月25日,《人民日报》第4版刊登在政协扩大会议上周恩来的欢迎词及周恩来感谢哈达博士的讲话。

9月28日,《人民日报》第4版刊登在机场上周恩来所致欢迎词;在宴会上周恩来的讲话。

9月29日,下午,接见以托菲克·雅兹为首的叙利亚新闻工作者代表团。接见时在座的有中华全国新闻工作者协会会长邓拓,秘书长王揖,中华全国学生联合会主席胡启立,外交部西亚非洲司副司长何功楷、新闻司副司长徐晃,中国伊斯兰教协会副主任达浦生。9月30日《人民日报》第1版刊登消息。

9月30日,《参考消息》第1版刊登消息,标题为"印《闪电》周报以巨大篇幅刊登周总理就叙利亚局势对该报记者的谈话"。内容为:印度最近一期《闪电》周报刊载了周恩来专门对该周报摄影记者普·

---

① 周恩来著,中华人民共和国外交部、中共中央文献研究室编:《周恩来外交文选》,中央文献出版社1990年版,第240—241页。
② 中共中央文献研究室编:《周恩来年谱1949—1976》(中),中央文献出版社1997年版,第78页。

恩·夏尔马发表的谈话。

10月1日,《人民日报》第2版头条刊登周恩来在国庆招待会上的讲话。

△《人民日报》第3版刊登周恩来在中叙友协成立大会上的讲话。

10月3日,《人民日报》第2版刊登周恩来在印度尼西亚驻华大使的宴会上的讲话。

10月4日,《人民日报》第2版刊登周恩来在匈牙利驻华大使的宴会上的讲话。

10月5日,《人民日报》第5版刊登周恩来在庆祝中蒙经济文化合作协定签订五周年宴会上的讲话。

10月8日,《人民日报》第3版刊登周恩来在德意志民主共和国国庆招待会上的讲话。

10月17日,对《新华月报》提出批评:《新华月报》编辑太芜杂,许多重要文件未登(如去年莫洛托夫、马林科夫的竞选演说至今未登),而可有可无的文章却登了不少。希望出版总署改进。①

按:此后,当时主管单位人民出版社对《新华月报》的编辑工作进行了认真的检查,并制定了改进的措施。

10月25日,《人民日报》第3版刊登周恩来在欢迎达乌德首相宴会上的讲话。

10月27日,《人民日报》第3版刊登周恩来在招待宴会上的讲话。

10月31日,接见埃及青年代表团团员、埃及《金字塔报》记者阿德利·加拉勒。②谈话记录刊登于1957年《中国青年》第23期。

11月3日,中国国际广播电台阿拉伯语广播正式开播。筹办于1956年,周恩来在一次接见阿拉伯外宾时,提到中国要开办阿拉伯语广播,并请客人回国后派几位专家前来帮助筹办阿拉伯语广播。第二年9月,三位专家来到了北京,经过两个月的筹备工作,终于开播。

---

① 宋应离:《宋应离出版文丛》,河南大学出版社2012年版,第191页。
② 中共中央文献研究室编:《周恩来年谱1949—1976》(中),中央文献出版社1997年版,第92页。

11月6日,《人民日报》第1版刊登《回答苏联〈国际生活〉杂志——关于十月社会主义革命对世界和中国的影响的问题》一文,答复《国际生活》编辑部所提的问题。这是该杂志编辑部准备在纪念伟大的十月社会主义革命四十周年的专刊上,登载社会主义阵营各国著名的政治活动家们的一部分。

△《人民日报》第1版刊登庆祝伟大的十月社会主义革命四十周年周恩来致葛罗米柯电。

△ 批评新华社关于毛泽东离开北京的消息报道中对赴苏代表团名单介绍得不完全,只突出几个人,是政治上很大的疏忽,对读者也不周到。①

11月13日,《人民日报》第4版刊登周恩来哀悼萨波托斯基总统逝世的唁电。

11月14日,接见德意志联邦共和国《南德日报》记者凯普斯基,阐明反对"两个中国"的立场,希望德国人民从两次战争中取得教训,和我们一起为世界和平而奋斗。他指出,我们绝不像西方国家宣传所说,要向外扩张,我们的制度和人民都不允许我们这样做。接见时在座的有外交部新闻司副司长徐晃。接见内容刊登在11月16日《人民日报》第4版。

12月4日,《人民日报》第4版刊登周恩来在爱德华博士追悼会上的悼辞。

12月6日,《人民日报》第4版头条刊登周恩来欢迎吴觉迎副总理的讲话。

12月11日,《人民日报》第4版刊登周恩来在机场欢迎吴巴瑞副总理的讲话和在欢迎吴巴瑞副总理的宴会上的讲话。

12月12日,晚,接见印度尼西亚安塔拉通讯社驻北京记者苏维多,同他进行了谈话。② 谈话刊于12月14日的《今日新闻》。

---

① 中共中央文献研究室编:《周恩来年谱1949—1976》(中),中央文献出版社1997年版,第94页。
② 《中华人民共和国对外关系文件集1956—1957》(第4集),世界知识出版社1958年版,第436页。

12月13日，在国务院常务会议上对各部门报道消息问题作指示，要求各部门多做事少报道，多宣传确定的方针政策来教育群众，准备做还没有做或做不到的事不要报道。这个指示体现了党的求真务实作风。①

12月15日，下午，陪同缅甸联邦副总理吴巴瑞、吴觉迎所率的两个代表团到杭州上海访问，在上海参观江南电影制片厂，观看演员们拍"林冲雪夜奔梁山"的一场戏。周恩来和吴巴瑞走到"山神庙"前面同演员们一一握手。摄影记者抢上去照相。周恩来看见布景外边围了十几个青年演员，就招呼他们一起来照相。并且不断地同他们谈话，陈寰把周恩来的话记下来写进新闻里，因为站得较远，记得不完全。在休息室里，周恩来和吴巴瑞坐下来，同制片厂的负责人谈话。周恩来看见陈寰手里拿着稿子，伸手要过稿子和笔，边看边改。改着改着，写不下了。周恩来在两张小纸片上写满了密密麻麻的字，然后递给陈寰说："这是我的原话。加上去。"接着又说："写东西要有内容，要真实。"总理在那两张小纸片上写道："林冲从正面教育了我们，陆谦从反面教育了我们，都是我们的老师。""青年演员也来同我们一起照相了，很好。在山神庙前，古人、今人将要走到二十一世纪的新人。""我们中缅两国人民都是由于殖民主义的压迫而走上反帝国主义道路的，也是一种逼上梁山……"陈寰把周恩来的话加上连接词写在新闻里。周恩来在上海飞机场欢送缅甸两位副总理的讲话稿，陈寰也从他的手中要来，上面有他亲笔改的话。②

12月17日，《人民日报》第4版刊登周恩来在上海机场送别吴巴瑞副总理的讲话。

12月21日，发出《关于正确对待个体农户的指示》，《人民日报》12月22日第1版发表。

12月23日，晚，在上海市人民委员会接见了泰国新闻工作者访华

---

① 新华社新闻研究所编：《新华社文件资料选编》（第4辑），《周恩来总理对各部门报道消息问题的指示》，第161页。

② 《我们的周总理》编辑组编：《我们的周总理》，中央文献出版社1990年版，第435—436页。

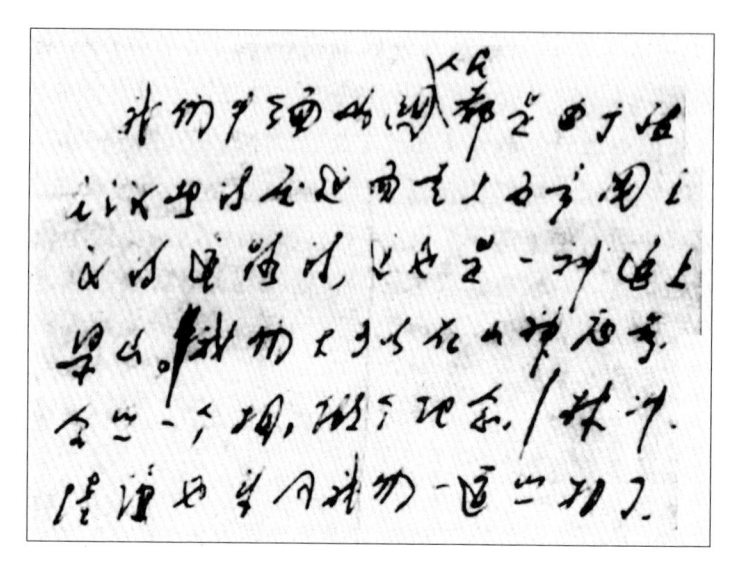

周恩来写在小纸片上的文字

资料来源：转自新世界出版社2003年出版的《流光漫忆 一个女记者的人生旅程》一书，第47页。

团团长乃伊沙拉·阿曼达军和全体团员。接见时在座的有陪同访华团来沪的中华全国新闻工作者协会秘书长王揖，全国新闻工作者联谊会上海分会副会长杨永直。接见泰国新闻工作者访华团消息，《人民日报》12月24日第1版进行了报道。

△给上海《青年报》题词："庆祝上海的四千五百个青年学生下乡上山，参加农林业生产。希望你们能够在同农民共同劳动和过集体生活中，建立起自己的劳动观点和群众观点，把自己逐渐锻炼成为既有政治觉悟又有文化知识的集体化的农民，并且在把我国建设成为一个具有现代工业、现代农业和现代科学文化的社会主义强国的进程中作出更多更大的贡献。周恩来 一九五七年十二月廿三日"。

12月24日，晚，为《解放军报》特约记者张哲明《加强团结 提高警惕 巩固国防》新闻稿作修改，近2000字的稿子，改动有30多处，连标点符号都没有放过。如在干部要"加强敌情观念"处前面加上"随时"两个字，又在这句话后面添加上"和战斗准备"。修改后，意

[手写题词图片]

资料来源：中共中央文献研究室第二编研部编《周恩来题词集解》，中央文献出版社2012年版，第135页。

思变得更加完整和准确。又如把"军内上下关系"改为"军队内部关系"，修改后不仅指军队上下级之间的关系，而且包括军队内部兄弟单位关系、同志之间关系。再如，把"近几年来，军队与人民群众的关系有些疏远了"改为"我们军民关系基本上是好的，但是，有些部队与人民群众的关系有些疏远了"。修改后，既肯定了军民关系主流的一面，又指出局部存在的问题，完全符合当时的实际情况，避免了提法上的片面性。

　　按：经周恩来修改后，表述更准确、更具体，同时也更符合实际，站得高度也更高。

　　12月26日，《人民日报》第6版刊发消息，标题为"周总理为乌克兰真理报写祝词 乌克兰共和国四十年的历史证明了列宁民族政策的胜利"。内容是：周恩来为庆祝苏联乌克兰苏维埃社会主义共和国成立

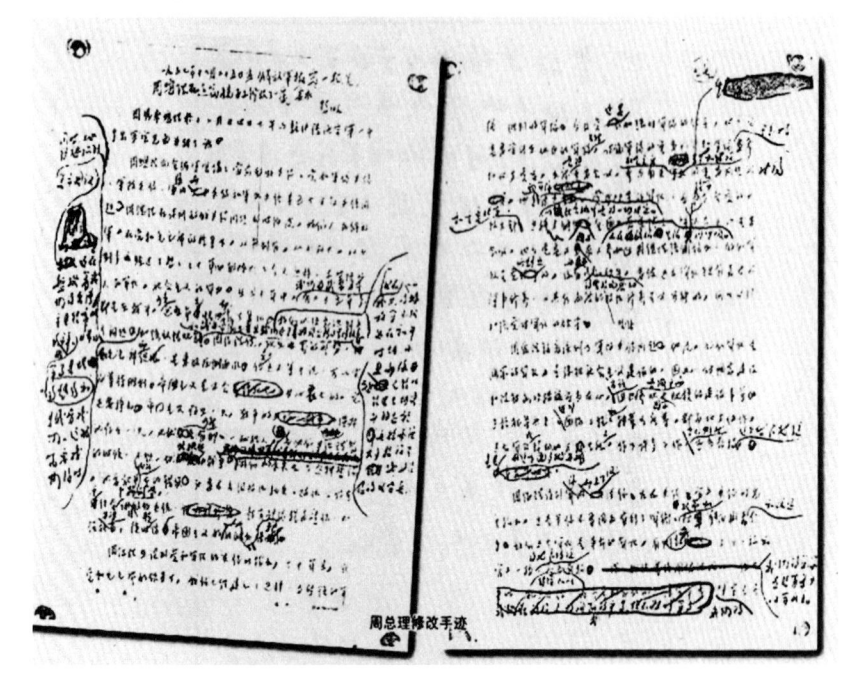

周恩来修改的手迹

资料来源:张哲明《周总理帮我修改新闻稿》,《档案春秋》2012年第7期,第9—10页。

四十周年为乌克兰《真理报》写的祝词。

12月,来到上海市少年宫。当周总理谈话的时候,摄影记者把镜头对着周总理要拍照,周总理指着合唱队的孩子们说:你应该拍他们不要光是拍我。合唱队的孩子快活地笑了,紧紧围在周总理的身旁。周总理和蔼的笑容和孩子们欢乐的脸庞融合在一起,摄影记者很快拍下了这一张珍贵的照片。①

本年,到前门小剧场观看了北京曲剧《杨乃武与小白菜》。观毕,他又到后台亲切地接见了魏喜奎等演员。他说:"我出国访问刚刚回来,看到报纸上的广告,就赶来看你们的戏了。"他还说:"我喜欢这出戏,不只因为它是我从小就爱看的家乡戏,更主要的在于它跟别的公案戏不

---

① 上海人民出版社编辑:《我们永远怀念周总理》,上海人民出版社1977年版,第112—113页。

一样，平反冤案，并没有歌颂一个清官，而是借助两宫斗争，揭露了封建社会的黑暗。"①

本年，批准记者爱泼斯坦加入中国国籍。

反右斗争以后，对中国建设杂志社负责人鲁平、李伯悌，就《中国建设》的编辑方针作了如下指示："以社会主义建设为范围，以生活为内容，积极地、正确地报导新中国的伟大成就，反映我国人民在党的领导下的新风格、新气象，积极性和创造性。"②

按：这是周恩来新中国成立后具有代表性的新闻编辑思想，揭示了新闻传播的本质，为新闻宣传工作指明了方向，中国特色社会主义新闻传播事业与我们党休戚相关，是党的生命的一部分，为新中国建设服务，做好党的喉舌，人民的喉舌，对社会精神生活和人们思想意识有着重大影响。

本年，作为新闻人物的周恩来，被《人民日报》刊发报道文章299篇。

新闻背景

3月1日，《参考消息》被改成报纸型并扩大发行。

5月18日，在中共中央政治局会议上，毛泽东谈新闻的阶级性问题，对于新闻界的各种议论作了分析。

5月，赵超构将《新民晚报》的办报风格概括为三个口号：短些，广些，软些。新华社开始播发新闻传真照片稿。

6月19日，《人民日报》发表经过整理和补充的毛泽东1957年2月27日在最高国务会议上的讲话稿：《关于正确处理人民内部矛盾的问题》。

6月，反右派斗争开始，新闻改革随之中断。

7月1日，毛泽东在《人民日报》发表社论《文汇报的资产阶级方向应当批判》，点名批评章罗联盟和民盟。

---

① 舒乙主编，中国人民政治协商会议北京市委员会文史资料委员会编：《周恩来与北京》，中央文献出版社1998年版，第265页。
② 陈日浓：《中国对外传播史略》，外文出版社2010年版，第139页。

7月1日，北京对伦敦开播英文电传广播，这是新华社电传广播的开始。

7月1日，新华社开展对塔斯社的无线短波照片传真业务。

8月1日，中国国民党革命委员会中央委员会的机关报——《团结报》，公开发行。

8月22日，美国国务院发表新闻公报，宣布将准许24名美国记者来中国采访。

9月6日，《人民日报》第7版头条刊登甘惜分的文章《报纸是阶级斗争的锐利武器》。

10月1日，新中国成立以后第一张大型晚报、中共广东省委领导的《羊城晚报》创刊。

11月11日，为迎接广西壮族自治区成立，中央电台壮语广播正式开播。

12月27日，中华全国新闻工作者协会创办的《新闻战线》创刊号出版。1960年8月与新华社的《新闻业务》合并，以《新闻业务》为名出版，由人民日报社、新华社和中华全国新闻工作者协会共同主办。

中国人民大学成立新闻系。

欧洲新闻社联盟成立。

1958年（六十岁）

1月1日，《人民日报》第4版刊登周恩来在机场的讲话，欢迎巴德尔王太子。

1月2日，《人民日报》第4版刊登周恩来在宴会上发表的欢迎巴德尔王太子的讲话。

1月6日，在肥西县肥光高级农业生产合作社肥光小学，指挥师生在公路的斜坡上排好队，和小学生们站在一起合影，新闻记者敏捷地按下了快门。人们正准备散开，周恩来又细心地招呼记者再拍一次。①

1月6日，晚，接见了路透社总编辑柯尔和路透社记者漆德卫·季

---

① 人民出版社资料组编：《人民的好总理 纪念敬爱的周恩来同志》（中），人民出版社资料组，1977年，第533页。

杰克,接见时在座的有新华通讯社社长吴冷西,副社长邓岗,外交部西欧司司长黄华、新闻司司长龚澎。周恩来说,来中国做新闻记者,单看报或单跟一两个人接触,并不能了解问题,有局限性。可到工厂、机关、学校看中国人民如何进行工作,建设社会主义,可以看到政治全貌。消息刊登在《人民日报》1月7日第1版。1月13日,《参考消息》第1版刊登消息,题为"周总理接见漆德卫谈中国和美英两国关系"。11日,大多数香港的英文和中文报纸刊载了漆德卫就中英关系访问周恩来先生的长篇消息作为主要的头条消息。

1月6日,接见路透社总编辑瓦尔顿·柯尔(右二)和路透社记者
(新华社记者邹健东摄)

资料来源:转自新华网2007年6月22日(http://news.xinhuanet.com/zgjx/2007-06/22/content_6278236.htm)。

1月10日,在政协全国委员会举行的报告会上说:"两年来,简字已经在报纸、刊物、课本和一般书籍上普遍采用,受到广大群众的欢迎,大家称便,特别是对初学文字的儿童和成人的确做了一件很大的好事。""特别是在印刷物和打印的文件上,必须防止滥用简字。希望新闻出版方面和文书工作方面加以注意。""广播和电影是我们的重要的宣传工具,但是由于普通话还没有普及,它们的功效在方言地区不能不受到一定的限制。""全国收听中央广播电台举办的普通话语音教学广播讲座的在二百万人以上。""关于文字改革,过去的宣传工作做得很差,因此有许多人还不了解,甚至有不少误解。希望大家来做宣传,消除这种误解。"①

1月13日,《人民日报》第2版发表1月10日作的《当前文字改革的任务 1958年1月10日在政协全国委员会举行的报告会上的报告》一文,全文约10500字。

△《人民日报》第4版刊登周恩来在叙利亚临时代办欢迎巴德尔王太子招待会上的讲话。

1月14日,《人民日报》第4版刊登周恩来在机场欢送巴德尔王太子的讲话。

冬,在办公室召集专门会议,决定创办英文版《北京周报》,并亲定刊名。②

2月10日,在第一届全国人民代表大会第五次会议上作《目前国际形势和我国外交政策》的讲话,内容包括半年来中国方面又连续建议:中美两国政府在平等互惠基础上准许对方记者进行采访,两国政府就中美间的司法协助进行商谈。但是,对于这些建议,美国政府几乎是不加考虑地一概拒绝。记者采访和司法协助问题本来是美国记者和美国司法当局方面首先向中国提出的。中国政府愿意看到美国有关方面的这些愿望能够实现。但是,在美国政府不改变它的死硬的和敌视的态度以前,中国政府单方面的努力也是徒然的。《人民日报》2月11日第1版并转第2版发表。

2月15日,《人民日报》第2版刊登周恩来在平壤机场上的讲话。

2月19日,对外交部英文版《北京周报》创刊请示报告批示说:"即送陈(云)、刘(少奇)、彭真、陈毅核阅,《北京周报》(英文)定3月1日出版,他们已照前年决定办理,此报归中联部管。编委会名

---

① 中共中央文献研究室编:《建国以来重要文献选编》(第11册),中央文献出版社2011年版,第19—32页。
② 冯文敏:《中外出版史例与当代环保出版》,中国文史出版社2012年版,第118页。

单已告中联部提请书记处批准。"关于刊物名称，总理在报告上批注："现已决定，仍每周（出版）一次，定名为《北京周报》。"① 根据周恩来的指示，《北京周报》英文版于同年3月4日创刊，1958年1月《人民中国》英文版停刊。

2月20日，《人民日报》第2版头条刊登周恩来在朝鲜最高人民会议举行的会议上的讲话。

2月21日，《人民日报》第3版头条刊登周恩来在乔晓光大使举行的宴会上的讲话。

2月22日，《人民日报》第4版刊登周恩来在平壤车站的讲话。

2月23日，《人民日报》第5版刊登该报记者于民生、王玉章撰写的朝鲜通讯《周总理访问朝鲜随行记》，配有新华社记者孟庆彪拍摄的两张照片。

2月，对《人民日报》拟发表的《当前文字改革的任务和汉语拼音方案》的社论，亲自修改、定稿，并作了批示。②

3月26日，致信《四川日报》记者、编辑沈志钧：我很想知道友谊合作社的生产情况，特别是它们改建住屋的情况。③

3月30日，《人民日报》第2版刊登在欢迎波兰政府代表团宴会上周恩来的讲话。

4月3日，《人民日报》第4版刊登周恩来在欢迎罗马尼亚政府代表团宴会上的讲话。

4月5日，《人民日报》第4版刊登周恩来在匈牙利驻华大使为庆祝匈牙利解放十三周年举行的宴会上的讲话。

4月8日，《人民日报》第4版刊登周恩来在罗马尼亚驻华大使举行的招待会上的讲话。

---

① 戴延年、陈日浓编：《中国外文局五十年大事记1949—1982》（1），新星出版社1999年版，第74页。
② 人民出版社资料组编：《人民的好总理 纪念敬爱的周恩来同志》（中），人民出版社资料组，1977年，第322页。
③ 中共中央文献研究室编：《周恩来年谱1949—1976》（中），中央文献出版社1997年版，第134页。

4月9日，《人民日报》第4版刊登周恩来在北京机场欢送罗马尼亚政府代表团的讲话。

4月14日，下午，接见以奥尔科密斯为首的芬兰新闻工作者访华代表团全体人员，与之进行了一个多小时的谈话。接见时在座的有中华全国新闻工作者协会副会长王芸生、副秘书长卢鸣谷，外交部新闻司副司长徐晃。内容刊登在15日《人民日报》第4版。

4月24日，在河南省陕县大营公社（现在称乡。——笔者），据《河南日报》摄影记者魏德忠回忆，周恩来要求记者同志："快拍照啊，元帅和少年，多好的画面啊。"① 下午，在水库工地，"看到男男女女几百人，正在愉快地紧张地劳动着，有的推土，有的打夯，夯歌声同欢笑声交织在一起"。总理看到这副动人的景象非常高兴，招呼摄影记者说："这个镜头多好，你们赶快去拍！"② 《人民日报》第2版头条刊登方惶、林召写的新闻特写《周总理在郑州郊区农业社》。

5月1日，在电影工作座谈会上两次发表讲话，阐释思想对文艺工作是灵魂，思想工作必须有生活。多拍纪录片，拿这个做中心，把劳动、生活、工作结合起来，把今天的现实和明天的理想结合起来，这就是又红又专的办法。把整风和工作结合起来，个人和集体结合起来，必须编剧者、演员和导演一起下去，又劳动又拍片，到明年就会生产出好的故事片。现在的人民是所有制改变以后的人民了，所以不能老是写《董存瑞》《翠岗红旗》这一类题材，要写新的东西，所以只有拍纪录片才可以解决结合的问题，又不脱离本行，首先要把目前的斗争记录下来。纪录片的拍摄计划应该到工地上去写。写集体化还要联系将来共产主义的理想。现在还是无产阶级文艺队伍建军和练兵的时候，可以先写点小东西。要放手让他们搞，不要轻视。③

---

① 魏德忠：《元帅和少年——周恩来总理指挥我拍照》，《大河健康报》2015年10月9日第11版。

② 河南人民出版社编：《周总理在河南》，河南人民出版社1980年版，第83页。

③ 中共中央文献研究室编：《周恩来年谱1949—1976》（中），中央文献出版社1997年版，第141—142页。

指导新闻期（1947年3月—1976年1月）　445

5月11日，《人民日报》第1版发表经周恩来审定的社论：《再斥岸信介》。①

5月26日，《人民日报》第1版刊登图片新闻，周恩来和中共中央其他领导同志往十三陵水库大坝传土。

5月29日，同国家体委负责人谈话，对发展全民体育讲了重要意见，并说："同意办《体育报》。"②

6月1日，下午，到天桥百货商场视察时说："我来看看你们。听了商业部的汇报，看了《人民日报》上的介绍，知道你们搞得不错。"③

6月14日，《人民日报》第4版刊登5月25日为中国福利会成立二十周年题写的祝词："庆祝中国福利会二十周年纪念！祝中国福利会在我国社会主义建设大跃进的高潮中，响应党的关于技术革命和文化革命的号召，发扬中国人民的自力更生艰苦奋斗的优良传统，为增进中国妇女儿童的身体健康和精神健康，为培养新的劳动一代，作出更大的贡献。周恩来　一九五八年五月二十五日"。

6月26日，视察北京郊区怀柔水库大坝建设工地，来到战地广播站，热情地对广播员说，你们广播办得很好。接着作了指示：你们要大力表扬先进人物、先进事迹，鼓舞大家干劲，尽快修好水库。周恩来非常关心和支持先进单位和先进人物的成长，专门找到民工先进单位与民工亲切交谈。成千上万的民工围拢过来。周恩来笑着对摄影记者说，那给我们照一张相片吧。周恩来和怀柔水库民工在一起留影。④ 他嘱咐说："你们的广播要留有余地呀！"⑤

---

①　中共中央文献研究室编：《周恩来年谱1949—1976》（中），中央文献出版社1997年版，第143页。
②　赵春生主编，中共中央文献研究室编：《周恩来文化文选》，中央文献出版社1998年版，第743页。
③　舒乙主编，中国人民政治协商会议北京市委员会文史资料委员会编：《周恩来与北京》，中央文献出版社1998年版，第109页。
④　人民出版社资料组编：《人民的好总理　纪念敬爱的周恩来同志》（中），人民出版社资料组，1977年，第415页。
⑤　舒乙主编，中国人民政治协商会议北京市委员会文史资料委员会编：《周恩来与北京》，第26页。

资料来源：中共中央文献研究室第二编研部编《周恩来题词集解》，中央文献出版社2012年版，第176页。

6月下旬，当时的中央广播事业局副局长周新武，在去十三陵水库参加义务劳动时，和周恩来一起走在去工地的路上，谈到北京电视台筹建的情况。周恩来说，他看过北京电视台播出的粤剧影片《搜书院》、八一女篮和北京女篮的比赛实况，觉得球赛评论员对北京队介绍得多，对八一队介绍得少，电视观众可能觉得不公平。周恩来又问世界上电视看得（播出）最远的距离有多远？又详细询问了新发射塔的设计、投资、地点等情况。[①]

7月4日，晚，在住处跟干部闲谈，《南方日报》记者邓国庠坐在旁边记录。周恩来兴趣盎然地听着新会劳动大学校长谢柏如介绍蜜蜂的

[①] 唐海、唐世鼎、吴君红：《亲切的关怀 巨大的鼓舞——毛泽东、周恩来、邓小平等老一辈无产阶级革命家关心中国电视发展纪事》，《当代电视》2004年第10期，第4页。

生活习性，不时插话。他回过头跟邓国庠拉起家常，笑着说："你们记者，就像蜜蜂。到处采访，交流经验，充当媒介，就像蜜蜂传播花粉，到处开花结果，自己还酿出蜜来。"①

7月7日，给广东新会县废物利用展览题词："全国商业部门在党的社会主义建设总路线的光辉照耀下，应该向新会学习，抓紧废物利用这一环节，实行收购废品，变无用为有用，扩大加工，变一用为多用，勤俭节约，变破旧为崭新，把工农商学兵联成一片，密切协作，为全面地发展生产服务，以便更好地实现勤俭建国，改造社会的任务。周恩来 一九五八，七，七"。

资料来源：潘新明《书法家周恩来》，中央文献出版社2001年版，第481页。

按：当年，题词并未公开发表，1977年7月18日，《人民日报》和各大报纸公开发表了周恩来的题词，《人民日报》配发新华社记者写的《周总理题词指方向，收旧利废创新路》一文，介绍了

---

① 杨兴锋、王春芙主编：《南方日报新闻经典60年60篇》，南方日报出版社2009年版，第36页。

新会县废物回收利用的新成绩。

△ 临别新会时,在简陋的大礼堂给干部群众作报告:"城乡结合、工农结合、体力劳动与脑力劳动结合,你们做出了成绩。但是我希望你们再前进……"通宵达旦地工作的周恩来,站着讲了整整 3 个小时,江门电视台副台长戴卫平把这段话原声保留了 50 多年,现保存在周恩来总理视察新会纪念馆。①

　　按:周恩来视察新会纪念馆位于广东省江门市新会区,展馆为周恩来 1958 年视察过的"新会劳动大学"旧址,2001 年 9 月对外开放,为江门市爱国主义教育基地。

△ 在广东省新会县参观下放干部的养猪场时,摄影记者把镜头对着总理,总理笑着对记者说:"不要老是照我嘛,要有群众观点,给大家照照嘛。"②

7 月中旬,在上海参观视察,新华社上海分社两名年轻的记者跟随他采访了几天。在宾馆和参观中,周恩来先后五次对他们谈新闻报道工作,提出了很多很重要的意见。他说:"现在,农业方面的报道比较清楚些,大概是比较熟悉;工业的发展如雨后春笋,报道就比较粗糙。新闻工作者很忙,还要比较快地发出去,忙就不免粗糙一些。""新闻报道要准确、鲜明、生动;报道要让群众看得懂,要使群众开口就谈建设,就要让群众看得懂报道。群众要从报纸上学到知识,毛主席年轻的时候看报纸从头看到尾,广告也要读,他的很多知识就是从报纸上得来的。"周恩来还对记者说:"一项新的创造,要报道它的创造过程,具体介绍经验,别人好学习。"在采访过程中,周恩来总是不希望记者报道他的活动,要记者多报道工人群众。他说:"你们不要拍我,多拍些工人。"③

7 月中旬,对新华社上海分社记者说,新华社要成为一个拥有全套

---

　　① 周晓瑾:《别把我和群众隔开啊!》,《南方日报》2016 年 1 月 9 日。
　　② 马永顺编:《人民公仆周恩来》,解放军出版社 1991 年版,第 247—248 页。
　　③ 郑德金:《周恩来指导新华社工作纪实(1931—1976)》,《中共党史资料》2008 年第 2 期,第 172 页。

图片资料的权威机构。每件事情发展全过程的图片资料,都应该有,供若干年以后研究用。① 周恩来指出,新闻报道要准确、鲜明、生动,要让群众看得懂。他还说,报纸不单是文字,也要有图片,报纸没有图片就不生动。②

7月23日,接见当时的淮安县副县长王汝祥。王汝祥在汇报时说,县委打算把现在周二刊的《淮安报》改为日报,想请总理给家乡报纸写个报头。③

7月27日,拿出了4份他写在宣纸上的"淮安日报"四个字的报头交给地方领导。

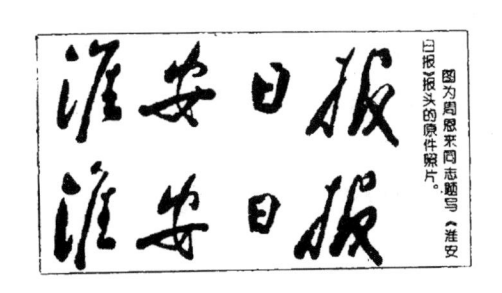

图为周恩来同志题写《淮安日报》报头的原件照片。

资料来源:秦九凤《周恩来同志与"淮安日报"》,《新闻通讯》1994年第2期,第46页。

按:1956年3月19日,《淮安报》创刊,每周两期,八开两版,是中共淮安县委创办的机关报。周恩来的题字隽永秀丽、笔墨浑厚有力。题词也有6份之说,持这种观点的人是秦九凤。笔者专门采访过秦老。他说,原淮安报办公室副主任郭万民亲口对他说,是他自己拆的从县委寄到报社的挂号信,是六份题词。现存省档案馆的只有四份,郭万民已去世,没有办法证实,也没有其他材料佐

---

① 冯文敏:《中外出版史例与当代环保出版》,中国文史出版社2012年版,第118页。
② 林枫:《马克思主义新闻观 中国视角的系统阐释》,新华出版社2005年版,第434页。
③ 高云:《周恩来为〈淮安日报〉题写报头》,《福建党史月刊》2013年第11期,第21页。

证,故笔者采取题词为 4 份的说法。从 1958 年 10 月 1 日起,《淮安报》改出日报,启用周总理题写的报头,至 1961 年 9 月 21 日出版 895 期停刊。1980 年 1 月 8 日,周恩来逝世纪念日,县级《淮安报》出版复刊试刊号,仍用周恩来题写的报头,去掉中间一个"日"字。同年 3 月 5 日,周恩来诞辰日,县级《淮安报》正式复刊。复刊后,坚持每期给邓颖超寄去一份,直到 1991 年邓颖超去世。2010 年初,因行政区划调整和市名的变更,原淮阴市委机关报《淮阴日报》更名为《淮安日报》,原县级《淮安日报》停办,地市级淮安市用周恩来题写的《淮安日报》彩色报头至今。

8 月 24 日,在清华大学对专业记者们说:"不要总拍我嘛,镜头应该对着群众!这里就留这个小鬼拍就行啦!"①

8 月 25 日,《人民日报》第 4 版刊登周恩来在西哈努克首相举行的宴会上的讲话。

8 月 26 日,《人民日报》第 4 版刊登新闻通讯《周总理视察清华大学》,配有新闻图片。

9 月 6 日,与来华了解中国炮轰金门、马祖意图的苏联外交部长葛罗米柯会晤。周恩来表达了对《真理报》三篇支持文章的感谢。②

9 月 8 日、10 日,两次接见回内地采访的记者曹聚仁。曹聚仁 1950 年移居香港,先后任《星岛日报》编辑和新加坡《南洋商报》驻香港特约记者。③

9 月 27 日,接见美国记者、作家斯特朗。④

9 月 29 日,约彭真、彭德怀、陈毅、张闻天、聂荣臻、刘亚楼等研究审定声明稿等问题。将中华人民共和国国防部发言人关于蒋介石空军在美国直接指使下使用导弹武器向我大陆空军进攻的声明稿送毛泽东

---

① 梁文骏:《我第一次给周总理拍照》,《中国记者》1991 年第 6 期,第 14—15 页。
② 中共中央文献研究室编:《周恩来年谱 1949—1976》(中),中央文献出版社 1997 年版,第 167 页。
③ 中共中央文献研究室编:《周恩来年谱 1949—1976》(中),第 168 页。
④ 中共中央文献研究室编:《周恩来年谱 1949—1976》(中),第 175 页。

阅，注明新华社除发这个声明稿外，还刊登照片、说明及评论，并且由外交部新闻司约集各国记者宣布这一新闻，同时，将原物和空战地图展出，将导弹照片分送记者，以利投递。①

9月，在审查新闻纪录片《祖国颂》时指示：新闻纪录片要真实地反映客观现实的情况，这样，对人民才能起宣传教育作用，纪录片要真实地反映时代的历史的特点，不能脱离历史，弄虚作假，不能用虚假的东西欺骗群众。新闻片要真实、自然。新闻摄影单位要讨论一下：什么是真实？什么是社会主义的美？是不是穿得漂亮就是美了？什么是典型？新闻影片应该从生活中选择典型的东西，而不能去塑造。②

10月1日，《人民日报》第2版刊登周恩来在庆祝国庆九周年招待会上的讲话。

10月10日，《人民日报》第1版发表社论，题为"休谈停火，走为上计"，内容根据周恩来10月4日在中共中央政治局常委会上的意见撰写。19日以来，台湾当局又在金门海域引进美军护航。10月20日，周恩来布置有关部门起草警告美国在金门海域护航的新闻稿。

△ 阿尔及利亚民族解放阵线机关报《圣战者报》刊载周恩来单独接见该报特派记者时的谈话。1958年11月21日，《参考消息》第2版刊登消息，标题为"阿'圣战者报'刊载周总理接见该报记者时的谈话"。

10月20日，将国防部新闻稿报送毛泽东审阅："警告美国在金门海域护航的新闻已于今日十二时半起广播，连续二次，中外文相同。新闻稿附后。国防部命令稿已写好，现送上请批阅后即退我，再以打字稿分送邓、陈、黄三同志核阅。国防部命令拟三时广播。在口头广播读完后，立即开炮，中外文语同时广播。"毛泽东当日批："口头广播后，隔一小时或半小时开始炮击，较为适宜。"③

---

① 中共中央文献研究室编：《周恩来年谱 1949—1976》（中），中央文献出版社 1997 年版，第 175 页。

② 穆欣：《"尊重事实才能尊重真理"——周恩来维护新闻真实性的言行》，《党史文汇》2006 年第 3 期，第 15 页。

③ 中共中央文献研究室编：《周恩来年谱 1949—1976》（中），第 183 页。

按：毛泽东批示："照办。口头广播后，隔一小时，或半小时开始炮击，较为适宜。"① 这是《毛泽东年谱》的记载，与《周谱》有细微的差别。其中重要的两个字"照办"，《周谱》漏掉了，另外还有一个逗号，《周谱》也没有句读。

10月21日，在电话中向吴冷西指出，《人民日报》当日发表的社论《咎由自取》，揭露杜勒斯、蒋介石唱双簧戏内容不符合事实。② 第二天，又把吴冷西和乔冠华找去，一边吃饭一边谈如何看待杜勒斯访问台湾。周恩来说，这次杜勒斯到台湾，是因为美国当局怕金门炮战扩大化，以致把美国也卷进去。据说，美国曾要求蒋军从金门、马祖等岛屿撤出，可以搞"两个中国"或"一中一台"。杜勒斯访台是对蒋介石施加压力的。周恩来列举了杜勒斯几次讲话同蒋介石讲话的微妙区别，台湾报纸评论同美国报纸评论的明显不同，充分论证他的看法。周恩来说，台湾问题有两个方面，一方面是统一祖国的问题，这是中国内政，任何外国不能干涉；另一方面是美国侵占台湾的问题，这是中国和美国之间的问题，我们坚决反对。《人民日报》要准备再发一篇社论，着重说明美国的阴谋和美蒋的争吵，并且可以点明蒋介石也不赞成"两个中国"。第二篇社论要在彭德怀发表第二个《告台湾同胞书》之后刊发。③

10月27日，接国家体委副主任蔡树藩向中央的请示报告：我国登山运动员在苏联训练期间，与苏联同志共同攀登列宁峰后又继续攀登了一个无名高峰。双方运动员拟提请两国政府以毛泽东的名字命名该高峰。我们已电告驻苏使馆，我们不主张以毛泽东名字命名无名高峰，并告新华社在报道电文中删去此段。周恩来当即通知新华社以新华社名义发一通讯稿，不提苏方队长提议命名事，同时将报告批送彭真、陈毅、

---

① 中共中央文献研究室编，逄先知、冯蕙主编：《毛泽东年谱1949—1976》（第3卷），中央文献出版社2013年版，第183页。
② 中共中央文献研究室编：《周恩来年谱1949—1976》（中），中央文献出版社1997年版，第184页。
③ 李静主编：《实话实说西花厅》，中国青年出版社2007年版，第30—31页。

王稼祥传阅。①

10月30日，根据周恩来的指示，结合事态的进一步发展，《人民日报》第1版又发表了《评蒋杜会谈》社论，着重说明美国的阴谋和美蒋的争吵，同时郑重声明"中国人民在任何情况下，都决不容许美国制造'两个中国'的计划实现"。②

> 按：社论是为政治服务的，周恩来当年对《人民日报》第一篇社论的批评及第二篇社论的指示，坚持一个中国原则，纵览全局、明察动向，反对任何外来干涉，实现祖国完全统一大业的精神，对于今天解决台湾问题仍有现实指导意义。

△下午，接见保加利亚议会代表团。在西花厅，外宾尚未到来，周恩来看到正在忙着准备工作的吴化学，关切地询问中央记者组摄影记者的分工情况，吴化学作了回答。③

11月1日，对《中国建设》工作作指示："《中国建设》报道中国目前各方面经济文化建设的情况就已经具有了政治的内容，如政治化过多，改变原有风格就会与《人民中国》等没有多大区别，反而不好。"又关于编委问题，仍旧不动为好，如要改变或增加，势必增加若干党员同志（官方人物），外国看作用反不如原来更好一些。所以主张不必改动。④

11月2日，为中国人民解放军福建前线司令部起草对金门诸岛广播稿，内容为：

> 金门群岛军民同胞们注意：今日，十一月二号是个双日，我们一炮未打，你们得到补给。

---

① 中共中央文献研究室编：《周恩来年谱 1949—1976》（中），中央文献出版社1997年版，第185页。
② 杨荣华：《杨荣华自选集》，安徽师范大学出版社2013年版，第321页。
③ 孙军：《难忘采访周总理的日子——新华社高级记者吴化学的回忆》，《新闻三昧》1998年第2期，第7页。
④ 宫喜祥主编：《辉煌与理想〈今日中国〉创刊60周年纪念文集》，外文出版社2012年版，第20页。

明日，十一月三号是个单日，你们千万不要出来。

注意，注意！

福建前线司令部

从今（二）日下午五时起，厦门喊话机、厦门（泉州）广播电台同时以口语广播三次，每隔一小时一次，每次重复三遍。①

按：《周恩来军事文选》注明出处是根据周恩来手稿刊印。另据《建国以来毛泽东文稿1958.1—1958.12》记载："金门群岛军民同胞们注意：今日，十一月二号是个双日，我们一炮未打，你们得到补给。"这一段是据毛泽东手稿刊印。该书注"今日，十一月二号是个双日，我们一炮未打，你们得到补给"是周恩来加写的。究竟是毛泽东写的还是周恩来写的，根据目前资料还不能确定。

11月23日，《人民日报》第2版刊登周恩来在北京车站欢迎朝鲜政府代表团的讲话，以及在欢迎朝鲜政府代表团的宴会上周恩来总理的讲话。

11月30日，在同中共港澳工委秘书长祁峰谈办报问题时指出，要站稳爱国立场，坚持党的方针，但要灵活，否则办不好。可以采用一些外电。《大公报》《文汇报》如果都用新华社电稿，是很难与别的港报竞争的。报纸的副刊要有思想性。港闻版不仅要报道对敌斗争的内容，还应当增加一些群众生活内容，不要脱离中间群众。写评论也要适合当地群众的水平，《人民日报》社论在香港不一定都登载。②

按：这次关于在香港办报的谈话，再一次体现了周恩来的新闻思想，即办报要有读者意识，针对不同受众要提供不同的内容。

12月22日，经周恩来批准建设、1953年秋季开始设计、1955年12月动工兴建的我国广播中心——中央广播大厦基本建成。中央广播

---

① 中共中央文献研究室、中国人民解放军军事科学院编：《周恩来军事文选》（第4卷），人民出版社1997年版，第411页。

② 中共中央文献研究室编：《周恩来年谱1949—1976》（中），中央文献出版社1997年版，第192—193页。

事业局各部门开始在大楼办公。①

舒波在《新闻战线》第4期发表《采访随笔》，文中有关于周恩来和记者的内容："在北京举行的招待外宾宴会上，听说周总理对记者说过这样一段话，记者在工作中要注意这样几条：一要知识丰富，二要懂得逻辑，三要学会辩证地看问题。"②

本年，作为新闻人物的周恩来，被《人民日报》刊发报道文章148篇。

新闻背景

1月1日，中国人民解放军总政治部出版的《解放军报》改出日刊，并适当扩大发行范围。

1月12日，毛泽东写了《给刘建勋、韦国清的信》，提出党委第一书记要负责管理报纸工作。

1月，新华社在乌鲁木齐建成转播台，9月正式投入使用。

2月3日，《人民日报》发表著名社论《鼓足干劲，力争上游》。

3月15日，《北京晚报》创刊。

3月17日，中国电视广播中心在北京第一次试播电视节目成功，标志着中国第一座电视台——中央电视台（当时称北京电视台）正式播出。

5月1日晚和5月4日晚，我国第一座电视台——北京电视台已经开始实验性广播。北京地区备有电视接收机的观众以后每逢星期四和星期日十九点到二十一点可以看到电视台的实验性电视节目。

5月25日，中国共产党八届五中全会决定由中央主办出版理论半月刊《红旗》，毛泽东题写刊名。

《新民报晚刊》改为现名《新民晚报》，其前身为1929年办的《新民报》。目前它是中国报龄最长的报纸。50年代全国有晚报4家，最先出现的是《新民晚报》，它的前身是《新民报》。其次出现的是天津《新晚报》《羊城晚报》《北京晚报》。

6月，中国人民大学新闻系编成《列宁论报刊》一书。这是我国出版最早的马

---

① 中华人民共和国史广播电视编辑部编：《当代中国广播电视回忆录》第3集《周恩来与广播电视》，中国广播电视出版社1994年版，第247页。

② 舒波：《采访随笔》，《新闻战线》1958年第4期，第39页。

克思、恩格斯和列宁的新闻论著集。

8月1日，中华人民共和国文化部创办的《新文化报》创刊。该报每五天出刊一次。

9月1日，《体育报》在北京正式出版，由国家体育运动委员会主办，1988年7月1日更名为《中国体育报》。

9月8日，是捷克斯洛伐克的优秀新闻工作者尤利乌斯·伏契克遇难的日子。国际新闻工作者协会1958年决定将这一天定为"国际新闻工作者团结日"。

10月1日，上海电视台开始试验播出，是我国内地第二座电视台，也是最早建立的地方电视台。

11月25日，中共北京市委主办的理论刊物半月刊《前线》创刊。

11月，中共中央马恩列斯著作编译局研究室编的《五四时期期刊介绍》由人民出版社出版，1978年又由生活、读书、新知三联书店重版。

12月20日，哈尔滨电视台问世。

美国合众社和国际新闻社合并为合众国际社，是美国第二大通讯社。美国建立了使用计算机的半自动地面通信系统。

1959年（六十一岁）

1月8日，到广东省从化县视察。勉励摄影记者："拍得这么快，不错呀！"①

1月18日，上午，会见匈牙利新闻工作者代表团团长、匈牙利《人民自由报》总编辑、匈牙利社会主义工人党中央政治局候补委员内梅什·德热和代表团全体团员。会见时在座的有中华全国新闻工作者协会副会长、《人民日报》总编辑吴冷西，外交部新闻司副司长徐晃，《人民日报》副总编辑胡绩伟。会见消息刊载于《人民日报》1月19日第1版。

---

① 曾庆榴主编，中共广东省委党史研究室编：《周恩来与广东》，广东人民出版社1998年版，第206页。

接见匈牙利新闻工作者代表团全体人员（右二是内梅什·
德热，右一是诺格拉第大使），新华社记者唐理奎摄

资料来源：转自1959年1月19日《人民日报》第1版。

1月24日，指示卫生部撰写社论《认真贯彻党的中医政策》，提出要促进中西医之间的团结，中西医要互相取长补短，共同为人民服务。① 社论于1月25日《人民日报》第1版发表。

△《人民日报》第2版刊登周恩来在欢迎德意志民主共和国政府代表团的宴会上的讲话。

2月11日，下午，接见法国记者狄包尔·芒德。接见时在座的有中国人民对外文化协会会长楚图南，外交部新闻司副司长徐晃。3月12日，《人民日报》第1版刊登消息。

2月16日，对新华社的新闻报道提出意见：新闻报道一定要切合实际，不能过分。我们的新闻报道泼冷水是不对的，但报道过分，不符合实际情况也是不好的，因为这样易使人觉得一切都很容易，什么困难也没有，就会放松主观努力。②

---

① 中共中央文献研究室编：《周恩来年谱1949—1976》（中），中央文献出版社1997年版，第202—203页。
② 王凤超：《周恩来新闻活动年表》（续二），《新闻研究资料》1988年第4期，第151页。

按：周恩来提出的意见是新闻真实性问题，是由新闻的本质决定的，是新闻传播活动内在的重要规律。客观事实是新闻的本原，新闻反映的必须是新鲜而又重要并为人们普遍关心的真人真事，如果偏离这一点，就背离了新闻的本性。事实发生在前，而通过语言、文字和图像的报道在后，新闻报道一定要真实。

2月19日，周恩来、陈毅、薄一波、习仲勋等同志视察广播大楼，参观了硬件技术设施，并听取了关于广播电视工作的情况介绍。①

周恩来视察中央人民广播电台、北京电视台

资料来源：转自《当代电视》2004年第10期，第5页。

2月24日，《人民日报》第8版刊登周恩来作为题词手书的刘渝生同志的诗《我们的心永远忠于党》：

> 我们是祖国的女儿，
> 我们是毛泽东的战士，
> 战场上，我们用刺刀劈过敌人，

---

① 唐海、唐世鼎、吴君红：《亲切的关怀 巨大的鼓舞——毛泽东、周恩来、邓小平等老一辈无产阶级革命家关心中国电视发展纪事》，《当代电视》2004年第10期，第5页。

残废了,我们仍是无畏的士兵。
我们的热血像海涛一样沸腾,
我们的精力像松柏永远旺盛。
爱祖国,恨敌人,是我们的个性,
征服自然是我们特有的才能。
("自然"为"困难"的误写)
我们有坚强的意志,
我们有颗永不残废的心。
没有眼睛照样读书看报,
没有双手一样写字弹琴。
两腿瘫痪能用双手劳动,
没有双脚也能疾走飞奔。
困难只能在软弱者面前存在,
挡不住久经锻炼的士兵。

祖国的命运就是我们的命运,
我们永远和祖国心连心。
社会主义是我们的灵魂,
党就是抚育我们成长的母亲。
我们不愿做无边际的幻想,
我们懂得怎样安排自己的一生。
社会主义大厦固然需要钢材,
我们却愿意做颗小小的螺丝钉。

啊!亲爱的党,我们的母亲!
是你,教导我们懂得了生活。
是你,给了我们力量和信心。
啊!亲爱的党,我们的母亲!
只要我们心脏还在跳动,

就坚决为共产主义而斗争！

谨录刘渝生同志的诗为四川省革命残废军人教养院课余演出纪念。

周恩来
一九五八年六月二十九日

按：周恩来这份珍贵的手迹现存中国军事博物馆。事情发生在1958年6月1日晚，四川残疾军人课余演出队到北京汇报演出，周恩来走到张家琛跟前说："你刚才朗诵的《我们的心永远忠于党》那首诗很动人，我们要报纸登这首诗。"① 6月29日，周恩来

---

① 人民出版社资料组编：《人民的好总理 纪念敬爱的周恩来同志》（下），人民出版社资料组，1977年，第95页。

抄录这首诗,到《人民日报》1959年2月24日第8版刊登这首诗长达8个多月的时间。"谨录"刘渝生的长诗,这在周恩来的题词中是很少见的。在抄录中,他把"征服困难"误写为"征服自然",还特地加以注明,更显示出周恩来一丝不苟抄录长诗的认真态度。

2月26日,下午,接见乌拉圭《人民论坛报》记者艾特捷帕列。询问乌拉圭有多少报纸,建议记者回国后鼓励一些民间商业团体到中国参观,看中国出产什么、什么对他们有用。接见时在座的有中华全国新闻工作者协会副会长吴冷西。2月27日,《人民日报》第1版刊发了消息。

4月9日,到新安江水电站视察。记者要给周恩来照相,总理说:"你们这些记者同志不要光给我照相,请你们让我和工人同志一起照张相吧!"①

4月15日,所审定的题为"不能允许中印友好关系受到损害"在《人民日报》观察家评论第5版头条发表。②

4月18日,北京电视台第一次转播周恩来在第二届全国人民代表大会第一次会议上作《政府工作报告》的实况。实况转播是报道最快的一种传播方式,具有电视的特点和优势,影响较大。③

4月19日,《人民日报》第2版至第4版刊登4月18日在第二届全国人民代表大会第一次会议上国务院总理周恩来作的《政府工作报告》,并配有作报告的图片。在谈到少数民族的经济和文化时指出,许多过去没有文字的少数民族,现在已经制定了文字方案,有了用自己的文字出版的书籍和报纸。

4月中旬,确定成立国际问题宣传小组,由吴冷西、乔冠华负责,

---

① 水利电力部政治部宣传处编:《周总理的英名与山河共存》,水利电力出版社1977年版,第93—94页。
② 吴冷西:《回忆领袖与战友》,新华出版社2006年版,第106页。
③ 中华人民共和国史广播电视编辑部编:《当代中国广播电视回忆录》第3集《周恩来与广播电视》,中国广播电视出版社1994年版,第248页。

吸收张彦和姚溱等参加。①

4月23日，和电影工作者谈两条腿走路的问题，《中国电影周报》1989年12月21日发表。

4月24日，晚，国家体委为庆祝我国乒乓球选手容国团为祖国赢得第一个世界冠军，在北京饭店举行欢迎宴会。几名体育记者看到周恩来总理和运动员合影也想一起照张相。周总理立即高兴地说："好啊！来吧！把贺老总、陈老总也请来！"总理一边问每个记者是属于哪个新闻单位的，叫什么名字，一边同大家握手。有趣的是，当大家站好位置，摆好姿势，等着拍照时，才发现没有人摄影。因为摄影记者们也都挤进行列中来了。这引得总理和周围的人都大笑起来。当时，在场的两名摄影记者中，《新体育》杂志社高明的胶卷已经拍完，新华社的张赫嵩就立马从队伍中挤出来拍照，才算打破僵局。拍完，记者们正准备散开的时候，周总理却大声制止："别动！别动！"边指着张赫嵩边对大家说："他还没照呢！"这时，高明就出来替换，用张赫嵩的相机继续拍照。于是，就留下少一名体育记者的不同"版本"的两张照片。王元敬把放大了的周总理与中国体育记者们的合影照片，分别赠给了中国人民革命军事博物馆和新华社社史展。②

4月28日，《人民日报》第5版刊发消息，标题为"缅甸一些报纸发表攻击我国的言论 诬蔑周总理'说了谎'"。

4月30日，《人民日报》第2版刊登周恩来在欢迎明尼赫同志的宴会上的讲话和在北京飞机场的讲话。

△《人民日报》第4版分别刊登罗马尼亚部长会议主席斯托伊卡、波兰部长会议主席西伦凯维兹、柬埔寨首相西哈努克致周恩来电。

5月1日，《人民日报》第4版分别刊登越南民主共和国范文同总理、德意志民主共和国总理格罗提渥、阿尔巴尼亚部长会议主席谢胡、阿富汗代首相阿里·穆罕默德、柬埔寨国王苏拉玛里特、柬埔寨代理首

---

① 中共中央文献研究室编：《周恩来年谱1949—1976》（中），中央文献出版社1997年版，第217—218页。

② 王元敬：《海棠深处忆总理》，《中国老年》2016年第19期，第56—57页。

相宋桑致周恩来电。

5月2日，下午，接见奥地利《人民之声报》驻北京记者布罗诺·佛莱，阐明西藏问题和中印关系问题。接见时，在座的有外交部新闻司副司长徐晃。5月3日，《人民日报》第4版刊登消息。

5月3日，《人民日报》第4版分别刊登保加利亚部长会议主席安东·于哥夫、印度尼西亚总理朱安达致周恩来电。

△ 审阅了一篇题为"评尼赫鲁总理关于西藏局势的讲话"社论稿第Ⅱ稿，作了如下的修改和批语：开头讲西藏正面临一场和平革命，即人大决议指出的在西藏进行民主改革，改为"……合于西藏人民要求的民主改革"。"尼赫鲁现在对我们的西藏问题特别入迷，大有用心不二，愈陷愈深之势"改为"……大为难以自拔之势"。在引尼赫鲁说印度在西藏问题上的言论是出于"本能的反应"的话旁边，周恩来画了一道杠，打了一个惊叹号，意思是应对此作一点文章。在讲西藏农奴制一段旁边，周恩来批了"上层僧侣"四个字。讲达赖周围的高级官员如何如何争权夺利，互相残杀……改为"达赖周围不少的高级官员……"讲这些人经常把通常很年轻的达赖当作傀儡，删去"通常很年轻的"这个限制词。讲西藏是一个十足的落后、反动、野蛮的社会，加"制度"二字。原稿"尼赫鲁根本没有看见西藏人民"，改为"尼赫鲁并没有看见西藏人民"。原稿"尼赫鲁在这里犯了一个极可惋惜的、极为严重的错误"，删去"极为严重的"。在讲民族自治和民族政策的一段旁边，周恩来批："加一段关于甘南、青海、西康的叛乱。"还有："国家宗教主权——保护国，省——自治区，完全自治——独立国家，单独写一段加以回答。"把"我们用了近十年时间进行反对大汉族主义的教育"，加"在汉族人民中"进行……将"中国人民政府和解放军在这种严重困难的条件下，始终坚持不打第一枪"，改为"……面对着这种严重的局面……"讲到印度干涉西藏具有时代特征一段，周恩来批"加承袭英帝国主义衣钵"。把"印度资产阶级，特别是它的买办阶层……"改为"特别是大资产阶级"。将"印度方面同劫持达赖喇嘛到印度的西藏反动分子一起……"这句话中的"印度方面"改为"印度

某些政界人士"。讲印度现在仍受到外国干涉者的威胁，把"外国"改为"帝国主义"。①

按： 周恩来对新闻稿件的修改，源于原稿又高于原稿，使新闻稿件表述更准确、逻辑更严谨。

5月4日，接见香港《大公报》记者费彝民时说：（一）关于对台湾的工作，台湾、澎湖、金门、马祖不能分开，把台湾暂时留在蒋介石手里好，不要让美国完全占领。（二）在香港宣传大跃进是好的，但具体数字有浮夸，现在要落实，宣传上要掌握分寸，超过国际水平说多了也是不好的，我们的传统是多做少说，说差一点，实际上好一点，人家看了才服气。中国人口多，任何东西要算两个账，一个是把生产增加的数字，除以六亿五千万，就不多了；一个是把每一个人多吃的数字乘六亿五千万，数字就不少了。增产要费很大的劲，才能加起来，有时数字不一定很准确，稍松一点，减得就大了。②

5月5日，到毛泽东处谈《人民日报》文章和接见外宾等事，参加者还有陈毅。③

△ 又审阅了《评尼赫鲁总理关于西藏局势的讲话》社论稿第Ⅲ稿，在审样上批了以下的字样："即送乔木同志，我没有多的意见，只改了几个字，请酌。"

在这次审阅时，把凡提到"达赖"的地方，都加上"喇嘛"二字，把提到"满清"处，改为"清朝"。

关于1950年印度政府干涉我解放西藏的一段中说："由于印度政府和英国政府的干预，西藏地方政府的谈判代表团……一直滞留印度，迟迟不前来北京"，在旁边批："可以不提英国政府（免得引起枝节）。"④

5月6日，在接见苏联等11个国家的访华代表团和驻华使节谈话中

---

① 崔奇：《崔奇时事评论集 20世纪40年代—21世纪初叶》，人民日报出版社2010年版，第178页。
② 中共中央文献研究室编：《周恩来年谱 1949—1976》（中），中央文献出版社1997年版，第224页。
③ 中共中央文献研究室编：《周恩来年谱 1949—1976》（中），第224页。
④ 崔奇：《崔奇时事评论集 20世纪40年代—21世纪初叶》，第183页。

说:"尼赫鲁一方面说印度报刊上发表的对我国污蔑、攻击的话是同印度政府无关的,因为印度有言论自由,但另一方面又说他们各方面是一致的。这就自相矛盾了。印度有言论自由,难道中国就没有言论自由吗?对于这类冷战的攻击,我们一定要回答。"①

5月7日,《人民日报》第2版刊登周恩来在匈牙利驻华大使举行的宴会上的讲话。

△《人民日报》第2版刊登阿联纳赛尔总统致周恩来贺电。

5月19日,到密云水库工地视察,《密云水库报》摄影记者顾德华随行进行采访拍摄。总指挥部设在水库主坝东面的山上,在去总指挥部上山的路上,顾德华一直在周总理前面拍照。在半山腰,总理指着西面连绵的青山和蜿蜒的长城问顾,你照了这个吗?顾德华以为总理问照了大坝和民工没有,随口答道,照了,天天上坝照民工干活、发稿。总指挥提醒说,总理问的是长城。长城没有照过。总理说,你没有到那里去玩过吗?祖国的大好河山那么美,你为什么不照呢,你是"见人不见物",是一条腿走路。告别的时候,还与顾握手,并亲切地说:"今天你累了。"②

5月,在审阅《人民日报》编辑部的一篇文章时,凡提到达赖处,都亲笔加上"喇嘛"的称谓,共加了6处。③

△《中国妇女》第9期发表邓颖超1949年写的《"五四"运动的回忆》文章。文章回顾了当年在天津学生联合会和觉悟社开展的活动,是研究周恩来早期新闻活动珍贵的第一手资料。

按:该杂志1939年创刊于延安,是中国共产党领导创办的第一本妇女专刊。周恩来为该刊撰写过文章。

6月18日,《人民日报》第1版消息,标题为"周总理会见扎夏迪

---

① 周恩来:《周恩来政论选》(下),人民日报出版社、中央文献出版社1998年版,第839页。
② 顾德华:《我曾经采访拍摄周恩来总理》,《金色年代》2013年第4期。
③ 崔奇:《崔奇时事评论集 20世纪40年代—21世纪初叶》,人民日报出版社2010年版,第149页。

科副主席郑一龙副首相"。

  按：从 1959 年 6 月 18 日起，《人民日报》在报道我国领导人会见外宾的新闻报道中"接见"一词和"会见"一词同时出现。周恩来有一天作三个长篇报告，内容确实十分重要，记者写的新闻稿中用了"重要报告"四字，他审稿时大笔一挥，把"重要"二字删掉。一次，他和外宾见面、谈话，记者写的稿件中用了"接见"一词，他把记者叫到跟前说：你们应该用"会见"，不应该用"接见"。皇帝和外交使节、本国大臣见面，叫"接见"，他高高在上，老子天下第一，这是一种封建思想。总理、外宾、各级干部都是处在平等地位，所以应该用"会见"。① 曾任中央人民广播电台台长的杨兆麟当时在场，一字之别深深印在他脑海中，没有记下原话，但大意不会错。

6 月 20 日，出席中共中央政治局会议。会议讨论报刊的宣传问题。②

8 月 29 日，送别外宾后，与随行的新华社记者共进早餐。谈到新闻照片时，他指出，外国记者一见就拍，你们能不能做到这一点？拍宴会的照片，不要老拍碰杯的，那些已经看腻了。接见时，老是坐在那里谈话，太呆板了，是不是还可以照些别的？照片要从各种角度去照。他还说：最近拍的八届八中全会的照片就好。毛主席讲话，自自然然，那样就好。③

9 月 7 日，汪波清写的题为"密云水库迎佳宾——纳伊姆副首相参观密云水库记"的通讯，刊登在 9 月 8 日的《人民日报》第 5 版。9 月 8 日下午，周恩来利用外宾还未到的时间，对汪波清说："今天报上登的那篇通讯，有两处写得不对。"一处是"研究部队修水库是 5 月份的

---

① 杨兆麟：《一个作风问题，一个文风问题：都是应当引起重视的大问题》，《新闻爱好者》2002 年第 8 期，第 7—10 页。
② 中共中央文献研究室编：《周恩来年谱 1949—1976》（中），中央文献出版社 1997 年版，第 238 页。
③ 中共中央党史研究室、中央档案馆编：《中共党史资料》2008 年第 2 期，总第 106 辑，中共党史出版社 2008 年版，第 172 页。

指导新闻期（1947年3月—1976年1月） 467

事情，照你那样写下来，就成6月份的事情了，这与事实有出入"。另一处是"关于调部队修水库，最好不要写成是我调的，应该说'我们'，事实是我们经过研究，才给工地派了一万名战士"①。

9月10日，《人民日报》第2版刊登印度总理尼赫鲁给周恩来的信。

9月12日，视察北京电视台。②

△ 改定的《人民日报》社论《中印边界问题的真相》发表。③ 内容有：仅仅8月29日到31日三天，德里的报纸就发表了近30篇攻击中国的评论。在印度的报纸上和议会里，有人硬说中国的地图是"错误"的。但是，究竟是谁的地图把别人的领土划进自己的版图呢？不是中国，中国的地图一直是按照传统的中印边界画的。因为中印边界既然从来没有正式划定过，既然一直又没有经过谈判取得合理的解决，更没有经过勘察确定，那么又怎能在地图上随便加以修改？如果要修改的话，那又根据什么来修改呢？美国的《世界电讯与太阳报》说得很直率："如果使得印度认识现代政治生活中的这个事实（放弃它的中立），那对整个自由世界可能是有好处的。"

9月15日，《人民日报》第6版刊发消息，标题为"兄弟国家的报刊 刊登周总理给尼赫鲁的复信"。

9月20日，在签署石桥、周联合声明以后，在紫光阁与随同石桥访华的记者团举行了一次简单的记者招待会。1959年9月22日，《参考消息》第1版刊登消息，标题为"共同社报道：周总理同日本记者的谈话"。

9月23日，《人民日报》第7版刊登消息，标题为"日共'赤旗报'发表社论 支持周总理石桥会谈公报"。当日，周恩来对越剧演员

---

① 汪波清：《周总理为我们改稿》，《新湘评论》2013年第13期，第15—16页。
② 唐海、唐世鼎、吴君红：《亲切的关怀 巨大的鼓舞——毛泽东、周恩来、邓小平等老一辈无产阶级革命家关心中国电视发展纪事》，《当代电视》2004年第10期，第5页。
③ 中共中央文献研究室编：《周恩来年谱1949—1976》（中），中央文献出版社1997年版，第253页。

说："报纸上正宣传'六朵花'其中一朵是越剧，或许这是文化部偏心吧，假如越剧真没出好戏，别人就会怪到我总理头上，说总理偏爱了。所以看到《红楼梦》和《追鱼》都站住了，我也放心了。"①

9月24日，给《中国青年》杂志题词："中国青年在伟大的中国共产党和毛主席的领导下，在社会主义建设事业中，要立雄心，怀大志，作坚定的促进派。周恩来 一九五九，九，二四。"

资料来源：中共中央文献研究室第二编研部编《周恩来题词集解》，中央文献出版社2012年版，第172页。

按：1959年9月，《中国青年》杂志社一位同志到周恩来家中请邓颖超写稿，并说：总理和邓大姐关心青年，邓大姐答应写文章。还请周恩来题词，周恩来笑着回答说，那好啊，建国十年大庆，看来不题不行啦。过了几天，他的题词送到了杂志社。

---

① 中共上海市委党史研究室编：《周恩来在上海》，上海人民出版社1998年版，第275页。

9月，潘梓年、吴克坚、熊瑾玎等著的《新华日报的回忆》由重庆人民出版社出版，记述了周恩来对《新华日报》的领导，刊登了周恩来在重庆曾家岩50号看《新华日报》的照片。回忆有很高的史料价值，具有权威性。

9月，在一次视察中，来到中央台播音室。当时齐越与潘捷正在播出当天的《各地人民广播电台联播节目》。周恩来站在播音室的玻璃窗外，听完了全部节目。然后他与两位播音员亲切握手并语重心长地叮嘱他们："广播大楼建成了，比起延安窑洞来条件好多了，你们一定要用延安精神做好工作。"①

国庆前，为庆祝新中国成立10周年，指导《庆祝中华人民共和国成立十周年纪念刊》的编辑出版工作，对专刊的内容和形式，十分关心。他仔细审阅收入该刊的每一篇文章、讲话、贺信、贺电的文字，每一张彩色和黑白的照片，并且提出了许多具体的修改意见，如一张欢迎外宾的照片，背景是一些低矮破旧的民房，周恩来提出要更换一张。纪念刊出版中英文两种版本，分别由人民出版社和外文出版社负责。这是一本宣传党的纲领和路线的重要读物。②

国庆前，为中国文字改革委员会举办的展览会题字"文字改革展览会"。《光明日报》从周恩来题字中摘出"文字改革"四个字，作为《文字改革》双周刊的刊头。③

10月1日，《人民日报》第4版刊登在庆祝建国十周年宴会上的讲话，配有讲话照片。

△《人民日报》第8版刊登伊拉克总理卡塞姆、阿尔及利亚总理阿巴斯分别给周恩来的贺信。

10月6日，撰写的《伟大的十年》一文在《人民日报》第2版、第3

---

① 赵玉明、哈艳秋、袁军：《周恩来与广播电视》（中），《中国广播电视学刊》1998年第4期，第5页。
② 袁亮：《周恩来刘少奇朱德陈云与新闻出版》，中国书籍出版社2003年版，第49页。
③ 人民出版社资料组编：《人民的好总理 纪念敬爱的周恩来同志》（中），人民出版社资料组，1977年，第325页。

版发表,这是为纪念建国十周年而作的。周恩来还要统计局编一本《伟大的十年》统计图表。当事人薛暮桥回忆说:在为《伟大的十年》统计图表题名的时候,"已是深夜两点,总理已很疲倦,写了四次仍不满意,准备第二天重写。我们为怕总理过分疲劳,把四张题字中选择写得好的五个字剪下拼贴,现在统计局保存的总理题字是五个方块字拼起来的"。①

伟大的十年

资料来源:中国历史博物馆编《纪念周恩来总理》,文物出版社1978年版,第101页。

10月8日,《人民日报》第2版头条刊登周恩来在德驻华大使国庆招待会上的讲话。

10月24日,批评曹聚仁不应将解放军停轰金门、马祖的新闻卖给《南洋商报》。②

11月18日,批评《人民日报》11月16日头版头条发表的报道,即1月到10月全国工业生产总值比1958年同期增长48.9%。周恩来说,《人民日报》的报道严重违反中央的规定,政治上和组织上都是错误的。他指出:第一,新闻的根据是国家统计局的初步统计,这种统计是国务院各部门自报数字的汇总,并没有核实,是只供中央领导同志参考的内部材料,一般是不能公开发布的。第二,中央早有这样的打算,对今年各种产品的产量和总产值,不能下面报多少就算多少,不能满打满算,要留有余地。因此,将来公布一年的统计数字时,肯定要比各地区和各部门报来的产值少一些。现在《人民日报》和新华社发表头10个月的统计,违反中央留有余地的精神,并造成工作上的被动。第三,

---

① 《怀念周恩来》编辑小组编:《怀念周恩来》,人民出版社1986年版,第37—38页。
② 《周恩来军事活动纪事》编写组编:《周恩来军事活动纪事》(下),中央文献出版社2000年版,第505页。

中央早有规定，凡全国性的数字，一定要经过中央批准才能发表。要认真总结经验，接受教训，避免重犯类似的错误，把工作做好。周恩来特意要吴冷西回去宣布四点：（一）中央重申，凡是全国性的数字（不论是工业、农业、基建、交通或财贸，也不论是综合性的数字或单项数字）现在一律不发表，到今年底或明年初再说。什么时候公布、如何公布都要经过李富春同志和中央书记处。（二）中央授权人民日报社和新华社两个编辑部，对中央各部、委送来要公布的材料和新闻稿，凡有疑问的都可以扣留不发，请示中央决定。（三）人民日报社和新华社要严格按中央的决定和精神办事，不能自作主张。重大新闻和评论的发表，要严格遵守向中央报告请示的制度。（四）中央责成新华社和人民日报社全体编辑、记者，接受去年大跃进宣传中的经验教训，联系这次错误，深入检查，反对浮夸，发扬实事求是的作风，做到热中有冷，把宣传工作做得更好。①

　　按：《人民日报》的报道违反了党性原则，违背了中央精神，在当时浮夸风的影响下，各行各业都受到影响。周恩来既是批评人民日报的编辑采访工作不严肃认真、不重视报纸的质量问题，也是批评经济工作搞浮夸、盲目追求高产指标、不讲质量的问题，对于纠正当时的浮夸风起到了很好的积极作用。

11月27日，所审定的社论《日本正在被拖上军国主义复活的道路》在《人民日报》第1版发表。②

本年，北京广播学院创办，担负着为广播战线培养编采、播音、摄影、技术、翻译等方面人才的任务。周恩来很关心这所学校的教学工作，对招生、学制、课程设置等问题都有许多具体的意见。③ 中印边境自卫反击战中，战报全部经周总理亲自审阅批发。当时关于印度哨兵打

---

① 李静主编：《实话实说西花厅》，中国青年出版社2007年版，第34—35页。
② 中共中央文献研究室编：《周恩来年谱1949—1976》（中），中央文献出版社1997年版，第270页。
③ 赵玉明、曹焕荣、哈艳秋：《周恩来同志与人民广播》，《现代传播》1979年第1期，第9页。

死我边防军的严重政治事件的报道，周恩来批示，一定要在几点钟以前发出，要赶在印度发消息的前面。①

本年，作为新闻人物的周恩来，被《人民日报》刊发报道文章182篇。

新闻背景

2月23日至3月3日，第六次全国广播工作会议在北京举行。

5月15日，《北京晚报》《新晚报》《新民晚报》《羊城晚报》负责人在北京举行新中国成立后第一次晚报座谈会。

7月1日，新华社北郊收讯台正式投入使用。

日本新闻协会制定《广告伦理纲领》。英国的汤姆森报团兼并英国最大的凯姆莱斯报团。

1960年（六十二岁）

1月1日，会见前沙捞越亲王安东尼·布鲁克时说，舆论的力量是很大的，绝大多数人民要求和平的愿望，不能不影响舆论。②

元旦，杜修贤正式接到新华社的通知，派他去中南海跟随周恩来总理，专门负责拍摄周恩来活动的新闻照片。③

1月25日，《人民日报》第4版头条刊登周恩来在欢迎缅甸总理奈温的宴会上的讲话。

1月29日，《人民日报》第2版刊登周恩来在奈温总理告别宴会上的讲话。

---

① 人民出版社资料组编：《人民的好总理 纪念敬爱的周恩来同志》（中），人民出版社资料组，1977年，第257页。
② 中共中央文献研究室编：《周恩来年谱1949—1976》（中），中央文献出版社1997年版，第276页。
③ 顾保孜著，杜修贤摄影：《红镜头中的周恩来》，贵州人民出版社2011年版，第30页。

3月3日，《人民日报》第5版刊登两条消息，标题分别为"印度一些报纸热烈欢迎周总理访印 另一些报纸赞成中印总理会晤但又散布不利会晤的言论 一些右翼政党和报纸对我国进行污蔑 力图破坏两国总理会晤""朝越报纸支持周总理给尼赫鲁的复信 欢迎中印两国总理举行会谈 周总理信件再次表明中国政府和平解决边界问题的一贯立场"。

3月4日，《人民日报》第5版刊发消息，标题为"全印和平理事会主席森德拉尔和印度一些报纸 欢迎中印两国总理举行会谈 伊拉克'国家报'和以色列'人民呼声报'欢迎周总理的复信"。

3月5日，《人民日报》第5版刊登两条消息，标题分别为"印度、印度尼西亚、阿富汗和锡兰报纸 欢迎中印两国总理会晤""印度'德里时代'周报揭露印度一些野心家阴谋破坏中印会谈"。

3月6日，《人民日报》第5版刊发消息，标题为"印度一些政界人士和印度缅甸马来亚一些报刊 欢迎周恩来总理同尼赫鲁总理会晤"。

3月7日，《人民日报》第6版刊发消息，标题为"伊拉克'人民团结报'和缅甸'记者报' 欢迎中印两国总理会晤"。

3月8日，《人民日报》第6版刊登消息，标题为"日本和加拿大一些报纸认为 周总理复信有助解决中印边界问题"。

3月9日，《人民日报》第5版刊登消息，标题为"柬埔寨'人民报'发表社论 欢迎周总理去印度会谈"。

3月12日，《人民日报》第5版刊登消息，标题为"柬埔寨'统一报' 欢迎中印两国总理会晤 芬兰'人民新闻'赞扬周总理复信"。

3月23日，《人民日报》第5版刊登周恩来在首都机场上的讲话，欢送尼泊尔首相。

3月24日，指示当晚广播中尼边界协定、经济援助协定和联合公报，25日见报。后经双方商定，当晚由中央电台在节目中预告于25日1点广播，3月24日晚中央电台广播了尼泊尔首相柯伊腊的讲话录音。①

---

① 中华人民共和国史广播电视编辑部编：《当代中国广播电视回忆录》第3集《周恩来与广播电视》，中国广播电视出版社1994年版，第248—249页。

△ 在中共中央政治局常委会议上，赞同邓小平对报刊把毛泽东思想宣传庸俗化的批评。邓小平提出，一定要使我们的报刊宣传不要把马列主义这几个字丢掉了，最近的偏向就是只讲毛泽东思想。始终在国际上拿出马列主义的旗帜，这样作战才有利，否则庸俗化了。周恩来说，一个是对立起来了，还有一个庸俗起来了，什么都说成毛泽东思想。①

3月25日，《人民日报》第5版刊发消息，标题为"黎巴嫩和缅甸报纸 欢迎中印两国总理会谈"。

3月26日，《人民日报》第5版刊发消息，标题为"柬埔寨'友谊报' 发表文章 欢迎周总理访印"。

3月29日，《人民日报》第5版刊发消息，标题为"印度一些报刊欢迎中印总理会谈 另一些报纸在欢迎周总理访印的同时又发表不利会谈的言论"。

3月30日，《人民日报》第5版刊发消息，标题为"印度一些报纸发表社论 欢迎中缅和中尼协定 另一些报纸继续为中印两国总理会晤制造障碍"。

4月3日，《人民日报》第4版刊发消息，标题为"印度一些报纸热烈欢迎中尼边界协定 中国对邻国尊重友好 帝国主义破坏亚洲团结的阴谋已受重大打击"。

4月5日，《人民日报》第4版头条刊登周恩来在匈牙利大使馆招待会上的讲话。

4月14日，《人民日报》第5版刊发消息，标题为"印度'自由报'发表社论说 印度人民决心加强印中友谊 缅甸报纸普遍重视周总理访问"。

4月16日，《人民日报》第5版刊发消息，标题为"越南'人民报'说周总理的访问显示中国的友好愿望"。

4月17日，《人民日报》第3版头条刊登在吴努总理招待周恩来总

---

① 中共中央文献研究室编：《周恩来年谱 1949—1976》（中），中央文献出版社1997年版，第296—297页。

理的国宴上的讲话。

4月18日,《人民日报》第5版刊发消息,标题为"缅甸舆论热烈欢呼中缅友好 坚持万隆原则就能和平共处 印度舆论殷切瞩望中印总理的会晤"。

4月19日,在缅甸仰光机场答记者问。内容发表在4月21日的《人民日报》第1版。第5版刊发消息,标题为"印度各界人民和舆论欢迎周总理访问 希望中印会谈获得良好结果'德里时代'周报说中印友谊对世界和平有重要意义"。

4月20日,《人民日报》第1版刊登周恩来在机场的讲话。

4月21日,《人民日报》第5版头条刊发消息,标题为"'德里时代'周报强烈谴责印度反动分子反华勾当"。

4月22日,《人民日报》第5版刊发消息,标题为"印度各地人民和很多报纸欢迎周恩来总理访问"。

4月23日,《人民日报》第6版头条刊发消息,标题为"亚洲舆论热烈欢迎周总理访问印度"。

4月24日,《人民日报》第5版刊发消息,标题为"保加利亚和柬埔寨报纸发表评论指出 中印两国总理会谈有利于亚洲和平"。

4月25日,《人民日报》第6版头条刊登消息,标题为"印度舆论希望中印会谈成功 谴责反动势力破坏会谈的阴谋 柬埔寨'民族主义者'周刊说印度人民欢迎周总理访问"。

△ 晚10时半到26日晨1时,在印度新德里答记者问。参加这次招待会的有150多名印度和其他国家的记者。周恩来首先发表了书面讲话,然后说,他愿意回答记者所提出的任何问题,但是,他希望他们的报纸和通讯社全文发表,或者发表他们各自报刊所问答的全部内容。中国主要报纸也将全文发表,并将在英文版《北京周报》上发表,以便送他们每位一份。约6000字内容发表在4月30日的《人民日报》第1版,后收入《周恩来外交文选》。

4月26日,《人民日报》第5版头条刊发消息,标题为"仰光'人民报'说周总理的积极态度受到印度和全世界舆论的热烈欢迎 匈牙利

'人民自由报'说广大印度公众舆论 真诚地欢迎中国总理的访问"。

△ 在柯伊拉腊首相举行的国宴上发表讲话,《人民日报》4月29日第2版发表《坚持五项原则互谅互让任何问题都能合理解决 周恩来总理4月26日在柯伊拉腊首相举行的国宴上的讲话》一文。

4月28日,晚,在尼泊尔加德满都举行记者招待会。会上,就记者们提出的关于中印边界、中尼边界、中苏边界、中美互派记者等问题以及西藏、香港等问题作了回答。他宣布,他讲话的全文请见下期《北京周报》,英文译文以《北京周报》刊登的为准。记者招待会内容发表在5月1日《人民日报》第1版。

△ 接受因尼泊尔方面原因而没有参加记者招待会的美国记者威尔逊的采访。威尔逊写道,谈了40分钟,与记者招待会上发布的内容是一样的,周进行了极为详尽的阐述,一个一个地讲到了他这次所访问的国家,他问我是否去过中国,是否知道蒙哥马利将访问中国,以及我是否也愿意去中国等等。①

△ 在尼泊尔电台发表了广播讲话,向亲爱的尼泊尔朋友们告别。演说全文约750字,刊载于5月1日《人民日报》第2版。

4月29日,《人民日报》第2版刊登周恩来4月28日在尼泊尔议会的讲话,题为"中尼两国友好关系树立了和平共处的榜样"和4月26日在加德满都市民欢迎大会上的讲话,题为"现在是亚非各国人民发奋图强的时代 中国愿意同尼泊尔在建设中携手前进"及4月26日在柯伊拉腊首相举行的国宴上的讲话,题为"坚持五项原则 互谅互让 任何问题都能合理解决"。

5月2日,在贵州花溪广播站说:"你们的广播站在哪里?带我去看看。"说着,便迈开大步,和这个广播战士来到广播站机房,仔细看了广播设备,一边看,一边指示:"办广播,宣传毛泽东思想,很好!"②

---

① [英]迪克·威尔逊:《周恩来传》,封长虹译,国际文化出版公司2011年版,第9页。

② 人民出版社资料组编:《人民的好总理 纪念敬爱的周恩来同志》(中),人民出版社资料组,1977年,第710页。

△下午,周总理在贵阳云岩招待所会见了省、市各方面的负责人和少数民族代表。会见结束后,记者萧明根据自己的记录,整理出当晚要发到北京的新闻电稿。萧明回忆说:稿件经过总理审阅,我们分秒不停地跑到邮电局以急电发往北京总社。当晚,云岩招待所举行文艺晚会,总理和大家一块观看文艺节目。将近晚十一点时,总理找到我,说稿子需要修改一下。因稿子已电发,原稿不在手边。他向旁边一位同志要来一张纸,凭着对原稿的记忆,一边对我说一边写。他说:"要在'山川秀丽,气候宜人,物产丰富,人民勤劳'的后边加上'只要贵州各族人民,在中国共产党的领导下,加强团结,努力工作,那么,贵州省的社会主义建设必将后来居上,大有希望。'"原稿在"人民勤劳"后边是这样写的:"贵州省的社会主义建设必将后来居上,大有希望。"[①] 总理对稿件增加的这段话,不仅仅是对电稿文词的修改,而是明确地指出了贵州省的发展方向。

5月3日,《人民日报》第6版刊发消息,标题为"周总理访问成就是中国和平外交的新胜利 朝鲜'劳动新闻'说中缅和中尼协定是通过会谈解决国际问题的榜样 越南'人民报'说帝国主义者和反动派终究阻挠不了亚洲各国的团结"。

5月4日,《人民日报》第6版刊登消息,标题为"中国是柬埔寨真诚的朋友 柬埔寨报纸热烈欢迎周总理的访问"。

5月5日,《人民日报》第6版头条刊登消息,标题为"柬埔寨人民准备热烈欢迎周总理 '统一报'说中国是一个真正爱好和平的亲密的朋友"。第6版刊载消息,标题为"印度右翼报刊恶毒诬蔑我国 攻击我国对边界问题的合理主张诬蔑我国进行'侵略'一些报刊露骨叫嚣印度应放弃谈判采用武力并投靠美国"。

5月6日,《人民日报》第6版刊载消息,标题为"印度进步报纸谴责反动派的反华叫嚣 呼吁维护中印两大国的友谊 必须揭露帝国主义走狗的真面目 击败他们的恶毒阴谋"。

---

① 《怀念周恩来》编辑小组编:《怀念周恩来》,人民出版社1986年版,第155—156页。

△ 上午10时（当地时间。——笔者），在西哈努克亲王陪同下主持了柬埔寨皇家电台的开幕仪式。在讲话中说："中国人民长期遭受帝国主义的侵略，深深体会到没有自己的广播事业的痛苦。因此，我们深切同情柬埔寨人民发展自己的广播事业的愿望，并且以能够对此作出一些贡献而高兴。柬埔寨是一个爱好和平、自由和独立的国家，它的声音应该为全世界所听到。我衷心地希望这座广播电台成为传播和平、自由和独立之声的有力工具。"周恩来应请剪彩。剪彩后，周恩来在西哈努克亲王陪同下参观了电台的各个部分。消息刊载于5月7日《人民日报》第1版。

按：这座电台是周恩来1956年11月访问柬埔寨时，赠送给西哈努克亲王的礼物。电台于1958年10月18日动工，1959年12月建成并试播，由中央广播事业局承建。到1962年我国赠送柬埔寨电台工程全部完成，第二期工程的50千瓦短波电台和播音馆，于1962年2月3日和2月15日移交柬方。

5月7日，《人民日报》第6版刊登新华社记者于民生、张瑶金写的通讯《金边倾城欢迎周总理》，配有新闻图片。第6版刊登两条消息，标题分别为"美国报刊大肆挑拨中印关系 无耻诬蔑我国对中印边界问题的合理主张 露骨煽动印度放弃中立政策加紧反对中国""中国一贯遵守和平共处原则 周总理在印度的谈话受到世界爱好和平人民的极大赞扬"。

5月8日，《人民日报》第1版刊登周恩来在皇家纺织厂开幕式上的讲话。

△ 晚11时30分（当地时间。——笔者），在外交部大厦举行记者招待会。他答复了柬埔寨和其他国家记者提出的问题。周恩来就记者提出的关于中柬关系、中印边界、在柬华侨、中国的经济建设及其他问题作了回答。答记者问全部内容发表在5月12日《人民日报》第4版。

5月9日，《人民日报》第5版刊载消息，标题为"西哈努克在柬'民族主义者'周刊撰文说 周总理访问是中柬友谊巨大发展的证明"。

5月初，与邓小平、胡乔木通话：要《人民日报》准备一篇再论尼赫鲁的文章,以揭穿民族主义国家资产阶级统治的半反动标兵的实质。①

5月10日,《人民日报》第6版头条刊发消息,标题为"中越人民兄弟友谊万古长青 越南报纸发表社论热烈欢迎周总理访问"。

5月11日,《人民日报》第2版头条刊登周恩来在范文同总理举行的国宴上的讲话,标题为"制止美帝国主义在南越加强军事力量 越南人民统一祖国的愿望一定能实现"。

5月15日,《人民日报》第4版刊载消息,标题为"中越友谊将开出更鲜艳的花朵 越南'人民报'发表社论,热情赞扬周总理的访问"。第4版刊载消息,标题为"万隆精神的好榜样 柬埔寨报刊认为周总理访柬意义重大"。

5月26日,在中南海西花厅会见英国反法西斯战争名将蒙哥马利元帅。那天到飞机场去采访的记者是女同志,去西花厅采访的文字、摄影和电视记者也都是女同志。当周恩来和蒙哥马利站在客厅中央让记者拍照时,蒙哥马利一边整理领带一边环顾四周问周恩来说:"她们能照好吗?"周恩来笑了。用十分肯定的语气说:"放心,会照好的。她们做记者工作都有很多年了,很有经验。"②

6月1日,《人民日报》第3版刊登周恩来在乌兰巴托市蒙中友谊集会上的讲话。

6月7日,《人民日报》第1版刊登周恩来在招待世界工联理事会议代表的宴会上的讲话。

6月27日,晚,到毛泽东处开会。会上讨论《人民日报》社论稿《高举莫斯科宣言的马克思列宁主义革命旗帜》。参加者还有刘少奇、陈云、柯庆施、陆定一。③

6月28日,晚,约陆定一、陈伯达、杨尚昆、邓力群、胡绳、吴冷

---

① 中共中央文献研究室编:《周恩来年谱1949—1976》(中),中央文献出版社2007年版,第315页。

② 《我们的周总理》编辑组编:《我们的周总理》,中央文献出版社1990年版,第437页。

③ 中共中央文献研究室编:《周恩来年谱1949—1976》(中),第327页。

西等研究修改《人民日报》社论稿。①

  按：经周恩来修改后，要求更准确、更具体，同时也更符合实际，修改后的社论稿显然高出修改前的水平。

7月2日，接见以巴西全国职业新闻工作者联合会负责人卡洛斯·阿尔贝托·科斯塔·平托为首的巴西新闻工作者代表团。周恩来在接见的时候回答了代表团提出的问题。接见时在座的有中华全国新闻工作者协会副主席朱穆之、常务理事邵宗汉、外交部新闻司司长龚澎。7月3日，《人民日报》第6版刊登接见消息。

接见后合影（右起第四人是团长卡洛斯·阿尔贝托·科斯塔·平托）。新华社记者刘东鳌摄

资料来源：转自《人民日报》1960年7月3日第6版。

8月2日，亲自召集会议，专门研究有关斯诺来华后的接待问题。②

8月10日，《人民日报》第6版刊载消息，标题为"英国'工人日报'评周总理和平倡议 全世界看到社会主义国家要和平 谴责艾森豪威尔的'黩武主义的咨文'"。

---

① 中共中央文献研究室编：《周恩来年谱1949—1976》（中），中央文献出版社2007年版，第327页。
② 孟红：《周恩来和斯诺：六次让世界瞩目的会晤》，《文史春秋》2008年第5期，第9页。

指导新闻期（1947年3月—1976年1月）　481

8月13日，针对美国国务院8月1日发表的声明，《人民日报》头版头条发表经周恩来审定的社论：《驳美国国务院声明》。

8月14日，《人民日报》第6版刊载消息，标题为"希腊'黎明日报'评周总理建议　中国和平政策得到普遍承认　西方反动报纸诬蔑中国的叫嚣受到打击"。

8月30日，抽出一天时间，陪同斯诺参观密云水库。途中，周恩来对斯诺交来的40多个问题，概括起来加以回答，参观后又继续交谈给以阐述。周恩来向斯诺解释说："美国记者不被欢迎到中国来的问题，完全是美国当局对台湾的政策造成的。台湾岛之属于中国，犹如夏威夷之属于美国一样清楚。如果华盛顿不承认这个事实，美国记者将不被欢迎到中国来。"①

周恩来和斯诺在北京郊区密云水库泛舟促膝长谈（杜修贤摄）
资料来源：路元《周恩来与斯诺》，《新闻业务》1986年第2期，第6页。

---

① 孟红：《周恩来和斯诺：六次让世界瞩目的会晤》，《文史春秋》2008年第5期，第9—10页。

9月5日,应英国记者费力克斯·格林提出的电视访问的要求,中午接见了格林。在接受采访的时候,义正词严地表明了我国在处理中美、中英关系时坚持的原则立场。事后,中国的电视台和英国广播公司电视台播出了访问的电视片,中央人民广播电台、西方的通讯社都先后播发了周恩来的谈话录音,在世界上引起了很大的反响。① 接见时,在座的有外交部新闻司司长龚澎、副司长康矛召等。内容全文发表在11月5日《人民日报》第1版。

按:谈话对各国人民了解中国对外政策、促进世界和平都具有现实意义。采访后他问格林:"你为什么那样忧心忡忡呢?你所提的问题都表现出一种忧心忡忡的心情……瞧我,我比你年纪大得多,可我就不那样,你又何必着急呢?"

9月19日,就《毛泽东选集》第四卷将于9月30日出版事,在全国宣传会议上讲话,题目是:"《毛选》第四卷介绍"。他说,《毛选》是我们这个历史阶段的一个伟大胜利的记录。提出学习《毛选》要联系实际,现在国际反右倾,大家要化义愤为力量,埋头苦干,自力更生,坚持团结,坚持原则,为保粮、保钢而奋斗。要学习毛主席的预见性,要善于深思熟虑,要老谋深算。建议保留一些对解放战争具有决定意义的战役的痕迹,举办展览,教育后代,认为这比整修故居有意义。②

10月1日,应尼日利亚广播公司的要求为尼日利亚的独立致祝词,指示中国驻英国代办处转尼日利亚广播公司:一、我国政府将决定承认尼日利亚。二、如尼方保证不要台湾当局代表的录音贺词,就可以把我的祝词录音进去。③

10月3日,《人民日报》第2版头条刊登周恩来在首都各界人民庆祝中缅边界条约签订大会上的讲话。

---

① 赵玉明、哈艳秋、袁军:《周恩来与广播电视》(下),《中国广播电视学刊》1998年第5期,第8页。
② 中共中央文献研究室编:《周恩来年谱1949—1976》(中),中央文献出版社1997年版,第349—350页。
③ 中共中央文献研究室编:《周恩来年谱1949—1976》(中),第354页。

10月4日,《人民日报》第2版头条刊登周恩来在吴努总理的告别宴会上的讲话。

10月8日,下午,在中山公园接见了正在我国访问的9个国家的外宾。这些外宾包括古巴记者代表团团长塔比奥,以小林雄一为首的日本新闻工作者代表团,哥斯达黎加共和报专栏作家弗朗西斯科·甘波亚等。《人民日报》10月9日第1版刊登接见消息。

周恩来总理和古巴记者代表团团长塔比奥握手[图(中)为哥斯达黎加共和报专栏作家弗朗西斯科·甘波亚](新华社记者陈娟美摄)

资料来源:转自《人民日报》1960年10月9日第4版。

10月12日,《人民日报》第1版发表社论《越来越孤立的不是中国,而是美国!》,在送审稿中提到:"我国人民向来对美国操纵下的联合国组织,决不抱任何不切实际的幻想。"周恩来将后半句改为"是有足够认识的"。①

按:周恩来的修改和原稿比起来站得高度更高,也留有余地,

---

① 崔奇:《崔奇时事评论集 20世纪40年代—21世纪初叶》,人民日报出版社2010年版,第145页。

可谓绵里藏针，一语道破实质。

10月18日，对斯诺提出的另外一些问题，周恩来与他进行了第二次深谈。周恩来说："中国解放后，美国政府宣布它不会干涉中国内政，并且宣布台湾是中国的内政问题。艾奇逊在白皮书中作了如此声明，后来杜鲁门也承认了。"中国早在1955年就曾建议，中美之间在台湾地区的争端应通过和平谈判解决而不应诉诸武力或武力威胁，但美国政府把消息压下了。周恩来还举例说明了中国执行的和平共处对外政策。①

10月24日，上午，参加《人民日报》社论《从中印边界问题再论尼赫鲁哲学》草稿讨论时说："对尼赫鲁的分析要有历史观点，他有个演变过程，不能讲尼赫鲁一开始政治活动就代表印度大资产阶级大地主，一上台执政就实行反动的民族主义，一贯执行反动政策。这样讲不能说服人，也不能解释中印两国之间过去曾有一段关系良好的历史，尼赫鲁开头是代表民族资产阶级的，要求民族独立，参加了反英运动。印度独立后，随着国内国际形势的发展，尼赫鲁从民族资产阶级代表人物一步步地演变为大资产阶级代表人物，从民族资产阶级立场一步步地变为大资产阶级扩张主义的立场 这种转变，是同他早在1944年《印度的发现》一书中所暴露的那种'大印度'观念有关的。"按照周恩来的意见，文章对尼赫鲁的演变过程作了具体的分析。②

△ 下午，接见正在我国访问的英国自由投稿记者斯图尔特·吉耳德和他的夫人。接见时在座的有外交部新闻司司长龚澎。10月25日，《人民日报》第4版刊登接见消息。

10月26日，对《人民日报》社论《从中印边界问题再论尼赫鲁的哲学》一稿又作了若干修改，把"尼赫鲁反动集团"改为"印度反动集团"，把"横亘在中印两国之间的喜马拉雅山和喀喇昆仑山"句中"横亘在中印两国之间的"几个字去掉，并批示："刚才会后报告了，

---

① 孟红：《周恩来和斯诺：六次让世界瞩目的会晤》，《文史春秋》2008年第5期，第10—11页。

② 崔奇：《崔奇时事评论集 20世纪40年代—21世纪初叶》，人民日报出版社2010年版，第206—207页。

大家同意这样写法,并同意取消那两张附图。文章可于明日见报。周恩来 十月二十六日"。①

10月,对外事报道活动作出指示,对外事活动的报道应注意外事活动的程序,不要前后颠倒。消息要写得生动一些,不要老一套,不要如法炮制。②

按:周恩来的指示,不仅对做好外事报道具有重要指导意义,对做好新闻报道工作也有很重要的现实指导意义。

11月3日,晚,在接见加纳《时报》国际问题记者、体育版编辑

周总理和科菲·巴杜(中)、伊曼纽尔·威廉·阿贾耶(右)进行亲切的谈话
(新华社记者杜修贤摄)

资料来源:转自《人民日报》1960年11月4日第1版。

---

① 崔奇:《崔奇时事评论集 20世纪40年代—21世纪初叶》,人民日报出版社2010年版,第209页。
② 钟巨治:《周恩来论新闻工作者的作风与文风》,《中国广播电视学刊》1998年第1期,第15页。

科菲·巴杜等的谈话中驳斥国际上一些人对中国的诬蔑，阐明我们和平共处，正埋头建设等主张。《每日写真报》助理新闻编辑伊曼纽尔·威廉·阿贾耶接见时在座。接见时在座的还有中华全国新闻工作者协会副主席朱穆之，外交部新闻司副司长邵宗汉等。11月4日，《人民日报》第1版刊登接见消息。

11月4日，北京电视台播送周恩来6月5日同英国记者费利克斯·格林的电视谈话。中央人民广播电台在21点播放了周恩来谈话录音。英国广播公司在11月3日播送了这部电视片。西方四大通讯社都在这一天转播了周恩来的谈话。①

11月7日，《人民日报》第1版刊登消息，标题为"周总理接见苏中友协代表团"。

11月13日，《人民日报》第5版刊登消息，标题为"印度'人民力量报'支持周总理电视谈话 全世界人民支持中国立场 美国军队应该从台湾撤走"。

11月23日，就21日中朝两国足球赛中发生群众嘘朝鲜裁判一事对国家体委党组提出批评，指示通过报刊、临场广播和党团组织向群众进行深入的教育。②

11月30日，毛泽东和周恩来在中南海接见正在我国访问的拉丁美洲12个国家的外宾，其中有些是编辑和记者，全国记协书记处书记李炳泉要高粱和他一起去陪同接见。在毛泽东、周恩来接见外宾并同他们照相、交谈结束后，有两位记者，一位是墨西哥的女记者，一位是英属圭亚那的记者，他们临时向周恩来提出了有关我国建设情况的几个问题，周恩来同意他们留下，专门同他们谈谈。他们两人只讲英语，而当时没有英语翻译在场，于是周恩来便临时指定高粱给他翻译。③

---

① 中华人民共和国史广播电视编辑部编：《当代中国广播电视回忆录》第3集《周恩来与广播电视》，中国广播电视出版社1994年版，第249页。
② 中共中央文献研究室编：《周恩来年谱 1949—1976》（中），中央文献出版社1997年版，第371页。
③ 有晨：《回忆周恩来总理对我的几次教诲——高粱访谈录》，《党的文献》2008年第3期，第44页。

按：高梁，新中国成立后，先后在新华社、外交部、中宣部工作，曾任中宣部外宣局局长等职。2006年逝世。

12月19日，《人民日报》第1版刊登周恩来在西哈努克举行访华宴会上的讲话。

12月21日，国务院总理周恩来、副总理兼外交部长陈毅陪同柬埔寨国家元首西哈努克亲王及其夫人访问南京。曾树英这个淮安老乡在中山陵遇到了周恩来。"周总理遇到了老乡！"敏感的新闻记者们都知道，总理离家50年了，还从未回家过一次，今天意外地碰上了老乡，大家都为他高兴，纷纷围了上来，听他们谈些什么，还不时忙着记笔记。周恩来立即对记者们说："这个消息不要登报，也不要宣传。"①

12月24日，《人民日报》第5版头条刊发消息，标题为"缅甸舆论热烈欢迎周总理率领代表团访缅 中缅友好有助于亚洲、世界和平"。

60年代初期，周恩来对赵超构说："赵先生，这几天我看了你写的几篇宣传计划生育的文章，写得不错！请你以后还要多宣传移风易俗这方面的内容。"接着，对晚报文艺版的报道发表了一些意见："我认为要从群众性的文艺活动中发现好作品和优秀人才，不要只报道专业团体活动，两眼只盯住明星。"②

本年，作为新闻人物的周恩来，被《人民日报》刊发报道文章487篇。

新闻背景

2月28日，《中国青年报》发表通讯《为了六十一个阶级弟兄》，同时配发社论《又一曲共产主义的凯歌》。2月29日《人民日报》第4版整版全文转载了《中国青年报》的通讯和社论。

3月1日至15日，全国广播工作第七次会议在北京举行。

3月11日，吴冷西当选为新一届中国记协主席。

---

① 张开明、吴雪晴主编，中共江苏省委党史工作办公室编：《江淮之子 周恩来与江苏》，中央文献出版社1998年版，第445页。

② 富晓春：《报人赵超构》，文汇出版社2017年版，第255—256页。

4月11日，国际新闻工作者协会在柏林举办的第一届国际新闻图片展览会上宣布评奖结果：中国摄影记者郑光华的"黄河上另一座巨大的水电站"和景家栋的"喝杯翻身酒"（主题是西藏农奴庆贺新生后第一次春耕）分别获得银质和铜质奖章。

5月1日，我国成为世界上第六个开始进行彩色电视试播的国家。

6月1日，印度尼西亚情报部公布了最高战时掌权者发布的1959年第三号法令，这项法令规定，如果没有事先获得最高战时掌权者的许可，非拉丁字母、非阿拉伯字母或非印度尼西亚方言（实际上指的只是中文）的报纸和杂志的印刷、出版、散发、发行、销售和邮寄，将遭到禁止。

6月3日，《人民日报》第3版刊登新华社记者郭超人写的著名通讯《英雄登上地球之巅》；6月4日，《人民日报》第7版刊登其写的著名通讯《红旗插上了珠穆朗玛峰》（续二）；6月8日，《人民日报》第2版刊登《红旗插上了珠穆朗玛峰》（续三），6月13日，《人民日报》第4版刊登《红旗插上了珠穆朗玛峰》（续完）。

9月2日，《人民日报》发表长篇通讯《邢燕子发愤图强建设新农村》，邢燕子的经历使她成为新中国60年代的标志和符号。同一时期，新闻媒体相继树立了一系列影响力较大的典型，如南京路上好八连，植棉劳模吴吉昌，为抢救国家财产英勇牺牲的向秀丽，草原英雄小姐妹龙梅、玉荣等。

秋季，广州暨南大学中文系设立新闻专业，"文化大革命"期间，随学校解散。1978年9月复校后重建新闻学系。

11月，由南京大学中文系新闻专修科和江苏省新闻学校（后改为南京大学附属新闻学校）合并而成的南京新闻专科学校成立。

台湾当局指控《自由中国》杂志抨击国民党专权，引起台湾新闻界抗议。

古巴哈瓦那广播电台开播。

1961年（六十三岁）

1月3日，《人民日报》第1版刊登周恩来在仰光机场的讲话。第6版刊载消息，标题为"缅甸各报热烈欢迎周总理访缅 指出中缅和平共处和缔结边界条约为世界树立了良好榜样"。

1月4日，《人民日报》第5版刊发消息，标题为"仰光各报显著

指导新闻期（1947年3月—1976年1月） 489

刊登周总理到达消息"。

5" 1月5日，《人民日报》第5版刊发新闻特写，标题为"中缅'胞波'情谊的生动表现——李一氓大使为周总理访缅举行的招待会盛况"。

1月5日至14日，率领的中国政府友好代表团访问缅甸，北京电视台（现中央电视台。——笔者）派记者孔令铎、庞啸随同报道。这是北京电视台第一次派记者报道国家领导人的活动。[①]

1月9日，《人民日报》第3版刊载消息，标题为"曼德勒《人民报》发表社论 热烈欢迎周总理访缅"。

1月12日，出访归来，第二天在报纸上有消息说"周恩来总理红光满面，同欢迎的人们一一握手"。看到此，周恩来找来写此报道的记者，指着报纸上的消息说："现在国家遭难，人民受苦，我周恩来凭什么还'红光满面'？"他还说，我们共产党的干部都是人民的公仆。现在，天灾人祸搞得我们连饭都吃不饱，我周恩来作为国家总管，居然还"红光满面"？这样宣传"上不合于国情，下不安于民心"。

> 按：这一段内容流传盛广，最早见于秦九凤的文章《"我周恩来凭什么神采奕奕？"》，刊载于《新闻三昧》1994年第11期。内容为1993年10月下旬，秦九凤到北京拜访了罗青长，在罗所谈的很多事情中，有件小事给秦留下了深刻难忘的印象。时间是1961年下半年，还分析了记者用"神采奕奕"这个词的原因，写这则新闻时只是考虑了国际方面的情况，没有考虑国内方面的因素；《领导文萃》1999年第2期没有标明作者的文章《"我凭什么神采奕奕？"》，说的时间是1961年，没有指出月日和什么报纸；以严谨著称的《咬文嚼字》2009年第9期刊登罗忠贤的文章《周恩来否认"神采奕奕"》，记载时间是1961年，也没有指出月日和什么报纸；《新湘评论》2012年第14期刊登陈鲁民的文章《周恩来拒绝"神

[①] 于广华主编：《中央电视台大事记1955.2—1993.3》，人民出版社1993年版，第11页。

采奕奕"》，时间进一步明确为1961年4月，没有指出什么报纸；还有很多转载，不一一列出。笔者翻阅全套《人民日报》，1961年4月，周恩来没有出访，下半年有一次率代表团参加苏联共产党第二十二次代表大会。回国的报道是这样描写的：10月24日中午乘专机由莫斯科回到北京。中共中央主席毛泽东同志到机场迎接周恩来同志。周恩来同志走下飞机以后，毛泽东主席以及其他同志迎上前去，同他亲切握手。少年先锋队员向周恩来同志献鲜花。1961年1月13日题目为"结束在缅甸的友好访问 满载缅甸人民的真诚友谊 周恩来总理回到北京 朱德、陈云、邓小平和首都各界人士到机场迎接"一文引起了我的重视，内容为：新华社12日讯周恩来总理结束了在缅甸的七天友好访问之后，带着缅甸人民的真诚友谊，今天中午乘专机回到北京。十二时，周恩来总理等在热烈的掌声中走下飞机，接受了少年儿童的献花。周恩来总理红光满面，同欢迎的人们一一握手，大家亲切地向周恩来总理问候、致意。"红光满面"常常和神采奕奕连用，是媒体形容国家领导人的常用词，一般来说，这样用是不会错的。但在三年困难时期，由于严重缺粮，实行低水平的定量供应，全国人民都吃不饱肚子，很多人因为营养不良，身体浮肿，还有饿死人的现象发生。此时领导人还"红光满面"，就不妥了，而且与事实不符。当时的周恩来心力交瘁，日夜忧虑，根本谈不上"红光满面"。无怪乎周恩来不满意了。人往往会记住某一重要细节而将之放大，其他则会记忆模糊。我们认为，罗青长的记忆很有可能是这样的，时间大概是1961年，记者的描写可能是红光满面，记忆成了神采奕奕，当然还得其他资料有所发现，以作为佐证。

3月初，得悉香港《真报》报道了美国的"个半中国"方案，其内容包括：（一）承认中国对台湾有宗主权，（二）中美双方对台湾均不使用武力，（三）台湾仿效苏联的白俄罗斯、乌克兰在联合国的地位，同中国同时出席联合国。当即指示中央对台工作小组：在台湾问题上，美国的基本政策不会变，但做法不会重复老一套，也会用许多新花招来迷惑一些人。①

4月13日，在西双版纳傣族人民传统节日泼水节期间，听说《西双版纳报》有傣汉两种文字，高兴地说："很好，要办好报纸，特别是傣文，影响大。"②

4月15日，午饭后，周恩来接见云南州县干部，在合影留念时，西双版纳报社25岁的刀维汉因既兴奋又紧张，在慌乱中刚照了一张，相机就出了故障，片子卷不过去。此时，其他记者都已拍摄完毕，仅剩小刀一人在满头大汗地修相机。州委领导考虑到周总理马上就要乘车返回思茅，就请他去休息，但周总理没有动，亲切地注视着身穿傣装的刀维汉对大家说："同志们，等一等，他是年轻的傣族记者，给他个锻炼机会，让他照几张吧！"西双版纳4月的中午，骄阳似火，周总理在炎炎烈日下站着等了好一阵子，直到小刀将相机修好，照完相后才离去。③这段小插曲透射出的是一国总理关心、鼓励一名年轻少数民族记者的光辉形象。

4月24日，《人民日报》第2版头条刊登周恩来在欢迎老挝贵宾的国宴上的讲话。

4月27日，接见香港《大公报》记者费彝民，谈对台湾和香港的统一战线工作时说，情报只能作为参考，不能作为决定政策的唯一根据。情报工作有两种，一种是人民情报，一种是特务情报，我们是"人民情报为主，依靠人民，依靠同情者和进步力量。在谈到香港的工作时强调：应学习白蚂蚁的精神，多做少说，不要浮夸。要出污泥而不染。要团结各种各样的上层人物，培养各方面的人才"。④

4月底5月初，在河北调研期间，应邀为《邯郸日报》《邢台日报》

---

① 中共中央文献研究室编：《周恩来年谱1949—1976》（中），中央文献出版社1997年版，第395—396页。
② 中共云南省西双版纳傣族自治州委员会，中国人民解放军西双版纳军分区：《周总理在西双版纳的日日夜夜》，《怀念敬爱的周总理》，江苏人民出版社1977年版，第404页。
③ 中共云南省委党史研究室编：《情系南滇 周恩来与云南》，云南民族出版社1997年版，第408—409页。
④ 中共中央文献研究室编：《周恩来年谱1949—1976》（中），第407页。

题写了报名。

邯郸日报

邢台日报

资料来源：华叶《人品书墨俱丰碑——周恩来的报头书法》，《书法艺术》1994 年第 4 期，第 26 页。

5 月 9 日，晚上和邓颖超到北京电视台演播室观看河北梆子剧团演出的《杜十娘》。周恩来还观看了北京电视台正在试验的彩色电视。①

6 月 13 日，《人民日报》第 2 版头条刊登进一步增进中越两国人民兄弟友谊，周总理在欢迎范文同总理国宴上的讲话；第 2 版刊登周恩来在首都机场的讲话。

6 月 15 日，《人民日报》第 3 版刊登周恩来在苏加诺总统告别宴会上的讲话。

6 月 16 日，《人民日报》第 3 版刊登周恩来在越南大使招待会上的讲话。

6 月 17 日，《人民日报》第 2 版刊登周恩来在首都机场的讲话。

7 月 9 日，下午，接见应邀来我国参加"中蒙友好旬"活动的以官布·扎布苏仁扎布为首的蒙古新闻工作者等代表团的成员，并同他们进行了亲切友好的谈话。接见消息刊载于《人民日报》7 月 10 日。

7 月 10 日，晚，接见突尼斯共和国友好代表团团长、新闻和游览部

---

① 于广华主编：《中央电视台大事记 1955.2—1993.3》，人民出版社 1993 年版，第 13 页。

部长穆罕默德·马斯穆迪和代表团全体成员，同他们进行了亲切友好的谈话。接见消息刊载于《人民日报》7月11日第1版。

接见时合影（左起第五人是穆罕默德·马斯穆迪）（新华社记者刘长忠摄）
资料来源：转自《人民日报》1961年7月11日第3版。

7月12日，《人民日报》第4版刊登周恩来在蒙古驻华大使招待会上的讲话。

7月13日，《人民日报》第3版刊登周恩来在马东山临时代办举行的宴会上的讲话。

7月23日，接见包括记者王殊在内的三位在刚果工作的同志。周恩来嘱咐他们说，你们工作上要谨慎，安全上也要注意，切不可大意，要有做俘虏回不来的准备。[①]

9月20日，约国务院外事办公室和外交部人员谈有关联合国的问题。根据这次谈话的精神，9月22日，《人民日报》第1版发表了题为"坚决反对美国的新阴谋"的社论，揭露美国违反联合国宪章的行为。[②]

9月20日，中午，接见以马里内政和新闻部长马德拉·凯塔为首的马里政府经济代表团，同他们进行了亲切友好的谈话。接见时在座的有各有关部门负责人叶季壮、方毅、黄镇、卢绪章等。接见消息刊载于

[①] 万京华：《周恩来与新华社驻外记者》，《对外传播》2009年第3期，第31页。
[②] 中共中央文献研究室编：《周恩来年谱 1949—1976》（中），中央文献出版社1997年版，第433页。

《人民日报》9月21日第1版。

周总理和马德拉·凯塔团长握手
（新华社记者杜修贤摄）

资料来源：转自《人民日报》1961年9月21日第1版。

9月23日，《人民日报》第2版刊登周恩来在饯别蒙哥马利元帅的宴会上的讲话。

9月，在章士钊陪同下看望朱启钤先生时问：送给你的《参考消息》收到没有？朱说：他们每天都拿给我看，字太小，没法看清楚。周说，这些是专治我们老年人的，叫我们看不见。周当即指示秘书，转告新华社，以后应专门印一种大字的《参考消息》，供老年人阅读。后来，根据周恩来的意见，新华社于1966年1月25日出版了大字版的《参考消息》。①

10月10日，《人民日报》第1版刊登周恩来在辛亥革命五十周年纪念大会上的开幕词。

10月12日，《人民日报》第4版刊登周恩来在欢迎吴努总理宴会

---

① 郑德金：《周恩来指导新华社工作纪实（1931—1976）》，《中共党史资料》2008年第2期，第172页。

指导新闻期（1947年3月—1976年1月） 495

上的讲话和在北京机场欢迎吴努总理时的讲话。

10月14日，《人民日报》第4版头条刊登周恩来总理在中缅边界议定书签字仪式上的讲话。第4版同时刊登周恩来在吴努总理告别宴会上的讲话。

10月15日，《人民日报》第3版头条刊登周恩来在北京机场上的讲话。

11月22日，接见以总编辑土岐强为首的日本共产党中央机关报《赤旗报》代表团，谈了《毛泽东选集》日文版有关问题。他说，我们宣传的弱点是硬邦邦，有骨肉的生动的东西太少。① 接见时在座的有廖承志、吴冷西、胡绩伟、王揖、赵安博等。11月23日，《人民日报》1版刊登接见消息。

11月23日，给《中国建设》（英文版）创刊十周年题词："把中国人民对全世界各国人民的友好愿望传播得更广更远，并且加强我们同他们之间的团结。中国建设创刊十周年 周恩来 一九六一年十一月二十三日"。

资料来源：赵玉明《追忆相知深：周恩来手迹纪事三则》，《档案春秋》2016年第12期，第5页。

---

① 林枫：《马克思主义新闻观 中国视角的系统阐释》，新华出版社2005年版，第435页。

按：据穆欣《毕生热爱中国的爱泼斯坦》一文称，《中国建设》创刊十周年的时候，周恩来为其题词："事实胜于雄辩，唯真理可以服人。《中国建设》向世界各国朋友介绍真实情况，这是对世界和平的贡献。谨祝继续努力，获得更新更大的成就。"周恩来还亲自到《中国建设》编辑部来祝贺。《人民日报》1962年1月6日第4版报道周恩来的题词是与上面手迹相同的。

12月6日，出席中共中央书记处会议。会议讨论外交部关于中印边界问题的声明和《人民日报》的《尼赫鲁策动的印度反华运动的真相》社论。[①] 7日，声明和社论在《人民日报》第1版发表。

△ 国务院外事办公室向北京广播电台传达了周恩来关于改进对日宣传的指示：现在对日宣传比较生硬，特别是广播，对日宣传要适合日本情况，要做好调查研究工作。[②]

按：张颖，长期在周总理身边工作，曾担任《剧本》杂志主编、外交部新闻司副司长。张颖曾回忆周恩来对她的关怀：1940年，时任党中央副主席兼南方局书记的周恩来，得知我是延安鲁迅艺术学院的第一期学生，就把我调到南方局文化委员会做文秘，发挥专业特长，并从事统战工作。在此期间，我以《新华日报》记者身份开展工作。周副主席直接领导文化委员会工作，有些任务还亲自下达给我。一次，著名作家夏衍创作了话剧《愁城记》，该剧写一对夫妇留在上海想干革命又跑不出来的故事。周副主席命令我写一篇剧评。我写两天也没有写出来。周副主席有些纳闷："干吗不写？"我说："写不出来。"周副主席很不高兴，他说："不好写就不写了吗？"听周副主席这么一说，我转身就跑出房间。周副主席一拍桌子："你还有没有组织性？我的话还没有说完，你就转身跑了。这是组织决定的，你回去写，今晚我叫《新华日报》的同志来

[①] 中共中央文献研究室编：《周恩来年谱1949—1976》（中），中央文献出版社2007年版，第443页。

[②] 中华人民共和国史广播电视编辑部编：《当代中国广播电视回忆录》第3集《周恩来与广播电视》，中国广播电视出版社1994年版，第250页。

1961年在北京东四八条胡同朱启钤宅（左起为张颖、章以吴、邓颖超、罗婉容、周恩来、章文晋、章梅）

资料来源：张正尤《"周总理的教诲使我永生难忘"——专访原八路军女战士、外交部新闻司原副司长张颖》，《人民日报海外版》2009年8月20日第7版。

取稿。"说完，周副主席即坐下不理我了，没留一点商量的余地。我觉得很委屈，直掉泪。我回到我的办公桌旁，心里憋得慌，就是写不出来，也很着急。约到深夜两点时分，感觉有人拍我肩膀，我回头一看，竟是周副主席，他用温和的语气说："怎么样，掉眼泪了?!"我立即回答："快写完了!"周副主席高兴地说："好好写吧。"接着，他又诚恳地对我说："刚才对你太严厉了，对不起!"凌晨四点《新华日报》的同志取走了刚刚写好的稿件，稿件当天就在该报发表了。这就是周副主席，对部属工作要求高，既严厉也鼓励，我就是在这种环境里健康成长的。

在首都机场（吕相友摄）

资料来源：转自《人民日报》1986年2月26日第8版。

按：1961年刘少奇、周恩来、朱德、董必武、贺龙等几位中央领导同志到机场迎接客人，在飞机到达之前他们相互亲切交谈。好几位领导同志都做出了各自的习惯动作：周恩来环抱双臂，刘少奇手持点燃的香烟，朱德仰面畅笑，贺龙手托下巴……自然流露而富有个性的神态动作，定格了精彩的瞬间。

本年，作为新闻人物的周恩来，被《人民日报》刊载报道文章360篇。

新闻背景

3月19日，《北京晚报》开设《燕山夜话》专栏。

4月，中国人民大学新闻系创办的新闻学术期刊《国际新闻界》在北京创刊。

5月1日，刘少奇同《人民日报》、新华社负责人谈话时指出，《人民日报》应好好总结"大跃进"时期在宣传生产建设方面的浮夸风，在推广先进经验方面的瞎指挥风以及在政策宣传和理论宣传方面的片面性等问题。

5月1日起，《解放军报》开始摘登毛泽东主席语录。这是报刊摘登毛主席语录的开端。

10月，北京《前线》杂志自当月出版的第19期起，开辟《三家村札记》杂文专栏。作者"吴南星"是历史学家吴晗、北京市委主管文教工作的书记邓拓、北京市委统战部长廖沫沙三人合用的笔名。

亚洲通讯社组织成立。全非新闻工作者协会成立。

1962 年（六十四岁）

1月6日，在宋庆龄陪同下，与陈毅、邓颖超等参观《中国建设》杂志创刊十周年展览会。周恩来说："这个展览会很好，大家要给《中国建设》写稿子，每个部门两篇。"① 当天，《人民日报》第4版刊发消息，标题为"纪念《中国建设》杂志创刊十周年 宋庆龄发表纪念文章 周恩来总理陈毅副总理分别题词"。

1月14日，《人民日报》第2版头条刊登周恩来在招待阿尔巴尼亚政府经济代表团宴会上的讲话。

1月31日，《北京日报》第1版头条刊登消息，题目是"北京工业品质量普遍提高"，周恩来看到后，把报社负责人找去，进行了语重心长的批评。周恩来说：普遍，就是毫无例外的信息。你们北京市的工业产品的质量，是不是毫无例外地都提高了呢？恐怕不能这样说，你们报纸用的纸张质量就不高嘛！（当时由于缺乏纸张，用了一部分北京一个造纸厂用次料做的纸，纸面发黑）。周恩来还说，现在，中央正在北京开七千人大会，全国各地的负责同志都在北京。这点，你们肯定是知道的，在这种情况下，你们不应该更谦虚一些吗？即使有成绩，也不要讲得过满嘛！报社领导传达周恩来的批评后，在编辑部引起很大震动，使编辑部人员受到一次生动而深刻的教育。②

1月，我国外交部发表了给印度政府的一份阐述我国政府对中印边界问题的立场的外交照会，全文有数万字，由新华社和《人民日报》

---

① 尚明轩主编：《宋庆龄年谱长编 1893—1948》（下），社会科学文献出版社 2009 年版，第 1082 页。

② 钟毅：《周总理关怀北京日报二三事》，《新闻与写作》1984 年第 2 期，第 1—2 页。

全文发表。周恩来同时指示新华社把几万字的照会全文压缩成两三千字的新闻报道，既要讲清问题，又要十分鲜明地表达我们的立场。周恩来还具体地告诉记者怎样压缩，指示记者用自己的话转达照会的主要内容。只有这样才能压缩到两三千字。记者写了一遍又一遍，周恩来和外交部的同志改了一遍，一直改写了二十四稿，终于大功告成。①

2月3日，在中共中央扩大的工作会议福建组会上讲话的第四个问题"检讨的目的"中指出："做实事。做了实事，就有实效，否则强迫命令，就会搞一些不实在的东西。这几年《人民日报》宣传了许多不恰当的口号，如拔白旗等，他们已经做了检讨。我在这几年也开过几次大会，发了不少奖状，如果表扬的事迹是假的，你就把'奖状'摔掉。我们要做实实在在的事，做实事，收实效，才会对人民有利。"②

2月16日，对新华社一份情况反映作出批示：以后提供情况，一定要提供两面的东西，不要只提一面，领导上要什么就是什么，不全面反映情况是不好的。只相信一面，只听一面，就不走群众路线了，就不要调查研究了，就骄傲自满了。③

3月4日，会见中央广播事业局副局长顾文华、剧团团长陈赓并作了指示。④

3月28日，在第二届全国人民代表大会第三次会议上作的《政府工作报告》中指出："文艺、新闻、出版、广播、体育等事业，也都要进行适当的调整，提高质量，更好地为国家建设和为人民服务。"⑤

4月24日，批准《人民日报》编委会关于该报由六版改为四版并增加发行量的报告："文化部对纸张分配再作一次研究，许多地方报纸

---

① 人民出版社资料组编：《人民的好总理 纪念敬爱的周恩来同志》（中），人民出版社资料组，1977年，第263页。
② 中共中央文献编辑委员会编：《周恩来选集》（下），人民出版社1984年版，第350页。
③ 中共中央文献研究室编：《周恩来年谱 1949—1976》（中），中央文献出版社1997年版，第457页。
④ 中华人民共和国史广播电视编辑部编：《当代中国广播电视回忆录》第3集《周恩来与广播电视》，中国广播电视出版社1994年版，第250页。
⑤ 中共中央文献编辑委员会编：《周恩来选集》（下），第384页。

可以减少，集中力量办好《人民日报》，满足全国读者要求……如可能，我仍主张挤出两三千吨纸给《人民日报》。"①

4月28日，批准文化部提出的解决《人民日报》和《光明日报》的困难以及控制压缩地方报纸发行量的意见，同时提请中宣部注意这一问题。②

1962年初，叫人向穆欣打招呼：不要再在《光明日报》上讨论元朝皇帝"征讨朝鲜"的战事问题，以免由此伤害中朝友谊，在国际上造成不良影响。从1961年5月4日至10月22日，郭沫若就著名历史学家、广州中山大学教授陈寅恪的著作《论〈再生缘〉》在《光明日报》上接连发表6篇批评文章。这些文章使陈寅恪教授感到不快，在学术界引起强烈反应，海外也有相当影响，台湾某些反共"学者"也乘机兴风作浪。周恩来打招呼后，报纸上停止了这场讨论。周恩来打招呼的潜台词中，也包含着对陈寅恪的保护和对知识分子的关怀。③

5月26日，有关领导传达周恩来对《蒋军空军人员家属和原蒋军空军人员控诉美国侵略台湾》一稿的批评意见："把一般国民党军官的名字公布出来，这种做法并不有利，可能有两种效果：第一，使他们更恨我们；第二，使他们在台湾处境困难。"④

6月22日，下午，视察延边大学和延边医学院。一再叮嘱中共延边朝鲜族自治州委员会，要办好朝语广播，办好《延边日报（朝文版）》。⑤

△《人民日报》第1版刊发消息，标题为"周恩来总理赠给西哈努克亲王的礼物 柬埔寨国家广播电台开始播音 陈叔亮大使代表周总理出

---

① 中共中央文献研究室编：《周恩来年谱1949—1976》（中），中央文献出版社1997年版，第473页。
② 中共中央文献研究室编：《周恩来年谱1949—1976》（中），第473页。
③ 穆欣：《周恩来与我的新闻生涯》，《新闻爱好者》1998年第6期，第7页。
④ 王凤超：《周恩来新闻活动年表》（续二），《新闻研究资料》1988年第4期，第151页。
⑤ 人民出版社资料组编：《人民的好总理 纪念敬爱的周恩来同志》（中），人民出版社资料组，1977年，第502页。

席移交仪式"。

6月27日，美国总统肯尼迪在记者招待会上发表声明。很明显，肯尼迪的声明是对我国政府的警告作出的正式反应。对于这样一件很重要的新闻如何处理呢？具体说，新华社如何报道、《人民日报》如何刊出呢？新华社的报道比较好办，把肯尼迪讲的要点全面反映就是了。问题难在《人民日报》应在哪一版、什么位置刊出这条新闻？吴冷西同编辑部的同志们商量，设想了三个方案：一是放在国际新闻版显著位置；二是放在第一版的显著位置，但不作头条新闻；三是放在第一版的不显著位置。三个方案向周恩来报告，并请他指示怎样安排好。周恩来要吴冷西逐个说明三个方案的理由，并问他倾向于哪一个方案。吴冷西当时回答倾向于第二个方案。周恩来讲了他的想法。他认为：这样同我国直接有关的重大事件，放在国际新闻版显然不妥，但也不必放在第一版显著位置，因为肯尼迪的表态虽然很重要，但我们听其言还要观其行。像这样很重要而不宜过分突出的新闻如何安排，过去也遇到过。他问吴冷西是否还记得过去处理特赦释放战争罪犯、中印边境纠纷等重要新闻时是如何安排的，并说现在对肯尼迪的表态也可以如法炮制，也把它刊登在第一版右下角。经过周恩来的指点，《人民日报》对于这类重要而又不宜过分突出的新闻，就有了一个比较有把握的处理办法，即都登在第一版右下角。①

6月29日，晚，接见出席关于老挝问题的日内瓦会议的老挝统一代表团团长、老挝临时民族团结政府外交大臣贵宁·奔舍那和团员，新闻、宣传和游览大臣富米·冯维希，同他们进行了亲切友好的谈话。接见消息刊载于《人民日报》6月30日第1版。

7月，在青岛举办的民族工作会议上，周恩来听取会议汇报之后，批评广播事业局不应该停办少数民族语言广播。他说："民族广播为什么停了，为什么不告诉我？我们国家这么大，地区这么辽阔，又是一个多民族的国家，中央台没有民族广播怎么行？"梅益当时表示，撤销民

---

① 李静主编：《实话实说西花厅》，中国青年出版社2007年版，第31—32页。

接见老挝统一代表团成员（左起：陈毅、周恩来、贵宁·奔舍那、富米·冯维希）（新华社记者刘庆瑞摄）

资料来源：转自《人民日报》1962年6月30日第1版。

族广播是考虑欠周，并遵照周恩来的指示，立即同国家民委研究恢复对少数民族广播节目的有关事宜。①

　　按：1965年5月下旬，周恩来、邓小平、陆定一、余秋里等领导同志批准中央人民广播电台恢复少数民族语言广播的请示报告，并将有关基建项目列入第三个"五年计划"。在周恩来的关怀下，1971年恢复停播10年之久的中央人民广播电台少数民族语言广播。

　　夏，在首都机场迎接外宾时，发现一个记者衣着不够整洁，当即提出纠正意见。②

　　10月2日，上午，接见索马里政府派来的以新闻部部长阿里·穆罕默德·希拉维为首的索马里文化代表团，同他们进行了亲切友好的谈话。接见时在座的有对外文委主任张奚若、副主任朱光，外交部西亚非洲司司长王雨田等。接见消息刊登在《人民日报》10月3日第1版。

---

　　① 白润生主编：《中国少数民族新闻传播通史》（上），中央民族大学出版社2008年版，第615页。
　　② 人民日报文艺部编：《大地春华　人民日报副刊精粹》，吉林人民出版社2004年版，第167页。

接见索马里文化代表团时合影（左第五人是团长阿里·穆罕默德·希拉维）
（新华社记者张赫嵩摄）

资料来源：转自《人民日报》1962年10月3日第2版。

10月5日，接总参报告：据美联社、法新社驻新德里记者当日反映，印度在加紧备战，在今后几天之内，印军可能发起攻势，预料这将是中印边界三年冲突以来的第一次真正的战斗，印度政府"已决心要把中国人赶回去"。当即批示：印军"如在东段动手，我们除给予痛击外，西段也可以同时歼灭其若干据点"。①

10月13日，修改《人民日报》社论《尼赫鲁先生，是悬崖勒马的时候了！》一稿。周恩来加写了这样一段话：以北还是以南。按照1914年西姆拉会议的非法的秘密换文，这条所谓麦克马洪线的西端起点是在东经91度39.7分，北纬27度44.6分处向东延伸的，也就是经过哈东山口、沙留山口向东延伸的。中国政府始终没有承认这条非法的麦克马洪线，但是，中国军队却从来没有越过这条线。中国军队现在守卫的地

---

① 中共中央文献研究室编：《周恩来年谱1949—1976》（中），中央文献出版社1997年版，第500页。

区都是在这条所谓麦克马洪线以北,亦即在哈东山口、沙留山口之线以北,而印度军队侵占的兼则马尼(沙则)、扯果布、扯冬、卡龙、章多地区也都是在所谓麦克马洪线以北,亦即在哈东山口、沙留山口之线以北。因此,真正应该"除掉"的是印度的入侵军队,而绝不是守卫在自己领土上的中国军队。原文有这样一段话:不管这一切,只要印度军队侵占到哪里,那里就是"印度领土"……把那些在此以前一直未被认为是印度领土的中国领土划入印度的"东北特区",要把那里的中国军队除掉!周恩来把此段改为:不管这一切,只要印度军队侵占到哪里,那里就被宣布为"印度领土",就被划入印度的"东北特区",要把那里的中国军队除掉!① 社论在《人民日报》当天第1版刊登。

  按:周恩来反对笼统的不精确的表述,当然只有对有关情况了如指掌才能做到对问题分析得更准确,考虑得更周到。经过他的改写,文章的说服力明显高于原稿。王凤超的《年表》把修改的时间10月13日错为发表的时间10月14日。周恩来加写的其中一句:真正应该"除掉"的是印度的入侵军队,王凤超《年表》在"除掉"一词前加了一个"清"字变为"清除掉"。

10月20日,《人民日报》社论原稿写了这样一句话:"印度不仅要中国承认它已经侵占的大片中国领土是合法的,而且还要中国拱手让出更多的领土,特别是非法的麦克马洪线以北的大片中国领土。"周恩来审稿时,把后边"特别是……"这个短句删去了。本来,凡是中国领土都不能拱手让人,这里根本不存在哪一块领土"特别"不能让的问题。②

11月10日,《人民日报》第4版刊发消息,标题为"越南报纸热烈支持周总理再次给尼赫鲁的信呼吁印度政府作出积极的响应"。

11月11日,《人民日报》拟以观察家名义撰写的《"不结盟"的外

---

① 人民日报出版社:《毛泽东周恩来刘少奇朱德邓小平陈云为人民日报撰审稿手迹选》(下),人民日报出版社2008年版,第65页。
② 崔奇:《崔奇时事评论集 20世纪40年代—21世纪初叶》,人民日报出版社2010年版,第144页。

衣脱落下来了》原稿说："看来中国政府单方面的和平愿望，已经不能使尼赫鲁先生回心转意了"，周恩来改"已经不能"为"很难"。①

  按：周恩来的修改非常符合当时的实际情况，既一针见血，话又不说绝，把握适度。

11月21日，《人民日报》第1版刊载消息，标题为"支持我国政府和平解决中印边界问题的立场 亚非国家报纸显著刊载周总理的信件 埃及日报社论指出中立国家不能不响应这一呼吁"。

△澳大利亚和平理事会和《澳大利亚先驱报》主编托马斯分别打电报给周恩来，赞扬中国政府21日发表的在中印边界全线主动停火和后撤的声明。消息刊登于《人民日报》11月23日。

11月22日，根据21日晚毛泽东的意见，约陈毅以及外事办公室、外交部、中宣部、人民日报社有关人员，商谈有关中印边界问题的国际、国内工作，并作出部署。②

△《人民日报》第3版头条刊发消息，标题为"印度尼西亚《人民日报》欢迎周总理给亚非国家领导人的信 中国真诚谋求通过谈判解决同邻国的纠纷 柬《祖国报》谴责美国急忙把肮脏的手插入中印冲突 巴《黎明报》要尼赫鲁认识依靠美国武器是没有用的 英国和委会主张立即实现无条件停火使谈判得以开始"。

11月23日，《人民日报》第1版刊发消息，标题为"澳大利亚和平理事会和一报纸主编 就我国政府声明电贺周总理"。

11月24日，在第二届全国人民代表大会常务委员会第七十次会议上关于中印边境问题报告时指出：人家问他，中国停火了，你是不是也下命令停火呀？他不回答。一百多个新闻记者包围印度的新闻发布官追问他。③

---

  ① 王凤超：《周恩来新闻活动年表》（续二），《新闻研究资料》1988年第4期，第152页。

  ② 中共中央文献研究室编：《周恩来年谱1949—1976》（中），中央文献出版社1997年版，第514页。

  ③ 中共中央文献研究室、中国人民解放军军事科学院编：《周恩来军事文选》（第4卷），人民出版社1997年版，第475页。

12月4日，召集有关同志听取广播局工作汇报，对中央广播事业局实行党委制、政治委员制和政治工作制度作了指示。周恩来首先询问全国广播事业人员和工作情况，然后询问目前中央台各发射台工作和各台与地方关系的详细情况。周恩来说，广播是党的喉舌，现在走路要乘飞机，讲话要用广播。这几年广播事业有很大发展，英国说已经占世界第二位，工作有成绩是肯定的。广播局机关的业务很复杂，战线很长，有对国内对国外广播，还有表演团体、唱片也是你们负责。电视也在你们那里，有些节目不错。广播确实重要，许多国家搞政变首先就要抓广播电台。毛主席就指示要加强广播电台的政治工作。广播电台可考虑设政治部、改为党委制，就不设党组了。接着，周恩来对宣传业务、专家工作、广播大楼和发射台的安全工作以及建造胶带库、录音车间、电视台的洗印车间等问题作了指示。①

12月11日，到中央新闻纪录电影制片厂审看纪录片《中印边界问题真相》。②一位同志制作影片时，由于缺少知识，把《中印边界问题真相》影片上的地图少画了一个"点"，周恩来审片时看出来了，便严肃地指出：少了这个"点"，就把祖国的领土给人家了。由于周恩来的审查细致，纠正了一次政治错误。③

12月30日，周恩来、陈毅、薄一波等到中央广播事业局同中外工作人员一起联欢。周恩来首先向外籍工作人员祝酒，并同他们亲切交谈。接着，周恩来和陈毅同志接见了广播局部分工作人员。④

12月31日，与刘少奇、邓小平先后审改《人民日报》元旦社论《巩固伟大成绩，争取新的胜利》。1963年1月1日，《人民日报》第1

---

① 中华人民共和国史广播电视编辑部编：《当代中国广播电视回忆录》第3集《周恩来与广播电视》，中国广播电视出版社1994年版，第250—251页。
② 中共中央文献研究室编：《周恩来年谱1949—1976》（中），中央文献出版社1997年版，第519页。
③ 新闻战线记者：《"拍工人，别拍我"——周总理和新闻电影》，《新闻战线》1980年第1期，第9页。
④ 中华人民共和国史广播电视编辑部编：《当代中国广播电视回忆录》第3集《周恩来与广播电视》，第251页。

版发表。

△《人民日报》第 4 版刊载消息，标题为"我外交部新闻司发言人发表声明 严斥英国《论坛》周报刊载冒用周恩来总理姓名的彻头彻尾伪造的信件，企图中伤我国政策，诽谤我国领导人信誉"。

本年，作为新闻人物的周恩来，被《人民日报》刊发报道文章 249 篇。

新闻背景

1 月，中共中央召开"七千人大会"，毛泽东在讲话中要求，"人民日报、新华社、广播事业局要检查一下，看前几年说了哪些不妥当的、违反政策、对人民不利的话，说了哪些助长'五风'的话。"

4 月 1 日，《中华人民共和国国务院公报》1962 年第 15 期发表《中华人民共和国外交部新闻司发言人关于英国〈论坛〉周报刊载伪造的周恩来总理的信件的声明》。

5 月，中央广播事业局召开部分地方台台长座谈会，讨论广播系统贯彻"调整、巩固、充实、提高"八字方针。

中国人民大学出版资料中心主办的系列《复印报刊资料》创刊。

非洲国家广播电视联盟成立。北美和欧洲国家互传电视节目。

1963 年（六十五岁）

1 月 28 日，在中共上海市委召开的各界民主人士春节座谈会上讲话。向科学界、文艺界、新闻界、各党各派的同志和朋友提出四句话："百家争鸣，薄古厚今；百花齐放，推陈出新；各党各派，长期共存；同心同德，自力更生。"① 下午，修改《解放日报》记者张默写的一千多字的新闻稿。其中，原稿在写到实现科学技术现代化的各方面条件

---

① 中共中央文献研究室编：《周恩来年谱 1949—1976》（中），中央文献出版社 1997 年版，第 528 页。

时，只写："我们有优越的社会主义制度；科学研究机关、学校和生产部门的紧密协作；适当改善科学技术研究的工作条件，这样，我们的事业就一定可以得到更大更快的进展。"周恩来在这前面加上"有辩证唯物主义思想的指导，有广大人力和丰富资源做基础"二条，在"优越的社会主义制度"后面加上"做保证"三个字，在适当改善科学技术研究的工作条件后面加上了"和工作环境"。这样一改，突出了科学精神，特别是把辩证唯物主义的指导思想和物质基础这两条加在前面，在当时来说，是有深意、有针对性的。周恩来把新闻稿递给记者时，特别用手指着一个地方说，我给你们改了一个字，把循序渐进的"渐"字改为"前"了。周恩来同志指着修改过的地方含笑解释说："序，就是规律，还是要讲的。既然对渐进有意见，那么就改为前进好了"。①

年初，摄影记者于广华参加锡兰（现斯里兰卡。——笔者）总理班达拉奈克夫人访华的拍摄工作。于广华刚从农村采访回来，连衣服也没换就随老记者李华进了人民大会堂。正当于广华拿着摄影机左思右想怎样拍好每一个镜头时，周恩来走过来，用肯定的语气说："你是电视台的。"于说："是的。"又问："你是新手吧？过去没见过面。"于答："到电视台才一年半。"周恩来上下打量着于广华，表情有些严肃："参加过外事活动吗？"于心情非常紧张地说："第一次拍摄外事新闻。"周恩来说："呃！难怪么！参加外事活动，我不要求你们穿什么高级料子服装，但仪表要庄重，穿戴要整洁。今天你就不合格，所以不能进宴会厅，让李华同志一个人去完成任务。"②

2月7日，《人民日报》刊载《雷锋日记》摘抄之后不久，周恩来让邓颖超打电话给《人民日报》总编辑吴冷西，说读了雷锋的事迹报道和日记很感动，认为日记写得很好。同时，邓颖超告诉吴冷西，总理好像在哪里见过《唱支山歌给党听》这首"雷锋"的诗作，希望报社认真查实，搞清楚日记中哪些是雷锋自己的话，哪些是他摘录别人的

---

① 张默：《周总理为我们改稿》，《新闻记者》1990年第1期，第3—4页。
② 于广华：《亲切的关怀 难忘的教诲——记周恩来同志和电视记者在一起》，《新闻战线》1998年第3期，第10页。

话，别人的话应注明出处。吴冷西很快把电话打到总政宣传部，总政又将电话打到沈阳军区政治部，沈阳军区政治部将核查《雷锋日记》的任务交给了《前进报》编辑董祖修。①

  按：此后好长时间才弄清楚，此歌原词（诗）作者是陕西铜川矿务局焦坪煤矿27岁的姚筱舟，该诗是其在1958年宣传"大跃进"热潮中写的，全诗3节12句，署的名字是"焦萍"，刊于当年5月21日第8期的《总路线诗传单》上。得悉上述情况后，相关媒体即按照周恩来"搞清楚"和"注明出处"的处理意见，将原诗全文刊出，同时也将《雷锋日记》中抄录并由他修改过的这首诗刊出，让读者看清雷锋对原诗作了三处修改：原诗第一节中的"母亲只能生我身"改成"母亲生了我的身"；第二节中"党号召我们闹革命"改为"共产党号召我闹革命"；原诗第三节中4句关于"大跃进"的诗句全被删掉。《唱支山歌给党听》的词作者应注为原词姚筱舟，改词雷锋。这样才能既尊重原作者，又肯定雷锋的贡献。

2月8日，出席首都文化艺术工作者元宵节联欢会并讲话："最近两天报纸上发表了雷锋、宋恩珍的事迹，看了很感动。"②

2月18日，《中华人民共和国国务院公报》1963年第8期发表《国务院总理周恩来祝贺亚非新闻工作者会议的电文》。

2月，对电台大量播出轻音乐提出批评。③

3月2日，在《中国青年》学习雷锋同志专辑上刊登了周恩来的题词："雷锋同志是劳动人民的好儿子，毛主席的好战士。周恩来"。

△ 上午，与刘少奇一起接见巴基斯坦外交部长佐·阿·布托，以及由他率领的巴基斯坦政府代表团成员。代表团成员有巴基斯坦政府新

---

① 程世刚：《鲜为人知的〈雷锋日记〉出版经过》，《文史博览》2008年第5期，第17页。
② 范迪安、陈履生主编：《周恩来与中国美术》，广西美术出版社2008年版，第49页。
③ 中华人民共和国史广播电视编辑部编：《当代中国广播电视回忆录》第3集《周恩来与广播电视》，中国广播电视出版社1994年版，第251页。

指导新闻期（1947年3月—1976年1月）　　511

> 雷锋同志是劳
> 动人民的好儿
> 子，毛主席
> 的好战士。
> 周恩来

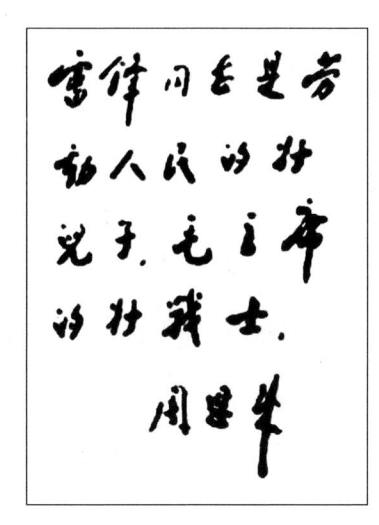

资料来源：中共中央文献研究室第二编研部编《周恩来题词集解》，中央文献出版社2012年版，第174页。

闻、广播部秘书库·夏哈布等。接见以后，周恩来设宴招待巴基斯坦贵宾。接见消息刊登在《人民日报》3月3日第1版。

3月5日，出席北京周报社举行的庆祝创刊五周年酒会，阐述我国对外宣传工作的方针，发表讲话说："今天聚会，我们要通过各位朋友的努力，使《北京周报》的工作进一步做好，使《北京周报》在五大洲更广泛地发行，使《北京周报》的工作更向前发展。"① 他同该报工作人员和参加该报及外文出版社工作的外国专家们交谈，倾听外国专家的意见，与我国对外刊物的工作人员一起度过了6个小时，并为该刊题词："全世界人民团结起来，互相支持，互相学习，进行反对以美国为首的帝国主义的斗争。周恩来"。3月6日，《人民日报》第1版刊载消息，标题为"《北京周报》社举行酒会庆祝创刊五周年　周总理在会上祝《北京周报》今后取得更大成就"。

△《解放军报》发表题词："雷锋同志是劳动人民的好儿子，毛主席的好战士。"

---

① 袁亮：《周恩来刘少奇朱德陈云与新闻出版》，中国书籍出版社2003年版，第92页。

资料来源：人民出版社资料组编《人民的好总理 纪念敬爱的周恩来同志》（中），人民出版社资料组，1977年，第295页。

3月6日，《解放军报》刊登周恩来为学习雷锋活动的第二次题词："向雷锋同志学习 爱憎分明的阶级立场 言行一致的革命精神 公而忘私的共产主义风格 奋不顾身的无产阶级斗志 周恩来"。

资料来源：中共中央文献研究室第二编研部编《周恩来题词集解》，中央文献出版社2012年版，第175页。

按：第二次题词把学习雷锋的内容具体化，没有停留在一般号召上学习，而是要求结合实际工作学习。

3月12日，接见并宴请中央广播事业局播音员、编辑、翻译和技术人员，鼓励大家搞好播音工作，并询问老播音员的身体情况。①

3月15日，在为新华社抽调20名驻外记者的报告上批示：即送主席、刘核阅。拟同意新华社所提意见，但在派出前，必须经中组部慎选一批合格干部，并在外交学院进修半年到一年的政治、国际知识，新闻业务和外语，然后分期分批地将合格人才派出。10个国家的派出次序应是，第一批为日本、法国、墨西哥、巴西；第二批为意大利、智利；第三批为西德、瑞典、黎巴嫩。②

3月31日，下午，接见巴基斯坦联合通讯社记者沙夫达·阿里·古莱希，回答他提出的问题。接见时在座的有外交部新闻司司长龚澎和第一亚洲司副司长程之平。4月1日，《人民日报》第1版刊登接见消息。

4月7日，批准中国代表团出席亚非新闻工作者大会的工作方案。③

4月12日，与邓颖超在西花厅接见摄影记者。④

4月20日，打电报给亚非新闻工作者会议，热烈祝贺会议的召开，并祝会议成功。《人民日报》4月24日第1版刊登电文如下：

雅加达

亚非新闻工作者会议：

值此亚非新闻工作者会议召开之际，我谨代表中国人民并以我个人的名义向会议表示热烈的祝贺。

亚非新闻工作者会议的召开，标志着万隆精神的继续发扬。自

---

① 中共中央文献研究室编：《周恩来年谱1949—1976》（中），中央文献出版社2007年版，第539页。
② 郑德金：《周恩来指导新华社工作纪实（1931—1976）》，《中共党史资料》2008年第2期，第172页。
③ 孙晓燕主编：《丰碑精粹》，中央文献出版社2017年版，第179页。
④ 顾保孜著，杜修贤摄影：《红镜头中的周恩来》，贵州人民出版社2011年版，第31页。

从万隆会议以来，亚非人民在反对帝国主义和新老殖民主义的斗争中，取得了许多重大的胜利。我深信，这次会议对于促进亚非新闻工作者和亚非人民反对帝国主义和殖民主义、争取和维护民族独立、保卫世界和平的共同斗争，以及他们在这些斗争中的友好团结，必将作出重大的贡献。

中国人民今后将继续同亚非各国人民紧密团结，在共同的斗争中互相支援，共同前进。

祝亚非新闻工作者会议成功！

中华人民共和国国务院总理 周恩来

一九六三年四月二十日

5月9日，下午，接见索马里政府代表团团长、新闻部长阿里·穆罕默德·希拉维和代表团部分成员，同他们进行了亲切友好的谈话。接见时在座的有叶季壮、张爱萍、杨琳、孟英和陈文栋。接见消息刊登在《人民日报》5月10日第1版。

5月13日，对东海舰队干部和出海船员讲话，阐述"跃进号"极大可能是触礁沉没的理由，并说：分析对不对，是不是符合实际，这就要由你们去现场进行调查，再作最后的判断。当晚，约有关领导谈海军、空军航空兵的协同问题。还提出：证明"跃进号"沉没的原因，不能用"大概""可能"，一定要有充分的证据。之后，5月17日、28日又约有关人员谈此事。6月3日，新华社奉命发表声明："经过周密的调查，已经证实'跃进号'是因触礁而沉没的。"[①]

5月15日，接见索马里新闻部长阿里·穆罕默德·希拉维时提出：我们同友好国家的合作有几个原则：（一）我们的任何援助，不附带任何条件和特权，坚持万隆会议的原则，不干涉他国内政。（二）给予亚非友好国家的帮助，只是为了创造促进他们发展民族自主经济的条件，

[①] 中共中央文献研究室编：《周恩来年谱1949—1976》（中），中央文献出版社2007年版，第553—554页。

与新闻工作者一起在西花厅院内漫步

资料来源：邱功富《中南海往事抒怀》,《百年潮》2012 年第 9 期, 第 22 页。

而不是为了造成他们依赖外援的思想。(三) 进行的合作, 一定要根据我们的可能。行就行, 说到做到, 不行就告诉你们, 不能失信。(四) 亚非各国之间的合作是为了求得共同的发展, 摆脱帝国主义和殖民主义给我们造成的落后和贫穷。[①]

5 月 16 日, 下午, 接见以尼泊尔新闻出版广播局长纳·普·巴苏科

[①] 中共中央文献研究室编:《周恩来年谱 1949—1976》(中), 中央文献出版社 2007 年版, 第 554 页。

周恩来总理和阿里·穆罕默德·希拉维团长交谈

（新华社记者杜修贤摄）

资料来源：转自《人民日报》1963年5月10日第1版。

周恩来同尼泊尔新闻代表团团长巴苏科塔交谈

（新华社记者杜修贤摄）

资料来源：转自《人民日报》1963年5月17日第2版。

塔为首的尼泊尔新闻代表团，同他们进行了亲切友好的谈话。接见时在座的有丁西林和林林等。尼泊尔驻中国大使馆临时代办尤·巴·巴斯尼亚特也在座。接见消息刊载于《人民日报》5月17日第2版。

5月17日，下午，接见出席亚非新闻工作者会议后到我国访问的亚非国家的新闻工作者代表团和代表，同他们进行了亲切友好的谈话。这些代表团和代表是：巴苏陀兰（莱索托王国的旧称。——笔者）代表莫拉波·科贝拉，喀麦隆代表费贲·马赛尔，锡兰代表帕蒂拉贾，以浅海一男为首的日本新闻工作者代表团，以阿斯拉·阿默德为首的巴基斯坦新闻工作者代表团，南非代表哈迪比、摩利逊，桑给巴尔代表萨利姆·阿默德·萨利姆、拉贾卜·萨勒·萨利姆、米拉兹·姆帕塔尼·阿里。接见时在座的有廖承志、张致祥、朱穆之、王芸生、周游、石少华、李炳泉等。接见消息刊载于《人民日报》5月18日第1版。周恩来说："这次亚非记者会议开得很好。48个国家的代表团结一致地通过了一个亚非记者的纲领，继承了万隆会议精神，这在历史上是第一次。产生这样一个好的纲领主要靠大家的共同努力，你们是唤醒亚非人民起来斗争的喉舌。"①

周恩来和亚非新闻工作者合影（新华社记者刘长忠摄）

资料来源：转自《人民日报》1963年5月18日第1版。

5月23日，《人民日报》第1版刊登刘少奇和陈毅出访印尼等四国归来的照片，为《人民日报》记者吕相友拍摄，事先未送审，发表时裁去了一些民主人士和女同志的形象，并用剪贴的办法移动了某些人的

---

① 孙晓燕主编：《丰碑精粹》，中央文献出版社2017年版，第180页。

位置。5月24日，周恩来对此非常生气。他指出，人民日报社没采用新华社发的经过陈毅副总理看过的照片，而发表自己记者的没有送陈毅同志或其他中央领导同志看过的照片，而且错误百出。他说，这件事情不能只从技术上来看，首先要从政治上看。因为这次少奇同志出访四国意义重大，回北京时的欢迎场面是我亲自同中央有关同志商量安排的。去欢迎的包括各方面的代表人物，并且特意组织一个"满堂红"的大合照，以充分体现对这次出访成功的支持。第一，人民日报社任意裁去了一些民主人士，就违背这种精神，缺乏政治敏感。第二，人民日报社又把特意安排的女同志裁去了，这是政治观念薄弱，有大男子主义的味道。中央不久前决定要组织女同志参加外事活动，改变过去外事活动不带夫人的习惯，以适应国际惯例。许多女同志不愿当"夫人"，说服她们参加外事活动很不容易。《人民日报》发表的照片恰恰剪掉女同志，既是轻视妇女的表现，又违背中央精神。第三，人民日报社把原来照片中各人站的位置擅自挪动，甚至把人头像剪下来挪动拼贴，这是弄虚作假，"克里空"作风。第四，新华社的照片是经陈毅同志看过的，并在照片背后特别注明，不得任意剪裁。人民日报社偏偏独出心裁，这是严重的无组织无纪律行为。第五，北京其他报纸都用了新华社发的照片，惟独《人民日报》不用，只用自己记者拍的照片，是否总觉得自己的好，或者是否觉得用新华社的照片不光彩，这是本位主义的思想，要注意克服。周恩来后来见到吴冷西时还一再批评吴，说其身兼《人民日报》总编辑和新华社社长，而这两家新闻单位却经常"打架"，这很不好。要互相通气，互相学习，互相帮助，不要互不服气。①

　　按：周恩来的批评鞭辟入里，尖锐深刻，让人们牢记忠于事实是新闻宣传工作的基本职责，也是对新闻从业人员的起码要求，在任何时候任何情况下都不能背弃。

5月29日，撰写《反对官僚主义》一文，《人民日报》1984年8月29日第1版发表。

---

① 李静主编：《实话实说西花厅》，中国青年出版社2007年版，第27—28页。

5月30日，接见在中印边境自卫反击作战中随军拍摄真实过程的中央新闻纪录电影制片厂和八一电影制片厂的九位获奖摄影师。在谈到对纪录片的看法时说：纪录片一定要完全真实，如果有几个镜头与事实不符，会使人连其他材料也不相信。①

6月7日，下午，接见出席亚非新闻工作者会议后来我国访问的怯尼亚（现译名为肯尼亚。——笔者）代表、怯尼亚非洲民族联盟对外关系书记卡姆维梯·穆尼和约旦代表易卜拉欣·克雷希。周恩来同他们进行了亲切友好的谈话。接见时，中华全国新闻工作者协会副主席梅益、书记处书记李炳泉在座。接见消息刊载于《人民日报》6月8日第1版。

周恩来同易卜拉欣·克雷希（右一）和卡姆维梯·穆尼（右二）亲切交谈（新华社记者孟庆彪摄）

资料来源：转自《人民日报》1963年6月8日第1版。

6月13日，《人民中国》杂志社为庆祝该刊日文版创刊十周年、印

---

① 中共中央文献研究室编：《周恩来年谱1949—1976》（中），中央文献出版社1997年版，第557页。

度尼西亚文版创刊五周年举行酒会。周恩来在会上对参加编辑《人民中国》杂志的日本和印度尼西亚两国专家表示感谢。他说:"我提议:为我们国际共产主义运动的胜利,为亚、非、拉民族运动的胜利,为世界人民革命斗争的胜利,为反对帝国主义的战争政策和侵略政策、保卫世界和平的胜利干一杯!"6月14日,《人民日报》第1版刊登庆祝内容。

6月14日,再次向各部门有关人士呼吁为《中国建设》写稿,并勉励编辑要办好刊物,取信于世界读者,一定不能脱期。①

6月19日,到大庆视察时,见欢迎的人群中,一个在妈妈怀里的孩子向他频频招手。周恩来走过去亲切地抚摸着孩子苹果似的脸蛋,问孩子的妈妈有几个孩子。孩子妈妈回答说:"两个孩子。"周恩来问,还要不要了?她说:"不要了。"周恩来说,不要了?采取了什么办法?孩子妈妈回答说:"绝育了。"周恩来高兴地说:好同志,你是爱国的,大家应当向你学习!记者,快来给她照相。② 之后不久,在周恩来的鼓励下,一大批新闻界的知名人士陆续来到大庆油田,深入生活进行采访。③

6月30日,在全国经济工作座谈会上说:"我们要搞一套制度来","人治不行的,第一还是法治。"④ 要搞法治,不搞人治,对新闻工作也是必要的。

7月2日,在国家经济委员会召开的全国工业交通经济工作座谈会上,用亲切的口吻说:"请梁彦斌同志站起来,让大家认识认识。"当梁彦斌应声站立时,会场更加活跃起来,营造出一派热烈学习先进的氛围。原来周恩来是看了1963年4月9日《湖北日报》第1版发表的题

---

① 袁亮:《周恩来关心对外新闻出版工作纪事》(二),《出版发行研究》2001年第2期,第73页。
② 人民出版社资料组编:《人民的好总理 纪念敬爱的周恩来同志》(中),人民出版社资料组,1977年,第283页。
③ 李静主编:《实话实说西花厅》,中国青年出版社2007年版,第7页。
④ 中共中央文献研究室编:《周恩来年谱1949—1976》(中),中央文献出版社1997年版,第562页。

为"勤俭创业，天长地久"的通讯，知道襄樊棉织厂勤俭创业的事迹。①

7月10日，凌晨3时致函毛泽东："主席：现送上我党声明稿，请审阅。我看可以用。如主席认为不需再改动，请批回，拟赶在今早登报并广播，同时也发表苏共中央声明和新华社从莫斯科发回的两篇报道。"毛泽东于4时批复：照发。②

周恩来从黄宗英那里了解到知识青年侯隽自愿到乡下插队的事迹，鼓励黄快点写出文章来。当时有人因为家庭出身问题，对能不能报道提出疑问，总理明确表态说："我们是有成份论，但不惟成份论，重在表现"。③ 于是有了后来的《特别的姑娘》（报告文学），发表在《人民日报》1963年7月23日。

7月25日，下午，接见被捷克斯洛伐克社会主义共和国政府无理要求中国政府召回的新华通讯社布拉格分社社长黄振声（兼《人民日报》记者），记者张毓芬（兼《人民日报》记者）、陆郝庆。周恩来在谈话中对他们表示亲切的关怀，称赞他们"工作得很好，在斗争中坚持了真理，表现了坚定的立场"。④ 勉励他们今后继续努力工作。接见时在座的有吴冷西、朱穆之、胡绩伟、龚澎、徐明、邓岗、石少华、穆青、陈浚等同志。

7月，苏、美、英签订了所谓"部分停止核试验"的"三国条约"，指示在《人民日报》社论中阐明我们的鲜明立场，斥责苏联"四联四反"，第一次公开同苏联撕破了脸；还特别把人民日报社的有关同志找到家里，具体指示写一篇观察家评论，详细分析论述"三国条约为什么有百弊而无一利"，以教育各国人民。这篇文章发表前，周恩来还作了修改。⑤

---

① 冉中：《周恩来总理看〈湖北日报〉的故事》，《新闻前哨》2000年第3期，第47页。
② 王凤超：《周恩来新闻活动年表》（续二），《新闻研究资料》1988年第4期，第152—153页。
③ 郭书田等主编：《周总理与农垦事业》，中国农业出版社2002年版，第46页。
④ 陆郝庆主编：《突发事件目击记》，新华出版社1999年版，第54页。
⑤ 人民出版社资料组编：《人民的好总理 纪念敬爱的周恩来同志》（中），人民出版社资料组，1977年，第266页。

8月9日，下午，接见印度尼西亚棉兰《警惕报》记者艾哈迈德·努尔·纳苏蒂温和他的夫人。周恩来同客人们进行了亲切友好的谈话。接见时在座的有中华全国新闻工作者协会副主席范瑾，外交部新闻司副司长秦加林等。接见消息刊载于《人民日报》8月10日第1版。

8月30日，下午，接见阿尔及利亚新闻代表团团长、阿尔及利亚制宪国民议会议员，议会外交、新闻委员会委员梅格拉乌伊·穆罕默德，以及代表团团员：阿尔及利亚广播电台副台长兼政治部主任曼鲁什·阿里，新闻部专员阿杰利·阿卜杜拉赫曼，新闻部官员塔贝·阿卜杜勒克里姆，阿尔及利亚新闻社主编杰布拉姆·侯赛因，《人民报》记者曼苏里·穆罕默德。周恩来同他们进行了亲切友好的谈话。接见时在座的有对外文委代主任张致祥，中华全国新闻工作者协会副主席范瑾，书记处书记周游。接见消息刊载于《人民日报》8月31日第1版。

周恩来和梅格拉乌伊·穆罕默德团长握手（新华社记者孟庆彪摄）

资料来源：转自《人民日报》1963年8月31日第4版。

9月至1964年7月,"九评"期间,中国和苏联之间因意识形态分歧而关系恶化,互相指责,中共中央在《人民日报》和《红旗》杂志上连续发表九篇措辞激烈的评论文章,这类文章播了很多,同时还要全文播出苏共中央的公开信,应该怎么播?试录出来以后送周恩来亲自审定。①

"九评"和其他的重要文章,每篇都经周恩来审阅过,有许多他还作了重要修改。周恩来对《人民日报》上发表的有关反修的重要消息和编者按语,总是细心审定。有一次,周恩来对《人民日报》的一个版样,在审阅和修改后批示:"按语很好,改了几个字,请酌。"并批示:"必待主席批准后再发表",即使推迟一天广播,推迟两天见报也可以。②

10月1日,就中联部报告中提出对国庆期间兄弟党发来贺电、贺信的处理按左、中、右各派区分的做法,提出"不同意见":"一般说,兄弟党来电来信祝贺我国庆的不会太多。既来祝贺,公开骂我者亦不会多,有之亦可能是含沙射影。人既贺我,分得如此清楚,反易授人以柄,不如一律发表,或者一律择要发表,其次序亦照来的先后排列,让读者自己判别,不要加以轩轾。"③

10月11日,下午,接见英国路透社总经理杰勒尔德·朗,并回答了他所提出的问题。接见时在座的有吴冷西、邓岗、龚澎等。接见消息刊载于《人民日报》10月12日第1版。

10月18日,晚,应邀出席纪念《中国青年》杂志创刊四十周年晚会,并参观反映《中国青年》杂志历史和现状的展览。在参观中说:《中国青年》的质量要提高,内容和形式也要改进,现在文章太长了,和《红旗》的差不多,青年看不完,我们老头子也觉得多了。我看今

---

① 吕晓红:《这里是中国的声音——中央人民广播电台著名播音员的故事》,《中国广播》2010年第9期,第42页。
② 人民出版社资料组编:《人民的好总理 纪念敬爱的周恩来同志》(中),人民出版社资料组,1977年,第266页。
③ 中共中央文献研究室编:《周恩来年谱1949—1976》(中),中央文献出版社1997年版,第583页。

周恩来接见路透社总经理杰勒尔德·朗（新华社记者杜修贤摄）

资料来源：转自新华网 2007 年 6 月 22 日（http://news.xinhuanet.com/zgjx/2007-06/22/content_6278236.htm）。

周恩来（右三）参加《中国青年》杂志创刊四十周年纪念会
（右一为当时的《中国青年》杂志主编邢方群）

资料来源：宋应离编《名刊·名编·名人》，大象出版社 2011 年版，第 56 页。

后《中国青年》的方针应该是:"面向农村,面向城市"。他说,现在每个生产队都有一定数量的知识青年,这就要解决他们的精神食粮问题。目前,他们的精神食粮很不够,他们要求精神食粮的呼声很高。所以提出你们青年报刊下乡的问题,这是个重大的方针问题。他说,刊物要起宣传作用,也还要做组织工作。办好刊物,就为知识青年下乡提供了动员和教育的武器。他指出,要向青年灌输科学知识、生产知识、哲学知识、阶级斗争知识,还要讲国际形势;要有短的文艺作品,新的革命歌曲,还要搞些漫画;文章要短些,要深入浅出,生动活泼,通俗易懂。他提出:使刊物面向农村,逐步满足农村青年对文化食粮的需求,这个任务你们愿意不愿意担负起来?如果你们愿意和能够担负起这个任务,我就要替你们为增加纸张而奋斗。当时在场的同志热烈鼓掌,表示乐于接受这个任务。①

按:这次谈话是周恩来20世纪60年代多次指示要为下乡青年出书出报出刊、提供精神食粮中的一次,是新中国成立后周恩来新闻思想的展示形式之一。在谈话中,周恩来指明了办好《中国青年》的编辑方针,即要了解刊物的读者对象的需求——农村知识青年的精神食粮问题;同时要注重方式方法,用农村青年喜闻乐见的形式表达出来;同时表态说,自己愿意做好后勤保障工作——为增加纸张而奋斗。谈话体现了周恩来对新闻工作全方位的思考和落实,体现了周恩来以受者为中心的思想,也体现了周恩来一贯追求的生动、通俗的文风,可惜后来在"文化大革命"期间被改变为以传者为中心的思想,盛行"极左八股文风"。

11月4日,下午,接见乌拉圭《前进周刊》记者爱德华多·加莱亚诺,并且回答了他所提出的问题。在座的有周而复、任映仑等。接见消息刊载于《人民日报》11月5日第1版。

12月5日,接受英国作家格林的电视采访。在阐述中国对战争与和平问题的态度时说:中国的态度历来是明确的。我们热爱和平。坚决反

---

① 袁亮:《周恩来刘少奇朱德陈云与新闻出版》,中国书籍出版社2003年版,第25页。

对侵略战争。①

12月13日至1964年3月1日，出访亚非欧14国。出访前，召集新华社摄影记者讲话，指出，大国沙文主义之害，我们自己深有体会，所以，我们对亚非这些长期受帝国主义、殖民主义压迫剥削的国家要尊重，不要有一点大国沙文主义。周恩来在这次出访前，曾指名调高梁作为随团记者参加采访。在访问的路上，周恩来经常要记者按照平等待人的精神进行报道，要利用记者身份带来的方便条件，加强调研，熟悉情况，与各方面的人多接触。②

12月14日，北京电视台派出记者李华随周恩来出访14国进行采访报道。途中，周恩来向电视台、新影记者提出，为了节约人力和器材，更好地完成新闻摄影工作，要两家商谈合并机构。③

12月15日，《人民日报》第1版刊载消息，标题为"开罗报纸欢迎周恩来总理访问阿联 在头版登载消息照片并发表文章和社论"。

12月17日，《人民日报》第3版刊登消息，标题为"为和平与亚非团结作出新贡献 开罗报纸电台热烈欢迎周恩来总理访问"。

12月18日，为河北抗洪抢险斗争展览会题词："向为战胜历史上少见的洪涝灾害而进行顽强斗争的各级干部、各界人民、部队官兵表示最大敬意！要为支援灾区、重建家园、争取明年丰收、彻底治理海河而继续奋斗！"题词在12月25日《人民日报》第1版刊出。④

△《人民日报》第3版刊登消息，标题为"加强中阿两国合作 反对新老殖民主义 阿联报纸电台欢迎周总理访问和两国领导人会谈"。

12月19日，《人民日报》第3版刊登两条消息，标题分别为"巴基斯坦总统和各界公众舆论 欢迎周总理访巴促进两国友好关系 美国干

---

① 中共中央文献研究室编：《周恩来年谱1949—1976》（中），中央文献出版社1997年版，第599页。

② 有晨：《回忆周恩来总理对我的几次教诲——高梁访谈录》，《党的文献》2008年第3期，第42—43页。

③ 中华人民共和国史广播电视编辑部编：《当代中国广播电视回忆录》第3集《周恩来与广播电视》，中国广播电视出版社1994年版，第251页。

④ 中共中央文献研究室编：《周恩来年谱1949—1976》（中），第596页。

涉巴基斯坦内政的无理行为引起公愤""缅甸《人民报》说中国人民支持非洲反帝斗争 周总理访问非洲是个好消息"。

12月20日，在开罗举行记者招待会。现场回答了法国电视台记者的提问。①

△ 接受中东通讯社记者采访。内容发表在12月26日《人民日报》第1版。

12月21日，《人民日报》第3版刊发消息，标题为"周恩来总理访问非洲 开罗报纸欢呼中国和阿联建立在反对帝国主义斗争基础上的友谊"。

12月23日，《人民日报》第3版刊发消息，标题为"阿尔及利亚人民沉浸在兴高采烈的气氛中 阿尔及利亚报纸热烈欢迎周恩来总理陈毅副总理访问 赞扬中国革命的重要意义和中阿两国人民的战斗友谊"。

12月24日，《人民日报》第3版刊载消息，标题为"开罗报纸热烈欢迎中国阿联联合公报 强调周恩来总理的访问增强了中阿两国友好合作关系，进一步维护了万隆精神和亚非团结精神"。

12月25日，《人民日报》第3版同时刊登两条消息，标题分别为"阿民族解放阵线机关报刊热烈欢迎中国领导人 周总理访问显示中阿两国的相互支持 阿尔及利亚电台强调要发展中阿两国的团结和政治经济文化合作""阿尔巴尼亚《青年之声报》说周总理访非意义重大 将有助于进一步加强亚非团结"。

12月26日，接见法国《观察家》记者克鲁德·高达。②

△ 应阿尔及利亚电台和电视台的邀请，今晚向阿尔及利亚人民发表广播电视讲话。消息刊登于《人民日报》12月28日第1版。

△ 下午，在阿尔及尔人民宫举行记者招待会。参加招待会的有阿尔及利亚各报和通讯社的记者以及古巴记者。周恩来在招待会上回答了记者们提出的问题。记者招待会进行了一个多小时。《人民日报》12月

---

① 中共中央文献研究室编：《周恩来年谱1949—1976》（中），中央文献出版社1997年版，第603页。
② 中共中央文献研究室编：《周恩来年谱1949—1976》（中），第604页。

28日第3版头条刊登记者招待会消息。

12月27日，《人民日报》第5版头条刊登消息，标题为"进一步加强阿中两国战斗友谊和友好合作 阿尔巴尼亚报纸热烈欢迎周总理即将访阿"。

12月28日，《人民日报》第1版刊登消息，标题为"周总理发表广播电视讲话 代表我政府和人民向阿尔及利亚人民致意"。

12月29日，《人民日报》第3版头条刊登消息，标题为"摩洛哥报纸欢迎周总理的访问 祝这次访问有助于加强两国友好关系"。第3版同时刊登消息，标题为"阿尔及利亚报纸热情洋溢地报道中国领导人访问情况 周总理的访问将加强中阿友好合作"。第3版下面1/4版的位置刊登阿尔巴尼亚通讯《伟大的战斗友谊——记周总理和陈副总理访问阿尔及利亚》。

△下午，应法国广播电视台记者和摩洛哥广播电视台记者的请求，在拉巴特和平宫分别向他们发表了谈话。①

本年，我国计划在阿尔巴尼亚建立对外广播转播台，周恩来批示说："阿方很愿意在阿由我们代为建设一个转播台，建成后完全由阿方所有。"之后，对我国租用已建成的转播台的时间等问题，周恩来又有具体指示："同意，只是租用时间、台数和比例，仍应先征求阿方意见。"②

本年，作为新闻人物的周恩来，被《人民日报》刊发报道文章464篇。

新闻背景

2月7日，《人民日报》发表该报记者的通讯《毛主席的好战士——雷锋》以及《雷锋日记摘抄》和反映雷锋生活的一组图片，并配发该报评论员文章《伟大的普通一兵》。《解放军报》2月8日发表介绍雷锋的通讯《伟大的战士》。《中国青年

---

① 《周恩来与外国首脑及政要会谈录》编辑组编著：《周恩来与外国首脑及政要会谈录》，台海出版社2012年版，第241页。

② 马元和：《国外广播电视见闻及国际交往》，国际文化出版公司1998年版，第234页。

报》3月2日出版学习雷锋的专辑，发表了毛泽东的题词"向雷锋同志学习"，在全社会掀起了学习雷锋的热潮。

7月14日，苏共中央发表《给苏联各级党组织和全体党员的公开信》，叙说对中苏两党关系和国际共产主义运动中一些问题的看法。

8月，全国优秀广播节目欣赏会在北京举办。

9月，《人民日报》《红旗》杂志联名发表经中共中央讨论的评论文章，至翌年7月，共发表9篇评论"苏共中央公开信"的文章，史称"九评"。

11月10—22日，中新社第一次派记者出国采访。

1964 年（六十六岁）

1月1日，《人民日报》第2版刊发消息，标题为"阿克拉报纸说加纳人民殷切欢迎周总理"。

1月2日，《人民日报》第3版刊发消息，标题为"阿尔巴尼亚报纸热烈欢迎周总理访问"。

1月3日，《人民日报》第1版刊登新华社记者李克、戈宝植、许复己写的通讯《周总理在地拉那欢度除夕》，配有新闻图片。

1月4日，《人民日报》第4版刊登消息。标题为"阿尔巴尼亚报纸继续热情报道周总理的访问活动"。

1月5日，《人民日报》第3版刊登消息，标题为"阿尔巴尼亚报纸热情报道周总理访问活动 阿尔及利亚《陆军》杂志说周总理访问进一步加强了两国人民友谊 阿联和伊拉克报纸说阿拉伯国家人民重视同中国人民的友好合作"。

1月7日，《人民日报》第3版刊载消息，标题为"阿尔巴尼亚报纸热情报道周总理陈副总理访问活动 中阿战斗友谊没有任何力量能够削弱 柬埔寨报纸强调周总理访问非洲具有伟大的政治和历史意义"。

1月8日，《人民日报》第3版刊登消息，标题为"处处欢腾迎佳宾 战斗友谊激人心 阿尔巴尼亚报纸显著报道发罗拉倾城欢迎周总理盛况"。

1月10日，《参考消息》第1版刊登美联社突尼斯9日电（记者：博罗维克）：共产党中国总理周恩来于星期四到达这里。当人们把一份用红色中国字印着《欢迎周恩来》的标题的突尼斯报纸交给周时，他微笑了。

△ 晚，接受突尼斯《行动报》记者采访。内容发表在1月13日《人民日报》第3版。

1月14日，《人民日报》第4版刊载消息，标题为"欢呼建立在共同反帝斗争基础上的友谊 加纳舆论热烈欢迎周总理访问并大量报道访问消息"。

1月15日，在阿克拉答加纳通讯社记者问。回答了访问非洲国家的目的、对加纳共和国的印象、非洲国家前景等问题，提出了中国政府在对外提供经济技术援助的时候，严格遵守八项原则。内容发表在1月18日《人民日报》第4版。周恩来访问加纳时，由于得知有预谋政变，许多记者云集在加纳，于是得到了比预料中更加广泛的报道。

1月16日，《人民日报》第4版刊登消息，标题为"加纳乌干达报纸和非洲民族主义政党代表热烈欢迎周总理访非"。

1月21日，在巴马科机场对马里电台记者发表讲话。全文发表在1月22日《人民日报》第4版。

1月23日，晚，在几内亚首都科纳克里下榻的宾馆里接见了斯诺。周恩来同斯诺进行了长达5个小时的谈话。斯诺这次是以法国《新直言》记者的身份采访周恩来的。[1]

1月25日，《中华人民共和国国务院公报》1964年第4期发表《中华人民共和国国务院总理周恩来二月六日在摩加迪沙答法国新闻社记者问》。

1月26日，授意乔冠华在告别词中增加以下内容：几内亚人民在民

---

[1] 孟红：《周恩来和斯诺：六次让世界瞩目的会晤》，《文史春秋》2008年第5期，第12页。

主党和总统领导下,大力推动和支持非洲各国人民的反帝反殖斗争。在几内亚歌舞中,不仅强烈反映出几内亚人民的历次反帝斗争,而且广泛歌颂非洲各国人民的民族独立运动。这些充满着政治内容的革命歌曲的传播,大大鼓舞着非洲人民的民族觉悟,促进着非洲国家的统一和团结。午夜,在科纳克里机场向几内亚《革命之声》广播电台发表告别词。① 告别词全文刊登在《人民日报》1月29日第3版。

△《人民日报》第3版头条刊发消息,标题为"周总理在金迪亚参观受到热烈欢迎 几《自由报》说共同战斗把中几两国联结在一起 周总理在科纳克里接见美国作家埃德加·斯诺"。

1月30日,我代表团到达埃塞俄比亚。在国宴上,埃塞俄比亚皇帝塞拉西在讲话一开头就提出了同我国有分歧的看法。周总理听了塞拉西的讲话后,从容严肃地站起来,目光坚毅,语调响亮,即席讲了几段原来讲稿中没有的话。他指出,中、埃两国的制度不同,两国的政策也完全不一样,但是我们既然相聚在一起,就是为寻求共同点,消除或者暂时保留不同点。他再次强调国家不分大小,应该平等相待,这始终是我们的立场。这番讲话引起了全体与会者的重视。宴会结束后,周总理立即让龚澎同志把新华社记者高梁叫去,叮嘱高梁发回这段即席讲话,并问高梁记录下来没有?他要翻译同志同高梁一起又核对了一遍。②

1月31日,《人民日报》第3版刊登消息,标题为"喀土穆报纸热烈欢迎周恩来总理访问 苏丹人民对中国人民怀着真诚的友谊"。

1月,观看加纳《新闻晚报》《加中友谊特刊》。

2月3日,晚,在摩加迪沙举行记者招待会,回答了各国记者提出的问题。内容刊登在2月6日《人民日报》第3版。在摩加迪沙接见法国新闻社总编辑特塞兰。③

---

① 中共中央文献研究室编:《周恩来年谱1949—1976》(中),中央文献出版社2007年版,第616页。
② 高梁:《随同周总理采访——纪念周恩来同志诞辰九十周年》,《中国记者》1988年第3期,第10页。
③ 中共中央文献研究室编:《周恩来年谱1949—1976》(中),第618页。

1964年1月，周总理结束对加纳的访问时，在阿克拉机场观看专为送别周总理而提前6小时出版的加纳《新闻晚报》《加中友谊特刊》

2月4日，《人民日报》第5版刊发消息，标题为"苏丹宣传部长奥斯曼赞扬中国苏丹联合公报 周恩来总理对苏丹的访问非常成功《埃塞俄比亚先驱周报》说周总理的访问有助中埃关系的发展"。

2月5日，《人民日报》第3版刊发消息，标题为"周恩来总理同舍马克总理会谈 索马里外长为周恩来总理举行招待会 摩加迪沙报纸欢呼中索友谊加强发展"。

2月6日，在索马里首都摩加迪沙接见法国新闻社记者特赛兰，并回答其提问。2月7日，《人民日报》第1版刊登接见内容。

在访问索马里期间，在中国驻索马里大使馆，周恩来说："小钱（钱嗣杰，时为新华社记者。——笔者），你和翻译同志太辛苦了，有时忙得连饭都吃不上，今天我和陈毅副总理站在两边，你们两人站在中间照张相，以示慰问。"钱嗣杰马上说，我不辛苦，总理比我们更辛苦，我们不能站在中间。这时,陈毅副总理也说,你们必须站在中间。没办法,我们两人也只好服从,于是才有了下文这张珍贵的合影照片。①

周恩来、陈毅与钱嗣杰(右三)等合影

资料来源:转自新华网 2011 年 6 月 3 日(http://news.xinhuanet.com/mrdx/2011-06/03/c_13908910.htm)。

2月15日,《人民日报》第3版头条刊登消息,标题为"周总理访缅进一步增强'胞波'情谊 中缅两国人民友好关系走向新高峰 缅著名学者艺术家和报纸热烈欢迎周总理访问"。

2月16日,《人民日报》第3版刊登消息,标题为"缅甸报纸热烈欢迎周恩来总理"。

2月17日,《人民日报》第3版刊登消息,标题为"缅甸公众舆论热烈欢迎中国领导人访问 中缅胞波情谊与日俱增 仰光各报显著报道周

---

① 钱嗣杰:《与记者翻译合影,周恩来执意站在旁边》,《新华社每日电讯》2011 年 6 月 3 日第 11 版。

恩来总理陈毅副总理的访问消息"。

2月18日,《人民日报》第3版头条刊登消息,标题为"中缅友谊巩固发展符合两国人民共同愿望 缅甸报纸继续热烈赞扬周恩来总理的友好访问"。

2月19日,《人民日报》第3版刊登消息,标题为"巴基斯坦报纸热烈欢迎 周总理陈副总理访问 周恩来总理亚非之行影响深远 巴基斯坦同中国发展密切关系的政策是任何威逼引诱都改变不了的"。第3版同时刊登缅甸通讯,题目为"周总理春节访'胞波'"。

2月20日,指示农业部长廖鲁言要加强对农村知识青年进行农业科学技术方面的广播宣传。①

2月23日,《人民日报》第3版刊发消息,标题为"巴基斯坦公众舆论热烈欢迎周总理访问 欢呼中巴人民友谊 赞扬我国建设成就《东方报》指出召开第二次亚非会议将加强亚非人民团结反帝斗争"。

2月25日,接受巴基斯坦联合通讯社首席记者沙夫达·阿里·古莱采访。内容发表在2月27日《人民日报》第3版头条。

△下午,在巴基斯坦达卡举行记者招待会,回答了巴基斯坦和其他国家的记者提出的问题。一个美国记者在招待会上提出自决的原则是否适用于台湾的问题。周恩来总理严正指出,这个问题很清楚地反映了美国政府制造"两个中国"的企图。所谓"两个中国"就是:把台湾从中华人民共和国的版图中分割出去,制造另外一个国家。中华人民共和国政府和全中国人民坚决反对"两个中国",连蒋介石集团也反对"两个中国"。凡是同中华人民共和国建立正式外交关系的国家都反对"两个中国"。全世界绝大多数人都反对"两个中国"。美帝国主义制造"两个中国"的阴谋是永远不能得逞的。美国国务院的这个敌视中国人民的阴谋,只能永远存在它自己的档案室里。内容在2月28日《人民日报》头版头条发表。

2月27日,《人民日报》第3版刊登消息,标题为"卡拉奇报纸

---

① 司有和主编:《中华人民共和国科技传播史》,重庆出版社2005年版,第287页。

热烈赞扬中巴友好合作和睦邻关系 周总理访问有助于加强亚非团结大厦 社会主义中国的出现已使我们时代的政治革命化了"。

2月29日，接受日本《朝日新闻》记者野上正、《中部日本新闻》记者青木茂、《读卖新闻》记者鸟羽岭次郎、日本广播协会电台记者伊泽龙雄和共同通讯社记者今村俊行五家媒体记者联合采访。内容发表在3月2日《人民日报》第1版。

2月，在巴基斯坦卡拉奇采访周总理行止的日本记者们，想单独同周总理会见，于是共同拟定了提问书，并把要求会见的信件交给中国驻卡拉奇大使馆。起初杳无音讯，所以断了一半念头，但巴中友好协会在拉合尔举行的午宴上，周恩来总理以愉快的心情打听各记者的出身国家。当他了解到是日本记者时，就微笑着站起来用日本话说："你好"，而且还同两三名日本记者握手。周恩来总理接见日本记者时的谈话，一直是在友好的气氛中进行的，虽然超过了预定时间，但从日中关系的动向来看，周恩来总理对日本记者特别表示关心和好意，是非常耐人寻味的。①

1963年12月13日至1964年3月1日，访问了亚非欧十四国。安全胜利归来，周恩来很高兴，要同出访人员及他们的爱人孩子一块儿聚餐。席间，周恩来走到新闻摄影记者的桌前，但发现他们没有带家属来，就问：你们的爱人孩子怎么都没有来？记者说没有这样的通知。当时周恩来很生气，马上把有关人员找来，批评说：领导人员可以带家属，这些做具体工作的人员的老婆孩子为什么不能来？你们不要只看到首长，记者工作也是很辛苦的，工作可以分工不同，但任务是一个。②在出访亚非欧十四国时，总理和摄影师在飞机上一起研究拍摄提纲，成立新闻组，总理鼓励摄影师庄唯大胆主持小组工作，并说：我也是你们小组的一员，我们一起研究。后来到达非洲一个国家时，摄影师见总理因劳累过度，身体不适，一次在研究摄影报道工作时就没有去麻烦总

---

① 《五湖的怀念》，1978年3月，第342页。
② 新闻战线记者：《"拍工人，别拍我"——周总理和新闻电影》，《新闻战线》1980年第1期，第9—10页。

理。哪知会开了一半，总理来了，就批评他们说：我不是说好了是你们小组成员嘛，开会怎么不通知我。①

3月17日，北京电视台记者李华向中央广播事业局编辑会议汇报，在随同周恩来出国采访时，周恩来说，中央新闻纪录电影制片厂和电视台的拍片工作可以合并，并要求提出一个方案。②

3月18日，《人民日报》第3版刊登消息，标题为"越南《人民报》赞扬周总理出国访问的成就 加强了亚非国家团结 支持了各国人民斗争 中国革命的贡献和建设成就是对亚非国家的有力鼓舞"。

3月21日，接见正在北京访问的墨西哥《永久》周刊记者马里奥·蒙特福特·托莱多博士及其夫人。接见时在座的有朱穆之、秦加林、李炳泉等有关方面负责人。接见消息刊载于《人民日报》3月22日第1版。

3月23日，在一次谈话时说，我们的新闻要注意对象，按对象发稿较好。新华社要大大训练干部，凡能进去的国家都要进去。新华社是先锋队，要学外文，训练干部。③

4月9日，在第九次全国广播工作会议上所作的重要讲话中强调指出："我们要在毛主席备战、备荒、为人民的战略思想指导下，面向全国，面向全世界，努力办好广播，确保电台安全，为全中国人民和世界人民服务。"④

4月26日，去刘少奇处商谈《人民日报》按语。⑤

5月13日，下午，接见由阿尔巴尼亚中央广播电台台长萨纳斯·纳诺率领的阿尔巴尼亚广播代表团，同他们进行了亲切友好的谈话。接见

---

① 《怀念周恩来》编辑小组编：《怀念周恩来》，人民出版社1986年版，第471页。
② 中华人民共和国史广播电视编辑部编：《当代中国广播电视回忆录》第3集《周恩来与广播电视》，中国广播电视出版社1994年版，第252页。
③ 郑德金：《周恩来指导新华社工作纪实（1931—1976）》，《中共党史资料》2008年第2期，第173页。
④ 人民出版社资料组编：《人民的好总理 纪念敬爱的周恩来同志》（中），人民出版社资料组，1977年，第274页。
⑤ 中共中央文献研究室编：《周恩来年谱1949—1976》（中），中央文献出版社1997年版，第638页。

时在座的有梅益、左漠野等。阿尔巴尼亚驻中国大使奈斯蒂·纳赛也在座。接见消息刊载于《人民日报》5月14日第1版。

5月16日，接见日本共同通讯社专务理事岩本清。①

5月24日，在廖承志、李一氓、张彦等送来的《关于加强对外展览照片和对外送礼照片工作的请示报告》上批示："我的想法，根据我们在国内外有关图片、照片和新闻电影的展览、赠送和摄制看来，是多而重，水平不够高，人员重复，而不是少了。我提议，请外办张彦同志负责召集一次会议，不仅邀请有关负责同志参加，而且邀请直接掌握业务的摄影记者、拍片人员和编制人员参加，各抒己见，彻底讨论一下。"②

5月28日，关于印度总理尼赫鲁病逝消息，《人民日报》第4版刊登时未加黑框或黑线。周恩来对此提出批评：人民日报这样做，是否有等级制思想，什么人死了加黑框或黑线，有个等级观念，或者是感情用事，以感情代替政策，代替理智，这两种思想情绪都是不对的。③ 我活着一天总要在等级问题上讲讲，使我们的下一代不致有等级观念。④

6月18日，毛泽东、周恩来接见在中央广播事业局对外部工作的桑给巴尔专家阿里及其夫人。⑤

7月28日，对新华社播发的我访日代表团离京的消息提出批评，指出："为什么这条消息只突出团长一个人，而不介绍代表团团员是谁？我们这次派出的代表团有广泛的代表性，各方代表的名字都应写上，而消息中连赵朴初是副团长也未写明。你们为什么老是孤立首长，不写群众？没有群众就没有首长。工作要靠大家做。资产阶级还讲民主嘛，团

---

① 杨正光主编，张暄编著：《当代中日关系四十年 1949—1989》，时事出版社1993年版，第233页。
② 中共中央文献研究室编：《周恩来年谱 1949—1976》（中），中央文献出版社1997年版，第644页。
③ 王凤超：《周恩来新闻活动年表》（续二），《新闻研究资料》1988年第4期，第153页。
④ 中共中央文献研究室编：《周恩来年谱 1949—1976》（中），第645页。
⑤ 中华人民共和国史广播电视编辑部编：《当代中国广播电视回忆录》第3集《周恩来与广播电视》，中国广播电视出版社1994年版，第252页。

长还要照顾照顾团员，出国代表团的消息中不仅要写团长，而且也要写上主要团员，这个意见我说了多次，你们就是不改。"①

8月8日，批评新华社昨天播发人民团体支持越南抗美救国声明的消息，没有把文件中最精华的部分写进去，即"美帝侵略给了越南人民反侵略的行动权利""一切维护日内瓦协议的国家也取得了支持越南民主共和国反侵略的行动权利"。美国现在摸不着我们的底，正在调兵遣将，应予揭露，要利用美国自己的材料来揭露它。②

9月15日，将一份反映美国驻香港总领事馆将在澳门设立广播电台即"美国之音"的简报批给陈毅和廖承志："此事应予严重注意。对澳门葡当局要加压力，请提方案报中央。"③

10月2日，《人民日报》第2版刊登两条消息，标题分别为"周恩来总理会见西哈努克亲王""周总理陈毅副总理会见摩洛哥王国代表团"。

按：从1959年6月18日起，我国领导人会见外宾的新闻报道中"接见"一词和"会见"一词同时出现，在周恩来多次指示、提醒下，直到今天，《人民日报》标题"接见"外宾全部改用"会见"一词。其间，"接见"一词占主角，"会见"一词由与"接见"一词并用到取代"接见"一词走过了很长一段时间，后面会见外宾的新闻报道标题和内容也以"会见"为主，标志着周恩来的指示开始得到全面贯彻。

10月4日，下午，出席中华全国新闻工作者协会、人民日报、新华通讯社和广播事业局四个新闻单位联合举行的酒会，招待正在北京访问的亚洲、非洲和欧洲10个国家的新闻工作者代表团和新闻界人士，对他们前来参加中国国庆和进行友好访问表示热烈欢迎。应邀出席酒会的

---

① 郑德金：《周恩来指导新华社工作纪实（1931—1976）》，《中共党史资料》2008年第2期，第173页。
② 郑德金：《周恩来指导新华社工作纪实（1931—1976）》，《中共党史资料》2008年第2期，第173页。
③ 中共中央文献研究室编：《周恩来年谱1949—1976》（中），中央文献出版社1997年版，第667页。

贵宾，有以印度尼西亚《人民日报》总编辑奈巴霍为首的印度尼西亚《人民日报》代表团，以日本《赤旗报》副总编辑石田精一为首的日本《赤旗报》代表团，以老挝爱国战线党中央宣传、文教部委员坎马·富贡为首的老挝爱国战线党新闻工作者代表团，以越南通讯社副社长黄思斋为首的越南通讯社摄影代表团，以朝鲜《平壤新闻》总编辑金大乙为首的朝鲜《平壤新闻》代表团，以罗马尼亚广播和电视委员会副主席康斯坦丁·普里斯尼亚为首的罗马尼亚广播电视代表团，以印度尼西亚新闻工作者协会主席卡里姆为首的印度尼西亚新闻工作者代表团，以日本记者会议副议长本田良介为首的亚非新闻工作者协会日本协会代表团，以阿尔及利亚新闻工作者协会总书记阿卜杜拉齐兹·贝拉佐为首的阿尔及利亚新闻工作者代表团，印度尼西亚安塔拉通讯社执行委员会委员苏巴基尔及其夫人，以家城启一郎为首的日本广播协会电视摄影队，以加列戈为首的菲律宾新闻工作者代表团，以《加纳时报》副主编亚伯拉汗·库廷·门萨为首的加纳记者和作家协会代表团，《埃塞俄比亚先驱报》主编特格涅·耶特沙—沃克和埃塞俄比亚专栏作家特舒姆·阿德拉。出席酒会的有吴冷西、姚溱、梅益、朱穆之、王芸生、范瑾、胡绩伟、王揖、邓岗、周游、秦加林等首都新闻单位和有关方面负责人。酒会消息刊载于《人民日报》10月5日第2版。

  10月8日，接见黎巴嫩《贝鲁特晚报》社长兼总编辑马什努克。在介绍中国和阿拉伯国家关系的五项原则、中国和非洲之间经济合作的八项原则的提出过程后说：关于国家关系的五项原则，有些是与亚洲国家和平共处的五项原则相同的，但有两点是在我们踏上了非洲的土地以后逐步认识的：第一点是，我们尊重阿拉伯国家之间、非洲各国之间不以武力，而通过和平谈判的方式解决各国之间的争端。第二点新认识是，表示中国政府支持阿拉伯各国人民根据自己选择的方式来实现阿拉伯人民对阿拉伯统一和团结的愿望，这也是我们对非洲国家的观点。[①]

  [①] 中共中央文献研究室编：《周恩来年谱1949—1976》（中），中央文献出版社1997年版，第674页。

10月14日，将审改的有关原子弹爆炸的政府声明、新闻公报、中央通知草稿送毛泽东、刘少奇、林彪、邓小平、彭真、贺龙。附信说："这次试验，决定采取公开宣传办法，以便主动地击破一切诬蔑和挑拨的阴谋，并利今后斗争。爆炸时间，前方还在作最后研讨，今晚若能定夺，当另告。"当日，亲自下达核装置就位的命令。①

10月15日，下午，在钓鱼台六号楼，周恩来开始用平静的语气向吴冷西、乔冠华、姚溱宣布：明天将在罗布泊附近爆炸第一颗原子弹。把你们找来就是要起草一个公报和一个政府声明，这都要在今晚搞好并送毛主席审定，到明天爆炸成功后发表。因为现在只是计划明天爆炸，明天能否按时爆炸，爆炸是否成功，还是个未知数，因此此事现在是特级机密。你们起草时可以把时间空着。周恩来提出他设想的政府声明的要点：一、要全面阐明我国政府对核武器的政策，我们的目标是全面禁止、彻底销毁核武器。二、要说明我国进行核试验和发展核武器是被迫的，为了自卫的，是对付帝国主义的核威胁和核讹诈的。三、要宣布中国在任何情况下决不首先使用核武器。四、要提出召开各国首脑会议的建议，首先要有核武器国家承担不使用核武器的义务。起草工作进行得较顺利。2000字不到的政府声明在午夜过后不久就起草出来了。到写完简短的公报，大约是凌晨2点钟。周恩来看过草稿后，又走到小餐厅来，带着亲切的微笑对大家说，稿子大体可用，个别字句我还要斟酌一下，就可以送毛主席审定了。你们这些秀才不愧为快手。现在慰劳你们，一人一碗双黄蛋煮挂面。周恩来风趣地说，这双黄蛋是我家乡淮安的特产，拿来慰劳你们带有象征意义，就是我们正在搞两弹。周恩来最后交代如何发表。他要吴冷西第二天上午在新华社等候，他将派人把政府声明和公报送给吴，由吴组织好发表前的准备工作，但什么时候发表要听候他的通知。中英文的文字广播和口语广播要同时播出。英文稿由外交部翻译，要乔冠华负责组织。这一切在公布前都要严格保密，保证

---

① 中共中央文献研究室编：《周恩来年谱1949—1976》（中），中央文献出版社1997年版，第676页。

杜绝一切可能泄密的漏洞。①

10月16日，北京时间15时核试验爆炸成功。周恩来来电话说，爆炸已成功，两个稿子中开头空白的地方要填上"16日15时"（北京时间）。但毛泽东说要等等看外国有什么反应才公布。周恩来要吴冷西注意外国通讯社有什么消息，随时向他报告。他还说现在各人可以回自己单位去准备广播和出号外，但什么时候公布要等他通知，公布之前仍要保密，只能让有关人员知道。在这以后，首先从东京，接着从华盛顿、斯德哥尔摩、伦敦、巴黎传出了我国在西部地区进行了核试验的消息，新华社迅速地、连续地向周恩来报告。晚上，周恩来和毛泽东等中央领导同志一起在人民大会堂接见参加大型歌舞《东方红》演出人员时，才决定当晚十时公布这一震动世界的新闻。②

10月17日，拟定《全面禁止和彻底销毁核武器》电报，《人民日报》10月21日第1版发表电报全文。

10月18日，接见斯诺，亲自把中国原子弹爆炸的12幅照片交给斯诺，并意味深长地说：龚澎都没有见过这些照片。你们在座的（指陈忠经、勇龙桂、唐明照等人）都没有看见过。你今天晚上不要马上发电报出去，可以立即回瑞士去发。回到所住饭店，斯诺自言自语地说："我真的做梦也没想到他答允把特号消息告诉我，还有照片。这照片恐怕会惊动世界。看来，这件事惟独对我一个人说了。"第二天，斯诺赶回日内瓦，在瑞士报纸上发表了这12幅照片，再次轰动了全世界。③

按：《周谱》记载，周恩来交给斯诺12幅原子弹爆炸的照片时间为10月31日。

10月21日，夜，审改《人民日报》社论《打破核垄断，消灭核武器》，在样稿请示上批示：很好，照发。④

---

① 李静主编：《实话实说西花厅》，中国青年出版社2007年版，第38—41页。
② 李静主编：《实话实说西花厅》，第41—42页。
③ 孟红：《周恩来和斯诺：六次让世界瞩目的会晤》，《文史春秋》2008年第5期，第13—14页。
④ 人民日报出版社：《毛泽东周恩来刘少奇朱德邓小平陈云为人民日报撰审稿手迹选》（下），人民日报出版社2008年版，第68页。

10月24日,在接见菲律宾新闻工作者代表团时说:我们两国都是亚洲国家,都是参加1955年万隆会议的国家,都是在二次大战后取得独立和解放的国家。我们双方都是结盟国家,结盟国家的情况和性质最近有变化,而且大有变化。你们诸位是新闻记者,可能很清楚。中国和菲律宾的关系是可以改善的,而且应该改善,因为我们两国之间没有根本利害冲突。还说:"革命是不能输出的,我们一贯坚持这个原则。""大多数人民选择什么制度,这个国家就实行什么制度。这决不能由别国人民的意志来决定。""各国人民如何实现进步,这条道路还要由各国人民自己去走。"①

11月4日,深夜一点半,我国第一次核试验成功的照片送到周恩来总理办公室,总理和蔼地接过照片,用放大镜仔细察看,向送照片的同志仔细询问了情况,批准在报刊上公开发表。②

11月19日,到刘少奇处商谈《红旗》杂志即将发表的社论。③

11月21日,《人民日报》第3版发表本报评论员文章《给美国侵略者以应有惩罚》,讲到美国飞机不断侵入古巴、中国、越南民主共和国和老挝的领空,未提柬埔寨,引起西哈努克亲王的不满。周恩来看了文章后指出:"你们不了解柬埔寨,这么一个小国坚决反美,很不容易。你们眼中应有柬埔寨。你们经常有技术性、礼节性错误,这些错误又常常成为政治问题。"④

11月29日,审阅《毛泽东主席关于支持刚果(利)人民反对美国侵略的声明》稿,并于凌晨一时写了如下批语:"拟同意。即送主席审批。此件如能在三时前批准,拟即由新华社以英、法、俄文广播,其他

---

① 中共中央文献研究室编:《周恩来年谱1949—1976》(中),中央文献出版社1997年版,第680页。
② 人民出版社资料组编:《人民的好总理 纪念敬爱的周恩来同志》(中),人民出版社资料组,1977年,第199页。
③ 中共中央文献研究室编:《周恩来年谱1949—1976》(中),第688页。
④ 王凤超:《周恩来新闻活动年表》(续二),《新闻研究资料》1988年第4期,第153页。

文字继播,当日早晨见报。"①

12月3日,以朝鲜中央广播委员会委员长柳永杓为团长的朝鲜广播代表团访华。12月27日,周恩来接见了代表团全体成员,当天双方签订了广播电视合作协定。②

12月16日,同美国作家埃德加·斯诺的谈话提出,必须使工业产品的数量同质量、品种均衡发展。会谈达4小时之久。斯诺发现周恩来身体很好,并对他生病的"谣言"置之一笑,但他的头上却已出现了几缕白发。周恩来说:"坦率地讲,作为总理,我并不完全掌管中国的经济建设……我学会了一些东西,但学得不怎么好……经济发展规律极其复杂。我们已经取得了一些经验……但还有更多的经济发展规律有待我们去探索。在过去的15年中我们干了不少好事,但我们也做错了一些事。"斯诺提了一个令人尴尬的问题:什么时候中国将像他们宣传的那样赶上英国的工业生产?周恩来承认:"赶上英国已不再是我们注意的中心问题……我们的工业现代化也不能仅通过增加几种工业品产量的办法来实现。"③ 接见时在座的有陈忠经、勇龙桂、龚澎。接见消息刊载于《人民日报》12月17日第1版。

12月25日,晚,和夫人一起出席中国人民保卫世界和平委员会为美国著名女作家安娜·路易·斯特朗七十九岁寿辰举行的宴会。出席宴会的还有陈毅、刘宁一、廖承志及其夫人、乔冠华及其夫人、唐明照及其夫人、区棠亮、郑森禹等。在京的美国朋友柯弗兰及其夫人,爱泼斯坦及其夫人,李敦白及其夫人,日本和平人士西园寺公一及其夫人等应邀出席了宴会。消息刊载于《人民日报》12月26日第1版。

12月27日,接见以朝鲜民主主义人民共和国中央广播委员会委员长柳永杓为首的朝鲜广播代表团,同他们进行了亲切友好的谈话。接见

---

① 王凤超:《周恩来新闻活动年表》(续二),《新闻研究资料》1988年第4期,第153—154页。
② 中华人民共和国史广播电视编辑部编:《当代中国广播电视回忆录》第3集《周恩来与广播电视》,中国广播电视出版社1994年版,第252页。
③ [英]迪克·威尔逊:《周恩来传》,封长虹译,解放军出版社1989年版,第229页。

周恩来接见《西行漫记》作者、美国作家斯诺，
并同他进行了谈话（新华社记者钱嗣杰摄）

资料来源：转自1964年12月17日《人民日报》第4版。

时在座的有梅益、顾文华等。朝鲜驻中国大使馆参赞郑凤珪也在座。接见消息刊载于《人民日报》12月28日第2版。

12月，在第三届全国人代会期间，看到一份《内参》上登了一个记者的报道，说大寨耕地亩数不实，今年粮食平均亩产"过长江"、超过800斤的报道也不实，当即找相关领导询问此事，并要他们立即派人到大寨去丈量土地，核实粮食产量。他说，如果确有虚假，《政府工作报告》公布后，外国记者会把它捅出去的，这样国际影响就很不好。最后，经过核实，没有虚假。①

△ 一天，陈寰在人民大会堂江苏厅采访第三届人民代表大会的小组会时，听说周恩来在河北厅有活动，就闻风而至。推开大厅的南门往里一看，屋子里坐满了人，周恩来正在讲话。陈寰想这不是她的采访报道范围，想转身走开，周恩来看见陈寰站在门边就说："来了，就坐下仔细听听，治黄是一个非常重要的问题，应该多了解一些情况，做好报

---

① 顾保孜著，杜修贤摄影：《红镜头中的周恩来》，贵州人民出版社2011年版，第63页。

道工作。"①

本年，作为新闻人物的周恩来，被《人民日报》刊登报道文章934篇，其中10月5日发表报道16篇，是《人民日报》创刊以来报道周恩来最多的一天。

新闻背景

2月10日，《人民日报》发表社论和通讯，介绍山西省昔阳县大寨大队（大队为一级基层组织，为现在的村。——笔者）事迹。此后，"农业学大寨"运动在全国展开。

2月13日，在人民大会堂的春节座谈会上，毛泽东发出号召："要鼓起劲来，所以，要学解放军、学大庆。要学习解放军、学习石油部大庆油田的经验，学习城市、乡村、工厂、学校、机关的好典型。"此后，"工业学大庆"的运动在全国轰轰烈烈地展开。

3月，北京电视台从1963年12月14日到1964年3月初拍摄的8000多米的周恩来总理和陈毅副总理访问非洲、亚洲14国电视片，被编成每条10分钟到20分钟的电视通讯20条，先后播出。还汇编了《周总理非洲之行》上下集播出。

4月3—21日，第八次全国广播工作会议在北京举行。

5月2—24日，中华全国新闻工作者协会、中国摄影学会联合举办的全国新闻摄影展览在北京中国美术馆举行。

10月16日，15时，中国自行制造的第一颗原子弹爆炸成功，新华社发出新闻公报和政府申明，震惊国内外。

北京、天津两地微波传送电视节目成功。

国际通信卫星组织成立。亚洲广播联盟成立。

1965年（六十七岁）

1月27日，晚，接见印度尼西亚新闻工作者，回答了他们的问题。

---

① 陈寰：《流光漫忆 一个女记者的人生旅程》，新世界出版社2003年版，第53页。

印度尼西亚新闻工作者有：社会使者报总编辑马赫布·朱奈迪，火炬报总编辑伊斯奈尼，人民日报总编辑奈巴霍，安塔拉通讯社记者瓦卢约，英文印度尼西亚论坛报记者阿里芬·贝伊，印度尼西亚广播电台记者达莫苏贡多，电视台记者苏坎托和电影制片厂代表伊斯芒温。被接见的还有印度尼西亚外交部新闻司副司长阿拉塔斯、新闻司官员苏达尔托和安塔拉通讯社驻北京记者卡梯果。梅益、石少华、毕季龙等有关方面负责人接见时在座。接见消息刊载于《人民日报》1月28日第1版。

1月29日，《人民日报》第4版头条刊登消息，标题为"巴基斯坦社会知名人士和报纸欢迎周总理的讲话 联合国在美国指挥棒下跳舞做尽坏事 另立革命的联合国唱对台戏理所当然"。

冬，埃德加·斯诺在中国时，曾问周恩来他能不能跟刘少奇谈一次话。周反问道："你为什么现在想见他？"斯诺提醒周说，一九三六年他是在刘少奇领导下的北方局干部的帮助下才得以辗转到了延安。周于是安排斯诺参加一次宴会，出席那次宴会的有毛泽东和他的妻子江青，刘少奇和他的妻子王光美以及周恩来和他的妻子邓颖超。在宴会上，他们谈笑风生，气氛十分友好、融洽。宴会结束时，周对斯诺说："这回，他们几个你都见到了吧。"斯诺得出的印象是周不大愿意让他和刘少奇见面会谈。毛把斯诺看成是他自己的私人朋友，斯诺不懂得他要是单独和刘谈话，这对毛来说是一种极大的羞辱。①

2月9日，《人民日报》第4版头条刊登消息，标题为"印度尼西亚公众继续支持周总理彻底改组联合国的主张 柬国家电台说周总理主张得到广泛赞同 伊报抨击某些大国控制联合国"。

2月14日，指示吴冷西、乔冠华起草《联合国往哪里去？——评戴高乐二月四日的讲话》一文。周恩来在修改此文时加写："还有亚非一些国家的首脑或政府，也认为联合国犯的错误太多，必须加以改组。"

---

① ［英］韩素音：《周恩来与他的世纪1898—1998》，王弄笙等译，中央文献出版社1992年版，第422—423页。

毛泽东审阅后批:"写得很好。照此发表。"次日,此文署名"观察家"在《人民日报》第 1 版发表。①

2 月 17 日,批评了中央广播事业局不该停办少数民族语言广播,并责成民委和广播事业局共同研究恢复上述广播的问题。②

2 月 19 日,新华社播发关于联合国大会休会的消息,其中提到"联合国部队"一语。周恩来问新华社根据是什么,新华社的同志一时说不清楚。他打电话给新华社的一位负责同志:"这件事也许有,也许没有,是新华社弄错了? 到底是怎么一回事,新华社一定要查,查个水落石出。"③ 2 月 23 日,再次指出:"毛主席曾经再三讲我们要尊重事实。无产阶级新闻同资产阶级新闻的区别,就在于尊重事实,实事求是。"④

2 月 21 日,在卫生部、中共中央宣传部、国务院文教办公室负责人会上提出关于卫生运动问题。报纸上要好好宣传,在寒暑假期内要发动学生的力量来搞,每年大搞两次,小搞几次。⑤

2 月 25 日,在全国工交工作会议和工交政治工作会议上,就国际国内形势发表讲话,说国际斗争比过去更复杂了,因此,尽管埋头做经济工作,但是你们要接触国际的问题,报纸还得看,社论、声明总是有点目的的,绝不会是无的放矢。⑥

2 月 26 日,召集刘白羽、司徒慧敏、郑君里、张瑞芳等就拍摄纪录片问题谈话,提出把青年下放、棉花生产等题材拍成纪录片。并说:今年可将带方向性的成熟了的方面,有重点地拍纪录片,不要像一九五八年那样大搞。创作人员经过思想整风,狂风暴雨之后,也得要他们冷静

---

① 中共中央文献研究室编:《周恩来年谱 1949—1976》(中),中央文献出版社 1997 年版,第 709 页。
② 中华人民共和国史广播电视编辑部编:《当代中国广播电视回忆录》第 3 集《周恩来与广播电视》,中国广播电视出版社 1994 年版,第 252 页。
③ 刘继才、高树宝主编:《职业道德通俗讲话》,辽宁人民出版社 1987 年版,第 271 页。
④ 林枫:《新闻理论与实践》,新华出版社 1986 年版,第 94—95 页。
⑤ 中共中央文献研究室编:《周恩来年谱 1949—1976》(中),第 710 页。
⑥ 中共中央文献研究室编:《周恩来年谱 1949—1976》(中),第 713 页。

下来，然后才能进行创作。①

2月27日，上午，在接受菲律宾《塔里巴》日报记者法杜尔、《中吕宋邮讯》周刊社长德古斯曼的采访时指出，中美关系是国际问题，我们同蒋介石的问题，是国内问题。中国人民什么时候解放台湾，是中国人民的权利。我们已经等了十五年了，并不急于解放。台湾问题有同美国有关的一面，所以要同美国谈判，不必担心台湾问题会引起世界大战。我们决不侵犯别人，决不会挑起战争。接见时在座的有中华全国新闻工作者协会书记处书记李伍，外交部新闻司副司长毕季龙等。《人民日报》于2月28日第1版刊登接见消息。

2月28日，晚，接见南非泛非主义者大会代理主席勒巴洛、宣传和新闻书记莫雷特，以及南非泛非主义者大会驻开罗代表易卜拉欣，同他们进行了亲切友好的谈话。接见时在座的有连贯、赵政一等。接见消息刊载于《人民日报》3月1日第1版。

3月3日，审阅并修改《人民日报》社论，把原来的标题"约翰逊政府的绝望挣扎"改为"粉碎美帝国主义的强盗行为！"②

3月9日，下午，在上海接见了随同阿尤布·汗总统来访的巴基斯坦广播电台新闻编辑阿哈德、地区部主任布特，并应他们的要求发表了广播录音讲话。③

3月16日，接见法国《新观察家》杂志记者卡罗尔和巴黎大图片社摄影师里布德时指出，对人民主要是进行教育，不仅教育劳动人民懂得存在阶级和阶级斗争，而且还教育剥削阶级出身的分子，告诉他们只要愿意为祖国服务，是可以得到改造的。不可能用党员的标准去要求他们，也不可能用进步人士的标准去要求他们。实际生活中，总有左、中、右，或者是进步的、中间的和落后的。社会总是在这种状况下前进

---

① 中共中央文献研究室编：《周恩来年谱1949—1976》（中），中央文献出版社1997年版，第713页。

② 人民日报出版社：《毛泽东周恩来刘少奇朱德邓小平陈云为人民日报撰审稿手迹选》（下），人民日报出版社2008年版，第71页。

③ 中华人民共和国外交部外交史研究室编：《周恩来外交活动大事记1949—1975》，世界知识出版社1993年版，第440页。

指导新闻期（1947年3月—1976年1月） 549

周恩来和法杜尔（中）、德古斯曼（左）交谈（新华社记者唐理奎摄）

资料来源：转自《人民日报》1965年2月28日第4版。

周恩来和勒巴洛（左三）、莫雷特（左五）、易卜拉欣（左二）合影
（新华社记者刘庆瑞摄）

资料来源：转自1965年3月1日《人民日报》第3版。

的。即使到了共产主义社会，也存在进步、中间、落后。有矛盾、斗争，才能推动社会前进。因此，我们采取以教育为主的办法。在回答"关于戴高乐将军就联合国问题建议召开五大国会议，你是否赞成"的问题时表示：许多事情，不应当只由五大国来决定，而应由世界各国，大家坐在一起来解决，不分大小，平等相处。我们不赞成五大国垄断。① 接见时，外交部部长助理龚澎、新闻司司长秦加林在座。接见消息刊载于《人民日报》3月17日第1版。

3月26日，下午，在阿尔及利亚首都阿尔及尔人民宫举行记者招待会。参加招待会的有阿尔及利亚各报和通讯社的记者以及古巴记者。招待会进行了一个多小时，周恩来回答了记者们提出的问题。②

4月2日，飞离开罗前往巴基斯坦访问。行前接受中东通讯社新闻编辑主任的采访。内容发表在4月4日《人民日报》第1版。

4月4日，《人民日报》第4版刊登两条消息，标题分别为"阿尔及利亚和阿联报纸欢迎周总理同本·贝拉和纳赛尔总统会谈成就""阿尔巴尼亚《人民之声报》盛赞中国党政代表团访阿成就"。

4月7日，《人民日报》第4版头条刊载消息，标题为"阿尔巴尼亚报纸热烈赞扬周恩来总理访问亚非国家的成就 周总理的访问加强了反帝战斗团结 尼泊尔报纸说陈毅副总理访尼增进了两国友好关系"。

4月9日，在第九次全国广播工作会议上强调，广播宣传要面向农村，为6亿农民服务。要有线与无线相结合，有步骤地把全国的广播网建设起来。周恩来说，就全国广播事业来讲，归纳起来就是："我们要在毛主席备战、备荒、为人民的战略思想指导下，面向全国、面向全世界，努力办好广播确保电台安全，为全中国人民和全世界人民服务。"③

4月10日，电贺第二届亚非新闻工作者日，全文如下：

---

① 中共中央文献研究室编：《周恩来年谱 1949—1976》（中），中央文献出版社 1997 年版，第 717 页。

② 《周恩来与外国首脑及政要会谈录》编辑组编著：《周恩来与外国首脑及政要会谈录》，台海出版社 2012 年版，第 239 页。

③ 《当代中国的广播电视》编辑委员会编：《当代中国的广播电视》（下），当代中国出版社、香港祖国出版社 2009 年版，第 391 页。

雅加达

亚非新闻工作者协会

　　值此庆祝第二届亚非新闻工作者日之际，我谨代表中华人民共和国政府和中国人民，并且以我个人的名义，向你们表示热烈的祝贺。

　　庆祝第二届亚非新闻工作者日同庆祝万隆会议十周年将在同时举行，这是具有重大意义的。这表明了亚非新闻工作者把他们的庄严工作同亚非各国人民团结反帝的正义斗争紧紧地联结在一起。现在，亚洲的民族民主革命正在深入发展，特别是越南人民反对美国侵略的英勇斗争，为世界人民树立了一个光辉的榜样。整个非洲，也处在反帝革命的高潮。但是，以美国为首的帝国主义不甘心失败，正在进行疯狂的反扑。在这种形势下，亚非新闻工作者需要继续同亚非人民一道，高举团结反帝的旗帜，发扬万隆精神，为反对帝国主义和新老殖民主义、争取和维护民族独立、保卫世界和平的斗争，为支持越南人民和亚非各国人民反对美国侵略和干涉的斗争，作出更大的努力。

　　祝战斗的亚非新闻工作者在他们的正义事业中不断取得新的胜利。

　　　　　　　中华人民共和国国务院总理　周恩来

　　　　　　　一九六五年四月十日

按：《人民日报》4月24日第1版全文刊登。

4月13日，晚，接受土耳其《自由报》记者锡帕西奥格鲁、《共和国报》记者阿加尔、《晚报》记者阿康和坦苏格等的采访，回答了他们提出的问题。接见时，外交部新闻司副司长毕季龙等在座。接受记者采访消息刊载于《人民日报》4月14日第2版。

4月21日，新华社驻巴西记者王唯真等9人获释回到北京。5月8日，《人民日报》第1版发表消息，标题为"周总理接见从巴西胜利回来的九位同志　表扬九位同志同美帝、巴西反动派和蒋匪帮进行了胜利的斗争。勉励九位同志和他们的家属永远听党的话，听毛主席的话，站稳立场，保持昂扬的革命斗志，不断前进，为党和人民做更多的工作。政协举行报告会，王唯真代表九同志报告狱中对敌斗争经过"。

周恩来接见驻巴西记者时，同王唯真握手

资料来源：李同成《中巴关系史上的一起恶性外交事件》，《武汉文史资料》2012年第8期，第6页。

按：1964年4月3日，巴西政变当局逮捕了新华社驻巴西记者王唯真和翻译鞠庆东及我国驻巴西外贸等机构的7人。在祖国人民的支援和巴西著名律师平托的营救下，1965年4月21日，王唯真等9人回国。

4月25日，晚，在同澳大利亚记者贝却敌和法国记者罗歇·皮克进行电视谈话时指出：南越问题只能由南越人民自己解决，越南的统一只能由越南人民自己解决。①

---

① 中共中央文献研究室编：《周恩来年谱1949—1976》（中），中央文献出版社2007年版，第726页。

△ 在印度尼西亚广播电台发表告别讲话时指出：万隆会议是亚非人民一次划时代的创举。十年来，亚洲和非洲发生了翻天覆地的变化。二十多亿亚非人民已经成为保卫世界和平、促进人类进步的一支强大力量。① 内容刊载于4月26日《人民日报》头版头条。

4月，《人民日报》社论原稿写的是："吴丹先生不去操心联合国事务，却来操心联合国无权过问的问题，未免有点不务正业吧！"周恩来改为："如果吴丹先生尚愿意维护联合国宪章，请你站在联合国大多数的不是表面上的而是心里实在不愿意美国操纵的国家立场上，对联合国在美国操纵下的所作所为进行严正的批判，为彻底改组联合国而努力，那么，吴丹先生的操心才算操对了。"②

5月1日，上午，接见了由卡任任默勒率领的坦桑尼亚新闻工作者代表团和阿联开罗《图画周刊》编辑、阿拉伯新闻工作者协会秘书长萨布里·阿布·马格德·穆罕默德、黎巴嫩《解放报》和《自由周刊》国际评论部主任塞蒂蒂耶、比利时沙尔勒瓦市《独立报》记者布拉斯和哈博斯特。陪同接见的有万里、梅益、王揖等。接见消息刊载于《人民日报》5月2日第2版。

5月8日，下午，接见由坦噶尼喀非洲民族联盟中央委员、全国执行委员会委员、坦桑尼亚联合共和国新闻部副部长姆旺吉西率领的坦噶尼喀非洲民族联盟代表团，由坦噶尼喀新闻工作者协会主席卡任任默勒率领的坦桑尼亚新闻工作者代表团。周恩来同他们进行了亲切友好的谈话。接见时在座的有连贯、傅生麟、朱穆之、张铁生、宫达非等有关方面负责人。接见消息刊载于《人民日报》5月9日第2版。

5月24日，晚，接见正在我国访问的阿拉伯新闻工作者协会秘书长、开罗《图画周刊》编辑萨布里·阿布·马格德·穆罕默德，同他进行了友好的谈话。接见时在座的有中华全国新闻工作者协会第一书记

---

① 中共中央文献研究室编：《周恩来年谱 1949—1976》（中），中央文献出版社2007年版，第726页。
② 崔奇：《崔奇时事评论集 20世纪40年代—21世纪初叶》，人民日报出版社2010年版，第148页。

周恩来接见由卡任任默勒（右一）率领的坦桑尼亚新闻工作者代表团、阿拉伯新闻工作者协会秘书长萨布里·阿布·马格德·穆罕默德（右六）、黎巴嫩《解放报》和《自由周刊》国际评论部主任塞蒂蒂耶（右八）、比利时沙尔勒瓦市《独立报》记者布拉斯（右七）等（新华社记者张彬摄）

资料来源：转自1965年5月2日《人民日报》第2版。

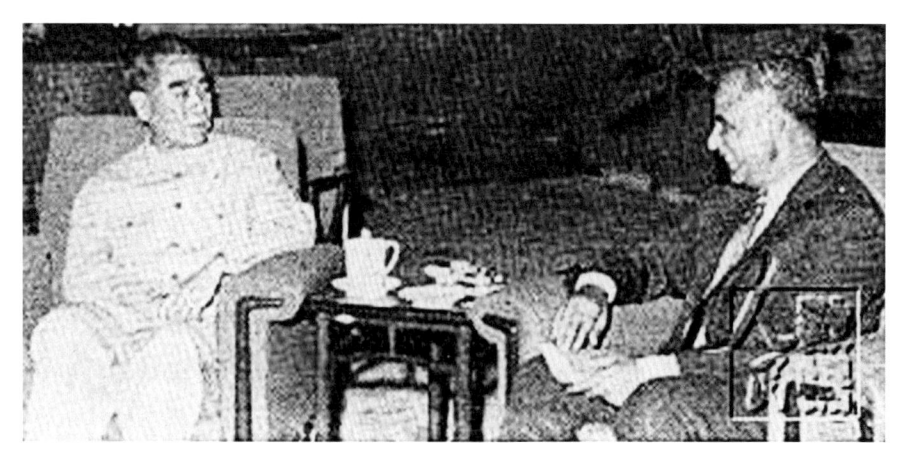

周恩来接见阿拉伯新闻工作者协会秘书长、阿联开罗《图画周刊》编辑萨布里·阿布·马格德·穆罕默德（新华社记者张彬摄）

资料来源：转自《人民日报》1965年5月25日第4版。

王揖，外交部新闻司副司长毕季龙。接见消息刊载于《人民日报》5月25日第1版。

5月，《北京日报》一位编辑写了一篇题为"语无伦次的约翰逊"的国际杂文，用犀利的笔调和有说服力的材料，驳斥了美国总统约翰逊为出兵占领多米尼加辩解的种种谬论，并有力地揭露了美国侵略扩张越来越困难重重的狼狈相。这篇杂文登出后，受到周恩来的表扬，指出这篇文章配合了我们的外交斗争，说了我们要说的话，文笔也好。周恩来的表扬对报社工作人员是很大的鼓舞。①

6月7日，《人民日报》第3版刊载消息，标题为"坦桑报纸和桑给巴尔通讯社欢呼坦中两国人民友谊日益增进 周总理访问将加强两国合作和亚非团结 两国人民将永远相互支持并肩前进直到最后战胜以美国为首的帝国主义"。

6月8日，结束了对巴基斯坦和坦桑尼亚的友好访问，乘中国民航专机返回北京，采访记者也随机回国。总理说："在达累斯萨拉姆，我看到你们抱着电影摄影机跟着敞篷汽车跑前跑后，够辛苦的。"接着，总理指着机舱外的云海说："外面的白云多么漂亮，怎么不拍几个镜头！"总理说："你们的摄影机太笨重，三十五毫米摄影机改换十六毫米摄影机一事怎么还没解决？"李振羽、王瑜两位记者赶紧报告总理，厂里正在办理购置摄影机的手续，其他洗印、录音、剪接等设备也在落实。总理听后点头表示满意。总理对他们说："当个摄影记者要不怕吃苦受累，要思路敏捷，眼疾手快，一旦发现好的东西就要拍下来。你们要把摄影机经常带在身边，像战士带着武器一样，时刻准备着应付随时可能发生的情况。"②

6月11日，《人民日报》第4版刊发消息，标题为"坦桑尼亚舆论欢呼周总理访问成功 坦桑和中国人民友谊得到加强"。

6月，访问坦桑尼亚。当时新华社记者高梁在刚果（布）工作，被

---

① 钟毅：《周总理关怀北京日报二三事》，《新闻与写作》1984年第2期，第2页。
② 马永顺编：《人民公仆周恩来》，解放军出版社1991年版，第135—137页。

调来随周恩来进行采访。他在百忙中见到高梁,问了一些刚果(布)的情况,然后说,在非洲工作,必须看到各国都有它的长处,要向各国的长处学习,一定要在思想上、工作上杜绝任何大国沙文主义的表现。①

8月22日,中午,接见正在我国访问的新西兰记者莫尔斯沃思,回答了他所提出的问题。接见时在座的有范瑾、周游、毕季龙。接见消息,《人民日报》于8月23日第1版刊登。

周恩来(右)接见新西兰记者莫尔斯沃思(新华社记者郑小箴摄)
资料来源:转自《人民日报》1965年8月23日第4版。

8月27日,专门向广播局的负责同志询问地方广播电台的设备情况、县广播站和公社播放大站的建设情况以及广播喇叭的分布情况。②

---

① 高梁:《随同周总理采访——纪念周恩来同志诞辰九十周年》,《中国记者》1988年第3期,第10页。
② 赵玉明、曹焕荣、哈艳秋:《周恩来同志与人民广播》,《现代传播》1979年第1期,第3页。

对广播系统的政治工作，广播局的基建工作，广播面向农村和北京广播学院的培训方针等作了指示。周恩来说，广播局不仅要管自己和各直属单位的政治思想工作和安全保卫工作，对地方台的政治工作和安全也要督促、也要管。地方广播机构要建立政治工作部门。他指示，广播局的基建工作先落实今年基建工程所需材料的数量和供应情况，然后再搞明年的上马排队，其中一定要包括设备。中央电台供向农村转播的节目，包括新闻、科学知识、文艺节目，内容要研究，要真正适合农村听。地方台面向农村，作用更大。中央电台对城市和农村广播的内容，不可能完全相同。对农村广播的革命歌曲，要大众化的、容易学的。县广播站每天广播3小时的，转播中央电台的节目约用1小时，另外两小时让他们播自己的节目或转播地方台的节目。中央电台面向农村的节目，和地方台的应有所不同。向农村发行的唱片和面向农村的电视节目，内容也都要适合农村。农村有线广播改为专线可以免除矛盾，但需要的材料很多，只能逐步去做。现在同杆同线，同杆分线的办法还是需要。广播学院招生可多种多样，半工半读问题也可以研究，有的培训时间要长些，有的就可以短些，总之是要根据工作需要，结合业务。① 根据周恩来意见，1966年1月，中央台举办了综合性的《对农村广播节目》和以农民为对象的文艺节目《农村俱乐部》。

8月28日，指示中央人民广播电台要办专门面向农村的1小时节目。②

9月8日，书面答复了正在中国访问的中东通讯社主编卡迈勒·阿密尔提出的问题。他说："我很高兴能够通过中东通讯社向亚非各国人民和全体爱好和平的人民表达中国人民对他们的亲切问候和最良好的祝愿。"内容全文发表在9月13日《人民日报》第1版。

9月21日，约罗青长、吴冷西等谈帮助李宗仁准备记者招待会事

---

① 中华人民共和国史广播电视编辑部编：《当代中国广播电视回忆录》第3集《周恩来与广播电视》，中国广播电视出版社1994年版，第253—254页。
② 中华人民共和国史广播电视编辑部编：《当代中国广播电视回忆录》第3集《周恩来与广播电视》，第254页。

宜。应李宗仁要求，指定吴冷西（时任新华社社长、人民日报总编辑）、龚澎（时任外交部新闻司司长）、张彦（时任国务院外事办公室副主任）、姚溱（时任中宣部副部长）四人担任记者招待会顾问。周恩来说，你们几个人对中央的对内对外政策都比较了解，有两位（指吴冷西和龚澎）还多次担任过政府代表团的发言人，有举行记者招待会的经验，可以给李宗仁先生提供一些帮助。但是，你们的任务是当顾问，只能从旁帮助，提供参考性意见，不能强加于人，不能强人所难，更不能喧宾夺主，一切均由李宗仁先生自己决定。这点你们一定要记住。周恩来还谈到，李宗仁先生到达北京时曾发表一个声明，说他以"戴罪之身"从海外归来，向人民交代他的两大过错：一是一九四九年和平谈判时他没有接受和平协议，"至今犹感愧疚"；二是他在居留美国期间搞"第三势力""一误再误"。周恩来说，这样坦率交代也好，可以取得人民的谅解。但是实际上这两件事情也难完全怪他。周恩来接着详尽地分析了这两件事。他指出，当年李宗仁名为"代总统"，实则一无权、二无兵、三无钱，真是孤坐石头城上，天低吴楚，眼空无物，打也不成，和也不成，一切都由下野后隐居在奉化溪口的蒋介石摆布。李受白崇禧的影响，也没有接受和平协议的决心。至于搞"第三势力"，想依靠外国来取得政权，这说明他对美国有幻想，同时也是旧中国政坛显要的通病。周恩来说了这许多以后，强调我党的方针是三句话，即：爱国一家，爱国不分先后，来去自由。他说，李宗仁先生这次回国定居，我们就是一家人，既往不咎了。他接着算了一下，1948年我们曾经公布的43名首要战争罪犯中，程潜和傅作义都是起义将领，不但早已从战犯名单中除名，而且同我们一起共事十多年了；翁文灏和卫立煌50年代回国定居，都是政协委员；杜聿明作战中被俘，10年后受特赦，现在也是政协委员。爱国不分先后，我们一律以诚相待。他们可以到国外去，去了还可以回来，回来了还可以再出去，这叫做来去自由。周恩来说，这三句话对李德邻先生都适用，对任何其他人都适用，我们说话是算数的。周恩来说，他说了这些，无非是要我们对李宗仁先生有一个正确的认识，有一个正确的态度。这次去当顾问，一切都要尊重李宗仁先生。只提供情况，如外国记者关心什么问题，可能提出什么问题，有疑难也可以坦诚相告。但他要讲什么，怎么讲，完全由他做主。讲话稿不用我们起草，因为他身边的程思远先生能说会写，曾长期当过他的秘书，文字表达会比我们更适合李宗仁先生的习惯和身份。周恩来最后交代：如果李宗仁先生一定要听听我们对他在记者招待会上讲话的意见，可以请他考虑：一、过去的历史旧账可以不提；二、重点放在讲讲回国后，尤其是参观东北后的观感；三、中美关系可以谈，但以少谈为好；四、中苏关系可以不谈；五、对台湾方面以态度平和、留有余地为好；六、对记者当场提出的问题，可以据实回答，不必有什么顾虑。过了两三天，李宗仁先生就叫四位顾问到他住处去，商量如何准备举行记者招待会。四位顾问根据周恩来的指示，向他提供中外记者的情况和他们关心的问题。李宗仁先生也大致谈了他的打算，随后就要程思远先生同四位顾问一起交换意见。①

9月24日，对新华社23日报道印军"十七日先后逃走"，22日报道印军"十九日、二十日先后撤走"的提法给予批评说，这样不好，给人印象我们是乱讲，不准确。同日，对新华社关于农业生产的报道问题提出：一、强调农业生产不平衡，农业不平衡比工业厉害，要写出这种不平衡性。"巨大""丰富"等字眼可去掉，这些话都太绝对。二、不要强调指标，要考虑到有利和不利的两方面。三、要批判为水利而水利的思想，搞水利是为了发展生产。办水利要有长期打算、长期观点，几十年上百年。在林业、农业现代化等方面都是这样。过去说旱涝保收农田五亿亩，现在落实为四亿亩。四、提倡艰苦奋斗，不要稍稍富裕一点就不讲艰苦奋斗。五、提"科学排灌"不如提"合理排灌"。六、应当首先是"好"字当头，不要"大"字当头，不要什么事都提"大办"。②

9月25日，和陈毅副总理兼外长陪同柬埔寨国家元首西哈努克亲王

---

① 李静主编：《实话实说西花厅》，中国青年出版社2007年版，第36—38页。
② 郑德金：《周恩来指导新华社工作纪实（1931—1976）》，《中共党史资料》2008年第2期，第173—174页。

乘船从重庆到武汉访问。船到三峡的时候，随同采访的几个记者想请总理在大好河山前合影留念。周总理愉快地满足了他们的要求。吃过午饭以后，便和陈毅副总理一起来到江轮后甲板的右侧与我们合影。陈毅夫人张茜拍下记者满面笑容地簇拥在周总理、陈毅副总理身边的珍贵照片。①

9月26日，李宗仁在全国政协礼堂举行了中外记者招待会，有中外记者和港澳记者共300多人到会。李宗仁先发表长篇讲话，随后又一一回答了记者们提出的问题，前后两个多小时。会后，李宗仁又举行冷餐会招待记者，出席的除中外记者外还有蔡廷锴、卢汉、刘文辉、邵力子、黄绍竑、翁文灏、杜聿明、宋希濂、范汉杰、廖耀湘等前国民党军政显要，末代皇帝溥仪和溥杰也出席了。他们都是记者们有兴趣采访而又难得一见的新闻人物。结果皆大欢喜。这是周恩来同李宗仁商量后具体安排的。②

9月29日，指示新华社，今后关于国际上的重大事件，对中国的一些重要反应的报道，要及时打清样给中央的一些负责同志。为了及时了解情况，他还规定新华社建立24小时值班制度，规定新华社一收到外国通讯社的重大新闻，必须立即向总理办公室报告，重大事件由他亲自告诉毛泽东。③

10月2日，指示新华社：《参考资料》的标题要纯客观，不要有任何倾向性。要求新华社社长亲自审查当天上午版《参考资料》的标题。以后又说，《参考消息》刊登外电，最好用原标题，让群众自己来判断不是更好吗！《参考消息》应多登一些外报评论，有些可登《人民日报》。④

10月16日，下午，接见印度尼西亚新闻工作者协会代表团团长苏

---

① 刘振敏：《跟随周恩来总理采访的日子》，《新闻爱好者》1996年第1期，第17页。
② 李静主编：《实话实说西花厅》，中国青年出版社2007年版，第38页。
③ 郑德金：《周恩来指导新华社工作纪实（1931—1976）》，《中共党史资料》2008年第2期，第174页。
④ 穆欣：《"尊重事实才能尊重真理"——周恩来维护新闻真实性的言行》，《党史文汇》2006年第3期，第15页。

佩诺、副团长尤素夫·劳菲，以及由他们率领的印度尼西亚新闻工作者协会代表团全体成员。接见时在座的有吴冷西、朱穆之、王揖、李伍、毕季龙。接见时，印度尼西亚共产党机关报《人民日报》驻北京记者苏约诺也在座。接见消息刊载于《人民日报》10月17日第1版。

周恩来接见印度尼西亚新闻工作者协会代表团团长苏佩诺（前左五），副团长尤素夫·劳菲（前左二）和由他们率领的印度尼西亚新闻工作者协会代表团
（新华社记者吴元柳摄）

资料来源：转自《人民日报》1965年10月17日第4版。

10月22日，撰写给英国哲学家罗素的信，10月28日《人民日报》第1版发表。

10月23日，《人民日报》社论《亚非会议应当延期召开》原文中提到，我们主张延期的理由之一是当时筹备会议坚持要邀请联合国秘书长参加，而我们决不能与曾诽谤中国和朝鲜为"侵略者"的联合国代表坐在一起。周恩来审阅时认为仅仅这么讲还不够有力。他提笔补写了一段话："并且许多地区性和其他国际会议，如阿拉伯国家首脑会议、非洲首脑会议、不结盟国家会议等，都没有邀请联合国代表。唯独有曾经遭到联合国诽谤的中国和朝鲜参加的亚非会议非邀请联合国代表不可，甚至吴丹秘书长可以自由不出席，而邀请却绝不撤销。这除了为当众侮辱中国和朝鲜的国家和人民的尊严以外，还有什么别的理由可以解释？"①

10月26日，指示：一、中国政府就南越伪军派飞机轰炸柬埔寨所发表的抗议声明要用多种文字广播：除中、俄、英、法、西、阿拉伯等文种外，对非洲要用法、英、阿拉伯、斯瓦希里、葡等语广播，对亚洲用老、乌尔都、锡、印地、尼泊尔、印尼、朝、柬、缅、日、越、波斯等十二三种文字广播几遍。二、要注意收集反映。②

10月29日，修改《人民日报》社论《坚决维护亚非团结，反对制造亚非分裂》，因为修改较大，专门在样稿上签注："请照修改的发表 周恩来 十，廿九，四时"。③当日，《人民日报》头版头条发表。

11月4日，下午，接见了由尼泊尔电台台长普·曼·辛格率领的尼泊尔宣传广播部代表团全体成员，同他们进行了亲切友好的谈话。接见时在座的有顾文华、方琼、李清洲。尼泊尔驻中国大使伦迪尔·苏巴也在座。接见消息刊载于《人民日报》11月5日第1版。

周恩来（右二）和普·曼·辛格团长（左四）等亲切交谈（新华社记者郑小箴摄）

资料来源：转自《人民日报》1965年11月5日第4版。

---

① 王凤超：《周恩来新闻活动年表》（续二），《新闻研究资料》1988年第4期，第154页。
② 王凤超：《周恩来新闻活动年表》（续二），《新闻研究资料》1988年第4期，第154—155页。
③ 人民日报出版社：《毛泽东周恩来刘少奇朱德邓小平陈云为人民日报撰审稿手迹选》（下），人民日报出版社2008年版，第73—76页。

△ 今晚接见了由马里新闻部办公厅主任马马杜·桑比里·迪亚巴特率领的马里新闻工作者代表团全体成员，同他们进行了亲切友好的谈话。接见时在座的有邓岗、毕季龙等。马里驻中国大使馆商务参赞阿布迪亚洛也在座。接见消息刊载于《人民日报》11月5日第1版。

接见马里新闻工作者代表团时合影（左三是马马杜·桑比里·迪亚巴特团长，左四是周恩来）（新华社记者郑小箴摄）

资料来源：转自《人民日报》1965年11月5日第4版。

11月13日，深夜，人民海军鱼雷艇部队肩负痛击蒋军军舰的任务。海战以敌舰一艘被击沉，一艘被撞伤而获胜。周恩来一直等到十四日凌晨海战结束，签发了向全世界播发的海战新闻稿后才离开军委作战指挥室。①

11月15日，周恩来为英雄王杰题词："一定要学习王杰同志一不怕苦、二不怕死的革命精神 周恩来 一九六五年十一月十五日"。

---

① 中共郑州市委宣传部编：《怀念敬爱的周总理》（下），中共郑州市委宣传部，1977年，第453—454页。

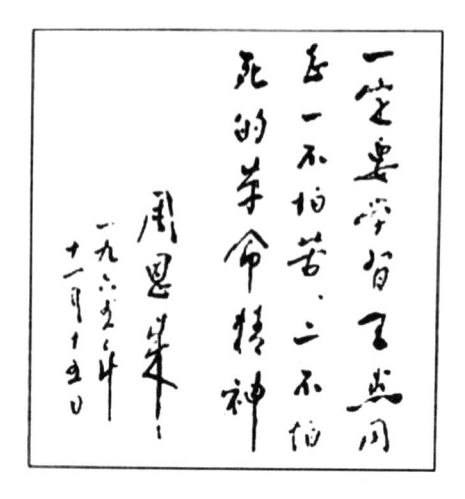

资料来源：中共中央文献研究室第二编研部编《周恩来题词集解》，中央文献出版社2012年版，第191页。

△ 录英雄王杰诗："座座高山耸入云，我们施工为人民。不怕工作苦和累，愿把青春献人民。录王杰诗 周恩来 一九六五，一一，十五"。《人民日报》《解放军报》《解放日报》《河北日报》1965年11月25日刊登，《桂林日报》《解放前线》增页1965年11月27日刊登。

资料来源：中共中央文献研究室第二编研部编《周恩来题词集解》，中央文献出版社2012年版，第191页。

△ 为纪念中国人民广播事业创建二十年的题词："高举毛泽东思想伟大红旗，发扬艰苦奋斗，自力更生的革命精神，为发展人民广播事业而努力。周恩来 一九六五年十一月十五日"。《人民日报》12月9日第1版刊登。

资料来源：中国历史博物馆编《纪念周恩来总理》，文物出版社1978年版，第153页。

按：中国人民广播事业创建纪念日原为9月5日，1980年改为12月30日。8月27日，周恩来对做好广播工作提出多项意见，当中央广播事业局请中央领导题词时，周恩来以为就可以不题词了。当年中央广播局准备编印纪念专刊时，发现尚缺周恩来的题词，再次请其题词。于是，11月15日，周恩来作了题词。

王凤超的《年表》把刘少奇的题词"高举毛泽东思想红旗，把广播工作做好，使全国人民和全世界人民都得到鼓舞"[①] 错为周恩来题词。

题词寄托了他对广播事业的期望，蕴含着"用延安精神"办广播的要求。周恩来对这一题词并不满意。1966年4月9日，在第九

---

① 王凤超：《周恩来新闻活动年表》（续二），《新闻研究资料》1988年第4期，第154页。

次全国广播会议上发表讲话时说，那次题词并不是很理想，是从别的同志拟的当中选了一个，在很忙当中写的。

11月25日，在上海期间，举行宴会，庆贺美国作家、记者斯特朗八十寿辰，说：斯特朗女士四十"公岁"，这不是老年，而是中年。她为中国人民和世界人民做了大量的工作，写了大量的文章，她的精神还很年轻，祝贺她永远年轻。① 当天，在印有齐白石画的贺卡上题词：庆祝亲爱的斯特朗同志八十大寿。周恩来 一九六五年十一月廿五日。

为斯特朗八十大寿题词

资料来源：中共中央文献研究室第二编研部编《周恩来题词集解》，中央文献出版社2012年版，第195页。

11月28日，同新华社香港分社的同志谈港澳工作问题。②

11月30日，《人民日报》根据周恩来的通知转载姚文元10日发表在上海《文汇报》上的文章《评新编历史剧〈海瑞罢官〉》，并加了经周恩来和彭真修改审定的按语。按语强调："我们的方针是：既容许批评的自由，也容许反批评的自由；对于错误的意见，我们也采取说理的

---

① 中共中央文献研究室编：《周恩来年谱 1949—1976》（中），中央文献出版社1997年版，第767页。

② 王凤超：《周恩来新闻活动年表》（续二），《新闻研究资料》1988年第4期，第155页。

方法，实事求是，以理服人。"按语的精神是把《海瑞罢官》作为学术问题进行讨论，强调要贯彻"双百"方针。①

12月6日，《人民日报》第1版刊登摘自周恩来在三届首次人代大会上所作《政府工作报告》的宣传口号：半工半读、半农半读的学校，是一种教育同劳动相结合的新型学校。这种新型学校能够培养出既能体力劳动、又有文化技术的全面发展的新型的人来，为逐步消灭脑力劳动和体力劳动的差别创造条件。这种新型学校，是社会主义、共产主义教育的长远发展方向。

12月24日，《人民日报》第1版刊登摘自周恩来在三届首次人代大会上所作《政府工作报告》的宣传口号：在社会主义革命和建设中，我们的干部和劳动人民要努力学习马克思列宁主义，学习毛泽东思想。用毛泽东思想把我们的干部和劳动人民武装起来，是把我国社会主义革命进行到底，顺利推进我国社会主义建设事业的极其重要的条件，也是克服和防止资产阶级思想、修正主义和教条主义的根本方法。

12月30日，与邓小平先后审改《人民日报》元旦社论《迎接第三个五年计划的第一年——一九六六年》，在样稿上签字：同意，只改动了几个字，请酌。周恩来 十二，卅。②《人民日报》一九六六年一月一日第1版整版发表。

本年印度尼西亚发生了"九三〇"事件。周恩来指示《参考消息》刊登一篇中国历史上亦发生过的类似事件材料，以帮助我们的干部观察、思考世界的风云变幻。③

1965年，提议并经国务院批准，将"僮族"的"僮"改作"壮"。"僮"是多音字，其中一种字义指的是封建时代被使役的未成年"书僮"。修改后的"壮"含有"强壮""茁壮""壮大"之意。一字之易，

---

① 金冲及主编：《周恩来传1898—1976》（下），中央文献出版社2008年版，第1655页。
② 人民日报出版社：《毛泽东周恩来刘少奇朱德邓小平陈云为人民日报撰审稿手迹选》（下），人民日报出版社2008年版，第77—80页。
③ 中共江苏省委宣传部等编：《纪念周恩来同志诞辰110周年研讨会论文选编》，中央文献出版社2008年版，第414—415页。

意蕴全新。①

1965年下半年至1966年上半年，周德广在新华社国内总编室工作，看到了周恩来总理审批的许多稿件。他总结周恩来改稿的特点有：（一）不论稿件长短，都是从头到尾重新标点一遍。原稿标点对的，在上面重复一次，原稿标点错了的，就随笔改了过来。（二）凡是在稿件上删字、删句或者删去某一段落时，都是从周围圈一下，不从上面涂去，清楚地保持着原稿的字、句和段落。有时还在旁边批上：所删之处供参考。有时稿件退回后，又让秘书及时给总编室打电话说明：总理删去的地方，请你们再斟酌一下。（三）凡是在稿件中要加的字、句或者段落，都写得很工整，并且勾画得也很清楚。个别地方加的句子或者段落如果太长，周恩来还亲自动手进行剪贴，一丝不苟。（四）讲究时效，从不压稿。新华社有许多稿件，因为时间紧迫，往往在晚上十点以后送审，但只要送去，不论长短，周恩来都会抓紧时间审阅，当晚就批回来。为了及时处理稿件，周恩来往往在接见外宾前后或者利用宴会间隙见缝插针地抓紧审批。②

本年，作为新闻人物的周恩来，被《人民日报》刊登报道文章659篇。

新闻背景

《中华人民共和国国务院公报》1965年第5期发表《中华人民共和国国务院总理周恩来答中东通讯社新闻编辑主任问》。

《中华人民共和国国务院公报》1965年第6期发表《中华人民共和国国务院总理周恩来祝贺第二届亚非新闻工作者日的电文》。

9月5日，全国广播电视战线纪念中国人民广播事业创建周年。

11月10日，上海《文汇报》发表江青、张春桥、姚文元合伙炮制，姚文元署名的《评新编历史剧〈海瑞罢官〉》一文，后被全国各地报刊陆续转载。这篇批判和攻击《海瑞罢官》作者吴晗的文章，揭开了"文化大革命"的序幕。

---

① 《周恩来为壮族改名》，《当代广西》2008年第24期，第56页。
② 周德广：《学习周总理审改的稿件所想到的》，《秘书之友》1985年第3期，第40页。

1966年（六十八岁）

1月24日，在天津听取林铁、刘子厚、阎达开等汇报抗旱和农业生产问题时说：《河北日报》一个月要发几篇指导农事活动的文章和社论，有的问题要不断宣传才有效。①

2月25日，指示："参考资料的标题要纯客观，不要有任何倾向性。"②

2月27日，晚，接见以老挝爱国战线党总书记、老挝民族团结政府新闻、宣传和游览大臣富米·冯维希为首的老挝代表团，同老挝贵宾进行了亲切友好的谈话。接见时在座的有廖承志、章汉夫、吴学谦、朱子奇等有关方面负责人。接见消息刊载于《人民日报》2月28日第1版。

2月，对新华社编《参考消息》发出指示："《参考消息》倾向性太大，不能光登对中国好的反应，都是称赞的，也要适当登一些反面的东西。""《参考消息》的标题倾向性太大。"③

3月27日，视察广播大楼中央控制室、电视发射技术区，并了解大楼周围的警卫情况等。④ 中央广播事业局理论组的回忆文章记载这次视察时间是3月28日下午。周恩来到某发射台视察，下车后，健步登上二楼办公室，热情地跟每一个同志握手，亲切地问他们叫什么名字，担任什么工作。周恩来说："电台是宣传马列主义、毛泽东思想的重要阵地。你们的工作很重要，很艰巨，也很光荣。"周恩来详细地询问了这

---

① 中共中央文献研究室编：《周恩来年谱1949—1976》（下），中央文献出版社1997年版，第6页。
② 人民出版社资料组编：《人民的好总理 纪念敬爱的周恩来同志》（中），人民出版社资料组，1977年，第259页。
③ 卫广益：《周总理与〈参考消息〉报——纪念周恩来同志诞辰一百周年》，《中国记者》1998年第3期，第12—13页。
④ 于广华主编：《中央电视台大事记1955.2—1993.3》，人民出版社1993年版，第26页。

个发射台的有关情况,然后提出要到机房楼顶的了望台上看看。了望台相当于七层楼高,楼梯又陡又窄。年近七十的周恩来,一步一步地登上了高耸的了望台,详细察看了周围的环境,对安全保卫工作做了周密具体的指示。①

3月28日,夜,精心修改《人民日报》社论《真理的声音是永远"封闭"不了的》,并在送审稿上写道:"主席:印尼政府已完全成为右派政府。廿五日,它封闭我新华分社。我新华社廿五日提抗议,廿六日见报。我外交部廿七日抗议,廿八日见报。现为此写了一篇人民日报社论。这是九月卅日事件后批评印尼政府的第一篇社论,虽然指的是封闭我新华分社,但已论及印尼全局,估计印尼政府下一步可能采取断交行动,我已做了准备,现社论送上,请批。周恩来 三月廿八日夜(另印送彭真、先念、小平并冠华吴冷西各一份。)"3月29日,再次在样稿上写道:"主席已同意发表这篇社论 周恩来 三,廿九。"②

按:王凤超的《年表》把1966年错为1968年,还排在了1967年之前,写上68岁,应该是排版错误。

△下午,视察北京人民广播电台,接见电台干部、职工,并对做好广播电台的工作作出重要指示:"广播电台是宣传马列主义、毛泽东思想的重要阵地,一定要加强安全保卫工作。"还与北京人民广播电台的全体工作人员合影留念。再次勉励北京市电台的同志们:要好好工作!③

3、4月间,三次到中央广播事业局视察。他视察了广播大楼中央控制室、电视发射技术区,并了解了大楼周围的警卫情况。在视察电视发射技术区时,周恩来就电视机中图像抖动、网状干扰等问题向值班人员做了详细了解。周恩来说,抖动对人的眼睛影响很大,电视台一定要

---

① 人民出版社资料组编:《人民的好总理 纪念敬爱的周恩来同志》(中),人民出版社资料组,1977年,第278页。
② 人民日报出版社:《毛泽东周恩来刘少奇朱德邓小平陈云为人民日报撰审稿手迹选》(下),人民日报出版社2008年版,第81—83页。
③ 赵玉明、曹焕荣、哈艳秋:《周恩来同志与人民广播》,《现代传播》1979年第1期,第9页。

指导新闻期（1947年3月—1976年1月）　　571

解决这些问题，保证提高技术质量。①

4月6—22日，《人民日报》根据周恩来、邓小平有关"政治统帅业务，政治要落实到业务上，与业务密切结合"的意见，发表了三篇论述要突出政治的社论。②

4月9日，在第九次全国广播会议上发表讲话时说，广播事业是要发展的，现在力量不够，要培养新的。听说广播学院的一部分从城里搬到了东郊，条件比较差，他号召师生员工向大庆学习，用大庆精神办好学校。提及1965年11月15日为广播事业的题词一事，他说，那次题词并不是很理想，是从别的同志拟的当中选了一个，在很忙当中写的。若是现在写，我倒有内容了，就是刚才说的几句话——我们要在毛主席备战、备荒、为人民的战略思想指导下，面向全国、面向全世界，努力办好广播，确保电台安全，为全中国人民和全世界人民服务。③他强调广播宣传要面向农村，指出："农民需要不断地教育，再教育，这是主席说的。教育农民是一个重大任务。……对于城市，也要使城市人民注意农村，支援农村，走向农村。地方广播电台对面向农村这个问题，要有全面的认识。对广大农民，要教育他们，支持他们，鼓舞他们。积极发展农村广播网，这很对。……如15年不行再加15年，也没有超过世纪，才是1995年。总要把全国的广播网建设起来的。"④

4月10日，下午，接见巴基斯坦《黎明报》记者伊查兹·侯赛因，回答他书面提出的十个问题。全文刊登在《人民日报》5月10日第1版发表的《关于中国对美国政策的四句话　周总理对巴基斯坦〈黎明报〉记者的一段谈话》一文中。接见时在座的有中华全国新闻工作者协会常务理事、《大公报》副社长兼总编辑常芝青，外交部新闻司副司

---

① 唐海、唐世鼎、吴君红：《亲切的关怀　巨大的鼓舞——毛泽东、周恩来、邓小平等老一辈无产阶级革命家关心中国电视发展纪事》，《当代电视》2004年第10期，第5页。
② 杨宗丽、明伟：《周恩来二十六年总理风云》，辽宁人民出版社2011年版，第294页。
③ 赵玉明、曹焕荣、哈艳秋：《周恩来同志与人民广播》，《现代传播》1979年第1期，第5页。
④ 赵玉明、曹焕荣、哈艳秋：《周恩来同志与人民广播》，《现代传播》1979年第1期，第9页。

长陈维帆等。

周恩来接见巴基斯坦《黎明报》记者伊查兹·侯赛因（新华社记者吴元柳摄）
资料来源：转自 1966 年 4 月 11 日《人民日报》第 1 版。

△ 晚，接见暂时撤离雅加达回到北京的新华社驻雅加达分社社长张海涛以及全体记者和工作人员。新华社驻雅加达分社人员，是在印度尼西亚政府无理宣布"暂时封闭"新华社驻雅加达分社以后回国的。接见时，周恩来向张海涛等同志表示亲切慰问和勉励。陪同接见的有新华社社长吴冷西，副社长缪海棱、穆青、王敏昭，《人民日报》副总编辑陈浚，广播事业局副局长顾文华，中华全国新闻工作者协会书记处书记李伍、李炳泉，首都其他各新闻单位的负责人常芝青、穆欣、吕梁、史迈、柯在铄等。接见消息刊载于《人民日报》4 月 11 日第 1 版。

4 月 12 日，到北京人民广播电台发射台视察。在机房里一一看望了正在值班的工作人员，勉励大家努力办好广播，确保安全播出。①

△ 亲临新华社电务处收讯台视察，详细询问了该台的政治思想、

---

① 龙新民：《感悟党史》，人民出版社 2014 年版，第 208 页。

工作、生活情况，作了重要指示，并和在场的同志们亲切握手，一起照了相。①

4月16日，《北京日报》发表的编者按的内容是经周恩来、彭真审定的，目的是把政治批判引导为学术讨论。②

4月29日，陪同外宾到河北遵化县建明人民公社西铺大队参观访问，在外宾和贫农王生一家合影时，摄影师的镜头只对着中间照，照完后，周恩来问他照全了没有，他说照全了。周恩来说：你的镜头没有转，你没有照到两旁的群众，你没有群众观点。这一年的"五一"节，周恩来在劳动人民文化宫门口见到新华社的摄影记者，又一次批评记者：这两天的照片怎么都拍我们几个人？不拍群众？然后又指示记者：今天你要多拍群众，多拍外宾，还要多拍宋庆龄副主席的活动。今天是考验你。③

5月4日，上午，到大庆油田建设工地视察。当他看到工地上一块黑板报上写着一首工人的诗时，笑着对记者说："你们这些记者，这么好的工人诗不记，记什么？"④

> 按：新闻来源于生活，来自于群众，新闻工作者要眼睛向下，多报道基层一线鲜活的工作生活。

5月14日，于0点40分指示中央广播事业局代管北京市台。广播局上午研究确定了接受领导北京市台的办法后，向周恩来作了汇报。周恩来当天批示同意。⑤

"文化大革命"开始前后，林彪、江青一伙为了达到他们篡党夺权不可告人的目的，煽动"极左"思潮，这股逆流也影响到负责参考消

---

① 人民出版社资料组编：《人民的好总理 纪念敬爱的周恩来同志》（中），人民出版社资料组，1977年，第252页。
② 刘武生：《我的八十自述》，中央文献出版社2013年版，第13页。
③ 人民出版社资料组编：《人民的好总理 纪念敬爱的周恩来同志》（中），人民出版社资料组，1977年，第260—261页。
④ 乔东光等：《亲切的关怀 永远的激励 党和国家领导人与大庆建设纪实》，中央文献出版社1999年版，第73页。
⑤ 中华人民共和国史广播电视编辑部编：《当代中国广播电视回忆录》第3集《周恩来与广播电视》，中国广播电视出版社1994年版，第255页。

息报道的编辑部。《参考消息》上也不断出现"世界人民心中的红太阳"等不切实际的材料,周恩来多次语重心长地告诫《参考消息》编辑部"不可倾向性太强""要注意克服片面性"。①

春,"文化大革命"开始的时候,在为熊瑾玎、朱端绶两同志写的一份证明材料中写道:"在内战时期,熊瑾玎、朱端绶两同志担任党中央最机密的机关工作,出生入死,贡献甚大,最可信赖。"②

按:熊瑾玎,1938年中央调他担任《新华日报》总经理,在这一重要岗位上,他工作了九年。朱端绶,是熊瑾玎同志的爱人,1928年,她与熊老板(熊瑾玎)结婚后,周恩来等领导同志就亲切地叫她"老板娘"。1973年熊瑾玎病危,周恩来赶到医院探望他,连问朱端绶"熊老有什么话没有?"朱端绶拿出熊瑾玎最后写的送给周恩来的两句诗——"叹我已辞欢乐地,祝君常保斗争身"作回答。

5月25日,在康生、曹轶欧的授意、策划下,北京大学哲学系聂元梓等七人贴出大字报《宋硕、陆平、彭佩云在文化大革命中究竟干些什么?》。6月1日,毛泽东指示康生、陈伯达:此文可由新华社全文广播,在全国各报刊发表。当晚,陈毅提出这么大的举动为什么事先不给个通知?周恩来回答说:"我也是在临近广播前才接到康生的电话,告知今晚由中央台向全国播出。"③

5月29日,到中央广播事业局对广播工作作指示:广播一分一秒都不能停,不能因"文化革命"运动影响广播。④

△ 经刘少奇、周恩来、邓小平及有关领导同志研究,决定由陈伯

---

① 中共江苏省委宣传部等编:《纪念周恩来同志诞辰110周年研讨会论文选编》,中央文献出版社2008年版,第415页。

② 姚北桦、王淮冰编:《报人生活杂忆 石西民新闻文集》,重庆出版社1991年版,第172页。

③ 中共中央文献研究室编:《周恩来年谱1949—1976》(下),中央文献出版社1997年版,第32—33页。

④ 中华人民共和国史广播电视编辑部编:《当代中国广播电视回忆录》第3集《周恩来与广播电视》,中国广播电视出版社1994年版,第255页。

达率工作组去人民日报社。第二天,又由刘少奇起草,刘、周、邓联名写信给毛泽东书面请示派工作组去人民日报社一事:"拟组织临时工作组,在陈伯达同志直接领导下,到报馆掌握报纸的每天版面,同时指导新华社和广播电台的对外新闻。"①

5月,指示:《参考资料》上"敌人骂我们的话还是要登一些。不登一些骂我们的东西,群众、造反派就不能知道各方面的情况。不要'怕'字当头。"②

6月3日,审定报道中共中央决定改组北京市委的新华社电讯稿。草拟新华社关于毛泽东批准的北京新市委决定的电讯稿:派以张承先为首的工作组到北京大学对社会主义文化大革命进行领导,工作组代行党委的职权。4日,《人民日报》头版头条公布了上述两个决定。③

6月4日,指示新华社:放手发动群众,敢于领导和善于领导当前的"文化大革命"。④

6月6日,就首都工作组派人到北京大学、清华大学外围巡逻事批示:特别要注意有无外国领事馆人员、外国记者带照相机进入校内,但绝对不要阻拦,由两校自己劝阻他们进入校内。⑤

6月12日,在毛泽东处开会。在谈及在报刊公开点名批判的问题时提出:专政机关只通报,不登报。改组的选几个登,不然一下子外国就知道了。⑥

6月24日,作为第一个外国人参观了当年建立的罗马尼亚革命历史博物馆,并作了200字题词:"罗马尼亚人民是具有英勇斗争传统的人民,罗马尼亚共产党是具有光荣历史的党。为了推翻国内外的反动统

---

① 李静主编:《实话实说西花厅》,中国青年出版社2007年版,第307—308页。
② 人民出版社资料组编:《人民的好总理 纪念敬爱的周恩来同志》(中),人民出版社资料组,1977年,第259页。
③ 中共中央文献研究室编:《周恩来年谱1949—1976》(下),中央文献出版社1997年版,第35—36页。
④ 王凤超:《周恩来新闻活动年表》(续二),《新闻研究资料》1988年第4期,第155页。
⑤ 中共中央文献研究室编:《周恩来年谱1949—1976》(下),第37页。
⑥ 中共中央文献研究室编:《周恩来年谱1949—1976》(下),第37页。

治，罗马尼亚人民在罗马尼亚共产党的领导下进行了前赴后继的斗争，终于取得了胜利，建立了人民的政权，开辟了罗马尼亚历史的新纪元。对于你们这种英勇斗争的革命精神，我们十分钦佩。我们衷心地祝愿你们，继承和发扬这种光荣的革命传统，把社会主义革命事业不断推向前进，直到共产主义在全世界获得完全胜利。周恩来 一九六六年六月二十四日"。后来，罗马尼亚同志特地将周恩来题词的复制品托来访的中国同志转交给中国革命历史博物馆，1978年5月16日《人民日报》第6版刊登了这一题词的手迹。

资料来源：转自《人民日报》1978年5月16日第6版。

"文化大革命"开始后，《参考消息》报受到严重干扰，编辑部被指责为利用刊登西方通讯社的报道与党报军报"唱对台戏"；"红卫兵"要求《参考消息》停止"放毒"，各地的一些代印点也受到冲击。在新华社报告上述情况后，周恩来等决定以"中央文革"的名义下发紧急通知，要求各代印厂确保《参考消息》的正常出版。①

7月22日，廖承志在新华社审阅首都百万群众举行支持越南抗美斗争集会游行的照片时，向新华社传达了周恩来最近关于改进新华社新闻报道工作的指示：新华社新的领导班子，在这次文化大革命中，一定要对过去报道工作中存在的两个问题作切实的改进。（一）文字记者写消息，都是在事情发生前就把消息写好，到现场填写名字就完了。记者在现场不注意听人家讲话，只顾摘录讲话稿，这种做法非常不好。（二）过去新闻照片拼拼贴贴的情况很多，今后一定要避免这种做法。②

7月25日，下午，接见土耳其《乌鲁斯》报外交首席评论员苏克鲁·埃斯迈尔，同他进行了友好的谈话。接见时在座的有中华全国新闻

周恩来和苏克鲁·埃斯迈尔握手（新华社记者刘长忠摄）

资料来源：转自1966年7月26日《人民日报》第1版。

---

① 卫广益：《周总理与〈参考消息〉报——纪念周恩来同志诞辰一百周年》，《中国记者》1998年第3期，第13页。

② 中共中央文献研究室编：《周恩来年谱1949—1976》（下），中央文献出版社1997年版，第41页。

工作者协会副主席、大公报副社长兼总编辑常芝青,外交部新闻司司长秦加林等。接见消息刊载于《人民日报》7月26日第1版。

8月18日,毛泽东在天安门城楼第一次检阅红卫兵。记者陈寰好不容易找到一张领导人的座位表。陈寰根据那张座位表排列出一个名单,因为脑子里有个老框框,排来排去,总认为不妥当。不管怎么样,刘少奇还是国家主席,排在第七位是太后了。但是这个座位表是根据前两天政治局会议上人事变动排列的,应该说是有根据的。可又心中困惑没把握,怎么办?大会一开始就要报道出席大会的领导人名单,必须提前写好稿子再交给播音员念。陈寰心里一急,也顾不得周恩来忙不忙,就挡住他的去路,把涂涂抹抹的稿子和座位表,一齐送给他。周恩来没说什么就接过稿子,看了看稿子,又把座位表铺在桌子上对照看。看了一会儿要过陈寰的笔把刘少奇改在前面。沉吟了一会儿又改过来,一连改了几次,看来他很烦躁,这是陈寰不多见的。最后,他把稿子递给陈寰说:"就这样吧。"又说:"怎么写得这么乱,平素我不说你们,你们就不在意了。"①

8月27日,23时,在劳动人民文化宫接见首都大专院校红卫兵司令部代表,强调对中南海、人民大会堂、广播电台、报社、机场等要害部门绝对不能冲击。②

8月31日,审阅中共中央、国务院关于文化大革命中一些具体问题的通知稿。通知要求"在运动中,对于党和国家的要害、机密部门和单位,必须坚决进行保护";对这些部门的文化大革命运动,必须加强领导。通知列出的要害、机密部门和单位有:中央和各省市广播电台、电视台,新华社,电讯部门和各级党政机关电台。审阅时,又增加了人民日报社、解放军报社、红旗杂志社。③

8月,得知吴冷西被造反派在新华社食堂揪斗时指示,批斗吴冷西

---

① 陈寰:《流光漫忆 一个女记者的人生旅程》,新世界出版社2003年版,第50—51页。
② 中共中央文献研究室编:《周恩来年谱1949—1976》(下),中央文献出版社1997年版,第52页。
③ 中共中央文献研究室编:《周恩来年谱1949—1976》(下),第54页。

必须有三个条件：一、只许文斗，不许武斗；二、不许体罚；三、保证人身安全。①

△ 关于毛泽东接见外宾的新闻，徐熊写好后送陈伯达审阅。陈把原稿上排在他后面的康生的名字勾到自己名字之前，又要记者拿去给康生审定。康生只瞄了一眼稿子，说陈伯达已经看过，他同意。当时党和国家领导人的名次排列是一个极为敏感的政治话题。如果轻率地发出去，定会引起人们的猜疑。此时已近凌晨3点，仅因一个横生的小岔子，使《人民日报》不能按时截稿也不行。当过周恩来外事秘书的马列接通了周恩来的电话。周恩来明确指出：稿子中名次必须按中央正式公布的次序改过来，这是中央确定的，不是哪个人可以随便变动的。②

9月1日，出席首都大中学校红卫兵代表座谈会时指出，广播电台、新华社等宣传机构要保护。③《人民日报》第2版刊登周恩来在接见外地来京革命师生大会上的讲话。

9月5日，修改、签发《人民日报》社论《用文斗，不用武斗》。同意发表这篇社论，交唐平铸同志。

9月6日，在唐平铸关于人民日报《抓革命，促生产》社论审阅报告上签字："平铸同志：同意。周恩来 九，六"。④

9月7日，陶铸根据周恩来的指示主持起草的《人民日报》社论《抓革命，促生产》发表。⑤

△ 接见外地来京学生和出席中国科学院辩论大会上，要求大家好好学习《抓革命，促生产》社论。在出席中国科学院辩论大会上指出：

---

① 郑德金：《周恩来指导新华社工作纪实（1931—1976）》，《中共党史资料》2008年第2期，第174页。
② 孟红：《"全天候周恩来"的公仆风范》，《党史文苑》2015年第3期，第11页。
③ 郑德金：《周恩来指导新华社工作纪实（1931—1976）》，《中共党史资料》2008年第2期，第174页。
④ 人民日报出版社：《毛泽东周恩来刘少奇朱德邓小平陈云为人民日报撰审稿手迹选》（上），人民日报出版社2008年版，第51页。
⑤ 力平著，李力安主编：《周恩来的非常之路》，人民出版社2001年版，第139页。

资料来源:中国历史博物馆编《纪念周恩来总理》,文物出版社1978年版,第181页。

我们在进行以无产阶级文化大革命为纲的社会主义革命的同时,又要推动其他两大革命生产斗争和科学实验。这就是今天《人民日报》社论的精神。①

9月10日,在首都大专院校红卫兵司令部全体"出征战士"大会上讲话,对即将前往各地串联的红卫兵提出三项任务:一是战斗队,二是学习队,三是宣传队。告诫红卫兵去工厂、农村参观访问时,不要妨碍当地的生产。指出:抓革命、促生产的社论已经写了,我们还打算另外写一篇。27日,中共中央华东局来电反映:广大干部和群众一致认为周恩来10日的讲话解决了很多思想和政策问题,建议整理出来公开发表,或印发正式文件传达到群众。②

---

① 中共中央文献研究室编:《周恩来年谱1949—1976》(下),中央文献出版社1997年版,第59页。
② 中共中央文献研究室编:《周恩来年谱1949—1976》(下),第61—62页。

9月14日，陶铸根据中央碰头会会议精神起草了《关于抓紧研究文化大革命中有关社会政策问题的通知》，报周恩来审定。周恩来对《通知》作了多次修改。9月23日修改时补充："上述八个问题均请中央文革小组考虑先行派出各报社记者或其他工作人员，分赴有关方面和重要城市进行调查研究，收集材料。"①

9月16日，《人民日报》第2版刊登周恩来在接见全国各地来京革命师生大会上的讲话。

9月21日，在同哈尔滨工程学院红卫兵代表谈话中，针对黑龙江的报纸、电台一度被红卫兵组织接管的情况，指出：报纸、新华社、电视台、广播是专政的宣传工具，不容许任何一个团体去占领，只能掌握在党的手里。②

> 按：周恩来这一媒体是"专政的宣传工具"的思想，是中国共产党一贯的思想。新中国成立之初，新闻媒体作为阶级专政工具的职能比较突出。1957年开始，受"极左"思潮的影响，我国新闻工作出现的许多问题恰恰是对这一问题的认识出现偏差和失误所造成的。

9月28日，审改余秋里遵照周恩来指示起草的国庆节对外宾口头宣传的要点（草稿）。宣传要点肯定了中国所取得的巨大成就，在建设道路上既强调自力更生、依靠本国人民，也强调要有友好国家之间的相互合作，需要学习外国的好经验。但立足点是自力更生。修改时特别强调："需要在国际贸易上互通有无。"③

9月，新华总社请示陶铸，各地庆祝国庆消息中，各大城市负责人名单发不发？陶铸批：照发，再请示周恩来。周恩来批：按陶铸同志意见办。④

---

① 中共中央文献研究室编：《周恩来年谱1949—1976》（下），中央文献出版社1997年版，第63—64页。
② 中共中央文献研究室编：《周恩来年谱1949—1976》（下），第66—67页。
③ 中共中央文献研究室编：《周恩来年谱1949—1976》（下），第70页。
④ 中共中央文献研究室编：《周恩来年谱1949—1976》（下），第71页。

10月1日，审改经陈伯达修改的为庆祝中华人民共和国成立十七周年发表的《人民日报》社论稿《用毛泽东思想武装七亿人民》，对原稿中把对"文化大革命"不理解等同为有意对抗"文化大革命"的一段作了修改。原稿说："无产阶级的敌人继续在用各种方式与以毛泽东同志为代表的无产阶级革命路线相对抗。有一些人有时口头上也讲文化大革命的十六条，但在行动上，却阳奉阴违，百般抵制。他们利用广大群众对党和毛主席的无限热爱，打着'红旗'反红旗，欺骗和蒙蔽一些好人。"周恩来改为："无产阶级的敌人，继续在用各种方式对抗无产阶级文化大革命，他们甚至打着'红旗'反红旗，欺骗和蒙蔽一部分群众，妄图'炮打'我们无产阶级司令部。""另有一些人，他们对于毛泽东同志为代表的无产阶级革命路线至今还很不理解，对群众的运动仍然是'怕'字当头。他们在口头上也讲十六条，在行动上却违背十六条""他们这样做，正好为无产阶级的敌人利用来混水摸鱼"。"这些人如果坚持错误不改，他们就会脱离人民，反对人民，反对毛泽东思想，成为走资本主义道路的当权派。"审改后报送毛泽东时注明：这篇社论"在第三页有两段将两类矛盾没写清楚。这对当前运动的领导会发生影响。我试改了一下，请主席看原则上是否对，如对，文字的斟酌可交唐平铸同志办"。毛泽东画了圈。①

△《红旗》杂志第13期发表社论《在毛泽东思想的大路上前进》。社论称："有极少数人采取新的形式欺骗群众，对抗十六条，顽固地坚持资产阶级反动路线。""对资产阶级反动路线，必须彻底批判。""在这里，不能采取折衷主义。"周恩来对联络员刘西尧说：陈伯达未经中央讨论就发表"批判资产阶级反动路线"的社论，大家都没有思想准备，又有一大批领导干部不好办了。周恩来后来向毛泽东提出："资产阶级反动路线"这个提法是否合适？党

---

① 中共中央文献研究室编：《周恩来年谱1949—1976》（下），中央文献出版社1997年版，第71—72页。

内历来提路线错误都是"左"倾或右倾,没有反动路线这个提法。毛泽东回答说,原来用反革命路线,后来改成反对革命路线,最后还是用反动路线。此后,全国各地开始批判"资产阶级反动路线"。①

△ 中央领导人中最早来到天安门城楼,并向记者们招手问候。

10月3日,与全国红卫兵代表谈话时指出,宣传权,党报、新华社、广播电台等,不能由哪个红卫兵组织所使用。没有一个统一的领导,你们就会出偏差。②

10月16日,在人民出版社红卫兵提出不出版孙中山、宋庆龄、廖仲恺、何香凝、柳亚子、朱执信等人的选集事的报告上批示:我同意在孙中山百岁纪念日前只出孙中山选集和宋庆龄选集两种,其它以后再印或到其它出版社去印。③

10月28日,在一次会议上指出,新华社、广播电台、电视台、报社等宣传机关,是无产阶级专政的工具,外面的群众不能干扰他们的工作,不能影响传播毛主席的声音。④

10月30日,起草《中共中央关于处理文化大革命中档案材料和其他有关问题的规定(草稿)》。《规定》重申:"凡属国家专政工具部门,机密、要害部门,新闻、广播部门和中央、中央局首脑部门,一律不进行革命群众的内外串连。"⑤

11月2日,北京广播学院一部分学生冲进广播大楼,砸坏政治部干部处的文件柜,殴打保护档案的干部。周恩来打电话制止。⑥

---

① 中共中央文献研究室编:《周恩来年谱1949—1976》(下),中央文献出版社1997年版,第72—73页。
② 中共中央文献研究室编:《周恩来年谱1949—1976》(下),第73页。
③ 中共中央文献研究室编:《周恩来年谱1949—1976》(下),第78—79页。
④ 曲阜师范院政治部宣传组选编:《敬爱的周总理永远活在我们心中》,1977年,第146页。
⑤ 中共中央文献研究室编:《周恩来年谱1949—1976》(下),第85页。
⑥ 中华人民共和国史广播电视编辑部编:《当代中国广播电视回忆录》第3集《周恩来与广播电视》,中国广播电视出版社1994年版,第255页。

11月6日，致信宋庆龄："宋副主席，你的那篇文章，由于我近来更忙了一点，直搁到现在才改出来，甚为不安。现将中、英文两种改本派人送上，请你审阅。"①

> 按："你的那篇文章"指宋庆龄为纪念孙中山诞辰一百周年撰写的《孙中山——坚定不移、百折不挠的革命家》。文章写就后，宋庆龄送周恩来阅改。11月13日，《人民日报》第3版刊发此文。

11月9日，主持讨论修改《人民日报》《再论抓革命、促生产》社论稿。在讨论中反复强调生产建设不能中断停滞，批驳只强调"抓革命"而根本不讲生产建设的论调。决定该社论翌日见报。按周恩来意见定稿的这篇社论指出："国民经济是一个整体，工业生产是一个整体，一个环节扣一个环节，只要某一部门脱节，就可能影响全局。""工农业生产稍有间断，就会影响到人民的经济生活。"在工矿企业、事业单位和农村搞文化革命，"不能占用生产的时间，不能离开生产岗位"。"必须坚决遵守、时刻遵守""抓革命、促生产"的方针。②

11月13日，《人民日报》第2版刊登周恩来在孙中山先生诞生一百周年纪念大会上的讲话。

11月17日，将新华社、人民日报社、广播大楼等11个单位列为警卫重点。指示加强警卫，在任何情况下都不能让外面的人冲进去。③

11月19日，得知北京政法学院要开群众大会批判李雪峰，并上追到刘少奇、邓小平一事后，通知新华社：刘、邓问题中央已解决，不要在群众中搞。中央不支持他们开这样的会。新华社、人民日报社、广播

---

① 中共中央文献研究室编：《周恩来年谱1949—1976》（下），中央文献出版社1997年版，第87页。
② 中共中央文献研究室编：《周恩来年谱1949—1976》（下），第88页。
③ 中共中央文献研究室编：《周恩来年谱1949—1976》（下），第91页。

电台都不要派记者去参加。①

11月27日,在中央负责人集体接见外地来访师生和群众的大会上讲话指出,人民日报社、解放军报社、新华社、广播电台、电视台,这种宣传机关,我们不要干扰它,不要使它业务中断。②

12月2日,审阅新华社新闻送审稿。在其中点名称彭真、刘仁、郑天翔、万里、邓拓、陈克寒、李琪、赵鼎新和陆定一、周扬、林默涵、夏衍、齐燕铭、田汉、阳翰笙等为"反革命修正主义分子"的三处文字旁画了双线,送毛泽东审批,并附信注明:这一报道,已经文革小组通过,并经林彪同志审定。在第七、九、十三页中有三处指名批判了一些人,是否合适,请主席批告。三日,毛泽东把这三处点名批判的人名勾去。并批示:退总理,已作修改,请再酌。周恩来阅后批告陈伯达、康生、江青速阅转唐平铸办,即照毛泽东批改件发表。③

12月13日,主持中央碰头会。会议草拟了《中共中央、国务院通告》。《通告》指出:为确保铁路、交通、邮电、通讯和广播的畅通和安全,任何个人、团体、机关,不许以任何理由妨碍和阻拦火车、汽车、轮船的正常运行,不能强行乘车上船,不许强行进入邮电、广播部门的工作间。铁道、交通、邮电通讯和广播部门的工作人员,必须坚守岗位,认真执行任务。④

12月17日,指示新华总社:文字上不用"黑帮""黑线"。⑤

12月,经常出现这样的怪现象,如果某一天周恩来告诉工厂继续生产,并要求红卫兵不要干扰工厂的生产,第二天早晨他就会发现《人民日报》上白纸黑字写着:要像在城市所进行的事业一样,农村也要开

---

① 中共中央文献研究室编:《周恩来年谱1949—1976》(下),中央文献出版社1997年版,第93页。
② 中共中央文献研究室编:《周恩来年谱1949—1976》(下),第95页。
③ 中共中央文献研究室编:《周恩来年谱1949—1976》(下),第97页。
④ 中共中央文献研究室编:《周恩来年谱1949—1976》(下),第101页。
⑤ 郑德金:《周恩来指导新华社工作纪实(1931—1976)》,《中共党史资料》2008年第2期,第176页。

展文化大革命，同时，工厂也要进行。①

本年，作为新闻人物的周恩来，被《人民日报》刊发报道文章229篇。

新闻背景

1月18日，《解放军报》发表社论《永远突出政治》，到4月5日止，该报共发表七篇论述突出政治的社论。

2月7日，《人民日报》头版头条发表新华社记者穆青等人采写的通讯《县委书记的榜样——焦裕禄》。焦裕禄成为全国干部学习的榜样，此文成为新中国通讯写作的名篇。

3月20日至4月9日，全国广播工作第九次会议在北京举行。

5月16日，中共中央政治局扩大会议通过《五·一六通知》，标志"文化大革命"开始，新闻界被列为彻底批判和夺权的"五界"之一。

5月，新华社在51个国家和地区建有分社，在26个国家和地区出版新闻稿，同包括路透社、法新社在内的22个外国通讯社签订了相互无偿交换新闻的协议。

6月1日，晚，按照毛泽东指示，中央人民广播电台播发北京大学聂元梓等七人的大字报。次日，《人民日报》全文刊登，并配发评论员文章《欢呼北大的一张大字报》。

7月，人民出版社主办的大型文献资料刊物《新华月报》被迫停刊。

8月8日，中国共产党中央委员会通过《关于无产阶级文化大革命的决定》，8月9日，新华社全文播发。

8月20日，《中国青年报》《大公报》《工人日报》等许多报纸相继被迫停刊，许多"造反派"的小报出版发行。

8月13日，《人民日报》第4版头条刊发消息，标题为"我和委亚非团结会举行盛大招待会 欢迎维护禁止原氢弹运动光荣传统的各国朋友 周恩来总理等出席招待会 宾主互勉把反美反修斗争进行到底"。

按：《人民日报》原版引题把"我"字放在最后，是排版的错误，根据原文意思，拙著对上文标题作了纠正。

---

① ［英］迪克·威尔逊：《周恩来》，封长虹译，中央文献出版社2000年版，第357页。

> 新华社十二日讯 中国人民保卫世界和平委员会和中国亚非团结委员会今晚举行盛大招待会，热烈欢迎维护禁止原子弹氢弹世界运动光荣传统的各国朋友，向他们表示中国人民的亲切问候和战斗的支持。
>
> 国务院总理周恩来，人大常委会副委员长康生，人大常委会副委员长、中国和委会主席郭沫若，人大常委会副委员长、因受阻挠而未能出席第十二届禁止原子弹氢弹大会的中国代表团团长刘宁一，中国亚非团结委员会主席廖承志，以及各有关单位、各人民团体和北京市负责人，出席了招待会。
>
> 招待会上洋溢着热情友好、团结的气氛。主人频频举杯祝贺各国代表的正义斗争所取得的辉煌胜利，对他们的斗争精神表示敬意。宾主亲切交谈，相互鼓励把反对美帝国主义和现代修正主义的斗争进行到底。
>
> 郭沫若在招待会上讲话，热烈欢迎为维护禁止原子弹、氢弹世界运动光荣传统的各国朋友来中国访问。他说，美帝国主义是纸老虎，苏联修正主义是纸老虎，各国反动派是纸老虎，日本反动的佐藤政府和少数出卖民族的小商人同样是纸老虎。这些大大小小的纸老虎，一定要被世界各国人民统统烧掉。他表示坚信，越南人民必胜，美帝国主义必败；世界人民必胜，分裂主义必败。反对美帝国主义的国际统一战线一定会不断扩大和巩固，一定会取得胜利。
>
> 刘宁一也在招待会上祝酒。他说，为反对美帝国主义和现代修正主义、分裂主义及其走卒而战斗的战友们，我们要携起手来共同前进。
>
> 澳大利亚朋友莫罗在招待会上表示感谢中国朋友们的盛情接待。他激动地为中国的社会主义革命、社会主义建设和中国人民的幸福干杯。
>
> 应邀出席招待会的各国代表是澳大利亚、巴芬陀兰、贝专纳、比利时、巴西、锡兰、智利、哥伦比亚、新西兰、巴拿马、西南非洲、苏丹、斯威士兰、美国的朋友。
>
> 日本和平人士西寺公一和在北京的其他一些外国朋友，也应邀出席招待会。
>
> ↓ 八月十二日，我和委会和亚非团结委员会举行盛大招待会，热烈欢迎维护禁止原氢弹运动光荣传统的各国朋友。
>
> 人大常委会副委员长、中国和委会主席郭沫若在招待会上讲话。 新华社记者摄

和委会亚非团结会举行盛大招待会我欢迎维护禁止原氢弹运动光荣传统的各国朋友 周恩来总理等出席招待会 宾主互勉把反美反修斗争进行到底

12月31日，中央广播事业局造反派进驻总编室，宣布夺权。

1966年"文化大革命"开始后，一批优秀新闻工作者受到迫害，如范长江、邓拓、孟秋江、金仲华、浦熙修等，先后被迫害致死。党的十一届三中全会后他们均被平反昭雪，恢复名誉。报刊相继刊出批判《燕山夜话》《三家村札记》的文章。

1967年（六十九岁）

1月5日，新华总社请示，对陈毅接见一外宾的稿件如何发？周恩

来答:"陈副总理没有问题嘛!可以发嘛!"①

1月14日,早晨,北京人民广播电台和北京广播学院群众组织的代表强行进入电台技术区,擅自播出《告首都人民书》,宣布北京人民广播电台被夺权。6点多钟,周恩来讲话指示:"不许再播夺权宣言"。②

1月16日,决定以"中央文革小组"的名义下发批复新华社报告的电话通知,要求各地代印厂全面安排,克服困难,确保《参考消息》的正常出版。③

1月25日,正当造反派对穆欣批斗进入高潮的时候,周恩来在人民大会堂接见财贸系统造反派代表。④ 在周恩来接见的会场上,造反派故意对穆欣妄加罪名逼他表态。周恩来断然回答:"穆欣不能定为反革命修正主义分子"。⑤

1月,《泰晤士报》记者理查德·哈里斯把周恩来比为"一个裁判员,他吹着哨子到处平息事端。在中国各地的激进派与稳健派发生冲突时,他站出来制止冲突,以免耗费比赛时间。"⑥

2月16日,在怀仁堂主持中央碰头会,责问陈伯达等,《红旗》第13期社论,这么大的问题,你们也不跟我们打个招呼,送给我们看看。⑦

2月18日,审阅《红旗》杂志社论《必须正确地对待干部》。阅后送毛泽东审批时注明:"这篇社论很重要,很及时""提议在党、政、军、文革碰头会上讨论一次再发表"。毛泽东阅批:同意你的意见,讨论后再发表,并把"三结合"的思想写进去。以后重要的社论都应这样做。3月1日,《红旗》杂志发表这篇社论。⑧

---

① 中共中央文献研究室编:《周恩来年谱 1949—1976》(下),中央文献出版社 1997 年版,第 108 页。
② 中华人民共和国史广播电视编辑部编:《当代中国广播电视回忆录》第 3 集《周恩来与广播电视》,中国广播电视出版社 1994 年版,第 256 页。
③ 李新芝主编:《周恩来纪事 1898—1976》(下),中央文献出版社 2011 年版,第 974 页。
④ 穆欣:《周恩来与我的新闻生涯》,《新闻爱好者》1998 年第 6 期,第 8 页。
⑤ 中共中央文献研究室编:《周恩来年谱 1949—1976》(下),第 116 页。
⑥ [英]迪克·威尔逊:《周恩来传》,封长虹译,解放军出版社 1989 年版,第 250 页。
⑦ 中共中央文献研究室编:《周恩来年谱 1949—1976》(下),第 127 页。
⑧ 中共中央文献研究室编:《周恩来年谱 1949—1976》(下),第 129 页。

2月22日，审改中共中央关于中央军委"八条命令"补充说明的《通知》。《通知》规定：人民日报社、《红旗》杂志社、解放军报社、新华社、广播事业局等不许由外单位人员接管，已进驻这些单位的外单位人员要立即退出。毛泽东批发了审改后的《通知》。①

2月26日，对《中国建设》编辑方针作了口头指示："我们的读物是供给国外的，要争取广大中间读者。在民族主义国家，他们处在反帝、反封建的阶段。我们是社会主义革命深入阶段，我们文化大革命的这些东西，对于阿尔巴尼亚宣传还差不多；对其他许多国家，人家不敢买，等于号召他们的人民起来把它推翻。""事情要有阶级分析，不能蛮干，要区别对待。""你们的杂志调子高了，拿出去没人买了。《中国建设》就是做资产阶级的工作，要区别对待。主席一再强调要有的放矢，要看对象。他们还是民主革命时期，杂志不区别性质是出不去的。各种刊物都要区别对待，要有分工，如果不这样，内容就是不一样了。"②

2月，陈毅作自我检查，毛泽东很满意，说是一次很好的自我批评。周恩来让人将这一"样板"登在报纸上。编辑还加上按语说："陈毅同志从来不搞两面派。"这样，周恩来把攻击的矛头从陈毅身上转移开。③

3月14日，为中共中央、国务院、中央军委起草的文件开头写道：北京怀柔县成立了"抓革命，促生产"第一线指挥部的经验很好。这些经验，《人民日报》已在3月12、13两日加以报道，并在12日发表社论，予以支持。现在各地已在转播、转载这些报道和社论。④

3月15日，主持中央文革碰头会，讨论中共中央给全国厂矿企业职工、干部的信。次日，将信送毛泽东批准后，指示公开广播登报。⑤

---

① 中共中央文献研究室编：《周恩来年谱1949—1976》（下），中央文献出版社1997年版，第131页。
② 周恩来生平和思想研讨会组织委员会编：《周恩来百周年纪念 全国周恩来生平和思想研讨会论文集》（下），中央文献出版社1999年版，第178页。
③ ［英］韩素音：《周恩来与他的世纪1898—1998》，王弄笙等译，中央文献出版社1992年版，第459页。
④ 中华人民共和国国家经济贸易委员会编：《中国工业五十年 新中国工业通鉴1966—1976.10》（第5部上），中国经济出版社2000年版，第290页。
⑤ 中共中央文献研究室编：《周恩来年谱1949—1976》（下），第136页。

4月6日，在外文局上送的《关于要求解决毛主席著作出版中几个问题的报告》写到印刷力量不足的地方批注："可从全国停办报刊的印厂中抽调好的印刷工人。"①

4月9日，陪同越南客人秘密访问大寨。《山西日报》记者刘芝田准备拍照，被周恩来看见说："今天和越南同志来大寨是秘密访问，不搞报道，不准照相。"②

4月21日，接见《红旗》杂志、《人民日报》《解放军报》、新华社驻外地记者时说："你们反映的面要广一些，解放军支左是中心，但还要报道一些解放军支工、支农的成绩，也要听一听群众性很大的保守派方面的意见。这样，我们看问题广阔一些，考虑问题更全面些。"③

4月30日，接见福建造反派代表强调：你们回去后不要在像《福建日报》这样的大报纸上点叶飞的名，正式报纸要留有余地。④

4月，接见当时主持新华社工作的副社长王唯真，特意询问新华社的图片战备情况。周恩来强调，历史照片底片是党和国家的宝贵资料，一定要保管好；如果打起战争来，甚至可能是原子战争，新华社负责保存的历史照片能保得下来吗？并询问有什么应急措施没有，如防尘、防潮等，提醒这些因素都应考虑。⑤

△ 接见记者说："《快报》《简报》报道了很多好消息。我们是依靠你们的《快报》《简报》了解情况的，靠你们的消息是主要的。在广州接触了一些记者，共4位。今年解决各省的问题，到广州是第一回，我没带人去。我就靠这几位记者，接待群众，帮助谈话，了解情况，很得力，帮助反映了不少情况，多数是正确的。"⑥

---

① 袁亮：《周恩来刘少奇朱德陈云与新闻出版》，中国书籍出版社2003年版，第40页。
② 刘芝田：《跟随周总理访大寨》，《山西老年》2016年第2期，第18—19页。
③ 中共中央文献研究室编：《周恩来年谱1949—1976》（下），中央文献出版社1997年版，第147页。
④ 中共中央文献研究室编：《周恩来年谱1949—1976》（下），第149页。
⑤ 郑德金：《周恩来指导新华社工作纪实（1931—1976）》，《中共党史资料》2008年第2期，第180页。
⑥ 李近川：《回忆中央文革记者站》，《百年潮》2002年第5期，第17页。

5月18日，江青将南开大学造反派送来的新中国成立前国民党报纸上伪造的所谓"伍豪等脱离共产党启事"材料送林彪、周恩来、康生，并附信说："他们查到一个反共启事，为首的是伍豪（周××），要求同我面谈。"19日，为此写信给毛泽东，将一九三一年至一九三二年的有关事件编为《大事记》，一并送毛泽东阅。信中说："连日因忙于四川和内蒙问题，并同内蒙军区请愿战士分批谈话，直至今天才抽出一天工夫翻阅上海各报。""现在弄清楚了所谓'伍豪等启事'，就是一九三二年二月二十八日的伪造启事""伪造启事和通过申报馆设法的处置，均在我到江西后发生的"。毛泽东阅后批："交文革小组各同志阅，存。"①

5月25日，下午，接见由团长小林雄一、副团长小泉省吾率领的日本记者同盟代表团时说：我们很想通过东方通讯社多得到些有关中日两国人民共同利益的消息。日本统治阶级对中国情况的了解比中国对日本情况的了解多。这是我们的一个弱点。请你们帮助弥补这个弱点。中国

周恩来同小林雄一（左五）、小泉省吾（左七）等日本客人和穆欣（左四）合影
（新华社记者齐铁砚摄）

资料来源：转自1967年5月26日《人民日报》第3版。

---

① 中共中央文献研究室编：《周恩来年谱1949—1976》（下），中央文献出版社1997年版，第154—155页。

记者有其主观愿望，愿意听他们愿听的消息，只有一个侧面，这样比较狭窄。这方面工作可由新华社、记协向日本记者同盟特约一些特定方面的采访报道，作长期的、全面的、系统的调查。① 接见时在座的有中华全国新闻工作者协会副主任穆欣，中华全国新闻工作者协会第一书记吕彬，外交部新闻司司长秦加林等。详细向穆欣询问新闻界的情况，鼓励穆欣把报纸办好，关怀穆欣和《光明日报》的困难处境。② 接见消息刊载于《人民日报》5月26日第3版。

> 按：发表在《新闻爱好者》1998年第6期的穆欣文章《周恩来与我的新闻生涯》中的插图裁剪了本图的一部分，图片说明把日期错成了8月25日。穆欣原文记载陪同周恩来接见时间也是5月25日。

5月28日，新华社第一副社长王唯真传达周恩来在外办召开的会议上的讲话精神。主要内容有：批评新华社关于香港问题的报道不充实、不及时、不准确，批评《参考资料》报喜不报忧。不登敌人骂我们的一些东西，我们就不能知道多方面的情况。不要"怕"字当头，不要怕群众造你们的反。③ "外办、中央文革会支持你们的。"④

> 按：周恩来这一天的讲话精神很有针对性，也有很高的策略性，报喜不报忧问题，是"中央文革"大搞"极左"运动的结果，如何解决呢？周恩来巧妙地说"中央文革会支持你们"登一些"报忧"的东西，鉴于当时特殊的历史条件，"中央文革"小组的权力很大，这是将"中央文革"的军，以此牵制其干扰、破坏《参考消息》的报道，这是特定环境下采取的特殊手段。

5月，接见击落美国飞机的飞行员代表时说："你们把美帝飞机揍下来，外国通讯社说我们中国有了比美帝更先进的飞机，他们总是迷信

---

① 中共中央文献研究室编：《周恩来年谱1949—1976》（下），中央文献出版社1997年版，第156页。
② 穆欣：《历史巨变中的周恩来》，中国青年出版社2013年版，第281页。
③ 王凤超：《周恩来新闻活动年表》（续二），《新闻研究资料》1988年第4期，第155页。
④ 卫广益：《周总理与〈参考消息〉报——纪念周恩来同志诞辰一百周年》，《中国记者》1998年第3期，第13页。

武器，不相信用毛泽东思想武装起来的人，他们是唯武器论者。"①

6月8日，毛泽东对出国人员讲话，谈到对《北京周报》等单位对外宣传照搬国内宣传的意见说："有些外国人对我们《北京周报》、新华社对外宣传有意见，宣传毛泽东思想，发展马克思主义，过去不搞，现在文化大革命以后，大搞特搞，吹得太厉害，人家也接受不了。有些话何必要自己来说，我们要谦虚，特别是对外，出去要谦虚一点。当然，又不要失掉原则。昨天原子弹公报（氢弹公报。——笔者），我就把伟大的导师、伟大的统帅、伟大的领袖、伟大的舵手勾掉了，把光焰无际也勾掉了。世界上的光芒哪里有无际的？都有际。万分喜悦和激动的心情，把万分也勾掉了，不是十分，不是百分，不是千分而是万分。我就一分也不要，统统勾掉了。"周恩来立即传达了毛泽东的批评，并强调说：对外宣传把对国内硬搬来对国外，不动脑筋，不管对象，人家需要什么不管，只管我们自己。应该研究一下，对外既不丧失原则，又要讲效果，有不同的特点。周恩来关切地询问《北京周报》："周报准备怎么改呀？"在听了《北京周报》同志的汇报后，他又用急迫的口气说："你们不要等，尽快改起来。"②

> 按：周恩来传达毛泽东对外宣传的思想中，不能照搬对内的东西，要有对外宣传特点，要考虑受众的感受，既不要丧失原则，又要有效果等新闻思想，抓住了新闻传播的本质规律，今天仍然有指导意义。

6月9日，同中央有关负责人及"中央文革小组"成员听取温玉成汇报广州地区"文化大革命"情况时说：在报纸上公开点名批判陶铸，要请示主席。③

6月17日，我国第一颗氢弹爆炸成功。根据周恩来指示，中央电台

---

① 人民出版社资料组编：《人民的好总理 纪念敬爱的周恩来同志》（下），人民出版社资料组，1977年，第79页。
② 穆欣：《尊重事实才能尊重真理——周恩来维护新闻真实性的言行》，《党史文汇》2006年第3期，第13页。
③ 中共中央文献研究室编：《周恩来年谱1949—1976》（下），中央文献出版社1997年版，第160页。

准时在 23 点 20 分播出这一消息。当天晚上，在 1 小时内，连续播出 7 遍，第二天播出 40 遍。①

△ 晚，接见参加亚非新闻工作者协会书记处第五次全体会议的各国代表，同他们进行了亲切友好的谈话。亚非新闻工作者协会总书记查禾多和各国代表热烈祝贺中国在两年八个月时间内进行了五次核试验以后，今天在中国西部地区上空成功地爆炸了第一颗氢弹。被接见的各国代表中，还有阿扎尼亚（即南非共和国。——笔者）的高拉·易卜拉欣，锡兰的曼努维拉，中国的吕彬、杨翙，印度尼西亚的苏佩诺、乌玛·赛义德，日本的小林雄一、杉山市平，马里的马马杜·戈洛戈，巴基斯坦的明哈杰·巴尔纳，坦桑尼亚的赛义德·萨里姆，以及苏丹朋友奥斯曼等。接见时在座的有中华全国新闻工作者协会的负责人穆欣、唐平铸，外交部新闻司副司长陈维帆等。接见消息刊载于《人民日报》6 月 18 日第 4 版。

△ 接见马里苏丹联盟党政治局委员、马里新闻、游览部长、马里记协主席马马杜·戈洛戈，同他进行了亲切友好的谈话。马马杜·戈洛戈正在参加在北京举行的亚非新闻工作者协会书记处第五次全会。接见时在座的有穆欣等。接见消息刊载于《人民日报》6 月 18 日第 4 版。

6 月 20 日，针对新华社对外宣传中存在的问题，批评新华社把对国内的硬搬来对国外，不动脑筋，不管对象，这样不行。应该研究一下，对外不要丧失原则，又要有效果，要有不同的特点。"新闻工作一点也马虎不得，要认真细致，首先要核对客观事实，稍不注意就可能出现事实性的错误，造成不好的影响！"②

6 月 22 日，《人民日报》第 2 版头条刊登周恩来在欢迎卡翁达总统的宴会上的讲话。

6 月 25 日，《人民日报》第 2 版刊登周恩来在卡翁达总统的答谢宴

---

① 中华人民共和国史广播电视编辑部编：《当代中国广播电视回忆录》第 3 集《周恩来与广播电视》，中国广播电视出版社 1994 年版，第 256 页。
② 郑德金：《周恩来指导新华社工作纪实（1931—1976）》，《中共党史资料》2008 年第 2 期，第 176 页。

会上的讲话。

"七·二○"发生扣押王力、谢富治的事件后,直接派"中央文革"记者站五个记者,当面交代任务,让他们组成调查组,去调查事件真相及相关反应,并尽快向他汇报。①

夏,对香港的革命事业发表了委婉的讲话:"香港和九龙从来就是中国的领土。……香港的命运将由我们爱国的香港同胞和七亿中国人民来决定,而决不是由一小撮英国殖民主义者来决定。"这类言论引起了伦敦《泰晤士报》的抱怨:"就他的言论而言已不再中听,周恩来先生咕哝着对毛主义者的教义表示赞同,而不再出面阻止北京的外交使团感到头痛的过火行为。"②

△ 把在香港工作的新华社记者召到北京,对他们说:"香港的地位不变。"在周恩来巧妙的引导下,一些记者,如《大公报》的总编辑费彝民等一方面朗诵小红书,表演了一出喜剧,以适应形势;另一方面,他们绝不参与暴力行动。香港平静下来了。③

8月18日,接见安徽赴京代表团负责人,批评不听劝告,印制、张贴有关打、砸、抢的材料和图片的行为说:把这种东西在北京贴出来,对外国记者是最好的材料。文化大革命搞得这个样子,这对我们国家没什么好处。④

9月2日,《光明日报》总编辑穆欣给周恩来写信反映自己被造反派秘密抓走。周恩来收到信,当天就批告陈伯达、康生、江青、谢富治等,要谢富治查究。⑤

9月7日,就北航"红旗"等8个院校的造反派组织要求《光明日报》停刊事批告陈伯达、康生、江青、姚文元:《光明日报》究竟应如

---

① 李近川:《回忆中央文革记者站》,《百年潮》2002年第5期,第15页。
② [英]迪克·威尔逊:《周恩来传》,封长虹译,解放军出版社1989年版,第257页。
③ [英]韩素音:《周恩来与他的世纪1898—1998》,王弄笙等译,中央文献出版社1992年版,第463页。
④ 中共中央文献研究室编:《周恩来年谱1949—1976》(下),中央文献出版社1997年版,第180页。
⑤ 穆欣:《历史巨变中的周恩来》,中国青年出版社2001年版,第343页。

何处理，我不甚了了。但由各院校造反派去实行停刊，不妥。①

9月12日，接见"中央文革"驻各地记者和信访工作人员，要求总结经验，进一步向中央提供一些既客观、又要解决问题的报道，使中央能够看到一些问题的症结在哪里。②

9月15日，指示《人民日报》再发社论，紧急呼吁：生产是不能停下来的。③

9月17日，外交部未经中央批准，就同意中国驻巴基斯坦使馆对巴基斯坦非官方报纸刊登台湾反共消息和勃列日涅夫反华言论事向巴政府提出抗议。本日，周恩来接见巴基斯坦驻华大使后，就此事严肃批评外交部有关负责人。说：你们又给我捅了个乱子。给使馆的复电经我批了没有？为什么不送我看？这样的事经过谈话就可以解决，值得抗议吗？你们把所有的关系都给破坏了。这是极左行径。④

9月30日，起草各省、市、自治区报道国庆大会的几项决定。其中要求各地除将参加庆祝大会的革委会、军管会，或革委会筹备小组的负责人名单报道外，也应报道当地未参加军管会的大军区、省军区主要负责人名单。⑤

> 按：当时，一个干部的名单如果登在出席国庆大会的报道中，意味着这个干部没有问题，周恩来充分利用这种方式保护一批老干部。

9月，接见记者说："首先应该说，你们做了很多的工作，这是有益的工作，这一点中央一向是肯定的。因为我们从你们这条线上得到了很多情况。对中央了解各省市区的情况，有极大的参考价值。在这方面我们大家在一起经常谈到这方面的好处。所以，你们的工作成绩，首先应该加以肯定。有些地方即使你们报道得不多，但是只要发现了问题你

---

① 中共中央文献研究室编：《周恩来年谱1949—1976》（下），中央文献出版社1997年版，第187页。
② 中共中央文献研究室编：《周恩来年谱1949—1976》（下），第188页。
③ 童小鹏：《风雨四十年》（第二部），中央文献出版社1996年版，第450页。
④ 中共中央文献研究室编：《周恩来年谱1949—1976》（下），第190页。
⑤ 中共中央文献研究室编：《周恩来年谱1949—1976》（下），第193页。

们报道了,只要有提醒的价值,我们就很需要,因为去年党委的报告,许多地方不真实,今年当然不同。今年主要的报道负责机关是出于军区,军区对底下的情况也不是那么了解。革命群众组织这一派那一派,你们和他们接触多些,把他们的情况反映上来,补军区的不足。军区由上而下接触的报道,你们由下而上接触的报道,或者从某个侧面报道,这对我们都很需要。我们根据这些报道,了解和解决了许多省的问题。你们这个报道在这里起了作用,而且起了不小的作用。所以在这点上,我们对你们的工作成绩是有足够的估计的。"①

10月3日,下午,接见巴基斯坦新闻和广播部长赫瓦贾·夏哈布丁及其夫人,以及由夏哈布丁率领的巴基斯坦政府友好代表团的成员,同他们进行了亲切友好的谈话。接见时在座的有外交部副部长韩念龙。巴基斯坦驻中国大使苏尔坦·穆·汗也在座。接见消息刊载于《人民日报》10月4日第5版。

接见巴基斯坦新闻和广播部长赫瓦贾·夏哈布丁(前左四)和由他率领的
代表团全体成员(《人民日报》记者吕相友摄)

资料来源:转自1967年10月4日《人民日报》第5版。

---

① 李近川:《回忆中央文革记者站》,《百年潮》2002年第5期,第17页。

10月7日，下午4点，毛泽东主席等党和国家领导人在人民大会堂东大厅接见三个国家的11个代表团。按照通常的发稿程序，这样重要的外事活动，只需发篇简单的文字稿即可，但刘振敏被当时的气氛所感染，觉得这正是发挥广播优势的好机会。能否用录音报道的形式播送毛主席会见外宾的活动，过去从未采取录音报道的形式播送过，这次是不是可以破例呢？刘振敏把自己的想法写在一张纸条上，连同新闻稿一起呈送周恩来。不一会儿，周恩来审完了新闻稿，并在那张纸条上批示："同意7/10。"当天晚上，中央人民广播电台播出了创新形式的录音报道。①

10月14日，《人民日报》第2版刊登周恩来在阿尔巴尼亚党政代表团告别宴会上的讲话。

10月17日，就溥仪逝世事指示《人民日报》刊发溥仪逝世的消息。②

10月24日，《人民日报》第3版刊登周恩来在宴会上的讲话，欢迎毛里塔尼亚伊斯兰共和国国家总统莫克塔·乌尔德·达达赫。

11月30日，《人民日报》第2版刊登周恩来在庆祝阿尔巴尼亚解放二十三周年招待会上的讲话。

12月4日，晚，主持工作的新华社代社长王唯真被绑架未遂。12月6日晚，王唯真利用在中南海开会的时机，向周恩来报告了此事，并建议尽快对新华社实行军管。周恩来表示"可以考虑"。③

12月9日，发现了手持话筒、背着录音机的武汉人民广播电台记者朱本正，亲切地问道："你是中央台记者吗？"朱本正答道："报告总理，我是武汉人民广播电台记者。"他又问："你用的是什么录音机？"朱本正说："是飞利浦录音机。"他对周围的首长说："他们当记者的都

---

① 刘振敏：《跟随周恩来总理采访的日子》，《新闻爱好者》1996年第1期，第17页。
② 中共中央文献研究室编：《周恩来年谱1949—1976》（下），中央文献出版社1997年版，第195页。
③ 郑德金：《周恩来指导新华社工作纪实（1931—1976）》，《中共党史资料》2008年第2期，第175页。

很忙。"随后他又对朱本正风趣地说:"我们随便谈谈,还需要采访录音吗?"说得大家都笑了。①

12月15日,召开中央文革小组碰头会,讨论通过中共中央、国务院、中央军委、中央文革小组《关于新华社实行军事管制的决定》。次日,将此《决定》及军管小组名单报送林彪转毛泽东批准。②

12月18日,中共中央、国务院、中央军委、中央文革小组发布《关于新华社实行军事管制的决定》。

12月19日,深夜1点半,同新华社军管代表谈话指出,新华社是毛主席和党中央直接领导下的宣传通讯机关,担负着根据毛主席伟大战略部署进行通讯报道和调查研究的工作,担负着国际国内通讯联络工作,掌握着党和国家的重要机密。……为了加强对新华社的领导,党中央决定派你们13位同志组成军管小组,对新华社实行军事管制。周恩来指示:"你们去了要先抓革命,先搞调查。要依靠新华社自身的力量,多进行正面教育,办好学习班,两派一起学习,各自多做自我批评,克服派性,增强党性,尽快实现大联合。"周恩来特别强调,新华社的工作"一天也不能中断"。③

12月20日,《人民日报》第2版刊登在首都人民庆祝越南南方民族解放阵线成立七周年大会上的讲话。

本年,先后批评新华社和《人民日报》在港英警察打死打伤游行工人的数字上作夸大报道。新华社说当时打死打伤工人二三百人,《人民日报》又据新华社消息,在第8版刊登并加上了"血腥大屠杀"的标题。周恩来指示新华社进行核实,结果发现实际上只死一人,伤数人。周恩来批评说:"这是严重的失实,更加激起人民的义愤,使我国在政治上被动""发这样重大的消息,为什么事先不向我请示!你们越搞越

---

① 武汉市老新闻工作者协会主编:《往事如歌 武汉老新闻工作者轶事》(卷4),武汉出版社2006年版,第5页。
② 中共中央文献研究室编:《周恩来年谱1949—1976》(下),中央文献出版社1997年版,第206页。
③ 郑德金:《周恩来指导新华社工作纪实(1931—1976)》,《中共党史资料》2008年第2期,第175页。

大的目的是什么?"8月22日,发生了烧砸英国代办处事件,周恩来在紧急情况下,指派解放军劝说群众撤出,保护被揪斗的英代办处人员,事先设法拉江青、康生、陈伯达,由他带头,四人共同签名广播,劝群众不要冲入英国代办处,要尽快撤出,极力防止事态扩大。事后他对自己在极度繁忙和疲劳的情况下批发了限英方在48小时内启封香港三家小报事多次作自我批评,同时批评外交部提限48小时是不考虑后果,明知英方不会接受还这样提。①

本年,作为新闻人物的周恩来,被《人民日报》发表报道文章194篇。

新闻背景

1月1日,《人民日报》《红旗》杂志联合发表元旦社论《把无产阶级文化大革命进行到底》。

1月3日和4日,上海《文汇报》和《解放日报》先后被造反派夺权接管。

1月19日,《人民日报》社论《让毛泽东思想占领报纸阵地》,称《文汇报》和《解放日报》夺权是"文化大革命"史上的"一件大事",号召全国新闻工作者"向他们学习"。

4月1日,《人民日报》《红旗》杂志第5期发表了"大批判"文章《爱国主义还是卖国主义——评反动影片〈清宫秘史〉》,不点名地批判刘少奇。

5月8日,《红旗》杂志编辑部和《人民日报》编辑部共同发表文章《〈修养〉的要害是背叛无产阶级专政》,批判刘少奇和他的著作《论共产党员的修养》。1980年2月,党的十一届五中全会为刘少奇平反昭雪,《论共产党员的修养》一书重新出版。

8月5日,毛泽东在《人民日报》发表《炮打司令部——我的一张大字报》。

11月6日,《人民日报》《红旗》杂志、《解放军报》发表《沿着十月社会主义革命开辟的道路前进》编辑部文章,纪念俄国十月革命五十周年,首次把毛泽东关于社会主义社会阶级斗争和文化大革命的论点概括成"无产阶级专政下继续革命的理论"。这篇文章是陈伯达、姚文元主持起草,经毛泽东批准的。

---

① 李达南:《我所知道的周恩来与十年浩劫中的外交》,《百年潮》2003年第1期,第40页。

11月17日，陈伯达、姚文元到新华社，就一份参考刊物16日登载台湾国民党中央社关于蒋特头子对"文化大革命"的反应报道，宣布这是一起"反革命事件"，责令停办这份"反革命刊物"，对有关编辑、发稿人员进行审查。姚文元还提出参考报道要用批判的语言，对敌对性材料要改写。这对整个参考报道产生了非常恶劣的影响和危害。在这样的背景下，周恩来对参考报道的指示、批示大为增多。

12月12日，中央广播事业局被军管，广播电视系统无政府主义的混乱状况得到控制。

12月21日，军管小组进驻新华社，实行军事管制。

中国国内电视一度停播，地方广播电台实行军管，只转播中央台节目。

世界广播组织成立。美国建立公共电视系统，改善电视节目供求体制。世界上第一次使用卫星进行报纸版样洲际传递试验成功。苏联建成使用通讯卫星的电视网，并正式播出彩色电视。

1968年（七十岁）

1月1日、3日、10日，接见港澳会议代表。在谈到1967年夏季的对外工作时，说：六、七、八、九四个月国内报纸对香港的宣传是有毛病的。对香港用的口号同国内用的差不多，把国内红卫兵的口号也用到香港问题的报道上了。[①]

2月26日，对广播事业局军管小组《关于迅速发展唱片事业，增建两个唱片厂的报告》作批示：送请（国务院）业务小组考虑列入今年计划。[②]

4月17日，在海军党委关于敌伪报刊捏造某将军在解放战争中被俘叛变的报告上批示：这类报告，根据当时事实，有活人为证否定敌人报

[①] 中共中央文献研究室编：《周恩来年谱1949—1976》（下），中央文献出版社1997年版，第211页。

[②] 中华人民共和国史广播电视编辑部编：《当代中国广播电视回忆录》第3集《周恩来与广播电视》，中国广播电视出版社1994年版，第129页。

纸捏造，应交档案馆保存，并附原敌人报纸影印（件）于后，以了结此案。免得以后又聚讼纷纭，使后代无法断案。①

5月8日，毛泽东对中央文革碰头会成员和几位副总理、元帅谈话时说：敌伪的报纸也不能全信。像许世友这样六十多岁的人，他都不知道"伍豪启事"是敌人伪造的，可见了解当时的历史情况很不容易。这个"启事"下款是伍豪等二百四十三人，如果是真的，为什么只写出一个人的名字，其他都不写？有些干部对历史不清楚，一看大吃一惊。周恩来简要谈了"伍豪启事"的原委，并说：我已将那件事的报纸和我的报告影印了，还要写一个材料。②

5月15日，在听取江西省革委会的工作汇报时，认为江西的工作做得不错，要新华社江西分社写一个江西抓革命、促生产的综合报道和萍乡煤矿大抓根本、达到日产煤五千五百六十吨、超过历史纪录的专题报道，以促其他省、区的工作。③

6月14日，审改中华人民共和国政府声明稿。18日，在送毛泽东审批时，针对康生认为此声明不要急于发、也不必要的意见在一旁注明："我国政府发一声明可推迟，但仍有必要。""陈毅在尼雷尔总统宴会上的讲话和《人民日报》评论员文章以及我今晚准备欢迎尼雷尔总统的讲话，总不能作为国家态度。""我们应该藐视它，但也应该揭露它。"毛泽东批：同意推迟发表。④

6月21日，下午，陪毛泽东会见坦桑尼亚联合共和国总统尼雷尔。周恩来说，已从外电获知坦桑尼亚新闻报刊已报道他在欢迎尼雷尔总统的宴会上谴责新殖民主义时苏联等一些国家的使节退席的消息。尼雷尔说：总理，你了解消息比我们还快。毛泽东说：他是一个消息灵通人士。⑤

---

① 中共中央文献研究室编：《周恩来年谱1949—1976》（下），中央文献出版社1997年版，第229页。
② 中共中央文献研究室编：《周恩来年谱1949—1976》（下），第229页。
③ 中共中央文献研究室编：《周恩来年谱1949—1976》（下），第235页。
④ 中共中央文献研究室编：《周恩来年谱1949—1976》（下），第239页。
⑤ 中共中央文献研究室编：《周恩来年谱1949—1976》（下），第240页。

6月中旬，据穆欣回忆："光明日报社财务科接到财政部文教司的通知说：你们报社的拨款问题，国务院财贸办公室报告了周总理，周总理批示照拨。报社经费得到解决，报纸得以继续出版。"①

7月7日，要陈毅主持召集新华社、广播事业局等单位负责人开会，研究外国专家要求回国和外语学院毕业生分配等问题。②

7月13日，就福建泉州群众组织几次冲击"六四一"发射台，致使发射台的安全、播音均无保障事批告黄永胜、吴法宪：请与韩先楚一商，"泉州'六四一'是中央发射台，首先要立即实行军管"。③

7月，审阅新华社《关于改革对外宣传工作的指示》时，加写："反对形式主义和强加于人的宣传""反对庸俗化"，要"通过生动的事实、准确的叙述、鲜明的主张，实事求是"地宣传毛泽东思想，要克服对外宣传中的"自我吹嘘"。④

8月22日，到毛泽东处开会。会议讨论苏联武装侵占捷克斯洛伐克问题，决定在报纸上发一篇报道和评论。⑤

9月1日，对中央广播事业局《关于建设大功率发射电台安排计划的请示报告》的批示是：拟同意。地点选定、设备生产和基建工程的布置，需请有关方面一议。⑥

9月7日，在北京市革命群众庆祝大会上发表讲话，《人民日报》9月10日第1版全文刊登。

9月14日，同中央文革碰头会成员接见首都工人、解放军毛泽东思想宣传队，在讲话中提到9月5日《红旗》杂志发表《从上海机械学院两条路线的斗争看理工科大学的教育革命》的"编者按"时重申：

---

① 穆欣：《周恩来与我的新闻生涯》，《新闻爱好者》1998年第6期，第9页。
② 中共中央文献研究室编：《周恩来年谱1949—1976》（下），中央文献出版社1997年版，第244页。
③ 中共中央文献研究室编：《周恩来年谱1949—1976》（下），第245页。
④ 郑德金：《周恩来指导新华社工作纪实（1931—1976）》，《中共党史资料》2008年第2期，第178页。
⑤ 中共中央文献研究室编：《周恩来年谱1949—1976》（下），第252页。
⑥ 中华人民共和国史广播电视编辑部编：《当代中国广播电视回忆录》第3集《周恩来与广播电视》，中国广播电视出版社1994年版，第256页。

旧知识分子，即使最坏的，也要给他们出路，不给出路的政策不是无产阶级的政策。①

9月26日，接见新华社、中央新闻电影制片厂等单位有关人员，就新闻摄影工作指示说：新华社、《人民日报》、广播电台要注意协作，互相通气，不要搞资产阶级的东西，不要抢新闻。②

9月27日，对新华总社指示说：资产阶级报纸是靠造谣吃饭的。但是，严肃的资产阶级报纸，也是比较讲究事实的。我们无产阶级的报纸，更应该如此。③

9月28日，新华社决定播发《福建军民集会欢呼首都工人把毛主席赠送的芒果转送福建军民》一稿，稿子已经周恩来审阅过。但当时新华社军管小组内有人认为，稿中最后没有说写信向毛主席致敬，又请示周恩来。周恩来当即说："你们的意见不对。中央碰头会上研究过了，现在什么大事小事都给主席写致敬电，这种风气不好，要刹住。人家送了东西，给人家写封感激信也很好嘛！"④

10月1日，《人民日报》第3版刊登周恩来在庆祝中华人民共和国成立十九周年招待会上的讲话。

10月3日，参加中央召开的新闻单位负责人会议。会上对新华社、人民日报社、解放军报社负责人说：你们为什么不能合起来？各家送一大包照片让我们审查，浪费了我们很大的精力，也浪费国家的外汇、财力。去掉表现自己的思想，就好办了。⑤

12月4日，针对中国一艘去丹麦的船上写有标语口号，引起纠纷事指出：对外宣传一定要按照毛泽东思想办事，极左思潮一定要批判。⑥

---

① 中共中央文献研究室编：《周恩来年谱1949—1976》（下），中央文献出版社1997年版，第258页。
② 中共中央文献研究室编：《周恩来年谱1949—1976》（下），第260页。
③ 中共中央文献研究室编：《周恩来年谱1949—1976》（下），第260页。
④ 郑德金：《周恩来指导新华社工作纪实（1931—1976）》，《中共党史资料》2008年第2期，第176页。
⑤ 中共中央文献研究室编：《周恩来年谱1949—1976》（下），第262页。
⑥ 中共中央文献研究室编：《周恩来年谱1949—1976》（下），第268页。

12月17日，针对新华社稿子中的情况，指出：文字上不用"黑帮""黑线"。

12月30日，接见阿尔巴尼亚驻华大使塔奈利说：我们的报纸上经常登长文章，没有人读。毛泽东同志常常批评。社论短了，但报道仍很长，有的长两页，读起来费事；广播长了，很少人听。①

23岁的刘振英开始在中央人民广播电台做时政记者后，几乎每个星期都能见到周恩来总理，常常聆听他的谆谆教诲。②

本年，作为新闻人物的周恩来，被《人民日报》发表报道文章99篇。

新闻背景

1月1日，《人民日报》《红旗》杂志、《解放军报》发表社论《迎接无产阶级文化大革命的全面胜利》。

9月1日，陈伯达、姚文元以"两报一刊"编辑部的名义公开发表炮制的《把新闻战线的大革命进行到底》。

9月，香港浸会学院创办传播系，四年制，分新闻采编、电视广播、广告与公关、电视制作四个专业。1991年学院升格为大学，传播系也扩展为传理学院，下设新闻、传播、电影电视三个学系。

10月5日，《人民日报》发表《柳河"五七"干校为机关革命化提供了新的经验》后，新闻单位和全国各地其他单位一样，大批新闻工作者下放"五七"干校劳动。

12月26日，工人和解放军毛泽东思想宣传队进驻中央广播事业局。各地广播电台陆续恢复播音或者自办节目。

几乎所有新华社国外分社负责人都被调回国内，或学习，或接受审查，一半左右的分社已经名存实亡，新华社与外国新闻界的往来几乎断绝。

中国内地报纸减至42家，期印数1034万份，为新中国成立以来最低。

---

① 中共中央文献研究室编：《周恩来年谱1949—1976》（下），中央文献出版社1997年版，第272页。

② 刘振英口述，贾晓明整理：《周总理教我写新闻》，《人民政协报》2014年9月16日第4版。

世界中文报业协会成立。哥伦比亚广播公司开办"60分钟"电视报道，收视率到20世纪90年代末仍居美国榜首。

1969年（七十一岁）

1月29日，2月7日，两次听取邮电部、铁道部、中央气象局的军代表、领导干部、群众代表汇报时指出：要采取各种办法收听国外的广播，要做好气象服务工作。①

1月31日，审阅关于李宗仁的治丧报告，将报告中遗体告别仪式"拟由全国政协副主席傅作义主持"改为"由全国政协主席周恩来主持"，并要求香港《大公报》《文汇报》除发李宗仁病逝的消息外，还要刊登李的照片。此外，还在参加遗体告别仪式的名单中加上了国务院副总理谢富治和全国人民代表大会常务委员会副委员长郭沫若。毛泽东批准周恩来修改的治丧报告。②

按：此治丧主持一换，级别提高，充分肯定了李宗仁的贡献，对做好统战工作也起到了积极的作用。

2月9日，给中国人民解放军通信兵部《关于抢修广播电缆问题的报告》批示：此两项工程十分必要，要搞就要路线离开大道，电缆埋深，套管坚固，防腐防断，这需由广播事业局提出计划，经批准后动员工程部队施工。③

2月16日至3月24日，全国计划座谈会期间，得知物资部因故未按周恩来指示收回原准备用于制作毛泽东像章的五千吨铝时，当即责问说："为什么不收回做像章的铝？传播毛泽东思想要讲实效。像章越做

---

① 中共中央文献研究室编：《周恩来年谱1949—1976》（下），中央文献出版社1997年版，第278页。
② 中共中央文献研究室编：《周恩来年谱1949—1976》（下），第278页。
③ 中华人民共和国史广播电视编辑部编：《当代中国广播电视回忆录》第3集《周恩来与广播电视》，中国广播电视出版社1994年版，第257页。

越大，毛主席不赞成。"①

3月4日，《人民日报》《解放军报》发表经周恩来修改的社论：《打倒新沙皇》。②

3月6日，将宣传部门送审的稿件中"苏修边防军""苏修武装部队"中的"苏修"全部改为"苏联"。③

3月24日，在全国计划工作会议闭幕会上的总结讲话中说，广泛传播毛泽东思想，要讲究实效，不要形式主义。他说，搞什么红海洋，这都是浪费，是不符合毛泽东思想的。④

3月31日，晚，为准备党的第九次全国代表大会开幕式，亲自带领有关人员（包括一些记者），认真检查会场准备情况。他特别提示记者："你们拍照时，不能挡住代表们的视线，要轮流分工拍嘛！不能一站就是一面墙嘛！晃来晃去，只考虑完成任务，如果那样，代表们对你们会有意见的。"他一再重述他过去的指示："毛主席眼睛怕强烈灯光照射，你们拍照时不能用强光和闪光灯。"⑤

4月1日，在审看关于中国共产党第九次全国代表大会的电视新闻片时说："出国片应争取时间，要把各国的时差估计在内"。⑥

4月1日至4月24日，"九大"期间，对电视记者说，我的镜头不要多拍，只要一两个就行了，要多拍毛主席和群众。⑦ 对外发的"九大""十大"等重要文献，周恩来亲自抓翻译，让新华社和其他单位的同志组成翻译班子，念一段，议一段。翻译同周恩来在一起，亲切、毫

---

① 中共中央文献研究室编：《周恩来年谱1949—1976》（下），中央文献出版社1997年版，第281页。
② 中共中央文献研究室编：《周恩来年谱1949—1976》（下），第282—283页。
③ 中共中央文献研究室编：《周恩来年谱1949—1976》（下），第283页。
④ 中共中央文献研究室编：《周恩来年谱1949—1976》（下），第287页。
⑤ 人民日报文艺部编：《大地春华 人民日报副刊精粹》，吉林人民出版社2004年版，第167—168页。
⑥ 中华人民共和国史广播电视编辑部编：《当代中国广播电视回忆录》第3集《周恩来与广播电视》，中国广播电视出版社1994年版，第257页。
⑦ 中华人民共和国史广播电视编辑部编：《当代中国广播电视回忆录》第3集《周恩来与广播电视》，第257页。

无拘束，有了问题，周恩来就及时帮助解决。遇到没有把握的问题，他就请示毛泽东。①九大期间，参加小组讨论，在介绍杨育才时，周恩来说："杨育才，我知道你，我在报纸上看到过关于你的报道。"②

4月14日，"九大"第二次全体会议召开。询问新华社记者钱嗣杰，人民画报社摄影记者来了没有？钱回答说来了。周恩来说："来了就好。"③

4月17日，在审看"九大"电视新闻片时说："你们的电视节目粗糙，要严肃，要活泼，要扎实。""编辑要动脑筋编好，质量要高一点。"④

4月19日，指示新华社驻外记者："记者在外可多写些通讯，多做些调研，可以多写些内参。新华社要注意与各使馆合作，做好政治、经济的调研工作。"⑤

"五一"庆祝大会后，在天安门城楼与参加实况转播的中央人民广播电台的播音员合影。

6月12日，《人民日报》第3版刊登新华社记者采写的抢救大面积烧伤女工王世芬成功的通讯，看到后十分重视，立即派中央办公厅的张佐良、卞志强去医院了解详情。周恩来又于6月16日下午召集吴阶平、吴蔚然两位著名医学专家和张佐良、卞志强一起研究王世芬进一步的治疗问题。⑥

7月8日，对上海市革命委员会《关于上海开展夏季爱国卫生运动的情况报告》批示："要在报上也作宣传"。⑦

---

① 人民出版社资料组编：《人民的好总理 纪念敬爱的周恩来同志》（中），人民出版社资料组，1977年，第258页。
② 人民出版社资料组编：《人民的好总理 纪念敬爱的周恩来同志》（下），人民出版社资料组，1977年，第70页。
③ 孙毅夫：《为毛泽东、周恩来、邓小平拍照》，中国网，2009年9月1日。
④ 中华人民共和国史广播电视编辑部编：《当代中国广播电视回忆录》第3集《周恩来与广播电视》，中国广播电视出版社1994年版，第257页。
⑤ 郑德金：《周恩来指导新华社工作纪实（1931—1976）》，《中共党史资料》2008年第2期，第179页。
⑥ 陆钦仪、李静波主编：《毛泽东等老一辈革命家与北京高等教育》，龙门书局、科学出版社2002年版，第192页。
⑦ 中共中央文献研究室编：《周恩来年谱1949—1976》（下），中央文献出版社1997年版，第309页。

周恩来在天安门城楼与参加实况转播的中央人民广播电台记者
刘振英（右一）和播音员合影

资料来源：刘振英口述，贾晓明整理《周总理教我写新闻》，《人民政协报》2014年9月16日第4版。

8月3日、6日，在接见新华社总社和贵州分社记者时指出：在听取不同观点的双方意见的同时，还要听听第三者的意见；要如实地向中央反映情况，让我们来判断。反映情况时，对事实一定要核实清楚。我们这样信任你们，你们一定要把事实告诉我们。①

8月7日，给中央广播事业局原军管小组《关于建设少数民族发射台的定点报告》批示：现在山西情况好转，拟同意进行重点施工。②

8月18日，接见埃德加·斯诺及其夫人。③

8月，指出，今后遇有台风等重大灾害性天气可能袭击台湾省时，

---

① 中共中央文献研究室编：《周恩来年谱1949—1976》（下），中央文献出版社1997年版，第313页。
② 中华人民共和国史广播电视编辑部编：《当代中国广播电视回忆录》第3集《周恩来与广播电视》，中国广播电视出版社1994年版，第257页。
③ 中共中央文献研究室编：《周恩来年谱1949—1976》（下），第315页。

要及时发布预报、警报，告诉台湾同胞以防袭击。亲自修改审定了首次对台湾同胞发布的台风警报的广播稿。①

9月1日，接见赞比亚新闻、广播和旅游部长西科塔·维纳，和由他率领的赞比亚政府友好代表团全体成员。周恩来同西科塔·维纳团长，以及代表团成员赫·伊·姆瓦莱、格·斯·坦巴、普·勒·津巴、斯·穆库卡等赞比亚朋友进行了亲切友好的谈话。接见消息刊载于《人民日报》9月2日第3版。

与赞比亚政府友好代表团全体成员合影（前左四是西科塔·维纳，左五为周恩来）（新华社记者摄）

资料来源：转自1969年9月2日《人民日报》第3版。

9月3日，起草中共中央通知，指出："一九六九年八月二十八日中央发布命令之后，在地方报纸和广播电台上，出现了公开号召'要准备打仗''一切为了打仗'的宣传，这是不恰当的。""望你们立即停止所属的报纸、电台关于这类口号的宣传。"②

---

① 中共中央文献研究室编：《周恩来年谱 1949—1976》（下），中央文献出版社1997年版，第318页。
② 中共中央文献研究室编：《周恩来年谱 1949—1976》（下），第318—319页。

9月17日,《人民日报》第1版整版发表经周恩来等补充修改的庆祝中华人民共和国成立二十周年口号。①

9月底,审批新华社送的一篇新闻稿件,准备向全国播发,10月1日见报。新闻稿写道:我国"报时"已达到"世界先进水平"。周恩来因不清楚真相,不好批,便在9月30日晚上专门为此召开会议核实。国家科委、中国科学院、邮电部、新华社、中央广播局相关人员及南京、上海天文台两位青年天文工作者参加会议。周恩来问:"中央人民广播电台报时的标准是从哪里来的?"由北京天文台提供,广播台的代表回答。当时北京天文台使用石英钟,每天误差一至两秒。上海天文台来的青年说:1949年美国发明了原子钟,精度达到了30年误差一秒。1960年日本东京天文台铯原子钟,精确度达到300年误差一秒。上海报时台也是使用石英钟,每天定时收听东京报时台来校正石英钟。周恩来问目前报时台的呼号,回答是"BPV",要改名为"中华人民共和国东方红标频发布台",在报时前还要播放《东方红》乐曲,播放毛主席语录。周恩来这时严肃地说:"你们报时就报时嘛,不要强加于人,造成自己被动。强加于人等于自杀,这有损于毛泽东思想。"他严肃地说:"你们播放《东方红》,可是它的精度来自日本,你们又说我们报时精度达到了世界先进水平,人家揭穿了,说《东方红》来自日本,你们怎么回答!"然后,他又语重心长地说:"矛盾没有解决,矛盾在于我们的标准并不先进,还要靠洋拐棍来校正,你们要先决心研制先进的标准钟,赶上了,超过了他们,甩掉洋拐棍,到那时再发布,不要急嘛!"周恩来又对在座的同志亲切地说:"我有很多重要工作,为了这件事,我都放下了。今天我才知道,我们的标准信号还是来自日本。"又说:"这件事本来用不着我来管,国家科委没有搞清楚就上报,为什么要'十一'发表呢!不要对'十一'迷信,我们有事情就是赶'十一',造成不必要的疲劳。""今天不发表,不会影响你们的工作,确实赶上

---

① 中共中央文献研究室编:《周恩来年谱1949—1976》(下),中央文献出版社1997年版,第321页。

或超过世界先进水平再发布消息有什么关系！说定了，这条新闻不发表了，电台也不要广播。"①

10月2日，约中央国家机关有关负责人及新华社记者等谈"十一"登报名单。②

邀请全国各地1000多人到首都参加国庆观礼。为了审定这张见报的大名单，周总理两夜没有合眼，还安慰记者不要着急。③

10月6日，晚，接见几内亚内政部新闻和资料处长库亚特·拉明等客人。接见消息刊载于《人民日报》10月7日第3版头条。

10月16日，晚，接见阿尔巴尼亚劳动党中央政治理论刊物《党的道路》编委成员萨纳斯·莱茨同志，以及由他率领的阿尔巴尼亚新闻工作者代表团全体成员。接见时在座的有外交部新闻司副司长袁鲁林，以及首都新闻界有关方面的同志鲁瑛、肖泽曜、戴枫等。接见消息刊载于《人民日报》10月17日第1版。

10月19日，指示中国新闻社可以划归新华社。④

按：陈龙的《回忆敬爱的周总理对新华社工作的亲切关怀》一文记载："一九六七年，当侨委建制撤销的时候，周总理就及时指示，中新社的广播部分立即合并到新华社，北京的声音要统一。"⑤王凤超的《年表》记载与陈龙的回忆有出入，因王凤超的记载有具体时间，故《纪事》以王凤超的文章为主。周恩来关于中新社业务并入新华社的指示精神，保护了中新社的存在。在新华社对外部内设立中新组，后又升格为"中新部"。中新社广播电台被取消，但以"中国新闻社"为电头向海外播发的电讯新闻稿没有中断，只不

---

① 穆欣：《"尊重事实才能尊重真理"——周恩来维护新闻真实性的言行》，《党史文汇》2006年第3期，第14—15页。
② 中共中央文献研究室编：《周恩来年谱 1949—1976》（下），中央文献出版社1997年版，第325页。
③ 人民出版社资料组编：《人民的好总理 纪念敬爱的周恩来同志》（中），人民出版社资料组，1977年，第257页。
④ 王凤超：《周恩来新闻活动年表》（续二），《新闻研究资料》1988年第4期，第156页。
⑤ 人民出版社资料组编：《人民的好总理 纪念敬爱的周恩来同志》（中），人民出版社资料组，1977年，第251页。

与阿尔巴尼亚新闻工作者代表团成员合影（前左四是萨纳斯·莱茨，左五为周恩来）（新华社记者摄）

资料来源：转自1969年10月17日《人民日报》第1版。

过报道内容完全照抄新华社稿件，同时还向海外播发毛泽东的军事著作，在国际上造成不好的影响，也在一定程度上影响了中新社十几年建立起来的良好声誉。这一时期，中新社的一些工作人员遭到"四人帮"的迫害。1978年12月，中新社重新恢复独立建制，接管新华社中新部的编辑业务，将其改为中新社新闻部，先后恢复专稿、摄影、电影、报刊室等工作。

△ 接见斯诺及其夫人。①

10月20日，指示新华社：各国对中苏边界谈判的反应，要使中央领导同志及时了解。要多搜集反应，要快。每天分几次送，要有分析，有综合，可出专集。②

---

① 中共中央文献研究室编：《周恩来年谱1949—1976》（下），中央文献出版社1997年版，第329页。

② 中共中央文献研究室编：《周恩来年谱1949—1976》（下），第330页。

10月30日,《人民日报》第5版头条刊发消息,标题为"越南《人民报》就周恩来总理同范文同总理会谈公报发表社论 欢呼中越两国人民日益巩固的战斗友谊"。

秋天,在中国被监禁了差不多两年的英国人——路透社记者安东尼·格雷获得了中国政府的释放。红卫兵扣押格雷并对他进行精神折磨一事在欧洲引起了极大的震动,经过周恩来的不懈努力,格雷终于获得了释放,欧洲人对他的获释普遍感到欣慰。在他获释后的一次外交宴会上,周恩来急切地走到英国代办身边用他那缓慢的英语对他说。"好啦,格雷出来了,他自由了。""是的,"丹森回答说,"但他还没离开中国。""嗯,如果他愿意的话,他可以继续呆在这里。""我可不敢肯定他是否愿意呆在这里。"说到这里,周恩来走开了一会儿,但后来他又回来问丹森格雷是否也出席了这个宴会,丹森给了他一个否定的答复。在另一次招待会上,周恩来又提出了同样的问题,他似乎是想为这个年轻的英国人在中国所受的苦做些补救,也许是要向他表示个人的歉意,或是给他提供一个单独会面的机会。①

11月,审阅一篇祝贺一个社会主义国家国庆的《人民日报》社论时,要报社立即查一下对方是否也用"不断革命"的提法,结果没有查到。周恩来说查不到就不要强加于人,把这个提法去掉了。②

12月14日,在接见中央港澳工作委员会负责人时,提出要对香港情况加强研究,并嘱咐新华社也要好好研究香港的经济、政治、文化情况,因为香港的情况反映世界经济动态。③

20世纪60年代,在西花厅会见缅甸国宾奈温将军及其夫人,并设宴盛情款待。宴会前,周恩来亲自关照身边工作人员,要给记者准备饭。一次,周恩来在人民大会堂举行盛大宴会招待国宾。国宴正在进行

---

① [英]迪克·威尔逊:《周恩来》,封长虹译,中央文献出版社2008年版,第254页。
② 王凤超:《周恩来新闻活动年表》(续二),《新闻研究资料》1988年第4期,第156页。
③ 中共中央文献研究室编:《周恩来年谱1949—1976》(下),中央文献出版社1997年版,第339页。

中，周恩来看到一些记者站在宴会大厅一角，便把礼宾司同志叫到自己身边，对他说："有的记者没有吃饭，要通知大会堂给他们准备饭。记者工作很辛苦，他们随时都在工作，时间又长，要保证他们的用餐。"周恩来经常提示摄影记者："你们的镜头要多对着群众，不要老是对着我们照。"周恩来十分关心记者们的繁重劳动。他除了在现场经常提醒摄影记者注意安全外，还多次指示有关部门从根本上解决这一问题。根据周恩来的指示精神，随着国内外摄影器材不断发展和改进，摄影记者负荷过重的问题逐步得到解决。①

本年，作为新闻人物的周恩来，被《人民日报》刊发报道文章132篇。

新闻背景

3月29日，《人民日报》在头版"社会主义大学应当如何办"的通栏标题下，发表驻复旦大学工人、解放军毛泽东思想宣传队的文章：《我们主张彻底革命》，提出"有些系，如新闻系，根本培养不出革命的战斗的新闻工作者，可以不办"。

10月23日，中共中央发出《关于对外政策宣传的文件》规定：对外政策的宣传，新闻、广播、报纸，全国各地方都必须按照毛主席历来的指示和中央规定的统一口径，绝对遵守。

日本开始调频广播。阿拉伯国家广播联盟成立。加勒比广播联盟成立。美国推出第一台带显示文字（英文）处理机。全世界10亿以上电视观众通过通信卫星转播看到人类第一次登月图像。

1970年（七十二岁）

1月7日，在外交部关于一些国家对中国云南地震的反映材料上批示：拟告新华社发一简短消息。报道云南地震情况，以便回答各方好意

---

① 人民日报文艺部编：《大地春华 人民日报副刊精粹》，吉林人民出版社2004年版，第168页。

的询问。①

1月30日，在《解放日报》一份反映《社会上阶级斗争的一些动向》的情况简报上批示：建议北京、上海两市召集各服务性行业职工开会讨论，"大批旧社会遗留下的歪风邪气，大立无产阶级社会主义新社会的新风尚""但要防止像一九六六年无产阶级文化大革命初期那种强迫行动，而要造成一种社会上的自觉行动"。②

2月15日，在全国棉花生产会议领导小组会上，称赞14日《人民日报》第1版发表的《棉区的一面红旗》报道。③ 会议一开始，总理就说：杨柳雪（指报道）怎么那么巧，昨天刚刚讲了，今天人民日报就登了，反应快嘛！人民日报来人了吗？你们是早准备好了的吧？何星环当即说明事先看了有关材料，访问了杨柳雪大队的代表，昨天听了总理在大会上的讲话又作了修改，赶在今天见报的。总理说：好嘛，不错。杨柳雪真是了不起呀！千斤粮，百斤棉，比大寨还要好，那么小，不容易。你们（山东当时的领导同志）过去为什么不宣传？（全队三百二十亩地，二百一十亩棉花）对小的可不能轻视，新生事物总是从最小的发展起来的。总理在对水利部、山东、山西等地领导同志作了指示以后，又说：人民日报的同志，你们写长的，我们实在怕。今天写得短，我赞成。写东西要引人入胜。典型，写个太短的也不行，空话少讲，写那么半版或五分之二版就行了。毛主席思想、突出政治，一般道理提提就行，自力更生就是毛主席思想嘛。今天介绍杨柳雪，完全是自力更生、艰苦奋斗，既有愚公，又有愚婆（文中写了男女贫农一起抗灾的事迹），要写女同志，你们想想，只有愚公，没有愚婆，怎么能世世代代传下去？昨天刚刚讲了，今天就见报，比较短，所以能够引人入胜。④

---

① 中共中央文献研究室编：《周恩来年谱1949—1976》（下），中央文献出版社1997年版，第343页。

② 中共中央文献研究室编：《周恩来年谱1949—1976》（下），第346页。

③ 王凤超：《周恩来新闻活动年表》（续二），《新闻研究资料》1988年第4期，第156页。

④ 人民日报报史编辑组编：《人民日报回忆录1948—1988》，人民日报出版社1988年版，第34—35页。

按：新闻要内容充实，短小精悍，这是周恩来在新中国成立后的重要新闻思想，这是适应时代发展的新闻思想。这一思想具有很强的生命力，对当前新闻实际工作有着重要的指导意义。何星环的回忆文章说这次会议召开的时间是2月14日，《棉区的一面红旗》的报道是2月13日《人民日报》第1版刊登的。查《人民日报》，原文刊登在2月14日第1版，看到报纸应该是第二天，所以本书采取了王凤超文章所用的时间，2月15日召开会议。

2月16日，《人民日报》第6版头条刊发消息，标题为"阿《人民之声报》热烈赞扬周总理给纳赛尔总统的信 中国的支持鼓舞阿拉伯人民打败美以侵略者 伟大的中国人民、阿尔巴尼亚人民和全世界反帝反修力量都站在阿拉伯人民一边"。

2月19日，《人民日报》第6版头条刊登消息，标题为"'泰国人民之声'电台热烈赞扬周总理给纳赛尔总统的信 中国的支持给阿拉伯人民正义斗争以巨大鼓舞 泰国革命人民站在阿拉伯人民一边，支持阿拉伯人民反对美以侵略的斗争"。

2月26日，将一份反映外国记者向其国内报道中国政治动态和战备情况的报告批转谢富治，告以"街上还有这类'誓死保卫周××'的口号，无论如何，要命令卫成区、公安局在夜里以'敬祝毛主席万寿无疆'或'毛主席万岁、万万岁'等口号覆盖起来。至要至要。"①

3月3日，主持中共中央政治局会议，通过防止电台广播泄密的通知。②

3月4日，对新华社《血防会议》《血防工作取得很大成绩》稿件进行修改，删去"叛徒魏文伯"，并将"发扬共产主义的协作精神"改为"发扬共产主义的风格和社会主义的协作精神"。③

---

① 中共中央文献研究室编：《周恩来年谱1949—1976》（下），中央文献出版社1997年版，第351页。
② 中共中央文献研究室编：《周恩来年谱1949—1976》（下），第351页。
③ 中共中央文献研究室编：《周恩来年谱1949—1976》（下），第352页。

3月18日，接见日本《朝日新闻》社社长广冈知男率领的访华团。①

3月19日，指示采访记者刘振英，在发表亲王作为柬国家元首抵达北京的消息时，要报道到机场迎接亲王的各国使节的名单。②

按：当时的背景是，朗诺—施里玛达集团受美国支持，3月18日在柬埔寨发动了军事政变，宣布废黜西哈努克亲王。西哈努克亲王及其夫人结束对法国的访问后正在苏联访问，他们得到这一消息后马上从莫斯科来到北京。点出到机场迎接的各国驻中国的外交使节国家的名字，表明这些国家对亲王的支持，这是新闻报道服从于政治需要的最好案例。

△ 主持中共中央政治局会议，商讨柬埔寨问题和西哈努克亲王提出接见中外记者、散发书面声明等要求。③

3月31日，对新华社发的《佐藤政府悍然通过扩军备战的国家预算》一稿提出了批评。周恩来说："我们的记者是站在无产阶级的立场、社会主义的立场，（新闻）登出去要有教育意义，而不是哗众取宠，像是保留一手"。"你们的报道总是不全面，只谈军费，不谈整个预算，那样就不真实了。抓住一点揭一点，好像卖弄记者文笔，不是给读者一个全面的教育。"④

4月初，要出访朝鲜，看到出访人员的名单上没有摄影记者杜修贤，就问秘书："老杜呢？名单上怎么没有他？"周恩来方知杜修贤在新疆。"叫他立即回来，这次出访的摄影记者还是定他。"周恩来说。于是，一封加急电报命杜修贤立即回京。就在他离开铁列克提的第二

---

① 王凤超：《周恩来新闻活动年表》（续二），《新闻研究资料》1988年第4期，第156页。

② 刘振英口述，贾晓明整理：《周总理教我写新闻》，《人民政协报》2014年9月16日第4版。

③ 中共中央文献研究室编：《周恩来年谱1949—1976》（下），中央文献出版社1997年版，第356页。

④ 人民出版社资料组编：《人民的好总理 纪念敬爱的周恩来同志》（中），人民出版社资料组，1977年，第261—262页。

天，苏联在我国边境制造了流血事件，同行的几个记者，以及他们的魂魄永远地留在了那里。①

4月17日，《人民日报》第6版头条刊登消息，标题为"阿尔巴尼亚《人民之声报》发表文章 周总理访问朝鲜对进一步加强中朝两国人民间的友谊和密切合作作出重要贡献"。

4月27日，20点零1分，我国发射的第一颗人造地球卫星飞经北京上空。周总理指示，中央人民广播电台一定要把卫星飞经北京上空的时间预告好，使首都广大人民都能看到卫星。还要在卫星经过时，准时播送卫星发回的《东方红》乐曲和遥测讯号。②

5月1日，晚上，对北京电视台（1978年改名为中央电视台）必须加强群众文艺宣传的问题作批示，并且严正指出：广播电视的文艺节目不能太贫乏了。③

5月3日，《人民日报》第2版刊登周恩来在4月25日庆贺印度支那人民最高级会议成功的宴会上的讲话。

5月5日，对崔奇说："在印度支那问题上不要喧宾夺主，今天《人民日报》二版标题：《周总理陪同柬国家元首西哈努克和夫人观看了革命现代舞剧〈红色娘子军〉》，不妥，应改为：《西哈努克亲王在周总理陪同下观看〈红色娘子军〉》。"并指示："明天报纸，柬埔寨民族团结政府成立的声明，要放在上边，我国承认的声明放下边。先是他们，后是我们。"④

5月21日，首都人民支持世界人民反美斗争大会在天安门广场举行。在转播林彪宣读毛主席声明的过程中，林彪在宣读中随意插话、解释，出现漏读和错读多处，怎么办？是应该用毛主席声明的原文，还是

---

① 朱琴：《"红墙"里的摄影师杜修贤》，《党史博览》2003年第9期，第22页。
② 杨牧：《忆周总理与广播宣传的几件事》，《北京广播学院学报》1980年第1期，第10页。
③ 赵玉明、曹焕荣、哈艳秋：《周恩来同志与人民广播》，《现代传播》1979年第1期，第3—4页。
④ 林枫：《马克思主义新闻观 中国视角的系统阐释》，新华出版社2005年版，第434页。

用林彪加进了自己话的录音？后打电话给在天安门城楼上的中央电台记者，让他赶紧请示周总理。记者写了纸条送给周总理，只见周总理思索了一会儿，走到毛主席身边耳语了几句，然后对记者说："还是按照毛主席的声明。"①

5月30日，在人民画报社送审稿件《关于钢琴伴唱红灯记》《智取威虎山》唱片的报告时，作了具体批示："请刘贤权、石少华两同志组织文化组同志听一听，并确定这次复版转录的音带可否灌制唱片。""请注意告施恩俊和人民画报，这个唱片，必须附曲谱和译出的外文唱词并说明。"②

5月，在周恩来关心下，新华社出版《新华月报》试刊，7月正式复刊。

6月2日，指示："新华社要写一个报告，说明《参考消息》的大字版和小字版现在发行情况和将要扩大发行的情况。今天下午一定送来。"③

6月3日，主持召开政治局会议，根据毛泽东的指示，讨论了《参考消息》《参考资料》的扩大发行问题。④

6月8日，就章士钊7日来信反映于右任前妻生活困难事，批告陕西省和西安市有关部门：于右任"非蒋嫡系，早年与章行老、邵力子同办民立报，在辛亥革命后，颇有声誉。现于已死，如我政府对其前妻加以照顾，当能影响旧社会许多孤单无靠而又非极反动分子"。⑤

6月18日，见报的"周恩来总理会见阮氏萍"一稿，原来写的也

---

① 杨正泉：《新闻事件的台前幕后 我的亲历实录》，外文出版社2015年版，第14—15页。

② 袁亮：《周恩来关心对外新闻出版工作纪事》（二），《出版发行研究》2001年第2期，第72页。

③ 卫广益：《周总理与〈参考消息〉报——纪念周恩来同志诞辰一百周年》，《中国记者》1998年第3期，第14页。

④ 卫广益：《周恩来总理"文革"期间指导办〈参考消息〉》，《纵横》2009年第9期，第6页。

⑤ 中共中央文献研究室编：《周恩来年谱1949—1976》（下），中央文献出版社1997年版，第371页。

是"接见",周总理说,"接见"这个词太封建,提出改用"会见"。①

6月20日,批评新华社,"你们的一些文章写得太长,前面总是写大段空话,到后面真正要说的话反倒不多了。你们的文章水分多,有的文章和已发的有重复,大同小异。"②

6月22日,主持中共中央政治局会议,审读"两报一刊"社论《亚洲人民团结起来,把美国侵略者从亚洲赶出去》稿。次日,将社论修改稿送毛泽东,并说明,这是为谴责一九五〇年美国侵略军侵略朝鲜、霸占台湾而写,其中措词可更含蓄些。③

6月24日,新华社云南分社记者周倩萍所写的消息《云南各级革委会落实毛主席的"备战、备荒、为人民"指示 普遍采用中草药防治疾病 巩固和发展合作医疗制度》在《人民日报》头版头条发表。不久,周恩来派出国务院调查组到云南调查贯彻落实毛泽东主席《六·二六指示》精神,把医疗卫生工作的重点放到农村去的情况。周恩来说:"新华社的消息可靠,国务院工作组要有两名新华社记者参加。"于是由5人组成的国务院工作组,于1970年7月4日至8月11日,行程千里,遍访10个专区,获得大量第一手材料,由新华社记者执笔写成《关于云南贯彻落实"六·二六"指示的调查报告》,上报周总理。1971年2月3日零点10分到1时25分,周恩来和李先念接见新华社文教组编辑兼记者彭运南。周恩来对报告中说的"村村寨寨,家家户户"实现了"全省一片红"画着一个问号,语重心长地提出一连串问题,详细询问了各方面的具体情况。他坚持实事求是,防止浮夸,但并未急于下结论,而是热情地诱导和鼓励。他对代表们说:"腾冲的卫生典型,先在我这里挂个号,等核实以后,再大力宣传。"1971年春天,周恩来再次交给新华社一个任务:调查云南腾冲农村合作医疗群防群治的卫生

---

① 中共中央文献研究室编:《周恩来年谱1949—1976》(下),中央文献出版社1997年版,第434页。
② 郑德金:《周恩来指导新华社工作纪实(1931—1976)》,《中共党史资料》2008年第2期,第176页。
③ 中共中央文献研究室编:《周恩来年谱1949—1976》(下),第376页。

典型。新华社当即派出三人记者组,要他们 10 天完成任务。一天深夜,总理办公室委托新华社的同志传达周总理的指示,并听取腾冲记者组的汇报,总理深知 10 天时间太少,延长到一个月,知道他们人力不足,决定调 300 人来充实调查队伍。并且指示:"以后,要树立一个典型,宣传一个创造发明,都要认真核实,要可靠,不能有一点虚夸,下去的记者,一定要多跑些地方,亲自看看,最好每个大队、生产队都跑遍,家家户户都看看,10 天时间不够,一个月。总之,一定要谦虚谨慎,要踏踏实实作调查。"经过一个月的调查,300 人从四面八方搜集的材料,汇总而成《腾冲县群防群治的调查报告》。经过核实,摒弃了"村村寨寨、家家户户"等浮夸之词,肯定了城子山生产队群防群治的典型,写成了《飘扬在高黎贡山的一面卫生红旗——腾冲县芒棒公社城子山生产队群防群治的调查》。腾冲县城子山改变农村卫生面貌的事迹被中共云南省委树为全省的典型。《腾冲县群防群治的调查报告》连夜电传到了北京,总理看了调查报告,带着满意的神情,接见了新华社记者彭运南,总理饱含激情,紧握彭运南的手说:"感谢你们,感谢你们!新华社同志为我们党做了好事……"①

6 月 29 日,就《参考资料》标题问题指示新华社:毛主席交代过,《参考资料》不要自己标标题,原来怎么标就怎么标,让读者自己判断。②

7 月 5 日,中共中央通知,从 1970 年 8 月 1 日起,将《参考消息》发行扩大到工厂、农村和部队的基层党支部,供广大干部和高等院校学生阅读。这次扩大发行是 1957 年《参考消息》改报以来,发行量增幅最大的一次,整个筹备、扩发和落实工作均由周总理亲自牵头进行。③

7 月 7 日,对新闻电影制片厂、电视台、新华社的记者谈:昨天体

---

① 穆欣:《"尊重事实才能尊重真理"——周恩来维护新闻真实性的言行》,《党史文汇》2006 年第 3 期,第 13—14 页。
② 王凤超:《周恩来新闻活动年表》(续二),《新闻研究资料》1988 年第 4 期,第 156—157 页。
③ 李新芝、刘晴主编:《周恩来珍闻》(下),中央文献出版社 2007 年版,第 796 页。

育表演，（摄影机）全是对着我们，要照表演嘛！现在互相竞争，还是无政府主义。新华社要召集几个单位开个会。①

7月13日，审阅新华社《毛主席、林副主席接见法国政府代表团》一稿时说："稿子写得超不出老框框，教条主义，没有革命精神。你们怕犯错误，不敢创新。"②

7月15日，凌晨，接见法国图片社记者费朗索瓦·德勃雷和米歇尔·巴尔保，就中法关系和当前国际形势发表谈话。接见消息发表在7月29日《人民日报》第1版，标题为"就中法关系和当前国际形势 周恩来总理同法国记者的谈话"。

7月25日，主持中共中央政治局会议，讨论修改由陈伯达主持起草的中央"两报一刊"为八一建军节发表的社论《提高警惕，保卫祖国》稿。③

7月27日，主持中共中央政治局会议，继续讨论修改"八一"社论稿。④

7月28日，送"八一"社论稿给毛泽东审定，并附信报告政治局会议讨论修改的情况。陈伯达、张春桥对稿件中"伟大领袖毛主席亲自缔造和领导的、毛主席和林副主席直接指挥的中国人民解放军"的提法，产生争论。陈伯达主张改回到过去几年的一贯提法，即将"直接指挥"前面的"毛主席和"四字去掉。张春桥主张不改。康生认为新提法不易译成外文。⑤

7月29日，就"八一"社论问题当面请示毛泽东。毛表示不看了，并让汪东兴代其圈去原稿中"毛主席和"四个字。⑥

---

① 中共中央文献研究室编：《周恩来年谱1949—1976》（下），中央文献出版社1997年版，第378页。
② 郑德金：《周恩来指导新华社工作纪实（1931—1976）》，《中共党史资料》2008年第2期，第176页。
③ 中共中央文献研究室编：《周恩来年谱1949—1976》（下），第381页。
④ 中共中央文献研究室编：《周恩来年谱1949—1976》（下），第381页。
⑤ 中共中央文献研究室编：《周恩来年谱1949—1976》（下），第381页。
⑥ 中共中央文献研究室编：《周恩来年谱1949—1976》（下），第381页。

7月30日，向外事部门有关人员就新闻报道、翻译业务和对外宣传等问题指出："我们的记者就是培养不出来，十几年还不行。重要的是怎么能抓住特点。我们的记者，第一，框框太多；第二，教条，照抄照搬，没有什么创造，文字不生动活泼。上次怎么写的，这次还怎么写；去年用的，今年还用。写天安门庆祝活动的消息，每年都是那几句话。工作一定要有针对性，敷敷衍衍，大而化之，怎么行呢？"[1]

7月31日，对外事部门有关人员说，对外宣传工作要有针对性。带着外宾走马看花，没有针对性，就起不到应有的作用，实际上是强加于人。例如，韶山以前农业搞得不好，是靠国家投资维持的，产量也还不是太高。"抓革命、促生产"上不去，给人家农业代表团看就不大好。再如，"枪杆子里面出政权"讲起来容易，但还要看对象和需要，不能乱宣传。总之，对外宣传不要老王头卖瓜自卖自夸，要具体化、有针对性地宣传，不能只有教条式的抽象概念。[2]

8月1日，在一次外事活动中批评新华社发的稿子："你们写的稿子，还是老一套，不敢创新，不能打破旧框框。外交部给你们什么框框，你们就接受什么框框。""你们写的消息不生动活泼，没有人愿意看。西方记者写的消息就很活泼，你们可以学习一下嘛！"[3]

> 按：7月30日、31日、8月1日，连续三天在外事活动中强调新闻宣传写作要有针对性，要抓住特点，似乎有悖常理。是强调这一问题的重要性，还是同一件事情时间记忆有误？一件事情变成了三件事情，《纪事》判断应该是一件事情，因为回忆各有侧重，删掉哪一部分都有遗憾，因为没有进一步可靠的依据，故原文照录。

8月5日，北京电视台根据周恩来指示，决定自即日起：1. 一般纪录片前面不再编用毛泽东主席放光芒头像画面；2. 文化大革命以来北

---

[1] 郑德金：《周恩来指导新华社工作纪实（1931—1976）》，《中共党史资料》2008年第2期，第176—177页。
[2] 中共中央文献研究室编：《周恩来年谱1949—1976》（下），第382页。
[3] 郑德金：《周恩来指导新华社工作纪实（1931—1976）》，《中共党史资料》2008年第2期，第177页。

京电视台例行的播出程序是台标、毛泽东主席像、毛主席语录……自9月1日起一般不再放映毛泽东主席像；3. 上述精神由北京电视台转告地方电视台。①

8月7日，晚，接见全国轻工业系统抓革命、促生产座谈会代表时，指示"新华社和《人民日报》的报道要注意留有余地。主席思想叫我们有十分成绩，只讲五分就可以了，不要讲十分。要留有余地，要谦虚。内部讲实况可以，对外报道要收藏一些，不然你报十分，人家就估计成二十分。"②

8月9日，约外交部、对外贸易部、对外经济联络部以及新华社、人民日报社、广播事业局、解放军报社等单位负责人开会，谈对外宣传报道，对外援助等问题。指出：我们目前进行的各项外事活动，不论是支持正义斗争，还是进行经济贸易往来、对外援助项目，都要头脑冷静。国外报道的，我们搞不那么准，摸不到底，就等一下，不必报道。③

8月16日，就朝鲜乒乓球队来访，准备实况广播一事，指出："告诉广播电台、电视台，注意不要只讲我们，把人家放在一边。"在周恩来过问下，中央台和北京电视台转播了中朝乒乓球友谊比赛的实况，恢复了体育实况转播节目。④

8月18日，中国乒乓球队和朝鲜乒乓球队开始比赛。16日，有个别中国运动员说了一些不尊重对方的话，双方关系不太融洽。当时，周长年作为采访这次比赛的新华社记者，看到某些中国运动员的言行欠妥，就在8月16日晚上写了一篇"内参"。按常规，发送中央已经来不

---

① 中华人民共和国史广播电视编辑部编：《当代中国广播电视回忆录》第3集《周恩来与广播电视》，中国广播电视出版社1994年版，第258页。
② 人民出版社资料组编：《人民的好总理 纪念敬爱的周恩来同志》（中），人民出版社资料组，1977年，第257页。
③ 中共中央文献研究室编：《周恩来年谱1949—1976》（下），中央文献出版社1997年版，第385页。
④ 赵玉明、曹焕荣、哈艳秋：《周恩来同志与人民广播》，《现代传播》1979年第1期，第5页。

及了。新华社领导让周长年改写成一封信,作为"特急件",直接报送周恩来。8月17日凌晨3点多,周恩来来到了会议室,高声地问道:"新华社记者来了没有?"周恩来快步走到周长年跟前,握住周长年的手说:"信我收到了。看到不对的东西,要敢于向上报告。"接着,周恩来让身边工作人员一边读信,一边问在座的运动员们:"有没有做这种事?""有没有说这种话?"让"原告"和"被告"来了个当面对质。信中所反映的事实全部核实后,周恩来才开始发言。他就体育比赛、运动队建设、乒乓球技术、运动员品德素养等许多问题提出了重要意见,同时严厉批评了乒乓球运动员们的错误思想和行为。[1]

△ 晚,接见美国著名记者埃德加·斯诺及其夫人。周恩来同埃德加·斯诺进行了友好的谈话,并且一起照了相。接见时,中国人民对外友好协会理事黄华在座。埃德加·斯诺及其夫人是应中国人民对外友好协会的邀请,前来我国进行访问的。接见消息刊载于《人民日报》8月19日第2版,并配有接见新闻图片。

8月19日,广播事业局军管小组《关于罗马尼亚解放26周年广播罗民间音乐的请示报告》送周恩来审批,周8月20日批示:电话告文化组审听,如健康,有民族特点,可编入广播节目,如不健康,则予否定。[2]

8月,传达给埃德加·斯诺信号:与美国进行高级会谈的可能性。当时,斯诺在北京的一次乒乓球比赛上见到了周恩来——"他的头发开始渐渐地变白,身穿一件夏天的运动衬衣,一条灰色宽松裤,下面是白色的袜子和凉鞋。"周恩来对美国国内政治极为关心,并提醒斯诺注意由北而来的对中国的威胁——来自苏联的威胁。斯诺问:"如果中国要找一个盟友,找俄国谈判的可能性大还是找美国的可能性大?"在当时,这个问题几乎是一个碰不得的禁区,提出的问题很可能被简单地打发掉了。但是,斯诺提这个问题所选择的时机真是再合适不过了。"我也一

---

[1] 周长年:《周总理给我上"内参"课》,《新闻记者》2002年第4期,第26页。
[2] 中华人民共和国史广播电视编辑部编:《当代中国广播电视回忆录》第3集《周恩来与广播电视》,中国广播电视出版社1994年版,第258页。

直在问我自己这个问题。"周恩来的回答使人松了一口气。这出公共关系的小戏的另一幕发生在国庆游行那天拥挤的观礼台上。当时，周恩来走到斯诺身边，把他和他的妻子领到毛主席身边待了一会儿。这就向无数的中国人和美国人清楚地暗示下一步会是什么。①

9月2日，深夜，约外交部、外贸部和外经部领导成员开会，指出：《参考资料》是否有必要每天登一条毛主席语录？第一，看的人不多；第二，针对性很难办。经过研究，并请示了毛主席，从9月5日起，不要登语录了，《共运资料》也不登了。对《参考消息》的排版也作了指导，《参考消息》主要是正面的，也要选登反面材料，使大家有所比较，否则不能起广泛的教育作用。毛主席不赞成《参考资料》按地区排，你们把对中国的反应总是排在前头。要按内容的重要性来排，哪些重要，推荐给毛主席、政治局看的，排在前头。按地区看容易忽略过去。我现在得先看目录，有时从头翻，得花两小时，按题目看一个半小时。②

9月8日，就由《西行漫记》一书改名出版的《毛主席生平》和邮票发行等问题批示：（一）新华书店及各地分店收回这本书，《毛主席生平》不再出售，但《西行漫记》译本不要禁止。（二）告交通部，邮票上不许再印毛主席像、语录、指示和诗词。③

9月9日，对新华社报道稿《各地军民欢呼党的九届二中全会公报发表》批示："空了一点，文字又冗长。稿子要写得精简生动，才有人看。"④

9月25日，在《关于朝鲜电台为迎接我国庆寄来专题广播节目和我们的处理意见的请示报告》上作批示：我意，既然接受朝鲜广播专辑，就应用他们送来的全部录音和电台呼号播送两次，不必剪裁。为有

---

① ［英］迪克·威尔逊：《周恩来》，封长虹译，中央文献出版社2003年版，第283—284页。
② 郑德金：《周恩来指导新华社工作纪实（1931—1976）》，《中共党史资料》2008年第2期，第179页。
③ 中共中央文献研究室编：《周恩来年谱1949—1976》（下），中央文献出版社1997年版，第393页。
④ 中共中央文献研究室编：《周恩来年谱1949—1976》（下），第393页。

效起见，每次在放朝方录音后，再由中国播音员读其文字稿，重复一次。①

9月，安排来华访问的斯诺夫妇参观北京反帝医院（即协和医院。——笔者），同时会见斯诺的老朋友、该医院妇科专家林巧稚教授。在林巧稚陪同下，斯诺在医院观看了两例针刺麻醉手术，并照了像。之后，周恩来针对"让外国人看针麻手术是泄密"的说法，指出：斯诺先生是我们的老朋友，是我把针麻向外公开的首发权送给了他，要他好好为我们宣传。斯诺先生说那天时间太仓促，没有看好。应再给他安排一次，一定要满足他的要求。②

△ 又与斯诺进行了一次内容广泛的谈话。在谈话中，他为中国的经济形势进行辩护，对花费巨大的粮食进口的原因加以说明，他还表示伟大勤劳的中国人民也需要外国的技术。他还自豪地宣称，中国既无内债又无外债，中国既汲取了文革中好的教训，同时也纠正了一些暴行。他对他的国家的这番热情洋溢的描绘被及时地披露在美国的报纸上。最后，周恩来说中国准备与美国就美国武装"入侵"台湾问题进行谈判。有一次，周恩来与斯诺的会面从晚饭一直进行到第二天早晨6点，斯诺最后也支持不住了。他低声说道："我应该让你去睡一会儿。"周恩来仰面笑道："我已经睡过了，而现在我该去工作了。"③

△ 在审阅前线台起草的福建前线《国庆宣传的请示报告》时，在"报告"上加了"宣传我国政府9月21日的声明"，并对一些不适当的提法作了修改。④

10月1日，带着斯诺和他的妻子紧挨着毛泽东站在天安门城楼上，俯视广场上的群众。周恩来对斯诺说："在中美两国相互隔绝的情况下，

---

① 中华人民共和国史广播电视编辑部编：《当代中国广播电视回忆录》第3集《周恩来与广播电视》，中国广播电视出版社1994年版，第258页。
② 谢文雄主编：《红色往事 党史人物忆党史 外交卷》（第5册），济南出版社2012年版，第304页。
③ ［英］迪克·威尔逊：《周恩来》，封长虹译，中央文献出版社2003年版，第284页。
④ 赵玉明、哈艳秋、袁军：《周恩来与广播电视》（中），《中国广播电视学刊》1998年第4期，第8页。

你三次访问新中国,今天还上天安门参加中华人民共和国国庆庆典,对一个美国人来说,这也是一件独一无二的事。"斯诺兴奋地说:"我又有独家新闻了。"周恩来对第二天《人民日报》的版面做了精心安排。他将城楼下记者拍摄的毛泽东与斯诺夫妇在天安门城楼上的照片发表在头版的显著位置。这张向美国发出含蓄而饶有深义的信息的照片,震动了整个世界。可是一向精明的美国人却忽视了中国发出的信号,直到中国邀请美国乒乓球队,他们才意识到中国对美的态度。中美关系才开始有了起点。① 当夜,在天安门城楼上审阅新华社国庆稿件时,向新华社军管小组负责人建议:你们对新华社业务不熟悉,可以让一些老同志出来工作,并询问:"朱穆之怎么样?"②

10月16日,接见由阿尔巴尼亚《人民之声报》编委会秘书长哈姆迪·索拉库同志率领的阿尔巴尼亚新闻工作者代表团全体成员。代表团成员有《团结报》编辑部主任哈米特·博里奇、地拉那电台编辑部主任绍马·克尔克希、《劳动报》编委什普雷萨·卡玛尼、阿尔巴尼亚通讯社驻都拉斯记者巴鲁什·达蒂等五人,进行了十分亲切友好的谈话。接见时在座的有阿尔巴尼亚驻中国大使罗博,中共中央候补委员石少华,外交部副部长乔冠华,以及首都新闻界有关方面负责同志鲁瑛、俞成秀等。接见消息刊载于《人民日报》10月17日第1版。

10月19日,接见斯诺及其夫人,谈及中国针灸麻醉、核试验、自身健康情况等。③

10月,一天晚上,对斯诺讲了他的困难处境。周恩来说:"我身边没有人,以前的老同志一个也没有剩下。"在谈论过程中,他提起了"刘少奇同志"。斯诺说:"'同志'!刘已经不是同志,他两年前就开除出党了。周叫他同志使我很吃惊,一开始我还没有弄懂其中的含义。"

---

① 顾保孜撰文,杜修贤摄影:《历史的见证 中南海摄影师眼中的国事风云》(上),吉林摄影出版社2004年版,第251页。
② 郑德金:《周恩来指导新华社工作纪实(1931—1976)》,《中共党史资料》2008年第2期,第175页。
③ 中共中央文献研究室编:《周恩来年谱1949—1976》(下),中央文献出版社1997年版,第402页。

这就是周的自白,说明他并不同意开除刘的决定。斯诺又说:"周那天晚上疲惫不堪……由于悲伤,也许由于内疚。他知道我不会把他所说的话统统写下来。我不会辜负他对我的信任。"在周恩来生前,斯诺也没有辜负周对他的信任。①

△ 拉美国家举行海洋会议,签订了一个联合宣言,重申有权研究自己的领海范围,宣布领海宽度为 200 海里。周恩来指示人民日报社要发一篇评论给予支持。在 10 月 26 日的送审稿中只讲到美国坚持领海不得超过 3 海里,将其强加于拉美国家是没有道理的,肯定拉美国家有权根据本身的地理条件和利用海洋资源的需要来研究自己的领海范围,而有意含糊其辞不明确支持拉美国家宣布领海宽度为 200 海里。周恩来看了这个稿子,批评写稿者对于这个问题的情况没有好好研究,拉美国家坚持领海宽度为 200 海里是经过长期斗争的,现在宣布这一领海宽度的国家已增加到 14 个了,你们为什么回避 200 海里?我们的政策既然要支持,就不应含糊,要把先后宣布自己领海宽度为 200 海里的国家名字一一列举出来,给予明确有力的支持。——这就是 1970 年 11 月 20 日人民日报社论《支持拉美国家保卫领海权的斗争》之由来。②

11 月 1 日,将外交部《新情况》特第一八二号《美国中期选举前夕动态》批给姚文元,建议将该文以新华社新闻加以报道,并加按语:"无产阶级靠议会道路夺权,即使是当政,也会被当权的资产阶级政府找借口解散国会或改变选举区,使无产阶级失败。所以无产阶级走议会道路,必然麻痹革命群众而腐蚀自己,涣散革命意志,为资产阶级帮忙。但资产阶级国家派别特别像美、英两派在选举中争夺权利,黑幕重重,很值得介绍给中国读者一阅,看看他们争夺选票究竟是怎么一回事。"③

---

① [英]韩素音:《周恩来与他的世纪 1898—1998》,王弄笙等译,中央文献出版社 1992 年版,第 472 页。
② 崔奇:《崔奇时事评论集 20 世纪 40 年代—21 世纪初叶》,人民日报出版社 2010 年版,第 144 页。
③ 中共中央文献研究室编:《周恩来年谱 1949—1976》(下),中央文献出版社 1997 年版,第 406—407 页。

11月5日，与斯诺及其夫人长谈。①

11月6日，在转播中国、越南乒乓球友谊比赛前，周恩来指示："告诉广播电台、电视台，要出好友谊的镜头、友谊的声音、友谊的画面。"②

11月10日，针对人民画报社《纪念中国人民志愿军出国参战20周年》请示报告中提到的一些疑虑批示："有什么太高了？只是金（日成）首相不太像，又穿的是西装，不似他近来的形象；毛主席又像是最近的照片，因此，可改为第二方案。"③

11月20日，联合国大会以51票对47票的多数通过阿尔巴尼亚、阿尔及利亚等18国要求恢复中国合法权利、立即把蒋帮驱逐出联合国的提案。11月23日，人民日报国际版报道这一消息时，标题上只出现"联合国大多数国家赞成阿尔巴尼亚等国提案"。周恩来当天看报，批评这个标题为什么只标出阿尔巴尼亚，不标出阿尔及利亚，要知道在联大支持恢复我国合法权利的主要力量是非洲国家，这反映了它们在国际事务中所起作用越来越大，你们不应忽视。④

11月23日，就美国政府下令恢复对越南民主共和国实行轰炸事，约外交部和有关新闻单位负责人谈以外交部名义发表谴责美国政府的声明稿。次日，将声明稿修改后报毛泽东审定发表。⑤

11月25日，在《拟于阿尔巴尼亚国庆期间广播阿音乐节目的请示报告》上批示：歌词已阅，可用，请文化组将歌曲十二首录音带一套（如未收到，可向广播事业局要）即予审查。如好，即退广播局照报告

---

① 中共中央文献研究室编：《周恩来年谱1949—1976》（下），中央文献出版社1997年版，第407页。

② 中华人民共和国史广播电视编辑部编：《当代中国广播电视回忆录》第3集《周恩来与广播电视》，中国广播电视出版社1994年版，第258—259页。

③ 袁亮：《周恩来关心对外新闻出版工作纪事》（二），《出版发行研究》2001年第2期，第72页。

④ 崔奇：《崔奇时事评论集 20世纪40年代—21世纪初叶》，人民日报出版社2010年版，第153页。

⑤ 中共中央文献研究室编：《周恩来年谱1949—1976》（下），第415页。

计划执行。①

△ 与外交部、对外贸易部、对外经济联络部、中央联络部及有关新闻单位负责人座谈，商讨近期的外交、外贸和对外宣传工作。②

11月27日，在新华社《关于出版外文参考资料的请示报告》上批示："近来外宾、专家和友好人士苦于无外文消息可看。""我报纸所登有限，且无反面或外电材料，故无法满足需要。一九六八年一四九号通知（规定不允许外国人订阅《参考消息》。——笔者）属于临时性质，不能长此不加恢复，近于与世隔绝。"③

12月3日，批准新华社同安莎社互派常驻记者和在对方首都互设分社。④

△ 就劳模尉凤英关于《参考消息》扩大发行后在鞍山引起的反应的汇报批示："《参考消息》既然受大家欢迎，地方可增加发行份数，如何办请酌。"⑤

12月7日，在《关于伪冒的"柬民族统一阵线电台"进行欺骗宣传的情况汇报》上批示：拟同意将录音带转送柬方西哈努克亲王和王国政府各一份，并加文字说明，指出其中造谣、污蔑和挑拨离间之处。⑥

12月10日，广播、电视正转播中国、罗马尼亚乒乓球友谊比赛时，周恩来办公室打电话到首都体育馆，传达周恩来指示："多出罗马尼亚乒乓球运动员亚历山德鲁的镜头。"⑦

---

① 中华人民共和国史广播电视编辑部编：《当代中国广播电视回忆录》第3集《周恩来与广播电视》，中国广播电视出版社1994年版，第259页。
② 中共中央文献研究室编：《周恩来年谱1949—1976》（下），中央文献出版社1997年版，第416页。
③ 中共中央文献研究室编：《周恩来年谱1949—1976》（下），第416页。
④ 王凤超：《周恩来新闻活动年表》（续二），《新闻研究资料》1988年第4期，第157页。
⑤ 卫广益：《周总理与〈参考消息〉报——纪念周恩来同志诞辰一百周年》，《中国记者》1998年第3期，第14页。
⑥ 中华人民共和国史广播电视编辑部编：《当代中国广播电视回忆录》第3集《周恩来与广播电视》，第259页。
⑦ 中华人民共和国史广播电视编辑部编：《当代中国广播电视回忆录》第3集《周恩来与广播电视》，第259页。

12月18日，毛泽东提出可由斯诺对外发表周恩来同斯诺的谈话。① 熊向晖根据中央转发的《毛主席会见美国友好人士斯诺谈话纪要》（1970年12月18日）认为，《周谱》的这一记载完全错误。②

按：斯诺访问中国后，于1970年12月中旬至1971年5月中旬，在意大利《时代》周刊和美国《生活》杂志上，发表了一系列访华文章，特别是发表的采访毛泽东周恩来的一系列的谈话记录，备受世界的关注，经毛泽东主席同意，周恩来指示《参考消息》可以陆续发表斯诺写的六篇报道，并指示各地加印刊登这些报道的《参考消息》，让每个支部都能看到。正是这些报道，透露出中国出现新的情况，中美两国关系和世界局势即将发生惊人的变化。

12月21日，下午五时许，通知《人民日报》国际部立即赶写一篇波兰事件的评论，明天见报。讨论时，周恩来说："现在对事件的评论还是初步的，但你们把话说满，把话说尽，没有留有余地，不考虑策略，形容词太多，把什么词都用上去。一九六七年国际宣传，就是层层加码，越上越高，你们没有接受教训。你们有些老框框，没有研究当前情况，对人民的斗争要支持，但对前途的估计要留有余地，要有分寸。"次日凌晨审定完清样。③

12月22日，会见外宾说：新闻界要传播准确的消息。如果传播不准确的或错的消息，在全世界要产生不好的影响。④

12月23日，约外交部有关负责人谈对外交往和对外宣传工作，指出：对于外国人，要看他是否懂得把马列主义的普遍真理同本国实际相结合。我们不能代替，更不能强加于人。有时需要我们提出意见，也只能看对方的认识如何。对兄弟党如此，对一个国家也是如此。不能要求

---

① 中共中央文献研究室编：《周恩来年谱1949—1976》（下），中央文献出版社1997年版，第421—422页。
② 熊向晖：《我的情报与外交生涯》（第2版），中共党史出版社2006年版，第212页。
③ 王凤超：《周恩来新闻活动年表》（续二），《新闻研究资料》1988年第4期，第157—158页。
④ 林枫：《马克思主义新闻观 中国视角的系统阐释》，新华出版社2005年版，第435页。

人家什么都要听我们的,要让人家自己摸索怎么走,自己认识哪些是对的,哪些是不对的。又说:不仅新华社,连驻外使馆在内,从对兄弟党的关系到对外关系,存在的问题很多。①

12月,在同一位兄弟党同志谈话时提到:新华社、人民日报的宣传有很大影响,如有错误就会造成不良影响。我们要注意调查研究,注意政策。②

△ 就全国政协委员黄琪翔于10日病故事,批示全国人大、政协工作组在报上发消息。③

周恩来审阅《人民画报》

资料来源:穆欣《"尊重事实才能尊重真理"——周恩来维护新闻真实性的言行》,《党史文汇》2006年第3期,第11页。

---

① 中共中央文献研究室编:《周恩来年谱1949—1976》(下),中央文献出版社1997年版,第422—423页。

② 王凤超:《周恩来新闻活动年表》(续二),《新闻研究资料》1988年第4期,第158页。

③ 中共中央文献研究室编:《周恩来年谱1949—1976》(下),第424页。

日本社会党第五次访华团同周恩来会见之时，周恩来看到秋冈家荣在场，就问他代表哪家报纸？当他告诉周，他是《朝日新闻》的记者时，周恩来说，《朝日新闻》历史悠久，很有影响。接着又问他，"多大年纪了？""对中国情况了解吗？"然后亲切地对他说："你还年轻，前途光明啊！"此后，在其他不少场合，每当周恩来看到他，就同他打招呼、握手，有时还叫他的名字、问几句话。秋冈非常钦佩周恩来惊人的眼力和记忆力，更深深感到周恩来亲切和蔼、平易近人。①

　　本年，据不完全统计，共审批新华社各种稿件439篇，其中关于国际问题的213篇。周恩来指示，每期《人民画报》要在付印前送他审阅。

　　本年，审批国际新闻稿件213篇，作为新闻人物的周恩来，被《人民日报》刊发报道文章296篇。

新闻背景

　　1月，全国报纸刊载《拉革命车不松套，一直拉到共产主义》通讯，宣传北京郊区农村基层干部王国福的事迹。

　　3月29日，美国记者、作家安娜·路易斯·斯特朗在北京逝世。她采写了大量新闻报道，出版了《人类的五分之一》《中国人征服了中国》等多部图书。1946年第五次来华时访问了延安，并多次会见毛泽东、周恩来、朱德等领导同志。毛泽东在同她的谈话中发表了"一切反动派都是纸老虎"的著名论断。1958年春天第六次来中国访问，定居北京。

　　中国内地采用微波中继转播设备传播北京的电视广播。

　　美国第一个分组交换计算机网络建立，ARPANet新闻背景4所大学的计算机中心，这是Internet的起源。

1971年（七十三岁）

　　1月1日，会见日本一个代表团，团中一名成员曾作为北京广播听

---

① 孙东民主编：《永远的邻居 人民日报对日报道文选》，当代世界出版社2002年版，第157页。

众代表团成员访问过我国，谈话就以广播为题开始。周恩来首先了解日本听众收听北京电台广播的情况，然后反复问：广播的内容怎么样？恰当不恰当？日本广大人民能不能接受？有没有把我们的主张强加给日本人民？在文风上适合不适合日本人民现在的语文程度？他特意请那位朋友在离开中国之前，先在代表团的十几个成员中作一次初步调查，并且希望代表团中的其他朋友回国后都能调查日本听众对中国广播的意见。①

1月11日，接见日中友好协会（正统）工人学习访华团。团长神田正雄是国际台的老听众，后来又当了北京广播听众之会负责人，很关心我国的对日广播。谈话时周总理问："我们的对日广播办得怎么样，你们能听得懂吗？"外宾回答说："中国的广播对我们有很大帮助。但是，由于我们学习不够，有些问题认识跟不上。"总理说："广播的内容怎么样？恰当不恰当？日本广大人民能不能接受？有没有把我们的主张强加给日本人民？在文风上适合不适合日本人民现在的语言程度？这些问题办节目的人都要认真考虑。不是你们认识跟不上，是我们认识跟不上。"总理还强调说："中日两国人民所处的环境不同，政治条件、经济条件也都不同。实际上应该说，我们的编辑要适合你们那里的情况。"②

  按：周恩来在短短十天时间内两次利用外事接待工作，对听众作调查，这是他新闻思想中以受众为中心思想的一贯体现。

1月15日，同斯诺就中国国内问题长谈。③

1月18日，中央电台对台编辑部经过多次调查，起草了改进对台广播的报告，经当时中央广播局军管组审定呈送周恩来。周恩来逐字逐句审阅了报告，于1月21日批示同意，退回了广播局。此后中央台的对

---

  ① 赵玉明、曹焕荣、哈艳秋：《周恩来同志与人民广播》，《现代传播》1979年第1期，第7页。
  ② 黄达强主编：《中国国际广播回忆录》，中国国际广播出版社1996年版，第37页。
  ③ 中共中央文献研究室编：《周恩来年谱 1949—1976》（下），中央文献出版社1997年版，第428页。

指导新闻期（1947年3月—1976年1月） 637

台广播有了初步的改进。①

1月20日，在外文局军管小组送审的《〈人民画报〉1971年第3期稿件报告》上批示："拟同意。这次来一个征求外国同志意见的新办法，请中联部约集几位能提意见的外国同志，请他们座谈一下，看这期画报有无缺点或需要修改的地方，只要合理，我们应尽量采纳。"据此，《人民画报》连续几期都征求外国朋友的意见。②

按：周恩来的这一批示，在新闻媒体使命为"阶级斗争工具"的当时是多么的难能可贵，这是他心中装着读者思想的一贯体现，办报刊一定要有对象感，要有受众意识，这对于纠正当时以传者为中心的新闻传播理念起到一定的作用，对于讲好中国故事、传播好中国声音仍然有指导意义。

2月6日，晚，在人民大会堂三楼会议厅接见全国卫生工作会议代表，接见开始时间："有哪些新闻单位的记者来了？"工作人员回答："有《人民日报》《解放军报》《光明日报》……"周恩来又问："《北京日报》的记者来了没有？"工作人员答："没有。"周说："你们在北京开会，怎么不请《北京日报》社的记者参加，赶快补请！补请！"按照周恩来的指示：大会秘书处立即通知《北京日报》记者来参加会议。直到《北京日报》记者赶到为止。③

按：周恩来关心新闻记者是长期的，不论什么时候。等待《北京日报》记者到来，是他不同媒体有不同读者对象思想的体现。

卫生工作会议以后，解放军总医院第八医疗队在山西沁水县用草木灰治大骨节病的经验受到周总理的亲切关怀。周恩来派记者去第八医疗队了解情况。听了记者的汇报，很满意，很高兴。④

---

① 赵玉明、哈艳秋、袁军：《周恩来与广播电视》（中），《中国广播电视学刊》1998年第4期，第8页。
② 袁亮：《周恩来关心对外新闻出版工作纪事》（二），《出版发行研究》2001年第2期，第72页。
③ 李守仲：《"补请！补请！"——周总理关心记者工作的一件事》，《新闻通讯》1989年第7期，第59页。
④ 本社编：《人民的好总理》（上），江西人民出版社1977年版，第770—771页。

2月9日，召集人民日报社军代表及有关负责人开会。①

2月23日，下午，在人民大会堂会见藤山爱一郎率领的访华团。周总理同随行记者也握了手。②

2月底，对广播、转播中存在的大国沙文主义、锦标主义和形式主义进行了严肃的批评。周恩来说："不要吹嘘，不要搞形式主义。"3月17日凌晨，他又说："我们的宣传总是老一套，总是说好，如广播打球，还是老一套。说自己没完，说人家就那么几句。大国沙文主义、封建主义的东西要批判。"③

3月1日，会见日本日中备忘录贸易谈判代表团。应邀出席的有日本驻北京的记者：《朝日新闻》秋冈家荣、《日本经济新闻》稻田晃久、《西日本新闻》友田浩。会见消息刊载于《人民日报》3月2日第1版。

3月19日至23日，多次谈到《参考消息》的版面编排问题。他说："感到《参考消息》的编排有些问题，一个时期应有个重点，如过去波兰、中东是重点，当前老挝战争是重点。你们有时把重点打乱了，容易把人家对我们的反应插进去，例如卫星上天。这样不太好。大概是因为我们的同志喜欢听到别人说我们的好话，因此放在前面。今后一般把重点问题放在头版，当前是反美斗争；第二版是苏美矛盾、帝国主义及修正主义内部的矛盾；第三版登其他要闻；至于对我们的反应，登在第四版。"④

按：周恩来对《参考消息》版面编排问题的指示，很具体，连排在什么版面、位置都作了具体安排，很有针对性，既有技术含量，更有很强的政治意义，可以更好地贯彻中央确定的《参考消息》的编辑方针，更好地发挥《参考消息》的独特作用。一个时

---

① 中共中央文献研究室编：《周恩来年谱1949—1976》（下），中央文献出版社1997年版，第435页。
② 远藤：《共同社报道：周总理会见藤山》，《参考消息》1971年2月25日第1版。
③ 中华人民共和国史广播电视编辑部编：《当代中国广播电视回忆录》第3集《周恩来与广播电视》，中国广播电视出版社1994年版，第259页。
④ 卫广益：《周总理与〈参考消息〉报——纪念周恩来同志诞辰一百周年》，《中国记者》1998年第3期，第14页。

期应有个重点，这在任何时候都有指导意义。

3月至4月，两次谈到中央台的体育实况转播。他强调要"怎么打就怎么说"。周恩来说：我们的宣传不能老是说好。评价一个球，什么精湛的球艺，什么流星、闪电似的。本来那里打得不好，还一个劲地说好，不切实际地吹嘘，把群众引入迷魂阵。周恩来还说："转播词少一点，不要那么多形容词，怎么打就怎么说。"① 意思是新闻宣传要尊重事实，要如实地反映实际，宣传要符合实际情况。

春天，英国著名记者格林先生来我国访问，要求会见周总理并作电视采访。周总理在前一天听取了有关格林先生的情况，其实过去已不止接见一次了，周总理要详细了解近况：格林先生最新发表的文章及作品的内容，以及对各种问题的分析态度等。在采访的现场，周总理从容潇洒，谈话的逻辑性很强，语言准确。20分钟采访，回答了当时国外普遍关注的重要问题。谈话记录由我们整理，两天以后，也就是格林先生离开中国的前夕，周总理突然把张颖和另一位同志叫去。他说，谈话中某些用语不够准确，特别是译成英文，可能引起不同的解释。他要再审英文稿，并和那位英文好的同志商量，共同议定用什么词句更为准确恰当。直到当天午夜，他们才把英文核定稿送到新侨饭店。格林先生又是激奋又是感动，他感叹地说，几十年做记者，从来没有遇到过这样的国家领导人，对人如此诚恳，对事如此负责。②

4月3日，凌晨，审阅中央台一份体育实况转播的稿件后，要求把那些空话、大话和不着边际的废话全部删去。他说：解说词太长了，我已经都给你们改了，不要那么多形容词。不要讲那么多，怎么打就怎么说。③

4月7日，《人民日报》第5版刊发消息，标题为"柬埔寨通讯社

---

① 杨牧：《忆周总理与广播宣传的几件事》，《北京广播学院学报》1980年第1期，第10页。
② 张颖：《走在西花厅的小路上 忆在恩来同志领导下工作的日子》，中共党史出版社2008年版，第13—14页。
③ 赵玉明、哈艳秋、袁军：《周恩来与广播电视》（下），《中国广播电视学刊》1998年第5期，第6页。

发表文章 毛主席林副主席周总理的贺电对印度支那三国人民是巨大的鼓舞"。

4月8日,召集新闻宣传部门负责人谈话,通知:美国乒乓球队就要来北京了,这是毛主席亲自做出的决定,主席还催了我两次,你们一定要重视这件事。周恩来指示,有关美国队在华活动的消息由新华社统一发布,《人民日报》只作极为简单的报道,而内部发行的参考消息,则可大量转载外电有关报道。①

4月12日,接见全国出版工作座谈会领导小组成员时说:任何人的文章,都要修改嘛!毛主席是伟大的导师,继承捍卫发展了马克思列宁主义,文章还要多次修改,何况其他人。写东西每篇都没有错误不可能,要允许人家犯错误,一分为二。② 国务院的王维澄、人民出版社的齐速、商务印书馆的汝晓钟、人民出版社的张惠卿组成起草小组起草《汇报提纲》,在向周恩来汇报到"要出好毛主席著作、马恩列斯著作"时,周恩来马上纠正说:"马恩列斯著作要放在前面",当时,他们的脑子一时转不过弯来。接着汇报到"要突出毛泽东思想"和"坚持以毛泽东思想为指导"的地方,周恩来又立即指示:"要提全,前面加上马克思主义、列宁主义"并强调说:"水有源,树有根,毛泽东思想是继承了马克思主义,又发展了马克思主义。马克思是根,不能割断根嘛!"③ 把《参考资料》《参考消息》办好。《参考消息》第一版不要光吹嘘我们自己的,要把国际的大事情搞上去。如越南军队九号公路大捷,能成建制地消灭敌人,是个伟大胜利。可以好好宣传国际上的一些大事情,如帝国主义的矛盾、中东事件,等等。不要把吹嘘我们自己的放在前面,毛主席不爱看。养成一种骄气,不能冷静地观察世界的动向。好多问题外国人通过广播和地方报纸都搞去了,如新党章他们是从

---

① 崔奇:《崔奇时事评论集 20世纪40年代—21世纪初叶》,人民日报出版社2010年版,第217页。
② 宋应离等编:《中国当代出版史料》(第6卷),大象出版社1999年版,第102页。
③ 宋应离、刘小敏:《亲历新中国出版六十年》,河南大学出版社2009年版,第61页。

地方报纸上搞去的。①

△ 下午，在中央人民广播电台转播中国、哥伦比亚乒乓球友谊比赛前5分钟，周恩来指示："友谊气氛要浓一些。"19点，在转播中国、加拿大乒乓球友谊比赛前，周恩来指示说："今天下午转播中国、哥伦比亚比赛，解说词太长了，要压缩。"②

△ 晚，会见土耳其《形势述评报》记者朱尼特·阿贾尤雷克，并回答了他提出的问题。有关方面负责人何英、彭华、徐玫、徐鹂等会见时在座。会见消息刊载于《人民日报》4月13日第1版。

周恩来和土耳其《形势述评报》记者阿贾尤雷克握手（新华社记者摄）
资料来源：转自1971年4月13日《人民日报》第4版。

4月13日，凌晨，审阅中央台一次体育实况转播的稿件后，写了这样

---

① 袁亮：《周恩来刘少奇朱德陈云与新闻出版》，中国书籍出版社2003年版，第146页。
② 中华人民共和国史广播电视编辑部编：《当代中国广播电视回忆录》第3集《周恩来与广播电视》，中国广播电视出版社1994年版，第259—230页。

一个批示:"解说词太长了,我已经都给你们改了,不要那么多形容词。"①

4月14日,下午2点30分,在人民大会堂会见了美国等五国乒乓球代表团,美联社记者罗德里克回忆道:尽管24年没见面了,他在来访的美国乒乓球选手中认出我了。我当时被派去中国报道乒乓球队的活动。他同我握手时说:"罗德里克先生,欢迎你再次来中国,好久没见了。"后来,在接下来的交谈中,他指着豪华的大会堂微笑地问:"罗德里克先生,这里比延安怎么样?"我点头说,是比我们那时住的窑洞好。②

美国乒乓球队来华访问期间,审阅、修改了中美乒乓球赛实况转播的部分广播稿,先后对当时其他场次的转播提出了一系列重要的意见,甚至连出什么具体镜头都考虑到了。中央人民广播电台和中央电视台根据周恩来的意见,迅速改进了转播工作。周恩来看到后表示满意,给予表扬。③

4月22日,在"建议新华社在代表团回国后发一组文章和一组照片"处批:"不要自吹自播,要多宣传人民之间的友谊,互相学习,互相增进。"④

5月1日,晚,毛泽东、西哈努克亲王、董必武、林彪一起看烟火,只有杜修贤一个人拍摄了一张合影。素以"严"著称的周恩来,绝对不允许记者,特别是他身边工作的记者在公开场合出半点差错。周恩来用心良苦,努力维护党中央在全国人民面前团结的形象,想法弥补正副统帅之间显而易见的裂痕,他向新闻负责人发了少有的大火。"电影拍摄到主席和林副主席一起的镜头吗?""没有……"回答声音很小。"那么电视呢?""没来得及拍,林……""没有拍到,对不对?""林副主席身体不好,这,大家是知道的。上午他参加了活动,晚上讲身体不

---

① 人民出版社资料组编:《人民的好总理 纪念敬爱的周恩来同志》(中),人民出版社资料组,1977年,第276—277页。
② 梁金安:《外国政要视野中的周恩来》,中央文献出版社2013年版,第25页。
③ 赵玉明:《中国广播电视史文集》,中国广播电视出版社1993年版,第170—171页。
④ 中共中央文献研究室编:《周恩来年谱1949—1976》(下),中央文献出版社1997年版,第453页。

好不能来。我亲自请他参加晚上的活动,这样的活动面对人民群众,面对全国的观众。最后他来了。你们是新闻宣传的负责人,你们记者手里拿着摄影机,拍呀!可为什么不拍呢?"不知谁这时小声嘀咕了一句:"我们想等主席和副主席讲话的镜头。"周恩来火了,一手叉腰,一手在空中舞了个弧形。"林副主席来了没有?他毕竟还坐了一会。你们都看见的,你们等什么,等他们讲话?什么时候新闻拍摄规定要等领导人讲话才能开机?你们就是老框框。坐在一起就应当开机拍摄,记者就是要眼快手快,会抢拍。新闻就是时间,新闻等得来吗?"周恩来沉重地叹了口气,口气也缓了些:"人民希望党中央团结,国家安定。毛主席和林副主席在城楼上和首都人民一同欢度节日的夜晚,这是多么重要的宣传主题,这是安定人心的大事情啊!组织指挥新闻宣传的领导要充分重视。如果人民问,城楼上观看焰火,怎么没有林副主席啊?你们回答说林副主席只来了几分钟。行吗?党中央在人民心中的形象靠你们宣传,不是靠解释。"这时周恩来的目光落在站在最前排的新闻宣传的负责人身上。"是!总理,我们回去一定要好好整顿记者队伍,从思想上找原因。以此为戒,杜绝类似事情发生。""对,要好好从思想上查一查,还有没有政治头脑?有没有工作职责?"周恩来双手抱在胸前,来回踱了几步。他扬起疲惫的脸,嗓音有点嘶哑,轻咳了一声:"今天的活动有些特殊,有难度。这一点我清楚。但同志们都是有经验的新闻工作者,要想到随时会出现意外情况,有应付各种变化的思想准备,不能老想办现成事吃现成饭。今天你们不要怪我对你们严厉,严厉一点有好处!你们回去总结经验教训,下不为例!"周恩来一字一顿说完最后四个字,戛然而止。5月2日,报纸出来了,仅此一张的照片登在头版头条,标题用醒目的黑体字压着:"我们伟大领袖毛主席和他的亲密战友林副主席同柬埔寨国家元首、柬埔寨民族统一阵线主席诺罗敦·西哈努克亲王和夫人在天安门城楼上一起观看焰火"。①

---

① 顾保孜撰文,杜修贤摄影:《历史的见证 中南海摄影师眼中的国事风云》(上),吉林摄影出版社 2004 年版,第 262—265 页。

5月2日，下午，会见了秘鲁新闻工作者曼努埃尔·赫苏斯·奥尔韦戈索、安东尼奥·梅萨·夸德拉、赫尔曼·卡尔内罗。会见时在座的有首都新闻界和中拉友协等有关方面负责人张纪之、鲁瑛、戴征远、吴晓达、凌青、袁鲁林、李言年，以及工作人员万钟民、黄志良、陆在宽。会见消息刊载于《人民日报》5月3日第1版。

5月9日，会见前来我国访问并采访在北京举行的"巴勒斯坦国际周"活动的巴勒斯坦和阿拉伯各国的新闻工作者，并回答了他们提出的问题。会见的新闻工作者是：巴勒斯坦《法塔赫报》主要编辑纳齐赫·阿布·尼达尔、编辑拉沙德·阿布·沙维尔，伊拉克《阿里夫巴》周刊总编辑阿卜杜勒·贾巴尔·沙图卜，黎巴嫩《宪章》周刊总编辑阿里·巴鲁特、《斗争报》《星期日》周刊专栏作家法里德·哈提卜，苏丹《日报》总编辑法提赫·提加尼，叙利亚"阿拉伯叙利亚通讯社"总编辑巴德尔·奥贝西，突尼斯《晨报》副总编辑阿卜杜勒杰利勒·达马克，阿尔及利亚《圣战者日报》记者阿拉布迪乌·穆罕默德，科威特《政治报》总编辑艾哈迈德·贾拉拉赫，毛里塔尼亚《人民报》总编辑穆罕默德·乌勒德·哈米德，《亚非》杂志驻摩洛哥代表和记者哈桑·本·杰隆，阿联《金字塔报》外交事务报道部主任哈姆迪·福阿德，阿拉伯也门共和国新闻和广播机构代表阿卜杜勒·卡里姆·艾哈迈德·萨卜拉，也门民主人民共和国《军人》杂志总编辑阿卜杜拉·艾哈迈德·乌德。会见消息刊载于《人民日报》5月10日第1版。

△ 对菲律宾贸易代表团的记者和团员说，友好交往会促进外交关系，如果经济关系发展了，那么这种关系必然将导致外交关系。①

5月11日，在讨论中国政府关于美军侵越战争声明的会上说：《人民日报》有的地方文风不好。空话，骂人的话，简单粗暴、不讲道理的话，文化大革命以来发展了。还经常有些绝对性的话。②

---

① 阿曼多·多罗尼拉：《菲记者报道：周总理同菲律宾客人的谈话》，《参考消息》1971年5月14日第1版。
② 中共中央文献研究室编：《周恩来年谱1949—1976》（下），中央文献出版社1997年版，第456—457页。

5月17日，新华社对外部记者李琴来到人民大会堂采访周恩来会见朝鲜职业总同盟代表团。一进接待厅，便被周恩来喊住，批评李琴报道老一套，总是突出他。李琴听了，有些狐疑，一时竟不假思索地提出由周恩来和在座的三位中央委员（刘锡昌、倪志福、张世忠）一起会见客人的建议，建议被周恩来欣然采纳。①

5月22日，同外贸部、外交部和新闻单位的负责人一起会见了意大利经济、金融、企业和新闻界的朋友，和各有关方面负责人同他们一一亲切握手，并且一起照了相。会见消息刊载于《人民日报》5月23日第2版头条。

5月30日、31日，在全国外事工作会议上讲话，批评并纠正对外宣传工作中存在的偏差。关于对外宣传方面的问题，指出：现在存在两种倾向，一种是自吹自擂，使用不适当的语言、夸大的语言强加于人；另一种是缩手缩脚。这两种倾向有一个特点，都是不实事求是。对于不实事求是的对外宣传，我们外事工作人员应该当场给予纠正，并敢于当面承认错误，应该有这个勇气。又说：我们不赞成把"苏修"这两个字到处搬用，把东欧一些国家都叫"修字号"，都给加上标签；"帝、修、反"三个字是简化了的，随便往人家头上加，这不好。② 会上说："现在《参考消息》编得好一点，希望你们做外事工作的同志，每天都看《参考消息》，这样才能增加知识。"周恩来还建议扩大发行《参考消息》，以使基层党员干部了解熟悉国际方面的知识和变化。他说，对外宣传，第一，既不要夸张，也不要贬低自己，应该是一个什么估价，就是什么估价，还要有针对性。第二，不要浮夸，说得很玄，把我们什么东西都说成赶上了世界先进水平。第三，不要绝对化，说好都好，说坏都坏，说成铁板一块。不要把"文化大革命"前说得什么都不好，把"文化大革命"后说得什么都好。不能否定一切，也不能肯定一切。不能铁板一块，要一分为二，这才是马列主义、毛泽东思想。第四，对

---

① 李琴：《我所知道的周总理二三事》，《中共党史资料》2009年第1期，第68页。
② 中共中央文献研究室编：《周恩来年谱 1949—1976》（下），中央文献出版社1997年版，第459—460页。

外宣传要分清主流和支流。① 周恩来特别谈了斯诺发表的一系列访华文章。他说:"我跟斯诺的谈话,一次讲国内问题,一次讲国际问题,两个稿子可以发表,登在《参考消息》上。""毛主席接见斯诺后,斯诺写了文章,在外国(的报刊上)登了,全世界都读了。我们把它摘要发表在《参考消息》上。现在《参考消息》有四五百万份,如果不够,各省可以加印,加印一百万份。各省如何分配,你们自己去计算。总之,各支部都要有《参考消息》。对照来看,可以看出毛主席对国际形势发展趋势的估计。"②

> 按:周恩来的这一讲话,要求具体明确,针对性强,无须赘言。

6月7日,斯诺访华文章《周总理同斯诺的谈话(国际部分)》在《参考消息》发表。

6月初,在《朝中社社长接见中国新闻代表团谈话》上批:外交部电告石少华,"对朝中社社长谈话要表示诚挚的谢意",对我方在极左思潮中破坏朝中关系的错误,"要作出检讨"。③

6月初,看完一篇关于罗马尼亚共产党代表团访问我国受到欢迎的稿件后,叮嘱记者:"要把孩子们的演出多写上几句,要生动些。还有长江大桥上的欢迎场面。"④

6月12日,下午,同外交部代部长姬鹏飞和新闻单位负责人一起会见了南斯拉夫外交部长米尔科·特帕瓦茨和由他率领的南斯拉夫政府代表团及随团记者。会见消息刊载于《人民日报》6月13日第1版。

6月16日,早上,给新华社参编部写信:"毛主席已批准你们从16

---

① 袁亮:《周恩来关心对外新闻出版工作纪事》(三),《出版发行研究》2001年第3期,第64页。
② 卫广益:《周恩来总理"文革"期间指导办〈参考消息〉》,《纵横》2009年第9期,第6页。
③ 中共中央文献研究室编:《周恩来年谱1949—1976》(下),中央文献出版社1997年版,第461页。
④ 《我们的周总理》编辑组编:《我们的周总理》,中央文献出版社1990年版,第436页。

日起每隔一日发表斯诺的文章一篇。我把次序改变了一下，摘要文字，我均已看过。现将摘要本给你们退去，请予照此印发。第六篇已在 6 月 7 日（也就是上星期四，4544 期）发表过，可不再发。其他除第一篇不再改外，如再修改，当由外交部主管司章文晋通知你们。"①

6 月 17 日，审定斯诺文章《我们同毛泽东谈了话》译校稿，重新刊登在《参考消息》上。这篇审定的稿件，比《参考消息》5 月 2 日刊出的稿件多了 900 字左右，文字上也有许多修改。增加的内容很重要，比如斯诺关于毛主席谈"个人崇拜是讨嫌的"一段报道。周恩来审定的译稿，还在文字上严格采用原文的用语。凡原文用"毛""毛思想"的地方一律照用，而不是像《参考消息》5 月 2 日刊发的稿件那样，将斯诺原稿中若干称谓改为"毛泽东""毛泽东思想"。②

6 月 19 日，《参考消息》刊出斯诺的文章《同毛泽东的一次交谈》。关于"文化大革命"和国内形势，斯诺报道："主席批评了对毛'个人崇拜'的专讲形式的做法"。"主席说，所谓'四个伟大——伟大的导师、伟人的领袖、伟大的统帅、伟大的舵手'讨嫌。总有一天要统统去掉，只剩下'teacher（导师）'这个词，就是教员。"当斯诺说到"我常常想，不知道那些呼毛口号最响，挥动旗子最起劲的人，是不是——就像有些人所说的——打着红旗反红旗"时，"毛点点头。他说，这些人分三种。一种是真心实意的。第二种是随大流的——因为别人喊'万岁'，他们也跟着喊。第三种人是伪君子。我没有受这一套的骗是对的。"毛泽东还对斯诺谈了"文革"中的冲突发展成打派仗、武斗，中国确实大乱了，表示对这种情况甚为不满。毛泽东还说，"文革"中有两件事他很不赞成，一个是讲假话，另一个是虐待罢了官和接受再教育的党员和其他人。毛泽东在这一谈话中，不指名地严厉批评了林彪一伙

---

① 卫广益：《周恩来总理"文革"期间指导办〈参考消息〉》，《纵横》2009 年第 9 期，第 7 页。

② 卫广益：《周恩来总理"文革"期间指导办〈参考消息〉》，《纵横》2009 年第 9 期，第 7 页。

的行径，公开表示了对当时的"副统帅"的不满。①

　　按："文化大革命"时期，媒体报道是政治的风向标。周恩来经毛泽东批准，由《参考消息》向全国披露如此重大的表态，使《参考消息》在那个时期承担了一项特殊的重大使命。《参考消息》报刊出这篇谈话后，引起了强烈的反响。这些谈话不仅在当时遏制了"文化大革命"中许多"极左"的做法，而且使广大读者对后来粉碎林彪反革命集团，有了一定程度的思想准备。

6月21日，会见并宴请在华访问的美国《纽约时报》助理总编辑西摩·托平及其夫人、《每日新闻》社长兼发行人威廉·阿特伍德及其夫人、《华尔街日报》外事记者罗伯特·基特利及其夫人，同他们进行了友好的谈话。会见时，有关方面负责人和工作人员章文晋、彭华、马毓真、冀朝铸、唐闻生、高建中、廉正保、胡凤仙在座。会见消息刊登于《人民日报》6月22日第1版。

6月22日，指示《参考消息》刊登外电最好用原标题，让群众自己来判断。《参考消息》应多登一些外报评论，有些可登《人民日报》。②

6月25日，在主持召开的中央专门委员会会议上听取我国核潜艇研制工作情况汇报时指出：我们搞核潜艇，国际上是知道的，报纸上都登了，不能因为工作疏忽，搞一次就给毁了，那影响就大了。③

△ 下午，会见一个来访的外国党政代表团。刘振英在新闻稿件中写道："国务院总理周恩来、全国人大常委会副委员长郭沫若会见了来访的……"周总理看后对他说："人家是外国党政代表团，我们是不是也该写上党内的职务？"于是他赶快改写为："中共中央政治局常委、国务院总理周恩来，全国人大常委会副委员长郭沫若会见了来访

---

①　卫广益：《周恩来总理"文革"期间指导办〈参考消息〉》，《纵横》2009年第9期，第7页。
②　王凤超：《周恩来新闻活动年表》（续二），《新闻研究资料》1988年第4期，第158页。
③　中共中央文献研究室、中国人民解放军军事科学院编：《周恩来军事文选》（第4卷），人民出版社1997年版，第558页。

的……"周总理看了修改稿件后,再次对刘振英提出批评说:"为什么你只写上了我的党内职务?郭老的呢?"于是他又一次改稿,在"全国人大常委会副委员长郭沫若"前加上"中共中央委员"。① 通过刘振英的回忆,我们可以看到,周恩来修改稿件是从大局出发,越南共产党领导来访,我们报道的领导加党内职务,对方不加有不平等嫌疑,周恩来加了,郭沫若不加也有不尊重全国人大的嫌疑。周恩来要求记者改稿的态度也是平易近人、和风细雨的,而不是批评的语气,使人更容易接受。笔者通过查阅《人民日报》确定,刘振英写的这则新闻的时间是1971年6月25日下午。②

6月26日,对日本警察歧视中国记者和妨碍采访事件作了三点指示:一是要求日本警方承认错误,向我记者赔礼道歉;二是要求日方保证我记者的人身安全;三是要求日方保证不再发生类似事件。7月30日,周恩来总理在日本内阁官房长官兼临时代理外相木村俊夫想见记者的报告上批复:"拟同意,措词稍加修改,即将可以'没有必要'为词婉拒,改为可以'没有得到国内指示'为由婉拒。"③ 这一修改显然高于原来的没有必要,虽然都是拒绝,后者更委婉,更容易让人接受。

6月,墨西哥历史悠久的报纸《至上报》社长、记者胡利奥·谢雷尔来华访问,几次提出要采访周恩来。由于周恩来当时公务繁忙,我外交部未能作出安排。于是,他做出了一件我国接待外国记者工作中史无先例的事:绝食。周恩来知道这一情况后就接受了他的来访,与他就广泛问题进行了长谈。④

△ 在人民大会堂会见美国哈佛大学教授罗斯·特里尔,嘱咐他要

---

① 刘振英口述,贾晓明整理:《周总理教我写新闻》,《人民政协报》2014年9月16日第4版。
② 《周恩来郭沫若耿飚韩念龙同志会见阮文孝同志和阮文广大使》,《人民日报》1971年6月26日第1版。
③ 王泰平:《惊动了周恩来的东京"妨碍采访事件"》,《湘潮》2018年第3期,第56页。
④ 庞炳庵:《怎样当记者》,新华出版社2015年版,第153页。

"好好地阅读报纸上跟杂志上关于中国共产党建党五十周年的社论"。①

7月2日,约外交部、外文局负责人开会,针对外文宣传出版工作中存在的不良倾向提出:没有抽象的政治,政治都是和具体事情联系在一起的,业务和政治不能分家。他批评外文局"宣传的路子越来越窄"。他要求:"在传达毛主席关于对外宣传的指示时,应该联系外文局的具体实际,批评业务上的极左思潮,否则就批不透,不生动,没有特点。"②

△ 下午,会见加拿大政府经济代表团,包括工商和贸易部新闻联络官加德纳,以及十三位随团来访的加拿大新闻记者。会见消息刊载于《人民日报》7月3日第1版。

7月5日,晚,会见澳大利亚工党代表和随团来访的记者。会见消息刊载于《人民日报》7月6日第1版。

7月11日,审阅人民画报社庆祝中国共产党成立50周年特刊稿件,并作了批示:将特刊中两位常委(周恩来、康生)单面画像"抽出不登,理由大家懂,不赘述"。"拟同意,我提议封面、封底不改,开卷的应是马恩列斯像,然后再登语录和毛主席像,再登《光辉的五十年》"。"遵义的这张油画,已被我否定了。"这张油画中有毛泽东、林彪、周恩来,周恩来以画中有他自己为由而否定刊登油画。③

△ 上午,在周恩来提示下,黄华和章文晋在对我方草稿略加修改后,再与基辛格会谈时,即刻取得了一致,双方皆大欢喜。最后商定的公告全文是:周恩来总理和尼克松总统的国家安全事务助理基辛格博士,于一九七一年七月九日至十一日在北京进行了会谈。获悉,尼克松总统曾表示希望访问中华人民共和国,周恩来总理代表中华人民共和国政府邀请尼克松总统于一九七二年五月以前的适当时间访问中国。尼克

---

① 七十年代月刊社编:《周恩来纪念集》,广角镜出版社有限公司1977年版,第182页。
② 袁亮:《周恩来关心对外新闻出版工作纪事》(三),《出版发行研究》2001年第3期,第64页。
③ 袁亮:《周恩来关心对外新闻出版工作纪事》(二),《出版发行研究》2001年第2期,第72页。

松总统愉快地接受了这一邀请。获悉（Knowing of）两字是周恩来的杰作，避开了谁主动提出访华的问题，这使美方尤其感到适当和体面，基辛格因而在尼克松总统"接受了这一邀请"之前加上了"愉快地"这一副词，投桃报李。①

7月12日，晚，会见了日本工人访华团以及随团记者高桥实。会见消息刊载于《人民日报》7月13日第1版。

7月16日，《人民日报》发表了关于尼克松总统的国家安全助理基辛格博士访问中华人民共和国周恩来总理同他进行会谈的《公报》。周恩来指定这条新闻放在第1版右下角，并说以后这类新闻都放在这个位置。②

7月17日，指示："《参考消息》对尼克松访华的《公告》的反应太少。《参考资料》作了大量的报道，《参考消息》的发行量大，对《公告》的反应也要大量报道，基本上是和《参考资料》一样，正面的、反面的都要登，当天登不完，第二天可接着登。"于是，《参考消息》对《公告》反应的报道数量大增，深度和广度加大，受到读者广泛好评。③

7月18日，会见了由法国议会代表团全体成员和随团记者，同他们进行了友好的谈话。会见消息刊载于《人民日报》7月19日第1版。

7月19日，外交部通知，周恩来批示《人民日报》明天要发表一篇评论，纪念日内瓦协议签订十七周年，支持越方的七点和平倡议。晚上周恩来审阅这篇评论稿时，改为社论。④

7月20日，就越南《人民报》发表社论《"尼克松主义"一定破产》中影射中美会谈事批告张春桥、姚文元："文中表现出越南同志的

---

① 黄华：《基辛格秘密访华和尼克松访华公告的发表》，《百年潮》2007年第7期，第15页。
② 崔奇：《崔奇时事评论集 20世纪40年代—21世纪初叶》，人民日报出版社2010年版，第217页。
③ 卫广益：《周恩来总理"文革"期间指导办〈参考消息〉》，《纵横》2009年第9期，第8页。
④ 崔奇：《崔奇时事评论集 20世纪40年代—21世纪初叶》，第217页。

担心和估计。""我认为可以全文发表，不要摘要，表示我们的光明磊落态度。"又说："事变的进程，可以证明毛主席领导的中国，始终是支持印度支那三国人民抗战到底的。"①

△ 审阅新华社通讯稿"文化大革命中各地出土大批珍贵文物"，在关于河北满城西汉中山靖王刘胜及妻窦绾随葬衣照片说明旁加注，要求详细说明发掘现场及后来工作情况。②

7月21日，同新华社领导人谈：批陈整风包括思想路线、组织（宗派主义）、文风。你们当前要从文风入手批陈。③

7月29日，晚，会见并设宴招待荷兰国际知名电影电视导演尤里斯·伊文思，法国电影工作者玛斯琳·罗丽丹和法国作家、记者让·拉库蒂尔。会见消息刊载于《人民日报》7月30日第1版。

7月，审阅新华社报道考古新收获的新闻稿时，因为新闻稿关于金缕玉衣图片的说明很笼统，没有交代清楚出土时的情况，就在上面批示："此注（指玉衣照片。——笔者）未回答：两件葬服是否还裹在男女骷髅上，还是遗落散开，后经我们加工的。"④

8月4日，夜至次日凌晨，召集外交、新闻、体育等部门负责人开会。⑤

8月5日，晚，与美国《纽约时报》副社长詹姆斯·赖斯顿及其夫人进行长谈。詹姆斯说："中国人民的强烈的反日情绪使我感到吃惊。"周恩来问他："你为何对此感到惊讶！难道你不懂得日本侵略中国的历史吗！"詹姆斯说："美国人的性格是我们没有记性，不记得过去，经常是想着将来。尽管有珍珠港事件，我们还是没有反日情绪。"周恩来说："我认为那是个大错误。因为假如一个国家不记着过去，忘记了历

---

① 中共中央文献研究室编：《周恩来年谱 1949—1976》（下），中央文献出版社 1997 年版，第 469—470 页。
② 中共中央文献研究室编：《周恩来年谱 1949—1976》（下），第 470 页。
③ 中共中央文献研究室编：《周恩来年谱 1949—1976》（下），第 470 页。
④ 人民出版社资料组编：《人民的好总理 纪念敬爱的周恩来同志》（中），人民出版社资料组，1977 年，第 309 页。
⑤ 中共中央文献研究室编：《周恩来年谱 1949—1976》（下），第 473 页。

史的悲剧,那么历史的悲剧必将重演。"在谈到中美关系问题时,提出:中国人民和美国人民是愿意友好的,而且历史上友好过,今后更应友好相处,因为中国人民已经站起来了。在谈到控制核武器问题时,表示:中国不是核大国,我们还在试验阶段,我们每次只在必要时才进行有限制的试验。我们搞核武器是被迫的,是为了打破核垄断。我们主张还是要召开全世界各国的会议,共同达成一个完全禁止和彻底销毁核武器的协议。谈话还介绍了新中国成立以来所取得的成就。会见时,有关方面负责人和工作人员陈楚、章文晋、冀朝铸、沈若芸、金桂华、廉正保、胡凤仙在座。会见消息刊载于《人民日报》8月6日第1版。

8月16日,对中央广播事业局"关于中罗两国互派电视摄影小组访问的报告"批示:"拟同意"。①

8月17日,下午,会见了南斯拉夫《信使报》记者达拉·雅纳科维奇。周恩来在人民大会堂江苏厅会见了她,同她进行了数小时的长谈。周恩来极其诚恳、耐心、明确地回答她提出的所有问题。达拉对于这次采访非常满意。事后她一再向我们表示,能同周恩来谈话,又谈得那么长,是她一生中最荣幸的事了。达拉回国以后,立即根据记录写了一篇题为"周恩来同《信使报》记者的谈话"的长篇报道,详细地介绍了她同周恩来谈话时的情景、经过、内容。② 会见时,中国有关方面负责人和工作人员彭华、李连庆、江承宗、梅文岗、杨艺丹、石继成等在座。会见消息刊载于《人民日报》8月18日第1版。南斯拉夫《信使报》8月28日发表这次会见消息,标题为"周恩来同《信使报》记者的谈话"。

△ 晚,会见了以朝鲜中央通讯社社长金声杰为团长的朝鲜民主主义人民共和国新闻工作者代表团。朝鲜中央通讯社、朝鲜《劳动新闻》驻北京记者严泰龙参加了会见。中国方面参加会见的还有中联部、外交

---

① 中华人民共和国史广播电视编辑部编:《当代中国广播电视回忆录》第3集《周恩来与广播电视》,中国广播电视出版社1994年版,第260页。
② 田曾佩、王泰平主编:《老外交官回忆周恩来》,世界知识出版社1998年版,第293页。

部、新华社、中央广播事业局、人民日报社、解放军报社和中朝友好协会的负责人和工作人员。会见消息刊载于《人民日报》8月18日第1版。

8月20日，为批驳美国政府向第二十六届联合国大会提交的所谓"两个中国"的提案，与外交部、新华社、人民日报社等部门负责人研究起草外交部声明稿及新华社两篇报道。①

8月21日，接见回国大使及外交部等部门负责人，宣读和解释20日外交部声明。在问及美国为在联合国制造"两个中国"曾同哪20个国家开会时，被问者大多答不上来。周恩来当场批评说：我真有点恼火，你们报纸也不看，参考也不看，外交战线这样子不行啊。随即，他举出了这二十个国家的国名，并分析道：从这个名单里，可以看出战后美国国际地位的下降。②

8月26日，下午，会见墨西哥《至上报》社长胡利奥·谢雷尔·加西亚。在谈到"中国是世界革命中心"的提法时，说：毛主席从未这样讲过，也不赞成这一说法。别人把中国叫成是"世界革命中心"，我们不能负责。中国极左分子这样说，我们不赞成。又说，思想总是要传播的，但行动要靠本国人民选择。③ 会见时，有关方面负责人和工作人员甄文君、彭华、凌青、李锦华、马毓真、段之奇、黄志良等在座。会见消息刊载于《人民日报》8月27日第1版。

8月27日，广播事业局请示审批歌颂中越友谊的越南歌曲一首，报告中谈到："歌词中有'我们欢呼万岁！胡志明，毛泽东！'这一提法感到没有把握……暂不用"。周恩来在旁边批："为什么没有把握，应该唱！！！"④

9月2日，对《解放军报》工作作指示：部队报纸要加强对战备的

---

① 中共中央文献研究室编：《周恩来年谱1949—1976》（下），中央文献出版社1997年版，第475—476页。
② 中共中央文献研究室编：《周恩来年谱1949—1976》（下），第476页。
③ 中共中央文献研究室编：《周恩来年谱1949—1976》（下），第477页。
④ 中华人民共和国史广播电视编辑部编：《当代中国广播电视回忆录》第3集《周恩来与广播电视》，中国广播电视出版社1994年版，第260页。

宣传。军报不能跟着《人民日报》转。《人民日报》登了的文章，军报不一定都照登。政府声明、重大接见、两报一刊（指当时的《人民日报》《解放军报》和《红旗》杂志。——笔者）社论要登，其他要根据军报特点。①

9月4日，下午，会见瑞典王国政府代表团全体成员，以及代表团随行记者。会见消息刊载于《人民日报》9月5日第1版。

9月9日，在关于"九一八"报道的指示中说：目前日本内部矛盾重重，要转告电台，天天唱《大刀进行曲》不合适。②

9月13日，因林彪叛逃，在人民大会堂召集会议，部署宣传工作。根据会议精神、中央电台在当天傍晚动员全台同志进行大清理，凡与林彪有关的稿件、节目和录音带，一律不准播出。要严格执行重播重审的制度。当天，新华社接到周恩来电话"请你们注意外电对中国的反应，特别是要注意北面的反应，如有情况，立即向我汇报。"③ 因林彪叛逃，周总理布置的几项应急措施中的第三条是：卫戍区要加强对新华社、广播电台、人民日报社等警卫目标的警卫工作。④

9月27日，凌晨，会见以贝鲁兹·基亚先生为首的伊朗国家电视代表团和伊朗《消息报》总编辑曼苏尔·塔拉吉先生，回答了他们的提问。伊朗国家电视代表团团员有穆罕默德·伊萨里、阿里·安萨里、阿哈迈德·阿萨迪安。会见时在座的有关方面的负责人和工作人员有刘建功、戴征远、彭华、冀朝铸、齐宗华、马毓真、叶惠、沈若芸等。会见消息刊载于《人民日报》9月27日第1版。

9月29日，晚，会见日本促进恢复日中邦交议员联盟访华代表团，

---

① 中共中央文献研究室、中国人民解放军军事科学院编：《周恩来军事文选》，人民出版社1997年版，第560页。
② 中华人民共和国史广播电视编辑部编：《当代中国广播电视回忆录》第3集《周恩来与广播电视》，第260页。
③ 郑德金：《周恩来指导新华社工作纪实（1931—1976）》，《中共党史资料》2008年第2期，第177页。
④ 朱元石等访谈整理：《吴德口述：十年风雨纪事——我在北京工作的一些经历》，当代中国出版社2004年版，第132页。

与伊朗国家电视代表团成员合影［周恩来（前左四），贝鲁兹·基亚（前左三），曼苏尔·塔拉吉（前左五）］（新华社记者摄）

资料来源：转自《人民日报》1971年9月27日第3版。

同他们进行了友好的谈话。同时，会见的还有日本社会党国会议员、《社会新报》特派记者田英夫。会见消息刊载于《人民日报》9月30日第1版。

9月，指示《参考消息》说，关于苏联的东西登得很少，可以多登一些。①

10月2日，批示同意我国同罗马尼亚签订新的广播电视协定（1972年3月2日协定在布加勒斯特签订。——笔者）。②

10月9日，陪同塞拉西参观北京东方红石油化工总厂。鉴于厂方接待人员介绍该厂污水处理工程言过其实，要求在赠送埃方的纪录片中剪

---

① 卫广益：《周恩来总理"文革"期间指导办〈参考消息〉》，《纵横》2009年第9期，第8页。
② 中华人民共和国史广播电视编辑部编：《当代中国广播电视回忆录》第3集《周恩来与广播电视》，中国广播电视出版社1994年版，第260页。

掉有关镜头。①

10月27日，会见美国友好人士谢伟思及其夫人。在谈到各种思想在世界传播问题时提出，资产阶级思想也有些好的东西嘛，研究研究嘛，不然的话，在世界上怎么处呢？我们出了《参考资料》和《参考消息》，登的文章有美联社的、路透社的、法新社的等。我们不怕它们的资产阶级思想。发行这些报刊可教育我们人民，使他们辨别是非，所以说思想是没有国界的。不使人们进行各种思想的比较，怎么能够认识正确的主张、正确的意见？总是封锁，不是办法。②谢伟思回忆道："周与我谈话时，告诉我不要相信表面的报道，有些是被夸大的。他希望如实反映。"③

10月28日，晚，会见日本《朝日新闻》编辑局长后藤基夫和该报"中国、亚洲调查会"主任波多野宏一、社论委员会委员永井道雄、经济部副部长中江利忠、驻北京记者秋冈家荣。一上来就提到广冈社长和松村谦三先生。周恩来说："贵社的广冈社长去年春天曾跟已故松村谦三先生一道来访，但我未能跟他单独会见。现在，我是跟代表你们社长来访的后藤编辑局长会见，回国后，请向社长转达我的问候。谁都没有想到松村先生会逝世，我们已经不能再见到他了。"④谈话提到《参考消息》时说，它可以使我们的干部增加国际知识，现已发行五六百万份。⑤参加会见的有关方面负责人和工作人员有王珍、马毓真、丁民、王效贤、王振宇、陈忠诚等。会见消息刊载于《人民日报》10月29日第1版。

10月，土耳其《国民报》国际部主任沙米·科亨参加在北京人民大会堂举行的庆祝中国加入联合国的招待会。很多外国外交官首先排队

---

① 中共中央文献研究室编：《周恩来年谱1949—1976》（下），中央文献出版社1997年版，第488页。
② 中共中央文献研究室编：《周恩来年谱1949—1976》（下），第492页。
③ 七十年代月刊社编：《周恩来纪念集》，广角镜出版社有限公司1977年版，第155—156页。
④ 田曾佩、王泰平主编：《老外交官回忆周恩来》，世界知识出版社1998年版，第290页。
⑤ 中共中央文献研究室编：《周恩来年谱1949—1976》（下），第493页。

问候招待会的主人周恩来。在译员把沙米·科亨介绍给周恩来时,他立即热情地握住他的手,用英语说:"阿哈,土耳其记者?……我非常高兴能在北京见到一位土耳其记者。"①

秋,在一次会见外宾谈到《参考消息》时说:"现在世界上有最好的一种报纸,就是我们的《参考消息》。它把那么多的消息有选择地登在一张报纸上,这是哪个国家也没有的,许多外国朋友都称赞。"②

11月9日,到机场欢送以乔冠华为团长的中国政府代表团,并和同机的代表团成员一一握手。在和钱嗣杰握手时,周恩来说:"小钱,送你三句话:新的工作,新的环境,要把照片拍好。"③

△ 晚,会见由阿尔巴尼亚劳动党中央机关刊物《党的道路》副总编辑斯特菲·科特米洛率领的阿尔巴尼亚新闻工作者代表团全体成员。参加会见的代表团团员有恰科·旦哥、台弗塔·焦莱卡、法托斯·采尔科吉马、巴诺·丘卡、利里姆·德达、阿纳斯达斯·康迪。会见时,阿尔巴尼亚驻中国大使馆临时代办安东尼、三等秘书迪迪亚和阿尔巴尼亚《人民之声报》驻京记者索玛·纳奇在座。会见时在座的还有首都新闻单位、有关方面负责人和工作人员鲁瑛、张政德、张士诚、张志、李连庆、彭华、刘克明、邵以华、范承祚、陶苗发等。会见消息刊载于《人民日报》11月10日第1版。

11月19日,晚,会见作家兼记者内维尔·马克斯韦尔。会见时,有关方面负责人章文晋、彭华、冀朝铸、金桂华、刘汝才、廉正保、胡凤仙等在座。会见消息刊载于《人民日报》11月20日第2版。12月5日,伦敦《星期日泰晤士报》发表了这次谈话的长篇报道,标题为"周总理的午夜思想"。

11月23日,晚,在接见水电部治理海河工程问题汇报会的同志

---

① 沙米·科亨:《土耳其报纸发表文章悼念周总理》,《参考消息》1976年1月15日第2版。
② 卫广益:《周恩来总理"文革"期间指导办〈参考消息〉》,《纵横》2009年第9期,第9页。
③ 新闻三昧编辑部:《钱嗣杰:经典镜头闪人生》,《新闻三昧》2003年第12期,第7页。

时，还专门通知新华社采编白洋淀问题内参稿的记者和总社编辑同志参加，并表扬了内参"对政治局的同志有帮助，很有用处"。

12月2日，接见参加接待尼克松来华准备工作会议的有关部门负责人。关于对外宣传提出：要宣传我们的胜利，但不要夸大，不要过头。要把语录、标语整理一下。并说：不必在林彪的名字上打"×"，这是红卫兵的做法，现在不必那么做。①

12月5日，就新华社所编《参考资料》转登日本友人敬仰周恩来的文章说："关于川崎秀二的文章，你们参考上登这个干什么，吹我的，读了讨厌，你们这个风气还不改，再不改我就要公开批评你们了。"②

12月17日，对《参考消息》上一个材料作了大量眉批，并要《人民日报》的崔奇同志就此写篇评论。崔奇仔细地研究了周恩来的12处批语，认为周恩来不仅提出许多精辟的论点，且已形成评论的语言，遂将这些批语连贯起来，略加发挥，写成一篇评论文章。周恩来看到这篇文章后，把崔奇叫去，批评说：我在上边批的那些话只是给你参考的，你写这篇东西没有动脑筋，说理不充分，没有写好。这篇评论没有发表，但崔奇却有了难忘的教训，认识到写文章必须自己真正开动脑筋，通过自己的思考，用自己的语言，表达自己的认识和感受，才是新闻工作者应有的极端负责的态度。③

12月23日，晚，主持中央政治局会议，讨论《人民日报》送审的一九七二年元旦社论稿。在这篇社论中，关于台湾问题，经周恩来修改，写了这样一段话："在新年到来之际，我们对海外侨胞和台湾同胞表示亲切关怀。台湾省是我国领土不可分割的一部分。台湾同胞是我们的骨肉兄弟。解放台湾是中国的内政，不容任何外人干涉。我们坚决反对任何制造所谓'一中一台''一个中国、两个政府''台湾地位未定'

---

① 中共中央文献研究室编：《周恩来年谱 1949—1976》（下），中央文献出版社 1997 年版，第 498 页。
② 人民出版社资料组编：《人民的好总理 纪念敬爱的周恩来同志》（中），人民出版社资料组，1977 年，第 259 页。
③ 崔奇：《高瞻远瞩无微不至——回忆周总理对人民日报国际宣传的关怀和指导》，《外交学院学报》1999 年第 3 期，第 30 页。

'台湾独立'或类似的阴谋。美国的一切武装力量必须从台湾和台湾海峡撤走。中国人民一定要解放台湾,这一天终究要到来的。"①

12月29日,晚,会见伊拉克政府代表团全体团员,以及随团记者哈迪西、萨马维、穆罕默德。会见消息刊载于《人民日报》12月30日第1版。

英国新闻工作者露丝·史密斯80岁生日这天,新华社驻伦敦记者受周恩来委托,带着生日蛋糕去看望她,并且邀请她再次到中国工作。1962年被新华社聘为英语专家的史密斯高兴极了,激动地说:"这一天终于盼来了!"②

据不完全统计,从1971年到1974年,直接给参编部的指示就有93次之多,对《参考资料》《参考消息》等所有刊物几乎都有指示,从业务范围来讲,从选报、编辑、翻译,到出版发行,甚至参考消息的版面安排和英参、法参的字号大小等,周恩来都曾给予具体指导。③

本年,审批新华社稿件491篇,作为新闻人物的周恩来,被《人民日报》发表报道文章415篇。

新闻背景

1月1日,中央"两报一刊"发表题为"沿着毛主席革命路线胜利前进"的社论。

5月1日,中央人民广播电台恢复播出维吾尔语、哈萨克语节目。1972年5月1日、8月1日和1973年1月1日,又分别开播了蒙古语、朝鲜语和藏语节目。

5月2日,《参考消息》刊出斯诺访华文章《我们同毛泽东谈了话》。

6月19日,《参考消息》刊出斯诺又一篇访华文章,题目为"同毛泽东的一次交谈"。这是斯诺同毛泽东谈话的第二篇文章。此文内容极为重要。毛泽东在与斯

---

① 崔奇:《崔奇时事评论集 20世纪40年代—21世纪初叶》,人民日报出版社2010年版,第218页。
② 高岩:《文革中的周恩来与在华的"洋老九"》,《国际人才交流》1993年第1期,第6页。
③ 人民出版社资料组编:《人民的好总理 纪念敬爱的周恩来同志》(中),人民出版社资料组,1977年,第259页。

诺长达五小时的交谈中，谈了中美关系、中苏关系、其他对外关系、中国形势及"文化大革命"中的问题。

9月，北京大学新闻学专业正式成立。中国人民大学原新闻系部分教师被抽调到北大中文系复办新闻专业。1973年6月，中国人民大学停办后，原新闻系教师按建制被分配到北京大学中文系新闻专业。

9月，中央新闻纪录电影制片厂摄制出《新闻简报》第25号，记录周恩来会见阿尔巴尼亚农业代表团等内容。中央新闻纪录电影制片厂摄制出《新闻简报》第27号，记录周恩来会见意大利政府经济代表团等内容。

12月，上海复旦大学新闻系招收第一批工农兵学员。

我国农村有线广播事业蓬勃发展。全国各县、市基本上都建立了广播站，96%以上的生产大队（村），87%以上的生产队（组）都建立了有线广播。

《纽约时报》刊登国防部"关于越南问题的决策过程"，尼克松认为是美国历史上最大的文件泄密事件。巴勒斯坦解放组织创办巴勒斯坦通讯社。伊比利亚美洲电视组织成立。日本广播协会试播全频道电视。

1972年（七十四岁）

1月3—10日，美国总统尼克松的国家安全事务副助理黑格一行18人来华为尼克松访华做技术安排。在尼克松访华期间，随行记者将通过通讯卫星播发电视、图片、电讯等，请中国政府给予方便。对此，周恩来告诉熊向晖转告随黑格前来的白宫发言人齐格勒，中国政府原则上同意他代表美国方面提出的这一要求，并提出三点指示：第一，请齐格勒负责为中国政府租用一颗通讯卫星，租用期是北京时间1972年2月21日上午1时至2月28日24时。第二，在租用期间，这颗卫星的所有权属于中国政府，美国方面必须事先向中国政府申请使用权，中国政府将予同意。中国政府向使用者收取使用费。第三，租用费和使用费都要合理，要齐格勒提出具体数目。①

---

① 王凤超：《周恩来新闻活动年表》（续二），《新闻研究资料》1988年第4期，第158页。

1月5日，指示将日刊文章《财团——另一个统治者，美国四大财阀的真面目》登《参考消息》。①

1月7日，根据周恩来指示，为向美国转播尼克松访华、美国总统尼克松定于2月1日来我国访问的电视节目，北京电视台代表和美国广播公司、美哥伦比亚广播公司和美全国广播公司代表签订了我方租借美方电视转播设备的《租借合同》及《美国电视、广播机构使用北京电视台设备的合同》。②

1月29日，指示说，述评稿要充分讲道理，论据要有力，站得住脚。③

2月1日，晚，在人民大会堂举行盛大宴会，欢迎巴基斯坦伊斯兰共和国总统佐勒菲卡尔·阿里·布托及其夫人以及随行记者。会见消息刊载于《人民日报》2月2日第1版。

2月7日、8日，召集有关方面负责人开会，研究部署接待尼克松的安全保密、宣传教育、新闻报道、接待方针等项工作。④

2月16日，致电斯诺夫人，对斯诺15日在瑞士病逝表示慰问和沉痛哀悼。唁电内容有：斯诺先生的一生，是中美两国人民诚挚友谊的一个见证。早在中国人民进行民族、民主革命时期，他就同中国的革命力量建立了友谊。他冲破当时的重重障碍，热情地把毛泽东主席领导下的中国革命斗争和中国工农红军的二万五千里长征，介绍给美国和各国人民。在我国解放后，他又多次来访，报道了毛主席领导下新中国人民革命事业的进程。他的著作受到中外广泛的重视。甚至在他重病期间，他仍然念念不忘为增进中美人民之间的了解和友谊而工作。对这样一位老

---

① 卫广益：《周总理与〈参考消息〉报——纪念周恩来同志诞辰一百周年》，《中国记者》1998年第3期，第14页。

② 中华人民共和国史广播电视编辑部编：《当代中国广播电视回忆录》第3集《周恩来与广播电视》，中国广播电视出版社1994年版，第260—261页。

③ 林枫：《马克思主义新闻观 中国视角的系统阐释》，新华出版社2005年版，第235页。

④ 中共中央文献研究室编：《周恩来年谱1949—1976》（下），中央文献出版社1997年版，第511页。

朋友，中国人民是不会忘记的。①

尼克松访华前夕，2月9日向国会提出一个长达九万多字的对外政策报告，美国国防部莱尔德于2月15日向国会提出题为"现实威胁的国家安全战略"的国防报告。2月17日，新华社就这两个报告写了一篇述评性的新闻稿，送周恩来审阅。周恩来作了较大的修改，并嘱把他改样的复印件送人民日报有关同志阅。新华社的送审稿，原来拟订了两行标题："美国总统尼克松提出对外政策报告 继续推行惨遭失败的'尼克松主义'"。周恩来把第二行（即副标题）全部勾掉。除了批评尼克松的话不上标题外，稿中凡是提到尼克松名字处，都加上总统的称谓。稿中说，美国政府提出一个疯狂的扩军备战计划，"疯狂的"改为"庞大的"。稿中说，尼克松要找出路，就得接受越方的七点和平建议，否则只能给它带来更惨重的失败。这段话全部删去。稿中引述尼克松对中国的看法，然后说这表明美国政府"绝不会改变其敌视中国的立场"，"绝不会"改为"不愿"。稿中讲到尼克松一方面说美国经不起同世界上四分之一人口隔绝开，另一方面又说不能背弃美国的老朋友，"这充分说明他处在无法解脱的自相矛盾之中"。把"无法解脱"改为"难以解脱"。在谈到台湾问题的地方，加了一段话：中国政府和中国人民对美国人民一向是友好的。我们反对的是美帝国主义的侵略政策和战争政策。我们坚决支持世界各国反侵略的斗争。美国武装力量必须从印度支那撤走，从南朝鲜撤走，从台湾撤走。这是我们坚定不移的立场。把新闻稿的结语"不管美帝国主义变换什么花招，只要它坚持侵略和战争政策，就挽救不了它必然失败的命运"，全部删掉。②

2月18日，美国总统尼克松访华前夕，《人民日报》国际版在刊登尼克松总统提出对外政策报告的消息时，加了一个副标题："报告表明美国政府迫于形势不能不在对外政策方面作某些调整，但仍然坚持其强权政治和实力地位政策"。当天深夜，周恩来召集外事、宣传部门有关

---

① 裘克安编：《斯诺在中国》，生活·读书·新知三联书店1982年版，第319—320页。
② 崔奇：《崔奇时事评论集 20世纪40年代—21世纪初叶》，人民日报出版社2010年版，第219—220页。

同志开会时，批评了人民日报五版的上述标题，认为处理不当，不应加那两行副标题。周恩来说："你们没有政治头脑，不能掌握政策分寸。"① 当天，新华社发了尼克松总统启程的消息。消息原稿中说："美利坚合众国总统尼克松和他的夫人二月十七日乘飞机离开美国首都华盛顿来中华人民共和国进行访问"。周总理审稿时，在"来"字前面加了一个"前"字。周总理说："有'前'字，广播念起来顺口"。②

2月19日，和邓颖超等出席首都各界人士为斯诺举行的追悼会。在斯诺患病期间，毛泽东、周恩来曾派陈志方、黄华等前往日内瓦看望，并派去一个医疗小组协助护理。③埃德加·斯诺先生的夫人洛伊斯·斯诺及其子女克里斯托弗和西安，今天打电报给周恩来，对于北京举行斯诺先生追悼会表示深切的感谢。④

△ 在研究尼克松访华的新闻、宣传部门负责人会议上说：美国搞扩军备战既是针对我们的，但更多的是针对苏联的，它把我们看作潜在的敌人。新华社的报道一定要注意这一点。你们今天写的尼克松启程来华的消息中，他所说的："当我们展望将来的时候，我们必须认识到中华人民共和国政府同美国政府之间存在巨大的分歧。将来我们之间仍将存在分歧。但是，我们必须做的事情是寻找某种办法，使我们能够有分歧而不致成为战争中的敌人。"这段话说得最清楚不过了。⑤

△ 据陈龙回忆：尼克松在白宫草坪上乘直升机去机场之前，有一个讲话，讲了访华的目的。当时，搞国际报道的一些同志打算不发消息。这时，周恩来来了电话，说毛主席问尼克松出发了没有？讲话了没有？新华社报不报，有什么想法？这时，我们才感到自己的思想跟不上

---

① 崔奇：《崔奇时事评论集 20 世纪 40 年代—21 世纪初叶》，人民日报出版社 2010 年版，第 153 页。

② 杨牧：《忆周总理与广播宣传的几件事》，《北京广播学院学报》1980 年第 1 期，第 11 页。

③ 中共中央文献研究室编：《周恩来年谱1949—1976》（下），中央文献出版社 1997 年版，第 512 页。

④ 武际良：《斯诺与中国》，中国社会出版社 2005 年版，第 346 页。

⑤ 中共中央文献研究室编：《周恩来年谱1949—1976》（下），第 512 页。

形势。周恩来指示赶快写一条消息送审。当天,周恩来看了这条消息,批评消息只报了尼克松动身来华,太简单了,应该把尼克松讲的话引上几句,让群众知道他讲了什么话。周恩来把稿子退回新华社重写。第二稿把尼克松的话引了几句。周恩来看后说,还是不行,叫写稿的同志马上去人大会堂重新改写。根据周恩来的指示,写稿同志作了修改,周恩来当场批改了这篇稿件,立即呈毛主席审阅。过了一个多小时,毛主席就把稿子批回来了。当天深夜,周恩来就召集外交部和首都各新闻单位负责人开会,总结新华社编写这条国际新闻的经验教训。①

2月21日,在欢迎美国总统尼克松的宴会上的祝酒词《中美友好来往的大门终于打开了》,发表在2月22日的《人民日报》第2版。

△ 中午11点30分,尼克松的专机经停上海抵达北京首都国际机场,周恩来总理、叶剑英副主席、李先念副总理、郭沫若副委员长、姬鹏飞外长等到机场迎接。刘振英把提前写好的未定稿同时交给两个编辑部,当刘振英打电话说"尼克松抵达北京的稿件已审定可发"后,国际台立即就安排播出了,结果当播到"欢迎仪式正在进行"时,机场停机坪上的专机机舱门才刚刚打开,首都机场的欢迎仪式还没有开始。而中央人民广播电台是按预定计划在中午12点播出的,和现场情况正好吻合。不过,小小的细节疏忽并没有影响大局,国际台的稿件播发后,国际上各大媒体迅速转发这一具有历史意义的重大新闻。尽管如此,当时刘振英还是有些紧张,因为出现这个小差错,毕竟和他没交代清楚有关系。没想到,第二天周恩来见到记者时,显得非常高兴,他对刘振英说:广播电台的报道很及时嘛,在国际上的反响很好嘛!到现在刘振英都不清楚周恩来是不知道出现了这个小疏忽,还是知道了觉得"瑕不掩瑜"。总之,他们的报道得到了周恩来的表扬。②

---

① 人民出版社资料组编:《人民的好总理》(中),人民出版社资料组,1977年,第253—254页。

② 刘振英口述,贾晓明整理:《周总理教我写新闻》,《人民政协报》2014年9月16日第4版。

△ 晚，在人民大会堂宴会厅举行宴会，欢迎美国总统理查德·尼克松及其夫人。宴会前，周恩来等我国领导人会见了尼克松总统及其夫人以及随同来访的正式成员、非正式成员、技术人员、记者和专机机组人员，并同他们分别照了相。会见消息刊载于《人民日报》2月22日第1版。

按：2月21日至28日，美国总统尼克松访问中国。周恩来和尼克松进行了多次会谈。双方于2月27日在上海发表了《中美联合公报》。尼克松访华和《中美联合公报》，引起了世界各国强烈的反应，《参考消息》作了及时、充分、客观、全面的报道。尼克松访华期间，新华社公开报道文字消息25条，同时编发大量配合性报道，其中国内新闻的对内、对外报道共发稿200多条，40万字，国际新闻40多条、10多万字，编发新闻图片稿41组、218个画面。

2月22日，同尼克松举行会谈。当美国摄影记者打开照相机准备照相时，中国总理说："你们应该给你们的总统多照一些照片。"①

2月23日，下午，当周总理同尼克松在会议桌边坐下的时候，他对新闻记者和摄影记者们说："如果记者们想要多看一些地方，你们可以向新闻司提出申请。"②

△ 中央广播事业局军管小组给周恩来送去《汇报有关尼克松访华广播电视宣传情况》，其要点如下："毛主席会见尼克松的消息，中央电台和北京电台的英语广播，均按总理的指示，于当晚8时半播出。中央电台共广播了16次。尼克松到京的简讯，中央电台于当天中午12时半播出，到京的详细报道，中央电台于当天下午5时播出。"尼克松访华期间，中央电台发新闻16条，共播出119次。对台湾播发新闻19条，播出274次。③

---

① 汉斯莱：《外电评述：周总理同尼克松总统继续会谈》，《参考消息》1972年2月25日第1版。

② 亨利·哈岑布什：《外电评述：周总理同尼克松总统继续会谈》，《参考消息》1972年2月25日第1版。

③ 中华人民共和国史广播电视编辑部编：《当代中国广播电视回忆录》第3集《周恩来与广播电视》，中国广播电视出版社1994年版，第261页。

2月25日，让人转告新华社，美国这次随尼克松来中国这么多记者，从他们在这里的工作中，看看有没有什么可学的东西。①

2月27日，中美双方就联合公报达成协议。双方在中外记者招待会上公布《中美联合公报》内容。随基辛格几次访华的美国驻华大使温斯顿·洛德回忆起当时起草公报的某些戏剧性场面。美国方面的草稿是"掩盖分歧，尽量寻求共同点和一致意见"。他回忆说，当时周恩来针对美国人调和分歧的做法作了一小时"用词尖刻"的讲话。周恩来说，毛主席认为草稿是不能接受的。美方草稿措词不是"真实的反映"，用的都是些陈词滥调。"我们两国打过仗，敌对和隔绝二十多年了。对于如何管理国家，如何跟外界打交道，我们各有自己的观点。如果我们突然弥合了这些分歧、找到了广泛的一致，谁会相信呢？"用温斯顿·洛德的话说，"美方的草稿被扔进了历史的垃圾堆"。当天晚上，吃完例行的北京烤鸭后，周恩来提出了中方的草稿，这份草稿列举了在每个问题上两种截然不同的观点，实在是前所未有的。中方就一个问题陈述了自己的观点后，都留下空页让美方填写自己的观点。基辛格起初大吃一惊，转而意识到这样一份表明不同观点的公报也给美国表明自己的观点留下很大的余地。周说："这是一种全新的公报。每一方都清楚地表明自己的观点，然后我们清楚地列出可以达成一致、进行合作的原则和领域。"在随后的48小时里，双方投入紧张的起草和修改中，仔细推敲每一个字眼。台湾问题如何措辞是最棘手的问题，还是基辛格找到一个双方可以接受的办法："美国认识到，在台湾海峡两边的所有中国人都认为只有一个中国，美国对这一立场不持异议。"周听了这句话，脸上露出笑容。基辛格写道："我认为我所做过的和说过的，给周印象最深的莫过于这个措词模棱两可但双方又都可以接受的方案。"②

2月，新华社有关同志由于思想上不太理解我国政府邀请美国总统

---

① 中共中央文献研究室编：《周恩来年谱1949—1976》（下），中央文献出版社1997年版，第514页。

② ［英］韩素音：《周恩来与他的世纪1898—1998》，王弄笙等译，中央文献出版社1992年版，第505页。

尼克松访华，在报道中出了差错。周恩来当天深夜就召集外交部和首都各新闻单位负责人开会，总结经验教训。会上，周恩来强调指出，要认真学习毛泽东思想，很好理解毛主席制定的战略方针。①

△ 美国总统尼克松访华。周恩来陪同尼克松游览杭州西湖，一大群中外记者跟过来照相，越聚越多，简直无法拍照了。突然，一个美国记者抢前一步，趴到一处低洼地的积水里，找了一个好角度抢拍了几个好镜头。周恩来立刻表扬这名记者说："记者就应该有这种精神，为了抢到镜头，敢于赴汤蹈火。"周恩来要中国记者向这个记者学习，后来他语重心长地告诫大家："优越的采访条件害了你们！"②

△ 美国总统尼克松访华，在北京郊区十三陵游览时，一位随行的美国记者发现有一群孩子穿着花衣服在做游戏。此时虽是早春二月，但北风刺骨，寒意袭人，因此他怀疑这是不是故意排练出来的。后来周恩来查明了此事，特地找了个机会向客人表示歉意："有人搞来一些孩子，想使十三陵显得漂亮一些，这是制造假象。你们的记者向我们指出了这一点，我们已经批评了做这件事的人。"③

△ 由于能投放市场的书太少，北京等地书店作出"只卖给外国人、不卖给中国人"的规定，结果引起读者不满和外国记者的嘲笑。周恩来发现后及时进行批评纠正。④

△ 原新华社驻埃及中东总分社社长陈佩明回忆说：尼克松来访后，一天晚上我值夜班、收到平壤分社发来的朝鲜领导人与到访的古巴高级党政代表团会谈后发表的联合声明，声明强烈谴责了美国政府对朝古两国奉行的政策。按照有关方面的意见，这稿不宜发。我想起总理曾对新华社交代过："兄弟部门的意见要考虑，但若新华社有不同想法，可把两种意见连同稿子一并送我处审阅。"我们决定按总理指示办，将此稿

---

① 卫元理：《建设新闻队伍的强大动力——纪念周恩来同志逝世十周年》，《新闻业务》1986年第1期，第9页。
② 唐海、唐世鼎、吴君红：《亲切的关怀 巨大的鼓舞——毛泽东、周恩来、邓小平等老一辈无产阶级革命家关心中国电视发展纪事》，《当代电视》2004年第10期，第5页。
③ 沈苏儒：《对外报道业务基础》，今日中国出版社1989年版，第243页。
④ 袁亮：《周恩来刘少奇朱德陈云与新闻出版》，中国书籍出版社2003年版，第159页。

连同两种意见送总理审批。稿件送总理办公室不出两个小时,周总理就亲自签发了此稿,并批示:"第三国的反美稿件可发。"在处理朝古声明之后的一天,越南国家通讯社播发了一则战报,详细报道了越南人民军在当天打了一次大胜仗,收复了多少失地,打死打伤了多少美军。白天值班的同志在收到此战报后,经分析研究,认为越通社可能把战果"夸大"了,决定不予播发。这天又是陈佩明上夜班,白班的同志向其交代此事,陈未加过问。当晚,总理办公室打来电话,总理问,今天白天越通社发了一条战报,新华社发了没有?陈佩明如实将白班同志的决定汇报给总理,告诉他没有播发。总理认为不该不发。总理说:"越南是一个小国,它抗击美国这样一个强国,我们应该支持。"总理叮咛陈尽快把越通社战报编好。送总理审后发了。①

3月初,新华社提出一个"关于编发尼克松访华和中美联合公报的国际反应问题的请示报告",准备着重摘发国际反应中对中美会谈和联合公报表示欢迎的言论,指出中美会谈符合两国人民愿望,对改进中美关系、缓和国际紧张局势将产生重大影响,是和平共处五项原则的胜利和中美两国人民及世界人民的胜利。这个请示报告的草稿,按周恩来指示,由外交部召集有关部门同志进行了讨论修改,上报中央。3月7日,周恩来传达了毛泽东对这个请示报告的批示:似可不必发这类新闻,近似张扬,而且都是资本主义国家的(反应),显示苏与阿、越不一致,可在内部刊物上弥补。②

3月13日,阅批中、朝、日三国乒乓球协会会谈《新闻公报》稿,批告:"不要强加于人,要通过协商解决。"③

3月18日,对外交部关于对外发稿问题的报告批示:对外发稿由新华社统一归口,报刊、电台均以新华社发稿为准。④

---

① 孙晓燕主编:《丰碑精粹》,中央文献出版社2017年版,第42—43页。
② 崔奇:《崔奇时事评论集 20世纪40年代—21世纪初叶》,人民日报出版社2010年版,第224页。
③ 中共中央文献研究室编:《周恩来年谱1949—1976》(下),中央文献出版社1997年版,第515页。
④ 中共中央文献研究室编:《周恩来年谱1949—1976》(下),第515页。

3月23日，会见阿拉伯埃及共和国总统萨达特的外事顾问、总统特别代表马哈茂德·里亚德率领的埃及政府代表团全体成员和随行记者。会见消息刊载于《人民日报》3月24日第1版。

3月28日，人民画报社就这一年第5期拟配合纪念毛泽东《在延安文艺座谈会上的讲话》发表30周年，刊登1936年毛泽东与斯诺在陕北合影的照片一事请示。周恩来批示："可考虑用"。①

4月18日，阅改《人民日报》社论《惩前毖后，治病救人》稿，并批示："请考虑加一段主席多次说过的，在我党十次路线斗争中证明，我党绝大多数干部和党员要团结不要分裂，坚持在正确路线的基础上搞

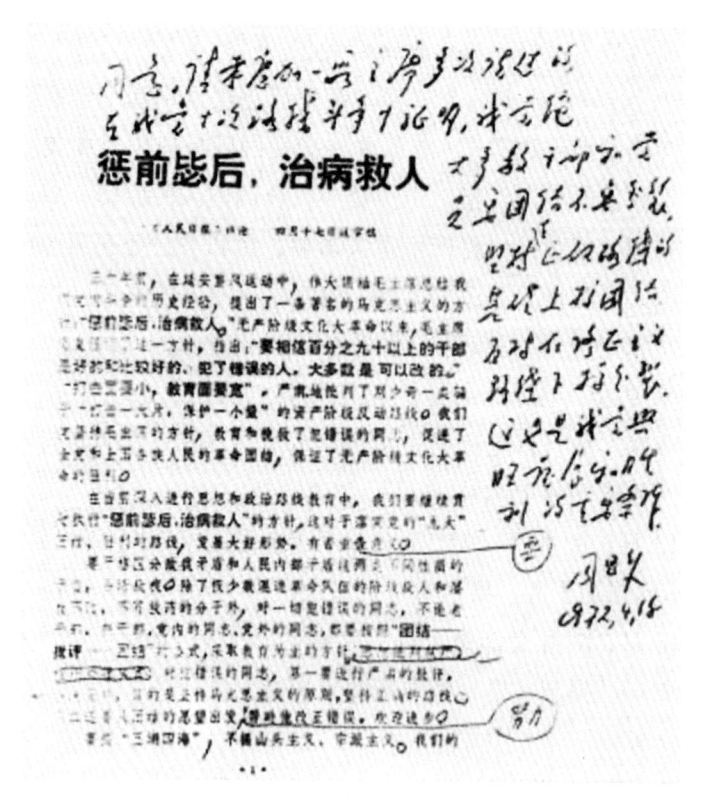

资料来源：中国历史博物馆编《纪念周恩来总理》，文物出版社1978年版，第181页。

---

① 袁亮：《周恩来关心对外新闻出版工作纪事》（二），《出版发行研究》2001年第2期，第72页。

团结，反对在修正主义路线下搞分裂。这也是我党兴旺发展和胜利的重要条件。"

童小鹏在《风雨四十年》一书中写道：这篇社论在当时的影响很大，有力地推动了解放干部工作的进行。在那段时间，周恩来常常利用各种活动，通过在《人民日报》发表参加人员名单的办法，为老干部恢复名誉，解放了一批又一批干部。①

4月20日，就中联部、广播事业局《关于筹办盖丘亚语广播和聘请盖丘亚语专家的请示报告》，周恩来批示：同意。争取1974年初开始。②

4月24日，根据周恩来意见起草的《惩前毖后，治病救人》社论在《人民日报》第2版头条发表，其中强调，要严格区分两类不同性质的矛盾，对一切犯错误的同志，都要坚持"团结—批评—团结"的方针。并指出："经过长期革命斗争锻炼的老干部""是党的宝贵财富"。③

4月29日，指示把英《泰晤士报》社论《欧洲的政治》登在《参考消息》30日明显的地方。④

4月30日，对摄影记者说：你们是首长路线，没有群众观点。拍我同乒乓球运动员打球，为什么把我照成正面，把运动员照得那么侧？要向他们道歉。⑤

春，法国一家电视台请周恩来发表电视讲话，由中央电视台协助拍摄和录音。周恩来说："拍好一部片子，需要群策群力，我提前来同你们一起作准备工作。一是向你们学习；二是帮你们出出点子。"于广华说："请总理给作指示。"周恩来笑着说："今天你是导演，我是演员，

---

① 童小鹏：《风雨四十年》（第二部），中央文献出版社1994年版，第292页。
② 中华人民共和国史广播电视编辑部编：《当代中国广播电视回忆录》第3集《周恩来与广播电视》，中国广播电视出版社1994年版，第261页。
③ 中共中央文献研究室编：《周恩来年谱1949—1976》（下），中央文献出版社1997年版，第520—521页。
④ 卫广益：《周总理与〈参考消息〉报——纪念周恩来同志诞辰一百周年》，《中国记者》1998年第3期，第14页。
⑤ 中共中央文献研究室编：《周恩来年谱1949—1976》（下），第523页。

如果谈指示的话，我要听你的指示。"这时，照明的同志忙着接线架灯，周恩来也边看边自言自语地说："这是主光，那是副光……"又突然发问："为什么没有背景光？我认为应该有。第一，背景不能一片漆黑；第二，背景有一幅很漂亮的天池油画，可以增加影片的色彩，而且有生气。"按照总理的要求，我们调整了灯光的位置。他又对摄影机的角度提了探讨性意见："摄影机正好对准我，我是正面，而客人必然是背面，这不礼貌，从画面效果看也不亲切。你们同意不同意我的看法？"大家一致认为总理的意见是对的，于是又调了机位。总理说："灯光、摄影机就这样定下来，下一步要试一下声音。"他坐在沙发上念稿子时，服务员送来一杯茶水，因为茶杯与茶盘相撞发出响声，总理马上喊停："这些小事应该事先想到，杯和盘都是瓷的，相撞必然有声音，录进去就是杂音，影响效果。可以想办法么，茶盘里放上一块小毛巾问题全解决了。"按总理的建议做了，果然奏效。试验完毕以后，他又从头到尾听了一遍才算结束了这次采访前的准备工作。①

5月10日，《人民日报》国际部送审一篇关于越南问题的评论，周恩来约崔奇谈稿件的修改时说："你们的评论说美国表示要从越南撤军是骗人的鬼话。这样讲没有留有余地，不能这样讲。这是极左的话。现在看，它是要撤一点的。这是文风问题，不是说理方式，你们的文风问题又发展了。站不住脚的过头的话，以后这类东西要少一点。"②

按：在重大国际问题上除了正确阐明我国的立场态度外，还应该切实掌握宣传分寸，不说任何过头话，这一段谈话体现了周恩来对新闻真实的一贯要求。无论是消息、通讯写作，还是新闻评论写作都要忠于事实，要准确无误，这是新闻工作者必须遵守的底线。

5月23日，会见斯诺的夫人及其家属。斯诺夫人对斯诺逝世后毛泽

---

① 中华人民共和国史广播电视编辑部编：《当代中国广播电视回忆录》第3集《周恩来与广播电视》，中国广播电视出版社1994年版，第178—179页。
② 王凤超：《周恩来新闻活动年表》（续二），《新闻研究资料》1988年第4期，第159页。

东、周恩来、邓颖超给予的关怀表示感谢。①

5月，批示：《泰晤士报》谈对苏各阶级状况的看法一文，可登《参考消息》的第四版。②

6月10日，撰写的《党的历史教训》一文，1985年1月17日《人民日报》第2版摘录发表。

6月14日，对《关于柬共华同志对北京电台意见的有关情况和改进措施》的报告批示：请广播局转外交部、中联部一阅。并请中联部与华同志一谈，看她的意见如何。如有更好的意见，可请中联部代请华与广播局负责柬语节目的同志一谈。③

△ 周总理接见以远藤三郎为团长的日本旧军人代表团时，听取日本朋友对我日语广播的意见，当时在场的日语部专家德地末夫说："对日广播办得不错。"总理说："您说得太好了，我不完全相信。可能日语部好些。我还是文化大革命前去过那里，已经有6年没有去了。"德地补充说："听众反映不错。"总理说："如果有三分之一听众说好，很不错了。"周总理问德地："对日广播的播音员是不是中国人？"德地说："有中国同志，也有日本同志。"周总理说："节目怎样不能责怪播音员，因为稿子不是他们定的。广播好坏主要在内容，看内容适合不适合日本情况，看听众喜欢不喜欢。"④

6月16日，下午，会见并宴请美国哈佛大学教授费正清及其夫人，美国科学家协会代表团团员杰里米·斯通博士及其夫人、杰罗姆·科恩博士，美国《纽约时报》联合主编哈里森·索尔兹伯里及其夫人，《圣路易邮报》记者理查德·达德曼及其夫人。参加会见和宴会的有章文

---

① 中共中央文献研究室编：《周恩来年谱1949—1976》（下），中央文献出版社1997年版，第527页。
② 卫广益：《周总理与〈参考消息〉报——纪念周恩来同志诞辰一百周年》，《中国记者》1998年第3期，第14页。
③ 中华人民共和国史广播电视编辑部编：《当代中国广播电视回忆录》第3集《周恩来与广播电视》，中国广播电视出版社1994年版，第262页。
④ 黄达强主编：《中国国际广播回忆录》，中国国际广播出版社1996年版，第37—38页。

晋、柯柏年、彭华、王蒂澄、汤兴伯、马毓真、唐闻生、沈若芸、马杰先、廉正保。会见消息刊载于《人民日报》6月17日第3版。

6月16日之后，周总理经过大量调查研究，并听取廖公（承志）汇报之后，对对外宣传作了一系列的讲话和指示。例如"不要把对内的东西硬搬来对国外，不动脑筋是不行的""既不要丧失原则，又要讲究效果，要有自己的特点""不要强加于人。安排节目，要考虑人家的需要。要向外国人说老实话"等等。总理在一份关于对外宣传的请示报告中看到"大力宣传我国社会主义革命和社会主义建设大好形势"这样一句话时，将它改为"实事求是地宣传我国社会主义革命和社会主义建设的成就及其发展的过程"①。

6月26日，人民画报社为纪念中国人民解放军建军四十五周年，拟在这一年第8期刊登《沿着毛主席的建军路线胜利前进》一文。周恩来在审阅时批示："有了投降主义，就不要再加右倾机会主义的形容词。"②

7月3日，约《人民日报》社鲁瑛等谈话，内容是近期发表的评论尼克松关于越南问题讲话的文章。③

△ 中央广播事业局军管小组向中央送上《关于伟大领袖毛主席及党和国家其他领导人讲话录音的保管问题的请示》报告。中央办公厅秘书处随后派人到广播局了解胶带、唱片清理情况、保存条件，并提出了有关意见。周恩来批示：建议还是全部暂由广播事业局负责保存并改进条件。待中央档案馆建设起科学保存条件后，再将应长期保存的接收过来。④

---

① 黄达强主编：《中国国际广播回忆录》，中国国际广播出版社1996年版，第38—39页。
② 袁亮：《周恩来关心对外新闻出版工作纪事》（二），《出版发行研究》2001年第2期，第72页。
③ 中共中央文献研究室编：《周恩来年谱1949—1976》（下），中央文献出版社1997年版，第533页。
④ 赵玉明、哈艳秋、袁军：《周恩来与广播电视》（中），《中国广播电视学刊》1998年第4期，第12页。

7月4日，书面交代秘书钱嘉东："报道尼克松讲话的那一稿子，不大够劲，说理也不足。请告新华社派它写国际报道的编者来大连。""外交部美国组也要派一人来""如改得好，明晨可飞回"。① 当日下午，周恩来接见《人民日报》崔奇、新华社谢文清和外交部丁原洪，准备起草关于尼克松总统在记者招待会上讲话的评述性新闻。此稿在大连拟出，5日在上海经周恩来改定。7日在《人民日报》第5版刊出，标题是："美国总统在记者招待会上谈越南问题"。

7月8日，在外事、宣传单位会议上的讲话中说：日本《朝日新闻》说中国向田中传话，准备谈判复交，这一条应登《参考消息》。登了没有？（回答：不知道。）你应该抓业务。② 今早我批的朝鲜的稿子广播没有（回答：总理批的稿子我们都尽快发表。）你说的是应该发表，我问的是是否已发表，电台广播没有？《人民日报》社论毛主席已批发，电台广播没有？（回答：已批明日见报，我们只准备明日见报，未考虑电台广播。）你看，你们就是不重视！这是毛主席批的稿子呀！朝鲜方面把我们的反应放在第一位，你们看朝鲜发表的各国对南北公报的反应没有？社论批下来了，就应该立刻交电台广播嘛。关于尼克松"六·二九"记者招待会一稿，电台广播了几次？新华社知道吗？（答：不知道，我们只管文字广播）。为什么不告电台多播几次？你们就是没有全局观念！中央批的稿子要快发，快广播。……你们有军管小组、总勤务组、国际部，层次太多，要改组一下才好。③ 讲话中说：新华社昨天送来的关于日本新内阁组成的稿子写得太简单，既不写新内阁是怎么产生的，也没摘它的外交政策方面的言论。我们对日本，过去只搞人民外交，不同官方往来。今后当然主要是搞人民外交，但同官方也要往来。形势变了，日本政府的政策也不能不变。情况变了，我们要积极工

---

① 中共中央文献研究室编：《周恩来年谱1949—1976》（下），中央文献出版社1997年版，第533页。
② 卫广益：《周恩来总理"文革"期间指导办〈参考消息〉》，《纵横》2009年第9期，第8页。
③ 中华人民共和国史广播电视编辑部编：《当代中国广播电视回忆录》第3集《周恩来与广播电视》，中国广播电视出版社1994年版，第262页。

作，在报道上就要反映出这一精神。①

△ 新华社发布了田中内阁组成的消息，有关田中组阁的新闻是周恩来审阅和批发的。吴学文当时是新华社总社国际部编辑，负责编写田中组阁的新闻。初稿写得极为简单，送周恩来审阅时被退了回来。批评编辑没有跟上形势，未能把田中讲话的积极而重要的内容写进新闻里。经过学习周恩来指示，重新写了一条内容丰富的田中组阁新闻稿，引述了田中首相说日本"在外交方面，要加紧实现和中华人民共和国的邦交正常化"；大平外相说"日本跟着美国脚步走的时代已经过去了。日本现在应该采取负责的行动，独立作出决定""要下决心从事日中邦交正常化的工作""当日中完全实现了邦交正常化的时候"，日台条约"仍然存在就是不可想象的了"；三木国务相强调"日中邦交正常化和调整日美关系，是新内阁要处理的最紧迫的任务"等内容。重新编写的新闻稿送审后，周恩来很快就批发了。但在即将发稿时，又让他的秘书打电话来，指示要在新闻中加上在野党的反应，因为日本在野党为日中复交进行了长期的努力，是有功的。②

> 按：周恩来审批田中组阁新闻稿，考虑的不仅仅是一条新闻，而是着眼于中日邦交正常化的重要时机和积极的对日政策。

7月10日，在一次谈话中指出，当前形势发展很快，很复杂，对外宣传的提法要谨慎、要统一。③

7月12日，傍晚，在等待外宾到来之前的几分钟里，周恩来抓住这片刻机会，同在场的新华社、中央新闻纪录电影制片厂、电视台的几位摄影记者聊天。这时有人介绍说，前不久香港摄影记者在内地拍了几部新闻片，由于内容丰富、形式活泼、质量上乘，在外国观众中引起轰动，而参与拍摄的人员却只有几个人。周恩来指着几个摄影记者说：

---

① 中共中央文献研究室编：《周恩来年谱 1949—1976》（下），中央文献出版社 1997 年版，第 534 页。
② 吴学文：《在新华社从事日本报道的日子里》，《中国记者》1996 年第 8 期，第 39 页。
③ 林枫：《马克思主义新闻观 中国视角的系统阐释》，新华出版社 2005 年版，第 433 页。

"摆好了给你们照，有时还照不好。你们不会照活动的。不是你们服从人家，而要人家服从你们。美国记者背了那么多东西，趴在地上照，你们就不敢。我给了他们很多机会，他们很满意。怎么才能提高我们的新闻摄影报道质量？你们在一起研究过没有？"在场的新华社摄影部、中央新闻摄影组组长杜修贤回答："五一、十一的活动研究过，其他还没有研究。"周恩来说："早说过了嘛，叫你们新华社管，明天就开会，名称就叫'协作小组'。"7月14日，周恩来批准中央外事摄影协作小组成立，成员包括新闻电影、电视台、新华社、人民日报社的同志，任务是统一组织和拍摄中央外事活动的电影、电视和照片。协作小组实行了统一协调，有效地提高了外事新闻摄影的报道质量和时效。①

7月16日，在中日邦交正常化即将实现的前夕，周恩来会见了日本两位著名议员。当时秋冈家荣正在为这次会见拍照，周恩来突然问他："秋冈先生，你认为能够拍到我同大平外相的合照吗？"秋冈家荣清楚地回答："我认为有可能的。"他体察到，周恩来问话具有深刻的含义，实际上意味着中国准备接待日本外相访华。事后，他又从这两位议员处了解到，周恩来在会谈中，还表示欢迎田中首相访问北京。秋冈异常振奋，把中国欢迎田中首相和大平外相一齐到北京的信息立即报回了东京，成为轰动日本的重大新闻。②

7月18日，在北京人民广播电台准备举办《业余外语广播讲座英语班》的请示报告上批示："北京广播外语讲座，一经出现，影响极大。请于7月下旬先将第一期教材稿、教师播讲录音，送外交部由浦寿昌、章含之、唐闻生三同志组织审查肯定可用后，再在8月中旬于北京开课。"③

按：周恩来的这一重要批示，高屋建瓴，对培养外语人才，推

---

① 江山：《在晚年周恩来身边采访》，《百年潮》2009年第3期，第27页。
② 孙东民主编：《永远的邻居 人民日报对日报道文选》，当代世界出版社2002年版，第158页。
③ 中华人民共和国史广播电视编辑部编：《当代中国广播电视回忆录》第3集《周恩来与广播电视》，中国广播电视出版社1994年版，第262页。

动群众学习外语，适应对外工作的需要，同国际社会加强联系和友好交往，都具有十分重要的意义，也为后来改革开放储备了外语人才。10月2日《英语广播讲座》正式播出。

7月19日，会见联邦德国联邦议会外交委员会主席施罗德及其夫人，以及随同来访的联邦议院外交委员会秘书赫尔曼·容和16位新闻记者。会见消息刊载于《人民日报》7月20日第3版。

7月20日，主持中共中央政治局会议时提出：新华社要综合观察田中的政策动向，让记者把日本内阁会议的材料全文发回来；要抓大问题，要编发有用的东西；应多派几个记者驻联合国，积极开展活动；不能只限于看报纸，安排驻外记者要抓重点。①

7月20日、21日，对新华社指示说："你们要整顿文风，新闻要写得短，不要搞长篇大论，该删的就要删嘛！""你们都参加了中央批林整风汇报会，林彪就是搞这一套。你们批林，就是从这里开始。""批林整风有几个方面：思想路线，组织（宗派主义）文风。你们批林整风要抓住路线和文风两个重点，当前要从文风方面开始。"②

7月21日，听取新华社常驻波恩记者王殊的工作汇报，了解对欧洲局势、欧洲共同体巴黎会议和中国与联邦德国关系等问题的看法。嘱王殊回波恩后同施罗德及联邦德国其他政界人士接触，听听他们的意见。③

7月23日，曹聚仁在澳门镜湖医院病逝。周恩来闻讯，即致电香港《大公报》费彝民，嘱咐他在澳门为曹聚仁进行公祭。周恩来还亲撰曹聚仁的墓碑碑文："爱国人士曹聚仁先生之墓"。④

7月28日，新华社记者周长年撰写的马王堆汉墓出土许多珍贵文物消息报周恩来审定，准备于7月30日播发。周恩来第二天就将稿子退回新华社，只改了四个字：将原稿中把出土的一幅帛画写成"古代帛画

---

① 中共中央文献研究室编：《周恩来年谱1949—1976》（下），中央文献出版社1997年版，第538页。
② 郑德金：《周恩来指导新华社工作纪实（1931—1976）》，《中共党史资料》2008年第2期，第177页。
③ 中共中央文献研究室编：《周恩来年谱1949—1976》（下），第538页。
④ 王鹏：《曹聚仁与香港〈大公报〉》，《人民政协报》2013年2月28日第7版。

中空前的杰作"一句中"空前"二字，改为"前所未见"四字。①

按：周恩来的这一修改，表达更加准确，且留有余地，不把话说得太绝、太满。原稿将马王堆帛画写成"古代帛画中空前的杰作"，"空前"一词太武断了，甚至可以说失实了。后来又发现帛画，证明周恩来将"空前"改成"前所未见"，非常有前瞻性。

7月28日、29日，针对日本《东京新闻》所传日外务省次官法眼宣称"日台条约已经解决了结束战争问题"的说法，对竹入义胜指出：缔结日台条约时，中华人民共和国已经成立了。这个条约根本无视中国的存在，同一个逃到台湾的蒋政权缔结结束战争状态，是非法的、无效的，是应当废除的。在谈到《中日联合声明要点（草案）》时，表示：中方将坚持把结束战争状态和复交三原则两个问题写入联合声明的立场。会谈中，竹入如实记录下中方所提建交方案和周恩来的意见，表示将带回向田中首相、大平外相报告。②

7月，人民日报社只有一个管业务的"宣传小组"，没有正式领导班子。周恩来针对这一情况提出，人民日报社在建立正式领导班子之前，要组织一个班子看大样，实行集体领导，统管全局，并说："干部问题还是老、中、青，老的都靠边站，都是年轻的，不行。""老干部是党的宝贵财产，应该重视。"根据周恩来的指示，报社成立了有七人组成的临时"看大样小组"。上海芭蕾舞团在日本松山芭蕾舞团的协助下访日演出获得圆满成功。听取汇报后指出：应该要一张松山树子剧照，在《人民日报》上撰文介绍。在处理新华社编写的两篇关于日本问题稿件的错误时指示，"新华社（同志）一定要好好学习毛主席的外交政策和国际情况。"③

夏天，前线台根据周恩来的指示，对台湾广播中的造谣攻击给予了

---

① 周长年：《二十五年后的领悟——忆周恩来总理对一条消息的修改》，《新闻爱好者》2001年第6期，第22页。

② 中共中央文献研究室编：《周恩来年谱1949—1976》（下），中央文献出版社1997年版，第540页。

③ 卫元理：《建设新闻队伍的强大动力——纪念周恩来同志逝世十周年》，《新闻业务》1986年第1期，第9页。

有力的反击。①

8月1日，接见驻外使节时，批评了《人民日报》和另外几个单位没有把极左思潮批透，"左"的不批透，右的还会来。②

8月2日，在一次会议上指出："极左思潮，十个部门（指几个中央外事和宣传部门）都没有批透，形式主义，夸夸其谈。极左，即形左实右，夸夸其谈，空洞抽象，极端的话，形式主义的。极左思潮不批透，你们还要犯错误。"③

8月4日，对新华社关于如何处理海外敌对势力造谣、污蔑周恩来的材料问题作批示："也应登参考清样，供主席和政治局同志参阅，不应封锁。"④

8月5日，指示王海容率调查组到新华社了解情况。根据群众普遍要求加强领导班子的意见，提议将朱穆之从山西永济"五七干校"调回，并经毛泽东同意，安排朱穆之进入新华社领导核心。⑤

8月7日，朱穆之从干校返回北京。8月18日，军管小组传达了毛泽东关于解放和使用朱穆之进入新华社领导核心的指示。⑥

8月14日，在审阅中央气象台呈送的预报强台风消息时，在消息中的"台湾"两字后边加了一个"省"字，并在预告后面加了一句话："祝同胞们晚安！"同时批示："要对台湾同胞广播""告以预防台风袭击和表达祖国的关心"。第二天，8月15日，适逢对台湾广播开办18周年，中央电台第一次向台湾广播了台风预告的消息。从此，不只是台

---

① 赵玉明、哈艳秋、袁军：《周恩来与广播电视》（中），《中国广播电视学刊》1998年第4期，第8页。

② 人民日报报史编辑组编：《人民日报回忆录1948—1988》，人民日报出版社1988年版，第182页。

③ 王凤超：《周恩来新闻活动年表》（续二），《新闻研究资料》1988年第4期，第159—160页。

④ 中共中央文献研究室编：《周恩来年谱1949—1976》（下），中央文献出版社1997年版，第542—543页。

⑤ 中共中央党史研究室、中央档案馆编：《中共党史资料》2008年第2期，总第106辑，中共党史出版社2008年版，第175页。

⑥ 中共中央党史研究室、中央档案馆编：《中共党史资料》2008年第2期，总第106辑，第175页。

风消息，包括每天的海峡地区的天气预报都成为对台广播不可缺少的内容。①

8月17日，晚，在瑞典乒乓球队同中国男女乒乓球队比赛场地上，许多记者围在球台周围，一个个举起照相机，咔嚓、咔嚓不停地拍照。然而他们没有想到，由于这道"摄影人墙"的阻挡，观众看不清双方运动员比赛的实况。在场的周恩来看到这种状况后，及时地批评说："这些记者们，怎么光顾自己抢镜头呢？我们要有群众观念嘛！"②

8月21日，指示新华社要尽最大努力办好《参考消息》和《参考资料》。他说："毛主席天天看《参考资料》，忙时看《参考消息》。我们不看心里过不去。毛主席说，他要学点新知识，主要靠两本《参考资料》。新华社编《参考资料》责任非常重大。"③

8月，多次批评姚文元分管的新华社的工作，并派人去了解情况。根据周恩来指示，新华社外文电讯稿的封面不再刊登"毛主席语录"。作为纠"左"的一项实际行动，此举在海外引起相当大的反响。④

9月1日，何香凝病逝。周恩来对何香凝的丧事很重视，特别指示中央统战部、侨委和人大政协办公厅，要多组织何香凝的生前好友去八宝山参加追悼会，以扩大政治影响，实际上也是利用这个机会多让一些老同志出来，以便在《人民日报》上亮相，宣布解放。⑤

9月12日，晚，在北京人民大会堂举行的宴会上对自民党国会议员古井和田川以及日本的日中备忘录贸易办事处的负责人松本说，在中日邦交正常化以后，日本报社和通讯社现在的驻北京记者可以留下去，可以考虑增加他们的人数。⑥

---

① 赵玉明、哈艳秋、袁军：《周恩来与广播电视》（中），《中国广播电视学刊》1998年第4期，第8页。
② 江山：《在晚年周恩来身边采访》，《百年潮》2009年第3期，第30页。
③ 林枫：《马克思主义新闻观 中国视角的系统阐释》，新华出版社2005年版，第432页。
④ 郑德金：《周恩来指导新华社工作纪实（1931—1976）》，《中共党史资料》2008年第2期，第178页。
⑤ 童小鹏：《风雨四十年》（第二部），中央文献出版社1994年版，第293页。
⑥ 《读卖新闻》驻北京记者：《日本报纸和通讯社报道：周总理会见古井、田川时的谈话》，《参考消息》1972年9月15日第1版。

9月13日，会见美国全国广播公司电影摄影队，并接受了简短的电视采访。①

9月14日，号召新华社多出几个像王殊那样的标兵。波恩分社首席记者王殊在任职期间成绩突出，起到了"无任大使"的作用。②

日本首相田中角荣来访之前，中日友好活动频繁，廖承志在周恩来关怀下获得解放，出来参加活动。陈寰在报道中只写了廖承志的名字，未加职务。一次活动中，周恩来在看稿时，亲笔加上了"中日友好协会会长"的头衔，这就恢复了廖承志的职务，我们的报道也有了根据。③

9月22日，指示："田中角荣同记者团的谈话，今天登《参考消息》头版头条，横贯。"④

9月23日，召集政治局会议讨论《人民日报》撰写的国庆社论，并提出了具体的修改意见。⑤

9月24日，指示："田中访华的反应（日方、日在野党和各国的反应）不登报，一律登《参考消息》。"⑥

9月25日，晚，专门设宴招待田中角荣一行，并发表了意义深远的祝酒词《中日两国人民应该世世代代友好下去》。田中角荣首相站起来答谢说："我国给中国国民添了很大的麻烦。对此，我再次表示深刻的反省。"但这一答词中有一处明显不妥，日本军国主义给中国人民带来的巨大损失，岂止是"麻烦"？这种轻描淡写的词语引起了中方的强烈不满。在此后的会谈中周恩来立场坚定地提出了这一问题。他说："田

---

① 中华人民共和国史广播电视编辑部编：《当代中国广播电视回忆录》第3集《周恩来与广播电视》，中国广播电视出版社1994年版，第263页。
② 王凤超：《周恩来新闻活动年表》（续二），《新闻研究资料》1988年第4期，第160页。
③ 《我们的周总理》编辑组编：《我们的周总理》，中央文献出版社1990年版，第435页。
④ 卫广益：《周总理与〈参考消息〉报——纪念周恩来同志诞辰一百周年》，《中国记者》1998年第3期，第14页。
⑤ 袁亮：《"从追求数量转到重视质量"——怀念周恩来关心书报刊质量的论述和实践》，《中国出版》2001年第8期，第19页。
⑥ 《周总理与〈参考消息〉报——纪念周恩来同志诞辰一百周年》，《中国记者》1998年第3期，第14页。

中首相表示对过去不幸的过程感到遗憾,并表示要深深地反省,这是我们能够接受的。但是'添了很大的麻烦'这一句话,引起了中国人民的强烈反感。因为普通的事情也可以说是'添麻烦','麻烦'在汉语里意思很轻。"田中角荣解释道:"可能是日文和中文的表达不一样。从日文来说,'添麻烦'是诚心诚意地表示谢罪之意,而且包含着保证以后不重犯、请求原谅的意思。"他还表示:"如果这样的表达不合适,可以按中方的习惯改。"周恩来对这种知错就改的诚恳态度表示欢迎。①周恩来的祝酒词刊载于9月26日《人民日报》第3版。

9月29日,上午,抽空看了修改后的《人民日报》国庆社论,觉得还是不行,再提出修改意见。指示报社同志要在当天下午把稿子修改出来,于当晚送上海让他审阅,还亲自为报社同志安排当晚去上海的专机。晚上12点修改社论。周恩来和报社几个人在一起,逐字逐句地推敲,先问大家的意见,他再加以分析,去粗取精,去伪存真,作出决定。每遇到关键的地方,周恩来还要耐心地讲解精神,直到9月30日凌晨3点钟,才把社论改完。②

9月30日,凌晨5时,把社论仔细阅读一遍,又作了几处修改,然后亲笔把修改的地方誊在另一份清样上,同时亲笔写了一封信,让报社同志回北京,将改排后的稿子送毛主席最后审定。中午,从上海回到北京。在回京的飞机上又仔细读了社论稿子,再次作了修改,一下飞机就让报社按新的改样排出清样,报送毛主席。毛主席很快就批准了这篇社论。夜里12点多,周恩来又把报社的同志叫到人民大会堂会客厅,对他们说:"虽然毛主席看了,我们还要再斟酌一下,现在外交路线胜利很大,不要出一点漏子,产生不好影响。毛主席虽然看了,也可能只是觉得总的还可以,因为毛主席只画了个圈,还可以再研究一下,这是对党的事业负责,也是对毛主席负责。如发现不妥之处,还可以修改,这

---

① 杨明伟、陈扬勇:《周恩来外交风云》,解放军文艺出版社2009年版,第268—269页。
② 袁亮:《"从追求数量转到重视质量"——怀念周恩来关心书报刊质量的论述和实践》,《中国出版》2001年第8期,第19页。

也是锻炼我们自己。"周恩来说他总觉得论述革命与外交的关系那部分没有写好,让报社同志再努力试一试,改写一下,如果成功,可再报请毛主席批准,并要求在一两个小时内把它写出来,再送他看。报社的同志又进行了修改,到10月1日凌晨3点多,才排出一个样子,周恩来看后觉得仍不满意,最后只好作罢。而周恩来自己又对社论作了两处改动,然后批示:"交人民日报付印,不再呈送主席批了,因这两句只是加强文字语句,去掉不(合)逻辑处,并无原则改动。"①

△ 新华社记者写了一条消息,重点报道了周恩来一行由上海回来到北京和首都群众见面的欢迎场面,但没有报道中日建交这件大事,一行人的名单又是按原有的党、政、军领导常规的顺序排列。此稿送给周恩来审阅时,他严肃地提出如下批评:一是对任何事情都要作具体分析,不要没有针对性;这次是中日建交,稿中没有写中日建交的标语,欢迎总理有什么用?为什么欢迎?二是名单都是老一套的党、政、军领导人排列,这次是搞外交,你们这样写,不是成了新的"八股文"了吗?要打破旧的框框嘛!三是上面讲什么,你们就写什么,有什么就写什么,什么也不考虑,这是不行的,要认真思考。②

9月,日本记者"唯"随同充当日中邦交正常化先遣队的自民党小坂访华团访华。他回忆说,周恩来邀请我们说:"记者们也请坐下来吧!"这是一次有同行记者团参加的破例的会谈。我离周恩来很近,感到了他威风凛凛、压倒一切的风格。他以响彻会谈大厅的洪亮的声音强调说:"彼此说明能够取得一致的地方和不能取得一致的地方,才能求大同,存小异。"③

10月3日,晚,会见以瑞士通讯社社长乔治·迪普兰为团长、联邦政治部新闻处处长彼得·埃尼为副团长的瑞士新闻工作者代表团全体成员,同他们进行了友好的谈话。参加会见的瑞士新闻工作者代表团成员

---

① 袁亮:《"从追求数量转到重视质量"——怀念周恩来关心书报刊质量的论述和实践》,《中国出版》2001年第8期,第19页。
② 江山:《在晚年周恩来身边采访》,《百年潮》2009年第3期,第28页。
③ 新华通讯社编译:《举世悼念周恩来总理》,人民出版社1978年版,第349页。

指导新闻期（1947年3月—1976年1月）　685

是：安德烈·罗达里、汉斯·泽尔霍费尔、让·迪米尔、汉斯·朗格、弗拉维奥·扎内蒂、弗里茨·埃舍尔、保罗·沙夫罗特、彼得·弗赖、瓦尔特·克罗伊希、彼得·巴尔西格、吉泽拉·古根海姆·布劳。参加会见的有新华通讯社第一副社长张纪之、副社长邓岗，外交部新闻司副司长张颖，有关方面负责人和工作人员孔迈、刘福平、唐龙彬、齐宗华、王彦林、赵青田等。会见消息刊载于《人民日报》10月4日第3版。

10月6日，《光明日报》发表北京大学副校长周培源的《对综合大学理科教育革命的一些看法》一文，这是根据周恩来多次指示精神所写。文章提出：工和理、应用和理论都必须受到重视，不可偏废；综合大学理科要对基本理论的研究给予足够的重视。文章发表后，张春桥、姚文元提出周培源有后台，不管他的后台多大多硬，就是要批！随即，指使人撰写批驳文章，对周培源文章进行围攻。①

△晚，会见前来参加国庆活动和观光的台湾同胞、旅日旅美华侨、美籍华裔47人，同他们进行了亲切的谈话。正在北京的香港《大公报》社长费彝民也参加了会见。会见消息刊载于《人民日报》10月7日第1版。

10月7日，为进一步贯彻毛泽东一再提出的《参考消息》不要倾向性太大、标题要尽量客观的指示，再次指示新华社："《参考消息》从今天起一概不要有倾向性，完全客观，毛主席已说过多次。"

另一次又说：毛主席交代过，《参考资料》不要自己标题，原来怎么标就怎么标，让读者自己判断。②

△晚，会见由美国报纸主编协会主席爱德华·默里和副主席阿瑟·德克率领的美国报纸主编协会访华代表团的谈话一直持续到8日凌晨。草拟消息稿时，用什么词来形容这次会见，中央人民广播电台记者

---

① 中共中央文献研究室编：《周恩来年谱1949—1976》（下），中央文献出版社1997年版，第557页。
② 穆欣：《"尊重事实才能尊重真理"——周恩来维护新闻真实性的言行》，《党史文汇》2006年第3期，第15页。

刘振英有点儿拿不准，反复考虑后，只好先写上"宾主进行了友好的谈话"。尽管谈了好几个小时，周恩来仍然精神饱满，神采奕奕。他同大家一一握手后，问今天的消息怎么发？刘振英迅速把消息稿送上。周恩来拿起一支铅笔，把消息稿放在茶几上。刚看完导语，就提出意见说："怎么写我一个人见呢？我们是集体会见嘛！我是同朱穆之、鲁瑛、章文晋和彭华同志一起会见他们嘛，改一改。"刘振英趴在茶几上，按照周恩来的要求把新华社社长朱穆之、《人民日报》负责人鲁瑛、外交部部长助理章文晋和新闻司司长彭华的名字写到了周恩来之后。周恩来看到形容气氛用的是"友好"二字，有点儿不满意，当即用笔画掉，略加思考后，将"友好"改成了"坦率"。刘振英看周恩来那么高兴，就大着胆子说："坦率"二字一般用在有分歧的两国政府的会谈或会见中，这些人都是美国新闻界人士，谈得又不错，恐怕用"坦率"不太好，可能还会引起一些误会。周恩来听后没说什么，提笔将"坦率"二字画掉了。周恩来稍停片刻后，突然问刘振英说："你说用什么好呢？"刘振英一时不知从哪儿来的灵感，马上回答说："干脆客观报道，用'长时间'吧。"周恩来看了看表，笑着说："你今天出了个好主意。"于是他满意地将"坦率"改成了"长时间"三个字。周恩来看到最后一段是参加会见的中方人员名单，便问："怎么没有你们两人的名字？"（另一位是指新华社女记者任红福）刘振英说，记者名字不见报，记者是来采访的，不是参加会见。周恩来说："今天我见的是美国新闻界人士，你们也是新闻界的嘛。"他转身对朱穆之说："你把他们的名字写上。"就这样，刘振英的名字第一次出现在《人民日报》上。① 会见消息刊载于《人民日报》10月8日第3版。

10月12日，会见联邦德国外长谢尔及其随行人员、记者说，第二次世界大战期间，我们处于对立状态，但并未交战。一九五五年，毛泽东主席宣布结束对德战争状态。你们同台湾没有外交关系，我们同你们

---

① 刘振英口述，贾晓明整理：《周总理教我写新闻》，《人民政协报》2014年9月16日第4版。

早就有贸易往来，交换了记者。会见消息刊载于《人民日报》10月13日第1版。

10月13日，下午，与《人民日报》负责人吴冷西一同会见英国保守党上议院议员、汤姆森报业公司联合董事长汤姆森男爵和随同来访的汤姆森报业公司联合董事长肯尼斯·汤姆森，英国泰晤士报公司董事长兼《星期日泰晤士报》和《泰晤士报》主编丹尼斯·汉密尔顿，《星期日泰晤士报》副主编弗兰克·贾尔斯，《泰晤士报》副主编路易斯·希伦，《泰晤士报》记者大卫·博纳维亚，《星期日泰晤士报》摄影记者唐纳德·麦卡林，汤姆森出版公司副总经理乔治·雷恩伯德。会见时，宾主进行了友好的谈话。会见消息刊载于《人民日报》10月14日第3版。

10月14日，《人民日报》用一个整版发表三篇批"极左"路线和无政府主义的文章，这是根据周恩来8月初以来多次强调要批判"极左"思潮的指示精神而准备的。江青等极为不满。姚文元提出："当前要警惕的是右倾思潮抬头""不能说什么都是无政府主义，不要批到群众头上，不要混淆两类矛盾"。江青说，这版文章"就是要在全国转移斗争大方向"。江青等还一再追查文章的"背景"，组织批判会和批驳文章。①

10月，直率地对《纽约时报》记者说，水门事件将不会影响中美关系，它是美国的内部事务，它在中国甚至不为人知，因为中国的新闻界对此不加报道。他认为最好不要去讨论这个问题，不过他希望尼克松能够渡过难关。②

秋天，美国全国广播公司申请来华拍摄电视专题片《故宫》，并以之为背景反映几十年来中国的变化。为此，中央广播局和外交部联名上报国务院，周恩来对请示报告作了非常具体的批示，并特意批准该摄制组登上天安门城楼拍摄天安门广场。在周恩来的具体指导安排下，电视

---

① 中共中央文献研究室编：《周恩来年谱1949—1976》（下），中央文献出版社1997年版，第559页。

② ［英］迪克·威尔逊：《周恩来传》，封长虹译，解放军出版社1989年版，第285页。

片《故宫》比较客观地反映了中国的情况和悠久的历史古迹，获得了中外观众的好评。①

11月1日，会见日本共同社社长福岛慎太郎率领的代表团。②

△ 晚，与外贸部长白相国、《人民日报》负责人鲁瑛、新华通讯社副社长邓岗一起会见奥地利工商部长约瑟夫·施塔里巴赫及其夫人和由他率领的奥地利政府代表团全体成员、随团记者，以及由奥地利《新闻报》副主编伊·莱特恩贝尔格率领的奥地利新闻工作者代表团全体成员，同他们进行了友好的谈话。参加会见的随团记者有约瑟夫·黎德勒、夫利利希·都纳、多洛勒斯·鲍尔、李查德·土庇、哥斯塔·利德、赫尔穆特·斯莫尔卡。参加会见的奥地利新闻工作者代表团成员有赫·舒斯特尔、曼·绍希、赫·博尔茨、库·弗尔霍夫尔、哈·西赫罗夫斯基、海·努斯鲍默尔、库·泽因尼茨。会见消息刊载于《人民日报》11月2日第1版。

11月10日，下午，与新华通讯社社长朱穆之、副社长邓岗，外交部新闻司司长彭华、西欧司司长王栋一同会见以芬兰外交部政治司副司长兼新闻处长马蒂·卡文、瑞典外交部新闻司长曼弗列德·尼尔森、挪威外交部新闻司长悌姆·格列乌和丹麦外交部新闻司长斯汶·埃伯森为首的北欧四国新闻代表团全体成员。周恩来对北欧四国新闻界的朋友们前来中国访问表示欢迎，并且同他们进行了友好的谈话。参加会见的北欧四国新闻代表团团员有：芬兰的卡尔·弗兰特里克·桑代林、马乌立·少依卡宁、奥立·基维宁和蒂茂·克勒曼，瑞典的凯依·哈尔登、鲁尔夫·索德贝格和约尼·弗鲁德曼，挪威的佩尔·孟森、雷达尔·亥斯蒂、佩尔·梅戴尔·里斯特和比扬·海依玛，丹麦的尼尔斯·内奥隆、彼得·夏弗、克劳斯·塞登和本特·唐岱尔。北欧四国常驻北京记者尤伦·雷荣胡弗也参加了会见。会见时在座的我国外交部和首都新闻

---

① 赵玉明、哈艳秋、袁军：《周恩来与广播电视》（下），《中国广播电视学刊》1998年第5期，第8页。

② 王凤超：《周恩来新闻活动年表》（续二），《新闻研究资料》1988年第4期，第160页。

界负责人和工作人员有潘非、张颖、晏鸿亮、唐闻生、廉正保等。会见消息刊载于《人民日报》11月11日第1版。

11月18日，在审阅《人民日报》祝贺中国和卢森堡建交的社论稿时，把社论中"中国人民一定要解放台湾"这一词句删去，改为："中国政府关心台湾同胞的生活情况和民主权利。我们深信，台湾一定会回归祖国的怀抱！"①

11月20日，下午，与新华通讯社第一副社长张纪之一道会见埃塞俄比亚新闻部出版局总经理特格涅·耶特沙·沃克和由他率领的埃塞俄比亚新闻工作者代表团全体成员，同他们进行了亲切友好的谈话。参加会见的代表团成员是：新闻和刊物编辑部主任德雷杰·德雷萨、《埃塞俄比亚先驱报》总编辑特斯法耶·卡布蒂—伊梅尔、埃塞俄比亚通讯社经理阿塞法·伊尔古、埃塞俄比亚电视台负责人卡萨耶·达梅纳、助理新闻官员特格涅夫人和德雷杰夫人。会见时在座的有首都新闻界等有关方面负责人和工作人员邓岗、潘非、顾文华、王珍、何功楷、李翼振、唐闻生、赵青田、梁忠林、金绍卿、孟庆彪、陶宝发、吕志红、任红福等。会见消息刊载于《人民日报》11月21日第1版。

11月27日，晚，与外交部副部长乔冠华、人民日报社负责人吴冷西、新华通讯社社长朱穆之、考古学者王冶秋一同会见美国专栏作家约瑟夫·艾尔索普和他的夫人，同他们进行了长时间的谈话。会见时在座的我有关方面负责人和工作人员有彭华、马毓真、唐闻生、沈若芸、廉正保、唐龙彬。会见消息刊载于《人民日报》11月28日第3版。

11月，看到新华社一篇反映白洋淀水产资源遭到破坏的内参稿，认为很重要，亲自召集有关方面的同志和新华社的记者、编辑进行座谈，了解情况。在听取了各方面的汇报后问："你们编白洋淀的稿子时，查资料、看地图了没有？"编辑回答："没有"。又问："你们知道白洋淀包括哪些地方？"答："不知道"。周恩来说："白洋淀地区很

---

① 崔奇：《崔奇时事评论集 20世纪40年代—21世纪初叶》，人民日报出版社2010年版，第225页。

大,涉及好几个县。可是,你们的稿子只反映了新安县委提供的情况。你们应该把有关方面的情况都了解一下。你们不能光听一方面的情况,要听取各方面的情况。"他还指示:"要调查研究,积累资料,增加知识。"①

12月19日,和江青、张春桥、姚文元等约人民日报社鲁瑛、吴冷西、崔金耀、王若水谈话,传达毛泽东关于林彪路线的实质是极右的指示。江青在讲话中称,王若水12月5日信"客观上对中央起挑拨作用",提出要批一篇文章(指10月14日署名龙岩的《无政府主义是假马克思主义骗子的反革命工具》一文),批一个版面(指10月14日《人民日报》刊登龙岩等文章的第二版),批一个部门(指人民日报社理论部)。周恩来在讲话中提出:我们内部极左思潮要批透,但不是讲林彪整个的路线。并表示:这是中央务虚不够,不能完全责备报社工作的同志。②

本年,审阅《人民日报》评论稿101件,③审批新华社稿件385篇。④周恩来指示《参考消息》选登的稿件有《对目前时局的一些讨论》《紧张的华盛顿不知尼克松敢于走多远》《中苏边界争端,僵局是完完全全的僵局》《欧洲:苏联的新威胁》《准备响应复交谈判,周总理传话给田中》《北京宣布军队与林彪的罪恶无关》等,周恩来不但亲自选稿,有些稿件甚至连版面安排都想好了。仅本年一年,周恩来直接批给《参考消息》刊登的外电外报有重要参考价值的评论、文章就有30多篇。⑤

---

① 卫元理:《建设新闻队伍的强大动力——纪念周恩来同志逝世十周年》,《新闻业务》1986年第1期,第10页。
② 中共中央文献研究室编:《周恩来年谱1949—1976》(下),中央文献出版社1997年版,第568页。
③ 崔奇:《高瞻远瞩无微不至——回忆周总理对人民日报国际宣传的关怀和指导》,《外交学院学报》1999年第3期,第24页。
④ 郑德金:《周恩来指导新华社工作纪实(1931—1976)》,《中共党史资料》2008年第2期,第179页。
⑤ 中共江苏省委宣传部等编:《纪念周恩来同志诞辰110周年研讨会论文选编》,中央文献出版社2008年版,第415页。

有一次，人民日报社因一篇国际评论付印后出现了新的情况，需要立即向周恩来报告请示。周恩来的秘书说，周恩来刚服过安眠药入睡，不好惊动。周恩来醒来后，严厉批评了秘书，并立即通知新华社不要对外播发那篇评论，避免引起不好的影响。周恩来指示，以后遇到这样重要的事情要请示，不管什么时候都要把他叫起来。①

中国旅行游览事业管理局理论组根据各地在对外宣传中存在的一些缺点和错误，整理了一份题为"关于对外宣传中存在若干问题的事例"刊登在一个内部刊物上。刊登时将被批评的地名和人名都删去了。周恩来看到后，十分重视这份材料，立即指示：这样不指名批评不好，不利于今后改进工作，要把名字加上，再重新刊登一次。②

本年，作为新闻人物的周恩来，被《人民日报》刊发报道文章435篇。

新闻背景

1月13日，《人民日报》、中央广播事业局、新华社三单位联合向中央呈递《关于宣传报道中废止不利于当前、不利于人民的提法的初步意见》，提出废止宣传中的"四个伟大""三忠于""四无限""马列主义顶峰""一句顶一万句"等不正确提法。

2月15日，美国作家、记者埃德加·斯诺在日内瓦逝世。

2月24日，晚，首都新闻界举行招待会，欢迎随同尼克松总统访华的美国新闻界人士。随同尼克松总统来访的副新闻秘书杰拉尔德·沃伦、新闻助理蒂莫西·埃尔伯恩和记者共一百多人，应邀出席招待会。新华社、《人民日报》、中央广播事业局、外交部新闻司等有关方面负责人张纪之、石少华、鲁瑛、戴征远、彭华、王栋、肖特、丁峤、张常海、李伯悌、曹世钦等出席了招待会。

2月25日，随同尼克松总统访问我国的美国新闻界人士下午举行酒会，招待首

---

① 人民出版社资料组编：《人民的好总理 纪念敬爱的周恩来同志》（中），人民出版社资料组，1977年，第270页。
② 人民出版社资料组编：《人民的好总理 纪念敬爱的周恩来同志》（中），人民出版社资料组，1977年，第315页。

都新闻界人士。新华社、《人民日报》、中央广播事业局、外交部新闻司等有关方面负责人张纪之、石少华、鲁瑛、戴征远、彭华、王栋、肖特、丁峤、张常海、李伯悌、叶君健、曹世钦等应邀出席了酒会。随同尼克松总统访华的总统新闻秘书齐格勒、总统特别顾问斯卡利、总统特别助理布坎南、副新闻秘书沃伦、新闻助理埃尔伯恩、记者团发言人沙克福德等出席了酒会。

4月24日,《人民日报》发表社论《惩前毖后,治病救人》；5月1日,《红旗》杂志发表《执行"惩前毖后,治病救人"的方针》。针对林彪迫害老干部的反动政策,指出老干部"是党的宝贵财富",强调即使对犯了错误的老同志,也应本着团结—批评—团结的正确方针,并要"正确使用"。这些舆论宣传促进了大批干部的解放。

6月1日,晚,中华人民共和国副主席宋庆龄设宴招待了美国《纽约时报》助理主编哈里森·索尔兹伯里及其夫人。

9月8日,中共中央发出关于新华社的核心小组组成和社长、副社长配备的通知。新华社党的核心小组的成立,标志着军管小组的工作基本结束。

9月27日,晚,首都新闻界设宴招待随同田中角荣总理大臣访华的日本新闻界人士。应邀出席宴会的有金野宗次、远藤胜巳、畠山武、多田实、本田晃二、丰原兼一等日本记者团的朋友们。应邀出席宴会的还有日本外务省情报文化局报道课长浅尾新一郎、亚非新闻工作者协会书记处成员杉山市平等。香港《大公报》社长费彝民等香港新闻界人士,也应邀出席了宴会。新华社社长朱穆之代表首都新闻界在宴会上祝酒,对日本新闻界的朋友们表示热烈欢迎。

10月12日,晚,新华通讯社社长朱穆之设宴招待瑞典新闻通讯社社长扬—奥托·莫迪格及其夫人。瑞典《每日新闻》、丹麦《政治报》、芬兰《赫尔辛基报》、挪威《日报》驻北京的记者尤伦·雷荣胡弗及其夫人,以及正在我国访问的瑞典《每日新闻》摄影记者阿克·玛尔姆斯特姆,应邀出席了宴会。

10月14日,"亚洲—太平洋广播联盟"（亚广联）第九届全体会议通过决议：中华人民共和国国家广播组织应享有亚广联正式会员的资格。

10月19日,晚,新华社社长朱穆之举行宴会,欢迎来我国访问的英国路透社总经理杰拉尔德·朗及其随行人员路透社助理总经理布赖恩·霍顿、迈克尔·纳尔逊和经济新闻部负责太平洋地区事务主任伊恩·卡普斯。

11月28日,《人民日报》第1版刊登消息,标题为"恩来总理致电达达赫总统热烈祝贺毛里塔尼亚伊斯兰共和国国庆"。

指导新闻期（1947年3月—1976年1月） 693

> 恩来总理致电达达赫总统
> 热烈祝贺毛里塔尼亚伊斯兰共和国国庆

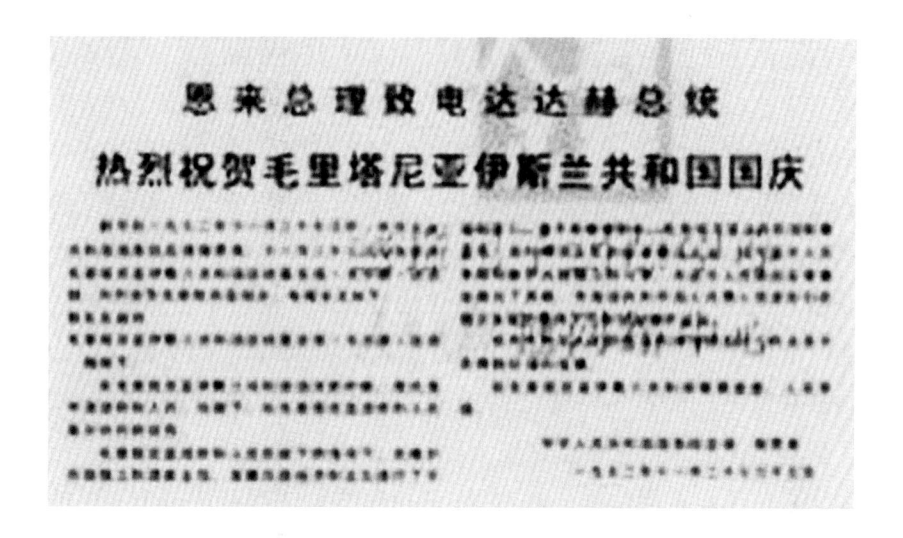

按：按照《人民日报》制作新闻标题的习惯，应该是周恩来总理，而不是恩来总理，这里应该漏了一个"周"字。

《华盛顿邮报》连续报道"水门事件"，直至尼克松下台。英国议会决定开放商业广播，独立电视局改名为独立广播局（IBA），同时管理商业电视和广播。英国实验终端显示器成功。

1973年（七十五岁）

1月9日，下午，同意大利外交部长朱塞佩·梅迪奇举行会谈以前与同一批意大利记者举行了非常融洽的会见。①

△ 意大利外交部长朱塞佩·梅迪奇率团访华，作为《时代》周刊的摄影记者焦尔乔·洛迪也随团来访，拍摄了著名的摄影照片《沉思中的周恩来》。他在回忆录中写道，在我接近周总理的时候，我想得找一个理由说明当时在场的原因。于是，我说："总理先生，我有生以来第一次撒了谎，向别人谎称没有带照相机，但实际上我带了。因为这是唯

---

① 安莎社：《外电报道：周总理会见意外长梅迪奇》，《参考消息》1973年1月12日第1版。

一的机会能为您拍一张照片，我再也不可能有其他的机会，再也不可能有像今天这么好的运气给您拍照了。"他看了看我，对我说："满头白发的人也会说谎吗？""是的，总理先生，我是说了谎。但是，如果可能的话，如果您愿意的话，我这是第一次请求您，耽搁您一小会儿时间让我为您照一张相。"他对我笑了笑说："面对一个满头白发的人，我总是愿意的。"我让他走近沙发，并让他坐下来。他的姿态是那样高贵，他当时的姿势，你们可以从照片上看得出，他的手，他的胳膊肘这么完美地放在这里，根本不需要任何提示。焦尔乔·洛迪拍下了第一张照片，但那时他的眼睛几乎是往地上看，焦尔乔·洛迪认为这张照片不太好。于是，他走近周总理，对他说："总理先生，我不是一个出色的摄影师，您能给我一个机会再为您拍一张照片吗？"他同意了。焦尔乔·洛迪重新回到摄影位置。当焦尔乔·洛迪正在取景时，他的一个秘书从远处叫他，他的目光移向了远方，朝着中国的未来看去。就这样，焦尔

沉思中的周恩来（意大利摄影记者焦尔乔·洛迪摄）

资料来源：王旭馗《〈沉思中的周恩来〉拍摄前后》，《人民日报海外版》2002年3月5日第7版。

乔·洛迪拍下了第二张照片。焦尔乔·洛迪说："有一件事我得说明，给周总理拍下这张照片不是因为我能干，而是因为我面前站着一个有个性的、如此重要、如此崇高的人物，是的，应该说他有着高贵的气质，他的面部轮廓，还有他的眼睛是这样的非同一般。如果说拍下这张照片有什么功绩的话，也就归功于他个人。"

按：焦尔乔·洛迪为周恩来拍摄的《沉思中的周恩来》这张照片，最先刊登在意大利《时代》周刊上，版面为整整两页中心页篇幅。1974年，这幅照片荣获美国最有名的新闻照片奖：密苏里大学新闻学院颁发的"认识世界奖"。邓颖超对照片作者焦尔乔·洛迪说："这是总理生平中最好的一张照片"。到1986年为止，这张照片的发行量已超过了9000多万张。

对于意大利摄影师焦尔乔·洛迪先生为周恩来拍摄这张照片的时间，还有1月6日之说。山东人民出版社2013年1月出版的由周保章、周晓瑾主编的《年年岁岁海棠开——总理家人的亲情追忆》一书记载为1月6日。《河北青年报》2014年9月8日A14版文章《撒了个谎 拍到经典照片》，时间也记载为1月6日，根据《人民日报》1973年1月10日第1版消息，1月9日，周恩来会见梅迪奇外长等意大利贵宾，可以确定，《河北青年报》的时间有误，且没有标明出处。

1997年7月，为纪念周总理诞辰100周年，洛迪先生亲赴巴黎，把原版照片面赠《百年恩来》总导演、周恩来侄媳邓在军和制片人、周恩来侄儿周尔均将军，并题词："百年恩来——一位世纪伟人"。①

1月14日，晚，与外交部副部长乔冠华、人民日报社负责人吴冷西一起会见埃及《金字塔报》董事长兼主编穆罕默德·侯赛因·海卡尔及其随行人员阿卜杜拉·阿卜杜尔·巴里、穆罕默德·优素福·艾哈迈德、哈姆迪·福阿德、穆罕默德·赛义德·艾哈迈德、萨米赫·福阿

---

① 王旭尳：《〈沉思中的周恩来〉拍摄前后》，《人民日报海外版》2002年3月5日第7版。

德·萨迪克、吉马尔·阿卜杜勒—阿齐兹·马塔尔。会见时，周恩来就中东、非洲及中埃关系等问题发表谈话。会见消息刊载于《人民日报》1月15日第3版。

1月18日，晚，与外交部长姬鹏飞、外贸部代部长李强、中日友协会长廖承志一起会见中曾根访华团全体成员及随团记者。会见消息刊载于《人民日报》1月19日第1版。

2月1日，委托秘书告新华社对关于怀念台湾同胞一文的意见：行文要注意分寸，有些话不要太绝对，太过火，要全面，要人家能听得进去。①

2月2日，在一则简报上批示，要求外交部、中联部、新华社等单位组织人员"去找专家及其家属作个别谈话，了解他们的生活情况、工作情况，特别是思想政治情况""并提出政策和措施，使他们在中国工作，有所进步"。②

2月13日、14日，人民画报社就该年第3期《中日关系源远流长》的一组稿件请示中央领导人。周恩来审阅后口头指示："这组稿编辑不集中，不精，比较杂，有些关键性的照片没有上，主席接见田中的照片为什么没有选上？怎么只有签名的照片。松村谦三、高崎达之助、浅沼稻次郎都要上，你们研究一下看怎么搞好。全部都要有注解。李白的诗和那张画也不怎么高明。"③

2月19日，晚，在人民大会堂举行盛大宴会，热烈欢迎巴基斯坦伊斯兰共和国布托总统夫人努斯拉特·布托，及随同布托总统夫人来访的巴基斯坦新闻和广播、朝圣和宗教事务部长大毛拉考萨尔·尼亚齐等巴基斯坦贵宾。朱穆之等出席宴会。会见消息刊载于《人民日报》2月20日第1版。

---

① 中共中央文献研究室编：《周恩来年谱1949—1976》（下），中央文献出版社1997年版，第576页。
② 中共中央文献研究室编：《周恩来年谱1949—1976》（下），第577页。
③ 袁亮：《周恩来关心对外新闻出版工作纪事》（二），《出版发行研究》2001年第2期，第72页。

本年，直接过问1968年3月被凭空捏造的"国际间谍"罪入狱的新华社专家夏庇若冤案，夏庇若得以出狱。当年三八节在人民大会堂举行的茶话会上，周总理代表政府当众向夏庇若和其他在"文化大革命"中受过委屈的外国专家道歉。夏庇若很受感动。①

3月26日，向新华社索要尼克松国际经济政策委员会年度报告全文。②

3月27日，下午，国务院总理周恩来，外贸部长白相国、副部长李强会见了英国贸易工业大臣沃尔克及其夫人，英国航空和海运部长赫塞尔廷及其夫人，中英贸易协会主席、英国工业技术展览会主席凯瑟克等英国客人，及正在我国采访的英国记者。会见消息刊载于《人民日报》3月28日第1版。

4月4日，深夜，会见越南民主共和国驻中国大使和越南南方共和临时革命政府驻中国大使。会见结束后，新华社政治外事记者江山把稿子送给周恩来审阅。周恩来见江恭恭敬敬地站在一旁，微笑着说："坐下嘛！"江山顺从地坐在他对面的沙发上。周恩来见到连忙摆手，指着他身边的沙发，温和地说："别坐那么远，就坐在这边。"周恩来一边看稿，一边逐字逐句地审阅和修改，偶尔还轻声说："这个地方要再加一句""这个地方写错了"……他略为思考了一下，在稿子的后面加上了一句话："周恩来总理表示，相信越南人民的和平、独立、民主、民族和睦的事业一定胜利。"③

4月10日，批复国家体委报告，同意《体育报》于即日起复刊，并对该报宣传任务内容进行修改，提议应推动群众性体育活动的开展。④ 鉴于《健康报》停刊，中国医疗卫生方面没有报纸，周恩来在《体育报》申请复刊的报告中批示，要求《体育报》兼顾医疗卫生工作

---

① 熊蕾：《历史不会忘记——新华社外国专家回顾》，《中国记者》1991年第8期，第19页。
② 中共中央文献研究室编：《周恩来年谱1949—1976》（下），中央文献出版社1997年版，第585页。
③ 江山：《在晚年周恩来身边采访》，《百年潮》2009年第3期，第29页。
④ 中共中央文献研究室编：《周恩来年谱1949—1976》（下），第586页。

的报道任务。①

4月12日，批告外交部：复制三部中国乒乓球队访美影片拷贝，一部送基辛格转白宫，一部给中国驻美联络处作接待用，一部给中国驻联合国代表团作招待用。如美国电视公司要求购买此片在电视上放映，可以出售或赠送。②

4月15日，在看彩色电视试播节目时，看到图像中间有一块黑斑点，让秘书询问了北京电视台，得知是电视摄影机用的飞点扫描管有一块荧光粉烧坏造成的，因为这种管子不多，在试播时没有换上新的。总理听后指出："新的（扫描管）不多可以买，试播也应该认真搞好。"③

4月16日，下午，会见以朝鲜劳动党中央委员、《劳动新闻》总编辑郑浚基为团长的朝鲜《劳动新闻》代表团全体成员。参加会见的代表团成员有：朝鲜《劳动新闻》党的生活部长李金哲、编辑局副局长赵俊奎、国际部长徐东范、评论员李绿英、记者金相台。朝鲜《劳动新闻》、朝鲜中央通讯社驻北京记者严泰龙也参加了会见。会见消息刊载于《人民日报》4月17日第1版。

4月23日，新华社摄影记者游云谷一早便来到接待领导人和外宾休息的大寨旅行社。当周恩来走进接待室，见到已先来一步的游云谷，便热情地和他握手，亲切地询问他是不是新华社记者？周恩来赞扬说："你先到了，很准时啊！你们当记者的就是要赶在事件发生之前到场。"接着，他又关切地叮嘱游云谷："等一会儿要上虎头山，那里沟坎多，拍照一定要注意安全，往后退时要当心后面的情况。"他还特别交代游云谷："镜头要多对准群众，多拍大寨人劳动和生产的形象。"墨西哥总统埃切维里亚表示，墨西哥农业也要学大寨，并提出来年要派一个学农业的大学生团来大寨实地学习考察。周恩来对此很重视，要求对墨西

---

① 冯文敏：《中外出版史例与当代环保出版》，中国文史出版社2012年版，第120页。
② 中共中央文献研究室编：《周恩来年谱1949—1976》（下），中央文献出版社1997年版，第586—587页。
③ 赵玉明、哈艳秋、袁军：《周恩来与广播电视》（中），《中国广播电视学刊》1998年第4期，第5页。

哥大学生来大寨学习一事派记者采访报道，要写消息、发图片，《人民日报》要见报。牢记周恩来的嘱托，当不久之后墨西哥十多名大学生来大寨学习取经时，游云谷承担了文字和摄影的采访报道任务，并在《人民日报》上发表。①

4月24日至5月17日，美国"哥伦比亚广播公司（CBS）"董事长威廉·佩利等来我国访问。5月1日，周恩来、叶剑英在中山公园兰花房会见了他们。②

4月，新华社准备发关于马王堆汉墓女尸解剖的新闻稿。周恩来在看了新闻稿后又特别关照：关于名词要改为通俗的话语，让读者能看懂。③

5月12日，接见挪威记者，回答他们提出的问题。④

5月13日，接见从美国回来的中国语言学家赵元任，农业科学家和教育家邹秉文一家作陪，总理对在旁边的秘书说："邹先生要住红霞公寓，要订大字《参考消息》，你们给解决一下。"⑤ 很快，这两件事都按邹秉文先生的愿望解决了。

5月14日，看到《参考消息》刊登的世界气象变化的报道后，当天就给李先念等同志和余秋里写了如下一封亲笔信："请你们好好读一下5月14日的《参考消息》（5251期）四版下栏关于世界气象变化的两篇报道，并要气象局好好研究一下这个问题。今年我们可能还会遇到南涝北旱的局面，请告农林部多多提醒各地坚持实行防涝抗旱的措施，不要丝毫松懈。"⑥

△ 下午，会见法新社社长兼总经理让·马兰，在友好的气氛中进

---

① 危春勇：《一位摄影记者眼中的周恩来》，《党史博览》2014年第7期，第24页。
② 中华人民共和国国史广播电视编辑部编：《当代中国广播电视回忆录》第3集《周恩来与广播电视》，中国广播电视出版社1994年版，第263页。
③ 人民出版社资料组：《人民的好总理 纪念敬爱的周恩来同志》（中），人民出版社资料组，1977年，第309页。
④ 中共中央文献研究室编：《周恩来年谱1949—1976》（下），中央文献出版社1997年版，第591页。
⑤ 陈荒煤编：《周恩来与艺术家们》，中央文献出版社1992年版，第364—365页。
⑥ 李静主编：《实话实说西花厅》，中国青年出版社2007年版，第64页。

行了无拘束的谈话。法新社驻京记者罗曼斯基参加了会见。新华社副社长邓岗、外交部新闻司司长彭华，以及彭迪、陈龙、齐宗华、廉正保等参加会见。会见消息刊载于《人民日报》5月15日第4版。

5月20日，晚上，会见美国《圣路易邮报》专栏作家马奎斯·蔡尔兹及其夫人。会见消息刊载于《人民日报》5月21日第4版。

5月22日，下午，会见了希腊王国副首相尼古拉斯·马卡雷佐斯及其夫人与随行人员和随行记者。会见消息刊载于《人民日报》5月23日第1版。

5月，在周恩来的过问下，著名记者金凤回到人民日报社工作。①

6月9日，在延安，问《解放日报》几个字还在不在？②

6月15日，指示新华社：《参考资料》每天要登一篇有关台湾的消息和言论，骂街的不要。③

△ 对中央广播事业局《关于普什图语节目开始广播的请示报告》作了批示。在第三页"宣传我国人民……"前面加"实事求是地"。在第三条下边加批："此项要考虑到阿方、巴方宗教、风俗习惯等因素，注意效果"。④

6月，在审阅一篇欢迎越南代表团的人民日报社论时批评说，你们有些话走到人家前边了，这不好，要参照越方自己的提法。⑤

7月6日，在新华社云南分社记者徐秀峰、于明给国务院的报告上批示：负责保护这两位分社记者。此前，这两位记者报告云南生产建设兵团四师十八团存在严重摧残迫害知识青年的现象。7月9日，他又在云南省委和昆明军区的检查报告上批示：请将新华社云南分社的报道

---

① 金凤：《难忘周总理对记者的关怀》，《新闻战线》1998年第3期，第9页。
② 人民出版社资料组编：《人民的好总理 纪念敬爱的周恩来同志》（中），人民出版社资料组，1977年，第656页。
③ 中共中央文献研究室编：《周恩来年谱1949—1976》（下），中央文献出版社1997年版，第599页。
④ 中华人民共和国史广播电视编辑部编：《当代中国广播电视回忆录》第3集《周恩来与广播电视》，中国广播电视出版社1994年版，第263页。
⑤ 崔奇：《崔奇时事评论集 20世纪40年代—21世纪初叶》，人民日报出版社2010年版，第147页。

（不要印分社记者的姓名）和这一报告印发给工作会议同志一阅。①

7月7日，将新华社湖北分社关于《长江水位出现第二个洪峰，沿江地区工作重心转入防汛排涝工作》的报道，以"特急"件批送李先念、华国锋等阅，并告李、华对此须"特别注意"。②

7月14日，表扬当天《人民日报》国际版关于欧安会第一阶段"分歧突出，草草收场"的标题，说"分歧突出"四个字标得好。但他又指出，副题说对苏联的草案西方大国持保留态度，不仅仅是大国嘛！③

7月17日，对王冶秋所送关于湖南长沙马王堆西汉古墓女尸解剖新闻报道稿批示：同意。新闻报道应简化、通俗，有关科研座谈会的报告，可登专门刊物，并附解剖照片。④

7月20日，下午，会见由越南劳动党中央机关报《人民报》总编辑黄松率领的代表团。谈到新闻报道时说：我们的报道太长，特别是人物通讯。长了，给人印象就不深。应该越短越好。短稿子，事例又生动，给人印象就深。⑤ 参加会见的代表团团员有：《人民报》国际部主任光泰，《人民报》驻北京记者黎思荣，《人民报》记者武慧琼。越南南方解放通讯社驻北京记者黎春和也参加了会见。会见时在座的有《人民日报》负责人鲁瑛、陈浚、潘非，外交部新闻司副司长肖特，以及张德维、胡乾文等。会见消息刊载于《人民日报》7月21日第1版。

7月29日，毛泽东主席在中南海他的书房里，会见来访的刚果总统。汪波清作为新华社总社的政治外事记者被通知前去采访。汪波清把稿子送给周恩来审阅，他先翻看了一遍，然后又拿起铅笔，对第二页和第三页上的两个地方作了修改。稿子当中原来有记者转述的话，说刚果

---

① 中共中央党史研究室、中央档案馆编：《中共党史资料》（第66辑），中共党史出版社1998年版，第133—134页。
② 中共中央文献研究室编：《周恩来年谱1949—1976》（下），中央文献出版社1997年版，第605页。
③ 崔奇：《崔奇时事评论集 20世纪40年代—21世纪初叶》，人民日报出版社2010年版，第152页。
④ 中共中央文献研究室编：《周恩来年谱1949—1976》（下），第607页。
⑤ 中共中央文献研究室编：《周恩来年谱1949—1976》（下），第607页。

总统来到中南海时,"毛主席高兴地同他紧紧握手,向来自战斗中不断前进的非洲大陆的贵宾,表示热烈欢迎"。周恩来把"战斗"的"战"字画掉,又在"斗"字的后面加了个"争"字。他说:"用字要准确,非洲有些地方没有打仗,也在前进,写成'斗争'好。"还有,稿中第三页有一句是这样写的:"我们希望你们非洲国家一个个统统独立,团结起来。"周恩来在"国家"两个字的下面,加了"和地区"三个字。改完后,周恩来又在稿纸的天头上签了自己的名字。①

8月2日,下午,会见以日本体育协会副会长、日本参议院议长河野谦三为团长的日本体育协会代表团及随团记者。会见消息刊载于《人民日报》8月3日第1版。

8月13日,对《关于建立对台湾广播的彩色电视台的请示报告》批示:拟同意,对台宣传方针在试播前还应讨论后定。②

8月21日,下午,会见以荷兰议会二院议长冯德林为团长的荷兰议会代表团和随团记者。会见消息刊载于《人民日报》8月22日第1版。

8月24日,在中国共产党第十次全国代表大会上作政治报告,8月28日通过,《人民日报》9月1日第1版至第3版全文刊登。

8月24日至28日,党的第十次全国代表大会期间,报纸上有一篇文章含沙射影地批评他说:"社会上的阶级敌人,尤其是党内机会主义路线的代表人物总是想复活儒家思想,以阻止毛主席革命路线的确立。"(对许多中国人来说,在当时的象征手法当中,孔子代表周恩来,而在报纸上刊登批孔文章又很容易。)但周恩来则借题发挥,在针对林彪的最后一个案件中,周恩来宣称:林彪不仅投降苏修,还以一个极左派的面目来掩饰自己的右派面目。周恩来轻而易举地瓦解了"四人帮"的攻势。③

8月29日,召集各新闻单位负责人开会,研究十大新闻公报的广

---

① 汪波清:《周总理为我们改稿》,《新湘评论》2013年第13期,第15页。
② 中华人民共和国史广播电视编辑部编:《当代中国广播电视回忆录》第3集《周恩来与广播电视》,中国广播电视出版社1994年版,第264页。
③ [英]迪克·威尔逊:《周恩来传》,封长虹译,解放军出版社1989年版,第282页。

播、报纸转载问题。① 当天,周恩来召见了中央台的两位播音员,详细地讲解了这篇公报的重大政治意义,每个段落如何广播,甚至播名单时如何掌握速度、如何间歇都讲到了,还亲自确定了公报广播的时间。播音员临走的时候,周恩来握着他们的手说:"祝你们成功!"②

8月30日,对中央人民广播电台播音员夏青说:"在广播政治局委员名单时,在某个人名后边,要有一个较长时间的停顿,然后再读。为什么要有这样的明显停顿?因为在这个停顿前边的人都是政治局常委,停顿后边的一些人是政治局委员。"③

8月,在毛泽东出席党的十大会议前,周恩来从代表席的各个角度察看安放在台口的摄影机是否挡住了代表们看毛主席的视线,并对记者们说,代表们千里迢迢来开会,都想看到毛主席,他们见一次毛主席不容易,你们既要拍好主席形象,又不要挡住他们的视线久了;要拍得快,拍完就把机器降下来。④ 这是新华社摄影记者陈之平的回忆。

9月6日,晚上,中央台、电视台在转播第一届亚非拉乒乓球友好邀请赛闭幕式的实况时,只转播一部分就结束了。周恩来当即指示:"立刻恢复对闭幕式的转播。"⑤

9月13日,在同法国总统蓬皮杜会谈时,详细地介绍了《参考消息》,并送给客人一张报纸看。周恩来说:"现在世界上的报刊舆论,可以说,绝大多数还是西方的宣传占优势。虽然我们的报纸很少转载这样的舆论,但我们出版的内部刊物,名叫《参考消息》,数量很大,不是几十万份,而是几百万份,转载各个通讯社与世界大问题有关、与中国问题有关的稿件。不更改一个字,也不加评论。不是像其他国家那

---

① 中共中央文献研究室编:《周恩来年谱1949—1976》(下),中央文献出版社1997年版,第617页。

② 人民出版社资料组编:《人民的好总理 纪念敬爱的周恩来同志》(中),人民出版社资料组,1977年,第277页。

③ 夏青:《回忆周总理的教诲》,《新闻与写作》1991年第2期,第6页。

④ 《槎溪印记 南翔报十年副刊作品选1997—2007》,南翔报内部资料,2007年,第171页。

⑤ 中华人民共和国史广播电视编辑部编:《当代中国广播电视回忆录》第3集《周恩来与广播电视》,中国广播电视出版社1994年版,第264页。

样……也许在标题上有倾向性，那是编辑加的。我们不赞成这样，要原封不动。让我们的人民自己去判断，培养其判断能力……就是说，不要把外来的思想，或者是西方的舆论，使我们的人民不知道。这样，他们就不能辨别是非好坏了。"①

9月15日，陪同蓬皮杜参观云冈石窟。看到石窟内一些佛像破损、风化严重，亟须修补，立即询问有关部门修补规划，得知对此有一个十年修补规划，认为时间太长了，要在三年内把石窟修好。并向随行的中外记者说：云冈石窟艺术，我们一定要想办法完好保存下来，三年以后请你们再来这里参观。②

9月20日，在刘西尧、周荣鑫、吴庆彤19日转来中国科学院《关于何鲁病故，拟在报上发表消息的请示报告》上批示："一般的政协委员、自然科学家、社会科学家、哲学家、文学艺术家的逝世消息和有全国性的，似可在《光明日报》刊登，如何鲁先生病故即属此类。"③

10月1日，自即日起，前线台和福建台根据周恩来的指示及国务院、中央军委文件精神，恢复了"文化大革命"初期停办的《台湾海峡地区天气预报》节目，为台湾渔民提供方便。④

10月10日，在等待加拿大总理特鲁多到来以便举行他们的第一轮会谈的时候，以异常愉快的心情同加拿大记者团成员们交谈。周在记者们聚集的前厅等候的时候，同背着一个大型摄影机的电视摄影记者谈了话。"这是一个很大的记者团。是不是和随同尼克松总统前来的记者团一样大？"当听说随同尼克松的记者团人数比这多得多的时候，周说，加拿大是北美第一个同中国建交的国家，应当给格外的待遇。有人谈起，说他要到加勒比去过冬。周回答说："这是做记者的好处。你可以

---

① 卫广益：《周总理与〈参考消息〉报——纪念周恩来同志诞辰一百周年》，《中国记者》1998年第3期，第14页。
② 中共中央文献研究室编：《周恩来年谱1949—1976》（下），中央文献出版社1997年版，第623页。
③ 中共中央文献研究室编：《周恩来年谱1949—1976》（下），第624页。
④ 赵玉明、哈艳秋、袁军：《周恩来与广播电视》（中），《中国广播电视学刊》1998年第4期，第8页。

到任何地方去。"①

10月19日，出席美国著名新闻记者埃德加·斯诺的骨灰安葬仪式。斯诺留下遗愿："我在生前一部分身心常在中国，希望死后也将一部分遗体留在中国。"②

10月26日，晚上，会见美国《纽约时报》外事专栏作家苏兹贝格及其夫人。谈话中，苏兹贝格称周恩来是亚洲闻名的"工作最辛苦的人"。参加会见的还有新华通讯社社长朱穆之，外交部新闻司副司长王珍、处长马毓真，翻译沈若芸等。会见消息刊载于《人民日报》10月27日第4版。

会见美国《纽约时报》外事专栏作家时的合影（新华社记者摄）
资料来源：转自《人民日报》1973年10月27日第4版。

11月13日，对记者们说，在华盛顿同台湾的国民党政权断绝关系以前，他不会访问美国。这位总理对记者们说，欢迎尼克松总统第二次访问中国。③

11月28日，"亚洲广播联盟"1972年10月在德黑兰召开的第九届

---

① 合众国际社：《合众社报道：周总理在机场同加记者的谈话》，《参考消息》1973年10月12日第4版。
② 王学珍等主编：《北京大学纪事1898—1997》，北京大学出版社2008年版，第862页。
③ 美联社：《美国通讯社报道：周总理十三日同基辛格的会谈》，《参考消息》1973年11月15日第1版。

全会上通过决议,欢迎我广播机构行使正式会员的权利,同时取消了蒋帮的会员资格。为此,外交部和中央广播事业局写了《关于我国参加亚洲广播联盟的请示报告》,周恩来对这个报告的批示是:拟同意。①

12月24日,主持中共中央政治局会议。讨论修改中央"两报一刊"一九七四年元旦社论稿。②

12月30日,晨六时,审阅《人民日报》有关年终国际报道专版的大样,作了几处重要的修改和补充,并写了批语:"拟同意发表,我在备用版上加了几处,希望在下述部分再加写一段工人罢工斗争的新发展。"③

△ 主持中共中央政治局会议,商定:新华社公开报道新调任的各大军区司令员和政治委员均出席年底或元旦军民联欢会消息。④

年底,人民日报社把一篇年终述评送周恩来审阅,因为限于时间,没有来得及改排大字。这样一篇长达四五千字而且字小如蝇头的稿子,周恩来那么大年纪,一字一句费力地把它看完,并作了修改。⑤

本年,审阅《人民日报》评论稿66件。⑥

1970年到1973年,据不完全统计,审批《人民画报》稿件33期。有一期《人民画报》要刊登三组时事图片,涉及一些国家的排列问题。周恩来审阅后指示:图片的排列要按照"国家无论大小,一律平等"的原则办理。有一张图片中一个友好国家的国旗没有画准确,周恩来发现后指示坚决改正过来。周恩来教育刊物工作人员:"选片编辑要有政

---

① 中华人民共和国史广播电视编辑部编:《当代中国广播电视回忆录》第3集《周恩来与广播电视》,中国广播电视出版社1994年版,第264页。
② 中共中央文献研究室编:《周恩来年谱1949—1976》(下),中央文献出版社1997年版,第638页。
③ 崔奇:《崔奇时事评论集 20世纪40年代—21世纪初叶》,人民日报出版社2010年版,第139页。
④ 中共中央文献研究室编:《周恩来年谱1949—1976》(下),第639页。
⑤ 人民出版社资料组编:《人民的好总理 纪念敬爱的周恩来同志》(中),人民出版社资料组,1977年,第270页。
⑥ 崔奇:《高瞻远瞩无微不至——回忆周总理对人民日报国际宣传的关怀和指导》,《外交学院学报》1999年第3期,第24页。

治头脑。"①

本年，作为新闻人物的周恩来，被《人民日报》发表报道文章378篇。

新闻背景

1月1日，"两报一刊"发表《新年献词》，强调批林整风的重点是批评反革命修正主义路线的极右实质，矛头指向周恩来。周恩来整顿秩序、落实政策的工作遇到了更大的困难。

1月18日，晚上，新华通讯社社长朱穆之代表首都新闻界，宴请正在我国访问的以美国《阿肯色新闻报》社论版主编鲍威尔为团长，美国自由投稿记者、女作家桑塔格为副团长的美国记者访华团。

3月29日，晚上，新华通讯社社长朱穆之和外交部新闻司司长彭华会见英国《金融时报》总经理艾伦·黑尔和《金融时报》驻远东记者查尔斯·史密斯，双方进行了友好的谈话。

4月14日，北京电视台开始试验播出彩色电视，这是电视技术发展史上的一次重大进步。

8月1日，上海电视台也开始彩色电视试播，成为全国第一个播出彩色电视的地方电视台。

8月7日，《人民日报》在报纸上开了"批孔"的先河，发表广东中山大学教授杨荣国的文章《孔子——顽固地维护奴隶制的思想家》，这是毛泽东批示同意转发的。

8月10日，《人民日报》转载《辽宁日报》7月19日以"一份发人深省的答卷"为题发表的张铁生的一封信，并加编者按语。张铁生成为"文化大革命"中家喻户晓的"新闻人物"，这是被"四人帮"别有用心地树立为"反潮流"的"白卷英雄"。

9月4日，北大、清华两校大批判组所写《儒家和儒家的反动思想》一文在《北京日报》上发表。这是两校大批判组（笔名"梁效"，"两校"的谐音）首次亮相。当时有"小报抄大报，大报抄梁效"之说。"梁效"是"四人帮"策划组建的

---

① 袁亮：《周恩来关心对外新闻出版工作纪事》（二），《出版发行研究》2001年第2期，第72页。

以北大、清华两校有关人员组成的写作班子，"文化大革命"期间，炮制了大量为"四人帮"篡党夺权阴谋服务的文章。

9月15日，姚文元授意、署名"石仑"的文章《论尊儒反法》在上海《学习与批判》创刊号上发表。11月，《红旗》杂志第11期发表了罗思鼎的文章《秦王朝建立过程中复辟与反复辟的斗争》。"四人帮"视周恩来为其夺权道路上最大的障碍，借"批林批孔批宰相"，把矛头指向周恩来。

9月27日，晚上，根据美国著名作家、记者埃德加·斯诺生前表示的愿望，他的夫人洛伊斯·斯诺和女儿西安·斯诺护送斯诺先生的部分骨灰前来中国安葬，乘飞机到达北京。10月19日，埃德加·斯诺先生的骨灰被安葬在北京大学未名湖畔。

10月1日，北京电视台正式播出彩色电视，转播了首都人民国庆游园活动的实况。

12月3日，我国决定行使亚洲—太平洋广播联盟正式会员的权利。

12月28日，《人民日报》全文转载《北京日报》12日刊登的题为"一个小学生的来信和日记摘抄"和《北京日报》编者按语，矛头针对周恩来。

12月，中央新闻纪录电影制片厂摄制出《新闻简报》第51号，记录周恩来会见法国（红色人道报）马列主义共产党人代表团等内容。

新华社租用国际卫星电路，开始做新闻卫星通信。中央电视台（当时是北京电视台）播出彩色电视。

我国第一个共用电视天线系统、电视电声研究所和武汉市无线电天线厂在北京饭店建立，标志着第一代电缆电视的诞生。

《华盛顿邮报》记者鲍勃·伍德沃德和卡尔·伯恩斯坦对以美国共和党尼克松竞选班子的首席安全问题顾问詹姆斯·麦科德（James W. McCord, Jr.）为首的5人闯入位于华盛顿水门大厦的民主党全国委员会办公室窃听案展开调查，史称"水门事件"。

1974 年（七十六岁）

1月17日，根据周恩来、叶剑英1973年5月在空军党委扩大会议上讲话精神写的文章《既要讲批评，又要讲谅解》在《解放军报》刊登。28日，江青、张春桥、王洪文召集有关新闻单位开会，指责"这篇文章很坏"，并布置写批驳文章。之后，《解放军报》根据王洪文、

指导新闻期（1947年3月—1976年1月） 709

姚文元的批示，又发表一篇文章，称 1 月 17 日的文章"离开批林批孔斗争的大方向，来讲团结的问题""貌似全面，实则片面强调谅解，倒很像是折衷主义，很像是中庸之道"。①

1月22日，阅改、批发了题目为"无产阶级文化大革命推动了中国钢铁工业的发展"的年终专稿。这篇对外年终专稿，是1973年底新华社对外部编写的，经计委领导人和李先念副总理审阅以后，送周恩来总理审批的。②

1月27日，接见中央读书班和记者学习班的代表，强调报道要符合实际，要全面，不能只报喜，不报忧，或只报忧，不报喜；军队分社和记者在新闻工作中要有勇气承担调查和报道任务。③

> 按：在当时工作极其困难的环境下，周恩来仍然坚持新闻报道要实事求是，这种为新闻真实坚定不移的努力奋斗精神，仍然具有现实指导意义。

1月29日，带病审阅《人民日报》评论员文章《恶毒的用心，卑劣的手法》，在文章内容"尽管我们已取得巨大成就，但是从不隐讳我们的国家还存在着前进中的缺点"之后，增加了"毛主席经常提醒我们，要反对大国沙文主义"一句。④

△依照江青等人的布置，《人民日报》发表文章，批判经周恩来批准来华的意大利摄影师安东尼奥尼拍摄的题为"中国"的纪录影片。⑤

3月7日，在新华社《国内动态清样》一则反映成都第四军医大学学员中高干子女"走后门"，并与其他工农兵学员对立情况的来信上批示：责成总后勤部派一检查组协同成都军区对此事进行调查处理，要求

---

① 吴庆彤：《周恩来在"文化大革命"中 回忆周总理同林彪、江青反革命集团的斗争》（第2版），中共党史出版社2013年版，第190—191页。
② 人民出版社资料组编：《人民的好总理 纪念敬爱的周恩来同志》（中），人民出版社资料组，1977年，第258页。
③ 中共中央文献研究室编：《周恩来年谱1949—1976》（下），中央文献出版社1997年版，第646页。
④ 王凤超：《周恩来新闻活动年表》（续二），《新闻研究资料》1988年第4期，第161页。
⑤ 中共中央文献研究室编：《周恩来年谱1949—1976》（下），第648页。

该校加强教育、整顿工作,以"改变四医大的校风"。①

4月16日,对解放军报社所编《情况简报》中一则反映民航总局批林批孔运动的报道加批:应加上"抓革命、促生产、促工作、促战备""要在毛主席无产阶级革命外交路线指引下,抓国际民用航运,严防发生政治和技术事故"。②

4月24日,江苏溧阳县发生5.5级地震,烈度为6—7度。地震发生的突然,受灾面积较广,损失较重。周恩来在《新华内参》清样上批示:"必须派负责人到溧阳地震灾区……安抚人心,实施自救公助,劝阻外逃,抓好生产,重建家园厂"。③

5月28日,患病住院前夕,审阅《人民日报》社论《中国和马来西亚友好关系的新发展》。④

  按:人民日报社现存的周恩来手稿统计,有三种说法:一说周恩来对《人民日报》社论审阅的批示,总计758件;⑤另一说人民日报社现存1950年3月5日至1974年5月28日期间的周恩来手稿864件;⑥第三种说法是撰写、审改各类文稿手迹863件。⑦这些批示是周恩来在新中国成立后珍贵的新闻史料,可惜只有人民日报出版社2008年6月限量印行的《毛泽东周恩来刘少奇朱德邓小平陈云为人民日报撰审稿手迹选》(上、下册),选编周恩来撰审手稿15篇,直接影响了研究的全面深入开展。

9月30日,晚上,国务院要在人民大会堂举行国庆招待会。周恩来

---

① 中共中央文献研究室编:《周恩来年谱1949—1976》(下),中央文献出版社1997年版,第655页。
② 中共中央文献研究室编:《周恩来年谱1949—1976》(下),第665页。
③ 吴立民:《灾难面前显大爱》,《档案与建设》2013年第6期,第46页。
④ 崔奇:《周恩来——20世纪中国杰出的马克思主义政论家——为纪念周恩来同志诞辰100周年而作》,《新闻战线》1998年第3期,第5页。
⑤ 王爱民:《"镇社之宝"——人民日报社藏毛泽东见报稿件档案》,《新闻战线》2009年第2期,第10页。
⑥ 张勇:《周总理为何这样改人民日报社论》,《新闻战线》2018年第9期,第99页。
⑦ 人民日报出版社:《毛泽东周恩来刘少奇朱德邓小平陈云为人民日报撰审稿手迹选》(下),人民日报出版社2008年版,第6页。

充分利用这次招待会的时机,使得一批长期关押的老干部被释放出来恢复名誉。他认真细致地翻看两千多个见报的名单,及时地补进了一些享有一定声誉的老同志。如萧华、刘志坚、齐燕铭、薛子正等,都是遭林彪、江青反革命集团迫害,"文化大革命"一开始就受到隔离审查,至一九七四年国庆前夕仍未解放。还有一些久不见报的人如爱国人士张学铭(张学良胞弟,全国政协委员),相声大师侯宝林等,都是在总理的关照下写进出席国庆招待会名单,从此恢复了名誉。①

10月1日,国庆25周年是大庆,各界人士4500多人出席招待会,上新闻报道的尤多,达1958人,为历次之最。由周恩来审定的上新闻报道的人员可划分为20多个类别。国庆招待会后的第三天,邓颖超就到卫立煌夫人韩权华处看望,并说:"总理知道名单上有你,但报纸上没有报道你的名字,我打电话问才知道你病了……"②

10月,一天夜里两点钟的时候,秘书钱嘉东接周恩来打来的电话,一面接听电话,一面把周恩来的意思记录在纸上:他在《参考消息》上看到一篇文章,文章讲到世界的粮食问题。有些西方人说现在世界的粮食面临严重危机,世界可供粮食储备只能满足26天的需要。报道中也讲到中国,并提到当年的苏联,提到中国和苏联两次在国际市场上大量地购进粮食,哄抬物价,指责我们一味依赖世界市场来解决粮食问题,好像有点不负责任。看来这个情况是不真实的,我们应该了解一下,以防不测。周恩来交代钱嘉东到李先念那里去报告这个情况,要李先念指示有关部门把相关情况收集上来。③

12月6日,《人民日报》第1版刊发消息,标题为"周恩来同志会见黎德寿、春水同志",配有12月5日在医院的会见合影。第1版同时刊登消息,标题为"周总理会见池田大作会长等日本朋友",配有12月5日在医院会见时的合影。

---

① 童小鹏:《风雨四十年》(第二部),中央文献出版社1994年版,第293—294页。
② 人民出版社资料组编:《人民的好总理 纪念敬爱的周恩来同志》(下),人民出版社资料组,1977年,第145页。
③ 孟红:《"全天候周恩来"的公仆风范》,《党史文苑》2015年第3期,第12—13页。

按：会见时，周恩来说，有生之年，我可能再也看不到日本的樱花了，池田大作先生回到日本，在创价大学的校园里，种了一棵叫"周樱"的樱花，以纪念周恩来。周恩来逝世以后，邓颖超又应池田大作的邀请到日本访问，访问时来到了这棵"周樱"树前纪念周恩来。后来，池田大作再种一棵樱花，命名"周夫妇樱"，以纪念周恩来、邓颖超对中日友好关系所做出的贡献。

本年，在人民大会堂设宴接待外宾。外宾入场拍摄完成后，记者们都坐到记者席上。席间，中央新闻纪录电影制片厂的一名记者打开一瓶酒，很多记者举杯，中央电视台灯光师张敬邦也喝了一点，脸上有一点发红。按当时的程序，主宾双方先吃饭后讲话。在致辞过程中，周恩来闻到了有些记者身上的酒气，脸色立刻严肃起来，但什么也没有说。外宾离开后，周恩来留下了全部记者，严厉地说："你们看看你们的脸，这会造成什么影响！"他让服务人员拿了一瓶茅台酒给现场记者斟满，说这次让你们喝个够，以后再也不许饮酒了。①

本年审阅人民日报评论稿35件。②

亲自审批新华社国际方面的各种稿件，从1966年到1974年中，共计达696篇。③据不完全统计，仅从1971年到1974年，周恩来直接给新华社参编部的指示、批语就有93次之多。④

20世纪70年代，看了反映甘肃定西人穷苦生活的新闻纪录片，曾经为之落泪。⑤

1973年和1974年，关心报刊发行工作，指出：最好每个地方能看到当天的《人民日报》，要做到农村每个生产队能有一份，工厂每个车

---

① 杨金月、葛亮、马明明：《记者工作时喝酒 周总理严厉批评》，《北京晚报》2008年1月7日。
② 崔奇：《高瞻远瞩无微不至——回忆周总理对人民日报国际宣传的关怀和指导》，《外交学院学报》1999年第3期，第24页。
③ 袁亮：《"从追求数量转到重视质量"——怀念周恩来关心书报刊质量的论述和实践》，《中国出版》2001年第8期，第19页。
④ 袁亮：《周恩来刘少奇朱德陈云与新闻出版》，中国书籍出版社2003年版，第142页。
⑤ 人民日报总编室编：《1994年人民日报好新闻集锦》，人民日报出版社1997年版，第16页。

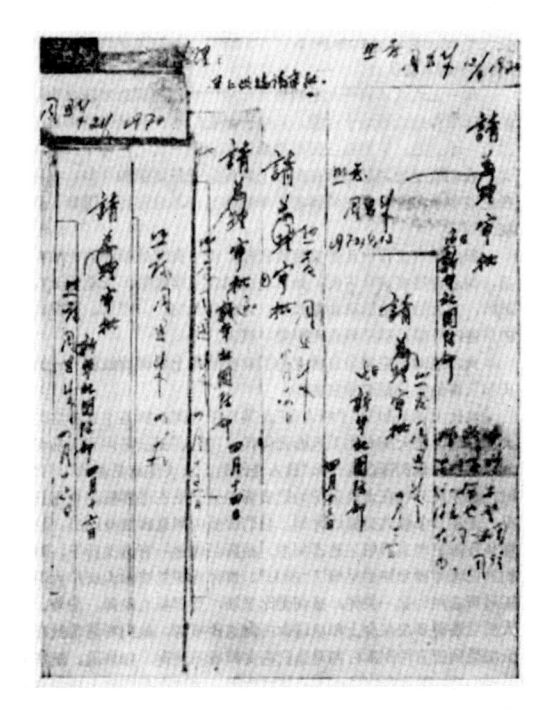

资料来源：人民出版社资料组编《人民的好总理 纪念敬爱的周恩来同志》（中），人民出版社资料组，1977 年，第 255—256 页。

间有两份。①

本年，作为新闻人物的周恩来，被《人民日报》刊登报道文章 175 篇。

新闻背景

6 月 27 日，中新社记者蔺安稳采写的《秦始皇陵出土一批武士陶俑》发表。这是媒体对秦始皇兵马俑出土文物的首次报道。

10 月 1 日，北京电视台正式对外宣布彩电播出，我国电视由此进入彩电时代。

10 月 12 日，上海《文汇报》《解放日报》同时在头版头条，以通栏标题发表关于风庆轮的长篇报道，并分别发表了评论员文章，这是"四人帮"在报刊上一手导演的所谓"风庆轮事件"闹剧，影射攻击周恩来执行的是一条"孔孟之徒卖国主

---

① 江苏人民出版社编辑：《怀念敬爱的周总理》，江苏人民出版社 1977 年版，第 271 页。

义路线""儒家卖国主义路线"。

10月,中央人民广播电台调频广播正式播音。

中国开始"748"工程,研究开发汉字信息检索、汉字通信和汉字精密照排,是推动中国出版印刷业走向"光与电"的关键举措。

美国发射"应用技术卫星—6",进行多频道电视广播试验。

1975年(七十七岁)

1月13日,在第四届全国人民代表大会第一次会议上所作的《政府工作报告》全文刊载在1月21日《人民日报》上,约5200字的报告刊登在第1版和第2版上。

1月17日,来到四届人大天津代表团处,记者要给周恩来照相,他却阻止记者说:"不要搞这个,不要搞这个。"①

2月4日,在审阅赴地震灾区慰问的中央代表团领导成员名单时,提议籍贯是辽宁海城的吕正操任代表团副团长,并要吕在他的家乡发表讲话,报上登消息。②

4月25日,晚上,在杭州新中国剧院和400多名观众一起观看金华越剧演出。摄影记者徐永辉回忆说:他想找一个高一点的地方拍照。"这时候,总理看到我站在椅背上,以极其关怀的口吻对我说:'小心'并叫台下的一个同志帮助扶一下。总理是非常体贴我们记者的,他总是设法为我们的工作创造条件。照片拍了一张,总理说:'再拍一张'。"③

5月2日,嘱秘书找出3月1日《人民日报》头版头条刊登的姚文元《论林彪反党集团的社会基础》一文所加编者按语和3月21日社论,

---

① 人民出版社资料组编:《人民的好总理 纪念敬爱的周恩来同志》(下),人民出版社资料组,1977年,第29页。

② 中共中央文献研究室编:《周恩来年谱 1949—1976》(下),中央文献出版社1997年版,第695页。

③ 人民出版社资料组编:《人民的好总理 纪念敬爱的周恩来同志》(下),人民出版社资料组,1977年,第474页。

以及其他刊登反经验主义问题的报刊送阅。①

5月4日、5日，起草关于学习毛泽东理论问题的指示和政治局工作等问题的意见稿时指出：在过去的一个多月里，有些报告、报刊社论、文章、新闻报道、内部清样中，只"强调反修正主义的一项经验主义，放过另一项教条主义，有些地方甚至连反修正主义主题都不提了，这不能不是一个错误。报纸全国转载，清样有时转至各地，军队报告发至下层，这不能不引起一部分地区、部队和一部分机关、学校的注意，弄得争论不休，或者年老干部又不敢负责工作。因为有文章上说，资格老，能打仗的人就有背上经验主义包袱的"。"在上述情况下，单由《红旗》五期发表田春一篇文章，由《人民日报》《解放军报》转载。恐还不够"，为此，同意"由中央发一个从理论到政策的文件"。

6月10日，在新华社内部报道上看到我国又发现一个大煤田，在内参稿上批示说："先念同志，此事如确，单靠××一个省动手太慢，规模太小，速度太缓，请查明交纪委议。"②

6月26日，在北海公园仿膳大厅会见李振翮博士。记者要发新闻稿，关于会见的地点请示总理怎么写，如果说是在医院或是在办公室都怕引起误会。周总理说："就写在我休息的地方吧。"③

9月1日至4日，《参考消息》连载了香港《七十年代》编辑部专稿《访蒋经国旧部蔡省三》。当时周恩来已久病卧床，在北京的解放军三〇五医院接受治疗。但是，他在病榻上仍仔细读了《参考消息》上连载的这篇文章。9月4日，周恩来读完最后一篇，便作出指示："请罗青长、（钱）家栋将蔡省三四篇评论的真实情况进行分析，最好找王昆仑、于右任的女婿屈武等人弄清真相，以便研究。"周恩来在署名后，用颤抖的手特地写了四个"托"字。这是周恩来就《参考消息》报道

---

① 中共中央文献研究室编：《周恩来年谱1949—1976》（下），中央文献出版社1997年版，第703—704页。

② 人民出版社资料组编：《人民的好总理 纪念敬爱的周恩来同志》（中），人民出版社资料组，1977年，第260页。

③ 舒乙主编，中国人民政治协商会议北京市委员会文史资料委员会编：《周恩来与北京》，中央文献出版社1998年版，第206页。

的最后一次批示。①

资料来源：孙明《蔡省三：从"阶下囚"到"国宴嘉宾"》，《纵横》1997年第11期，第38页。

按：中共江苏省委宣传部等编的《纪念周恩来同志诞辰110周年研讨会论文选编》中的《周恩来与〈参考消息〉》一文记载周恩来写了三个"托"字，并用三个"！"。笔者根据手迹辨认是四个"托"字。1998年3月5日，蔡省三先生在周恩来百年诞辰日来到北京的中国革命博物馆，站在周恩来临终前批示的展览板前，注视良久，泪流满面。在场的记者问蔡省三，今天如何看待周总理这个"最后批示"，蔡省三回答说："周总理的最后批示是

---

① 郑德金：《周恩来指导新华社工作纪实（1931—1976）》，《中共党史资料》2008年第2期，第180页。

台湾问题，临终嘱托也是台湾问题。因此我认为，周恩来的四个'托'字，不仅仅是托嘱罗青长、嘉栋，不仅仅是托嘱屈武、王昆仑……周恩来之托，是托嘱包括我在内的每一个中国人，要我们普天下的炎黄子孙，为了祖国的和平统一，为了中国的繁荣富强，贡献出力量来。"

9月15日，就近期报刊宣传上开展对《水浒》评论事指出：他们那些人（指"四人帮"）有些事情做得太过分了！最近评《水浒》、批投降派，矛头所指，是很清楚的。①

9月，来到北京饭店，吃过饭后，拿出《人民日报》来看。"文化大革命"期间，周恩来询问和检查北京饭店工作人员，看了报纸没有？《人民日报》一版头条新闻是什么？②

10月25日，观看纪念音乐家聂耳、冼星海音乐会的电视转播，并建议让聂、冼的作品多同人民群众见面，多为人民群众演出。③

一次，从电视中看到西藏歌舞团赴京演出的转播后，托邓颖超秘书打电话给藏族女歌唱家才旦卓玛：总理听你唱的歌曲和过去一样好，很高兴。你要好好为人民歌唱，要好好工作，注意身体。④

11月，病势沉重。躺在病床上听医务人员读报，关注国内的政治局势。⑤

有一次，当周恩来被推进手术室时，他又一次对李冰说，"你知道不知道云南锡矿工人肺癌发病率有所增加的情况？""总理，我们肿瘤医院已经讨论过这一问题。""这不够，这个问题必须解决，疾病增加的原因必须找到……"李冰说道："那就是周恩来。他躺在床上的时候

---

① 中共中央文献研究室编：《周恩来年谱1949—1976》（下），中央文献出版社1997年版，第720页。
② 人民出版社资料组编：《人民的好总理 纪念敬爱的周恩来同志》（下），人民出版社资料组，1977年，第443页。
③ 中共中央文献研究室编：《周恩来年谱1949—1976》（下），第722页。
④ 赵玉明、哈艳秋、袁军：《周恩来与广播电视》（下），《中国广播电视学刊》1998年第5期，第6页。
⑤ 中共中央文献研究室编：《周恩来年谱1949—1976》（下），第723页。

还阅读关于癌症的报道。"① 当时非洲某一国家与南非搞"会谈",周恩来对该国总统做了很多工作,一方面申明中国的原则立场,表示我们不同意他们的做法,同时说明,我们不在报上批评他们。②

12月中旬,躺在病床上,还关怀着新华社的工作,对宣传报道作了重要的指示。③

年底,被病魔缠身,时而清醒,时而昏迷,但只要醒过来,就要报纸看。④

本年,非洲某一国家与南非搞"会谈",周总理对该国总统做了很多工作,一方面申明中国的原则立场,表示我们不同意他们的做法,同时说明,我们不在报上批评他们。这样做有利于第三世界的团结。⑤

本年,作为新闻人物的周恩来,被《人民日报》刊载报道文章151篇。

新闻背景

2月3日,美国《时代》周刊封面刊登标题:"胜利属于周恩来 在四届全国人大上"。

5月15日,"中国新闻广播电台"停止口语纪录新闻广播,中新社以口语纪录新闻广播作为发稿方式之一的历史结束。

8月31日,《人民日报》在头版头条转载《红旗》杂志第9期的短评《重视对〈水浒〉的评论》,同时发表"四人帮"写作班子的长文《评〈水浒〉》。报刊开始连篇累牍地刊登评论《水浒》的文章。这些文章影射攻击在周恩来支持下邓小平对全国各行各业所做的全面整顿工作。

10月,新华社党的核心小组成员朱穆之、穆青和李琴联名写信向毛泽东反映江

---

① [英]韩素音:《周恩来与他的世纪 1898—1998》,王弄笙等译,中央文献出版社1992年版,第530页。
② 人民出版社资料组编:《人民的好总理 纪念敬爱的周恩来同志》(中),人民出版社资料组,1977年,第254页。
③ 怀恩:《周总理生平大事记》,四川人民出版社1986年版,第516页。
④ 高振普:《周恩来卫士回忆录》,解放军出版社2014年版,第260页。
⑤ 人民出版社资料组编:《人民的好总理 纪念敬爱的周恩来同志》(中),人民出版社资料组,1977年,第254页。

青在大寨恶毒攻击周恩来、邓小平的言论，与"四人帮"篡党夺权的阴谋进行坚决斗争。

10月，"文化大革命"期间唯一铅印出版的新闻理论著作、北京大学中文系新闻专业级工农兵学员与北京市朝阳区工农通讯员合作编写的《新闻理论讲义》一书出版，这是当时唯一的一本新闻理论教材。

12月4日，《人民日报》转载《红旗》杂志第12期刊登的署名"北京大学、清华大学大批判组"的文章《教育革命的方向不容篡改》，报刊上开始了"反击右倾翻案风"的宣传。

东盟新闻工作者联合会成立。不结盟国家通讯社联盟成立。加勒比通讯社成立。

1976年（七十八岁）1月

1月1日，《人民日报》第1版刊登了毛泽东《重上井冈山》和《鸟儿问答》两首词，周恩来刚从昏睡中醒来，恰好听到电台的广播声，他让工作人员赶快去找来这两首词。下午，周恩来清醒时，有人建议给他读《人民日报》的主要新闻，他就让念毛泽东的《鸟儿问答》这首词，听到有趣处，他的口角边绽出一丝微笑，还听到了极轻微的笑声，好像还说了些什么，大家未听清。[①]

1月8日，上午9时57分，病逝于中国人民解放军三〇五医院，享年78岁。

周恩来逝世后，美国《亚利桑那共和报》总编辑哈罗德·K. 米尔克斯发表文章追忆周恩来，重点写了周与他的三次见面：第一次是在印度尼西亚万隆举行的中立国家——现在的第三世界——会议上。我在那里见到了周总理，迎上去盼望得到热情的招呼。他的目光越过我朝前面看。第二次，他在会后去新德里，当时我的新闻报道据点在新德里。他再次将目光越过我而没有表示认识或打招呼。第三次是两年

[①] 李静主编：《实话实说西花厅》，中国青年出版社2007年版，第414页。

后在莫斯科克里姆林宫大厅里,周恩来是赫鲁晓夫总理的国宾。周在向外交使节致意后从一群外国记者中认出了我,他离开赫鲁晓夫,匆匆穿过大厅伸出了手。在热情地打招呼和互相问起对方夫人的情况之后,我提醒周恩来说,我在万隆和新德里都曾看到了他,并且温和地埋怨他没有招呼我。周笑了,把他的手放在我的肩上,通过他的译员说:"我感到抱歉,不过在那些会议上,要我招呼一位西方记者是不合适的。"①

新闻背景

《人民日报》原编辑保育均回忆:周恩来逝世之后,人民日报社成立了报道组,他从外地干校赶回北京参与周恩来逝世的报道,当时整个楼里没有一点笑声,说话也没有大声,比死了爹妈的心情还沉痛,看到领导很紧张,左一个通知右一个通知,大家不要上街去,现在黑布黑纱已经脱销了,不必要纪念,不必要用这种形式来纪念。当时的报道组由鲁瑛(1974年担任《人民日报》总编辑。"文化大革命"结束后,他被开除党籍,撤销领导职务,接受审查。——笔者)他们直接控制,按照什么调子来纪念,调子规定对周总理不提马克思主义者,只提杰出的共产主义战士,久经考验的党和国家领导人,从来不让提马克思主义者,也就是说,周总理有错误。(在当时的环境下,马克思主义者是至高无上的荣誉。——笔者)

《人民日报》原副总编辑余焕椿回忆说:"姚文元直接下来指示,总理逝世没有报道任务,各国的唁电不能占版面太多,唁电的标题要缩小,不要提倡送花圈,报上不要出现敬爱的周总理字样。"

《光明日报》国内部原主任王忠人回忆说:"当时不让自己活动,对周总理的报道,不能随便的,听新华社消息,报社统一掌握,群众来稿,不让登报。"

1952年至1975年在上海工作的陈丕显回忆说:周总理对新闻界同样是十分关心体贴的。他每次在上海机场迎送外宾,总是为在场的记者提供方便的条件,一些记者在采访重要会议时,周总理经常叫他们坐到靠近的地方,以便详细记录。上海不少记者撰写的重要稿件,只要是请周总理审阅,他都要亲自拿起毛笔细心修改,连记者在匆忙中写下的潦草字迹也不放过。上海新闻界一些同志的书橱里或影集

---

① 哈罗德·K.米尔克斯:《米尔克斯发表文章追忆周恩来同志往事》,《参考消息》1976年1月24日第4版。

中，至今还保存着周总理修改他们稿件的手迹，保存着周总理同他们的合影，成为他们努力做好新闻报道的力量源泉。①

中央新闻纪录电影制片厂的同志在周恩来总理逝世一周年时回忆道：你们记者的工作很辛苦，东奔西跑，也容易散漫，因此要抓紧时间学习马列著作和毛主席著作。要关心党的事业，努力为人民多做一些工作。②

首都文艺工作者在周恩来逝世一周年时回忆道：当摄影师把镜头对准总理的时候，总理立即用手势加以制止，说：不要拍我，要拍好主席。事后，摄影师问总理："为什么不让我们拍您呢？您是主要的陪同人啊！"敬爱的周总理耐心地向他们解释：需要时拍一点也可以，但一定要少拍，要多拍主席，拍好主席，这就是你们肩负的光荣任务。③

从1月10日到22日，短短的十几天中，《参考消息》每天以一个整版、两个整版，甚至更多的篇幅，刊出的稿件近100篇，向广大读者介绍有关周恩来逝世后各国官方的哀悼、世界报刊的评论、国际名流和接触过这位伟人的各界人士的纪念文章。

1月15日，举行周恩来追悼大会。中央人民广播电台原副台长杨正泉回忆说，要求转播周恩来总理追悼大会的实况，没有被批准。

1月，周恩来逝世的三条电视新闻片首次由中国人通过国际卫星发送出去。

3月25日，《文汇报》发表上海《文汇报》在一篇题为"走资派还在走，我们就要同他斗"的报道中把走资派的帽子扣到周恩来头上。此后数天内，各地向文汇报社发表的提议丞电400多件，抗议电话1000多次。3月28日，南京大学400余人，抬着周总理的巨幅遗像和大花圈，绕道新街口到梅园新村，掀起了抗议《文汇报》影射周总理、反对"四人帮"的全国第一次有众多群众参加的大规模示威游行。3月30日，南京大学学生在南京火车站工作人员的帮助下，用桐油和油漆在火车车厢内刷了"警惕赫鲁晓夫式的人物上台""揪出《文汇报》的黑后台"等大宗标语。这些标语，随着南来北往的列车传向四面八方，起到了推动全国爆发反对"四人帮"活动的先锋鼓动作用。《人民日报》老记者纪希晨回忆说，3月30日，

---

① 《我们的周总理》编辑组编：《我们的周总理》，中央文献出版社1990年版，第85—86页。
② 四川日报社编辑：《人民的好总理》，四川日报社1977年版，第652页。
③ 福建人民出版社编：《永恒的怀念 敬爱的周总理永远活在我们心中》，福建人民出版社1978年版，第768页。

王洪文对《人民日报》的总编鲁瑛下达指示，南京事件的性质是对着中央的，那些贴大字报的是为反革命复辟造舆论。

《新闻简报》制作《敬爱的周恩来总理永垂不朽》纪录片。

周恩来逝世后，一些报纸的报头是集周恩来的墨宝拼集而成的，以此纪念周恩来。如1979年7月20日创刊的《中国民航报》；1986年1月创刊的《中国纺织报》，用20世纪50年代周恩来题写的"中国纺织"与鲁迅的一个"报"字合成《中国纺织报》；1990年创刊的《中国税务报》及《民族报》；1997年创办的《淮阴师范学院报》等。

本年是中国历史上不平凡的一年，周恩来、朱德、毛泽东三位开国元勋逝世，唐山大地震、粉碎"四人帮"，每件事都给国家带来深远影响。围绕周恩来逝世的悼念活动，媒体刊发的规格，"四人帮"的阻挠，群众的抗争，惊天动地。

英国《每日电讯报》第一个报道粉碎"四人帮"的消息。不结盟国家通讯社联盟在新德里成立。不结盟国家首次提出"世界新闻新秩序"概念。英国研制成激光照排机。

彪炳史册

我国把农历六十年称为一个"甲子",意思是指自然界的矛盾运动,经过60年的变化或再现,可以从中找出一些不以人的意志为转移的客观规律,作为日后的借鉴。2018年周恩来诞辰120周年,是两个"甲子",周恩来从事新闻实践达一个"甲子",一定有其规律,找出其客观规律,对于指导今天的新闻事业有很重要的现实意义。

周恩来是新中国新闻事业的开拓者和奠基人之一,为党的新闻事业的发展倾注了毕生的心血。求学东关,阅读报刊;负笈津门,编纂《校风》;东渡扶桑,不忘读报;投身"五四",主编《会报》;西赴欧洲,旅欧通讯;黄埔时期,《士兵之友》;土地革命,投稿党报;长征时期,不忘报纸;抗战阶段,指导《新华》;解放战争,报刊电台;国际舞台,借助媒体;总理生涯,关怀指导;结缘新闻,花甲之久;鞠躬尽瘁,众望所归。

周恩来一生与新闻工作结缘长达62年,持续时间之长,是包括马克思、列宁在内的中外任何一个无产阶级革命家所难以企及的,而他沥尽毕生心血,由无数次新闻实践萃取而来的思想精华,更是作为中华民族的精神遗产经过了历史的验证。周恩来新闻思想自诞生以来,以笔者拙见,学术界对它的研究是不够充分的,仅仅发掘了相关资料,出版了部分学术论文,梳理了周恩来的新闻实践,归纳了一些理论。这些研究,仅仅是对于具体问题、具体观点的探讨,而对于其思想的宏观把握是比较薄弱的。虽然没有人怀疑周恩来新闻思想内容宏富,但是在对周恩来新闻思想体系本身的认识上,却缺乏有说服力的见解。而这又正是全面、深入地认识周恩来新闻思想的关键所在。周恩来新闻思想是中国传统文化滋养的产物,是马克思主义新闻理论中国化的产物,是周恩来在革命和建设实践中的智慧结晶，体现于周恩来关于新闻工作的论述、题词、批示等文献中，体现在他接见记者的谈话中，体现在他对记者稿件的修改中，贯穿于周恩来的革命生涯中，贯穿于周恩来和平建设年代的工作实践中。周恩来的新闻思想，把马克思主义新闻理论，成功地运用于中国人民革命和建设实际，是马克思主义新闻体系的重要组成部分。将周恩来新闻思想研究融入全国人民实现国家富强、民族复兴、人民幸福的伟大中国梦的实践过程中，以及人类发展的理想追求中，便会感到有更强的现实针对性。

一、坚持实事求是。新闻应坚持实事求是、讲真话，不弄虚作假。尊重新闻的真实性，将党的新闻事业壮大繁荣，是周恩来的毕生追求。新闻报道的真实性也是无产阶级做好宣传工作的首要前提与条件，只有保持新闻的真实性，新闻才会充满活力。周恩来一贯倡导追求坚持实事求是的新闻作风，从而使实事求是成为党内外新闻工作者的共同准则。

二、充分发挥新闻工作的作用。周恩来认为，出版报纸、办广播、出刊物的作用非常大，党的新闻事业应当成为改造主观世界和客观世界的重要阵地，新闻工作在党的整个事业中，起着十分重要的作用。新闻要适应读者的需求，引导读者科学地看待世界。

三、新闻事业应当推动并巩固革命及建设事业。为革命而办报，最根本的一条是要坚持新闻事业的党性原则。坚持党性原则，是马克思、恩格斯、列宁等革命导师新闻思想的根本原则，是无产阶级报刊与资产阶级报刊的根本区别，是无产阶级新闻事业的光荣传统。周恩来认为，要政治家办报，要创办"无产阶级报刊"，为无产阶级所进行的社会解放事业服务。要做好新闻工作，还要贴近群众，走群众路线，要不断依靠广大人民来建设好我党的新闻事业。

四、舆论有转移全世界之能力。周恩来非常注重舆论的导向作用，虽然没有提出议程设置论，也可能没有看过议程设置论，但由于他长期的新闻实践，他的工作思路不自觉地吻合了议程设置论的理论假设。他深知报纸不能直接告诉读者怎样去想，却可以告诉读者想些什么。

五、借助新闻媒体进行政治性的宣传。周恩来新闻思想从政治家的角度出发，认为新闻传播活动属于上层建筑的范畴，其新闻思想的出发点首先考虑的是代表当时中国社会中大多数普通民众的利益，从宏观层面提出新闻工作的地位、作用、原则，从微观层面提出了新闻队伍的建设问题，既带有"法"的特征，也带有"术"的印记。如何站在当代中国新闻传播事业的视角，科学地对待周恩来新闻思想，是当代新闻从业者和学者都应该思考的问题。周恩来新闻思想是中国特色社会主义新闻理论的先导，为中国特色社会主义新闻的发展及快速成长奠定了基础，具有超越时代的普遍意义，对"互联网+"时代背景下的新闻工作提供了方法性、方向性的指引。今天的中国新闻工作，仍然要坚持周恩来新闻思想的精髓，并不断与时俱进地发展和完善。

六、着重强调新闻工作者的素质及修养。他非常关心记者的培养，在政治上和业务上严格要求，勉励记者又红又专。周恩来还常常为记者创造采访条件和学习条件。

七、周恩来新闻工作的启示。"求木之长者，必固其根本；欲流之远者，必浚其泉源。"对于新闻工作来说，这个"根本"和"泉源"，就是包括周恩来新闻思想在内的马克思主义新闻观。周恩来的新闻思想高屋建瓴，清晰透彻，系统全面，言简义丰，且身体力行。今天，重温周恩来新闻工作实践和领导新闻工作的要求，对于社会主义各项事业，对于社会主义文化事业，对于凝聚中国力量、实现中国梦具有重要的现实意义。

首先，力求创新务实。"不日新者必日退"，要着力在"新"字上下功夫，围绕新形势新变化，注入新内容新活力。周恩来创办报刊电台，都是开创性的工作，都离不开一个"新"字，是创新务实的最好体现。随着新媒体的不断涌现，在新媒体格局下，传统的新闻工作模式显然不能适应，必须积极寻找符合现代新闻规律的新思路，创新务实对于推动党的新闻工作持续健康发展极其重要。

其次，力求继承发展。马克思主义新闻体系是一个开放的思想体系，周恩来的新闻思想、新闻实践，丰富了马克思主义新闻观。新时期党的新闻思想与周恩来新闻思想是一脉相承的，且不断有新内涵和新探索。新闻工作者必须研究当今国内外新闻传播发展的情况和趋势，不断丰富发展马克思主义新闻观。

最后，力求抢占新闻舆论制高点，展示中国特色。在"互联网+"时代，人人都有麦克风，改变了传统传播中少数强势媒体垄断话语权的局面，如何拓展新兴媒体舆论阵地，抢占传播制高点，积极有效地传播中国声音成为新闻工作者面临的极大挑战。因此，现阶段做好新闻工作，必须大力弘扬包括周恩来在内的中国共产党长期积累起来的宝贵的新闻思想财富，充分发挥新闻宣传武器的作用，党的新闻工作就一定能够始终沿着正确的方向发展，能够为实现中华民族伟大复兴的中国梦提供强大的精神力量和舆论支持。

周恩来的新闻思想博大精深，他的实践和论述在许多方面揭示了新闻工作的规律，包含了含义深邃的新闻思想，对今天的启迪是全方位的，不是我这三点可以概括的，希望更多的研究者共同努力。

附录 研究摘要

选录周恩来逝世后，研究周恩来新闻思想相关文献的摘要并简评，兼顾少量回忆周恩来新闻工作的第一手资料摘要，以方便读者更好地学习研究周恩来新闻思想。收录的标准着眼于学理性的研究，而不是简单的资料堆砌。

1977 年

1月6日，新华社记者发表《磨不灭的光辉 砍不断的思念》文章，揭露和控诉姚文元破坏悼念周恩来宣传报道的罪行。

1月9日，《人民日报》第1版转第5版发表《八亿人民的爱 八亿人民的恨——本报革命同志深切怀念周总理，愤怒控诉"四人帮"破坏悼念周总理的宣传的罪行》纪念文章。

1月11日，《光明日报》发表《新华日报》原部分工作人员撰写的《敬爱的周总理与〈新华日报〉》，约1万字。提供的史料有参考价值。

1月，香港《七十年代》月刊社编辑出版《周恩来纪念集》，收录各国舆论谈周恩来、周恩来对外谈话录等新闻方面的内容。

4月，宋庆龄在《中国建设》发表《怀念周恩来总理》文章。

1978 年

1月，《人民日报》女记者柏生在《新闻战线》第1期发表《一个记者的幸福回忆》，刊登了周恩来给她的题词和提出的要求。该杂志同期还发表罗真容写的《宝贵的文献——介绍周恩来同志的旅欧通信》文章。

3月初，为了纪念周恩来诞辰80周年，中央电台各类节目在周恩来生日3月5日前后约两周时间，安排了有关内容的大量稿件。新闻节目播出了周恩来在四届人大的报告录音片断（谈四个现代化部分）、文化部举行的《纪念周总理诞辰八十周年文艺晚会》录音新闻、"周恩来号"机车司机长的录音讲话等。

3月，廖永武在《天津师院学报》第1期发表《周恩来同志旅欧期间的革命活动》一文。

杨黎原在《思想战线》1978年第2期发表《"新华人"的深切怀念》一文，深切怀念周恩来在重庆领导《新华日报》的五年工作。

11月15日，中共北京市委宣布，1976年清明节广大群众到天安门悼念周恩来总理的行动完全是革命行动。《北京日报》是最早刊登这一内容的，但是被淹没在4000字左右的报道中，新华社记者、领导立即发现了其重要的新闻价值，决定用"中共北京市委宣布'天安门事件'完全是革命行动"这个标题，单独发稿，《人民日报》在刊登新华社这条电讯时，用了新华社的标题。

1979 年

1月，张沛在《新闻战线》第2期发表《周总理同记者谈调整——回忆周恩来同志关于经济宣传的一次教诲》一文。

1月，新闻研究所编辑、人民日报出版社出版《旅欧通信》一书。收录1920年至1924年周恩来旅欧期间撰写的发表在天津《益世报》上的文章。分为"西欧通信""旅欧通信""伦敦通信""巴黎通信"四部分，计50篇。本书为研究这个时期周恩来新闻思想提供了影印资料。

2月，《周恩来的实践》一书在日本出版。该书由《每日新闻》原论说委员新井宝雄撰写。全书分10个部分，记录了周恩来从青年时代起至战斗到生命最后一息的革命实践，热情歌颂周恩来为中国革命和世界革命所作出的巨大贡献和他的崇高品质。作者曾任日本《每日新闻》驻北京特派员，多次见过周恩来。

3月，赵玉明、曹焕荣、哈艳秋在《北京广播学院学报》（现名《现代传播》）1979年第1期发表《周恩来同志与人民广播》一文，全面回顾了周恩来关怀人民广播事业的发展情况，以及对广播工作的许多具体指导意见。

3月，于刚、郑新如在《新闻研究资料》（现改名《新闻与传播研究》）1979年第1期发表《〈新华日报〉发行战线的反封锁斗争——铭记周恩来同志的关怀和教导》一文，回顾了周恩来指挥《新华日报》发行战线的反封锁斗争，关心发行队伍的成长，加强对报童的教育工作等轶事，提供了大量第一手资料。同期还发表了钱枫、张家厚、魏承史等写的《武汉时期〈新华日报〉纪略》一文，以及李廉、姚北桦写的《周恩来同志与南京〈新华日报〉》一文。

3月，陆诒在《新闻战线》第1期发表《周恩来同志教我们怎样采访》一文，回忆周恩来认真负责、细致踏实的工作作风。陆诒在《新闻研究资料》第1期发表1979年3月20日写于上海的《周总理教我怎样做记者》一文。

4月，张允侯、殷叙彝、洪清祥、王云开合编的《五四时期的社团（全四册）》由三联书店出版。本书有利于全面认识周恩来在这一时期的新闻实践的背景。

7月，南开大学历史研究所周恩来研究室编辑，内部发行的《南开〈校风〉周恩来文选》出版。本书收集了周恩来1916年至1919年在《校风》上发表的各类文章29篇。本书真实记录了周恩来在南开学校求学期间的进步活动和思想观点，是一本很有价值的新闻研究参考资料。

9月，天津市人民图书馆编，文物出版社编撰的《周恩来同志旅欧文集》影印本出版。文集收录了周恩来在天津《益世报》发表的专栏通信56篇。发表在当时天津《新民意报》副刊《觉邮》和旅欧中国少年共产党主办的《少年》上的文章、通信11篇也收在本集末尾，总共

67篇。

12月，南开大学历史系、天津历史博物馆合编的《五四前后周恩来同志诗文选》由天津人民出版社出版。书中收录张鸿诰撰写的《回忆学生时代的周恩来同志》，潘世纶撰写的《周恩来同志和〈天津学生联合会报〉》，谌小岑撰写的《五四运动中产生的天津"觉悟社"》三篇回忆性文章，记录了周恩来早期的新闻活动，史料价值高。

12月，《〈新华日报〉的回忆》由四川人民出版社出版。该书是当年参与办报的老报人的回忆录，是一本记载比较详尽的关于《新华日报》的历史资料。

1979年，陈崇山到中国社会科学院新闻所马克思列宁主义毛泽东思想新闻理论研究室，从事周恩来新闻思想的形成与发展研究工作，发现周恩来在学生时代办《天津学生联合会报》，旅欧勤工俭学时办《赤光》，抗日时期在重庆领导办《新华日报》，在他的办报思想中都特别尊重读者，重视读者来信来稿和读者调查，使报纸同读者结成了鱼水相依的亲密关系。特别是《新华日报》创办不久便开展读者调查，并公开宣称读者的意见是改进报纸的"准则"。受周恩来新闻重视读者思想的启发，陈崇山开始探索受众接受新闻传播的规律，开拓了我国受众研究的新领域。

1980年

陈崇山撰写《周恩来同志与〈天津学生联合会报〉》一文，5000字，载《光明日报通讯》1980年第1期。

曾在《商务日报》工作的部分同志回忆文章《周恩来、董必武同志领导我们夺取商务日报》在《新闻研究资料》1980年第1期发表。同期还发表了曹仲英写的《周总理在梅园新村的一次谈话》，作者以南京《新民报》的记者身份参加了1946年11月16日下午，周恩来在南京梅园新村举行的记者招待会。

陈铭德、邓季惺撰写的《周总理在重庆和我们的几次见面》在

《新闻研究资料》1980年第1期发表。同期还发表了于刚、郑新如、谢韬写的《熊瑾玎同志与新华日报》一文。文章提供了周恩来在1966年1月1日亲笔为熊瑾玎、朱端绶两同志写的一份证明材料,其中写道:"在内战时期,熊瑾玎、朱端绶两同志担任党中央最机密的机关工作,出生入死,贡献甚大,最可信赖。"

新闻战线记者写的《"拍工人,别拍我"——周总理和新闻电影》一文在《新闻战线》1980年第1期发表。杨牧写的《忆周总理与广播宣传的几件事》在《北京广播学院学报》1980年第1期发表。

徐熊1957年写的《周总理同记者谈话杂记》一文,加上注释以"周总理同记者的谈话"为标题在《新闻研究资料》1980年第2期发表。文章包括三个部分:记者的知识要丰富,报道要合乎逻辑,新闻要有目的性。同期还发表了怀恩、森时彦写的《赤色之光 永放光芒——简介周恩来同志发表在〈赤光〉上的文章》一文。

11月,清华大学中共党史教研组编写的《赴法勤工俭学运动史料》(1—3册)由北京出版社出版,收录了大量历史文献,为研究周恩来这一时期的新闻活动提供了背景材料。

12月,中共中央文献编辑委员会编的《周恩来选集》(上卷),由人民出版社出版。

本年,人民出版社影印出版了《觉悟》。

1981 年

1月8日,《工人日报》发表周恩来1949年7月23日撰写的《恢复生产建设中国》一文。

新华日报史研究组写的《回忆新华日报——记重庆老新闻工作者座谈会》一文,在《新闻研究资料》1981年第1期发表。

夏衍写的《白头记者话当年——记救亡日报之二》在《新闻研究资料》1981年第2期发表。

1982 年

韩荣璋在《求实》第 1 期发表《周恩来革命活动纪事（1927 年 8 月—1937 年 7 月）》，摘要收录了周恩来少量的新闻实践活动。

夏衍写的《白头记者话当年——记香港〈华商报〉》在《新闻研究资料》1982 年第 2 期发表。

石西民、徐迈进写的《潘梓年与〈新华日报〉》一文在《新闻研究资料》1982 年第 5 期发表。

12 月，安岗的《新闻论集》由天津人民出版社出版，其中收录了《学习的榜样——记周恩来、刘少奇、陈毅同志一些新闻活动》一文。

1983 年

2 月，石西民、范剑涯编的《新华日报的回忆》（续集）由四川人民出版社出版。全书 35.4 万余字，从不同侧面回忆了当时的斗争、工作和生活。本书收录当事人的回忆资料，为我国新闻出版发行工作提供了宝贵的经验，也开始研究分析《新华日报》。

3 月 6 日至 13 日，曾经在武汉、重庆《新华日报》和《群众》周刊工作过的约 450 人，兴高采烈地在人民大会堂集会隆重纪念《新华日报》和《群众》周刊创刊四十五周年，并成立"新华日报暨群众周刊史学会"。分组讨论、研究编写新华日报史和群众周刊史的问题。大家表示要尽力提供资料，共同回忆研究，总结好在这种特定的历史条件下从事党报党刊工作的经验教训。

葛娴、陆宏德写的《一个老新闻战士的长征》一文在《新闻战线》1983 年第 6 期发表。文章回忆了周恩来给吴克坚、陆诒两人的亲笔信的内容——《新华日报》采访工作计划。原信现由中国革命历史博物馆收藏。

1984 年

于刚在《新闻研究资料》1984 年第 1 期发表《七年两度忆"新华"》一文。高天在《新闻研究资料》1984 年第 Z1 期发表《雾重庆访问周恩来》一文。

《瞭望周刊》1984 年第 2 期发表《周恩来同李勃曼谈个人经历（一九四六年九月）》，纪念周恩来逝世八周年。

钟毅在《新闻与写作》1984 年第 2 期发表《周总理关怀北京日报二三事》一文，回忆周恩来对《北京日报》的关怀。

12 月，中共中央文献编辑委员会编的《周恩来选集》（下卷），由人民出版社出版。

12 月，由中共广东省党史研究委员会、中共汕头市委党史领导小组和汕头市党史学会联合在汕头市举办"周恩来同志在潮汕革命活动学术讨论会"。

1985 年

1 月 17 日，《人民日报》节录发表周恩来 1972 年 6 月 10 日撰写的《党的历史教训》。

3 月，鲍大可著，弓乃文译的《周恩来在万隆——美国记者鲍大可记亚非会议》一书，由中国社会科学出版社出版。本书从记者的视角详细而生动地记述了亚非会议的经过始末。

4 月，王永祥、孔繁丰、刘品青合著的《中国共产党旅欧支部史话》一书，由中国青年出版社出版，为研究周恩来旅欧通讯报道提供了资料。

4 月，陆诒在《新闻界》第 2 期撰文《周恩来同志教我深入群众采访》，回忆周恩来教导做好新闻工作的若干事实。

8 月，中共广东省委党史研究委员会等编的《周恩来同志在潮汕》

（第一辑"学术讨论文汇编"）内部出版。

夏衍在《新闻研究资料》1985 年第 5 期发表《白头记者话当年——重庆〈新华日报〉及其他》一文。

1986 年

1 月，卫元理在《中国记者》第 1 期发表《建设新闻队伍的强大动力——纪念周恩来同志逝世十周年》一文。周恩来在长期的革命实践中，极其重视和关怀党的新闻事业，指导它们的成长。他不仅为党的报刊、通讯社、电台撰写和修改了许多社论、评论和消息，而且对党的宣传策略和新闻工作，作了大量指示。它们是毛泽东新闻思想的生动体现和应用，是无产阶级新闻工作的宝贵财富。周恩来要求记者尊重事实，实事求是。周恩来经常教育新华社记者，要加强调查研究。周恩来关怀培育记者，关心他们的成长。

3 月，陈昭在《新闻研究资料》第 1 期发表《周恩来同志早年的新闻实践》一文，把周恩来的新闻思想总结为极具代表性的五条：1. 新闻的真实性原则；2. 报刊是政治斗争的"利器"；3. 群众办报和报刊是"千人喉舌"的人民报刊思想；4. 报刊不仅是宣传者，同时也是组织者；5. 通过办报改造自己，改造社会的"革心，革新"思想。同期还发表了陈汉初写的《周恩来与〈岭东民国日报〉》一文。

5 月，哈艳秋在《北京广播学院学报》第 1 期发表《周恩来同志与〈旅欧通讯〉》一文。

1987 年

7 月，韩辛茹著的《新华日报史 1938—1947（上）》由中国展望出版社出版，不知什么原因，下册一直没有出版。1990 年 3 月，韩辛茹在重庆出版社出版了《新华日报史 1938—1947》完整本。

12 月，中共中央文献研究室组织编辑的《不尽的思念》一书由中央文献出版社出版。本书是中共中央文献研究室为纪念周恩来九十诞辰，特邀老同志撰写的回忆文章集，书中收入60篇回忆文章。其中收录徐熊1954—1957年这几年在新华社总社搞外事采访的回忆文章《周总理教我怎样当好新闻记者》，这是一篇研究20世纪50年代周恩来新闻思想的重要文献。

1988 年

2月，周恩来同志青年时代在津革命活动纪念馆编的《周恩来的青年时代》一书由文物出版社出版。

2月，熊复在《南方局党史资料》上发表《周恩来与〈新华日报〉》一文。

6月，人民日报报史编辑组编《人民日报回忆录》出版。本书收集了人民日报60多位老新闻工作者的近70篇文章，其中有崔奇的《忆周总理对人民日报国际宣传的关怀和指导》一文。

6月，王鲲在《新闻界》第3期发表《〈旅欧通讯〉的珍贵启示》一文。

6月、9月、12月，《新闻研究资料》第2、3、4辑（总第42、43、44辑）连续发表王凤超的《周恩来新闻活动年表》，这是周恩来新闻思想编年的发轫之作，为人们提供了一份清晰的周恩来新闻实践路线图，本书对其一些错误作了纠正。

1989 年

2月，金冲及主编的《周恩来传（1898—1949）》由人民出版社、中央文献出版社出了第一版。

3月，中共中央文献研究室编的《周恩来纪事（1898—1949）》出版，收录了周恩来许多重要的新闻活动。

3月，徐长荣在《新闻爱好者》第2期发表《周恩来总理和报纸版面——发生在"文革"中的几件事》一文。

5月11日,廖心文在《中国青年报》发表《摆脱了神化依然伟大——读〈周恩来传(1898—1949)〉有感》一文。

8月,陈晋在《读书》第7—8期合刊发表《领袖与人格——〈周恩来传〉读后》,推介金冲及主编的《周恩来传(1898—1949)》。

12月21日,《中国电影周报》发表周恩来1959年4月23日《和电影工作者谈两条腿走路的问题》一文。

1990 年

1月,《解放日报》编委兼驻京办事处主任张默在《新闻记者》第一期发表《周总理为我们改稿》一文,回忆了1963年1月28日下午,周恩来在上海科学技术会议上作了重要讲话的新闻稿。新华社杨瑛和张默急匆匆写好新闻,送给周恩来审阅。这条1000多字的新闻稿上留下了周恩来悉心修改的手迹。

3月,韩辛茹著的《新华日报史1938—1947》一书,由重庆出版社出版。书中高度评价了周恩来在新华日报史上的地位,其中第12章以"革命报人周恩来"为题,介绍周恩来领导《新华日报》社开展工作的情况。

1月、3月,戴邦在《新闻与写作》第1、2期分别发表《周恩来与新闻工作(上、下)》,回顾了周恩来在开创中国无产阶级新闻事业方面,在结识中外记者开展统一战线方面所取得的成就,分析了他在理论上的贡献。

余飘、陈立波在《延边大学学报》第2期发表《论周恩来在宣传方面的卓越贡献和宝贵经验》一文,从立场坚定、旗帜鲜明,满腔热情、千方百计,虚实结合、情理交融,分析透辟、逻辑严密,实事求是、反对浮夸,发扬民主、平易近人,区别对象、有的放矢,生动活泼、民族特色,注重身教、言行一致,发动群众、依靠组织十个方面的主要经验展开叙述。

1991 年

王广达、朱大礼在《党的文献》第 1 期发表《周恩来与南京局时期我党在国统区的新闻出版工作》一文，主要内容为：周恩来领导中共中央南京局，以新闻出版为武器，揭露国民党和美国政府假和谈真备战的阴谋，宣传中国共产党和平民主建设新中国的主张，为团结国统区人民反对内战争取和平，扩大民族民主统一战线，开辟第二条战线，加速解放战争的胜利，作出了重大贡献。

1992 年

9 月，童兵在《新闻与写作》第 9 期发表《忠实于事实 忠实于真理——学习周恩来同志的新闻观点》一文指出，在领导党和人民新闻事业的长期实践中，周恩来同志运用马克思主义的普遍真理解决中国新闻界的实际问题，形成了一系列重要的新闻观点。

1993 年

2 月，崔奇主编的《周恩来政论选》由中央文献出版社、人民日报出版社出版。分上、下两卷，共收入从 1921 年至 1975 年的政论和演讲 129 篇，约 52 万字。书中附有题解和注释。

3 月，石西民在《新闻通讯》（现名《传媒观察》）第 2 期发表《周恩来同志与〈新华日报〉》一文。

1994 年

10 月，童小鹏著《风雨四十年：童小鹏回忆录》（第一部）由中央文献出版社出版。书中有许多周恩来关心指导参与新闻工作的回忆资料。陈云题签，杨尚昆作序。

12月，中国广播电视出版社出版《周恩来与广播电视》一书，收录回忆文章40篇。内容可归纳为七部分：一是在战争年代周恩来关怀广播工作的事迹；二是周恩来关心广播的安全保卫工作；三是周恩来关心指导广播事业的对外交流工作及援外工作；四是对几个广播节目的关心指导；五是对广播电视播音员、记者、编辑工作的关心；六是对广播艺术团体的关心；七是周恩来从事宣传工作所遇到的挫折等。最后编有周恩来与广播电视大事记。书前收录周恩来与广播电视工作人员各种活动的照片31幅。

1995 年

黄志英在《华南师范大学学报（社会科学版）》第3期发表《周恩来与抗日民族统一战线》学术论文，涉及周恩来利用《新华日报》《抗敌半月刊》等报刊，揭露国民党顽固派的倒行逆施等新闻传播方面的内容。

1996 年

1月，童小鹏著《风雨四十年：童小鹏回忆录》（第二部）由中央文献出版社出版。书中有许多周恩来关心指导参与新闻工作的第一手资料。

1月，廖永武在《新闻出版交流》第1期发表《周恩来与天津早期报刊》一文。

2月，胡正强、陈勇在《编辑学刊》第1期发表《周恩来抗战时期报刊思想述要》指出，周恩来把马列主义一般原理同当时大后方党的报刊工作实际相结合，不断探讨报刊宣传如何更好地为抗日战争服务的新路子，对党的报刊工作提出了许多独到的见解。

3月，胡正强、戎志毅在《编辑之友》第1期发表《青年周恩来的报刊实践及其思想》一文。

10月，夏文蓉在《南京大学学报》第4期发表《论周恩来的新闻思想》一文。主要观点为：周恩来的新闻思想是马克思主义党报思想体系的重要组成部分；周恩来的一生不仅有丰富的新闻实践经验，而且，在对新闻业务的具体指导过程中，对新闻学理论的基本问题，如新闻宣传的指导思想、新闻采访、新闻写作的基本规律等均有精辟论述；重视周恩来在实践和理论方面对新闻学的贡献，继承这笔宝贵的精神遗产，对我国新闻事业的改革、发展将起到重要的推动作用。

1997 年

5月，中共中央文献研究室编的《周恩来年谱 1949—1976》（上、中、下）出版。书中有周恩来许多重要的新闻活动资料。

1998 年

1月，钟巨治在《中国广播电视学刊》第1期发表《周恩来论新闻工作者的作风与文风》一文。

1月，查树楼、左仁宁在《新闻与成才》第1期发表《学习周恩来同志的新闻宣传艺术——谨以此文纪念周恩来同志诞辰一百周年》一文。

2月1日，金冲及主编的《周恩来传》（全四册）由中央文献出版社出版。以丰富的史料、严谨的表述、客观的评价，成为关于周恩来研究的权威著作之一。

2月，中共中央文献研究室编的《周恩来年谱 1898—1949》（修订本）出版。收录周恩来许多重要的新闻活动。

2月，中共中央文献研究室、南开大学合编的《周恩来早期文集（1912.10—1924.6）（上、下卷）》出版。收录了目前发现的周恩来早期的所有新闻作品，是研究周恩来早期新闻活动不可或缺的文集。

2月，中共中央文献研究室、中国革命博物馆据中国革命博物馆藏周恩来旅日日记影印本合编的《周恩来旅日日记》由中央文献出版社出版。该书收入周恩来旅日期间的日记，始于1918年1月1日，止于1918年12月23日，共316页，10多万字。

2月，田勤在《图书馆杂志》上发表《周恩来与党的报刊工作》一文。

2月，张水辉、文帅在《新闻传播》第1期发表《周恩来与党的新闻工作》一文。

2月，白清平在《河南师范大学学报（哲学社会科学版）》发表《周恩来与书刊资料工作》一文。

2月，林枫的文章《敢于和善于说出真理 敢于和善于进行斗争——学习周恩来的重要新闻论述》收入《周恩来百周年纪念——全国周恩来生平和思想研讨会论文集（下）》。文章认为，周恩来一直熟练地运用新闻手段，精心地策划党和国家的新闻工作，发挥了历史性的重大作用。3月，该文在《中国记者》第3期发表。

3月10日，金凤在《新闻战线》第3期发表《难忘周总理对记者的关怀》，介绍了作为《人民日报》记者，就近观察和接近过周恩来，最难忘的是周恩来关心人、爱护人、吸引人的人格魅力和高尚情操。

3月，赵玉明、哈艳秋、袁军在《中国广播电视学刊》第3期发表《周恩来与广播电视（上）》。

3月，于广华在《新闻战线》第3期发表《亲切的关怀 难忘的教诲——记周恩来同志和电视记者在一起》一文，回忆了周恩来对电视新闻记者无微不至的关怀。

3月，郑新如、陈思明在《求是》第5期发表《领袖与严师——回忆办〈新华日报〉和〈群众〉周刊时的周恩来同志》一文。

3月，查树楼在《新闻通讯》上发表《周恩来同志与〈新华日报〉》一文。

3月，张秋实在《党政干部论坛》第3期发表《周恩来在民主革命时期的新闻活动和新闻思想》一文。

4月，沈苏儒在《对外大传播》第4期发表《爱泼斯坦回忆周总理》一文。

6月，穆欣在《新闻爱好者》第6期发表《周恩来与我的新闻生涯》一文。

6月，潘德利在《图书馆论坛》第3期发表《中国报刊史上熠熠耀辉的篇章——周恩来早期报刊活动》一文。

7月，廖永祥撰著的《新华日报史新著》一书，由重庆出版社出版发行，开启了周恩来与新华日报史研究的新篇章。

8月，穆欣在《新闻界》第4期发表《周恩来〈致大公报书〉发表前后——纪念周恩来同志诞辰一百周年（上）》一文。

10月，张同刚在《淮阴师范学院学报》第4期发表的《周恩来的新闻思想》一文认为，周恩来从事过大量的新闻实践活动，并形成了其新闻思想：报纸的作用是宣传党的方针政策和推动社会进步，新闻宣传的求真性，新闻工作者的素质要求，文风要不断改进，加强统一战线的工作等。

12月，周祺在《毛泽东思想研究》第S2期发表《周恩来的早期新闻宣传活动与思想》一文，同期还发表廖永祥写的《周恩来与〈新华日报〉》一文。

12月，廖永祥在《天府新论》第S1期发表《从〈新华日报〉谈周恩来的新闻思想》一文。

12月，陈镜清、陈凌在《福建党史月刊》第S1期发表《试论周恩来早期的新闻思想》一文。

1999 年

2月，朱佳木、安建设编的《震撼世界的20天：外国记者笔下的周恩来逝世》一书出版。周恩来逝世后，外国记者通过他们的通讯社、报纸、刊物、电台等媒体，把它们如实地、生动地、细致地报道了出来，有的还作了鞭辟入里、感人至深的评论。

5月，袁本文在《北方工业大学学报》第 2 期发表《周恩来与西方新闻记者》一文。周恩来把党的方针政策与个人的魅力结合起来，对这些西方记者做了大量的工作，赢得了他们的信任和尊敬，使他们写出了大量的客观报道。这些报道使国际社会加深了对中国战场和共产党及其领导的八路军、新四军在战争中所起真实作用的了解。

6月，罗时嘉、胡正强在《淮阴师范学院学报（哲学社会科学版）》第 3 期发表《周恩来对外报刊宣传思想初探》一文。

9月，笑蜀编的《历史的先声——半个世纪前的庄严承诺》由汕头大学出版社出版，是 20 世纪 40 年代《新华日报》和《解放日报》社评言论集，全书收文 92 篇，约 30 万字，其中从《新华日报》选入 68 篇。

2000 年

2月，陈镜清、陈凌在《漳州职业大学学报》第 1 期发表《民主政治先驱者的呼号与战斗——周恩来"五四"前后新闻宣传活动评析》一文。

9月，卫广益在《纵横》第 9 期发表《周恩来总理"文革"期间指导办〈参考消息〉》一文。

2001 年

1月15日，刘春秀在《新闻三昧》第 1 期发表《风范昭昭在 长江浩浩流（上）——周恩来与范长江交往追记》一文，纪念周恩来对新闻事业的关心、指导。

1月，袁亮在《出版发行研究》第 1 期发表《周恩来关心对外新闻出版工作纪事（一）》一文。

2月15日，刘春秀在《新闻三昧》第 2 期发表《风范昭昭在 长江浩浩流（下）——周恩来与范长江交往追记》一文，纪念周恩来对新闻事业的关心、指导。

2月，袁亮在《出版发行研究》第2期发表《周恩来关心对外新闻出版工作纪事（二）》一文。

2月，袁亮在《出版科学》第1期发表《周恩来文革期间关心新闻出版工作纪事》一文。

3月，袁亮在《出版发行研究》第3期发表《周恩来关心对外新闻出版工作纪事（三）》一文。

3月，袁亮在《出版广角》第3期发表《周恩来与新闻出版队伍建设》一文。

8月，陈镜清、陈凌在《漳州职业大学学报》第3期发表《试论周恩来对党的新闻事业的卓越贡献》一文。

2002 年

赵春生在《党的文献》第1期发表《关于上海〈新申报〉上的七篇周恩来文稿》，确认张凤高送到中央文献研究室的7篇1921年上海《新申报》上刊载的周恩来文稿是周恩来的作品。

2003 年

3月，［英］迪克·威尔逊（Dick Wilson）著，封长虹译的《周恩来》一书由中央文献出版社出版。本书从周恩来童年的炎凉身世，写到人民对他的沉痛悼念，介绍了这位伟人所走过的曲折路程，零星记录了周恩来新闻活动和新闻思想。

蓝鸿文撰写的《周恩来早期报刊活动新闻思想再梳理再认识》，分三期刊登在《采写编》本年第6期、2004年第1期、2004年第2期上。这是有关周恩来早期新闻活动和新闻思想研究的代表作。全文1万余字，论述了周恩来早期报刊活动新闻思想的内容和特色，总结了周恩来早期报刊活动和新闻思想的意义。

11月，袁亮编著的《周恩来刘少奇朱德陈云与新闻出版》一书，由中国书籍出版社出版。该书关于周恩来与新闻出版的内容占了全书1/2还多，主要观点为：第一，新闻出版是革命和建设的"方面军"和"锐利武器"；第二，新闻出版工作的方向是，为人民服务，为新政治、新经济服务；第三，新闻出版工作的重要任务是宣传马克思列宁主义、毛泽东思想，是宣传党的纲领、路线、方针和政策，是传播科学文化知识；第四，新闻出版工作要正确对待艺术问题和学术问题，要正确对待古代文化和外国文化；第五，做好新闻出版工作，要反对"极左"思潮，坚持广开言路，要从追求数量转到重视质量，要树立明确、生动、通俗的文风；第六，要保障人民的出版自由；第七，要办好《参考消息》，让人民了解国际形势；第八，要做好发行工作，满足读者需求，要注意经营管理，提高技术水平；第九，要关心和重视新闻出版队伍建设；第十，要加强党和政府对新闻出版工作的领导。本书资料收集丰赡，对有些史料的辨别严谨认真，然学理研究稍显不足，特别是周恩来独有的新闻出版思想没有提及，这是非常遗憾的。

12月，蓝鸿文在《采写编》第6期发表《周恩来早期报刊活动新闻思想再梳理再认识（一）》一文。

2004 年

1月，蓝鸿文在《军事记者》第1期发表《周恩来中学时代写的校园新闻——析〈纪事〉24则和〈特别纪事：本校十二周年纪念会记〉》一文。

2月，谢庆伟在《重庆工商大学学报（社会科学版）》发表《周恩来新闻传播思想》一文。

7月，广东省汕头市社会科学联合会主编的《周恩来在潮汕》一书，由中央文献出版社出版，包括报刊资料部分，为研究周恩来与《岭东民国日报》的关系及新闻活动提供资料基础和观点借鉴。

12月，郑保卫主编的《中国共产党新闻思想史》由福建人民出版社出版，其中第三章抗日战争时期中国共产党的新闻思想中第六节为抗日战争时期周恩来的新闻思想，分为五个部分：一、积极占领舆论阵地；二、宣传策略要因地制宜；三、《新华日报》要敢于斗争，善于斗争；四、建立新闻界最广泛的统一战线；五、办好党报的要旨。限于篇幅，该书对周恩来新闻思想描述得还远远不够。

2005 年

5 月，周复、昭质在《档案与建设》第 5 期发表《抗战时期国统区的〈新华日报〉》一文，叙述了周恩来领导《新华日报》的功绩。

10 月，赵玉明在《红岩春秋》第 5 期发表《抗战期间周恩来在重庆的题词》，收录了抗战期间周恩来的题词 20 多幅，分门别类进行分析研究，特别是对新闻媒体的题词值得借鉴。

2006 年

1 月，张志新在《今传媒》第 1 期发表《周恩来新闻思想探析》一文。主要观点有：一、报刊是进行政治斗争的有力武器；二、媒体是党和人民的耳目；三、新闻要"尊重事实，实事求是"；四、报道要"准确、鲜明、生动"；五、新闻队伍的建设必须强化。该文同时发表在《采写编》第 1 期、《军事记者》第 7 期。这种一稿多投、多发的情况与学习周恩来新闻思想是不相符的。

3 月 12 日，穆欣在《党史文汇》第 3 期发表《"尊重事实才能尊重真理"——周恩来维护新闻真实性的言行》一文。

7 月，米尔孜古丽·胡达拜尔迪在《当代传播》2006 年第 4 期发表《抗战时期〈新疆日报〉的传播活动》一文，介绍一批在新疆日报社工作的中共党员和爱国进步人士，遵循周恩来副主席要求的"把新疆日报当做中共在新疆地区的一个新闻阵地"的指示，全力以赴地进行了大量卓有成效的新闻传播活动。

2007 年

1月，陈宇著的《中国黄埔军校》一书，由解放军出版社出版，为研究周恩来与《中国军人》的关系及新闻活动提供资料基础和观点借鉴。

3月，刘行芳在《世纪桥》第3期发表《周恩来以人为本的报刊思想初探》一文。

2008 年

2月，中央文献出版社出版的《周恩来研究》（第4辑）一书收录了张同刚撰写的《周恩来改稿的创新性》论文。文章指出，周恩来改稿的创新性表现在：把自己的观点注入别人的稿件，在原稿的基础上打上"周氏烙印"，书面语和口语的完美结合。

3月5日，由中国记协、中国新闻史学会、中广协会广电史研委会与北京大学新闻与传播学院共同主办的"周恩来与新闻工作座谈会"在北京大学召开。中国新闻史学会名誉会长方汉奇、中国记协党组副书记赵晨妤、周恩来总理的侄女周秉德、北京大学新闻与传播学院院长邵华泽和校领导及新闻业界代表出席会议并发言。

5月，王大龙在《新闻与写作》第5期发表《险夷不变应尝胆 道义争担敢息肩——周恩来青少年时代的新闻实践》一文。

5月，蓝鸿文的专著《一道靓丽的风景——老一辈革命家新闻通讯作品选析》，由中国人民公安大学出版社出版。作者认为，与其他老一辈无产阶级革命家相比，周恩来早期报刊活动具有几个特征：从最初担任主编的年龄看，最年轻；从在国外办党的报刊时间看，最早；从早年办报刊的数量看，最多；从旅欧通讯看，是我国最早大量报道国外情况的无产阶级记者之一。

6月，卢伟明的硕士论文《周恩来抗战时期对外宣传工作思想研究》通过答辩，主要观点为：一是周恩来抗战时期对外宣传工作思想的内涵。该部分主要包括宣传工作的地位与作用、对象与工作方式、宣传工作的原则与策略以及宣传工作的队伍建设。二是周恩来抗战时期对外宣传工作思想的特点。周恩来极富艺术性与技巧性地将宣传工作与统战工作、国内宣传与国际宣传相结合，巩固了抗日民族统一战线，获取了国际社会对中国抗战事业的理解与支持。三是周恩来抗战时期对外宣传工作思想的意义与价值。

11月，中共中央文献研究室第二编研部等编的《纪念周恩来同志诞辰110周年研讨会论文选编》由中央文献出版社出版，收录郑淑云、李惠斌写的《周恩来和〈参考消息〉》一文。

11月，黄玲在《新闻知识》第11期发表《谈周恩来的对外传播理念》一文。

12月，乔云霞在《采写编》第6期发表《周恩来旅欧新闻活动的历史考察》一文。

2009年

1月，邓涛在《湖北第二师范学院学报》第1期发表《论周恩来的新闻宣传活动与传播思想》一文。

3月，万京华在《对外传播》第3期发表《周恩来与新华社驻外记者》一文，叙述了周恩来关心和扶持新华社驻外工作的点滴往事。

5月，中央新闻纪录电影制片厂影视资料部编著的《新闻简报中国领袖1949~1979》一书，由上海科学技术文献出版社出版，收录《新闻简报》周恩来专题四部。

6月12日，在中国新闻史学会2009年年会暨新闻传播专题史研究学术研讨会上，中国人民大学新闻学院张之华提交论文《周恩来对邹韬奋的关爱和引导》，重点探讨周恩来对邹韬奋在新闻出版事业上的帮助与引导等内容。

6月，湘潭大学李永红的硕士论文《周恩来新闻思想的形成与发展过程》主要观点为：周恩来新闻思想在经历萌芽、形成、发展、成熟和丰富五个阶段后日趋科学化，涉及了无产阶级新闻工作的各个方面，主要包括新闻事业的性质、地位和作用，新闻的党性原则，全党办报和群众办报的新闻路线，新闻队伍的建设问题，新闻的文风建设等。

8月，郑保卫、郑中原在《今传媒》第8期发表《论新中国成立后周恩来的新闻思想》专门就周恩来新中国成立后的新闻思想进行梳理和论述。主要观点为：一、新华社、《人民日报》等新闻机构是党和人民的耳目喉舌；二、党的报刊要敢于和善于说出真理，敢于和善于进行斗争；三、新闻报道要尊重事实，坚持实事求是；四、新闻媒体应选择而不能塑造典型；五、新闻媒体要注意刊登西方的消息和评论，使干部群众"有所比较""辨别是非"；六、新闻宣传要多用事实说话，把主观倾向融于具体的事实叙述之中；七、新闻记者要对国内外的实际情况做好调查研究；八、对外宣传要服务外交大局，有的放矢，区别对待，既不丧失原则，又不强加于人；九、新闻报道要准确、鲜明、生动，要让群众看得懂；十、新闻记者要干一行，学一行，精一行；十一、新闻报道要把握时机，争取主动；十二、新闻宣传要把握好"度"。

10月，张同刚在《新闻爱好者》第20期发表《周恩来新闻思想的当代价值》一文，主要观点有：周恩来的新闻思想，是中国共产党第一代领导集体思想结晶的"毛泽东新闻思想"的重要组成部分，是马克思主义新闻体系的重要组成部分。周恩来新闻思想的许多内容又是中国共产党第二代领导集体结晶的"邓小平新闻思想"的源头。周恩来从宏观层面提出新闻工作的作用、原则，从微观层面提出了新闻队伍的建设问题。转型时期的中国新闻工作，仍然要坚持周恩来新闻思想的精髓，为社会主义新闻事业的改革和发展服务。

11月，贾临清在《山西青年管理干部学院学报》第4期发表《青年周恩来新闻实践的特征及启示》一文。

2010 年

杨爱芹在《党的文献》第 2 期发表《青年周恩来和天津〈益世报〉的一段文字缘》,对周恩来为《益世报》撰写的 57 篇通讯作这样的评价:内容丰富,见解精辟,注重时效,平易流畅,及时报道了国际形势和重大事件,给国内读者提供了欧洲社会各方面的情况。周恩来撰写的这些通讯,言辞犀利愤激,切中要害,关注的是社会革命、工人罢工、学生运动,体现了向马克思主义转变的过程。

4 月 29 日,《人民政协报》发表杨爱芹的《青年周恩来与天津〈益世报〉》一文,介绍了周恩来为《益世报》撰写的 57 篇通讯,近 25 万字的事实,并简要介绍了《益世报》。

2011 年

3 月,贾临清在《编辑之友》第 3 期发表《周恩来编辑〈赤光〉的特点和意义》一文。

3 月,贾临清在《觉悟》第 1 期发表《党报宣传方式的初步探索——试论周恩来旅欧后期的新闻实践》一文。

5 月,昝晓军的硕士论文《"为中华之崛起":周恩来新闻实践和新闻观念研究》通过答辩,主要观点有:青少年时期,周恩来作为先进报人,充分利用各种新闻形式,进行抗争性新闻宣传,在新闻业务观、新闻宣传史观等方面作了实践和理论探讨;革命战争时期,充分利用各种新闻宣传工具,进行战斗性的新闻宣传,同时新闻宣传也全面展开,充分利用媒体进行新闻宣传,对新闻宣传功能的论述和探讨进一步丰富了无产阶级新闻学理论;新中国建设时期,他作为大国总理,充分利用新闻宣传开拓各方面的工作,进行国家建设,新闻观主要涉及新闻真实性、新闻宣传的功能、信息概念的提出、顾全大局的新闻观,等等。该论文的许多观点比较牵强,缺少有力的论证。

6月1日,郑保卫主编的《中国共产党领导人新闻实践与新闻思想研究》一书由中国人民大学出版社出版。其中,第七章《周恩来的新闻实践与新闻思想》包括周恩来早期的新闻实践与新闻思想,周恩来中期的新闻实践与新闻思想,新中国成立后周恩来的新闻实践与新闻思想,周恩来新闻思想的评价等内容。

6月13日,胡祥鸿在《北京日报》发表《周恩来怎样修改新闻稿》一文。新华网当天予以转载,《红广角》杂志2011年第8期、《共产党员》2011年第12期分别予以转载。

6月27日,中国共产党90年新闻实践与新闻思想研讨会暨全国新闻学研究会2011年中国新闻学学术年会在北京举行,中国人民大学新闻学院张之华提交题为"周恩来新闻宣传活动的华章"论文,山西大学文学院新闻传播系贾临清提交题为"从学生报人到'笔战'领袖——周恩来新闻宣传实践研究(1914—1949)"论文。

6月,石维行在《福建党史月刊》第11期发表《周恩来:新闻工作是人民的喉舌和号角》一文。

12月,郑保卫在《西南民族大学学报(人文社会科学版)》第12期发表《论周恩来新闻思想的历史地位》一文,把周恩来的新闻实践活动放在中国共产党第一代领导人当中做比较,认为他创办的报刊最多,其内容也最丰富,其新闻思想最为全面。文章指出,周恩来的新闻思想是其丰富新闻实践活动的概括与总结,是其整个思想理论体系的重要组成部分,其内容丰富了中国共产党的新闻思想。周恩来新闻思想也存在着一些理论缺陷,如片面强调报纸是阶级斗争的工具,过分突出报纸的喉舌功能和宣传作用,等等,这些都曾在一定的历史时期影响过我国新闻事业的发展。周恩来早期关于新闻工作一般规律的论述,和后来关于党报工作及外宣工作的论述,是周恩来对中国共产党新闻思想的独特贡献。

2012年

贾临清在《觉悟》第2期发表《周恩来1923—1949年间宣传实践

的特点》一文，认为从 1923 年夏周恩来在巴黎开始以党报为主要阵地的宣传实践历程一直到新中国成立，这期间的宣传实践不仅在周恩来的一生中最为直接和频繁，而且颇具特色。首先，以党性原则为根本立场。其次，以新闻实践为业务基础。再次，以灵活多样为方法特点。最后，以"为人民服务"为最终目标。

3 月，杨一欣在《科技与企业》2012 年第 6 期发表《周恩来新闻思想探秘》一文。主要观点为：周恩来是新中国早期新闻事业的开创者，他独特的人生履历，尤其是他的新闻从业经历是形成他别具一格的新闻思想的基础。他的新闻实践以及他对新闻的本质、新闻的功能、新闻记者职业素养以及社会主义新闻特点的论述都对我国新时期新闻事业的发展具有非凡的指导意义。

8 月，贾临清的《周恩来新闻实践研究（1914～1949）》一书出版，较为全面深入系统地研究周恩来 1949 年之前的新闻实践，作者认为，新中国成立之后，周恩来没有亲自撰写新闻作品，具体参与或直接领导新闻工作，因此，周恩来的新闻实践生涯中，1914 年到 1949 年这一时期最值得研究者关注。

9 月，陈智在 2012 年 8 月《新闻爱好者》（下）发表《周恩来不同阶段新闻思想探析》一文，把周恩来一生的新闻工作大致分为三个阶段：第一阶段为周恩来青少年时期的新闻思想，也可称为早期的新闻思想；第二阶段为周恩来旅欧归国后到新中国成立前的新闻思想；第三阶段为周恩来在新中国成立后的新闻思想。周恩来一生的新闻思想被分别融入这三个不同的历史阶段里，探析周恩来的新闻思想理论精髓，对于今天的新闻工作者认真踏实地从事新闻工作具有重要意义。这三个阶段的划分显得比较粗略，且每阶段新闻思想有什么特点没有总结出来。

9 月，姜卫玲在《传媒观察》2012 年第 9 期发表《周恩来新闻思想的现实指导意义》一文，重点提出了学习、领会和践行周恩来新闻思想，对于提升新闻学专业学生实践能力、办好新闻学专业有着较强的现实意义。

2013 年

2月,陆原在《西部广播电视》第 Z1 期发表《永远的激励——周恩来与四川广播纪略》一文,从一名从事人民广播 60 余年的工作者的角度,深深缅怀、追思、纪念周恩来同志对人民广播电视事业的殷切关怀和谆谆教诲。

3月,贾临清在《觉悟》第 1 期发表《试论周恩来旅欧时期的新闻实践》一文。

6月4日,《北京日报》发表《保卫马德里——"国际纵队"里的中国人》一文,附有朱德、周恩来、彭德怀同赠国际纵队中的中国志愿者的锦旗,内容为:国际纵队中国支队 中西人民联合起来!打倒人类公敌——法西斯蒂!

2014 年

1月,廖毅文在《军事记者》第 1 期发表《周恩来与军事新闻事业》一文,认为周恩来是杰出军事家、新闻宣传家和社会活动家,他一生积极参与各种军事新闻活动,其军事新闻思想包括:高度重视军事新闻工作,使之成为政治和军事斗争的利器;尊重事实、实事求是,确保军事新闻的严肃性;先入为主、身体力行,积极抢占舆论制高点;抓住要害、讲究策略,以求最佳宣传效果;斗智斗勇、不屈不挠,展现大无畏精神。

初秋,78 岁高龄的赵玉明的免费交流图书《周恩来题词纪事暨研究文集》出版。该书将作者从事收集、整理和研究周恩来题词三十五年的成果汇集成册。

2015 年

6月,崔璇在《延边党校学报》第 3 期发表《周恩来革命舆论宣传及对中国抗战之路的贡献——基于〈群众〉周刊的分析》研究文章,对周恩来运用《群众》这个理论平台,对抗战舆论宣传做出的努力作了较为系统的分析,视角比较独特。

2016 年

1月,中共中央文献研究室编的《周恩来答问录》由人民出版社出版,收录周恩来1936年至1971年接受中外记者采访以及在记者招待会上的谈话、答问、散发的声明等文献资料64篇。这是一本周恩来新闻思想的形成与发展的重要参考书。

5月,徐锋华在《中共党史研究》第5期发表《〈中国建设〉的创办与新中国成立初期的对外宣传》研究文章。在其创办和发行过程中,周恩来和宋庆龄发挥了关键作用。

7月,张同刚在《淮阴师范学院学报》第3期发表《抗战时期周恩来对党的新闻工作的历史贡献》研究文章,认为抗日战争期间,周恩来为了传播党中央的声音,宣传党的抗日民族统一战线政策,创办了《新华日报》《群众》周刊、广播电台等传播载体,采取撰写评论文章、匠心独运的题词等途径,运用编辑修改稿件等方法,提升战略执行力,强化传播队伍建设,并借助外国记者等策略来传播中国共产党的声音,展示中国抗战力量。周恩来通过这些新闻实践活动为抗战事业作出了重大贡献,也为中国共产党的新闻事业贡献了力量。

8月,隋洁、赵云泽在《新闻界》第15期发表《周恩来主编的革新报纸——〈天津学生联合会报〉》一文。周恩来主编的《天津学生联合会报》宣传新思潮,报道与评论国内外时事,关注全国学生运动,指导革命青年学生的反帝反军阀斗争,创造性地提出了"革心"与"革新"的口号,提倡将改造旧社会和改造自身思想相结合。该报在全国产生了较大影响,对于解放学生、工人的思想,促进学生运动的发展作出了积极的贡献。

2017 年

1月，李文健在《青年记者》第1期发表《青年记者周恩来的国际新闻采写理念》研究文章。1921年2月至1922年3月，周恩来作为《益世报》驻欧洲通讯员，采写并发回稿件56篇。这些稿件反映了欧洲各国，特别是英、法、俄、德四国社会政治经济在"一战"后的变化。来自遥远欧洲的"实景"通讯，极大地丰富了《益世报》的国际新闻的报道，并为该报读者重新认识欧洲和世界形势提供了第一手资料。

齐辉、王雪驹在《新闻记者》2017年第2期发表《"党媒姓党"的历史诠释——武汉时期〈新华日报〉与中共中央的分歧及其纠正》一文，文章后半部分指出，经过周恩来的努力，自1938年9月以后，《新华日报》逐步肃清和纠正了王明对报社的影响，加强对我党抗战路线政策的报道。具体表现为：1. 加大对抗日持久战和游击战的报道力度；2. 进一步维护抗日民族统一战线的团结与合作；3. 进一步加强了对中共领导人及敌后游击战的报道。

陈答才在《马克思主义研究》2017年第3期发表《周恩来在〈解放〉周刊所发文章的思想内容及价值分析》一文，主要内容为：周恩来在《解放》周刊发文13篇（含论著、书信、通电），对中国坚持抗日统一战线和民族民主革命若干重要问题进行了比较系统的理论阐述，对当时中国共产党面临的国民党和蒋介石在抗战中制造反共摩擦及其惨案，进行了义正词严的谴责批驳，从而为维护国共抗日统一战线作出了突出贡献。因此，对其著作的主要思想、历史意义、版本演进等问题进行研究，不仅有利于发掘新的研究史料，而且对拓展周恩来研究的视阈，进一步推进周恩来思想生平研究走向深入具有不可或缺的时代价值。

2018 年

王泰平作为新华社和外交部联合派遣的记者以其在日本的亲身经历

回忆了当年惊动周恩来的东京"妨碍采访事件",文章在《湘潮》2018年第 3 期发表。

2019 年

普莎在《传媒论坛》2019 年第 16 期发表《周恩来的新闻观及其现实指导意义》研究文章,主要观点为:周恩来对新闻事业一直保持着无限的热爱,在从事新闻活动的初期便树立了成熟的新闻观。他的新闻观主要包括:适时把握党的新闻策略"报纸为人民服务""报刊是政治斗争的利器"等。

参考文献

一 著作

陈寰:《流光漫忆 一个女记者的人生旅程》,新世界出版社2003年版。

陈宇:《中国黄埔军校》,解放军出版社2007年版。

崔奇:《崔奇时事评论集 20世纪40年代—21世纪初叶》,人民日报出版社2010年版。

《董必武年谱》编纂组:《董必武年谱》,中央文献出版社2007年版。

方汉奇:《中国新闻事业通史》,中国人民大学出版社1992—1999年版。

高维进:《中国新闻纪录电影史》,中央文献出版社2003年版。

广东省汕头市社会科学联合会:《周恩来在潮汕》,中央文献出版社2004年版。

韩辛茹:《新华日报史(1938—1947)》,重庆出版社1990年版。

韩辛茹:《新华日报史》(上),中国展望出版社1987年版。

怀恩:《周总理生平大事记》,四川人民出版社1986年版。

江明武主编:《周恩来生平全记录》,中央文献出版社2004年版。

金冲及主编:《周恩来传》(全四册),中央文献出版社1998年版。

蓝鸿文:《一道靓丽的风景——老一辈革命家新闻作品选析》,中国人民公安大学出版社2008年版。

李庚辰主编:《走向辉煌 中国共产党党史学习资料》(3),四川人民出版社2002年版。

李海文主编:《周恩来之路 人民总理的真实故事》,北京出版社1998

年版。

李静:《实话实说西花厅》,中国青年出版社 2007 年版。

廖永祥:《周恩来与新华日报研究文集》,国际港澳出版社 2005 年版。

林枫:《马克思主义新闻观 中国视角的系统阐释》,新华出版社 2005 年版。

刘武生:《我的八十自述》,中央文献出版社 2013 年版。

刘孝良等:《周恩来统一战线的理论与实践》,安徽人民出版社 1989 年版。

刘云莱:《新华社史话》,新华出版社 1988 年版。

陆诒等:《〈新华日报〉的回忆》,四川人民出版社 1979 年版。

穆欣:《抗日烽火中的中国报业》,重庆出版社 1992 年版。

穆欣:《历史巨变中的周恩来》,中国青年出版社 2001 年版。

南开大学历史系、天津历史博物馆:《五四前后周恩来同志诗文选》,天津人民出版社 1979 年版。

潘梓年、吴克坚、熊瑾玎等:《新华日报的回忆》,重庆人民出版社 1959 年版。

彭亚新主编:《中共中央南方局的文化工作》,中共党史出版社 2009 年版。

清华大学中共党史教研组:《赴法勤工俭学运动史料》(1—3 册),北京出版社 1980 年版。

人民出版社资料组编:《人民的好总理》(上、中、下),人民出版社 1977 年版。

人民日报报史编辑组编:《人民日报回忆录 1948—1988》,人民日报出版社 1988 年版。

人民日报出版社:《毛泽东周恩来刘少奇朱德邓小平陈云为人民日报撰审稿手迹选》(上、下册),人民日报出版社 2008 年版。

《人民文学》编辑部、人民文学出版社:《怀念敬爱的周总理》,人民文学出版社 1977 年版。

石西民、范剑涯等编:《新华日报的回忆》(续集),四川人民出版社

1983 年版。

石仲泉：《我观周恩来》，中共党史出版社 2008 年版。

斯诺：《西行漫记》，生活·读书·新知三联书店 1979 年版。

宋庆龄：《宋庆龄书信集》，人民出版社 1999 年版。

童小鹏：《风雨四十年》（第二部），中央文献出版社 1996 年版。

童小鹏：《风雨四十年》（第一部），中央文献出版社 1994 年版。

王传寿主编：《烽火信使 新四军及华中抗日根据地报刊研究》，合肥工业大学出版社 2010 年版。

王泓等编：《周恩来与国际友人》，重庆大学出版社 1995 年版。

王化许主编：《梅园华章 中共代表团梅园新村纪念馆建馆三十周年研究文集》，中央文献出版社 2009 年版。

王永祥、孔繁丰、刘品青：《中国共产党旅欧支部史话》，中国青年出版社 1985 年版。

王永祥：《周恩来与池田大作》，中央文献出版社 2001 年版。

魏国禄：《随周恩来副主席长征》，中国青年出版社 1976 年版。

吴冷西：《回忆领袖与战友》，新华出版社 2006 年版。

吴冷西著，新华社新闻研究所编：《吴冷西论新闻报道》，新华出版社 2005 年版。

吴廷俊：《中国新闻业历史纲要》，华中理工大学出版社 1990 年版。

夏衍：《懒寻旧梦录》，生活·读书·新知三联书店 1985 年版。

笑蜀编：《历史的先声——半个世纪前的庄严承诺》，汕头大学出版社 1999 年版。

新华社新闻研究部编：《新华社文件资料选编》（第 1 辑），1981 年。

新华社新闻研究部编：《新华社回忆录》（二），新华出版社 1986 年版。

徐向明：《范长江传》，南京大学出版社 2002 年版。

徐晓红主编：《周恩来生平研究资料》，中央文献出版社 2013 年版。

徐行主编：《南开学者纵论周恩来》，天津人民出版社 2008 年版。

许涤新：《群众周刊大事记》，红旗出版社 1987 年版。

姚北桦、王淮冰编：《报人生活杂忆 石西民新闻文集》，重庆出版社

1991年版。

袁亮：《周恩来刘少奇朱德陈云与新闻出版》，中国书籍出版社2003年版。

张建珍主编：《钱筱璋电影之路》，中国电影出版社2006年版。

张寿春、金鑫：《周恩来与创建新中国》，中央文献出版社2013年版。

张允侯、殷叙彝、洪清祥、王云开：《五四时期的社团》（全四册），生活·读书·新知三联书店1979年版。

赵春生、中共中央文献研究室编：《周恩来文化文选》，中央文献出版社1998年版。

赵凯、丁法章、黄芝晓：《二十世纪中国社会科学 新闻学卷》，上海人民出版社2005年版。

赵玉明：《赵玉明文集》（第2卷），中国广播电视出版社2014年版。

赵玉明：《中国广播电视通史》（新一版），中国广播影视出版社2014年版。

赵玉明：《周恩来题词纪事暨研究文集》（内部出版交流图书），2014年。

郑保卫主编：《中国共产党新闻思想史》，福建人民出版社2004年版。

中共广州市委党校党史教研室、广东革命历史博物馆编：《第一次国内革命战争时期周恩来同志的文章讲话选辑（一九二四——一九二六年）》，1979年。

中共四川省委党史研究室编：《中共中央南方局的文化工作（送审稿）》，2007年5月。

中共中央文献研究室编辑：《周恩来经济文选》，中央文献出版社1993年版。

金冲及主编：《周恩来传1898—1949》，中央文献出版社1989年版。

中共中央文献研究室编：《毛泽东书信选集》，中央文献出版社2003年版。

中共中央文献研究室编：《周恩来传1898—1976》（上），中央文献出版社2008年版。

中共中央文献研究室编：《周恩来纪事（1898—1949）》（修订本），中央文献出版社1998年版。

中共中央文献研究室编：《周恩来纪事（1949—1976）（上、中、下）》，中央文献出版社1997年版。

中共中央文献研究室编：《周恩来年谱1898—1949（上、中、下）》，中央文献出版社2007年版。

中共中央文献研究室编：《不尽的思念》，中央文献出版社1987年版。

中共中央文献研究室第二编研部编：《周恩来题词集解》，中央文献出版社2012年版。

中共中央文献研究室第二编研部等编：《纪念周恩来同志诞辰110周年研讨会论文选编》，中央文献出版社2008年版。

中共中央文献研究室第二编研部：《周恩来自述》，人民出版社2006年版。

中共中央文献研究室二部编：《周恩来自述》，解放军文艺出版社2002年版。

中共中央文献研究室、南开大学编：《周恩来早期文集（1912.10—1924.6）》（上、下卷），中央文献出版社、南开大学出版社1998年版。

中共中央文献研究室、中国革命博物馆编：《周恩来旅日日记（影印本）》，中央文献出版社1998年版。

中共中央文献研究室、中国人民解放军军事科学院编：《周恩来军事文选》，人民出版社1997年版。

中共中央文献研究室、中央档案馆编：《建国以来周恩来文稿》（1—3），中央文献出版社2008年版。

中共中央文献研究室、中央档案馆编：《建国以来周恩来文稿》（4—13册），中央文献出版社2018年版。

中共中央宣传部新闻局编：《中国共产党新闻工作文献选编（1938—1989年）》，人民出版社1990年版。

中共重庆市委党史工作委员会编：《重庆谈判纪实1945年8—10月》，

重庆出版社1983年版。

中国广播电视学会史学研究委员会、北京广播学院新闻传播学院新闻系编选：《延安（陕北）新华广播电台回忆录新编》，中国广播电视出版社2000年版。

中国人民大学新闻与社会发展研究中心：《新中国成立60年新闻事业变革发展大事记（1949—1977）新闻学论集》（第23辑），经济日报出版社2009年版。

中国外文局五十年编委会：《中国外文局五十年史料选编》（1），新星出版社1999年版。

中华人民共和国史广播电视编辑部编：《当代中国广播电视回忆录》第3集《周恩来与广播电视》，中国广播电视出版社1994年版。

中南海画册编辑委员会：《周恩来手迹精选》，西苑出版社1998年版。

中央文献研究室编：《周恩来答问录》，人民出版社2016年版。

中央文献研究室：《周恩来题词集解》，中央文献出版社2012年版。

重庆市沙坪坝区政协文委会等编：《周恩来在沙坪坝 纪念周恩来诞辰九十周年》，重庆大学出版社1988年版。

周恩来：《觉悟》，人民出版社1980年影印本。

周恩来：《周恩来书信选集》，中央文献出版社1988年版。

周恩来：《周恩来统一战线文选》，人民出版社1984年版。

周恩来：《周恩来选集》（上），人民出版社1980年、1984年版。

周恩来著，中央教育科学研究所编：《周恩来教育文选》，教育科学出版社1984年版。

朱佳木、安建设编：《震撼世界的20天：外国记者笔下的周恩来逝世》，中央文献出版社1999年版。

邹嘉骊：《韬奋纪事》（下），上海文艺出版社2005年版。

［英］迪克·威尔逊（Dick Wilson）：《周恩来》，封长虹译，中央文献出版社2003年版。

［英］迪克·威尔逊：《周恩来传》，封长虹译，解放军出版社1989年版。

二 期刊文章

柏生：《一个记者的幸福回忆》，《新闻战线》1978年第1期。

陈尚忠：《从周总理提议核查雷锋日记说起》，《军事记者》2008年第3期。

贺永泰：《〈中国共产党为公布国共合作宣言〉若干问题的考究和补缀》，《史林》2011年第1期。

江山：《在晚年周恩来身边采访》，《百年潮》2009年第3期。

李近川：《回忆中央文革记者站》（下），《党史纵横》2009年第3期。

李守仲：《"补请！补请！"——记周总理关心记者工作的一件事》，《中国记者》1989年5月。

陆原：《永远的激励——周恩来与四川广播纪略》，《西部广播电视》2013年第Z1期。

穆欣：《毕生热爱中国的爱泼斯坦》，《世纪》2005年第6期。

万京华：《新华社在新中国成立初期的重大外交及国际报道》，《百年潮》2013年第9期。

王爱民：《周恩来五审〈人民日报〉社论》，《百年潮》2013年第2期。

王凤超：《周恩来新闻活动年表》，《新闻研究资料》1988年第1期。

王凤超：《周恩来新闻活动年表》（续二），《新闻研究资料》1988年第4期。

王凤超：《周恩来新闻活动年表》（续一），《新闻研究资料》1988年第3期。

王广达、朱大礼：《周恩来与南京局时期我党在国统区的新闻出版工作》，《党的文献》1991年第1期。

杨黎原：《"新华人"的深切怀念》，《思想战线》1978年第2期。

杨兆麟：《一个作风问题，一个文风问题：都是应当引起重视的大问题》，《新闻爱好者》2002年第8期。

有晨：《回忆周恩来总理对我的几次教诲——高梁访谈录》，《党的文献》2008年第3期。

于刚、郑新如：《〈新华日报〉发行战线的反封锁斗争——铭记周恩来同志的关怀和教导》，《新闻研究资料》1979 年第 1 期。

张哲明：《周总理帮我修改新闻稿》，《档案春秋》2012 年第 7 期。

赵玉明、曹焕荣、哈艳秋编写：《周恩来同志与人民广播》，《北京广播学院学报》1979 年第 1 期。

郑德金：《周恩来指导新华社工作纪实（1931—1976）》，《中共党史资料》2008 年第 2 期。

《周恩来修改过的〈八一起义〉说明稿》，《党史文苑》2016 年第 1 期。

宗道一：《周恩来与外交部"153〈新情况〉事件"》，《文史精华》2000 年第 7 期。

三　报纸电视文章

安岗：《办一张最好的党中央机关报》，《人民日报》2008 年 6 月 10 日。

康世恩：《大庆油田浸透了周总理的心血——怀念敬爱的周恩来同志》，《人民日报》1990 年 3 月 5 日第 5 版。

林辰：《难忘的一课》，《人民日报》1986 年 1 月 9 日第 8 版。

刘振英：《时政记者忆周总理：注重仪表 曾赞扬报道及时》，《人民政协报》2014 年 9 月 17 日。

上海电视台：《纪实〈档案〉回顾周总理的身后事》，2015 年 1 月 8 日。

张正尤：《"周总理的教诲使我永生难忘"——专访原八路军女战士、外交部新闻司原副司长张颖》，《人民日报海外版》2009 年 8 月 20 日。

左荧：《我国人民广播事业在蓬勃发展中》，《人民日报》1953 年 5 月 7 日第 3 版。

四　英文、资料类

The Ambassador in China to the Secretary of State (Chungking, March 3, 1941), *Foreign Relations of the United States Diplomatic Papers 1941*, Volume V, *The Far East*, p. 607.

大成故纸堆全文数据库。

《人民日报》从创刊号到1976年2月。

晚清民国大报库。

《新华日报》(1938.1.11—1947.2.28)。

中国方志库等系列大型古籍数据库。

后　　记

　　开始写后记，感觉《纪事》里的文字是一个开始，需要有比《纪事》里的文字更多的东西。生命的奥秘在于一代、一代的复制基因，文化的生命在于某种精神的代代相传。房子是由一块砖头、一块砖头建成的，《纪事》是一本书、一本书，一篇文章、一篇文章读成的。

　　在《纪事》撰写过程中，我有过倦怠，有过放弃，但周恩来精神博大精深，我是被其滋养过的人，引领我坚持下来，是我研究、写作的不竭动力。因此，我利用一些碎片时间，见缝插针，把那些藏在心底的文字一个恰当的表达变为思考、分析、点评。

　　读书看报的时候务必认真仔细，稍一疏忽，就会酿成差错。1964年2月3日晚，周恩来在摩加迪沙接见法国新闻社总编辑特塞兰。《人民日报》2月7日第1版头条刊登"新华社摩加迪沙六日电，中华人民共和国国务院总理周恩来在这里接见法国新闻社记者特塞兰时，回答了他提出的问题"，如果不注意就会以为周恩来接见特塞兰的时间为2月6日。

　　对周恩来新闻活动及其新闻观点的梳理和研究，让我认识到了周恩来新闻思想的博大精深，同时也被周恩来的道德品行深深打动。周恩来新闻理论与实践研究，成了我二十几年来一直坚持的研究方向。

　　"按"这部分内容中包括分析周恩来新闻思想内容，这是"仁者见仁，智者见智"的工作，我十分清楚这是一个比编资料不知要困难多少倍的工作。我的学识、水平和能力，能做好这项工作吗？每当想到这一点，我就会犹豫，有时也想打退堂鼓，然而一种责任感又告诉我必须迎着困难上。我抱着这样的态度分析周恩来的新闻思想，对我来说是一个极好的学习机会，写作的过程就是学习的过程，很可能有分析不到位的地方，我非常欢迎读者批评、指正，重要的是有人去做这个工作，并有勇气去做好这个工作。正是在这样一种态度的支配下，我坚定、坚守下来，不断向前推进。

考虑到这是一个"互联网＋"的时代，《纪事》出版后，如有研究和需要电子检索，可以随时提供电子稿，故本书不附索引。

笔者所在的淮阴师范学院，人们都习惯把德高望重的于北山称为于老。于老早在 20 世纪 60 年代就奠定了在学术界的地位，成名作《陆游年谱》1962 年由中华书局出版，受到学术界好评。由于其成就，他被推选为中国陆游研究会会长。1985 年，于老的《陆游年谱》修订本由上海古籍出版社出版之际，作为于老学生的我在教室聆听于老讲授陆游诗词；2009 年 12 月，《于北山年谱著作三种》在上海古籍出版社同时推出后，作为宣传部的一名工作人员的我在《中国教育报》发表《二十年著成〈杨万里年谱〉》读后感文章。于老实事求是地撰写古代诗人的"实录"，对于本书的写作启发很大，这是必须感谢的。

得知我的书稿获得省社科联、省周恩来研究会联袂资助，我的心情久久不能平静，这是对我的鼓励，更是对我的鞭策。此时我想起了诸位师长的热情关心赐助。感谢中国中共文献研究会周恩来思想生平研究分会会长闫建琪先生百忙之中给予的赐教；感谢中共党史和文献研究院第二编研部潘敬国处长的赐教；感谢江苏省周恩来研究会执行会长朱同广先生、副会长陈凤楼先生、秘书长张开明先生的指导帮助；感谢江苏省周恩来研究会组织专家评审的真知灼见；感谢江苏淮阴师范学院原副院长汪浩先生的指导帮助；感谢王家云师三十几年如一日的指导、关心、帮助。要感谢的名字还有一长串，都在眼前，都在心间，纸短情长，恕不一一列出，谨此一并致以谢忱。书中部分新闻图片未署名，因原有资料未记载摄影者姓名，也向这些摄影者致以衷心感谢。

2016 年 11 月 20 日于周恩来故乡淮安
2020 年 5 月 12 日修改完毕